Bruns
Organisationale Lernprozesse bei Managementunterstützungssystemen

D1664818

GABLER EDITION WISSENSCHAFT

Information – Organisation – Produktion

Herausgegeben von Professor Dr. Hans Corsten,
Professor Dr. Michael Reiß, Professor Dr. Claus Steinle
und Professor Dr. Stephan Zelewski

Die Schriftenreihe präsentiert Konzepte, Modelle und Methoden zu drei zentralen Domänen der Unternehmensführung. Information, Organisation und Produktion werden als Bausteine eines integriert angelegten Managementsystems verstanden. Der Erforschung dieses Bereiches dienen sowohl theoretische als auch anwendungsorientierte Beiträge.

Hans-Jürgen Bruns

Organisationale Lernprozesse bei Managementunterstützungssystemen

Mit einem Geleitwort
von Prof. Dr. Hans-Gerd Ridder

DeutscherUniversitätsVerlag

Die Deutsche Bibliothek - CIP-Einheitsaufnahme

Bruns, Hans-Jürgen:
Organisationale Lernprozesse bei Managementunterstützungssystemen
/Hans-Jürgen Bruns. Mit einem Geleitw. von Hans-Gerd Ridder.
- Wiesbaden : Dt. Univ.-Verl. ; Wiesbaden : Gabler, 1998
   (Gabler Edition Wissenschaft : Information – Organisation – Produktion)
   Zugl.: Hannover, Univ., Diss., 1996
   ISBN 3-8244-6583-3

Der Deutsche Universitäts-Verlag und der Gabler Verlag sind Unternehmen der
Bertelsmann Fachinformation.
Gabler Verlag, Deutscher Universitäts-Verlag, Wiesbaden
© Betriebswirtschaftlicher Verlag Dr. Th. Gabler GmbH, Wiesbaden 1998

http://www.gabler-online.de

Höchste inhaltliche und technische Qualität unserer Produkte ist unser Ziel. Bei der Produktion und
Auslieferung unserer Bücher wollen wir die Umwelt schonen: Dieses Buch ist auf säurefreiem und
chlorfrei gebleichtem Papier gedruckt.

Die Wiedergabe von Gebrauchsnamen, Handelsnamen, Warenbezeichnungen usw. in diesem
Werk berechtigt auch ohne besondere Kennzeichnung nicht zu der Annahme, daß solche Namen
im Sinne der Warenzeichen- und Markenschutz-Gesetzgebung als frei zu betrachten wären
und daher von jedermann benutzt werden dürften.

Lektorat: Ute Wrasmann, Brigitte Knöringer
Druck und Buchbinder: Rosch-Buch, Scheßlitz
Printed in Germany

ISBN 3-8244-6583-3

Geleitwort

Wissen und Kompetenz gelten als schwer imitierbare Erfolgsfaktoren der Humanressourcen eines Unternehmens. Als Bedingung für die Anpassungsfähigkeit einer Organisation stellt ihre Verfügbarkeit nachhaltige und langfristige Wettbewerbsvorteile in Aussicht. In der aktuellen betriebswirtschaftlichen Forschung finden daher das Management der betrieblichen Wissens- und Informationssysteme und damit verbundene Aufgabenfelder zunehmend Beachtung.

Ausgangsproblem der Arbeit von Hans-Jürgen Bruns ist die Annahme, daß die strategische Absicht der informationstechnischen Unterstützung von Managementleistungen die Gewinnung von Wissen zur Erhöhung der Anpassungsfähigkeit der Unternehmung ist. Dies wird in der bisherigen wissenschaftlichen Diskussion vor allem als technisch-organisatorische Gestaltungsaufgabe gesehen. In konstruktiver Absetzung hierzu wird auf der Basis von Theorien organisationalen Lernens eine Perspektive entwickelt, in der die Entwicklung und Implementierung dieser informationstechnischen Systeme als Problem ihrer Nutzung im Arbeits- und Entscheidungsverhalten von Managern gedeutet wird. Die Veränderung der Nutzungsabsichten ist aufgrund der arbeitsteiligen Organisation von Managementfunktionen als ein Prozeß organisationalen Lernens zu verstehen, und damit als Problem der Verständigung der Akteure über subjektive Begründungen ihrer Nutzungsstrategien, die aufgrund unterschiedlicher Situationsdeutungen und Interessen auszuhandeln sind.

Motiviert wird die Entwicklung dieser Forschungsperspektive aus der Kritik am Erkenntnisinteresse und an der daran gebundenen Leistungsfähigkeit vorliegender Ansätze der Personal- und Organisationsentwicklung zur Beschreibung organisationaler Veränderungsprozesse. Mit der hier gewählten sozial-kognitiven Sichtweise wird das Potential organisationaler Lerntheorien zur kategorialen Bestimmung der Anpassungsfähigkeit von Unternehmungen ausgewiesen und damit zu einem weiterführenden Verständnis der Komplexität betrieblichen Veränderungsmanagements beigetragen. Problemorientiert wird für technisch induzierte Veränderungsprozesse entwickelt, daß das Lernen von Unternehmen die Organisation organisationaler Lernprozesse zur Voraussetzung hat. Deren „Logik des Mißlingens" wird durch die Verknüpfung der „objektiven" Instrumentalität betriebswirtschaftlicher Verhältnisse mit den subjektiven Handlungsabsichten der Akteure in ein neues Licht gestellt und erzeugt eine Fülle von interessanten Erkenntnissen.

Hans-Gerd Ridder

Vorwort

Zweck einer Promotion ist Erkenntnisfortschritt in einer wissenschaftlichen Disziplin. „Promovieren" ist, aus dem Verständnis dieser Arbeit heraus, ein individueller Lernprozeß, der erst aus dem Lernen in seinen organisatorischen Bezügen Wirkung entfalten kann. Die pragmatischen Zielsetzungen einer Promotion orientieren sich folglich an einer Mehrzahl von Interessen und Interessenten:

(1) Es geht um die (infinitisimale) Steigerung des Ertragswerts betriebswirtschaftlichen Wissens und insoweit immer auch um wissenschaftliche Reputation durch Qualifikation.

Inwieweit der Ertragswert betriebswirtschaftlichen Wissens bewegt wird, liegt in der Bewertung der Leser dieser Arbeit, so sie diese für universitäre oder betriebliche Produktions- oder Dienstleistungsprozesse nutzbar machen.

(2) Es geht um den Forschungsprozeß als wissenschaftlichem Diskurs und insoweit auch immer um die Freude an der kollegialen Diskussion.

Hans-Gerd Ridder, Frank Schirmer und Bernd, Johann und Reinhard als Mit-Streiter im „Oldenburger Seminar" haben wissenschaftlichen Diskurs und damit Bedingungen der Möglichkeit des Erkenntnisgewinns geschaffen.

Ohne Bernd Biervert (†), Kurt Monse, Edmund Strauss und Claus Steinle wäre die organisatorische Realisierung im Forschungsfeld und im Promotionsverfahren nicht möglich gewesen. Roberto und Ana haben in wichtigen Phasen am Produktionsverfahren der Arbeit mitgewirkt.

(3) Es geht um gehaltvolle Ergebnisse und insoweit auch um beruflichen Ein- und Aufstieg und die Qualität gemeinsamer Lebensführung.

Andrea, Lukas, Sophie und Paul teilen mit mir die Ein- und Auszahlungen dieser Arbeit und haben ihre nicht meßbaren Opportunitätskosten getragen.

Ich widme diese Arbeit meinem Vater, der sich über die Länge ihrer Produktionszeit gewundert hat und nicht mehr die Zeit haben durfte, das fertige Produkt in die Hand zu nehmen.

Hans-Jürgen Bruns

Inhaltsverzeichnis

Geleitwort   V

Vorwort   VII

Inhaltsverzeichnis   IX

Abbildungsverzeichnis   XV

1 Einführung   **1**

1.1   Der Stellenwert von Managementunterstützungssystemen für die
      Anpassungsfähigkeit betrieblicher Leistungserstellung   2

1.2   Veränderung durch Personal- und Organisationsentwicklung
      - Forschungsschwerpunkte und Forschungsdefizite   5

1.3   Fragestellung und Vorgehensweise der Untersuchung   12

1.4   Methodologisches Grundverständnis und forschungsstrategische
      Überlegungen   16

**2 Managementunterstützungssysteme als Informationstechnologien
   für das Management - Konzepte und empirische Befunde**   **25**

2.1   Informationstechnologie und Organisationsgestaltung - Bezugspunkte
      in einer klassischen Problemstellung   26

2.2   Informationstechnologien für den Managementprozeß   39

2.2.1   Anwendungskonzepte im Wandel: Von der Automatisierung zur Unter-
        stützung von Funktionen und Aufgaben im Managementprozeß   40

2.2.2   Entscheidungsunterstützungssysteme als „Experten" für Entscheidungen
        im Management   48

2.2.2.1   Entscheidungen und wissensbasierte Informationssysteme: Zur kogni-
          tiven Adäquatheit von Entscheidungsunterstützungssystemen   48

2.2.2.2   Expertenwissen für das Entscheidungsunterstützungssystem: Zur Me-
          thodik der Tranformation von Erfahrungswissen   51

2.2.3   Führungsinformationssysteme als multifunktionale „Agenten" für Auf-
        gaben im Management   55

2.2.3.1   Führungsinformationssysteme: Technisches Hilfsmittel oder Instru-
          ment zur Unternehmensführung?   55

2.2.3.2   Management von Führungsinformationssystemen: Zur Methodik
          technikgestützter Informationsversorgung der Unternehmensführung   58

2.2.3.3   Management mit Führungsinformationssystemen: Ihre Implementierung als Politikfeld in der Unternehmensführung   61

2.2.4   Kognitive Dynamik: Die Neubestimmung von Anwendungskonzepten im Arbeitsalltag der Manager   66

2.3   Informationstechnologien im Aktivitätsspektrum von Managern   70

2.3.1   Koordination von Aktivitätszwecken durch alternierende Telearbeit   71

2.3.1.1   Formen der Tele-Arbeitsorganisation und ihr betrieblicher Stellenwert   71

2.3.1.2   Alternierende Telearbeit - Bedingungsrahmen einer zweckgemäßen Arbeitsorganisation für Führungskräfte   76

2.3.2   Managerkommunikation durch computergestützte Gruppenarbeit   84

2.3.2.1   Anwendungsformen computergestützter Gruppenarbeit und Nutzungsverhalten   84

2.3.2.2   Kooperation durch computergestützte Koordination: Konzeptionen und Wirkungsanalysen   91

2.3.3   Organisationale Dynamik: Technikunterstützung von Manageraktivitäten als Form der Veränderung geteilter Wahrnehmungsmuster im Managementprozeß   100

2.4   Die Einführung von Informationstechnologien im Management als betriebliche Gestaltungsaufgabe: Problemfelder, Erkenntnisstand und Forschungsperspektive   103

3   Organisationales Lernen und Unternehmung   115

3.1   Veränderung als Lernprozeß von Organisationen   117

3.1.1   Veränderung, Evolution, Entwicklung - Begriffliche und konzeptionelle Einordnung des Wandels von Organisationen   117

3.1.2   Ansätze organisationalen Lernens   124

3.1.2.1   Einordnung des Forschungsfeldes   124

3.1.2.2   Begriffsbildungen: Inhalt und Form des Lernens von Organisationen   130

3.1.2.3   Zur organisationstheoretischen Grundlegung organisationaler Lernkonzepte   133

3.1.3   Eingrenzung der Forschungsperspektive   137

3.2   Organisationales Lernen in Unternehmen   142

3.2.1   Organisationale Wissensbasis - Zur zweckorientierten Begründung und
konsensualen Verschränkung organisationalen Wissens   143

3.2.1.1   Grundannahmen   143

3.2.1.2   Wissenbasiertes Modell organisationalen Lernens   147

3.2.2   Organisationale Lernprozesse - Zur Transformation von Handlungstheorien   151

3.2.2.1   Die „wissenschaftliche" Begründung von Handlungen
- Handlungstheoretische Grundannahmen   152

3.2.2.2   „Die Forschergemeinschaft"- Handlungstheoretisches Modell
organisationalen Lernens   159

3.2.2.2.1   Präzisierung der organisationstheoretischen Vorannahmen   160

3.2.2.2.2   Organisationale Lernprozesse - Die Konstruktion von Veränderungen als Forschungsprozeß   166

3.2.2.2.3   Die organisationale Lernkapazität - Verhaltensmodelle von Organisationen   176

3.2.2.3   Gestaltung organisationaler Lernprozesse - Diagnose und Intervention   181

3.2.2.3.1   Modell O-I: Managementinformationssysteme als Intervention
- Ein Prozeß einschlaufigen Lernens   182

3.2.2.3.2   Modell O-II: Interventionsstrategien zweischlaufiger Lernprozesse   184

3.2.3   „Bridging the gap between knowledge and action" - Konzeptionelle
Zusammenführung und Grundlegung des Bezugsrahmens   188

3.2.3.1   Vorüberlegungen   188

3.2.3.2   Zum Grundverständnis organisationalen Lernens   191

3.2.3.3   Funktionsweise organisationaler Lernprozesse   200

4   Organisationale Lernprozesse bei Managementunterstützungssystemen - Entwicklung des Bezugsrahmens und Fallstudie   215

4.1   Organisationale Lernprozesse - Konstruktion des Bezugsrahmens   216

4.1.1   Ebenen und Strukturen organisationaler Lernprozesse   216

4.1.2   Zur Entwicklungslogik organisationaler Lernprozesse bei Managementunterstützungssystemen   223

4.1.3   Methodik der empirischen Untersuchung   227

4.2 Informationstechnologien für Managementaufgaben im Einzelhandel
- Ergebnisse der Fallstudie 235

4.2.1 Betrieblicher Handlungskontext 236

4.2.1.1 Expansion und Innovation: Unternehmenspolitik und strategische
Grundsatzentscheidungen 236

4.2.1.2 Integrierte Filialkommunikation: Eine technisches Konzept und seine
Anwendungsoptionen für das Management 240

4.2.2 Lokale Handlungstheorien als Lernsystem: Aufgabenbezüge,
Kooperationsformen und Informationsverhalten 242

4.2.2.1 Lokale Handlungstheorien im betrieblichen Leistungsprozeß 243

4.2.2.1.1 Differenzierung lokaler Handlungstheorien: „Warenleute" und
„Techniker" 243

4.2.2.1.2 Handlungsregeln des warenwirtschaftlichen Arbeits- und Entscheidungsverhaltens: „Management by going around" 246

4.2.2.1.3 Ein „erklärtes" Handlungsmodell warenwirtschaftlicher Entscheidungen: „Gläserne Warenwirtschaft" durch Anwendungsentwicklung 252

4.2.2.2 Defensives Informationsverhalten im Lernzyklus: Wirkungen „visio-
närer" Anwendungskonzepte 258

4.2.2.3 Prozeßbedingungen organisationalen Lernens: Einordnung der Befunde 268

4.2.3 Initiierung organisationaler Lernprozesse: Interventionsstrategien zur
Steuerung von Veränderungsprozessen 271

4.2.3.1 Management vorhergehender Veränderungsprozesse: Erfahrungen mit
Veränderungs- und Qualifizierungsstrategien 273

4.2.3.2 Beteiligungsorientierte Anwendungsentwicklung als Veränderungsstrategie 276

4.2.3.2.1 Organisationskonzept der Anwendungsentwicklung 277

4.2.3.2.2 Grenzen technikbezogener Anwenderqualifizierung : Aufbau einer
ISDN-Testfiliale 278

4.2.3.2.3 Anwendungsmoderation: Beratung und Betreuung durch Fachexperten 281

4.2.3.2.4 Beteiligungsorientierte Anwendungsentwicklung als begrenztes
Organisationslernen: Wirkungen der Veränderungsstrategie 282

4.2.3.3 „Betriebswirtschaftliche Rahmenkonzeption" als Veränderungsstrategie 284

4.2.3.3.1 Organisationsanalyse als Form empirischer Personalforschung 285

4.2.3.3.2 Rahmenkonzeption und Methodik der Veränderungsstrategie 287

4.2.3.3.3 „Forschungs-"Handeln als organisationaler Lernprozeß: Wirkungen der Veränderungsstrategie 291

4.2.3.4 Strategien betrieblichen Veränderungsmanagements: Einordnung der Befunde 297

5 Die Einführung von Informationstechnologien im Management als organisationaler Lernprozeß - Resümee **303**

Literaturverzeichnis 313

Abbildungsverzeichnis

Abbildung 2.1-1: Technische Entwicklungslinien und informationstechnologische Gestaltungsfelder   30

Abbildung 2.1-2: Leistungsmerkmale entwickelter Informationstechnologien für Kommunikations- und Entscheidungsprozesse   31

Abbildung 2.1-3: Das erweiterte Grundmodell des situativen Ansatzes   36

Abbildung 2.2-1: Informationstechnische Unterstützung von Managementaufgaben: Merkmale und Abgrenzungsversuche   40

Abbildung 2.2-2: Anwendungskonzepte im Vergleich: Entscheidungsunterstützungssystem und Führungsinformationssystem   44

Abbildung 2.2-3: Informationssysteme im Managementprozeß   45

Abbildung 2.2-4: Diffusion von Führungsinformationssystemen in mittelständischen Unternehmen   46

Abbildung 2.2-5: Arbeitsverhalten von Managern - ein Überblick über ausgewählte Studien   57

Abbildung 2.2-6: Problemfelder der Einführung von Führungsinformationssystemen   63

Abbildung 2.3-1: Formen der Tele-Arbeitsorganisation zwischen betrieblichen und außerbetrieblichen Arbeitsstätten   73

Abbildung 2.3-2: Organisationsstrukturelle Einordnung integrierter Büroarbeit   79

Abbildung 2.3-3: Computergestützte Gruppenarbeit - Aufgabenbezogene Anwendungssituationen und Technikunterstützung   86

Abbildung 2.3-4: Stufen der Interaktion bei kooperativer Arbeit   92

Abbildung 2.3-5: Computergestützte Gruppenarbeit - Kooperationsbezogene Anwendungssituationen und Technikunterstützung   95

Abbildung 2.3-6: Eigenschaften und Funktionen von Kommunikation bei Kooperation   96

Abbildung 3.1-1: Typen organisationalen Lernens   132

Abbildung 3.1-2: Ansätze organisationalen Lernens   135

Abbildung 3.1-3: System-strukturelle und interpretative Sichtweise organisationalen Lernens   136

Abbildung 3.1-4: Eine Heuristik der Ansätze organisationalen Lernens   137

Abbildung 3.1-5: Ein vollständiger Entscheidungs-/Lernzyklus   139

Abbildung 3.2-1: Modell eines organisationalen Lernprozesses zur Entwicklung von Organisationsstrategien und -strukturen   149

Abbildung 3.2-2: Schematisches Modell von individuellen Gebrauchstheorien   156

Abbildung 3.2-3: Schematisches Modell von einschlaufigem und zweischlaufigem Lernen   157

Abbildung 3.2-4: Individuelle Gebrauchstheorien: Modell I und Modell II   158

Abbildung 3.2-5: Die Konstitution von Organisationen als politische und instrumentale Einheiten   162

Abbildung 3.2-6: Die Organisation als „cognitive enterprise"   166

Abbildung 3.2-7: Bedingungen der Fehlerentdeckung   168

Abbildung 3.2-8: Organisationale Lernsysteme: begrenztes und entfaltendes Organisationslernen   178

Abbildung 3.2-9: Organisationale defensive Muster   181

Abbildung 3.2-10: Managementinformationssysteme und Entscheidungsverhalten   183

Abbildung 3.2-11: Der Lernprozeß des double-loop learning   185

Abbildung 3.2-12: „Ladder of Inference" - Gestaltungskonzepte und die Begründungsstruktur individueller Handlungen   187

Abbildung 3.2-13: Ebenen organisationalen Verhaltens im Erklärungsansatz von
Duncan und Weiss (1979)   194

Abbildung 3.2-14: Ebenen organisationalen Verhaltens im Erklärungsansatz von
Argyris und Schön (1978)   195

Abbildung 3.2-15: Grundstruktur menschlichen Verhaltens und sozialer Interaktion in Organisationen   197

Abbildung 3.2-16: Betrachtungsebenen organisationaler Lernprozesse im Erklärungsansatz von Duncan und Weiss (1979)   201

Abbildung 3.2-17: Modell eines organisationalen Lernprozesses zur Entwicklung
von Organisationsstrategien und -strukturen - kognitiver
Handlungsrahmen und Politikfelder   204

Abbildung 4.1-1: Ebenen und Strukturen organisationaler Lernprozesse   218

Abbildung 4.1-2: Managementleistungen mit Informationstechnologien - Struktur und Dynamik   224

Abbildung 4.1-3: Managementleistungen mit Informationstechnologien - Bezugsprobleme und Veränderungsprozeß   227

Abbildung 4.1-4: Beschreibungsform der empirischen Analyse   228

Abbildung 4.1-5: Beschreibungsdimensionen und Merkmalsklassen der Datenauswertung   229

Abbildung 4.2-1: Organigramm des Textilkaufhauses bei Projektbeginn   239

Abbildung 4.2-2: Anwendungsentwickler: Vermischte Botschaften im Informationsverhalten   264

Abbildung 4.2-3: Betriebswirtschaftliche Rahmenkonzeption - Modularer Aufbau des Gestaltungshandelns   290

Abbildung 4.2-4: Modelle einer Teamorganisation   293

Abbildung 4.2-5: Neuordnung der Tätigkeitsfelder in der Einkaufsadministration   294

„We are realizing that in order to achieve organizational excellence, learning, competence, and justice are a much more realistic foundation than are morale, satisfaction, and loyality" (Chris Argyris).[1]

1 Einführung

Eine der zentralen Problemstellungen, die in der Betriebswirtschafts- und Managementlehre derzeit Aufmerksamkeit auf sich zieht, ist die Frage nach der Fähigkeit von Unternehmungen, sich in dynamischen Märkten anzupassen.

Um die Fähigkeit zur Anpassung zu entwickeln und zu erhöhen, stellen Unternehmungen aus wettbewerbsstrategischen Gründen bestehende organisatorische Verhältnisse grundsätzlich zur Disposition. Dieser Anpassungsprozeß wird in Leitbegriffen zur Beschreibung neuer Unternehmensformen gefaßt, wie modulare Fabrik (vgl. Wildemann 1992), Strategisches Netzwerk (vgl. Sydow 1992a) oder virtuelles Unternehmen (vgl. Szyperski u. Klein 1993), und mit Konzepten zur Gestaltung moderner Organisationsstrukturen und -abläufe, wie z.B. Lean Production (Womack, Jones u. Roos 1991) oder Business Reengineering (vgl. Hammer u. Champy 1994, Davenport 1993), in Verbindung gebracht. Zur organisatorischen Umsetzung dieser Gestaltungsentwürfe wird der informationstechnischen Unterstützung von Managementleistungen - als Mittel zur optimalen Kombination betrieblicher Leistungsfaktoren - eine zentrale Rolle zugewiesen.

Ziel dieser Einführung ist es zu zeigen,

- welchen Stellenwert die Einführung von Managementunterstützungssystemen im Zuge der Neuordnung der Aufbau- und Ablauforganisation betrieblicher Leistungserstellung hat;

- warum die Nutzung von Managementunterstützungssystemen aufgrund ihrer personal- und organisationspolitischen Bedeutung für das Management einen Unsicherheitsfaktor im Prozeß der Anpassung darstellt;

- warum betriebswirtschaftliche Ansätze der Personal- und Organisationsentwicklung mit ihren Erklärungs- und Gestaltungsaussagen für diese betrieblichen Problemlage als nicht mehr ausreichend bewertet werden.

Auf dieser Basis werden Erkenntnisperspektive, Fragestellung und Untersuchungsaufbau der Arbeit entwickelt und ihr methodologisches Grundverständnis ausgeführt.

[1] Argyris (1990), S.xi.

1.1 Der Stellenwert von Managementunterstützungssystemen für die Anpassungsfähigkeit betrieblicher Leistungserstellung

Ausgangspunkt der Transformation der Wettbewerbsdynamik in die Entwicklung von Unternehmen, ihrer Strukturen und Handlungsweisen ist eine Neuorientierung des strategischen Handelns in Unternehmen.

Mit dem Bedeutungszuwachs, den Faktoren wie Qualität, Verfügbarkeit und Brauchbarkeit von Produkten erfahren, stellt sich die Frage nach den Produktionsbedingungen, aus denen in Unternehmen Güter entstehen, die gemessen an diesen Produkteigenschaften in dynamischen Märkten wettbewerbsfähig sind (vgl. Porter 1989). In dieser Sichtweise stellt die sparsame Bewirtschaftung von Produktionsfaktoren - als Bezugsproblem der Analyse von Güterentstehung und Faktoreinsatz in klassischen betriebswirtschaftlichen Produktivitätstheorien für das Produktionsmanagement und den Personaleinsatz (vgl. zusammenfassend Bea 1995, S.36ff., Wächter 1992, S.316f.) - nur einen Aspekt des Nutzens dar, den ein Produkt als Ausbringungsgut betrieblicher Leistungsprozesse stiftet. Zu den Unternehmensstrategien, die als Indikatoren für diese Neuorientierung im Wettbewerb angesehen werden können und die mit ihrer Verbreitung zugleich für die Entfaltung seiner *wirtschaftlichen Dynamik* stehen, gehören (vgl. z.B. Bea 1995, Conrad 1991):

- die Veränderung im Leistungsspektrum der Gütererstellung mit dem Ziel der Erringung von Differenzierungsvorteilen, beispielsweise durch Variantenvielfalt, Sortimentsbreite und -tiefe;

- die Neuordnung der Zeitzyklen im betrieblichen Leistungsprozeß mit dem Ziel der Verkürzung der Aktionszeiten, etwa durch kurze Durchlaufzeiten, flexible Lagerbestände;

- die Verschiebung der Relation von materiellen und immateriellen Inputfaktoren, die im Bedeutungsgewinn der Dienstleistungsaspekte betrieblicher Leistungserstellung und im Stellenwert der Organisation des Leistungsvollzugs zum Ausdruck kommt.

Zur Erreichung dieses Leistungsspektrums sind Anpassungsentscheidungen notwendig, mit denen die wirtschaftliche Dynamik in angemessene Leistungsbeiträge der Unternehmung transformiert wird. Es wird die Annahme formuliert, daß diese Anpassungsentscheidungen nicht mehr länger als Ausnahmefall *des* organisatorischen Handelns, sondern als Regelfall *im* organisatorischen Handeln zu betrachten sind (vgl. Schreyögg u. Noss 1995, Ulrich 1994a). Zentrale Parameter für die Fähigkeit zur Anpassung sind - in *betriebswirtschaftlicher* Sicht - neben der Ausschöpfung der Faktorqualitäten die Bedingungen der Kombination der betrieblichen Leistungsfaktoren (vgl. Gutenberg 1975, S.2ff.). Hier werden in der Literatur veränderte oder erweiterte Aufgabenstellungen der Unternehmenssteuerung gesehen, für die - in *be-*

triebswirtschaftlich-organisatorischer Sicht - das Potential der Anwendung informationstechnischer Systeme nicht in der Überwindung von Produktivitätsschwächen bei der betrieblichen Leistungserstellung besteht. Ihr besonderes Kennzeichen ist, daß sie sich auf die Ebene der Erschließung dieser objektiven Arbeitsleistungen beziehen: die dispositive Ebene der Managementleistungen mit ihren Funktionen, Aufgaben und Aktivitäten. Der Fluchtpunkt - wie Ulrich (1990, S.254) es nennt - der *Konzeption* ist die Optimierung der Kooperationsbeziehungen, auf denen der Leistungsaustausch zwischen unabhängigen und funktional spezialisierten betrieblichen Aufgabenbereichen beruht, auch über institutionelle Grenzen einer (erwerbswirtschaftlichen) Organisation hinweg (vgl. auch Picot u. Reichwald 1994).

Unter dem Leitbegriff *Managementunterstützungssystem* werden informationstechnische Anwendungskonzepte für Funktionen entwickelt, die a) zur Steuerung und Koordination der betrieblichen Leistungserstellung - auf der Ebene von Arbeitsbeziehungen in Unternehmen, aber auch auf der Ebene der Leistungsbeziehungen zwischen Unternehmen - notwendig sind, und b) als Managementleistungen bestimmt werden können, die von Managern als betrieblicher Akteurgruppe bewältigt werden. Der Begriff kennzeichnet zusammenfassend verschiedene Formen dieser grundlegenden Anwendungskonzeption. Diese sind zum Teil stärker aufgabenbezogen, hierzu sind insbesondere Entscheidungsunterstützungs- und Führungsinformationssysteme zu rechnen, oder gehen von spezifischen Aktivitäten im Arbeitshandeln von Managern als Aufgabenträgern aus (z.B. Fragmentierung der Aufgaben, Kommunikationsintensität). Auf deren Unterstützung sind Anwendungskonzepte wie die alternierende Telearbeit oder die computergestützte Gruppenarbeit gerichtet, in denen durch die Nutzung technischer Kommunikationsmittel Arbeitsaktivitäten zu unterschiedlichen Zeiten sowie an verschiedenen räumlichen Orten einer Organisation stattfinden können. Die Bezeichnung Managementunterstützungssystem steht damit für einen bestimmten Anwendungs*typ* integrierter technikgestützter Informationsverarbeitung innerhalb der Gesamtheit technikgestützter Informationssysteme einer Unternehmung (vgl. Wollnik 1986, S.193).

Ein grundlegendes Ziel der informationstechnischen Unterstützung von Managementleistungen ist ihre Anwendung im Rahmen *innovativer Organisationsformen,* in denen die *Neubewertung der Anpassungsfähigkeit von Unternehmen und ihre organisatorische Umsetzung* zum Ausdruck kommt. Kristallisationspunkte der Neuorientierung können - unter Bezugnahme auf die Unterscheidung von Aufbau- und Ablauforganisation der betriebswirtschaftlichen Organisationsforschung (vgl. Picot u. Franck 1995, S.21ff., Drumm 1996, S.8ff.) - in zwei Bereiche geordnet werden:

- *Die Anpassung von Geschäftsprozessen als ablauforganisatorisches Problem:* Produktions- und Dienstleistungsprozesse vollziehen sich nicht (nur) in wohl strukturierten, räumlich und zeitlich zusammenhängenden Aufgabenstrukturen. Betriebliche Leistungen werden im Rahmen verteilter Arbeitssysteme zu unterschiedlichen Zeiten an verschiedenen Orten in einem Unternehmen erbracht, so daß die aus Leistungsverflechtungen resultierenden funktionalen Interdependenzen und deren Ausrichtung auf den Kundennutzen ein Schlüsselproblem organisatorischer Gestaltung darstellen. Mit dieser Akzentuierung wird in organisationsstruktureller Hinsicht die Komplexität von Arbeitsaufgaben mit Informations- und Kommunikationsleistungen und ihrer technischen Unterstützung zur Sicherung der Prozeßeffizienz in Verbindung gebracht. Eine solche Analyse geht in der betriebswirtschaftlichen Organisationslehre bis auf Nordsieck (1934, auch Kosiol 1962) zurück und ist bisher vor allem mit einer stärker operativen, innerbetrieblichen Ausrichtung bearbeitet worden (vgl. vor allem Gaitanides 1983, zusammenfassend Frese 1992, S.246ff.).

• *die Differenzierung von Geschäftsfeldern als aufbauorganisatorisches Problem:* Mit dieser Prozeßorientierung findet die funktionale Verflechtung auch als Problem der Zuordnung der Prozeßelemente zu Aufgabenträgern und Organisationseinheiten zunehmend Aufmerksamkeit. Für den als kritisch beurteilten Bedarf an Koordination der Einzelaktivitäten werden stärker gruppenorientierte Arbeitsstrukturen und die Bildung abgegrenzter organisatorischer Einheiten als mögliche Problemlösung angesehen. Dies wird mit einer Rückverlagerung von Planungs- und Entscheidungsfunktionen als Basis zur Eingrenzung des Entscheidungsbedarfs und zur Bewältigung von Koordinationsaufgaben verbunden (vgl. etwa Theuvsen 1996, S.68f., grundlegend zum Delegationsproblem Bruch 1996, S.77ff.). Die Ordnung betrieblicher Aktivitäten in Formen der unternehmensübergreifenden Zusammenarbeit stellt hier ein Rahmenproblem dar, in das sich die Strukturierung der unternehmensinternen Arbeitsteilung einordnet (vgl. Picot u. Franck 1995, S.26ff., auch Siebert 1991, Biervert u.a. 1992, S.5ff., Picot u. Franck 1993, Zündorf, Heitbrede u. Kneißle 1993).

Der Stellenwert der informationstechnischen Unterstützung von Managementleistungen für die (Re-)Organisation bereichs- und unternehmensübergreifender Leistungsbeziehungen beruht auf der *systematischen Verknüpfung* der *Funktion* organisatorisch verankerter Anpassungsfähigkeit, die aus dem in Informationssystemen „materialisierten" Abbild betrieblicher Leistungsprozesse entsteht und die Dezentralisierung von Anpassungsentscheidungen ermöglicht, mit den organisations- und personalpolitischen Veränderungs*prozessen*, die im Zuge der Informatisierung initiiert werden (vgl. Orlikowski 1992, S.402, in soziologischer Sicht Feldhoff, Hessinger u. Schlinkert 1994, S.148f., in betriebswirtschaftlicher Sicht Nippa 1995b, S.69f., Deiser 1995, S.321). In dieser Interpretation liegt der Zweck der Implementierung von Managementunterstützungssystemen nicht in der Wirtschaftlichkeit technikgestützter Arbeitsverfahren, oder in einer stärkeren Kontrolle betrieblicher Leistungserstellungsprozesse, sondern in ihrer Wirkung als *Katalysator* für die Initiierung einer grundlegenden Veränderung des Arbeits- und Entscheidungsverhaltens im Management: Besteht die Funktion von *Anwen-*

dungskonzepten informationstechnischer Systeme *für das Management* in der Erhöhung der Anpassungsfähigkeit der Unternehmung, dann ist die *Form ihrer Nutzung*, das heißt die mit dem technischen Medium mögliche Reaktivität *im Arbeits- und Entscheidungsverhalten der Manager*, nicht Folge oder Wirkung des Technikeinsatzes, sondern eine Bemessungsgröße für den Grad der Anpassungsfähigkeit in der betrieblichen Leistungserstellung.

Dies macht die Technik „mächtiger" für und ihr Gelingen zugleich kritischer im organisatorischen Handeln - besteht ihre Funktionalität doch nicht (allein) in der Verallgemeinerung von Informationsverarbeitungsprozessen durch ihre Abstraktion in einem Modell (vgl. Krcmar 1991, S.173f.), sondern in der Neuordnung von Verständigung und Kommunikation in gegenwärtigen, d.h. alltäglichen, Kooperationsbeziehungen (vgl. Kappler 1990, S.212ff.). Aus betriebswirtschaftlicher Sicht entsteht eine zu klärende Differenz zwischen der Zweckmäßigkeit informationstechnischer Systeme (ihrer Instrumentalität als Anwendungs*option*) und ihrer Ergiebigkeit als Betriebsmittel im organisationalen Handeln (ihre Nutzung als Arbeitsmittel in Managementprozessen). Ihre Transformation in ökonomische Größen ist abhängig von der Wahrnehmung und Interpretation ihrer Zweckmäßigkeit durch Manager im Alltag ihres betrieblichen Handelns. Die Bestimmung der *„Güte der Betriebsmittel"*, als funktionalem Ausgangspunkt theoretischer Analyse (vgl. Gutenberg 1975, S.71), ist *auch* als Entscheidungsproblem *im* betrieblichen Alltagshandeln zu rekonstruieren. Es geht nicht (nur) darum, in welche betrieblichen Handlungsmodelle technische Informationssysteme übersetzt werden, sondern wie diese Formung betrieblichen Handelns im Arbeits- und Entscheidungsverhalten verfügbar und damit organisatorisch wirksam wird.

Damit wird die Beschreibung und Rekonstruktion der Gestaltung von technischen Informationssystemen als Informationstechnologien für das Management von der *Entwicklungsdynamik technischer Infrastruktursysteme* auf die *Nutzungsdynamik im Arbeits- und Entscheidungsverhalten* gelenkt, und damit auf die Frage nach den Vermittlungsmechanismen im Prozeß der Transformation von Anwendungskonzepten in (technische) Medien des alltäglichen betrieblichen Handelns (als Beobachtungskonstrukt).

1.2 Veränderung durch Personal- und Organisationsentwicklung - Forschungsschwerpunkte und Forschungsdefizite

Mit dieser Problemstellung ist zu klären, wie die Einführung von Managementunterstützungssystemen als Prozeß der Veränderung betrieblicher Verhaltensweisen, hier des Arbeits- und Entscheidungsverhaltens von Managern, in betriebswirtschaftlichen Bezugsdisziplinen bearbeitet wird.

Als besonderer Anwendungstyp technikgestützter Informationsverarbeitung stellen Managementunterstützungssysteme ein Problemfeld und Aufgabengebiet der Wirtschaftsinformatik dar. Managementunterstützungssysteme werden hier als speziell zu entwickelnde, integrierte Anwendungssysteme für Aufgaben und Aktivitäten des Managements behandelt (vgl. Mertens u.a. 1992, S.133ff., Stahlknecht 1991, S.378ff., exemplarisch: Groffmann 1992). Der Frage nach den Bedingungen ihrer Anwendung in der betrieblichen Praxis wird vor allem in drei betriebswirtschaftlichen Forschungszusammenhängen nachgegangen:

a) Ihre Funktionalität und der unternehmensstrategische Stellenwert von Managementunterstützungssystemen sind Gegenstand der Bürokommunikationsforschung.

b) Die personalen und organisatorischen Voraussetzungen (Qualifikation, Arbeitsstrukturierung) stellen das Untersuchungsfeld personalwirtschaftlicher Forschungsarbeiten dar.

c) Der Prozeß der Veränderung von Aufgabenstrukturen und Unternehmensstrategien wird in Forschungsansätzen zur Entwicklung von Organisationen bearbeitet.

ad a) Der Frage nach der Funktionalität von Managementunterstützungssystemen für betriebliche Aufgabenstellungen wird vor allem im Rahmen von *Forschungsarbeiten zur Bürokommunikation* (vgl. als Übersicht zum Stand der Forschung Picot u. Reichwald 1991, Reichwald 1990, 1993, Bellmann u. Wittmann 1991) nachgegangen. Hier werden funktionale Aspekte organisatorischer und strategischer Gestaltung thematisiert, für die als Konsequenz aus der technischen Entwicklung sowie der Veränderung des Einsatzschwerpunktes in Richtung auf Managementprozesse die Notwendigkeit zu einer Erweiterung des betriebswirtschaftlichen Rationalisierungsverständnisses gesehen wird (vgl. Reichwald 1989, S.316f.). Diese Notwendigkeit wird auf zwei Gründe zurückgeführt:

• *Informationstechnik und Aufgabenstrukturierung:* Die analytische Durchdringung technikgestützter Informations- und Kommunikationsverfahren reicht nicht über die Entfaltung ihrer Funktion(en) für *wohlstrukturierte Aufgaben* hinaus. Eine adäquate Organisationsmethodik zur Umsetzung der Rationalisierungspotentiale insbesondere für wenig strukturierte Aufgabenbereiche in Fach- und Führungsfunktionen ist noch nicht entwickelt. Dies wird als Folge einer Orientierung an Schwerpunktsetzungen traditioneller betriebswirtschaftlicher Organisationsforschung eingeschätzt (vgl. Reichwald 1989, S.318).

• *Informationstechnik und Unternehmensstrategie:* In ihrer unternehmensstrategischen Begründung wird der Eindruck *situativer Beliebigkeit technisch-organisatorischer Strukturierung* erzeugt. Informationstechnik und Unternehmensstrategie sind in einem „double linkage" miteinander verknüpft: Informationstechniken unterstützen Markt- und Wettbewerbsstrategien, zugleich stellen Informationstechniken als Produkt für Unternehmen eine markt- und wettbewerbsstrategische Option dar. Leitbilder der Technikentwicklung treten an die

Stelle der analytischen Bestimmung von Wettbewerbsstruktur, Technikeinsatz und Organisationsform (vgl. Lullies 1989, S.857, Kubicek 1992a, Sp.952).

In der funktionalen Ausrichtung dieser Forschungsarbeiten stehen Wirkungen, die sich aus der Umsetzung von Unternehmensstrategien und Aufgabenstrukturen ergeben - und im Begriffskonstrukt der Akzeptanz (vgl. grundlegend Wiendieck 1992) gefaßt werden -, nicht im Mittelpunkt des Forschungsinteresses. Zentrale Fragen zu ihrer Aufklärung, beispielsweise der (mikro-)politischen Relevanz der Informationstechnik in der Führungsorganisation eines Unternehmens, werden in einschlägigen Forschungsarbeiten nicht systematisch behandelt (vgl. z.B. Bellmann 1989, S.280ff.) und können - vor allem auch angesichts der methodischen Konzeption empirischer Untersuchungen (vgl. z.B. Peters 1988, S.346ff.) - nur in Ausnahmefällen vertiefend bearbeitet werden (vgl. Küpper u. Hahne 1993, S.95/111f., exemplarisch für den deutschsprachigen Raum die organisations- und industriesoziologischen Studien von Ortmann u.a. 1990, Lullies, Bollinger u. Weltz 1990, aus Sicht einer betriebswirtschaftlich orientierten Mitbestimmungsforschung auch Bartölke u.a. 1991, Osterloh 1993a).

ad b) Die wissenschaftliche Bearbeitung der Frage nach der Anwendung und Nutzung von technikgestützten Informationssystemen ist als Aufgabe und Teilgebiet des *Personalmanagements* anzusehen. Im Rahmen der betrieblichen Aufgabenteilung fällt es dem Funktionsbereich Personal im allgemeinen und dem Teilgebiet Personalentwicklung im besonderen zu, Konzepte und Methoden zur Gestaltung und Steuerung solcher Veränderungsprozesse zu formulieren. Hier zeigt sich ein bemerkenswertes Spannungsverhältnis zwischen der betrieblichen Praxis und den in der Personalwirtschaftslehre entwickelten Ansätzen zur Beschreibung und Gestaltung betrieblicher *Personalentwicklungsplanung*:

• In der betrieblichen Praxis läßt sich ein zunehmender Ausbaustand der Personalentwicklung bzw. der betrieblichen Weiterbildung feststellen. Dies zeigen insbesondere deutlich gestiegene „Investitionen in das Humankapital": Im Vergleich der Jahre 1980 und 1992 sind die Aufwendungen für die betriebliche Weiterbildung von 8,0 Mrd. DM auf ca. DM 36,5 Mrd. DM angestiegen (vgl. Pawlowsky 1995, S.440, ähnlich argumentiert Neuberger 1991, S.292f.). Gleichzeitig zeigen empirische Studien, daß betriebliche Personalplanungs- und Personalentwicklungsaktivitäten wenig systematisch, vor allem aber reaktiv erfolgen. In vielen Fällen kann von einer entwickelten Personalentwicklungsplanung nicht die Rede sein. Als Instrumente dominieren Bedarfsanmeldeverfahren der Fachabteilungen oder Vorgesetztenbefragungen und Planungsfortschreibungen durch die Personalabteilung. Es steht eine Qualifizierungspraxis im Vordergrund, die bedarfsorientiert an technisch-funktional bestimmten Anforderungskriterien ausgerichtet ist (vgl. Hanft 1995, S.16ff., sowie Bahnmüller, Bispinck u. Schmidt 1993, S.124ff., Pawlowsky 1995, S.439ff.).

- Kernelement von instrumentellen Vorschlägen zur Beschreibung betrieblicher Personalentwicklungsplanung ist die optimale Deckung des Personalentwicklungsbedarfs. Dieser läßt sich als Differenz aus der Bestimmung zukünftiger betrieblicher Anforderungen auf der Ebene tätigkeitsspezischer Arbeitsanforderungen (Anforderungsprofil) und verfügbarer individueller Fähigkeiten und Fertigkeiten (Fähigkeitsprofil) - unter Berücksichtigung individueller Entwicklungsziele - ausweisen. Die Deckung des Personalentwicklungsbedarfs erfolgt durch Personalentwicklungsmaßnahmen, die aufgrund von Zweck-Mittel-Überlegungen eindeutig bestimmbar sind, mit der also jede Form unnötiger Personalqualifikation vermieden wird (z.B. Berthel 1991, S.208ff., Drumm 1995, S.309ff.). Fokussiert die methodische Kritik dieses derivativen Planungsverständnisses vor allem auf die Prognosequalität und die Art der Verknüpfung von Unternehmens- und Personal- bzw. Personalentwicklungsplanung - z.b. als Grenzen einer synchronisierten Personal- und Unternehmensplanung (vgl. Staudt, Kröll u. v. Hören 1993, S.61ff.) -, richten sich konzeptionelle Einwände gegen die Engführung dieser Sichtweise: Entscheidungsfeld sind individualisierte, arbeitsspezifisch geordnete Personenqualifikationen mit der Folge a) einer systematischen Ausdünnung der Personalressourcen, die eine flexible Anpassung an die betrieblichen Entscheidungen inhärente Unsicherheit erlauben, und b) einer systematischen Ausblendung der Kopplung personaler und organisationaler Anpassungs- und Entwicklungsprozesse im Kontext spezialisierter betrieblicher Aufgabenerfüllung, von der die Abstimmung arbeitsspezifischer Qualifizierung mit der Veränderung betrieblicher Kooperationsprozesse erwartet wird (vgl. Pawlowsky 1995, Staehle 1991b, grundlegend: Bartölke u. Grieger 1993, Grieger 1997, insbes. S.274ff.).

Theoretische Grundlegung und praktische Ausgestaltung der Personalentwicklungsplanung legen damit ein Verständnis betrieblicher Personalentwicklung nahe, in dem aufgrund der selektiven Ausrichtung auf das Problemfeld der Qualifikation des Personals Problemfelder der Gestaltung betrieblicher Anpassungsprozesse nicht betrachtet werden. Die Anpassungsfähigkeit von Unternehmen wird allenfalls als individualisiertes Problemfeld der „... *Verstetigung des Lernens, um das Lernen selbst nicht zu verlernen ...*" (Drumm 1995, S.325) aufgefaßt. Formen von Veränderungsprozessen selber (und damit Formen ihrer Formung) bilden nicht den Gegenstand der Analyse oder werden als Aufgabe betrieblicher Organisationsentwicklung gesehen und als Forschungsfeld der Organisationslehre zugeordnet (vgl. zu Erkenntnisperspektiven bspw. Neuberger 1991, S.39ff.).

ad c) In der Organisationslehre ist es in erster Linie das Teilgebiet der *Organisationsentwicklung*, in dem die Gestaltung erfolgreicher Wandelprozesse bearbeitet wird. Ausgangspunkt für eine eigenständige Lehre des geplanten organisatorischen Wandels ist die Einsicht, daß der Erfolg einer organisatorischen Neuordnung wesentlich von der Einstellung und Einbindung der Organisationsmitglieder abhängig ist (vgl. die Übersicht in Staehle 1991a, S.846ff., Steinmann u. Schreyögg 1993, S.429ff., auch Steinle 1985, S.157ff.).

Für die betriebswirtschaftliche Organisationslehre spielt dieser Problemaspekt organisatorischer Gestaltung keine herausgehobene Rolle. Aus dieser Sicht stellen sich organisationsstrukturelle Änderungen in erster Linie als Planungsproblem dar, bei dem es um die Bestimmung einer optimalen organisatorischen Lösung geht, die aufgrund ihrer rationalen Begründung und ihrer Nützlichkeit für organisationales Handeln auch von den betroffenen Organisationsmitgliedern akzeptiert wird (vgl. zum Konzept empirisch-rationaler Strategien der Veränderung sozialer Systeme Staehle 1991a, S.861f., Steinle 1985, S.350ff.). Als eigenständiges, organisationstheoretisch zu bearbeitendes Problem wird der geplante organisatorische Wandel in der stärker verhaltenswissenschaftlich orientierten Organisationsforschung aufgefaßt, die sich - von beobachtbaren Widerständen gegen Änderungen ausgehend - mit dem Phasenverlauf von Veränderungsprozessen, deren Auslösung, den Rollen in Veränderungsprozessen und geeigneten Interventionsmethoden beschäftigt (zu normativ-reedukativen Strategien Staehle 1991a, S.864ff., grundlegend French u. Bell 1990, S.72ff.). Heute in der Diskussion stehende Bedingungen sozialverträglicher Technikgestaltung und Methoden organisationalen Wandels sind auf diese Forschungen zurückzuführen. Dazu werden insbesondere drei Faktoren gerechnet (vgl. Schreyögg u. Noss 1995, S.171, auch Klimecki, Probst u. Eberl 1991, S.114f., Rock, Ulrich u. Witt 1990a, S.44f.):

• die aktive Teilnahme von Organisationsmitgliedern - *„Betroffene als beteiligte Subjekte"* - an Veränderungsprozessen durch frühzeitige Informationen über Ziele der Gestaltung und Beteiligung an der Entscheidung über Gestaltungsmaßnahmen;

• Gruppen als Wandelmedium, um durch gegenseitige Kooperation Ängste zu reduzieren und damit Akzeptanz und Umsetzungsbereitschaft zu erhöhen;

• der zyklische Verlauf von Veränderungsprozessen, in dem in einer Auflockerungsphase die Bereitschaft zum Wandel erzeugt und in einer Beruhigungsphase die durchgeführte Gestaltungsmaßnahme stabilisiert wird.

Gegenüber dem ursprünglich stark emanzipatorisch-normativen Anspruch stellen sich Konzepte der Organisationsentwicklung heute weniger theoretisch als technologisch, auf Bedingungen ihrer Anwendung fokussiert dar (vgl. Schein 1989, S.3ff.). Staehle (1991a, S.852) spricht von einer Entpolitisierung und Entideologisierung des Organisationsentwicklungsansatzes. Beide Entwicklungstendenzen spiegeln sich in zentralen Kritikfeldern wieder, die sich mit dem Argument der machtpolitischen Naivität und dem Manipulationsverdacht gegenüber Organisationsentwicklungsmaßnahmen gegen den normativen Anspruch einer gelingenden Anknüpfung von Mitarbeiterzielen an Organisationszwecke wenden (vgl. Schreyögg u. Noss

1995, S.173, Klimecki, Probst u. Eberl 1991, S.115), durch die diese *Sichtweise* auf geplante Organisationsveränderungen praktisch und in der wissenschaftlichen Diskussion wesentlich an Bedeutung verloren hat.

Mit Blick auf den Erklärungsgehalt des Organisationsentwicklungsansatzes zur Beschreibung von Veränderungsprozessen in Organisationen ist weniger diese normative Kritik von Interesse als die methodische Kritik an dem zugrundeliegenden Veränderungsverständnis. In dieser Betrachtung werden Grundannahmen, von denen die Problembeschreibung ausgeht, für das zu bearbeitende Untersuchungsfeld als nicht angemessen beurteilt (vgl. Schreyögg u. Noss 1995, S.174ff., auch Steinmann u. Schreyögg 1993, S.440ff.):

- *Organisatorischer Wandel als fest umrissenes Problem:* Die Auffassung von Wandel geht davon aus, daß im Prozeß der Veränderung das Veränderungsproblem einen angebbaren Anfang und ein Ende hat. Die empirische Entscheidungsforschung (vgl. als Überblick Weber u.a. 1994, S.4ff.) zeigt indes die wechselseitige Verknüpfung von Organisationsproblemen, Entscheidungsträgern und Entscheidungsphasen in der Organisationspraxis auf, die sich in einer eingrenzenden Ausgangsbeschreibung eines Planungs- und/oder Interventionsprozesses nur bedingt erfassen läßt (vgl. grundlegend Schreyögg 1991, S.264ff.).

- *Organisatorischer Wandel als stetiger und beherrschbarer Prozeß:* Die zyklische Beschreibung des organisatorischen Wandels legt ein Verständnis nahe, in dem Veränderungsprozesse als kontinuierliche, zeitlich überschau- und streckbare Episoden im Organisationsgeschehen und insofern auch (zumindest bedingt) als technologisch beherrschbar aufgefaßt werden. Nicht betrachtet wird das Problemfeld diskontinuierlicher Veränderungen und der Veränderung der Problembeschreibung im Zeitablauf. Auch Selbstorganisationsprozesse können nicht systematisch bearbeitet werden (vgl. z.B. Baitsch 1993).

- *Organisatorischer Wandel als Sonderfall und Aufgabengebiet von Spezialisten:* Der organisatorische Wandel wird mit dieser Konstruktion von Problembeschreibung und -handhabung als Sonderfall organisationalen Handels thematisiert, der in die Hände hierfür speziell ausgebildeter Akteure - change agents - gelegt werden kann. Damit kann das wechselseitige Beziehungsgeflecht zwischen Organisationsstrukturierung - als Mechanismus zur Vorordnung organisationaler Verhaltensmodi - und der Veränderung organisationaler Verhaltensmuster nur bedingt bearbeitet werden, da sich beide Untersuchungsfelder - von ihrer theoretischen Anlage her - in separierbaren Annahmegefügen bewegen.

Organisationsentwicklung erscheint dann als ein konzeptioneller Ansatz, dessen Erkenntnisinteresse in einer *„Theorie des Veränderns"* (Klimecki, Probst u. Eberl 1991, S.115) liegt, und der sich folglich auf die Analyse der Wirkungen von Interventionstechniken für die Zwecke des organisatorischen Wandels - Steigerung der Leistungsfähigkeit der Organisation und/oder

Befriedigung individueller/sozialer Ziele - konzentriert. Das im Zuge dieser Forschungsorientierung entwickelte reichhaltige und bewährte Spektrum an Interventionstechniken (vgl. die Übersichten bei Neuberger 1991, S.239ff., French u. Bell 1990, S.124ff.) erlaubt es allerdings nicht, systematisch Fragen der Entwicklung der Organisation eigenständig zu bearbeiten.

Der Grundtenor dieser Kritik am Forschungsstand läßt sich unter zwei Gesichtspunkten zusammenfassen:

1. Für Anwendungskonzepte zur informationstechnischen Unterstützung von Managementleistungen, deren Zweck in einer grundlegenden Neuausrichtung des Arbeits- und Entscheidungsverhaltens zur Erhöhung der Anpassungsfähigkeit von Unternehmen besteht, stellt die Form ihrer Nutzung in der arbeitsteiligen Organisation betrieblicher Entscheidungsprozesse und ihrer Kooperations- und Kommunikationsbeziehungen - in funktionaler Kennzeichnung: Managementprozesse - ein zentrales Problemfeld dar.

2. Mit dieser betrieblichen Problemstellung wird bei der Analyse der Funktion technischorganisatorischer Strukturierung der Prozeß der Veränderung der sozialen Ordnung im betrieblichen Handeln in den Mittelpunkt der Analyse gerückt und damit die Frage nach der Entstehung und Stabilisierung von Handlungen und Handlungsstrukturen in Managementprozessen. Aus methodologischen Gründen, d.h. vor allem aufgrund erkenntnisleitender Prinzipien, kann *diese* Form intendierter Veränderung organisatorischer Verhältnisse nur bedingt in das Blickfeld „klassischer", d.h. vor allem instrumentaler, Beschreibungen betrieblicher Veränderungsprozesse in der betriebswirtschaftlichen Organisations- und Personallehre rücken. In der Bürokommunikationsforschung ebenso wie in einer instrumentellen Personalentwicklungstheorie (vgl. Drumm 1995) werden vor allem funktionale Voraussetzungen der Anwendung von Informationstechnologien (Qualifikation, Arbeitsstrukturierung) bearbeitet. Die Kritik am Organisationsentwicklungsansatz richtet sich hingegen auf das enge, auf zeitlich abgegrenzte Interventionen ausgerichtete Veränderungsverständnis.

Problemfelder und Fragen zum Prozeß der Veränderung betrieblicher Handlungsweisen, mit dem theoretisch die Nutzung von Managementunterstützungssystemen im Arbeits- und Entscheidungsverhalten von Managern beschrieben werden kann, stehen in diesen Forschungsrichtungen nicht im Mittelpunkt des Erkenntnisinteresses. Aufgrund der konzeptionellen Engführungen in der betriebs- und personalwirtschaftlichen Bearbeitung dieses Problemfeldes vermerken kritische Stimmen hier eine *ökonomische Konzeptlücke* (vgl. Rock 1990, S.218), in der die erfahrungswissenschaftliche Reflexion von Prozessen der Veränderung von Unternehmen mit ständig neuen, zukunftsweisenden Entwürfen und Rezepten nicht Schritt halten kann (vgl. Küpper u. Hahne 1993). Die Einforderung eines erweiterten betriebswirtschaftlichen Rationalisierungsverständnisses (vgl. Reichwald 1989, S.316f.) und der theoretischen Neuorientierung der wissenschaftlichen Bearbeitung der Anwendungsgestaltung von technischen Informationssystemen in Unternehmen (vgl. Picot 1989, S.376f., der ein transaktionskostentheoretisch fundiertes Argumentationsgerüst entfaltet, auch Picot 1982, Picot u. Reichwald 1994, Picot, Neuburger u. Niggl 1995) geht einher mit der Beschreibung und Wahrnehmung einer größeren Spannweite organisations- und kommunikationstheoretischer Forschungsansätze (im Überblick z.b. Türk 1989, Theis 1994), deren Beitrag zu einem betrieblichen Kommunikationsmanagement geprüft (vgl. Hrubi 1988, Seiwert 1992) und von denen eine fruchtbare Weiterentwicklung einer Lehre der betrieblichen Informationswirtschaft (vgl. Picot u. Reichwald 1991), des Informationsmanagements (vgl. Krcmar 1991) und des Organisations- und Personalmanagements (vgl. Wächter 1992, Schreyögg und Noss 1995) erwartet wird, bis hin zur Suche nach grundsätzlich neuen Erkenntnisperspektiven, die im Anschluß an moderne Sozial- und Systemtheorien entwickelt werden (z.b. Ulrich 1986, Martens 1989, Kirsch 1992, als grundlegender Überblick Witt 1995 - kritisch Kieser 1994, Ortmann 1995).

1.3 Fragestellung und Vorgehensweise der Untersuchung

Faßt man die Ausführungen zur Problemstellung zusammen, dann ist der *Anlaß* dieser Untersuchung die mit der Einführung von Managementunterstützungssystemen angezielte Neuordnung betrieblicher Leistungserstellung zur Verbesserung der Anpassungsfähigkeit von Unternehmen in dynamischen Märkten. Mit der informationstechnischen Unterstützung *von* Managementleistungen stellt sich die grundsätzliche Frage, warum Manager *mit* diesen Anwendungskonzepten ihr Nutzungsverhalten und damit die Praxis der Steuerung betrieblicher Leistungsprozesse verändern. Dieser, im weiteren zu erklärende Prozeß wird hier allgemein mit dem Begriff der Nutzungsdynamik belegt. Für die Beschreibung und Erklärung dieses Veränderungsprozesses - das legt der Forschungsstand nahe - besteht theoretischer sowie personal- und organisationsmethodischer Klärungsbedarf.

Ziel der Arbeit ist es, einen Bezugsrahmen zur Untersuchung der Veränderung des Arbeits- und Entscheidungsverhaltens von Managern durch die Einführung von Managementunterstützungssystemen in Unternehmen zu entwickeln. Diese Einführung wird hier als Prozeß der *Entwicklung* und *Nutzung* von Informationssystemen für Funktionen, Aufgaben und Aktivitäten des Managements gedeutet. Mit dieser Problemperspektive zur informationstechnischen Unterstützung von Managementleistungen stellen sich drei Fragen:

- Warum nutzen Manager als betriebliche Entscheidungsträger in ihrem individuellen Arbeits- und Entscheidungsverhalten informationstechnische Anwendungskonzepte?

- Warum entwickeln Manager mit unterschiedlichen Nutzungsstrategien gemeinsame Nutzungsformen in der Praxis ihres Arbeits- und Entscheidungsverhaltens?

- Unter welchen Bedingungen nehmen Manager als betriebliche Akteurgruppe informations-technische Anwendungskonzepte als neue Arbeits- und Entscheidungsverfahren in die Pra-xis ihres interpersonellen Arbeits- und Entscheidungsverhaltens in arbeitsteilig organisier-ten Managementprozessen auf?

Mit diesen Fragen wird der für die Nutzung von Informationssystemen im Management kon-stitutive Zusammenhang zwischen den Wahrnehmungs- und Erkenntnisprozessen von Mana-gern bei der Nutzung informationstechnischer Systeme (kognitive Dynamik) und der kom-munikativen Vermittlung dieser Nutzungsstrategien bei der Bewältigung ihrer Aufgaben und Aktivitäten in den Arbeits- und Entscheidungsprozessen (organisationale Dynamik) in den Mittelpunkt des Erkenntnisinteresses gestellt. Erkenntnisleitend für die Entwicklung dieses Bezugsrahmens sind Forschungsansätze, in denen das Unternehmen als *lernende Organisati-on* betrachtet wird. In dieser Erkenntnisperspektive werden die in Organisationen beobachtba-ren Aktivitäten und Kommunikationsformen zwischen Organisationsmitgliedern auf gemein-sam geteilte, zweckorientierte Begründungen organisationaler Verhaltensweisen zurückge-führt. Das Erkenntnisinteresse ist auf die Vermittlungsmechanismen gerichtet, die in Prozes-sen der Veränderung des Arbeits- und Entscheidungsverhaltens - organisationale Lernprozes-se - wirksam sind, um aufzuklären, warum koordiniert kooperatives Arbeits- und Entschei-dungsverhalten entsteht, und um bestimmen zu können, unter welchen Bedingungen organi-sationale Verhaltensweisen verändert werden.

Die Argumentation bewegt sich in einem Problemaufriß, in dem die erwerbswirtschaftliche Organisation als eine soziale Handlungssituation (ähnlich: für das Arbeitsverhalten von Ma-nagern Schirmer 1992, für die Implementierung von Informationssystemen Wollnik 1986, für interkulturelles Management Macharzina 1994) interpretiert wird, die für das Handeln in die-ser Organisation spezifische Deutungsschemata bereitstellt und in der das Handeln bestimm-ten, jedoch keineswegs einheitlichen Interpretationsmechanismen folgt. Damit bezieht sich die Analyse auch auf die Beschreibung und Rekonstruktion der Entstehung betrieblicher Hand-lungen und Handlungskonstellationen und dort virulenten Interessen. Mit der Frage nach den Bedingungen der Möglichkeit unternehmerischen Handelns durch Managementleistungen mit technikgestützten Informationssystemen wird der Beschreibung von Prozessen der Bewälti-gung der Anforderungen komplexer und unsicherer Umwelten in organisierten Handlungszu-sammenhängen Vorrang gegeben vor einer strukturellen, auf den Zustand einer Organisation orientierten Betrachtungsweise (vgl. Argyris u. Schön 1996, S.15f., auch Wollnik 1986, S.283). Kieser formuliert diese Sichtweise pointiert: *„Eine Erhebung, in der festgestellt wird, daß Strategien und Organisationsstruktur so sind wie sie sind, weil die Gestalter (und ihre Berater) sie gerne so haben, ist keine befriedigende Erklärung"* (Kieser 1993b, S.191).

Diese Herangehensweise ist als Versuch zur Neuorientierung der personalwirtschaftlichen Forschung zur informationstechnischen Unterstützung im Management anzusehen. Es steht nicht (nur) die Zweckmäßigkeit von Informations- und Kommunikationssystemen *für* betriebliche Problemstellungen im Vordergrund, sondern die Faktorenkonstellation, aus der heraus *im* betrieblichen Arbeits- und Entscheidungsverhalten informationstechnische Systeme genutzt werden und sich Nutzungsformen zu alltäglichen Verhaltensmustern im Handeln von Managern entwickeln (können).

Mit dem Begriff der *Nutzungsdynamik* wird dies als eigenständiges Untersuchungsfeld aufgefaßt, in dem neben der Instrumentalität computergestützter Informationssysteme für typisierbare Funktionen und Aufgaben des Managements die Intentionalität ihrer Nutzung im Arbeits- und Entscheidungsverhalten der Manager aufzuklären ist. Damit sind mit dieser Untersuchung Aufschlüsse sowohl über die *Erschließung* der Anwendungskonzepte von Managementunterstützungssystemen durch das Management - als Institution - als auch über den Prozeß ihrer *Einführung* zu erwarten.

Damit steht ein Ziel im Mittelpunkt dieser Untersuchung, mit dessen inhaltlichen Beitrag zu einer - im weiteren Sinne - empirisch gestützten Personalforschung auch die Diskussion von methodologischen und methodischen Problemstellungen verbunden ist, die sich vor allem aus dem handlungswissenschaftlichen Erklärungsanspruch ergeben, der Ansätzen organisationalen Lernens zugrundeliegt (vgl. Argyris u. Schön 1996, S.30ff., grundlegend Argyris 1993a, für die empirische Organisationsforschung Osterloh 1993a). Als Einordnung hierzu wird daher zum Abschluß dieser Einführung das methodologische Grundverständnis dieser Arbeit entwickelt.

Die Arbeit ist - ausgehend von dieser Zielstellung - in vier weitere Kapitel aufgebaut.

Ziel des *zweiten Kapitels* ist es, für die beabsichtigte Entwicklung des Bezugsrahmens Grundprobleme der Einführung von Managementunterstützungssystemen zu identifizieren, Begriffskonstrukte zu deren Beschreibung zu entwickeln und erste Annahmen zur Ordnung des Untersuchungsfeldes zu formulieren.

Einleitend werden dazu mit der Einordnung des Forschungsfeldes Informationstechnologien im Managementprozeß in den weiteren Rahmen der Forschungsorientierungen zum Verhältnis von informationstechnischen Anwendungskonzepten und Organisationsgestaltung grundlegende Begriffe für den Gang der Untersuchung entwickelt. Im weiteren orientiert sich der Aufbau des Kapitels an der in der Managementlehre eingeführten Unterscheidung von Managementfunktionen und Manageraktivitäten. Diese hat als Ordnungsperspektive in Forschungsarbeiten zur informationstechnischen Unterstützung von Managementleistungen Eingang gefunden. Ein zentrales Forschungsgebiet stellen die funktionsorientierten Anwendungskonzepte „Entscheidungsunterstützungssystem" und „Führungsinformationssystem" dar. Als aktivitätsorientiert können die Anwendungskonzepte „alternierende Telearbeit" und „computergestützte Gruppenarbeit" bezeichnet werden, deren Funktionalität auf wichtige Aktivitätsformen von Managern gerichtet ist. Zur Entwicklung der relevanten Grundprobleme und zur Einordnung der Forschungsarbeiten werden begriffliche Grundlagen und Ergebnisschwerpunkte der verschiedenen Forschungsorientierungen in den relevanten Bezugsdisziplinen der Wirtschaftsinformatik, der angewandten Organisationsforschung und der Arbeits- und Organisationspsychologie herausgearbeitet. Im Ergebnis wird gezeigt, daß eine weiterführende Beschreibung und Rekonstruktion der Nutzung von informationstechnischen Leistungen in Managementprozessen so anzulegen ist, daß über die Funktionalität der Anwendungskonfiguration hinaus Struktur und Dynamik der Veränderung der dem Arbeits- und Entscheidungsverhalten zugrundeliegenden Wahrnehmungs- und Begründungmuster auf der personellen und interpersonellen Ebene erfaßt werden können. Vor allem empirische Studien zeigen, daß betriebliche Akteure neue Arbeitsformen aufgrund ihres Erfahrungswissens (kognitive Dynamik) und durch Verständigungs- und Aushandlungsprozesse (organisationale Dynamik) entwickeln und damit ihr Arbeits- und Entscheidungsverhalten verändern.

Ziel des *dritten Kapitels* ist es, ausgehend von diesem Vorverständnis über das Erkenntnisobjekt theoretische Grundlagen zu sichten, um gegenstandsangemessen Erkenntnisperspektive und Erklärungsvariablen des Bezugsrahmens zu entwickeln.

Zu einer ersten Systematisierung werden in Grundzügen Erklärungsansätze zur Veränderung von Organisationen dargestellt. Die Literaturübersicht zeigt, daß insbesondere mit kognitiv fundierten Ansätzen organisationalen Lernens eine Erkenntnisperspektive entwickelt werden kann, die Einsichten in die Mechanismen und Bedingungen der Entstehung und Veränderung von (intersubjektiv geteilten) Handlungsbegründungen im Arbeits- und Entscheidungsverhalten von Organisationen vermittelt. Im weiteren wird aus der Rekonstruktion der für diese Forschungsrichtung zentralen Forschungsarbeiten ein Bezugsrahmen entwickelt, in dem „Handlungsstrategien" betrieblicher Akteure, ihre „Interaktionsverhältnisse" und deren Einfassung in „lokale Handlungstheorien" die Erklärungsvariablen bilden. In der sozial-konstruktiv fundierten Erkenntnisperspektive dieser Ansätze werden organisationale Handlungen auf Erkenntnisprozesse der Organisationsmitglieder und deren, das organisationale Handeln orientierenden Regelsysteme zurückgeführt. Als zentraler Vermittlungsmechanismus erweist sich dabei das Informationsverhalten der Akteure in organisationalen Lernprozessen, die den Prozeß der Bestätigung oder Reflexion der Begründungen organisationaler Verhaltensweisen umschreiben.

Im *vierten Kapitel* wird dieser Bezugsrahmen genutzt, um im Rahmen einer Intensivfallstudie in einem Handelsunternehmen den Prozeß der Entwicklung und Einführung eines rechnergestützten Warenwirtschaftssystems zu untersuchen, dessen Konzeption mit dem Ziel der informationstechnischen Unterstützung von Managementleistungen erfolgt.

Die Untersuchung dient der weiteren Ausarbeitung des Bezugsrahmens. Der Bezugsrahmen bildet das Grundgerüst, um Untersuchungsfelder und Leitfragen zur Ordnung und Auswertung des Datenmaterials zu gewinnen. Um insbesondere im Hinblick auf die Nutzungsdynamik von Managementunterstützungssystemen im Managementprozeß den *Prozeß* der Veränderung des Arbeits- und Entscheidungsverhaltens erfassen zu können, werden - unter dem Leitbegriff Entwicklungslogik - Arbeitshypothesen zur Beschreibung organisationaler Lernprozesse entwickelt. Hiermit läßt sich vor allem die Funktion der Anwendungskonzeption eines Managementunterstützungssystems (oder anderen Handlungsmodellen organisationalen Verhaltens) ausweisen, auch unabhängig von ihrer konkreten Konfiguration kognitiver Ordnungsrahmen für eine Neuordnung des Arbeits- und Entscheidungsverhaltens von Managern zu sein.

Die Ergebnisse der Arbeit werden im *fünften Kapitel* zusammengeführt.

1.4 Methodologisches Grundverständnis und forschungsstrategische Überlegungen

Aus methodologischer Sicht ist die vorliegende Arbeit ein Beitrag zur erfahrungsgestützten Gewinnung von Erklärungsaussagen - im Sinne von theoretischen Konstrukten und Hypothesen - zum Verständnis der Nutzung von technikgestützten Informationssystemen im Managementprozeß. Es handelt sich, dieses legen Problemstellung und Erkenntnisziel nahe, um explorative Forschung, d.h. um Forschung, die in ihrer methodischen Konstruktion auf die Beschreibung und Rekonstruktion von bisher weitgehend „unbekannten" - wissenschaftlich noch nicht oder nur in anderen Zusammenhängen oder auch mit anderen Problemperspektiven bearbeiteten - Phänomenen ausgerichtet ist. Dies setzt problemangemessene methodische Regeln empirischer Forschung voraus, für die im folgenden das wissenschaftstheoretische Grundgerüst entwickelt wird.

Betriebswirtschaftliche Forschung entnimmt ihren Gegenstand der betrieblichen Praxis. Ihre Probleme, Fragen und insbesondere ihre Ergebnisse werden immer auch an ihrer praktischen Bedeutsamkeit gemessen (zum Grundverständnis z.B. Braun 1993, Ulrich 1994b). In diesem Sinne sprechen Steinmann und Hennemann (vgl. 1993, S.47) von einem *Vereinigungsmodell* von Praxis und Wissenschaft: Zweck betriebswirtschaftlichen Forschens ist die handlungsentlastete Reflexion über Probleme betrieblicher Praxis als Mittel zur Verbesserung eben dieser betrieblichen Praxis. Ziel der wissenschaftlichen Arbeit ist die Gewinnung von (allgemeinen) Aussagen zu Verfahren und Techniken der Handhabung von Entscheidungsproblemen betrieblicher Praxis, die über Einzelfälle hinausgehen, sowie (singuläre) Aussagen zu den Anwendungsvoraussetzungen und Wirkungen ihrer Umsetzung (vgl. Kubicek 1977, S.5). Konstitutiv für diese Erklärungs- und Gestaltungsaufgabe sind neben der (betriebs-)praktisch gegebenen Problembestimmung Erkenntnisprozesse in den Bereichen der Wissensgewinnung - als deskriptive und explanatorische Aussagen zur Erklärung realer Phänomene - und der Wissensanwendung durch Technologiebildung und Prognose - als allgemeine instrumentale Sätze, die in der Form von Zweck-Mittel-Aussagen darüber informieren, wie man handeln kann - (vgl. Szyperski u. Müller-Böling 1981, S.163, zum Vorverständnis einer kritisch-rationalen Erklärungsstrategie in den Sozialwissenschaften Kretschmann 1990, S.12ff., zum Technologiebegriff Nienhüser 1989, S.16ff.).

Mit diesem Grundverständnis zum Zweck betriebswirtschaftlicher Forschung werden betriebswirtschaftliche Aussagensysteme an ihrer praktischen Bedeutung und an ihrem methodischen Gehalt gemessen.

Die Frage nach dem *„praktischen Fundament"* (Braun 1993, Sp.1221) der Betriebswirtschaftslehre läßt sich als Frage nach der Begründung des Forschungsprogramms aus der Praxis des Wirtschaftens in Unternehmen deuten. In dieser Sichtweise entfaltet betriebliche Praxis - folgt man Steinmann und Hennemann (1993, S.49) - zwei Problemtatbestände, die zum Gegenstand betriebswirtschaftlicher Analyse werden:

- Nicht bekannt ist, mit welchen *Mitteln* ein gegebener Zweck erreicht werden kann oder soll, so daß Wissen und Technologien über die *Effizienz* möglicher Mittel notwendig sind und durch technische Wissenschaften bereitgestellt werden.

- Nicht bekannt ist, wie unterschiedliche *Zwecke* miteinander verträglich gestaltet werden können, so daß Wissen und Technologien über *Institutionen und Formen der Verständigung* notwendig sind, die von den politischen Wissenschaften bereitgestellt werden.

Das Wissen und Beherrschen betrieblicher Handlungsregeln ist konstitutiv für die Bewältigung dieser praktischen Probleme. Ebenso vollzieht sich der Prozeß der Erkenntnisgewinnung in der Betriebswirtschaftslehre - unbeschadet von der kontroversen Diskussion über unterschiedliche Forschungsansätze - nach methodischen Prinzipien wissenschaftlichen Arbeitens.

Grundlegend ist - folgt man Braun (1993) - die Unterscheidung zwischen Begründungsmethoden und Forschungsmethoden:

- Begründungsmethoden beziehen sich auf den vorhandenen Bestand betriebswirtschaftlichen Wissens und haben dessen Sicherung, Vermehrung und Vermittlung zur Aufgabe. Mit diesem Bezug auf die Anwendung betriebswirtschaftlicher Theorie in betrieblicher Praxis orientiert sich der Methodenkanon an Kriterien der Bewährung - der allgemeinen Gültigkeit - betriebswirtschaftlichen Wissens: Klarheit der Begriffe und logische Korrektheit des Aussagensystems - Informationsgehalt - sowie die Güte der Annahmen über betriebliche Sachverhalte und Wirkungszusammenhänge - Prognosegehalt - (vgl. auch Szyperski u. Müller-Böling 1981, S.171).

• Forschungsmethoden dienen dem Zweck der Bildung betriebswirtschaftlichen Wissens. Hier steht nicht die Handhabung praktischer Probleme (für die die Kenntnis von Theorie nicht zwingend ist - Szyperski u. Müller-Böling 1981, S.162, auch Nienhüser 1989, S.17f.) oder die Anwendung theoretischer Kenntnisse auf praktische Probleme im Mittelpunkt, sondern die Entwicklung von Beschreibungen und Erklärungen betrieblicher Praxis in der Form von theoretischen Sätzen und Modellen. Als deren Bewährungskriterien werden der heuristische Gehalt und die Angemessenheit der Rekonstruktion - im Vergleich (und auch im Wettbewerb) zu anderen Erklärungsansätzen - angesehen.

Diese Zielvorstellung - das methodisch disziplinierte Nachdenken über Probleme betrieblicher Praxis - bildet den Kern betriebswirtschaftlicher Forschungsbemühungen (vgl. Ulrich 1994b, S.163). In diesem Rahmen stellt empirische Forschung - als systematische und nachvollziehbare Erfassung und Analyse betrieblicher Praxis (vgl. Kubicek 1977, S.5) - einen unabdingbaren Komplex von Aktivitäten zur Erreichung von Forschungszielen dar. Den Stellenwert empirischer Forschung im Rahmen betriebswirtschaftlicher Erkenntnisgewinnung belegt nicht nur das Konzept einer „Realtheorie der Unternehmung", sondern auch die Dokumentation der Ergebnisse empirischer betriebswirtschaftlicher Forschung in Hauschildt und Grün (1993).

Von zentraler Bedeutung für die Bestimmung der Funktion empirischer Forschung ist - über diese grundsätzlichen Einordnungen hinaus - das betriebswirtschaftliche Grundverständnis (zur Rekonstruktion betriebswirtschaftlicher Erklärungsansätze Ridder 1990, Witt 1995). Bei der Entwicklung von Aussagensystemen zur methodisch disziplinierten Reflexion von Problemen betrieblicher Praxis spielen verschiedene Forschungsansätze eine Rolle, und damit auch unterschiedliche forschungsmethodische Anforderungen und meßtheoretische Standards, mit denen betriebliche Praxis beobachtet werden kann:

• Wird die Vielzahl praktischer betrieblicher Probleme von *der* Betriebswirtschaftslehre (für dieses klassische Verständnis Gutenberg 1957, 1989, Albach 1994) bearbeitet? Um deren Selbstverständnis konkurrieren zwar verschiedene, zum Teil sehr unterschiedliche *betriebswirtschaftliche Ansätze* (vgl. Albach 1993, S.16, auch den Sammelband von Wunderer 1994). Gleichwohl stellen diese Ansätze ein in sich geschlossenes Aussagengebäude dar, das den Anforderungskriterien sozialwissenschaftlicher Theoriebildung entspricht. Zu diesen zählt Albach (1993, S.8f. unter Bezugnahme auf Gutenberg 1957) Wenn-Dann-Aussagen, Wertfreiheit, raum- und zeitlose Gültigkeit, Objektivität und Falsifizierbarkeit.

• Oder aber stehen die Forschungsbemühungen - wie Kirsch u. Ringlstetter (1995, S.220f., grundlegend Kirsch 1992) argumentieren - nicht konkurrierend nebeneinander, sondern bilden eine nicht homogene, aber aufgrund ihres Erkenntnisgegenstandes sinnvoll aufeinander bezogene Einheit? Diese leisten - trotz eines gegebenen Methodenpluralismus - in ihrer Summe Beiträge zur Bewältigung von Problemen bei der Führung von Unternehmen (vgl. zum eklektizistischen Wissenschaftsverständnis der Managementlehre auch Sydow 1992a, S.6ff, S.224ff.)?

- Eng verbunden mit der Frage nach dem betriebswirtschaftlichen Grundverständnis ist die Bestimmung des Theorie-Praxis-Verhältnisses (vgl. Kirsch u. Ringlstetter 1995, S.222, auch Ulrich 1994b, Fischer-Winkelmann 1994): Ist betriebliche Praxis Objekt betriebswirtschaftlicher Forschung, so daß Aussagen über die Betriebswirtschaftslehre und ihre Funktion - in die Wissenschaftstheorie wechselnd - *allein* im Rahmen der Wissenschaftsorganisation zu behandeln sind? Oder aber: Ist die spezifische Sichtweise der Betriebswirtschaftslehre Teil der Praxis von Unternehmen, und damit *auch (und zugleich)* als Subjekt betriebswirtschaftlicher Forschung zu thematisieren?

Die Begründung dafür, daß von *der* Betriebswirtschaftslehre sowohl ein theoretisches als auch ein anwendungsbezogenes Ziel verfolgt werden kann, wird aus dem deduktiven Schema des Erklärens und der - in der Methodologie des kritischen Rationalismus begründeten - Transformation von Erklärungen in Prognosen und Handlungsanweisungen abgeleitet. Technologische Aussagen stellen die Kehrseite theoretischer Aussagen dar (vgl. Kretschmann 1990, S.12f.). Dies ist praktisch gehaltvoll dann möglich, wenn allgemeine Gesetzeshypothesen formuliert werden können, deren Bewährungsgrad durch empirische Forschung geprüft ist. Theorieentwicklung bezieht sich vor allem auf Probleme, die im Theorienzusammenhang entstehen, und betreffen die Gültigkeit und Erklärungskraft von theoretischen Entwürfen und Hypothesen. Der Problemgehalt dieser Prämisse wird in theoretischer und methodischer Hinsicht kritisch diskutiert (vgl. Ulrich 1994b, Nienhüser 1989):

- Die in der betrieblichen Praxis entstehenden Probleme ordnen sich nicht nach Inhalt und Struktur wissenschaftlicher Disziplinen, sie sind a-disziplinär. In konzeptioneller Sicht kann diese Komplexität nicht allein durch ein an rationaler Planung wirtschaftlicher Handlungen orientiertes Annahmen- und Aussagengerüst erklärt werden. Die Einbeziehung verschiedener Theoriekontexte führt demgegenüber zu erheblichen Verknüpfungsproblemen.

- Die Transformation von Theorien in Technologien selber ist keine triviale Aufgabe. Es ist systematisch zwischen der Gültigkeit theoretischer und technologischer Aussagen zu unterscheiden. Während sich die Gültigkeit erklärender Aussagen auf betriebliche Praxis beziehen und - zumindest in der Bewährungsmethodik - auf einen Kanon von methodischen

Kriterien zurückgreifen kann, sind Kriterien einer methodisch angeleiteten Prüfung von technologischen Aussagen ein weitgehend ungelöstes Problem.

Für die Ableitung von Handlungsregeln führt dies zu der Schlußfolgerung, daß eine streng disziplinär ausgerichtete betriebswirtschaftliche Forschung nicht *zugleich* das theoretische und das pragmatische Forschungsziel verfolgen kann.

Die forschungsstrategische Alternative wird in einem stärker anwendungsorientierten Forschungsansatz gesehen. Folgt man Ulrich (1994b, S.166/7, ähnlich Steinmann u. Hennemann 1993), dann ist die Bewältigung der Aufgabe, methodisch diszipliniert über Handlungsregeln zur effizienten Lösung betrieblicher Probleme nachzudenken, nur durch eine (bspw. entscheidungs- und systemtheoretisch fundierte) Erweiterung der Erkenntnisperspektive möglich. Angewandte Forschung in diesem Sinne ist ihrem Wesen nach interdisziplinär und zielt - praktisch-normativ - auf den Entwurf neuer betrieblicher Wirklichkeiten. Betriebswirtschaftslehre als anwendungsorientierte Wissenschaft versucht, *intradisziplinäres Wissen* zu entwickeln für die technischen und politischen Fragen der betrieblichen Praxis. Hierbei nimmt betriebswirtschaftliche Forschung auch Erklärungsrahmen beispielsweise der Politologie, der Psychologie oder der mikro-ökonomischen Theorie in Anspruch, wenn es beispielsweise um Fragen des Führungsstils und der Motivation oder der Unternehmensverfassung geht (siehe auch Braun 1993, exemplarisch: die Beiträge von Türk 1994 und Neuberger 1994). Als anwendungsorientierte Wissenschaft fungiert Betriebswirtschaftslehre damit zugleich als „Mittler" zwischen wissenschaftlichen Grundlagendisziplinen und betrieblicher Praxis (vgl. Steinmann u. Hennemann 1993, S.50f., Freimann 1994, S.9f.). Regulativ dieses Forschungsprozesses ist neben der Wahrheit wissenschaftlicher Aussagen der Nutzen der zu schaffenden Entwürfe für die Praxis. Fortschrittskriterien sind daher nicht (nur) die Allgemeingültigkeit oder der Bewährungsgrad der Aussagensysteme, sondern ihre Pragmatik, d.h. die Erfolgsvalidierung im praktischen Vollzug, die sich in praktischen Nutzenkriterien wie Leistungsgrad, Zuverlässigkeit oder universelle Anwendbarkeit der Problemlösung zeigt (siehe auch Conrad 1991, S.418f.). Im Forschungsprozeß weist damit anwendungsorientierte betriebswirtschaftliche Forschung dem Praxisbezug einen ganz anderen Stellenwert zu als eine auf Hypothesenprüfung im Rahmen einer Theorie ausgerichtete Forschung.

Die hier zum Ausdruck kommende Unterscheidung - Betriebswirtschaftslehre als wirtschaftswissenschaftliche Teil- und Grundlagendisziplin versus Betriebswirtschaftslehre als erkenntnispluralistische Disziplin - spiegelt sich nicht nur in der Forschungsmethodik wieder, sondern auch in der Einordnung quantitativer und qualitativer Verfahren empirischer Sozialforschung (zusammenfassend Kieser 1993a, Becker 1993, Braun 1993). Bei der Prüfung ex ante entwickelter Hypothesen ist die quantitative Forschung mittels statistischer Verfahren dominierend. Zweck der Hypothesenprüfung ist Erkenntnissicherung - Theoriebegründung und

Modellprüfung - aus der *Beobachter*perspektive durch die Gewinnung eines Bestands an gesicherten allgemeinen Aussagen über die Realität (Prüfstrategie empirischer Forschung nach Kubicek 1977, S.5ff.). Im Rahmen qualitativer Forschung geht es darum, unter Anwendung eines problemadäquaten Erhebungsverfahrens, wie z.b. Inhaltsanalyse oder teilnehmende Beobachtung, und entsprechender Erhebungstechniken, wie z.B. Tiefeninterviews, Gruppendiskussionen (vgl. zu Erhebungsinstrumenten z.B. Kromrey 1983, S.165ff.), aus der *Teilnehmer*perspektive Regelmäßigkeiten des Handelns und der Interaktion zu erfassen sowie Konstruktionsprinzipien sozialen Handelns aufzudecken, um auf diesem Wege soziale Wirklichkeit mit ihren Deutungs- und Handlungsmustern zu verstehen (vgl. Becker 1993, S.113, Osterloh u. Tiemann 1993, S.94f., Konstruktionsstrategie empirischer Forschung nach Kubicek 1977, auch Kirsch 1981). Das wesentliche Unterscheidungskriterium ist jedoch *nicht* in der Wahl der Erhebungsverfahren zu sehen. In beiden Sichtweisen entstehen aus der Vergleichbarkeit und der Standardisierung der Erhebungsmethoden generalisierende Aussagensysteme. Kriterium der Abgrenzung bleibt die *Forschungsmethodik*, d.h. die gewählte Konstruktionsstrategie für wissenschaftliche Aussagen: Werden die Kategorien der Analyse vor der Erhebung aufgrund vor-formulierter Konstrukte festgelegt - deduktiv-logisches Modell -, oder aber werden die Konstrukte kontextspezifisch auf der Grundlage der Interpretation des erhobenen Datenmaterials entwickelt - konstruktiv-logisches Modell - (vgl. Osterloh u. Tiemann 1993, S.95, auch Friedberg 1995, S.302ff., insbesondere S.310f.)?

Die Entwicklung einer Forschungsstrategie bewegt sich im Spannungsfeld der sich aus dem deduktiven oder induktiven Forschungsansatz ergebenden „rigorosen" Anforderungen (vgl. Argyris u. Schön 1996, S.30ff. - und auch ihren Unvereinbarkeiten: Forschung kann nicht zugleich allgemein, einfach und genau sein - so Weick 1995, S.54f.). Wenn es um schlechtstrukturierte Forschungskontexte geht und Ziel der empirischen Forschung die Konstruktion und Weiterentwicklung theoretischer Aussagensysteme ist - zumeist als explorative Forschung bezeichnet -, wird angesichts der *„chronischen Unreife der empirischen Sozialforschung"* (Kirsch 1981, S.189) die Konstruktionsstrategie empirischer Forschung mit Hilfe von *heuristischen Bezugsrahmen* als hilfreiche Forschungsmethodik angesehen. Allgemein bezeichnen theoretische Bezugs- oder Orientierungsrahmen Aussagensysteme, die von ihrer logischen Konsistenz und Operationalität nicht den Anforderungen eines wohl-formulierten Erklärungsmodells genügen. Sie sind eher als vorläufige Erklärungsmodelle (vgl. Kubicek 1977, S.18) oder auch als Erklärungsskizzen (vgl. Kirsch 1981, S.198) zu begreifen. Charakteristikum heuristischer Bezugsrahmen ist ihr Aussagenmodus. Die zum Ausdruck gebrachte Problembeschreibung - formal beschrieben als Relation von Analyseeinheiten, Dimensionen und Verbundenheitsannahmen - hat nicht Behauptungscharakter - als abgeschwächte Form eines Hypothesensystems im Sinne der Begründungsmethodik betriebswirtschaftlicher Forschung -, sondern Fragencharakter, d.h. es geht um die methodisch angeleitete Gewinnung gehaltvoller Aussagen. Hierfür expliziert die konzeptionelle Ordnung des Bezugsrahmens ein erstes Vorverständnis (vgl. Kubicek 1977, auch Steinmann u. Hennemann 1993, S.52, Becker 1993, S.117f.). Diese Aussagen können sich sowohl auf die konzeptionellen Elemente des Bezugsrahmens - Wahl der Kategorien und Dimensionen sowie die Verbundenheitsannahmen im Sinne vollständiger und hinreichender Arbeitshypothesen - als auch auf die Eignung alternativer Interpretationsrahmen - z.b. andere begriffliche Konstrukte und Erklärungsmuster für die Arbeitshypothesen - beziehen (vgl. Kubicek 1977, S.17ff.).

Indem Bezugsrahmen schlecht-strukturierte Entscheidungsprobleme begrifflich und konzeptionell ordnen, mithin die Komplexität betrieblicher Praxis reduzieren, sind sie forschungsstrategisch und praktisch funktional. Im Forschungsprozeß leiten sie an zur gedanklichen Ordnung komplexer Probleme und zur gezielten, methodisch angemessenen Beobachtung und Durchdringung betriebswirtschaftlicher Aufgabenstellungen (vgl. Becker 1993, S.149). Im betrieblichen Entscheidungsprozeß fungieren sie als Heuristiken zur Bestimmung betrieblicher Problemlagen, indem sie Strukturierungshilfen anbieten zur Ordnung konkreter Situationen und zur Entwicklung praktikabler Problemlösungen (vgl. Kirsch 1981, S.199). In diesem Sinne sind sie Denkhilfen, nicht Problemlösungen, und erheben nur bedingt den Anspruch einer „höheren" Erkenntnisleistung gegenüber dem Erfahrungskontext betrieblicher Praxis (vgl. Conrad 1991, S.439f.). Ihre praktische Anwendung geht keinesfalls einher mit der Prognose „richtiger" Problemlösungen, sondern setzt eigenständige Interpretations- und Übertragungsleistungen der betrieblichen Praxis zur Transformation theoretischer Bezugsrahmen in betriebliche Entscheidungsrahmen voraus (vgl. neben den umfangreichen Diskussionen bei Kubicek 1977, Kirsch 1981, auch Steinmann u. Hennemann 1993, S.52ff., Conrad 1991, S.419).

Mit der Erarbeitung eines solchen Bezugsrahmens trägt dies Arbeit zu einem erweiterten *Verständnis der Nutzung von Informationstechnologien für Managementleistungen - Funktionen, Aufgaben und Aktivitäten von Managern zur Koordination betrieblicher Leistungserstellung -* bei. Im Erklärungsrahmen organisationaler Lerntheorien werden die für die Veränderung des Arbeits- und Entscheidungsverhaltens (Nutzungsdynamik) konstitutiven Vermittlungsleistungen zwischen den Nutzungsstrategien zugrundeliegenden Wahrnehmungs- und Erkenntnisprozessen der Akteure und ihren Verständigungs- und Aushandlungsprozessen in den Mittelpunkt des Erkenntnisinteresses gestellt.

Dies ist zunächst Forschung *mit* Bezugsrahmen, da die Arbeit an das vorherrschende Verständnis und vorliegende Erkenntnisse betriebswirtschaftlicher, aber auch arbeits- und organisationspsychologischer sowie soziologischer Forschungsarbeiten anschließt. Sie ist zugleich Forschung *an* Bezugsrahmen, weil sie versucht, den (partiellen) Zuschnitt vorliegender Problembeschreibungen der betriebswirtschaftlichen Organisations- und Personalwirtschaftslehre herauszuarbeiten und neu zu interpretieren. In diesem Sinne versteht sich die Arbeit als Forschung am Problem der Nutzung von Informationstechnologien im Management mit dem Anspruch, alternative Bezugsrahmen zur *„bewußten Obstruktion (auch empirisch bewährter) Aussagen"* (Kirsch 1981, S.210) heranzuziehen. Der angestrebte Beitrag zur Weiterentwicklung vor allem eines erfahrungswissenschaftlich fundierten Verständnisses zur Veränderung des Arbeits- und Entscheidungsverhaltens in Unternehmen, und damit zu einer dem Erkenntnisgegenstand angemessenen Reduktion der komplexen betrieblichen Wirklichkeit, wird in der weiteren Ausarbeitung vorliegender theoretischer Konstrukte und Hypothesen gesehen, die wiederum als Voraussetzung der betrieblichen Reflexion anwendungsorientierter betriebswirtschaftlicher Forschung anzusehen ist.

„... we should remind ourselves that to design an organization is to calculate ahead of time what the organization needs to accomplish its tasks. In order to make these calculations, the designers must have some models of where they are, where they are going, and how they are to get from where they are to their destination. Obvious as this statement may be, we know very little about these calculated design or map-making processes. As we shall see, one of the great gaps in our knowledge is in understanding the causality of the obvious" (Chris Argyris, Donald H. Schön).[1]

2 Managementunterstützungssysteme als Informationstechnologien für das Management - Konzepte und empirische Befunde

Ziel dieses Kapitels ist es, die Komplexität der Einführung von Informationstechnologien für das Management als betriebliches Gestaltungsproblem deutlich zu machen, und zu zeigen, warum sich die Erklärung ihrer Nutzung im Arbeits- und Entscheidungsverhalten der Manager als intendierte, d.h. zielgerichtete und in diesem Sinne bewußt steuerbare, Verhaltensmodifikation als zu eng erweist. In der Anwendungskonzeption von Managementunterstützungssystemen werden Managementfunktionen - wie sie klassisch als Planung, Organisation, Führung und Kontrolle bezeichnet werden - und damit verbundene Aufgaben und Aktivitäten, auf deren Mediatisierung diese Informationstechnologien zielen, als rational begründete Entscheidungsprozesse rekonstruiert, und erfassen damit nur einen Teilausschnitt des Arbeits- und Entscheidungsverhaltens von Managern. Handlungen von Managern in Unternehmen beruhen wesentlich auf der (erfahrungsgestützten) Herausbildung situationsbezogener Handlungsstrategien, die in den Regelsystemen betrieblicher Handlungsnormen verankert sind. Aus dieser Sicht wird die Initiierung technikgestützter Managementleistungen erst mit der Einpassung der Technologie in die(se) Institutionen betrieblichen Handelns in Gang gesetzt.

Eröffnet wird diese Diskussion mit einer Einordnung des Gegenstandsbereichs in die inzwischen für die betriebswirtschaftliche Organisations- und Personalforschung schon klassische Fragestellung nach dem Verhältnis von informationstechnischen Anwendungskonzepten und ihrer organisatorischen Gestaltung. In diesem Rahmen werden die wesentlichen, für die Untersuchung bedeutsamen Begriffe zur informationstechnischen Unterstützung von Managementleistungen entwickelt (2.1). Der Aufbau des Kapitels orientiert sich im weiteren an der in der Managementlehre eingeführten Unterscheidung von Managementfunktionen/-aufgaben und Manageraktivitäten, die als zentrale Ordnungsperspektive Eingang in die Forschungsarbeiten des Untersuchungsfeldes gefunden hat. Als funktionsorientierte Anwendungskonzepte

---

[1] Argyris u. Schön (1978, S.119).

werden Entscheidungsunterstützungs- und Führungsinformationssysteme betrachtet (2.2). Als aktivitätsorientierte Anwendungskonzepte stehen alternierende Telearbeit und computergestützte Gruppenarbeit im Vordergrund (2.3).

Methodisch ist die Bearbeitung in diesem Kapitel auf zwei analytisch voneinander abhebbaren Ebenen angelegt (vgl. Conrad 1991, S.416f., 424):

- Es wird der Veränderung der Funktionszuschreibung technischer Systeme in der Unternehmenspraxis nachgegangen, so wie sie in empirischen Studien zu den jeweiligen Anwendungskonzepten beschrieben wird. Auf der Grundlage einer begrifflichen Eingrenzung wird in den ausgewählten Feldern die Frage untersucht, welche Funktionen die informationstechnische Unterstützung von Managementleistungen in Unternehmen erfüllt (oder erfüllen soll) und mit welchen Problemfeldern ihre Entwicklung und Implementierung verbunden ist.

- Es werden Ansätze zur Beschreibung und Analyse der Anwendung von Managementunterstützungssystemen behandelt. Auf der Basis von Übersichtsarbeiten zum Forschungsstand in den einzelnen Teilgebieten und unter Heranziehung jüngerer Forschungsarbeiten werden Ergebnisschwerpunkte herausgearbeitet. In der kritischen Diskussion dieser Ansätze steht die Frage im Mittelpunkt, in welcher Form das hier mit dem Begriff der Nutzungsdynamik umschriebene Erkenntnisobjekt in den Erklärungsrahmen der Analysen gefaßt und erfahrungswissenschaftlich fundiert wird. Zur Orientierung der Anforderungen an die angestrebte Entwicklung eines Bezugsrahmens zur Beschreibung der Veränderung des Arbeits- und Entscheidungsverhaltens in Managementprozessen durch informationstechnische Systeme wird hierbei insbesondere Wert auf die Erarbeitung der theoretischen Grundlagen der Forschungsarbeiten gelegt.

Die Ergebnisse dieser Literaturdurchsicht werden abschließend zusammengeführt (2.4), um für eine weiterführende Analyse zu erfassende Grundprobleme der Nutzung von Informationssystemen im Management zu beschreiben.

2.1 Informationstechnologie und Organisationsgestaltung - Bezugspunkte in einer klassischen Problemstellung

Seitdem die ersten computergestützten Informationssysteme in Unternehmen und Verwaltungen eingesetzt werden, finden die damit möglichen Veränderungen in betrieblichen Arbeits- und Organisationsstrukturen Aufmerksamkeit in den Bezugsdisziplinen der (Wirtschafts-)Informatik, der betriebswirtschaftlichen Organisationsforschung sowie im speziellen der (Büro-)Kommunikationsforschung. Ausgangspunkt einer immer wieder neuen Beschäftigung mit diesem Themenfeld ist die Frage, ob mit neuen technischen Artefakten die entwickelten Annahmen und Befunde über den Zusammenhang von Informationstechnologien und Organisationsgestaltung und dessen ökonomischen Effekten Bestand haben oder es einer Modifikation oder Revision bedarf (vgl. Huber 1990, S.47). Die Forschungsarbeiten, die sich mit diesem Verhältnis beschäftigen, sind entsprechend vielfältig, umfangreich und in ihren empirischen Befunden mehrdeutig und widersprüchlich (vgl. Orlikowski 1992 S.398, auch Kubicek 1992a, Sp.949).

Als zwei bedeutsame Aspekte der betrieblichen Gestaltung computergestützter Informationssysteme können die Bestimmung ihrer organisatorischen Form und ihrer Funktion aufgefaßt werden. Entsprechend stehen in der betriebswirtschaftlichen Bearbeitung zwei Bezugsprobleme im Vordergrund (vgl. Orlikowski 1992, S.398ff., Wollnik 1986, S.1ff., Kubicek 1992a, Sp.937, Huber 1990):

a) die Prozesse der Gestaltung von Informationstechnologien und Organisationsstrukturen, die sich auf die Entscheidung über die Vorgehensweise beim Einsatz von computergestützten Informationssystemen in der Organisation beziehen sowie auf die Eingliederung der Organisation der Datenverarbeitung in die Aufbauorganisation des Unternehmens - *prozeßbezogene Ansätze*;

b) die Bedeutung der Gestaltung von Informationstechnologien und Organisationsstrukturen für das Management von Unternehmen, um Effektivität und Effizienz betrieblichen Handelns zu verbessern - *ergebnisbezogene Ansätze*.

Im Rahmen dieser Bezugsprobleme ist das Ziel der nachfolgenden Ausführungen, für den weiteren Argumentationsgang zu den bereits in der Problemstellung entwickelten Charakteristika eines Managementunterstützungssystems begriffliche Grundlagen zu entwickeln und in vorliegende Erkenntnisperspektiven und Erklärungsansätze einzuordnen.

(a)   Prozeßbezogene Ansätze: Was wird als relevante (Informations-)Technologie aufgefaßt und welche Gestaltungsaufgaben ergeben sich daraus?

Anhand der Unterscheidung von verschiedenen Phasen der Technikentwicklung wird in der Literatur deutlich gemacht, wie sich die technischen Bedingungen der Anwendung von computergestützten Informationssystemen in Unternehmen im Zeitablauf verändert haben (vgl. Reichwald 1989, Rock, Ulrich u. Witt 1990a, Kubicek 1992a). Gleichwohl sind in vielen Beiträgen mit der Rede von Informationstechniken und/oder -technologien (häufig synonym: Bürokommunikationstechniken/-technologien[1]) bezüglich des technischen Artefakts weitge-

---

[1] Als Bürokommunikationstechniken/-technologien werden hier Anwendungen von Informations- und Kommunikationstechniken verstanden, die unmittelbar über öffentliche Netze ohne spezifische Anwendungskonfiguration bereitgestellt werden. Hierzu zählen neben Funktionen wie Fernkopieren auch die integrierte Text- und Datenkommunikation bspw. über das Bildschirmtextsystem. Auf diese wird insbesondere in der Bürokommunikationsforschung der 80er Jahre Bezug genommen (im Überblick hierzu: Straßburger 1990).

hend unbestimmte oder vereinfachende Annahmen zu erkennen, in denen Grenzlinien zwischen alten/neuen Technologien einerseits und den je spezifischen technischen Gegebenheiten andererseits nur schwer zu ziehen sind.

Eine Durchsicht der umfangreichen Literatur, die sich mit der betrieblichen Anwendung von Informations*techniken* beschäftigt, zeigt Beschreibungen dieser Variable, die entweder auf einem vergleichsweise abstrakten begrifflichen Niveau verbleiben (z.B. Peters 1988, S.90ff., Bellmann 1989, S.208ff.) oder sich vor allem auf technische Merkmale - Hard- und Softwarekomponenten, Telekommunikations- bzw. Übertragungstechniken - konzentrieren (z.B. Nippa 1988). Ohne hier auf technische Einzelheiten einzugehen (vgl. hierzu einschlägige Lehrbücher der Wirtschaftsinformatik, z.B. Hansen 1992, Stahlknecht 1991) können diese als selektive, vor allem technische Aspekte in den Vordergrund rückende Beschreibungsansätze eingeordnet werden.

Der von Leavitt und Whisler (nach Kubicek 1992a, Sp.937) eingeführte Begriff der Informations*technologie* beinhaltet neben technischen Artefakten auch die Methodik zur Modellierung technischer Problemlösungen. Demnach beruhen Aufbau und Funktionsweise computergestützter Informationssysteme auf drei Komponenten (vgl. Picot u. Maier 1992, Sp.924f.):

• der Datenbasis und ihrer Strukturierung im Datenbanksystem,

• den der Datenverarbeitung zugrundeliegenden Modellen und Methoden,

• der Form der Interaktion zwischen Anwender und technischem Artefakt. Diese umfaßt die ergonomische Gestaltung des Dialogs zwischen dem Anwender und maschinellen Komponenten, und ergänzt - in einem weiteren Verständnis - die Softwarewerkzeuge zur nutzerspezifischen Generierung von Modellen oder Methoden der Datenverarbeitung.

In dieser Beschreibung mitgetragen wird die Annahme der Gestaltbarkeit dieser Komponenten und - im Zuge der Technikentwicklung weitergehend - die Öffnung von Gestaltungsspielräumen, in denen computergestützte Informationssysteme aufgrund ihrer anwendungsbezogenen Strukturierbarkeit als ein variables Sachmittel angesehen werden, das in geeigneter Weise in die Aufbau- und Ablauforganisation eines Unternehmens integriert werden kann (z.B. Nippa 1988, S.23ff.). In diesem Zusammenhang spricht Nippa von der Wertneutralität der Technik, da „... *die vom Menschen geschaffene Technik aus sich heraus keine bestimmten Auswirkungen hervorruft ...*" (Nippa 1988, S.25).

Der Begriff der *Informatisierung*[1] kennzeichnet für computergestützte Informationssysteme den Entwicklungsschritt vom technischen Artefakt zur Informationstechnologie. Damit wird

---

[1] Der Begriff Informatisierung ist französischen Ursprungs und wird allgemein zur Kennzeichnung des mit der Entwicklung und Anwendung von Informations- und Kommunikationstechniken verbundenen, tiefgreifenden Wandels der Gesellschaft und ihrer Teilsysteme verwendet (vgl. Malsch u. Mill 1992, S.11ff.).

die Fähigkeit umschrieben, in der Anwendungskonfiguration informationstechnischer Systeme Objekte und Ereignisse in Symbole zu übersetzen und diese Repräsentationen - als bearbeitbare Daten - verfügbar und übertragbar zu machen (vgl. Zuboff 1993, S.65). Die Charakterisierung von Informationstechnologien für Managementleistungen beinhaltet demnach die *Symbolisierung entscheidungsrelevanter betrieblicher Sachverhalte in technischen Systemen,* um diese Daten als Informationen für die Steuerung der betrieblichen Leistungserstellung und -verwertung zugänglich zu machen (vgl. Rammert 1992, S.31f.), und - mittels dieser Symbolisierung - die *Ordnung und Regulierung von Arbeits- und Entscheidungsprozessen in betrieblichen Leistungsbeziehungen* zu erreichen (vgl. Heidenreich 1995, S.51f.).

In dieser Begriffsfassung wird die Bedeutung von technischen Artefakten als Variable organisatorischer Gestaltung betont und damit der Stellenwert einer anwendungsbezogenen Betrachtung hervorgehoben, aus der sich Aufgabenfelder der Gestaltung von Informationstechnologien ergeben. Dazu sind zu zählen (vgl. Kubicek 1992a, Sp.937ff., auch Biervert u.a. 1994, S.65ff., 144ff.): die organisatorische Eingliederung des Datenverarbeitungsbereichs, die Anwendungsentwicklung der Informationstechnologie(n) und die Vorgehensweise bei ihrer Einführung. Mit diesen drei Aufgabenfeldern als Ordnungsrahmen können für einzelne Phasen der Technikentwicklung relevante Problembestimmungen aufgezeigt werden, die - in Anlehnung an Ausführungen von Kubicek (1992a, auch Kieser u. Kubicek 1992, S.349ff.) - in Abbildung 2.1-1 zusammenfassend dargestellt sind.

Als (erneut) grundlegender Einschnitt wird die Entwicklung der technischen Möglichkeiten seit Mitte der 80er Jahre bewertet. Als technikbezogene Auslösepunkte für die jüngere Diskussion werden in der Literatur zwei Entwicklungen angesehen:

- Im Begriff der *„Datenautobahn"* wird das Szenario eines integrierten Mediennetzes gezeichnet, in dem sämtliche Informationsformen (Daten, Text, Bild, Sprache) digitalisiert und standardisiert transportiert werden. Praktisch geht es um Entwicklungen in der Telekommunikation, z.B. das Angebot zur Gestaltung von Unternehmensdatennetzwerken auf der Basis digitaler Infrastrukturnetze (ISDN), und der Datentechnik, z.B. der Übergang von zentralen Rechnersystemen zu dezentralen Rechnernetzen in Verbindung mit multimedialen Datensystemen. Mit diesen Entwicklungen verlassen dezentrale Anwendungskonzepte zur individuellen Datenverarbeitung ihren experimentellen Status und finden Eingang in die alltägliche betriebliche Praxis. Im Rahmen von Informationsmanagement und Benutzerservice entstehen parallel dazu neue Organisationsformen einer anwendernahen Datenverarbeitungsorganisation. Deren Funktion besteht in der Dienstleistung für betriebliche Aufgabenstellungen, damit die technischen Erfordernisse der Daten- und Netzintegration nicht in Widerspruch geraten zur individuellen Gestaltung computergestützter Informationssysteme (vgl. Kubicek 1992a, Sp.947, Lullies, Bollinger u. Weltz 1990, S.47).

- In der technisch orientierten betriebswirtschaftlichen Forschung wird diese Entwicklung mit dem *Leitbild einer nutzungsoffenen Infrastruktur* (vgl. Rock, Ulrich u. Witt 1990a, S.41, Kieser u. Kubicek 1992, S.360 - kritisch hierzu: Kubicek 1993) bezeichnet. Es liegt im Entscheidungsspielraum des Anwenders, welche Form individueller Datenverarbeitung über diese Infrastrukturen genutzt wird. Begriffe wie *Tele-Kooperation* oder *Tele-Computing* kennzeichnen summarisch ein Kontinuum von Anwendungskonzepten, an dessen einem Ende informationstechnische Produkte angesiedelt sind, die vor allem komplexe Aufgaben unterstützen. Hierzu können Anwendungssysteme wie das computergestützte Konstruieren und Planen oder auch (alternierende) Telearbeit gezählt werden. Am anderen Ende dieses Spektrums stehen jene informationstechnischen Produkte, die speziell zur Unterstützung von kooperativen Arbeitsprozessen entwickelt werden, wie beispielsweise Vorgangssteuerungssysteme, die das gemeinsame Erstellen und Bearbeiten von Dokumenten unterstützen (vgl. Wagner 1993b, S.1f., Picot u. Maier 1992, Sp.929f., Kubicek 1992a, Sp.945ff.).

Technische Entwicklungslinie	Organisation des DV-Bereichs	Anwendungsgestaltung u. Einführungsstrategie
- technische Basisstruktur: zentrale Großrechner im Batch-Betrieb - Leitbild: Systementwicklung	- In-/Outsourcing der Datenverarbeitung - Zentralisierungsgrad der Datenverarbeitung unter Kapazitäts-/Kostenaspekten - organisatorische Einordnung und interne Organisation des Datenverarbeitungsbereichs	- Projektorganisation und Projektmanagement - Formalisierung und Standardisierung der Systementwicklung - Organisatorische Implementierung durch Benutzerbeteiligung
- technische Basisstruktur: Dialogbetrieb und Datenintegration - Leitbild: ganzheitliche Technikgestaltung	- effiziente Binnenorganisation des Rechenzentrums (Arbeitsvorbereitung, Qualitätskontrolle) - Datenverarbeitungs-Koordinatoren in den Anwenderbereichen	- simultane System- und Organisationsplanung - partizipative Ansätze der Benutzerbeteiligung - Analyse betrieblicher Handlungskonstellationen
- technische Basisstruktur: individuelle Datenverarbeitung und Rechnerverbunde - Leitbild: Vernetzung und Datenintegration	- Gestaltung von Rahmenkonzepten und Infrastrukturen mit Aufbau eines Informationsmanagements - Informations- und Kommunikationsanalysen und Ausbau des Benutzerservices	- Rahmenkonzepte im Spannungsfeld von Datenverarbeitungs- und Fachabteilungen - Informationsmanagement versus Interessenkonstellationen und -strategien

Abbildung 2.1-1: Technische Entwicklungslinien und informationstechnologische Gestaltungsfelder

Mit neuen Leistungsmerkmalen aufgrund dieser technischen Entwicklungen - so die zugrundeliegende Annahme - entstehen neue Anwendungskonzepte. Ihr Kennzeichen ist, daß sie sich auf die technische Unterstützung von Managementleistungen in Unternehmen und den damit verbundenen Funktionen, Aufgaben und Aktivitäten von Managern beziehen (vgl. Huber 1990, S.49f., Culnan u. Markus 1987, S.420f. und die Abbildung 2.1-2).

Kommunikationsprozesse	Entscheidungsprozesse
• einfache und kostenarme Kommunikation ohne zeitliche und räumliche Begrenzung	• kostenarme Speicherung und schneller Zugriff auf umfangreiche Informationsbestände
• schnellere und präzisere Kommunikation mit der Zielgruppe	• Zugang zu Informationen außerhalb der Organisation
• genauere Aufzeichung und Dokumentation von Inhalt und Form von Kommunikationsaktivitäten	• schnelle und genaue Ordnung von Daten zur Gewinnung von Informationen
• selektive Kontrolle von Zugang und Teilnahme an Kommunikationsaktivitäten und -netzwerken	• Speicherung der Entscheidungsmodelle von Entscheidungsträgern in Expertensystemen
	• sichere Aufzeichnung und Aufbereitung von Informationen über Inhalt und Form von organisatorischen Transaktionen

Abbildung 2.1-2: Leistungsmerkmale entwickelter Informationstechnologien für Kommunikations- und Entscheidungsprozesse

Die Möglichkeiten und Grenzen einer technischen Unterstützung von Managementleistungen werden bereits seit Anfang der 60er Jahre in der Wirtschaftsinformatik und in der Betriebswirtschaftslehre bearbeitet und sind als Spezialgebiet der technischen Unterstützung betrieblicher Aufgaben und Funktionen zu sehen (vgl. Grochla 1971). Ihre Einordnung im Zuge dieser Phase der Technikentwicklung kommt in den Leitbegriffen der stärker anwendungsbezogenen Diskussion zum Ausdruck:

- *Entscheidungsunterstützungs- und Führungsinformationssysteme:* In der aktuellen Diskussion konzentrieren sich die Forschungsarbeiten auf die Modellierung strukturierter Probleme in Entscheidungsprozessen und die Generierung von Informationen für Planungs-, Organisations- und Kontrollaufgaben im Managementprozeß (vgl. Rockart u. De Long 1988, Kemper 1992).

- *Alternierende Telearbeit:* Die Ursprünge der Diskussion um diese neue Form der Telearbeit sind bereits in den Kontroversen um die betrieblichen Potentiale und die Risiken der Teleheimarbeit zu Beginn der 80er Jahre zu suchen (vgl. Ballerstedt u.a. 1982). In den jüngeren Beiträgen stehen hingegen stärker die betrieblichen Optionen und Produktivitätseffekte der Verknüpfung betrieblicher und außerbetrieblicher Arbeitserfüllung für Führungskräfte und die damit verbundenen Koordinations- und Integrationsaufgaben bei komplexen Aufgabenstellungen im Vordergrund (vgl. Picot u. Reichwald 1994, S.55ff., Godehardt 1994, S.118ff.).

- *Computergestützte Gruppenarbeit:* Die informationstechnische Unterstützung der Zusammenarbeit in Gruppen findet erst seit Mitte der 80er Jahre verstärkt Aufmerksamkeit, wenngleich auch in diesem Anwendungsfeld die Ursprünge der Diskussion und erste An wendungen bis in die 60er Jahre zurückverfolgt werden (vgl. Petrovic 1993, S.59, Kirsch u. Klein 1977a, S.133ff.). Die unter dieser Bezeichnung laufenden Forschungs- und Entwicklungsarbeiten konzentrieren sich auf die technische Unterstützung des gemeinsamen Arbeitsvollzugs in Gruppen, die sich auf fachlich-inhaltliche Aufgabenstellungen (z.B. Vorgangssteuerungssysteme) oder auf formal-prozessuale Tätigkeiten (z.B. Computer- oder Videokonferenzsysteme) bezieht (vgl. Maaß 1991, Oberquelle 1991c).

Für diese unterschiedlichen Anwendungskonzeptionen wird hier als summarisches Begriffskonstrukt die Bezeichnung *Managementunterstützungssystem* verwendet. Dies bedeutet, daß im Verständnis dieser Arbeit mit dem Begriff verschiedene Inhaltsbereiche zusammengeführt werden, die in Abhängigkeit von Erkenntnisperspektive und Erklärungsinteresse unterschiedlich gefaßt werden. Von herausgehobener Bedeutung sind - neben der Bezeichnung eines bestimmten Anwendungs*typs* integrierter technikgestützter Informationsverarbeitung in der Gesamtheit computergestützter Informationssysteme (vgl. Wollnik 1986, S.193, Picot u. Maier 1992) - zwei weitere Betrachtungsweisen. Zum einen bezieht sich diese Bezeichnung auf Problemfelder, Merkmale und Bestimmungsgrößen der *Instrumentalität* technikgestützter Arbeits- und Entscheidungsprozesse für den Leistungsaustausch zwischen funktional spezialisierten Aufgabenbereichen im Management. Zum anderen wird mit dem Begriff die intentionale *Nutzung* computergestützter Informationssysteme für die (zielorientierte) Steuerung und Abstimmung des Arbeits- und Entscheidungsverhaltens im Managementprozeß gefaßt, also jene Aktivitäten und Kommunikationen zwischen betrieblichen Akteuren (Managern), die in betrieblichen Leistungsprozessen Bedingung gelingender Zusammenarbeit sind und die im Konzept der wechselseitigen Abstimmung als Basis für die Akzeptanz und Anschlußfähigkeit von Handlungssequenzen gefaßt werden (vgl. Wunderer 1987, Sp.1295f., Bierhoff 1987, Sp.2028f.).

Grundlegend für eine solche Unterscheidung ist die Abgrenzung von Handeln und Verhalten in Organisationen (vgl. Weber 1991, S.37ff., auch Staehle 1991a, S.136ff.). Verhalten beschreibt ein nur stimuliertes Tun, mit dem auf (äußere oder innere) Einflüsse reagiert wird. Handeln hingegen ist intentionales, der Argumentation zugängliches Tun, mit dem der Handelnde einen subjektiv gemeinten Sinn verbindet und mit dem die Umwelt aktiv erschlossen wird. Diese klare Distinktion der Konstrukte scheint im Hinblick auf ihre Brauchbarkeit in der

Argumentation vernünftig. Allerdings wird damit eine Eindeutigkeit nahegelegt, die sich im empirischen Forschungsprozeß nur bedingt widerspiegelt. Weber (1991, S.38f.) weist daraufhin, daß es bisher keine einheitliche Auffassung in der handlungstheoretischen Begrifflichkeit gibt. Dies führt zu Unsicherheiten in der Abgrenzung von reaktivem Verhalten und reflexivem Handeln mit der Folge, daß es eine „Grauzone" von nicht eindeutig bestimmbaren Aktivitäten gibt. Konsequenz hat diese Unterscheidung - und ihre Kritik - vor allem für den forschungsmethodischen Status dieser Arbeit. Beobachtbare Aktivitäten *nicht* als bedingte Verhaltensweisen zu erklären, bewegt sich in den Grenzen der methodischen Möglichkeiten zur Aufdekkung und Deutung der beobachtbarem Verhalten und erklärten Handlungsabsichten zugrundeliegenden Regelstrukturen des Handelns (vgl. Osterloh u. Tiemann 1993, S.95).

Damit ist auch im Hinblick auf den für die Vorbereitung und Durchführung von Handlungen (begründeten Verhaltensweisen) zentralen Begriff der *Information* eine Präzisierung angebracht. Dies gilt vor allem mit Blick auf das Verständnis, mit dem der Begriff in betriebswirtschaftlichen Bezügen gebraucht wird (vgl. zusammenfassend Berthel 1992, Bode 1993). Betriebswirtschaftliche Begriffsfassungen - folgt man Krcmar (1991, S.168ff., zusammenfassend auch Theis 1994, S.118ff.) - fokussieren im Anschluß an Sichtweisen der Nachrichtentheorie den Produktions- und Verwendungszusammenhang von Informationen:

- Informationen sind knappe Güter, deren Beschaffung und Produktion aufgrund ihrer Verbrauchs- und Nutzungseigenschaften besonderen Bedingungen unterliegt. In neueren Konzepten dieser Sichtweise wird - im Anschluß an die faktortheoretische Sichtweise von Gutenberg (1975) - Information als weiterer Elementarfaktor betriebswirtschaftlicher Produktions- und Leistungserstellung angesehen (vgl. Reichwald 1989, S.316f., auch Rehäuser u. Krcmar 1996), für den es vor allem darum geht, die angemessene Kombination von informationstechnischen Systemen zu finden und umzusetzen.

- Mit der entscheidungsorientierten Definition von Information als zweckbezogenem Wissen wird der Informationsbegriff in Beziehung gesetzt zum Handlungsvollzug. Informationen erfahren als Wissen eine aufgabenbezogene Zuordnung und dienen damit auf dem Wege der Unsicherheitsreduktion oder der Gewißheitserhöhung dem Zweck der Vorbereitung von Handlungen (Entscheidung - vgl. z.B. Gemünden 1993).

Krcmar (1991, S.173f. - im Anschluß an Arbeiten von Steinmüller) knüpft an der Zweckorientierung von Information an und erweitert diese Beschreibung in dreifacher Hinsicht:

1. Information ist ein immaterielles Modell eines Objekts für Zwecke eines Subjekts. Damit wird die Abbildungs(Informations-)relation (Objekt/Modell) ergänzt durch die Zweckrelation zwischen dem Subjekt und Modell sowie die Handlungsrelation zwischen dem Subjekt und dem Objekt. Dies erlaubt - im Konstrukt des Modells - die Einordnung der Zweckori-

entierung von Information in die Beziehung zwischen Subjekt und Objekt; zugleich wird mit diesem Konstrukt die Abstraktionsleistung und deren subjektive Relativität durch die Interpretationsleistung des Subjekts deutlich.

2. Die Übertragung von Informationen hat einen physischen und informatorischen Aspekt, die in der Betriebswirtschaftslehre als Problemfelder des Technologiemanagements sowie der Informationswirtschaft aufgegriffen werden. Dabei hängt es von der Form der Verwendung (Nutzung) ab, ob die Übertragung der Information (z.b. von Listen aus der Elektronischen Datenverarbeitung) eine Materie-Energie-Transmission (z.b. Produktion und Übergabe der Listen) oder eine Informationstransmission (z.b. Verwendung der auf den Listen dargestellten Daten) genannt wird.

3. Abstraktions- und Interpretationsleistung sind als betriebliche Handlungen Gegenstand betrieb(swirtschaft)licher Reflexion, die mit dem Zweck der besseren Beherrschung der Handlungsrelation - als Reflexion zweiter Stufe - zum Gegenstand betrieb(swirtschaft)lichen Informationsmanagements wird.

Diese Sichtweise hebt vor allem mit dem Aspekt der Vor-Ordnung der Informationshandhabung im betrieblichen Handeln neben der Frage nach dem *Informationsmedium* (die Produktion von Daten aus informationstechnischen Systemen) diejenige nach der *Informationsnutzung* (der Verwendung von Informationen in einem Entscheidungsprozeß) hervor, die der Aufgabenstellung des Subjekts in der betrieblichen Handlungssituation angemessen ist. Der Anschluß an die Wahrnehmung und Deutung betrieblicher Objekte <u>durch</u> die Subjekte öffnet zudem ein differenzierteres Verständnis betrieblichen Informationsmanagements, ohne die Zweckorientierung betrieblichen Handelns aus den Augen zu verlieren. Diese Begriffsbildung beinhaltet den Rekurs gelingender Kooperation auf Begründungs- (kognitive Perspektive) und Verständigungsprozesse (organisationale Perspektive) im betrieblichen Arbeits- und Entscheidungsverhalten. Im Kern wird mit dieser Begriffsfassung angenommen, daß Managementleistungen mit computergestützten Informationssystemen als Prozeß zu rekonstruieren sind, in dem sich die Funktionalität technischer Systeme im institutionellen Gefüge der kognitiven Wahrnehmungen und Handlungsbegründungen der Akteure und ihrer strukturellen Rahmenbedingungen (Regeln und Ressourcen organisationalen Handelns) entfaltet.

Diese Begriffsstrategie verdeutlicht die *institutionale Sichtweise* der Arbeit. Es geht um die Beschreibung und Erklärung von Managementleistungen derjenigen Personen, die in Unternehmen als „Manager" in entsprechenden Positionen diese Funktionen und die damit verbundenen Aufgaben und Aktivitäten wahrnehmen. In deren Unterstützung liegt die Funktionalität der hier angesprochenen Anwendungskonzepte computergestützter Informationssysteme. In dem Maße, in dem mit computergestützten Informationssystemen die Technikunterstützung von Arbeits- und Entscheidungsprozessen im Management angestrebt wird, wird deren Nutzung durch Manager zum kritischen Faktor der Steuerungs - und Anpassungsfähigkeit betrieblicher Leistungserstellung. Wenn aus diesem Grunde im Implementierungsprozeß zudem die Notwendigkeit zur Koordination verschiedener Stellen und Aktivitäten der Funktionsbereiche in der Unternehmensführung steigt (vgl. Culnan u. Markus 1987, S.439, auch Bullinger, Niemeier u. Koll 1993), stellt sich - auch auf der Ebene der Managementleistungen - die Frage nach der theoretischen Durchdringung des *sozialen Gehalts* und der *Politikhaftigkeit der technischen Gestaltungsprozesse* in Unternehmen (vgl. Orlikowski 1992, S.399, als Forschungsarbeiten vor allem Wollnik 1986, Empter 1988, Lullies, Bollinger u. Weltz 1990, Ortmann u.a. 1990, Schirmer u. Smentek 1994).

Für die Fundierung einer solchen Forschungsperspektive in betriebswirtschaftlicher Absicht ist dann das Problem der Zusammenführung zweier unterschiedlicher Forschungsorientierungen zu klären: der Anwendungs- und der Wirkungsforschung. Während die Anwendungsforschung primär sachlich-analytisch und präskriptiv orientiert ist und in der betriebswirtschaftlich-organisationstheoretischen Behandlung des Themas dominiert, ist die Wirkungsforschung stärker sozialwissenschaftlich ausgerichtet und rückt die Bedeutung der „sozialen Kosten" computergestützter Informationsverarbeitung in den Vordergrund (vgl. Wollnik 1986, S.5f.). Beide Forschungsorientierungen stehen sich - dies wird mit den ergebnisorientierten Ansätzen deutlich - vergleichsweise unverbunden gegenüber (vgl. Biervert u.a. 1994, S.142f.).

(b)   Ergebnisorientierte Ansätze: Wie ist das Verhältnis von (Informations-)Technologie und Organisation zu bestimmen?

Ergebnisorientierte Forschungsansätze beziehen sich auf die Frage nach dem Wirkungsgefüge von Informationstechniken/-technologien und Organisationsstruktur. Dies wird sehr unterschiedlich gefaßt. Regelmäßig wird mit dem Begriff Organisationsstruktur die *formale* Struktur einer Organisation umschrieben im Sinne eines legitimierten Systems geltender Regelungen zur Steuerung von Leistung und Verhalten der Mitglieder dieser Organisation. Dadurch wird die Organisation als Institution zugleich von anderen Formen der Ordnung oder Regelung sozialen Handelns unterschieden (vgl. Kieser 1993d, S.57). Es besteht weitgehende Übereinstimmung darin, daß sich Organisationsstrukturen formal anhand von fünf Hauptdimensionen - Spezialisierung, Koordination, Konfiguration, Entscheidungsdelegation, Formalisierung - beschreiben lassen (siehe zusammenfassend Kieser u. Kubicek 1992, S.67ff.). Im Unterschied hierzu sind jene neueren Konzepte zu sehen, die neben den Aspekt *der* Organisation den Prozeß *des* organisierten Handelns stellen (Weick 1995, Crozier u. Friedberg 1979, Friedberg 1995) oder an den Strukturationsbegriff von Giddens (1992, siehe Wagner 1993b, Hanft 1995, Ortmann 1995 - zusammenfassend: Walgenbach 1995) anschließen, in dessen Verständnis Strukturen Medium und Produkt organisatorischen Handelns zugleich sind. Regeln und Ressourcen als strukturelle Eigenschaften von Organisationen sind das die Handlungen stabilisierende Element in Organisationen, sie ermöglichen und begrenzen Handlungen (Strukturiertheit), wobei diese Handlungen - rekursiv - jene Strukturen zum Resultat haben. Orlikowski (1992, S.399f., in vergleichbarer Weise Kieser 1993b, S.163ff./184ff., ähnlich im Argumentationsaufbau Ridder 1990, Kap.2, zu empirischen Befunden Kieser 1993d, S.65ff.,) unterscheidet zwei Forschungsrichtungen, die - vor allem auch im Verlauf der Technikentwicklung - aufgrund ihrer erkenntnistheoretischen Ausgangspositionen zu sehr unterschiedlichen Bestimmungen dieses Verhältnisses kommen:

1. *„Technological Imperative"-Modell:* Die frühen Forschungsarbeiten beschreiben (Informations-)Technologie als eine objektive, exogen bestimmte, unabhängige Variable, mit der relativ eindeutig festgelegte Wirkungen auf organisatorische Gestaltungsgrößen verbunden sind. Das Denkgerüst dieses Modells beruht auf den Grundannahmen des situativen Ansatzes der Organisationsforschung (vgl. z.B. Frese 1992, S.109ff., Kieser u. Kubicek 1992, S.55ff., Kieser 1993b), wobei die Wirkungen von Technologien auf eine Vielzahl von organisationalen - z.B. Koordinations- und Entscheidungsstruktur, Größe, Ergebnis - und individuellen Wirkungsdimensionen - z.B. Arbeitszufriedenheit, Qualifikation, Kommunikations- und Aufgabenstruktur (vgl. z.B. Culnan u. Markus 1987, S.423ff.) - untersucht werden, mit wenig konsistenten, zum Teil gegenläufigen Befunden (vgl. Abbildung 2.1-3 - Quelle: Kieser und Kubicek 1992, S.57).

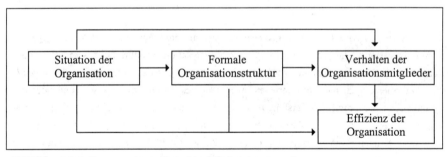

Abbildung 2.1-3: Das erweiterte Grundmodell des situativen Ansatzes

2. *„Strategic Choice"-Modell:* In dieser Forschungsperspektive wird davon ausgegangen, daß Informationstechnologien keine extern bestimmte Variable, sondern Ergebnis organisatorischer Gestaltung und Entscheidung, mithin, wie die Organisationsstruktur auch, als Aktionsparameter organisatorischen Handelns anzusehen sind.

Fokus der Analyse sind in *sozialwissenschaftlich ausgerichteten Forschungsarbeiten* die Prozesse der Technikentwicklung und -anwendung. Einschlägige Studien der sozio-technischen Forschung beschäftigen sich mit Fragen der Optimierung sozialer und technischer

Faktoren der Arbeitsgestaltung, um Arbeitszufriedenheit und -produktivität zu erhöhen (zusammenfassend: Welter 1988). Ihren Niederschlag finden diese Studien in Konzepten einer integrativen und differentiellen Arbeitsgestaltung (vgl. Ulich 1994, Baitsch 1993). Sie öffnen - angesichts des Beharrungsvermögens von Organisationen bei der Technikgestaltung (vgl. z.B. Child, Ganter u. Kieser 1987, Kieser 1990) - aber auch den Blick für die Frage nach politischen Gründen, warum vorhandene Gestaltungsspielräume nicht ausgeschöpft werden (vgl. Sydow 1990, S.12ff.) oder auch aufgrund fehlender Akzeptanz auf seiten der Anwender nicht zur Geltung kommen (vgl. Wiendieck 1992, Sp.94ff.). Trotz unterschiedlicher theoretisch-methodologischer Orientierungen und zum Teil widersprüchlicher empirischer Befunde besteht in diesen Arbeiten eine weitgehende Einigkeit darüber, daß die Entwicklung computergestützter Informationssysteme sowie ihre Implementierung und Nutzung stets kontingente soziale Prozesse darstellen, in der die Bedeutungszuschreibungen im Mittelpunkt der Analyse stehen, die technische Systeme aufgrund von (inter-)subjektiv(geteilt)en Wahrnehmungsmustern der Akteure in der betrieblichen Praxis erfahren, selbst wenn diese in konkreten Sozialsystemen (z.B. Unternehmen) bestimmbaren strukturellen Restriktionen unterliegen.

Die anwendungsorientierte *betriebswirtschaftliche Organisationsforschung* „arbeitet" mit der Prämisse quasi-kausaler Zusammenhänge zwischen Informationstechnologie und Organisationsstruktur, um zu relativ allgemeinen Aussagen über die Beziehung zwischen technischer Entwicklung und organisatorischem Wandel zu kommen. Angesichts der Fülle technisch-organisatorischer Gestaltungsoptionen wird vorgeschlagen, Technikanwendungskonzepte an ihrem strategischen Potential zu orientieren (z.B. Porter u. Millar 1986, Pernicky 1988, Bullinger u. Niemeier 1990). Strategische Wahl bedeutet dann Wahl der Technik und Gestaltung der Organisation in Abhängigkeit von Marktbedingungen und Wettbewerbsstrategien. Die Anwendung technischer Informationssysteme stellt sich hier vor allem als Anpassungsproblem zwischen Technik, Organisation und Personal dar. Allgemeingültige Aussagen über typische Kombinationen von Wettbewerbsstruktur, Technikeinsatz und Organisationsform, beruhend auf analytisch gefaßten Kombinationen von Merkmalsausprägungen, werden hierbei - so der kritische Kommentar von Kubicek (1992a, Sp.952, auch Lullies 1989) - zunehmend durch Leitbilder technischer Entwicklung ersetzt (auch Rolff u.a. 1990).

Gemeinsam sind diesen konzeptionellen Sichtweisen positive Wirkungshypothesen zwischen den Variablen Technologie, organisationales Verhalten bzw. Strukur und Entscheidungsprozeß, wenngleich die jeweiligen Wirkungsvermutungen wechselseitig Kritik erfahren: Wird dem kausalen Modell die nicht hinreichende Erklärung der Gestaltungsmacht der Akteure entgegengehalten, gilt umgekehrt, daß die dominante Stellung der Akteure die normative Kraft

„faktischer Strukturen" nicht hinreichend fassen kann. Man kann diese Inkongruenz auf verschiedene normative Ansprüche zurückführen, auch auf die Wahl von Basisannahmen, begrifflichen Konstrukten und Hypothesengerüsten. Gleichwohl bleibt für eine weitergehende betriebswirtschaftliche Bearbeitung, die mit der Anwendungskonzeption von Managementunterstützungssystemen nahegelegt wird, die Frage kritisch, in welcher Sicht begriffliche Konstrukte und Hypothesengerüste das praktisch zu bewältigende Problem der Transformation von Managerleistungen mit computergestützten Informationssystemen beschreiben und - im Sinne des angewandten Interesses betriebswirtschaftlicher Forschung - die Ergebnisse für betriebliche Praxis fruchtbar gemacht werden können. Problemspezifischer formuliert: Das betriebswirtschaftliche Praxismodell, daß sich an der funktionalen Beschreibung von Managementleistungen, auch anhand bestimmter Handlungs- und Aufgabentypologien, orientiert, bedarf der Revision, um die „neuen" Rahmenbedingungen betrieblicher Praxis beschreiben zu können, und das heißt vor allem: Koordination und Verständigung zwischen betrieblichen Akteuren (Managerhandeln) als Praxis betrieblichen Managements zu sehen und als Ausgangsproblem betriebswirtschaftlicher Handlungsanalyse zu entwickeln.

Dies motiviert weniger dazu, weitere Merkmale jeweiliger Limitationen herauszuarbeiten, sondern neueren Beschreibungs- und Erklärungskonzepten nachzugehen, in denen Technologien als Form der Intervention in das Beziehungsgefüge zwischen Organisationsteilnehmern und Organisationsstrukturen aufgefaßt werden. Orlikowski (1992) bezeichnet diese als „Trigger"-Modell. In diesem Beschreibungsansatz wird eine in Form und Funktion definierte Informationstechnologie als Bezugsgröße organisationalen Handelns verstanden, deren Wahrnehmung und Bedeutung, und damit die Möglichkeiten der Veränderung organisatorischer Verhältnisse, von ihrem (sozialen) Nutzungskontext abhängig ist. Mit der Einführung von Informationstechnologien verändern sich die organisatorischen Verhältnisse, z.B. die Rollenzuschreibungen und Kommunikationsmuster, ohne daß die Form dieser strukturellen Veränderungen auf die Informationstechnologie rückführbar ist. Nicht mehr die Informationstechnologie als spezifiziertes Objekt organisatorischen Handelns, das durch seine Existenz und Erscheinungsform - unbestreitbar - Wirkungen erzeugt, steht im Zentrum des Interesses, sondern das organisierte Handeln als solches, insofern es als Organisierungsprozeß mit Informationstechnologien die Errichtung und Erhaltung eines ordnungsstiftenden Rahmens zur Regulierung kollektiven Handelns bezweckt (vgl. Argyris 1993a, S.1ff., Friedberg 1995, S.167, S.194f.). Kritische Beiträge notieren hier die Notwendigkeit zur Neuorientierung der Beschreibung und Rekonstruktion des Handelns in und von Unternehmen, durchaus parallel verlaufend mit einer allgemeinen Diskussion über die Relation von Annahmen und Erkenntnisperspektiven in der Organisationstheorie (vgl. hierzu: Grandori 1987, Türk 1989, Frese 1993), aber auch in der Management- und Betriebswirtschaftslehre (vgl. Wunderer 1994, Kieser 1994).

2.2 Informationstechnologien für den Managementprozeß

Aktuelle Beiträge, die sich - neben entsprechenden Übersichten in einschlägigen Lehrbüchern der Wirtschaftsinformatik (z.b. Stahlknecht 1992, S.378ff., Mertens u.a. 1992, S.134ff.) - mit computergestützten Informationssystemen für Managementfunktionen und -aufgaben beschäftigen, konzentrieren sich auf Problemfelder und Gestaltungsaufgaben bei der Entwicklung von Managementunterstützungssystemen.

Hierbei handelt es sich um Beiträge der Betriebswirtschafts- und Managementlehre (z.b. Osterloh 1992, Bullinger u. Koll 1992, Reichwald 1989, Lullies 1989) und der Wirtschaftsinformatik (z.b. Kemper 1992, Jahnke 1993, Schrey 1993, Gronau 1994, Guthunz 1994), die sich mit Grundlagen und Konzepten von Management- und Führungsinformationssystemen beschäftigen (siehe auch die Übersichten von Kleinhans, Rüttler u. Zahn 1992, Behme u. Schimmelpfeng 1993b, Dorn 1994), zum Teil bis auf die Ebene der Entwicklung von Prototypen (vgl. Groffmann 1992, Geibel 1992, Behme 1993). Ein nicht unerheblicher Teil der vorliegenden Darstellungen entstammt der Anwendungs- oder Beratungspraxis (siehe hierzu etwa die Beiträge in den Sammelbänden von Hichert u. Moritz 1992, Behme u. Schimmelpfeng 1993a, Klotz u. Wenzel 1994).

Die Ordnung dieser Forschungsperspektiven und die Abgrenzung von Anwendungskonzepten computergestützter Informationssysteme für Managementleistungen kann sich an verschiedenen Kriterien orientieren. Als ein wesentlicher Ansatz hierzu ist - neben dem Kriterium betrieblicher Funktionsfelder (z.b. Produktion, Marketing, Logistik - vgl. Mertens u.a. 1992, S.79ff.) die Systematisierung nach den Funktionen im Managementprozeß anzusehen, die sich im Anschluß an eine erste, heute weitgehend in der Kritik stehende Phase zur Entwicklung von Managementinformationssystemen entwickelt hat.

Im ersten Abschnitt dieses Kapitels (2.2.1) wird diese Systematisierung nachgezeichnet, an deren funktionale Unterscheidungen die Forschungsarbeiten zu Entscheidungsunterstützungssystemen und Führungsinformationssystemen anschließen. Studien zur Diffusion von funktionsorientierten Managementunterstützungssystemen zeigen, daß sich deren Einsatz in der Unternehmenspraxis häufig noch in der Pilotphase befindet. Im weiteren werden Forschungsansätze und -ergebnisse zu den Anwendungskonzepten „Entscheidungsunterstützungssystem" (2.2.2) und „Führungsinformationssystem" (2.2.3) entwickelt. Auf dieser Grundlage wird im zusammenführenden Kapitel (2.2.4) der Stellenwert des aufgabenbezogenen Wahrnehmungs- und Erkenntnisprozesses eines Managers als Aufgabenträger als Erklärungsvariable für die Nutzung von Informationssystemen im Managementprozeß ausgewiesen.

2.2.1 Anwendungskonzepte im Wandel: Von der Automatisierung zur Unterstützung von Funktionen und Aufgaben im Managementprozeß

Für die Kennzeichnung der informationstechnischen Unterstützung von Managementleistungen in Unternehmen sind in der Literatur eine Reihe von Begriffen zu finden, mit denen diese Anwendungskonzepte bezeichnet werden. In der aktuellen Diskussion wird verstärkt der Begriff des Managementunterstützungssystems (Management Support System - MSS), aber auch der des Führungsinformationssystems (Executive Information/Support System - EIS/ESS) verwendet (vgl. Rockart u. De Long 1988, Groffmann 1992, Behme u. Schimmelpfeng 1993a, Rechkemmer 1994, ähnlich Chef-Informationssysteme bei Bullinger u. Koll 1992). Diese Begriffskonjunktur wird zum Teil mit marketingpolitischen Überlegungen von Herstellern entsprechender Anwendungen in Verbindung gebracht (vgl. Groffmann 1992, S.25).

Eine Zusammenstellung wichtiger Forschungsarbeiten verdeutlicht unterschiedliche Merkmale, die in der Literatur zur Charakterisierung der informationstechnischen Unterstützung von Managementleistungen herangezogen werden und die zugleich ein begriffliches Spiegelbild konzeptioneller Entwicklungslinien in den Relevanzdisziplinen der angewandten Wirtschaftsinformatik und der Betriebswirtschafts- und Managementlehre sind (vgl. Abbildung 2.2-1 - Daten entnommen aus Kleinhans, Rüttler u. Zahn 1992).

Forscher	Jahr	Merkmal	Unterscheidung
Gorry/Scott-Morton	1971	Aufgabenstruktur	Structured Decision Systems/Management Decision Systems
Mertens/Griese	1972	Kommunikationsart	Berichts-, Auskunfts-, Abfrage-, Dialogsystem
Kirsch/Klein	1977	Drei-Schichten-Modell	Datenspeichersystem, Berichtssystem, Entscheidungsunterstützungssysteme
Keen	1978	Datentechnik	data-oriented, data-manipulation-oriented, model-oriented DSS
Keen/Hackathorn	1979	Grad der Entscheidungsvernetzung	Personal Support System, Group Support System, Organisational Support System
Alter	1980	Entscheidungsnähe	optimization model, suggestions model
Spraque	1980	technische Systemkomponenten/Anwender	Database, Modelbase, Dialogmanagement/Manager, Entwickler, Techniker
Scott-Morton	1983	Unterstützungsart	Data Support System, Decision Support System, Executive Support System
Treacy	1985	Problemstruktur	data- and modeloriented DSS, individiual and organizational information support, fuzzy modelling and expert support
Krallmann/Rieger	1987	Softwaretechnik	konventionelle und wissensbasierte DSS

Abbildung 2.2-1: Informationstechnische Unterstützung von Managementaufgaben: Merkmale und Abgrenzungsversuche

Der Begriff des *Managementinformationssystems* kennzeichnet einen ersten Höhepunkt der Forschungsarbeiten, auf den sich die betriebswirtschaftliche Diskussion bis zu Beginn der 80er Jahre bezogen hat (siehe bspw. Grochla 1971 sowie die Monographien von Kirsch u. Klein 1977a, 1977b, aus der jüngeren Literatur: Reichwald 1989, S.312ff., Guthunz 1994, S.12ff., mit einem auch institutionellen Überblick über diese Forschungsphase Geibel 1992, S.89ff.).

Forschungsarbeiten zu Managementinformationssystemen zeichnen sich dadurch aus, daß sie - basierend auf Analysen zum Entscheidungsverhalten in Organisationen und zu interaktiven modellgestützten Informationssystemen - die Unterstützung eines Entscheidungsträgers bei der Lösung schlecht-strukturierter Planungs- und Entscheidungsprobleme (Entscheidungen unter Unsicherheit bei unvollkommener Information) zum Gegenstand und die Verbesserung der Informationsgewinnung und -verarbeitung für den Problemlösungsprozeß zum Ziel haben. Das technische Leitbild - die Verfügbarkeit jeder Information, die zu einem beliebigen Zeitpunkt von irgendeinem Entscheider benötigt wird - beruht auf einem Forschungsansatz, in dem die Verbindung von wissenschaftlichen Methoden der Entscheidungsfindung - beruhend auf formalen Modellen der Entscheidungstheorie und des Operation Researchs - mit der Leistungsfähigkeit technischer Systeme der Datenverarbeitung die Automatisierung von betrieblichen (Teil-)Entscheidungen bis zur Ersetzung des menschlichen Entscheidungsträgers in Aussicht stellt.

Zur theoretischen Fundierung dieser Vorgehensweise konstatieren Kirsch u. Klein (1977a, S.11, 146/7), die sich ausführlich mit dem Stand der frühen Forschungsarbeiten zu Managementinformationssystemen auseinandersetzen, daß mit der Diskussion um die informationstechnische Unterstützung von Managementleistungen die Gestaltung der Arbeits- und Führungssysteme im Management eine Neuorientierung erfährt. Wurde vormals diese Gestaltungsaufgabe als ein Problem *sozialer* und *politischer* Organisation verstanden, werden mit dem Konzept der Automatisierung von Managementaufgaben die *sozio-technischen* Rationalitätsanforderungen pronounciert und damit ein neues Rationalitätsverständnis induziert: Die Rationalisierung organisatorischer Führungssysteme folgt der Methodik der wissenschaftlichen Betriebsführung, so wie sie für die industrielle Produktion entwickelt worden ist. Ihre Kritik richtet sich auf das Spektrum an entscheidungs- und organisationstheoretischen Grundannahmen, das in diese Forschungsbemühungen einfließt. Daß das Leitbild automatisierter Entscheidungsprozesse sich nicht erfüllen kann, wird auf die dem zugrundeliegenden Problemlösungs*modell* inhärenten Annahmen über die Form von Such- und Entscheidungsprozessen zurückgeführt, die nicht dem *praktizierten* Entscheidungsverhalten in Organisationen entsprechen. Hierzu werden verschiedene Annahmengerüste gerechnet - z.B. der Manager als relativ autonomer Entscheider mit rationalem Verhaltensmuster im Planungs- und Entscheidungsprozeß -, in denen systematisch zentrale Merkmale des Arbeits- und Entscheidungsverhaltens ausgeblendet bleiben, die in verhaltenswissenschaftlich ausgerichteten Studien herausgestellt werden. Neben den Grenzen technischer Ressourcen - fehlende Leistungsmerkmale der Datenverarbeitung, hoher Entwicklungs- und Pflegeaufwand (vgl. Stahlknecht 1992, S.378) - werden zwei Aspekte besonders hervorgehoben:

- *das Entscheidungsverhalten der Manager:* Manager verfügen eher über zuviel und als nicht relevant eingestufte Informationen, so daß das Problem nicht in der Gewinnung, sondern in der Selektion richtiger, dem subjektiven Informationsbedarf des Managers entsprechenden Informationen besteht. Zudem ist nicht hinreichend geklärt, ob die technisch angebotenen Problemlösungsmethoden dem individuellen Problemlösungsverhalten des Managers entsprechen. Praktisch erweist sich die individuelle Einstellung des Managers zur Technik und die Einbindung technischer Unterstützung in konkrete Arbeits- und Entscheidungsabläufe durchgängig als Kernproblem der Implementierung von Managementinformationssystemen.

- *das individuelle Entscheidungsverhalten im organisatorischen Kontext arbeitsteiliger Managementprozesse:* Im Modell rationaler Entscheidungsfindung bleibt der arbeitsteilige Charakter betrieblicher Führungs- und Entscheidungsprozesse außerhalb der Betrachtung, und damit auch - in der Integration von Datenbeständen nicht aufscheinende - Aspekte der sozialen Differenzierung und des Interessenpluralismus in Organisationen (zusammenfassend Kirsch u. Klein 1977b, S.60/1, zum Menschenbild S.78ff, zu den organisationstheoretischen Grundlagen S.118ff., zu empirischen Befunden siehe Kieser u. Kubicek 1977, S.450-457, in der jüngeren Diskussion beispielsweise Reichwald 1989, S.312ff., Geibel 1992, S.90ff.).

Aus einer verhaltenswissenschaftlich fundierten Forschungsperspektive - so die sich anschließende Folgerung - erweist sich ein Managementinformationssystem nicht als technisch zu definierendes Problem und ingenieurwissenschaftliches Aufgabengebiet einer angewandten Informatik, sondern als ein begriffliches Konstrukt, mit dem kognitive, soziale und politische Aspekte des Arbeits- und Entscheidungsverhaltens von Managern berührt sind, die ein kritisches Überdenken und eine Neuorientierung der konzeptionellen Grundlagen angezeigt erscheinen lassen.

Angesichts dieser Kritik werden Begriffe und Forschungsbemühungen zur informationstechnischen Unterstützung von Managementleistungen differenzierter betrachtet. Zum einen ist in der Literatur der Hinweis zu finden, daß die Kritik an den Forschungsarbeiten zu einer Abkehr von der Bezeichnung Managementinformationssystem hin zu der neutraleren Kennzeichnung „computergestützte Informationssysteme" geführt hat (vgl. Picot u. Maier 1992, Sp.931). Zum anderen wird zur Ordnung der weiteren Forschungsbemühungen in der jüngeren deutschsprachigen Literatur an eine Systematisierung angeknüpft, die im Rahmen der Forschungsarbeiten des Center for Informations Systems Research der Sloan School of Management entwickelt worden ist (siehe zusammenfassend Rockart u. De Long 1988, S.14ff.).

Die Bezeichnung *Managementunterstützungssystem* kennzeichnet das Forschungsgebiet insgesamt, in dem es um Formen der informationstechnischen Unterstützung von Entscheidungsträgern (synonym auch: Manager, Führungskräfte) in betrieblichen Entscheidungs- bzw. Führungsprozessen geht, die - in der Zielsetzung gegenüber Managementinformationssystemen unverändert - in schlecht-strukturierten Situationen die Informationsgewinnung und Entscheidungsfindung und damit die Entscheidungsqualität verbessern sollen.

Die Basis für eine weitergehende *funktionale* Klassifizierung der unter diesem Leitbegriff gefaßten Anwendungskonzeption bildet ein Bezugsrahmen, der informationstechnische Möglichkeiten mit entscheidungs- und organisationstheoretischen Grundüberlegungen zur Systematisierung von Aufgaben, Aktivitäten und Entscheidungen im Managementprozeß in Beziehung setzt. Betriebliche Aufgaben werden nach dem Problem- oder Komplexitätsgrad (gut strukturiert/schlecht strukturiert), nach der Entscheidungsebene bzw. dem Entscheidungsträger (strategisch/taktisch/operativ bzw. oberes/mittleres/unteres Management) und nach verschiedenen Phasen im Entscheidungsprozeß (Informationsgewinnung/Datenselektion, Informationsverarbeitung/Modellbildung) unterschieden (grundlegend Geibel 1992, S. 89ff., siehe auch Reichwald u. Stauffert 1987, 1989).

Diesen Beschreibungskategorien inhärent ist häufig eine Zuordnung der Managementaufgaben zu verschiedenen Aktivitätsträgern auf der unteren, mittleren und oberen Managementebene (vgl. Abbildung 2.2-2, im Zusammenhang mit Führungsinformationssystemen Jahnke 1993, S.30/1, Groffmann 1992, S.51f., Piechota 1992, S.67f., Wolff 1991, im Rahmen der Bürokommunikationsforschung z.B. Frese u. v. Werder 1992, zur „Begriffsgeschichte" Rockart und De Long 1988, S.17ff.). Daraus werden bestimmte Kombinationen von Aufgaben, Aktivitätsmustern sowie Positions- und Rollenbeschreibungen abgeleitet, die sich zu speziellen Anwendungskonzepten der informationstechnischen Unterstützung von Managementleistungen verdichten lassen. Die Forschungsarbeiten konzentrieren sich - dieser Systematisierung folgend - auf zwei Schwerpunkte: der Modellierung strukturierter Probleme als technikgestützte (Teil)Lösungsprogramme in verschiedenen Phasen eines Entscheidungsprozesses (technisch bezeichnet als *Entscheidungsunterstützungssystem*), sowie der Bereitstellung und Präsentation von verschiedenartigen und veränderlichen Informationen in Planungs- und Kontrollprozessen mit dem Ziel der Initiierung von Entscheidungen, die dem Bedarf des Anwenders auf verschiedenen hierarchischen Ebenen entsprechen (technisch bezeichnet als *Führungsinformationssystem*).

	Entscheidungs- unterstützungssystem	Führungs- informationssystem
Aufgabentyp	abgegrenztes und strukturiertes Entscheidungsfeld	verschiedenartige und veränderliche Informationsbedarfe
Anwendungsfeld	Sachbearbeitung und Fachkräfte auf unterer/mittlerer Managementebene	Unternehmensleitung und Führungskräfte auf mittlerer/oberer Managementebene
Anwendertyp	Spezialist	Generalist
Unterstützungsform	gezielter Einsatz von Modellen Simulation verschiedener Szenarien	gezielte Filterung und Aggregation von Informationen Präsentation und Kommunikation
technisches Basiswissen	Spezialkenntnisse	ohne Vorkenntnisse verständliche Bedienerführung

Abbildung 2.2-2: Anwendungskonzepte im Vergleich: Entscheidungsunterstützungssystem und Führungsinformationssystem

Die Grundlage für die Realisierung dieser Anwendungskonzepte bilden Transaktionssysteme. Bei Transaktionssystemen handelt es sich um EDV-gestützte Analyse-, Berichts-, Planungs- und Kontrollsysteme, die für gut strukturierte Problemsituationen relevante, zum Teil vordefinierte Daten bereitstellen und damit eine situationsspezifische Unterstützung von Entscheidungsträgern erlauben.[1]

Häufig werden Führungs- und Entscheidungsunterstützungssysteme „hierarchisch" geordnet in einer Pyramidenstruktur dargestellt (so Jahnke 1993, S.29ff., Picot u. Maier 1992, Sp.933 - grundlegend schon: Kirsch u. Klein 1977a, S.70-122). Ihre unterschiedliche funktionale Bestimmung im Managementprozeß und damit ihre instrumentelle Gleichrangigkeit kann mit einer Zuordnung zu Teilfunktionen und Aufgaben des Managementprozesses hervorgehoben werden (so auch Piechota 1993, S.85, Behme u. Schimmelpfeng 1993b, S.12/3, vgl. Abbildung 2.2-3 - in Anlehnung an Piechota 1993, S.87, zum Managementprozeß und seinen Funktionen Steinmann u. Schreyögg 1993, S.3ff., Staehle 1992, S.66ff.).

---

[1] In technischer Hinsicht treten im Konzept des Transaktions- oder Datenunterstützungssystems an die Stelle *eines* hochintegrierten unternehmensweiten (Management-)Informationssystems *partielle* Informationssysteme, die aufgrund ihrer einheitlichen Gestaltung auf Netz-, Daten- und Programmebene unterschiedliche Funktionalitäten zur Unterstützung von Managementaufgaben und -aktivitäten entfalten. Insbesondere im Anschluß an das von Scheer (zuletzt: 1994, siehe auch Picot u. Maier 1992) vorgelegte Konzept des Unternehmensdatenmodells haben diese wieder stärker als unternehmensweite Informationssysteme an Bedeutung gewonnen. Ihr Potential - und damit ihr Stellenwert für die Forschungsarbeiten zur Managementunterstützung - liegt in einer verbesserten Informationsgewinnung und -aufbereitung, da umfangreiche Datensegmente - technisch: Datenbanken - mit Hilfe von leistungsfähigen Abfragesprachen - technisch: Methoden- und Programmintegration - auf der Grundlage der technischen Vernetzung von Rechnersystemen miteinander verknüpft und zu integrierten Anwendungssystemen zusammengeführt werden. Diese Verknüpfung beruht wiederum auf *Basissystemen* (auch bezeichnet als: Administrationssysteme), in denen betriebliche Leistungsprozesse mengenorientiert oder wertorientiert dargestellt sind (z.B. Betriebsdatenerfassung, Personalinformationssysteme).

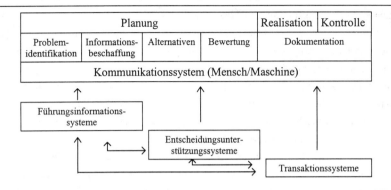

Abbildung 2.2-3: Informationssysteme im Managementprozeß

Zum Stand der Diffusion von Managementunterstützungssystemen, oder auch spezieller Entscheidungs- und Führungsinformationssystemen, liegen bisher kaum systematisch differenzierende Daten vor. Die wenigen vorliegenden empirischen Befunde erzeugen ein sehr heterogenes Bild über Gründe und Formen ihrer Entwicklung und Implementierung. Selten werden die verschiedenen Anwendungskonzepte, so wie hier herausgearbeitet, deutlich gegeneinander abgegrenzt. Aussagen, die in dieser Hinsicht formuliert werden, haben häufig eher normativen Charakter und beziehen sich auf Einzelaspekte, ihre empirische Basis ist selten klar ersichtlich. Dies erschwert eine klare Abgrenzung und Einordnung der Befunde. Zudem legt die kritische Selbsteinschätzung von Lachnit, Ammann und Müller (1995) die Annahme nahe, daß in der Mehrzahl der Fälle Anspruch und Wirklichkeit (noch ? - vgl. kritisch zu dieser „Botschaft" Ortmann 1995, S.167ff.) der informationstechnischen Unterstützung von Managementleistungen auseinanderfallen:

„Insgesamt entsprechen die von den Unternehmen eingesetzten Führungsinformationssysteme offenbar nicht der anspruchsvollen Vorgabe des Fragebogens. Dafür sprechen im empirischen Erscheinungsbild die geringe Integration zu einem Gesamtsystem, die überwiegend manuelle Datenbeschickung sowie die durch den schwachen Einsatz der innovativen Führungstechniken deutlich werdende mangelnde Ausrichtung auf die strategische Planung" (Lachnit, Ammann und Müller, 1995, S.19).

Durchgängig wird beispielsweise die Bedeutung von Managementunterstützungssystemen für große Unternehmen angenommen. Ein Großteil der in der Literatur dokumentierten Anwendererfahrungen entstammen diesem Unternehmenssegment (siehe die entsprechenden Beiträge in Dorn 1994, Behme u. Schimmelpfeng 1993a, Hichert u. Moritz 1992). Kretschmar u.

Linzbach (1993, S.154) führen aus, daß bei einer Befragung von 300 Unternehmen die Ein-führung eines Führungsinformationssystems auch von 40% der befragten mittelständischen Unternehmen (200 bis 1.000 Mitarbeiter) ernsthaft in Erwägung gezogen wird. Große Unter-nehmen weisen allerdings - wie Hichert u. Stumpp (1992, S.95) zeigen - keine durchschnitt-lich stärkere Nutzung aus als kleinere Unternehmen: mit zunehmender Beschäftigtenzahl geht der prozentuale Anteil der Nutzer zurück. Die Autoren führen dies auf die Beschränkung der Anwendung von Managementunterstützungssystemen auf obere Hierarchieebenen zurück, auf der sich die Personenzahl nach ihrer Einschätzung nicht proportional zur Gesamtzahl der Be-schäftigten verhält. Zu entsprechenden Befunden kommen Lachnit, Ammann u. Müller (1995, S.3ff.) aufgrund einer 1993 durchgeführten branchenübergreifenden Befragung bei 138 mit-telständischen Unternehmen zum Einsatz von EDV-gestützten Führungsinformationssystemen (vgl. Abbildung 2.2-4 - die Daten sind diesem Beitrag entnommen).

EDV-gestütztes Führungsinformationssystem	• dispositiv ausgestaltete Rechnungswesenkalküle • systematisches Planungs- und Kontrollgefüge • Führungskennzahlen-Armaturenbrett • Berichtswesen und Grafikmodule • EDV-gestütztes Systemkonzept • Entscheidungsunterstützung durch Simulationsverfahren	
Nutzer-Unternehmen	37	27%
interessierte Unternehmen (Planung in durchschnittlich 11 Monaten)	37	27%
Nicht-Nutzer Unternehmen (nicht vorhanden, zum Teil nicht in Planung)	64	46%
	138	100% (gerundet)

Abbildung 2.2-4: Diffusion von Führungsinformationssystemen in mittelständischen Unter-nehmen

In der hier erhobenen Verteilung von Nutzer, Nicht-Nutzer und interessierten Unternehmen haben sich nicht Branchenspezifika als bedeutsam gezeigt, sondern Unterschiede im Hinblick

- *auf die Altersstruktur der Unternehmen:* Nutzer-Unternehmen sind tendenziell früher ge-gründet worden;

- *auf die Führungsstruktur der Unternehmen:* In Manager-kontrollierten Unternehmen ist die Nutzung der EDV-Unterstützung im Führungsbereich relativ stärker ausgeprägt als in Eigentümer-kontrollierten Unternehmen;

- *auf die durchschnittliche Unternehmensgröße:* Nutzer-Unternehmen erzielen tendenziell weniger Umsatz und beschäftigen weniger Mitarbeiter, erwirtschaften aber größeren Umsatz je Mitarbeiter.

Nur selten ist ersichtlich, auf welchen Typ der informationstechnischen Unterstützung von Management- und Führungsaufgaben sich die einzelnen Aussagen beziehen. Nach den Befunden von Kleinhans, Rüttler u. Zahn (1992, S.11f., ähnlich die Ergebnisse bei Hichert u. Stumpp 1992 und die Einschätzungen von Rechkemmer 1994) sind es betriebswirtschaftliche Fachabteilungen in Unternehmen - z.b. Controlling - sowie Stabsabteilungen der Geschäftsleitung, die derzeit als Hauptanwendungsfeld informationstechnischer Managementunterstützung anzusehen sind. Anwendungen in sachlichen Leistungsbereichen wie Marketing/Vertrieb oder Produktion sind eher die Ausnahme. Lachnit, Ammann und Müller (1995, S.12ff.) stellen heraus, daß aus der Vielzahl von möglichen Methoden, die der informationstechnisch gestützten Gewinnung von Führungsinformationen zugrundeliegen, klassische Formen wie Budgetierungsverfahren oder das interne Berichtswesen stark verbreitet sind, während eher strategisch orientierte Instrumente wie Portfolio- und Stärken-Schwächen-Analysen oder Szenario-Techniken kaum EDV-unterstützt genutzt werden. Beachtenswert erscheint auch der Befund, daß als Führungsinformationen finanzwirtschaftliche Kennzahlen, wie die periodenbezogene Ermittlung von Umsatz, Betriebsergebnis und Gesamtgewinn, im Vordergrund stehen. Der Bedeutung leistungswirtschaftlicher Kennzahlen wurde allerdings nicht systematisch nachgegangen.

Zusammenfassend legt die bisherige Betrachtung folgende Schlußfolgerung nahe: (Auch) Die Zwecksetzung von Managementunterstützungssystemen impliziert ein Strategiekonzept einer (möglichst) lückenlosen technisch unterstützten Abbildung betrieblicher Leistungserstellungsprozesse. In den Informationsbegriffen von Kosiol (1972, vgl. zum Argument Argyris 1994, S.115ff.) ausgedrückt: Das Interesse ist auf ein Maximum der Verfügbarkeit von „speziellen" Informationen gerichtet. Der Zugriff auf den Produktionsprozeß „informationeller Realgüter"[1] soll die zunehmende Verallgemeinerung leistungsrelevanter Informationen in der betrieblichen Hierarchie überwinden. Diese Form der Informatisierung kann jedoch nur einen Näherungswert darstellen (vgl. auch Picot 1989, S.376ff.). Wenn wirtschaftliche Dynamik, also z.B. eine Erhöhung der Veränderungsrate in betrieblichen Umweltbeziehungen, die Ausgangsannahme darstellt, ist dies gleichbedeutend mit einer Zunahme von Steuerungsinterventionen zur Sicherung der Funktionsweise betrieblicher Leistungserstellung. Die Notwendigkeit, betriebliche Akteure als Steuerungsinstanz zu interpretieren, ist in der funktionalen Konzeption

---

[1] Daß dieser Informationsbegriff, der die quasi-beliebige Verfüg- und Transportierbarkeit von Informationen - Informationen als „Ding" - unterstellt, nicht unproblematisch ist, wurde im Zusammenhang mit den Begriffsbestimmungen bereits diskutiert (vgl. auch Feldhoff, Hessinger u. Schlinkert 1994, S.186ff.).

der informationstechnischen Unterstützung von Managementleistungen nur bedingt zu finden. Beruht die Steuerungsfähigkeit auf der weiteren Annahme, daß Steuerungsinstanzen bei der Bearbeitung von Unsicherheitszonen über eine entsprechende Variationsbreite in der Informationsgewinnung verfügen können müssen, gerät dies unmittelbar in Widerspruch zu dem mit der Informatisierung nahegelegten „Algorithmus" der Datenverarbeitungs-Modelle und Methoden, die der Symbolisierung betrieblichen Arbeits- und Entscheidungsverhaltens zugrundeliegen. Die Annahme wirtschaftlicher Dynamik indiziert damit eine Schranke der Informatisierung, die nicht durch die Entwicklung computergestützter Informationssysteme zu überwinden ist. Sie bedeutet gleichwohl nicht, daß sich die Bedingungen ihrer Bewältigung durch die Erhöhung der informationellen Prozeßbeherrschung nicht verändern. Dieses Spannungsfeld soll im folgenden für die Forschungsfelder „Entscheidungsunterstützungssystem" und „Führungsinformationssystem" genauer betrachtet werden.

2.2.2 Entscheidungsunterstützungssysteme als „Experten" für Entscheidungen im Management

2.2.2.1 Entscheidungen und wissensbasierte Informationssysteme: Zur kognitiven Adäquatheit von Entscheidungsunterstützungssystemen

Entscheidungsunterstützungssysteme werden als ein Kernbereich der Managementunterstützungssysteme angesehen. Die Funktion von Entscheidungsunterstützungssystemen liegt in der zweckgerichteten Modellierung von Entscheidungsproblemen, um bei fachspezifischen Aufgabenstellungen technische Unterstützungsleistungen vor allem auf der Ebene des mittleren Managements zu erbringen. Der Entscheidungsträger ist die „Instanz", für die der Einsatz des computergestützten Informationssystems als „intelligentes Werkzeug" bei sinkenden Zeitressourcen die Qualität der Entscheidung erhöhen soll. Entscheidungsunterstützungssysteme basieren im Regelfall auf (mathematischen) Modellen und erleichtern mit der Möglichkeit zur Alternativenbewertung die Analyse in strukturierten, sachlich abgegrenzten Entscheidungssituationen. Auf seiten der angewandten Wirtschaftsinformatik werden für diesen Anwendungstyp auch allgemeinere, stärker technisch geprägte Termini wie Expertensystem (vgl. Picot u. Maier 1992, Sp.927) oder wissensbasiertes System (vgl. Geibel 1992, S.121ff.) verwendet.

Anwendungen dieser Art gelten als Aushängeschild der Forschungsarbeiten zur „künstlichen Intelligenz" (vgl. Bachmann u. Malsch 1993, S.235, Frank 1989, S.20). Diese Bezugnahme verweist auf ein Problemfeld, das nicht nur in betriebswirtschaftlich orientierten Beiträgen, sondern auch in einer zur Sicht der angewandten (Wirtschafts-)Informatik kritisch argumentierenden Sozial- und Kognitionswissenschaft (vgl. Böhle 1992, Malsch 1992, Malsch u.a. 1993) und Sozialpsychologie (vgl. Mantovani 1994, Becker u. Paetau 1992) aufgegriffen worden ist. Der kritische Impetus dieser Diskussion ist auf die Frage gerichtet, ob Expertensysteme (nicht nur in betriebswirtschaftlichen Bezügen) ein - wie Frank (1989, S.19, ähnlich Steinle 1989, S.137) es formuliert - *„erfolgversprechender Ansatz zur Automatisierung dispositiver Tätigkeiten"* sind?[1]

Das Ziel, Expertensysteme zu „eigenständigen" Entscheidungen innerhalb einer bestimmten Domäne zu befähigen, und damit potentiell den menschlichen Entscheidungsträger zu substituieren, wird für Entscheidungsprozesse in Unternehmen nicht mehr ernsthaft verfolgt. Viel eher ist die Rede von pragmatisch ausgelegten Expertensystemen (vgl. Mertens 1989), die als regelbasierte Programme (vgl. Mans 1989) eher der Entscheidungsunterstützung im operativen als im strategischen Bereich dienen (vgl. Schmitz, Lenz u. Nöcker 1989, Frank 1989). Als Grund dafür wird die *prinzipielle* Unmöglichkeit angesehen, menschliche Denkweisen mit technischen Mitteln zu simulieren. Gleichwohl wird in der Literatur deutlich gemacht, daß das kognitionstheoretische Annahmengerüst weiterhin die zentrale Prämisse in der Forschung zur Künstlichen Intelligenz allgemein (vgl. Malsch 1992), damit aber auch für die Entwicklung von Entscheidungsunterstützungssystemen darstellt (vgl. Mantovani 1994, Frank 1989).

Im Argumentationsgerüst der symbolischen Repräsentation betrieblicher Entscheidungen unterscheiden Becker und Paetau (1992, S.134ff.) mit dem Repräsentationsansatz, dem Modellierungsansatz und dem Architekturansatz drei Sichtweisen der Entwicklung von Expertensystemen zur Entscheidungsunterstützung, die von verschiedenen Grundannahmen ausgehen:

1. *Repräsentationsansatz:* Ein Expertensystem repräsentiert das Wissen über einen Gegenstandsbereich.

In dieser Sichtweise steht die *strukturelle* Isomorphie zwischen den kognitiven Prozessen eines Entscheiders/Experten und den Repräsentationsstrukturen der technischen Wissensbasis im Vordergrund. Dies ist verbunden mit dem Anspruch, auch konzeptionell die Beschaffenheit kognitiver Prozesse erklären zu können. Die aus dieser Konstruktion folgende Annahme, daß im Zuge der Wissensobjektivierung isolierte Wissenseinheiten (Fakten) nach syntaktischen Prinzipien (Regeln) verbunden werden können, führt zu einer vom Entstehungs- und Anwendungszusammenhang und vom Entscheider als Subjekt der Wissensakquisition losgelösten Form der Wissensdarstellung. Dies spiegelt sich auch in den Erhebungstechniken wieder. Methodisch stellen neben dem aus Fachliteratur und sonstigen Quellen zu extrahierenden allgemeinen Wissen (Begriffe eines Fachgebiets) klassische Erhebungstechniken der Psychologie und der Sozialwissenschaften den „Zugang" zu speziellen Begriffstaxonomien (anwendungsspezifische Begriffsattributionen durch Experten) her.

---

[1] Die Spannweite der vorgetragenen verschiedenen normativen und deskriptiven Einschätzungen zu der Möglichkeit der Automatisierung dispositiver Tätigkeiten werden in den Dialogbeiträgen zu Frank (1989) in der Zeitschrift Die Betriebswirtschaft (49. Jg., Heft 2, S.257-264) umrissen.

2. *Modellierungsansatz:* Ein Expertensystem modelliert das Problemlöseverhalten des Experten. Eine moderatere Perspektive im Hinblick auf die Struktur der Wissensrepräsentation nimmt der Modellierungsansatz ein. Hier geht es um eine *funktionale* Isomorphie, bei der nicht die Erklärung der kognitiven Strukturen - als Wissensabbildung -, sondern allein die Entwicklung und Beschreibung von Modellen über das Problemlöseverhalten von Experten/Entscheidern im Mittelpunkt des Interesses stehen. Diese Wissenskonstruktion bildet dann in einer dem Repräsentationsansatz vergleichbaren Form die Basis für Dateninterpretation und Systementwurf.

3. *Architekturansatz:* Ein Expertensystem ist eine Problemlösung für ein bestimmtes Aufgabenfeld. Diese Expertenssysteme ordnen sich dem Themengebiet allein aufgrund ihrer technischen Struktur und Programmiermethodik zu, ohne daß ein konzeptioneller Anspruch in Richtung einer adäquaten Wissensrepräsentation oder Wissensmodellierung besteht. Im Prinzip stellen derartige Programme eine spezifische Form von Transaktions- oder Datenunterstützungssystemen dar.

In der gebotenen Kürze zusammengefaßt, konzentriert sich die kritische Forschung auf die deskriptiven, aber auch die erkenntnistheoretischen und methodischen Grenzen des diesen Sichtweisen zugrundeliegenden kognitionstheoretischen Annahmengerüsts.

Die *deskriptive Kritik* an der Repräsentationshypothese und dem (kognitions-)psychologisch fundierten Wissensbegriff richtet sich gegen den erfahrungswissenschaftlichen Gehalt: Mit diesen Modellen gelingt es nicht, empirisch beobachtbares Entscheidungsverhalten hinreichend und präzise zu beschreiben. Die Grundhypothese der Repräsentation menschlicher Erkenntnisprozesse in der Symbolik digitaler Datenverarbeitung scheitert an der Eigenart des menschlichen Denkens. Diese fundiert nicht nur auf der Komplexität kognitiver Prozesse aufgrund der Beobachtung und Einordnung eigenen und fremden Verhaltens. Erleben (Emotionen, Motivationen und Interessen) und Verstehen (implizites Erfahrungswissen, praktische Fertigkeiten, Sinn- und Bedeutungszuschreibungen) sind zugleich eigenständige Erkenntnisweisen, mit denen insbesondere der Bedeutungszusammenhang und Kontextbezug von Wissen hergestellt und als Information zum Ausdruck gebracht wird (zur Abgrenzung von Wissen und Information im betriebswirtschaftlichen Kontext Krcmar 1991, S.170, zu methodischen Vorgehensweisen, Denkhaltungen und damit verbundenen Problemen der Wissensgewinnung ausführlich Mantovani 1994, S.84ff., speziell zu den Grenzen der Explikation von Wissen Malsch 1992, S.173f.).

In *erkenntnistheoretischer Sicht*, dies wird besonders an den „schwächeren" kognitiven Ansätzen deutlich, wird diskutiert, ob mit der Kritik am erfahrungswissenschaftlichen Gehalt auch das kognitionstheoretische Annahmengerüst berührt wird. In dieser Perspektive läßt sich die deskriptive Kritik auch als Anerkennung der Grundannahme lesen, daß die Beschreibung des Entscheidungsverhaltens von Experten prinzipiell möglich erscheint, es (nur) eine Frage der Forschungsbemühungen und Methodenentwicklung ist, bis der Zugang zu den bisher nicht erfaßbaren Operationen und Verhaltensweisen ermöglicht wird (vgl. Frank 1989, S.23ff., grundsätzlich zu dieser „Hoffnungsperspektive" Sandner u. Meyer 1994, S.187ff.). Demgegenüber wird die Frage nach der Angemessenheit kognitionswissenschaftlicher Kategorien zur Analyse der Entwicklung und Anwendung wissensbasierter Systeme in Organisationen gestellt. Entscheidungsunterstützungssysteme lassen sich vielmehr adäquat - so die dieser Kritik zugrundeliegende Annahme - als *strukturelle* Basis verstehen, auf die sich Akteure in ihren Handlungen beziehen, und sind damit als (eine) Form der Konstituierung (und Transformation) des Entscheidungsverhaltens in Organisationen zu rekonstruieren (vgl. Wagner 1992, S.211ff., Malsch u.a. 1993, S.22ff.).

2.2.2.2 Expertenwissen für das Entscheidungsunterstützungssystem: Zur Methodik der Transformation von Erfahrungswissen

Der Stellenwert dieser konzeptionell unterschiedlich einzuordnenden Kritik läßt sich am Gegenstand selbst verdeutlichen. Im Kern hängt das Gelingen der Entscheidungsunterstützung von der Transformation - oder schwächer: Zuordnung - der Form menschlichen Problemlösens zu einer komplexen maschinellen Funktion bzw. einem Problemlösungsalgorithmus *und* seiner Einbettung in einen betrieblichen Entscheidungsprozeß ab.

Zur Handhabung dieses Problems werden in der Literatur unterschiedliche Vorgehensweisen diskutiert. Phasenkonzepte, die in der angewandten Wirtschaftsinformatik vorgeschlagen werden, orientieren sich an der Methodik des plandeterminierten Managementprozesses: Entscheidungsunterstützungssysteme werden von der Problemidentifikation über die Konzeptualisierung und Testphase bis hin zur Inbetriebnahme gestaltet (vgl. Frank 1989, Seitz 1993, S.54ff., zur Anwendungspraxis der Planungsmethodik bereits Krüger u. Bauermann 1987, zum Problemgehalt einer funktionalen Bestimmung plandeterminierter Managementprozesse Schreyögg 1991). Für eine weiterführende Betrachtung fruchtbar erscheint hier die Orientierung an einem (industrie-)soziologischen Beschreibungsansatz, der im Begriff der Wissenstransformation stärker die Unabhängigkeit der Prozeßphasen betont, ihre wechselseitige Verknüpfung berücksichtigt und den betrieblichen Entscheidungskontext in die Analyse einbezieht. Hier werden drei Phasen der Entwicklung und Anwendung von Entscheidungsunterstützungssystemen unterschieden (vgl. Seitz 1993, S.62ff., Malsch 1984, 1987):

1. Phase: Die Phase der Wissensgewinnung/-akquisition kennzeichnet den Prozeß der Erhebung des gestaltungsrelevanten Wissens aus der Erfahrungswelt betrieblicher Ent-

scheidungsträger, das in Form des Entscheidungsunterstützungssystems objektiviert werden soll.

2. Phase: Die Phase der Wissensobjektivierung beschreibt die Strukturierung, Formalisierung und Vergegenständlichung dieses Wissens im technischen Artefakt.

3. Phase: Die Phase der Wissens(re-)integration charakterisiert den Prozeß der Rückkehr des im Entscheidungsunterstützungssystem materialisierten Konfigurationswissens in die Erfahrungswelt des Entscheidungsprozesses.

Diese Phasen sind zyklisch miteinander verknüpft, so daß nicht nur zeitgleiche, sondern auch eigendynamische Entwicklungen innerhalb jeder Phase darstellbar sind.

Geht man von der Annahme aus, daß eine notwendige Bedingung einer - im Ergebnis angestrebten - erfolgreichen Integration maschineller Funktionen in einen betrieblichen Entscheidungsprozeß eine adäquate Repräsentation menschlicher Problembearbeitung und -lösung im Systementwurf ist, dann ist dies nicht nur eine Frage personenbezogener *Wissensgewinnung* (vgl. Malsch 1992, S.173f.). Um betriebliches Wissen symbolisch zu repräsentieren, ist - neben methodischen Grenzen der Erhebung von Erfahrungswissen und seiner Modellierung - zu berücksichtigen, daß der Prozeß der Wissensgewinnung und -akquisition in zweifacher Hinsicht *auch* ein organisatorisches Phänomen ist (vgl. Wagner 1993b, S.39f.):

- Expertenwissen ist in Organisationen kein individualisierbares Phänomen. Es ist seinem Wesen nach verteiltes Wissen, in dem Akteure einzelne Wissensverarbeitungszentren darstellen. Diese sind - im *„information-processing network"* (Huber 1990, S.59, Scott 1986, S.288ff. - grundlegend Galbraith 1977, S.35ff.) - mit kooperierenden Teilexperten über eine Vielzahl von Kanälen verbunden, über die Wissensbestände als Nachrichten transferiert werden (vgl. Bachmann u. Malsch 1993, S.241, mit ähnlicher Argumentation Duncan u. Weiss 1979).

- Mit der notwendigerweise gegebenen aktiven Mitarbeit des Experten wird das Verständnis regelgeleiteter Symbolverarbeitung der Systementwicklung bzw. des Systementwicklers in Beziehung gesetzt zu jenen Entscheidungsheuristiken, die das Entscheidungsverhalten in betrieblichen Handlungssituationen prägen. Wissensakquisition stellt sich so nicht als extraktiver Erhebungs-, sondern *auch* als ein kommunikativer Prozeß der Verständigung zwischen dem Systementwickler und dem Fachexperten dar (vgl. Malsch 1992, S.172f.), mit dem die Wissensbestände beider Akteure verändert werden. In dieser Hinsicht läßt sich der Prozeß der Wissensakquisition auch interpretieren als eine Aktivität der Ausschöpfung speziellen Wissens zur Sicherung von Interessen bei der Beherrschung betrieblicher Leistungserstellung, und damit als Prozeß der Aushandlung um Zugriff auf und Kontrolle über betriebliche Ressourcen (vgl. Ortmann u.a. 1990, S.526ff.).

In der Phase der *Wissensobjektivierung*, also in der Phase der Programmerstellung, geht es um die systemgerechte Aufbereitung betrieblichen Erfahrungswissens. Bedeutsam sind hier die Wirkungen der bedingten Möglichkeiten zur formalen Repräsentation unvollständigen und risikobehafteten Wissens. Die Anwendung entsprechender Formalismen - allgemein: die Modellierung betrieblicher Handlungsweisen in einem computergestützten Informationssystem - ist mit einer Veränderung des Erfahrungswissens gleichzusetzen (vgl. Malsch 1992, S.176f., Frank 1989, S.24ff.), das sich im Modus sequentieller Symbolverarbeitung manifestiert: Am Ende steht als Entwicklungsprodukt ein Computerprogramm, in dessen funktionaler Architektur das (zweifach gefilterte) betriebliche Erfahrungswissen vergegenständlicht ist. Ob und in welchem Rahmen dieses technische Modell betrieblicher Wissensverarbeitung dem Entscheidungsverhalten entspricht, entscheidet sich erst mit seiner *(Re-)Integration* in den Entscheidungskontext, und ist dort vor allen Dingen eine Frage der subjektiven Wahrnehmung der Eignung symbolischer Repräsentationen durch betriebliche Entscheidungsträger im Prozeß der Entscheidungsfindung.

Bei Entscheidungsunterstützungssystemen wird damit deutlich: Formalmodelle betrieblicher Entscheidungen und ihre technische Realisierung im Programmalgorithmus sind - in einem zweifachen Sinne - nicht ohne Bezug auf das Erfahrungswissen betrieblicher Entscheidungsträger zu rekonstruieren:

1. Das Kernproblem der Konfiguration eines Entscheidungsunterstützungssystems als *Arbeitsmittel* besteht in der Art und Weise, wie das Handeln und Verhalten des oder der Manager in die symbolischen Strukturen der elektronischen Datenverarbeitung transformiert wird bzw. werden kann. Das Wissen, das ein Entscheidungsträger in Entscheidungssituationen benötigt und einsetzt, kann nur auf dem Wege einer formalsprachlichen Beschreibung für einen Systementwurf zugänglich gemacht werden. Dies setzt im Zuge der betriebsspezifischen Konfiguration eines Entscheidungsunterstützungssystems Transparenz über die soziale Praxis betrieblichen Handelns voraus. Für die Akteure bedeutet dies ein Bewußtmachen des eigenen Handelns und zugleich die (Re-)Modellierung „ihrer" sozialen Praxis durch die Gestalter des technischen Systems. Diese Bestimmung macht - durch den notwendigen Beobachtungsprozeß - die Subjektivität der Akteure in ihrem Entscheidungsverhalten „öffentlich", und damit dem Optimierungskalkül Dritter zugänglich (vgl. Wagner 1993b, S.32f.).

2. Wenn die formale Abbildung von (Teil-)Entscheidungsprozessen nicht den Anspruch erheben kann (und will), die menschliche Adaptionsfähigkeit an unvollständige und unsichere Informationen faktisch abzubilden - im Sinne einer *kognitiven Adäquatheit* von Entschei-

dungsunterstützungssystem und Entscheider (vgl. Becker und Paetau 1992, S.140f.) -, bleibt zu klären, auf welchem Wege *"menschliche Strategien und automatische Prozeduren"* (vgl. Mantovani 1994, S.73ff.) miteinander in Einklang gebracht werden (können). Wenn konstitutiv eine Differenz zwischen dem im Entscheidungsunterstützungssystem symbolisch repräsentierten Entscheidungsformalismus und dem tatsächlichen Entscheidungsverhalten verbleibt, stellt sich die Frage, in welcher Form diese nach unterschiedlichen Prinzipien funktionierenden parallelen „Repräsentationen" aneinander anschließen.

Im Begriff der *"pragmatischen Relevanz"* (Wollnik 1986, S.23) - jeder Form - der informationstechnischen Unterstützung von Managementleistungen wird die Aufklärung über die *instrumentelle Aneignung (Nutzung) des im Anwendungssystem symbolisch repräsentierten Wissens durch den Entscheidungsträger in seinem betrieblichen Erfahrungskontext* als eigenständiges Forschungsfeld aufgefaßt. Im Unterschied zum Konstrukt der Akzeptanz - das im Sinne einer Subjekt/Objekt-Analyse die Einstellung eines Individuums zu einem computergestützten Informationssystem beschreibt - liegt hier die Annahme zugrunde, daß es eine substantiell bedeutsame Differenz zwischen der Anwendungsintention der Systementwicklung und der Technikadaption des Anwenders gibt, *ohne* daß mit dessen Begründung seines Nutzungsverhaltens die (in der betrieblichen Praxis normativen) Ansprüche formaler Rationalität aus dem Blick geraten: *„I am suggesting that errors occur around the implementation processes and that **they are by design (not ignorance)**"* (Argyris 1994, S.3 - Hervorhebung von HJB).

Die Notwendigkeit zu dieser Problembeschreibung tritt mit der hier vorgeschlagenen Sichtweise zur Beschreibung der Entwicklung von Entscheidungsunterstützungssystemen als *Prozeß der Wissenstransformation* hervor. Es geht nicht um die Erklärung des Nutzungsverhaltens als *Folge* von Systementwicklung und -implementierung, sondern um die Beschreibung und Rekonstruktion der Aneignung der Technik durch den Nutzer im Anwendungskontext als *Teil* eines Prozesses betrieblicher Technikdiffusion und -anwendung. Die Entwicklung dieser Sichtweise fundiert auf einem Perspektivenwechsel, mit dem die soziale Konstruktion des Wissens in den Vordergrund gerückt wird. Durch die Einbeziehung des subjektiv wahrgenommenen Kontexts individueller Handlungen - hier mit dem Konstrukt des betrieblichen Erfahrungswissens umschrieben - wird deutlich, das individuelles Wissen seine handlungsbegründende Funktion in einem organisatorischen Anwendungszusammenhang entfaltet, und damit in der Ablaufdynamik organisierter Handlungen erzeugt, transferiert und transformiert wird. Die Entwicklung von Entscheidungsunterstützungssystemen ist damit adäquat als Veränderung nicht-technischer Organisationsrealitäten zu begreifen und so als Gestaltung und Institutionalisierung einer neuen Form des Arbeits- und Entscheidungsverhaltens in einem betrieblichen Leistungsprozeß zu deuten (vgl. Frank 1989, S.29ff., Bachmann u. Malsch 1993, S.243ff., grundlegend: Berger u. Luckmann 1994, S.49ff.).

2.2.3 Führungsinformationssysteme als multifunktionale „Agenten" für Aufgaben im Management

2.2.3.1 Führungsinformationssysteme: Technisches Hilfsmittel oder Instrument zur Unternehmensführung?

Der Begriff Führungsinformationssystem beschreibt Anwendungskonzepte, die als spezifisch konfigurierbare Informationssysteme mit vielfältigen technischen Funktionen auf einzelfall-orientierte Aufgabenfelder gerichtet sind, die in erster Linie Mitgliedern der oberen Unternehmenshierarchie mit ihren Rollen und Aktivitäten zugerechnet werden. Aus funktionaler Sicht ergänzen Führungsinformationssysteme die Möglichkeiten zur individuellen Datenaufbereitung aus Transaktionssystemen insbesondere um Komponenten zur Unterstützung der persönlichen Arbeitsorganisation, wie zum Beispiel Elektronische Terminkalender, und der Kommunikation, wie etwa Nachrichtenaustausch- oder Videokonferenzsysteme (vgl. Rockart u. De Long 1988, S.68ff., Rechkemmer 1994, Behme u. Schimmelpfeng 1993b, S.5ff.). Als besonderes Qualitätsmerkmal wird unter Anwendungs- und Akzeptanzgesichtspunkten das Benutzermodell - die Art der Anwenderführung und Datenpräsentation - hervorgehoben, um auch der „unkundigen Führungskraft" die Nutzung zu ermöglichen (exemplarisch: Kemper u. Ballensiefen 1993, S.18, Vogel u. Wagner 1993, S.27, differenziert argumentiert hier Mertens 1994). Damit unterscheiden sich Führungsinformationssysteme sowohl von Entscheidungsunterstützungssystemen als auch von (traditionellen) Bürokommunikationssystemen durch das breitere, beide Formen aufnehmende Spektrum an Anwendungsoptionen, die in ihrer Instrumentalität *speziell* auf die einzelne Führungskraft und ihre Aufgaben zugeschnitten sind.

Mit der Bezugnahme auf die Komplexität der Aufgabenstellungen in der Unternehmensführung und der Spezifität ihrer Bearbeitung durch die einzelne Führungskraft gewinnen bei der Entwicklung und Anwendung von Führungsinformationssystemen Aspekte der Arbeitsweise des oder der Entscheidungsträger an Bedeutung. In Ergänzung zu Kristallisationspunkten der Forschungsarbeiten zu Entscheidungsunterstützungssystemen - der Frage nach Zielbildungs- und Entscheidungsprozessen, den ihnen zugrunde gelegten betriebswirtschaftlichen Kausalannahmen und deren Abbildung in formalen Informationsverarbeitungsverfahren - wird mit den Bedingungen der Bewältigung von Führungsaufgaben verstärkt die Beschreibung des Arbeits- und Kommunikationsverhaltens von Managern aufgenommen. Dabei werden zur theoretischen Fundierung - folgt man der Aufarbeitung der Befundlage bei Schirmer (1992, S.48ff.) - analytisch ausgerichtete Studien herangezogen, die neben der Zweckorientierung managerialer Arbeitshandlungen die Aktivitätsformen und Kommunikationsstrukturen zu erfassen versuchen.

Konzeptionell leitend ist hier die 1988 von Rockart und De Long veröffentlichte Studie „Executive Support Systems", die sich auf die Beschreibung und Analyse der Anwendungsmöglichkeiten - *„which executive tasks are most appropriate to be supported by computer-based systems?* (Rockart u. De Long 1988, S.10) - sowie der Implementierungsaufgaben - *„how does one effectively go about the implementation process while ensuring a minimum number of unintended side effects"* (Rockart u. De Long 1988, S.10) - konzentriert.

Zur Fundierung der Absichten, die Manager mit der Anwendung von Führungsinformationssystemen verbinden, ziehen die Autoren Studien heran, die in differenzierter Weise das Arbeitsverhalten von Managern beschreiben, und Arbeiten, die in kognitiver Sicht ein genaueres Verständnis der Begründung von Manageraktivitäten erlauben (vgl. Rockart u. De Long 1988, S.42f., als deutschsprachige Übersichten Strehl 1987, Ganter und Walgenbach 1995, Staehle 1991a, S.78ff., Schirmer 1992, S.63ff. - zusammenfassend: Abbildung 2.2-5). Unter Einbeziehung dieser Forschungsarbeiten und mit eigenen empirischen Befunden zur Nutzung von Führungsinformationssystemen auf oberen Hierarchieebenen in 30 ausgewählten Unternehmen beschreiben Rockart und De Long (1988) drei Zwecke, die Manager mit der Anwendung von Führungsinformationssystemen verfolgen:

1. Die Unterstützung durch spezielle Bürofunktionen von Führungsinformationssystemen dient der Effizienz der *Arbeitsorganisation* von Führungskräften. Aufgrund der Vielzahl von Informations- und Kommunikationsaktivitäten besteht die Notwendigkeit, die Arbeitsausübung von Managern zu vereinfachen und rationell zu gestalten, um auf diesem Wege die Effektivität der Aufgabenerfüllung zu erhöhen.

2. Ausbau und Neugestaltung von Planungs- und Kontrollfunktionen durch Führungsinformationssysteme zielen auf adäquate *Entscheidungsgrundlagen,* um zugleich Freiräume für die Wahrnehmung unbestimmter und unsicherer, aber strategisch bedeutsamer Aufgaben zu gewinnen - *„... more time for chats and gossip ..."* (Huber 1984, S.947, auch March u. Sevon 1990) -. In diesem Sinne werden nach Befunden von Rockart und De Long (1988, S.94ff.) im Zuge der Einführung von Führungsinformationssystemen unterschiedliche Funktionen zur Unterstützung von Planungs- und Kontrollprozessen entwickelt: Sie reichen von verbesserten Selektions- und Präsentationsverfahren in bestehenden Berichtssystemen bis zur strategisch orientierten Neukonzeption der Planungs- und Prognosemodelle.

3. Für die Begründung von Managementhandlungen sind Führungsinformationssysteme in zweifacher Hinsicht von Bedeutung. Die *Neuordnung von Planungs- und Kontrollprozessen* erlaubt a) eine genauere Darstellung und Durchsetzung von (Unternehmens-)Strategien sowie b) eine (Selbst-)Kontrolle der mentalen Modelle, die in Entscheidungsprozessen handlungsleitend sind (technisch gesehen: Wenn beispielsweise externe Daten berücksich-

tigt werden, entstehen für Szenario-Analysen neue Grundlagen zur hypothetischen Prüfung von Geschäftsfeld- und Unternehmensstrategieentwicklungen).

Autor	Kurzbeschreibung
Anthony (1965)	In dieser Studie wird ein Bezugsrahmen zur Beschreibung der Funktionen Planung und Kontrolle als übergreifende (Management-)Aktivitäten entwickelt. Der Beschreibung werden drei Kategorien - Strategische Planung, Managementkontrolle und operative Kontrolle - zugrundegelegt, die in Feed-Back Schleifen miteinander verbunden sind.
Mintzberg (1973)	Die Studie stellt eine auf der Beobachtung des alltäglichen Arbeitsverhaltens von Managern basierende Beschreibung ihrer Aktivitätsinhalte und Aktivitätsformen dar. Grundlage sind Beobachtungsdaten von 5 Top-Managern aus fünf Unternehmen. Ergebnis: Die Arbeit des Managers kann anhand von zehn beobachtbaren Rollen beschrieben werden. Dazu zählen: • interpersonelle Rollen der Beziehungspflege: Repräsentant, Führer, Koordinator • informationelle Rollen der Informationsverteilung: Informationssammler/-verteiler, Sprecher • entscheidungsbezogene Rollen: Unternehmer, Krisenmanager, Ressourcenzuteiler, Verhandlungsführer. Zudem wird gezeigt, daß Managementaktivitäten kurz, hoch frequent und fragmentiert sind.
Kotter (1982)	In dieser Studie werden inhaltlich-prozessuale Aspekte des Arbeitsverhaltens von Managern betont. Empirische Basis ist eine Befragung von 15 General Managern aus verschiedenen Branchen. Managementaktivitäten konzentrieren sich auf die Schlüsselprozesse „agenda setting" und „network building". Eine *agenda* umschreibt ein kognitives Schema, das einen geschäftsstrategisch orientierten Rahmen für ansonsten nur lose miteinander verknüpfte Handlungen eines Akteurs darstellt. *Network building* kennzeichnet die Entwicklung kooperativer Beziehungen zu jenen Personen, die aufgrund ihrer (Informations-)Ressourcen für die Umsetzung der agenda eine Rolle spielen. Das Netzwerk korrespondiert zu formalen Organisationsstrukturen, ist aber nicht identisch und bezieht externe Beziehungen mit ein.
Jacques (1976)	In einer kognitionstheoretischen Sicht wird ein 7-Schichten-Modell von Organisationsaufgaben entwickelt. Diese werden in Abhängigkeit von der Zeitspanne der Organisationsmitgliedschaft und des damit erreichbaren Abstraktionsgrades organisationsbezogenen Handelns ausgeübt. Einfache Aufgabenstrukturen auf niedrigen Hierarchieebenen erfordern wahrnehmungsorientierte Formen des Denkens, während auf höheren Ebenen der Hierarchie die Fähigkeit zu abstrakterem Denken notwendig ist und organisationsbezogene Erfahrung an Bedeutung gewinnt.
Isenberg (1984)	Isenberg sieht die kognitiven Strukturen, an denen sich die Organisation von Managementaufgaben und -tätigkeiten ausrichtet, als kritischen Faktor im Managementprozeß und entwickelt drei mentale Modelle, in denen Managementhandlungen begründet sein können: Manager als „decision maker", als „sense maker" und als „organizational process designer".

Abbildung 2.2-5: Arbeitsverhalten von Managern - ein Überblick über ausgewählte Studien

Durch die Bezugnahme auf Ansätze zur Beschreibung des Arbeitsverhaltens von Managern wird deutlich - und darin liegt der heuristische Gehalt der Studie von Rockart und De Long (1988) -, daß sich die Bewältigung von Managementaufgaben von dem Modell des Managers als rationalem Entscheider abhebt, entsprechende Beschreibungsansätze also nur *einen* Ausschnitt aus der Realität betrieblichen Managementhandelns erfassen. Die sich daran anschließende Erarbeitung verschiedener Zwecke von Führungsinformationssystemen zeigt, daß es nicht nur um die Beschreibung ihrer Angemessenheit als Mittel für einen gegebenen Zweck geht, sondern daß die Bestimmung des Zwecks *kontingent* ist, abhängig von den kognitiven Modellen und Erfahrungsprozessen, aus denen Manager ihre Handlungen begründen. Aus identifizierbaren Einsatzfeldern ist (noch) nicht ersichtlich, worin denn die spezielle Eignung eines Führungsinformationssystems für Mitglieder der oberen Unternehmenshierarchie liegt (vgl. Lullies 1989, S.864f.). Das Ziel effiziente Arbeitsorganisation ebenso wie die Bezugnahme auf kognitive Modelle organisationalen Verhaltens sind im Prinzip auf jede Form der funktionsbezogenen Unterstützung durch computergestützte Informationssysteme anwendbar. In dieser Sichtweise ist es dann allein die Handlungsmächtigkeit in bezug auf die Gestaltung von unternehmensweiten Planungs- und Kontrollprozessen, die den *besonderen* Status von Führungsinformationssystemen hervorhebt.

Diese Möglichkeit verweist auf Wirkungen, die Führungsinformationssysteme im Management, und damit auf der Ebene der Steuerung betrieblicher Handlungen, erzeugen und die in den beiden folgenden Teilkapitel betrachtet werden:

- Beim Management *von* Führungsinformationssystemen geht es um Problemfelder der Entwicklungsmethodik, d.h. wie werden Managementaufgaben und -aktivitäten erfaßt und zur Systemgestaltung in Beziehung gesetzt.

- Beim Management *mit* Führungsinformationssystemen steht die Frage nach der Neuordnung der Entscheidungsstrukturen im Vordergrund, die durch die Implementierung und Anwendung eines Führungsinformationssystems angestoßen wird, und damit ihr (mikro)politischer Gehalt in den Kooperationsbeziehungen von Managern (zum Begriff der Mikropolitik Neuberger 1995, S.22ff., zum Konzept die Beiträge in Küpper u. Ortmann 1988) - oder anders formuliert: „agenda setting" und „network building" für die Anwendung eines Führungsinformationssystems im Managementprozeß.

2.2.3.2 Management von Führungsinformationssystemen: Zur Methodik technikgestützter Informationsversorgung der Unternehmensführung

Das Management von Führungsinformationssystemen steht in anwendungsorientierten Entwicklungskonzepten von Wirtschaftsinformatikern im Vordergrund (siehe bspw. Groffmann 1992, S.61ff., Geibel 1992, S.114ff.). Hier wird zur theoretischen Fundierung der Beschreibung des Arbeitsalltags von Managern auf die grundlegende Arbeit von Mintzberg (1973) Bezug genommen.

Für die Gestaltung der Informationsversorgung der Unternehmensführung mit einem Führungsinformationssystem ist die Vorgehensweise von Groffmann (1992) exemplarisch. In seinem Vorschlag sind neben der Informationsbasis zur Repräsentation betrieblicher Sachverhalte (betriebswirtschaftliche Kennzahlen) und deren technische Unterstützung auf der Funktions- und Dialogebene[1] (als Informationsangebot) die Informationsverarbeitung*stätigkeiten* des Unternehmensführers (als Informationsnachfrage) zu bestimmen. Dazu wird mit methodischen Hilfsmitteln - z.b. der Aufzeichnung kritischer (Informations-)Ereignisse (siehe Hummeltenberg 1992) - eine individuelle, verhaltensbezogene Beschreibung der Informationsnachfrage angestrebt. Dabei ist der (arbeits-)organisatorische Kontext - Personen in Abhängigkeit von der Informationsversorgungsaufgabe und der am Entscheidungsprozeß Beteiligten sowie der Datenverarbeitungskenntnisse des Informationsnachfragers, technische Funktionalität und Attraktivität der Arbeitsmittel - zu berücksichtigen (vgl. Groffmann 1992, S.46f.).

Diese Vorgehensweise schließt an die methodische Konzeption der Beschreibung einzelner Aktivitätsmuster an, wie sie Studien zu den *Aktivitätsformen im Arbeitsverhalten von Managern* zugrundeliegen. *Tätigkeitsbezogene Beobachtungen* (schreiben, telefonieren, konferieren) stehen im Vordergrund, während die *zweckbezogenen Begründungen* dieser Tätigkeiten (Art der Entscheidung, Entscheidungsinhalte, variierende Lösungsformen; Art der Verhandlung, Verhandlungsinhalt und Konfliktform, variierende Problemlösungsmuster) als Orientierungspunkte des Arbeits- und Entscheidungsverhaltens von Führungskräften, und damit auch der Wahl von Arbeitsorganisation und -mittel, ausgeblendet bleiben (vgl. hierzu Theis 1994, S.259f.). Variationen im Arbeitsverhalten von Managern und ihrer sachbezogenen Ursprünge wird nicht nachgegangen, eine systematische Verknüpfung von Funktionszuweisungen und Aktivitätsformen - wie sie zumindest in empirisch begründeten Annahmen zum Zusammenhang von Managerrollen und Jobtypen aufscheinen (vgl. Schirmer 1992, S.72) - erfolgt nicht. Lediglich die (beobachtete) Fragmentierung und Diskontinuität der Tätigkeiten im Arbeitsverhalten von Managern wird aufgenommen, indem durch entsprechende Erhebungsverfahren individuelle Formen der Informationsgewinnung und -verarbeitung nachgebildet werden. In der Folge wird mit Hilfe technischer Systeme ein quasi „beliebiger", d.h. anwenderbezogen immer wieder neu konfigurierbarer Zugang zu den notwendigen Informationen hergestellt, der in Verbindung mit einer benutzeradäquaten Mensch-Maschine-Schnittstelle das Problemfeld technisch-funktional begreift und als solches „neutralisiert" (vgl. Mantovani 1994, S.57ff., zum Konzept von Benutzermodellen auch Mertens 1994). Ob und inwieweit ein „intelligentes", auf die Reduktion des kognitiven „Aufwands" des Anwenders abstellendes System ein adäquates Anwendungskonzept ist, ist ein bei dieser Vorgehensweise systematisch nicht behandeltes Problemfeld.

---

[1] Groffmann unterscheidet genauer zwischen der Dialogebene, die allgemein die Art der Produktion und Aufnahme von Informationen zwischen Anwender und Anwendungssystem beschreibt (Form der Symbolisierung am Bildschirm), und die Ein- und Ausgabeebene, die die physisch verfügbaren Mittel des Informationsaustausches zwischen Anwender und Anwendungssystem kennzeichnet (Groffmann 1992, S.121ff., 153ff., zur Differenzierung verschiedener Strukturebenen der Mensch-Maschine-Beziehung Becker u. Paetau 1992, S.152f.).

Ähnlich verhält es sich mit den *Kommunikationsprozessen*, die als wesentliches Charakteristikum des Arbeitsalltags von Managern angesehen werden (vgl. Rockart u. De Long 1988, S.18, Beckurts u. Reichwald 1984) und aus der Verknüpfung von Führungsaufgaben in arbeitsteiligen Managementprozessen resultieren. In betriebswirtschaftlich orientierten Beschreibungsansätzen - vor allem im Rahmen von Studien zu den Wirkungspotentialen von Bürokommunikationstechniken - werden die Kommunikationsaktivitäten von Managern vor allem aus einer struktur-funktionalen Sicht betrachtet: Es besteht die Notwendigkeit, Informationen zur Aufgabenerfüllung und -kontrolle zu übermitteln, für die verschiedene Medien (Daten, Text, Sprache) zur Verfügung stehen und unterschiedliche Funktionalitäten entfalten. Daft und Lengel (1986) bringen dies im Konzept des Informationsreichtums verschiedener Kommunikationsmedien zum Ausdruck (siehe hierzu auch Rice 1992, S.476f.). Grundlegend ist hierbei die Annahme, daß mit zunehmender Aufgabenkomplexität der Informationsbedarf unbestimmter wird und die Anforderungen an die Kommunikationskanäle steigen (vgl. zusammenfassend Reichwald 1990, Sp.2184f., Reichwald 1993, S. 438ff. sowie Steinle u. Thewes 1989, S.23ff.). Über diese grundsätzliche Bestimmung hinaus wird in diesem Zusammenhang allerdings selten auf die funktionale Bedeutung der Kommunikationsaktivitäten - beispielsweise Koordination verschiedener Aktivitäten oder Orientierung und Information von Organisationsmitgliedern (siehe hierzu Staehle 1991a, S.274ff.) - Bezug genommen oder auf die Analyse der Kommunikationsmuster - Personen, Inhalte, Zwecke der Kommunikation - abgestellt (vgl. zu dieser Perspektive empirisch-orientierter Studien der soziologischen und sozial-psychologischen Kommunikationsforschung Theis 1994, S.224ff., 232ff.).

Systematisch erhobene Daten, die über den - weitgehend übereinstimmenden - Nachweis des hohen Stellenwerts von Kommunikation bei Führungskräften und hierbei der direkten persönlichen Kommunikation hinausgehen, sind spärlich. Theis (1994, S.260) zählt das Kommunikations- und Informationsverhalten oberer Führungskräfte zu den weißen Feldern der empirischen Organisationsforschung. Mit diesen Befunden stellt sich das Informations- und Kommunikationsverhalten von (oberen) Führungskräften jedoch differenzierter dar:

1. Die von Rechkemmer (1994, ähnlich argumentiert Wolff 1991) vorgenommene genauere Analyse des Informationsbedarfs oberer Führungskräfte und ihrer Informationsversorgungssysteme zeigt, daß Datenaufbereitung, Modellanalysen und technikgestützte Kommunikationsmittel - als zentrale Funktionen von Führungsinformationssystemen - stärker auf der nachgeordneten Ebene - Sekretariat, Stäbe, zum Teil bei Linienfunktionen - zum Tragen kommen, um die kontinuierliche Informationsversorgung zu gewährleisten. Ähnliche Befunde aus amerikanischen Studien berichten Rockart und De Long (1988, S.21ff.). Von oberen Führungskräften werden aufgrund ihrer strategischen Planungsaufgaben periodenübergreifende Statusinformationen als wesentlich bedeutsamer eingeschätzt als etwa

modellgestützte Bedingungsanalysen. Umgekehrt agieren stärker funktional ausgerichtete Manager mit kürzeren Planungshorizonten, für die in stärkerem Maße quantitative Planungsdaten herangezogen werden, die eine modellgestützte Entscheidungsunterstützung zulassen.

2. Ob „... *the executives making hands-on use of the technology* ..." (Rockart u. De Long 1988, S.25) ist ein zwar nicht kontrovers beurteiltes, aber häufig unbestimmtes Problem. Die Studie von Lachnit, Ammann und Müller (1995, S.8) zeigt in bezug auf die grundsätzliche Möglichkeit des Zugriffs von Führungskräften auf Führungsinformationssysteme, daß dieser nur in knapp der Hälfte der Fälle gegeben und mit nicht unerheblichen technischen Hindernissen einer eigenständigen Datengenerierung durch die Führungskraft verbunden ist. Ein Interpretationsrahmen für diese Nutzungsstrukturen entfaltet sich mit Befunden von Empter u.a. (1986, S.94ff.) zu Informations- und Kommunikationsprozessen oberer Führungskräfte. Zwar nutzen oberer Führungskräfte eine Vielzahl von unterschiedlichen Informationsquellen, in ihrem Informationssuchverhalten (Beschaffung und Aufbereitung von Daten) spielt jedoch die Delegation dieser Aufgabe an das organisatorische Umfeld eine zentrale Rolle. Insbesondere wenn es um alltägliche, unproblematische und nicht-vertrauliche (also nicht persönliche oder politisch bedeutsame) Themen geht, wird dies als Aufgabe der Fachleute im Arbeitsumfeld angesehen.

Mit Blick auf diese Befunde zum Informationssuch- und Kommunikationsverhalten von Führungskräften lassen sich noch keine guten Gründe angegeben, warum (obere) Manager zu Informationsbearbeitern werden und Übergänge von persönlichen Kommunikationsformen zu elektronischen Medien eintreten sollten. Allgemeiner ausgedrückt: Die Frage, warum es allein mit einer technischen Option zu Verschiebungen in der Aufgabenzuordnung und zwischen den verbalen und nicht-verbalen Anteilen der Kommunikation kommen sollte, wird vernachlässigt, oder auch auf der Basis der Annahme eines Einstellungswandels durch vorgängige Sozialisationsprozesse positiv beantwortet (z.B. Griese 1992). Ob dieser Einstellungswandel allerdings hinreichend ist, welche (zusätzlichen) Wirkmechanismen zugleich einen Verhaltenswandel auslösen, ist - angesichts einer fehlenden Explikation von Dimensionen, Wirkungen und Bestimmungsgründen des Informationssuch- und Kommunikationsverhaltens von Managern - nicht Gegenstand der Forschung und wird in dem hier interessierenden Zusammenhang als weitgehend ungeklärt eingestuft (vgl. Theis 1994, S.260, Schirmer 1992, S.62).

2.2.3.3 Management mit Führungsinformationssystemen: Ihre Implementierung als Politikfeld in der Unternehmensführung

Management mit Führungsinformationssystemen fokussiert auf Veränderungen, die Führungsinformationssysteme in den Kooperationsbeziehungen der Unternehmensführung erzeugen, und auf die Politikhaltigkeit dieses Prozesses. Bisher liegen nur wenige Arbeiten vor, die sich speziell mit diesem Forschungsfeld beschäftigen (siehe hierzu Lullies, Bollinger u. Weltz 1990, Ortmann u.a. 1990).

Der Grund hierfür wird in spezifischen Verkürzungen von Forschungsansätzen und konzeptionell orientierten Arbeiten gesehen. Diese konzentrieren sich stärker auf Vorschläge und Prognosen einer erfolgreichen Anwendung, für die Erfolgsberichte als empirische Untermauerung dienen (vgl. Groffmann 1992, S.3f.). Während Problemlagen der Implementierung von Führungsinformationssystemen in verschiedenen Studien thematisiert werden (z.B. Bullinger, Niemeier u. Koll 1993, Hichert u. Stumpp 1992), sind Hinweise auf die durch die Verschiebung von Informationsressourcen ausgelösten interessenpolitischen Aspekte und ihre Wirkung auf die Machtrelationen im eingespielten Gefüge operativer Arbeitsbewältigung im Management selten zu finden (vgl. Reichwald u. Stauffert 1989, Ayad al-Ani 1992). Obwohl schon die Befunde von Empter u.a. (1986, S.119ff.) darauf aufmerksam machen, daß Informationsweitergabe und Informationsdefizite zwischen hierarchischen Ebenen und lateralen Positionen in enger Relation zu Fragen von Macht und Einfluß zu sehen sind, stehen systematische Untersuchungen zu den interessenpolitischen Wirkungen von Führungsinformationssystemen weitgehend aus (vgl. zu dieser Kritik auch Lullies 1989). Im folgenden wird daher der Versuch unternommen, aus den vorliegenden Befunden zumindest die zu diesem Problemfeld enthaltenen Hinweise herauszuarbeiten.

Von grundlegender Bedeutung ist hier zunächst die unterschiedliche Einordnung von Implementierungsaufgaben und ihren Problemfelder, die sich nach Befunden von Hichert u. Stumpp (1992) für die Planungsphase einerseits und für die Anwendung während oder nach der Realisierungsphase ausweisen läßt. Unternehmen erwarten vor der Einführung Schwierigkeiten insbesondere im Bereich der Konzeption (60%) und technischen Gestaltung (34%) von Management- und Führungsinformationssystemen. Bei Unternehmen mit Implementierungserfahrung zeigt sich eine deutliche höhere Bewertung der politischen Widerstände (39%) (vgl. Abbildung 2.2-6 in Anlehnung an Hichert u. Stumpp 1992, S.97 - Die Angaben beziehen sich auf die Anwendung eines speziellen Softwareprogramms).

In solchen, im Ergebnis nur wenig überraschenden Befunden spiegelt sich das für die angewandte Informatik bekannte Spannungsfeld zwischen den Erwartungen der (Gedanken-)Modelle und Prognosen und der Reifung technischer Anwendungen im Zuge ihrer Implementierung wieder (vgl. Mertens 1989, S.260). Auch diese Phase der Einführung von Management- bzw. Führungsinformationssystemen ist durch eine Vielzahl von Pilotprojekten und exemplarischen Anwendungen gekennzeichnet, in der Projektabbrüche nichts ungewöhnliches sind.

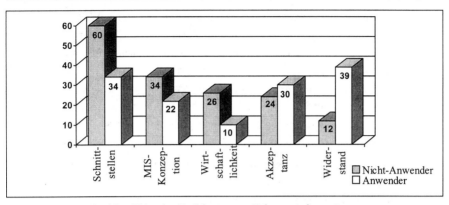

Abbildung 2.2-6: Problemfelder der Einführung von Führungsinformationssystemen

Nach Bullinger, Niemeier und Koll (1993, ähnlich Möllmann 1992) gaben 45% der 1992 in einer Anwenderstudie befragten Unternehmen an, bereits zwei und mehr Anläufe zur Projektierung eines entsprechenden Anwendungskonzepts unternommen zu haben. Als Hauptursache hierfür führen auch diese Autoren die derzeit eher technisch geprägte Diskussion und die Technikdominanz in den Unternehmen an (vgl. auch Biervert u.a. 1994, S.20f.). Nach ihrer Einschätzung werden grundsätzlich bestehende Erfordernisse bei der Entwicklung eines Führungsinformationssystems - wie zum Beispiel Projektmanagement als Implementierungskonzeption, vollständige Nutzungsanalysen, Aufbau technischer Infrastrukturen und Entwicklung eines Prototypen (vgl. auch Kemper 1992, Kemper u. Ballersiefen 1993, zu den konzeptionellen Ursprüngen Welter 1988, zu Grundlagen des Projektmanagements Steinle, Bruch u. Lawa 1995) - nicht erkannt oder nicht bearbeitet (zu kritischen Erfolgsfaktoren aus dem Erfahrungskontext praktischer Implementierungen: Hödl u. Wambach 1993, S.171f., Kretschmar u. Linzbach 1993, S.154, Dietz 1993).

Von Bedeutung erscheint anschließend die Frage nach den unterschiedlichen Akteuren, ihren Wahrnehmungen und Einstellungen zu Implementierungsaufgaben und deren Problemfeldern, die im Implementierungsprozeß bearbeitet werden. Wollnik (1986, S.23ff.) geht davon aus, daß bestimmte Problemsichten und Auffassungen auf je unterschiedliche Erfahrungsbezüge der an der Implementierung beteiligten Akteure zurückzuführen sind, und diese einen prägenden Einfluß auf das Verständnis der spezifischen Ausprägungsformen computergestützter Informationssysteme haben. Hierbei geht es (a) um die Skizzierung von Perspektivendifferenzen zu Führungsinformationssystemen und um (b) deren politischen Gehalt im Einführungsprozeß:

a) Unterschiedliche Problemperspektiven der beteiligten Akteure stellen Bullinger, Niemeier und Koll (1993) auf der Basis einer Befragung von 40 Projektleitern zu typischen Problembereichen der Einführung von Führungsinformationssystemen heraus. Während Datenverarbeitungs-Leiter eher technische Aspekte der geringen Unterstützung von Entwicklungswerkzeugen und der Schnittstellenproblematik in den Vordergrund rücken, stehen bei Unternehmensplanern und Controllern Merkmale wie die Qualifikation der Anwender und fehlende betriebswirtschaftliche Kausalmodelle in der Bewertung der kritischen Faktoren oben. Die Anwender der Systeme, also Geschäftsleiter und Vorstände, beurteilen hingegen den Implementierungshorizont und den Zusammenhang von Informationsbedarfsdeckung, betriebswirtschaftlichem Kausalmodell und Nutzerfreundlichkeit als problematisch.

b) Mit Blick auf den politischen Gehalt dieser Perspektivendifferenzen ist beachtenswert, daß die Initiative zur Technikunterstützung im Managementprozeß von unterschiedlichen Akteuren ausgehen kann. Hierzu liegen eine Reihe von empirischen Befunden vor. Neben dem Management können der Datenverarbeitungs-, aber auch der Controlling-Bereich eines Unternehmens als bedeutsame Initiatoren für die Einführung von Führungsinformationssystemen angesehen werden, wenngleich die Aussagen im Hinblick auf die Häufigkeit der Initiierung stark differieren. In der bei 40 Unternehmen durchgeführten Befragung von Kemper (1991) waren nur in 25% der Fälle Management oder Geschäftsführung Initiatoren. In der etwa zeitlich parallel von Vogel und Wagner (1993) durchgeführten Befragung gleichen Umfangs war diese Konstellation in fast der Hälfte der Fälle anzutreffen. In der Befragung von Hichert u. Stumpp (1992) liegt in 63% der Fälle die Verantwortung im Bereich Controlling/Rechnungswesen. Die Geschäftsleitung (34%) und der Bereich EDV/Organisation (16%) sind als Initiatoren von deutlich untergeordneter Bedeutung. Bei den von Lachnit, Ammann und Müller (1995) befragten mittelständischen Unternehmen ist es hingegen in 78,4% der Fälle die Unternehmensführung, von der die Initiative zur Einführung eines EDV-gestützten Führungsinformationssystems ausgeht.

Diese Befunde legen die Annahme nahe, daß bei der Implementierung von Führungsinformationssystemen die verschiedenen betrieblichen Akteure unterschiedliche Auffassungen vertreten, die ihre Handlungsabsichten gemäß ihren spezifischen Aufgaben in der Organisation, und damit auch ihre politische Bewertung der Funktion von Führungsinformationssystemen, zum Ausdruck bringen. Damit wird zugleich die (implizite oder explizite) Abstimmung dieser Interessen zur Funktionsbedingung der Gestaltung von Führungsinformationssystemen und öffnet damit die Frage nach dem Stellenwert von Führungsinformationssystemen für die (Neu-)-Verteilung der allokativen und autoritativen Ressourcen im organisatorischen Beziehungszusammenhang zwischen Managern, Assistenz- und Sachbearbeitern und Anwendungsentwicklern.

Dies wird in der angewandten betriebswirtschaftlichen Organisationsforschung im Sinne einer funktionalen Beschreibung der Neuordnung von Aufgabenstellungen und Veränderungen in den Kooperationsformen thematisiert (vgl. Groffmann 1992, S.56ff., Krcmar u. Barent 1993, Kemper 1992). Die machtpolitischen Implikationen, Organisationswiderstände und ihre Bewältigung scheinen allenfalls im Sinne situativer Beschreibungen auf und werden im Rahmen sozialtechnologischer Problemlösungen angesprochen. Hier wird beispielsweise auf den Funktionswandel der Stäbe und deren Ressourcenverluste hingewiesen, wenn Mitglieder der Geschäftsführung durch die aktive Nutzung von Führungsinformationssystemen stärker Kontrolle über detailgenauere Informationen gewinnen. Ähnliche Effekte werden erwartet, wenn nachgeordnete Linienstellen durch die Einführung solcher Systeme Funktionen verlieren und daraus Eingriffe in deren Selbständigkeit oder auch neue Kontrollpotentiale entstehen (vgl. Piechota 1992, S.71, Ayad Al-Ani 1992, S.107f., Möllmann 1992, S.75ff.). Im Regelfall wird das „Promotorenmodell" (grundlegend hierzu Witte 1973, im Überblick auch Staehle 1991a, S.897ff.) als Antwort verstanden auf die resultierenden Problemlagen: den richtigen „Zugang" zum Informationsbedarf des Managements (Fachpromotion) und die Sicherung der Kooperationsbereitschaft der betroffenen Manager (Machtpromotion). Auch empirische Studien kennzeichnen diese Problematik nur allgemein, wenn auf die Notwendigkeit eines strukturierten Implementierungsprozesses und dessen Promotion durch die aktive Teilnahme der Geschäftsführung hingewiesen wird (vgl. Kemper 1991).

Empirische Befunde, daß insbesondere das mittlere Management beim Einsatz der neuen Informationstechnik nicht nur Subjekt, sondern selbst Objekt der Neugestaltung ist, haben vor allem Lullies, Bollinger und Weltz (1990, S.122ff.) vorgelegt. Ihre Analyse fokussiert auf den betriebspolitischen Gehalt des Einsatzes von Informations- und Kommunikationstechniken im Management.[1] Diese Studie zeigt, daß die Einführung von managementorientierten Informationssystemen nicht nur Informations- und Abstimmungsverfahren zwischen hierarchisch unterschiedlich gestuften Stellen berührt, sondern den strukturellen Aufbau hierarchisch gegliederter Funktionen verändert. Ausgehend von der grundsätzlichen Einschätzung, daß Manager in ihrer Arbeit mit Führungsinformationssystemen noch sehr zurückhaltend sind und nur wenige selbst mit der Technik arbeiten, konstatieren die Autoren weitgehende Veränderungen in betrieblichen Macht- und Einflußkonstellationen (vgl. auch Friedberg 1986): Wenn durch eine unternehmensweite Vernetzung aller Arbeitsplätze der Zugriff auf gespeicherte Informationen möglich wird, dann verlieren Manager ihre Funktion als Informationsträger und -verteiler in der Hierarchie und damit die sachliche Legitimation für Positions- und Expertenmacht. Damit verbunden ist möglicherweise eine Verschiebung in den Machtpositionen zwischen Manage-

---

[1] Die Befunde beruhen auf einer 1987 durchgeführten Breitenuntersuchung mit Expertengesprächen, die durch Erhebungsarbeiten im Rahmen von drei Fallstudien vertieft wurden (vgl. Lullies, Bollinger und Weltz 1990, S.27). In der Studie wird keine spezielle, technologiespezifische Einordnung vorgenommen. Mit Bezug auf die hier eingeführte Typologisierung liegt der Schwerpunkt der untersuchten Techniken - zentraler DV-Verbund, Bürokommunikationssysteme, individuelle Datenverarbeitung - an der „Schnittstelle" zwischen Datenunterstützungs- und Führungsinformationssystemen (vgl. Lullies, Bollinger u. Weltz 1990, S.57ff.).

mentbereichen, insbesondere zwischen Fachabteilungen und dem Datenverarbeitungs-/Controllingbereich.

Diese Befunde legen die Annahme nahe, daß das Management nicht nur aus funktionalen, der Systementwicklung dienenden Gründen unmittelbar am technischen Planungs- und Gestaltungsprozeß beteiligt ist. Dadurch, daß die Möglichkeit des Einsatzes von Führungsinformationssystemen Manager in ihren Aufgaben, Zuständigkeiten und Aktivitäten berührt, erhält diese betriebspolitischen Gehalt. Durch Veränderungen in der Zuordnung und Offenlegung von Zuständigkeiten wird die bisherige Macht- und Einflußverteilung zwischen Positionen und organisatorischen Einheiten verschoben. Dies führt nicht nur zu Zielkonflikten aus der unternehmerischen Gesamtperspektive (in dieser Diskussion bereits klassisch: Kosteneinsparung versus Marktflexibilität), sondern auch zu Zielkonflikten zwischen betrieblichen Funktions- und persönlichen Statusinteressen, aus denen Gegnerschaften und Widerstände im Management selber resultieren (zu dieser Problematik im Zuge von Enthierarchisierung und Dezentralisierung Schirmer u. Smentek 1994, Brünnecke, Deutschmann u. Faust 1992).

Angesichts der zu beobachtenden Umsetzungsprobleme der informationstechnischen Unterstützung von Managementleistungen läßt sich - neben den Bedingungen der Gestaltung von Formen der Arbeitsorganisation und betrieblicher Kooperation, die mit der Diskussion von Entscheidungsunterstützungssystemen aufgezeigt werden konnten - hier ein zweiter *„missink link"* (Lullies 1989, S.68) benennen zwischen den anspruchsvollen Erwartungen und der breiten Resonanz, die Managementunterstützungssysteme in der jüngeren Diskussion einnehmen, und ihrer praktischen Realisierung. Das zentrale Problem besteht darin, daß in den Entscheidungs- und Verhandlungsprozessen über das Anwendungskonzept und seine technische Gestaltung Problemfelder berührt werden, die sich auf die Form der Steuerung der betrieblichen Leistungserstellung beziehen: die Organisationsstruktur betrieblicher Planungs- und Entscheidungsverfahren, die darin enthaltene Arbeits- und Zuständigkeitsverteilung und damit das zugrundeliegende Interessen- und Machtgefüge zwischen den beteiligten Akteurgruppen der Unternehmensführung. Der Implementierungsprozeß wird damit *auch* zu einem Forum, in dem betriebliche Entscheidungen über die Anpassung und Neuordnung des betrieblichen Arbeits- und Entscheidungsverhaltens verhandelt werden, ohne das diese *explizit* Gegenstand der Aushandlung sind.

2.2.4 Kognitive Dynamik: Die Neubestimmung von Anwendungskonzepten im Arbeitsalltag der Manager

In der Begriffsdifferenzierung von *Management*informationssystemen zu *Entscheidungs*unterstützungs- und *Führungs*informationssystemen kommt die Orientierung der Forschungsbemühungen zur Gestaltung von Managementunterstützungssystemen an erfahrungswissenschaftlich fundierten Beschreibungen des Arbeitsverhaltens von Menschen in Organisationen (und hier: von Managern in Unternehmen) zum Ausdruck. Diese bewegen sich in der Tradition einer entscheidungstheoretisch fundierten Organisationsforschung (vgl. Frank 1989, S.19), orientieren sich aber ebenso an Rekonstruktionsversuchen zur Erfassung des Arbeitsverhaltens von Managern (vgl. Lullies 1989, S.864, Reichwald 1989, S.314, Geibel 1992, S.114ff., zusammenfassend Schirmer 1992, S.14ff.). Damit wird der Zusammenhang von formalen Unternehmenszielen und Funktionen des Managements neu gefaßt: Im Arbeitsverhalten von Managern ist die zielorientierte Entscheidungsfindung - neben Aspekten wie „agenda setting" und „network building" - nur als eine von verschiedenen Aktivitätszwecken anzusehen, die die Erfüllung von Aufgaben im Management orientieren.

Dennoch kann im Prinzip *nicht* von einer Akzentverschiebung in der Forschungsorientierung ausgegangen werden. Zwar wird die funktionale Beschreibung von Mangementaufgaben um aus Aktivitätsstudien abgeleitete Verhaltensmuster und Rollenbeschreibungen angereichert. Durch die Einbeziehung dieser Merkmale entsteht ein präziseres kategoriales Schema. Dennoch bleibt eine *funktionale Sichtweise* der informationstechnischen Unterstützung von Managementleistungen erkenntnisleitendes Konstruktionsprinzip. Als Ursache für diese „Engführung" der Forschungsorientierung und den damit erreichten Forschungsstand der betriebswirtschaftlichen Organisationsforschung im Bereich der Anwendung von Informations- und Kommunikationstechniken im Management von Unternehmen werden systematisch bestehende „Bruchstellen" zwischen (Wirtschafts-)Informatik und Betriebswirtschaftslehre identifiziert. Aufgrund divergierender Forschungsziele steht in der *techni*korientierten Sicht der Informatik die Entwicklung flexibler anwendungsunabhängiger Datenverarbeitungssysteme im Vordergrund, ohne im besonderen die Einbettung dieser Systeme in die konkrete Arbeits- und Organisationsgestaltung aufzunehmen. Die Betriebswirtschaftslehre nimmt demgegenüber den Stand der Informationstechnik im allgemeinen als gegeben hin und richtet das Augenmerk auf die *wirtschaftlichen* Wirkungen (vgl. Groffmann 1992, S.3/4, grundlegend hierzu: Ridder 1990, S.110ff.).

Diese Forschungsorientierung führt, in Verbindung mit der vorherrschenden Ausrichtung auf den Gegenstand „Unterstützung des Managers", die Forschungsbemühungen an der Bedeutung der Form der Funktionserfüllung und ihrer Wahrnehmung als Managerhandlung vorbei. Trotz der erkennbaren Bezugnahme auf das Arbeits- und Entscheidung*verhalten* in Organisationen bleibt die Frage nach der inhalts- und prozeßbezogenen Wahl des Managers - als Handlungsstrategie - ein Leerplatz (exemplarisch: Scheer 1994), oder aber dieses Gestaltungsproblem wird als instrumentell zu lösende Aufgabe gedeutet. Technikgestützte Arbeits- und Kommunikationsleistungen werden zwar im Zusammenhang von Aufgabe, Mensch und Technik ganzheitlich (bspw. Nippa 1988) oder in ihrem prozessualen Ablauf aufgabenübergreifend (vgl. Peters 1988) betrachtet, aber als Form planbarer Verhaltensdispositionen (Rollenerwartungen), die rational (vor)bestimmbar sind. Konzepte, die an dieses betriebswirtschaftliche Problemverständnis anschließen, erscheinen als funktional begründete Handlungsanweisungen: Es wird mit der Vorstellung von der Unternehmung als Akteur gearbeitet, der Unsicherheitsfaktoren - die sich hier in der Form technisch-organisatorischer Veränderungs*möglichkeiten* darstellen - mit einem wohldurchdachten Handlungsplan absorbiert und der nach Abwägung aller in Betracht kommenden Gesichtspunkte - technischer Wandel, Unternehmensstrategie, organisatorische Gestaltung, Akzeptanz - als ökonomischer Erfolgsmaximierer eine angemessene „Entscheidung" trifft. Die ökonomischen Wirkungen dieser Sichtweise zeigen sich in Fehlinvestitionen, die in Begriffen wie der „Tastaturphobie" des Managements beschrieben werden, und in der Aufmerksamkeit, die mit dem Begriff der Akzeptanz die Relation von technischem Informationsangebot und individueller Informationsnachfrage findet, ohne vom theoretischen Zugang her Anschlußpunkte zur konzeptionellen Bearbeitung dieses Problemfelds ausweisen zu können.

Folgt man Argyris (1990, S.67ff.), dann liegt das Hauptproblem *nicht* im Abstraktionsgrad dieser Forschungsorientierung. Dieser ist durch ihren Erklärungs- und Gestaltungsanspruch bedingt. Offen bleibt hingegen die Frage, warum und unter welchen Bedingungen diese Erklärungs- und Gestaltungsaussagen im konkreten Verhalten genutzt und realisiert werden. Sie sind „*... disconnected from telling the reader what behavior is required to implement it"* (Argyris 1990, S.70). Die Nutzung von Managementunterstützungssystemen als aufgabenbezogene Wahrnehmungs- und Deutungsleistung des (oder der) Handlungsträger(s) im Managementprozeß bleibt - als mit sozialtechnologischen Mitteln zu handhabender Widerstand der „objektiv" Betroffenen - dieser betriebswirtschaftlichen Interpretation äußerlich. Entsprechend sind jene Muster betrieblichen Handelns, die zur betrieblichen Aneignung von Technik führen - was sind Daten, wie werden aus Daten Informationen (gemacht) und welche Informationen werden in welche Handlungen transformiert (allgemein: wie wird die betriebswirtschaftliche Realität sozial konstruiert) -, ein bisher noch wenig bearbeitetes Gebiet in der betriebswirtschaftlichen Organisations- und Technikforschung.

Um den sozial-konstruktiven Charakter betrieblichen Arbeits- und Entscheidungsverhaltens im Managementprozeß - das Schaffen, nicht Abbilden betrieblicher Realität - zu beschreiben, wird das begriffliche Konstrukt *Gebrauchssituation* vorgeschlagen (vgl. zu den folgenden Überlegungen Mantovani 1994, S.20f., ähnlich auch Krcmar 1991), in dem Zwecksetzung und Instrumentalität eines Anwendungssystems in einem Anwendungskontext in der funktionalen Wahrnehmung (Deutung) und im Interesse des (oder der) Nutzer(s), gefaßt werden.

Es geht - mit Blick auf den Gegenstand hier präzisiert - um das *zirkuläre* Verhältnis, das

- zwischen der Managementaufgabe als formbestimmte, an Kriterien ökonomischen Handelns ausgerichtete *Arbeit* in der Unternehmung (Strukturebene); und

- dem Arbeitsverhalten des Managers, dessen absichtsvolle, an diesen ökonomischen Kriterien ausgerichtete *Tätigkeit* zweckgerichtete Resultate zum Ziel hat (ohne das Ergebnis dieser Tätigkeit in den Intentionen vorwegnehmen zu können) (Handlungsebene), besteht, und das sich

- in der *Praxis* der Anwendung informationstechnischer Systeme bei der Bewältigung von Managementaufgaben niederschlägt, also jenen bewußten und gemeinschaftlichen Anstrengungen der betrieblichen Akteure, die auf Verständigung über und damit die (Re-)Produktion der zweckgerichteten Zusammenarbeit gerichtet sind (Kontingenz).

Die Anwendungskonzeption computergestützter Informationssysteme im Managementprozeß konstituiert sich in diesem Verständnis nicht (mehr) von einem technischen Kern und seiner funktionalen Einordnung her, sondern als betrieblich zu bestimmende Informationstechnologie im Übergang vom Anwendungskonzept zur Nutzungsstrategie im Handlungskontext der Akteure. Begriffliche Artefakte betrieblicher Technik, wie sie in den hier betrachteten Anwendungskonzepten der informationstechnischen Unterstützung von Managementleistungen deutlich werden, legen eine Bestimmtheit eines betrieblichen Informationsverarbeitungsverfahrens nahe, die in der alltäglichen Anwendung entsteht (sozial konstruiert wird), und erst damit eine, eben diese betriebliche Erscheinungsform annimmt. Die Ausbildung alltäglicher Handlungsroutinen im Zuge der Einführung von Managementunterstützungssystemen stellt sich damit *auch* als ein Prozeß der (machtgeprägten) Aushandlung dar, weil deren Anwendung operativen und damit möglicherweise konkurrierenden betrieblichen Organisationslogiken (gleichwohl: rationalen (!) Begründungen operativer Entscheidungen) folgt oder folgen soll.

Zusammenfassend zeigt sich, daß funktionale Beschreibungen eine erfahrungswissenschaftlich fundierte, kategoriale Einordnung der informationstechnischen Unterstützung von Managementleistungen erlauben, aber keinen Erklärungsrahmen für die Frage beinhalten, warum Manager in bestimmten Situationen den Einsatz von Technik als Mittel der Wahl ansehen - et vice versa: Das Technik ein Mittel der Wahl ist, bietet keinen Erklärungsrahmen, warum Manager in bestimmten Situationen nicht auf technische Hilfsmittel zurückgreifen. Die hier vorgetragene Kritik kann im Prinzip als konzeptionelle „Umkehrung" gegenüber vorliegenden betriebswirtschaftlich-organisatorischen Konzepten gedeutet werden:

- Die Beschreibung organisationaler Prozesse in Termini struktur-funktionaler Organisationsgestaltung stellt eine kontrafaktische Beschreibung betrieblicher Praxis dar, der es um die Erfassung der Instrumentalität und nicht um die Erfassung der pragmatischen Prinzipien organisationalen Verhaltens geht. In ihrem Kern sind diese Konzepte der „Funktionalität" als zentralem Erklärungsansatz verhaftet, auch wenn die Einbeziehung nicht-rationaler Phänomene eine bedeutsame Rolle spielt (z.b. in der Form des Akzeptanzbegriffs).

• Demgegenüber steht die Auffassung, daß rationales Handeln bzw. das Streben nach erklärten Zielen in der Praxis organisationalen Handelns eher einer Rationalitätssemantik entspricht, die den argumentativen Legitimationsrahmen für die Aushandlung heterogener, z.T. widersprüchlicher, Funktionserwartungen stellt. Das Streben nach „erklärten" Zielen entstammt einem Handlungsprozeß, in dem diese Ziele als „Lösung" für ein bestimmtes Problem hervorgebracht werden. Formale Strukturiertheit und ihre zweckrationale Begründung scheinen in dieser Sichtweise dann nicht mehr als objektive, quasi-ontologische Merkmale *der* Organisation, sondern als im Verhalten der Akteure beobachtbare Ausprägungen von institutionalisierten Mustern ihrer Situationsdeutungen und Handlungsstrategien.

Dieser Erklärungsansatz, der dann die im Managerverhalten beobachtbaren Formen der Techniknutzung an verschiedene Annahmen der Handlungsträger über den „richtigen" Technikeinsatz anknüpft, führt zu zwei Schlußfolgerungen für eine weiterführende Betrachtung der informationstechnischen Unterstützung von Managementleistungen:

1. Um die kognitiven Leistungen von Managern bei der Nutzung von computergestützten Informationssystemen als eigenständiges Untersuchungsfeld aufzugreifen, ist neben ihrer Instrumentalität für typisierbare Funktionen und Aufgaben verstärkt der Intentionalität ihrer Nutzung im Handeln der Akteure (Handlungsstrategien) Aufmerksamkeit zu schenken.

2. Ihren Anregungsgehalt bezieht diese Sichtweise aus der in Aussicht gestellten Aufklärung über die in der Beobachtung der Nutzung von Anwendungskonzepten aufscheinenden Interpretations- und Handlungsspielräume, die in einem solchen Erklärungsrahmen auf unterschiedliche Wahrnehmungs- und Deutungsmuster von Managern zurückzuführen sind.

2.3 Informationstechnologien im Aktivitätsspektrum von Managern

Zu den Kennzeichen des Arbeitsverhaltens von Managern werden vor allem zwei Merkmale gerechnet: eine mit den Aktivitätszwecken des Managerhandelns verbundene Fragmentierung der Tätigkeiten und ein hoher Anteil an verbaler Kommunikation. Dieses Aktivitätsspektrum, das - nach empirischen Befunden einschlägiger Studien (vgl. als Übersicht Schirmer 1991, 1992, Ganter u. Walgenbach 1995) - Manager „wirklich tun", steht in deutlichem Gegensatz zu dem Bild des Managementprozesses als planmäßig geordnetem Ablauf von Funktionen. Beide Merkmale sind im Rahmen der Betrachtung von Führungsinformationssystemen bereits angeklungen und können anhand von Forschungsarbeiten zu den Anwendungskonzepten alternierende Telearbeit und computergestützte Gruppenarbeit vertiefend behandelt werden. Sie können als spezielle Anwendungsformen oder als Teilkomponenten eines Führungsinformationssystems verstanden werden. Diese Anwendungskonzepte knüpfen weniger an der Funktion als an der Form des Arbeits- und Entscheidungsverhaltens an und werden in der aktuellen Diskussion als Möglichkeit zur effizienten Gestaltung der Arbeitsorganisation von Managern gesehen.

Die jüngere betriebswirtschaftliche Diskussion zu Formen *alternierender Telearbeit* (2.3.1) schließt an bereits vorliegende Analysen zur Wirtschaftlichkeit und zur Instrumentalität verschiedener Formen der Tele-Arbeitsorganisation an. Dieses Anwendungskonzept wird vor allem als spezieller Modus der Arbeitsgestaltung zwischen betrieblichen und außerbetrieblichen Arbeitsstätten gesehen, dessen betrieblicher Stellenwert - wie die Durchsicht einschlägiger Studien zeigt - sich zwischen sehr weitreichenden Prognosen und praktischen Problemlagen bewegt, die in Modellprojekten ausgewiesen werden. Die Ordnung dieses Abschnitts zur Koordination von Aktivitätszwecken durch Telearbeit geht von unterschiedlichen Ansätzen zur betriebswirtschaftlichen Beurteilung der Tele-Arbeitsorganisation aus und konzentriert sich auf den Bedingungsrahmen einer flexiblen Arbeitsorganisation für Führungskräfte.

Der Leitbegriff *computergestützte Gruppenarbeit* (2.3.2) beschreibt als Anwendungsfeld computergestützter Informationssysteme den gemeinsamen Arbeitsvollzug mehrerer Personen, bei dem informationstechnische Systeme als Medium von Kommunikation und Kooperation dienen. Zugleich bezeichnet der Begriff ein eigenständiges interdisziplinäres Forschungsfeld, das sich in der angewandten Informatik, aber auch zunehmend in den Arbeitswissenschaften und in betriebswirtschaftlich orientierten Arbeiten etabliert. Entsprechend steht bei der Ordnung dieses Abschnitts eher die vergleichende Betrachtung der verschiedener Forschungsansätze, ihrer Problembeschreibungen und Erkenntnisperspektiven im Vordergrund.

Der Anregungsgehalt einer genaueren Betrachtung dieser Forschungsarbeiten ist vor allem in der Hervorhebung der Koordinationsaufgaben und -aktivitäten zu sehen, die aus interdependenten Aufgaben- und Zielstrukturen einer arbeitsteiligen Organisation des Managementprozesses für das Managerhandeln resultieren (2.3.3).

2.3.1 Koordination von Aktivitätszwecken durch alternierende Telearbeit

2.3.1.1 Formen der Tele-Arbeitsorganisation und ihr betrieblicher Stellenwert

Die Ursprünge der Diskussion um die Telearbeit liegen weniger in der Entdeckung einer neuen Form der Arbeitsorganisation zur Lösung spezifisch betrieblicher Probleme von Unternehmen. Auslösepunkt waren vielmehr Visionen über die gesellschaftliche Bedeutung der

Maschine „Computer". Hierzu gehören technische Szenarien aus den 60er Jahren, die für die 90er Jahre beispielsweise das Bewegtbildtelefon und den Heimcomputer als weit verbreitete, alltägliche Arbeitsgegenstände ansahen (vgl. Glaser 1993). In entsprechenden Zukunftsszenarien spielen dezentrale, wohnungsnah gelegene Arbeitsstätten und die Arbeitserfüllung zu Hause eine Rolle. Für Ballungszentren wird darin ein Beitrag zur Bewältigung des täglichen Pendlerverkehrs zwischen verschiedenen Arbeitsstätten und zur besseren Vereinbarung von Erwerbs- und Hausarbeit gesehen - Aspekte, denen auch heute noch zentraler Stellenwert in der Diskussion zugemessen wird (vgl. Haddon u. Lewis 1994, Glaser u. Glaser 1995, siehe hierzu auch die von der Europäischen Stiftung zur Verbesserung von Lebens- und Arbeitsbedingungen vorgelegte Studie zu „Telelifestyles and the Flexicity", o.J.).

Unter Telearbeit wird dabei in der Regel eine Form der Arbeitsorganisation verstanden, die auf einer Kombination von computergestützter Informationsverarbeitung und Telekommunikation beruht, und bei der die Erbringung der Arbeitsleistung zeitlich, sachlich und sozial variabel zu ihrem Verwendungskontext stattfindet bzw. stattfinden kann. In diesem Verständnis ist Telearbeit eine Art Sammelbegriff für unterschiedliche Modi der Arbeitsorganisation zwischen inner- und außerbetrieblichen Arbeitsstätten, die hinsichtlich räumlicher und zeitlicher Freiheitsgrade, der organisatorischen Ähnlichkeit oder Zusammengehörigkeit von Aufgaben oder der Anzahl der an einem Arbeitsort gebündelten Stellen unterschieden werden (vgl. Gbezo 1995, S.4f.).

Darüber hinausgehende Ordnungen und eine angesichts der empirisch vorfindbaren Anzahl von möglichen Ausprägungen notwendig erscheinende Typisierung von Telearbeit liegen bisher nicht vor. Einerseits werden in dieser Hinsicht mit unterschiedlicher Reichweite Dimensionen zur begrifflichen Fassung vorgeschlagen (siehe hierzu Glaser u. Glaser 1995, S.6ff., die von vier Dimensionen - Arbeitsort, Arbeitszeit, Technikausstattung und Rechtsform - ausgehen, während Wollnik 1992, Sp.2403, insgesamt 15 Kriterien vorschlägt, um den Gegenstand Telearbeit angemessen zu repräsentieren, siehe auch die Morphologie bei Dostal 1986 - zusammenfassend: Godehardt 1994, S.40ff.). Andererseits werden in der Literatur dem zunächst technisch bestimmten Konzept vor allem zwei Organisationsformen zugeordnet:

- die *Tele-Heimarbeit* als Begriff für die Erfüllung einer spezifischen Aufgabe oder Tätigkeit an einer selbst gewählten Arbeitstätte, häufig im privaten Haushalt, sowie

- die *alternierende Telearbeit* als Begriff für die zeitlich und räumlich zwischen unterschiedlichen Arbeitsorten variierende Arbeitserfüllung verschieden komplexer Aufgaben und Tätigkeiten, bspw. im betrieblichen Außendienst oder zwischen Betrieb und Haushalt.

Charakteristisch für die Art der Arbeit ist, das es sich um Produktion von Informationen handelt, die häufig mit einem Modell räumlich dezentralisierter Büroarbeit und -kommunikation (vgl. Wollnik 1992, exemplarisch: Hegner u.a. 1989, Drüke, Feuerstein u. Kreibich 1986) in Beziehung gesetzt wird, sich aber praktisch weitaus differenzierter darstellen kann: von der Fernschulung und -betreuung im Bereich des computerunterstützten Lernens bis hin zur Fernwartung und -diagnose im Bereich der sicherheitstechnischen Überwachung von technischen Anlagen (zum Anwendungsfeld „dezentraler Arbeitsplatz" Kampling, Langen u. Stein 1992, S.24ff., auch Gbezo 1995, S.5). Damit ist die Grenzlinie zwischen Telearbeit und anderen Formen der (Tele-)Arbeitsstrukturierung schmal. Schon in den von Kreibich u.a. (1990, Drüke, Feuerstein u. Kreibich 1986) durchgeführten Studien zur Zukunft der Telearbeit hat sich gezeigt, daß Unternehmen mit dem (Ober-)Begriff Telearbeit in Abhängigkeit von technischen, organisatorischen und wirtschaftlichen Gegebenheiten eine große Vielfalt konkreter Arbeitsgestaltungsformen verbinden (vgl. als zusammenfassender Überblick Abbildung 2.3-1 in Anlehnung an Hegner u.a. 1989, S.21). In vergleichbarer Weise wird der Gegenstandsbereich umschrieben mit Begriffen wie elektronische Heimarbeit (vgl. Bahl-Benker 1984), Fernarbeit (vgl. Sandvoß 1989, Fangmann 1993), Telecomputing (vgl. Cross u. Raizman 1986), Tele-Programmierung (vgl. Heilmann 1987) oder auch allgemeiner dezentrale Arbeitsplätze (vgl. Hegner u.a. 1989).

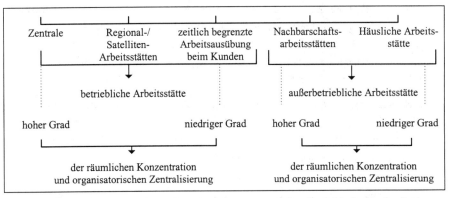

Abbildung 2.3-1: Formen der Tele-Arbeitsorganisation zwischen betrieblichen und außerbetrieblichen Arbeitsstätten

Die Verbreitung von Telearbeit zu erheben, ist bisher weitgehend nicht gelungen. Als ein wesentlicher Grund für die Unterschiedlichkeit in Prognosen zum Diffusionsgrad wird häufig diese Unbestimmtheit des Begriffs Telearbeit angesehen. Durchgängig ist in der Literatur die Feststellung zu finden, daß Geschwindigkeit und Breite der Diffusion hinter den Erwartungen zurückgeblieben sind (exemplarisch: Fangmann 1993, S.234, Däubler 1986, S.845). Hegner u.a. (1989, S.24, S.17ff., siehe auch Dostal 1986, S.6f.) formulieren nach einer Durchsicht von Breitenuntersuchungen bezogen auf die Mitte der 80er Jahre für die Bundesrepublik Deutschland - in Abgrenzung zum europäischen Ausland - eine sehr nüchterne Einschätzung: Teleheimarbeit gibt es so gut wie nicht, Computerheimarbeit macht nur einen Bruchteil aller Büroarbeitsplätze aus und es dominieren eindeutig Schreib- und Datenerfassungsarbeiten durch Frauen. Die in den frühen 80er Jahren prognostizierte, exponentiell wachsende Ausbreitung der Telearbeit ist ausgeblieben, ihre Diffusion schreitet nur langsam über die Branchen hinaus, in denen sie schon länger verbreitet ist (zu dieser Einschätzung Glaser u. Glaser 1995, S.2, Fischer, Späker u. Weißbach 1993, S.4). Repräsentative Untersuchungen, die auf der Grundlage einer klaren Abgrenzung von Telearbeitsformen Aufschluß über den aktuellen Verbreitungsgrad geben, liegen bisher nicht vor (vgl. Wollnik 1992, Sp.2400, Glaser u. Glaser 1995 berichten jedoch über eine entsprechende Studie für Großbritannien, vgl. aber Godehardt 1994). Prognosen, die in der aktuellen Diskussion gestellt werden, sind in ihren Einschätzungen sehr unterschiedlich. Zum Beispiel wird davon ausgegangen, daß

- 20 bis 40 Prozent aller Büroarbeitsplätze für Telearbeit geeignet sind und bis zum Jahr 2000 noch 80 Prozent aller Arbeitsplätze in der Bundesrepublik Deutschland in den Büros stehen (vgl. Personalwirtschaft 6/1994, S.24),

- nach einer Studie des Verbandes Deutscher Maschinen- und Anlagenbau und des Zentralverbandes Elektrotechnik und Elektronikindustrie jeder zehnte Arbeitsplatz mittelfristig in das private Umfeld, wohnungsnahe Gemeinschaftsbüros oder mobile Büros verlagert wird, wobei dies einer Gesamtzahl von etwa 4 Millionen Arbeitsplätzen entspricht, von denen es im Jahr 2000 bereits etwa 800.000 geben wird (vgl. Hannoversche Allgemeine Zeitung Nr. 177 v. 01.08.1995),

- nach einer Studie der Unternehmensberatungsgesellschaft Empirica europaweit das realistische Potential bei etwa 10 Millionen Telearbeitern liegt, wobei 40 Prozent aller Beschäftigten und Führungskräfte in der Europäischen Union an dieser Form der Arbeit interessiert sind (vgl. Computerwoche Nr. 46 v. 18.11.1994).

Picot u. Reichwald (1994, S.558f.) berichten von der Einschätzung des DIHT, daß es in der Bundesrepublik Deutschland etwa 2.000 Telearbeitsplätze gibt, und von einer Studie eines amerikanischen Consultingunternehmens, nach der heute 7,6 Millionen amerikanische Arbeitnehmer teilzeitlich oder vollzeitlich zu Hause arbeiten und mittels Telefon/Computer mit dem Unternehmen verbunden sind, sowie von weiteren 9,2 Millionen, die Telearbeit als Nebenerwerbsquelle nutzen; Tendenz: jährlich steigend mit einer Zuwachsrate von 15% (siehe zu vergleichbaren Daten-„Szenarien" auch Weißbach 1995, Gbezo 1995).

Der Gehalt solcher Einschätzungen ist schwierig zu beurteilen. Ohne alte Kritikmuster an solchen Prognosen wiederzubeleben, nach der die empirische Basis wenn nicht als bedenklich, so doch als unübersichtlich eingestuft wird (vgl. Hegner u.a. 1989, S.17f.) oder deren Ergebnisse aufgrund nicht angemessener empirischer Methoden angezweifelt werden (vgl. Jaeger, Bieri u. Dürrenberger 1987, S.27ff.), stehen den Prognosen auf die betriebliche Praxis reflektierende Wertungen gegenüber, die das Scheitern von Modellprojekten konstatieren und trotz positiver Erfahrungen nur von einer langsamen Verbreitung ausgehen. Gerade die in jüngeren Beiträgen angesprochenen Größenordnungen verdeutlichen die noch immer zu vermutende Relation von Potentialanalysen zur Praxis der Telearbeit. Der in der Diskussion um den Modellversuch zu außerbetrieblichen Arbeitsstätten bei IBM Deutschland geäußerten Erwartung, daß die Telearbeit mit einem Potential von ca. 30.000 außerbetrieblichen Arbeitsplätzen nun eine Größenordnung erreicht, die sie praktisch und damit auch arbeitsmarktpolitisch relevant erscheinen läßt (vgl. Kattler 1992, S.37), steht eine tatsächliche Realisierung von etwa 320 Arbeitsplätzen in 1993 gegenüber (vgl. Glaser 1993, S.15, noch „ungünstiger" die Aussage bei Fischer, Späker u. Weißbach 1993, S.22, daß - im Juni 1993 - die erwartete Zahl von Telearbeitsplätzen auf weniger als 140 reduziert wurde). Die Potentialeinschätzungen lenken hier eher von den vorliegenden Daten über die faktische Verbreitung und die für sie kritischen Faktoren ab. Weißbach (1995, S.37) geht hierbei davon aus, daß neben den Widerständen von Beschäftigten und Gewerkschaften es zunehmend auch Bedenken des Managements selber sind, die einer breiten Diffusion entgegenstehen.

Entsprechend stehen in der Vielzahl von Publikationen zum Thema Telearbeit (eine Literaturübersicht geben Glaser u. Glaser 1995, S.10ff.) die immer gleichen Beispiele von *Modellprojekten* im Vordergrund, um Gestaltung, Diffusion und Wirkungen von Telearbeit beschreiben und abschätzen zu können (vgl. als Übersicht Dostal 1986, S.7, Godehardt 1994, S.29ff., für die Bundesrepublik Deutschland Glaser u. Glaser 1995, S.12ff., für die USA und England Haddon u. Lewis 1994, siehe auch die Chronologie der Telearbeit bei Weißbach 1995, S.35). Wegweisend für den Tele-Arbeitsmarkt und die Tele-Arbeitsorganisation in der Bundesrepublik Deutschland ist hier neben dem Unternehmen IBM Deutschland Informationssysteme GmbH - das durch einen 1992 aufgelegten Modellversuch die Diskussion (wieder) angestoßen hat (vgl. Dax u. Kirrmann 1992, 1993, Viehöver 1992, Kattler 1992, zur psychologischen Begleituntersuchung Glaser und Glaser 1995, im Überblick Fischer, Späker u. Weißbach 1993) - das Beispiel Integrata AG, wo mit den Schwerpunkten Schulung, Programmierung und Beratung bereits zu Beginn der 80er Jahre eine Integration von Arbeit im Betrieb und in der häuslichen Arbeitsstätte erprobt wurde (vgl. Heilmann 1987, Heilmann u. Mikosch 1989, auch Fischer, Späker u. Weißbach 1993). Häufig wird auch der Modellversuch „Schaffung dezentraler Arbeitsplätze unter Einsatz von Teletext" des Landes Baden-Württemberg genannt (vgl. Bullinger, Fröschle u. Klein 1987). Stärkere Beachtung finden zuletzt auch aus regionalpolitischen Gründen initiierte Modellprojekte, wie zum Beispiel die „Unternehmensferne Telearbeit im Landkreis Daun" (vgl. Fischer, Späker u. Weißbach 1993, S.64ff.). Die Bedeutung dieser Projekte liegt - angesichts des niedrigen Diffusionsgrades - in ihrem zwar nicht repräsentativen, gleichwohl aber exemplarischen Charakter für bestimmte Anwendungsformen und Anwendungsbereiche von Telearbeit, wobei die Beobachtung dieser Modellprojekte wissenschafts- und strukturpolitisch, zugleich aber auch - von seiten der Technikanbieter - unternehmensstrategisch motiviert ist, um Praktikabilität und praktische Potentiale von Telearbeit aufzuzeigen (vgl. Haddon u. Lewis 1994, Fischer, Späker u. Weißbach 1993, Weißbach 1995).

2.3.1.2 Alternierende Telearbeit - Bedingungsrahmen einer zweckgemäßen Arbeitsorganisation für Führungskräfte

Telearbeit stellt - in betriebswirtschaftlicher Sicht - eine ernstzunehmende Arbeitsform dar, wenn sich ihre betriebliche Notwendigkeit aus wirtschaftlichen oder arbeitsorganisatorischen Gründen ableiten läßt. Die Begriffsvariationen sind hier Spiegelbild der unterschiedlichen Sichtweisen im Rahmen der bisherigen Forschung zur Klärung dieser Notwendigkeit. Trotz der großen wissenschaftlichen, aber auch publizistischen Aufmerksamkeit, die die Thematik gefunden hat bzw. aktuell findet, bewegt sich die wissenschaftliche Bearbeitung zwischen umfassenden Gesamtdarstellungen, wie sie für den deutschsprachigen Raum beispielsweise Heilmann (1987, jetzt: Godehardt 1994, als Kurzübersichten: Wollnik 1992, Lenk 1989b, Kattler 1992) darstellt, und eher explorativ ausgelegten Modellstudien (vgl. Bullinger, Fröschle u. Klein 1987, Jaeger, Bieri u. Dürrenberger 1987, Jaeger u. Bieri 1989, Schulz u. Staiger 1993), in denen insbesondere die Evaluation der wirtschaftlichen und funktionalen Bedeutung der Telarbeit als Form der Arbeitsorganisation im Vordergrund steht (a). An die Reihe eher kritisch orientierter Beiträge, in denen insbesondere in einer arbeits- und sozialpolitischen Sicht die Wirkungen der Tele-Heimarbeit auf Arbeitnehmer, auf ihre Arbeitsqualität, ihre Arbeitseinstellungen sowie ihren sozialen und rechtlichen Status untersucht worden sind[1], schließen jüngere, nach den Bedingungen des Innovationspotentials alternierender Telearbeit für Führungskräfte fragende Forschungsarbeiten an (b).

(a)   Rationalisierungspotentiale der Telearbeit

Der Stellenwert der Telearbeit im Hinblick auf eine betriebswirtschaftliche Potentialanalyse - die erst im Nachgang zu der Diskussion um technische Zukunftsszenarien ausgelöst wurde (vgl. zu einer ersten grundlegenden Analyse der Teleheimarbeit im Auftrag des Bundesministers für Forschung und Technologie die Studie von Ballerstedt u.a. 1982) - ist in der Literatur

---

[1] Damit ist die insbesondere zu Beginn der 80er Jahre von seiten der Gewerkschaften getragene Diskussion angesprochen, die an Risikofaktoren der Telearbeit als Tele-Heimarbeit, und hier insbesondere für Frauen anknüpft (vgl. Haddon u. Lewis 1994, S.195). Im Vordergrund dieser Diskussion steht die rechtliche Einordnung der Beschäftigungsverhältnisse, d.h. die Frage nach den denkbaren Formen, mit denen das Vertragsverhältnis gestaltet werden kann, und daran anknüpfend die Frage der sozial- und interessenpolitischen Regulierung der Telearbeit. Thematisiert werden hier Möglichkeiten, durch kollektive Verträge oder normierendes Schutzrecht die externen Effekte der Telearbeit - soziale Isolation, Einkommens- und Arbeitsplatzrisiko, Verlust des Arbeitnehmerstatus und daran gebundenen kollektiven Schutzrechten - zu regulieren (vgl. Wedde 1986, 1994, Pfarr u. Drüke 1989, Waniorek 1989, Fangmann 1993).

gut dokumentiert (aus der Vielzahl der Beiträge bspw. Kieser 1985, Sandvoß 1989, Lenk 1989b, Kattler 1992). Im wesentlichen konzentriert sich die Argumentation auf drei Basisstrategien, die - nach Befunden von Fischer, Späker und Weißbach (1993, S.18f.) auch in der betrieblichen Praxis - kennzeichnend für die Einführung von Telearbeit sind:

1. Der *Einsparung von Kosten*, die aus der Auslagerung von Stellen oder Organisationseinheiten resultiert (z.b. weniger Aufwendungen im Bereich von Räumen und Arbeitsplatzausstattung, Reduzierung von Fahrzeiten), stehen *Investitionen* für dezentrale Arbeitsstätten, beispielsweise im Hardwarebereich und im Rahmen der Telekommunikation, gegenüber.

2. Der *Realisierung von Produktivitätssteigerungen*, bezogen auf eine bessere und störungsfreie Konzentration bei der Bewältigung betrieblicher Aufgaben oder eine höhere Motivation durch frei(er)e Zeiteinteilung, stehen *Koordinationskosten* bezogen auf die Integration der Arbeitsinhalte in betriebliche Arbeitsabläufe gegenüber.

3. Als *unternehmensstrategische Option* wird Telearbeit mit einer flexiblen Gestaltung von Arbeitsorganisation und aufgabenangemessener Standortwahl (regionale Nähe, Erschließung von Märkten) verbunden, und einer daraus auch folgenden Attraktivität des Unternehmens für qualifizierte Mitarbeiter und Führungskräfte. Darauf aufbauend werden Potentiale zur Dezentralisierung von Unternehmensstrukturen und -entscheidungen zur Erhöhung der Anpassungsfähigkeit an Umweltentwicklungen gesehen.

Ausgangspunkt der funktionalen Bestimmung von Telearbeit bildet der Typus der Arbeitsaufgabe, für den sich diese Form der Arbeitsorganisation eignet. Hier knüpft die betriebswirtschaftlich orientierte Literatur an die im Rahmen der Bürokommunikationsforschung entwickelte und auf formalen Kriterien - Aufgabenstruktur/-komplexität, Veränderungsdynamik - aufbauende Differenzierung von Aufgabentypen - Routineaufgaben, Fachaufgaben, differenzierbar in Projekt- und Regelaufgaben, und führungs- oder einzelfallbezogene Aufgaben - und deren Arbeitsanforderungen - Informationsbedarf und -verarbeitung, Kommunikationsbedarf, Flexibilität - an (vgl. Nippa 1988, S.87ff. - grundlegend: Picot u. Reichwald 1987).

Legt man diese, bei der Untersuchung von Büroaufgaben gängige Typologie zugrunde, so werden bei den genannten Aufgabentypen unterschiedliche Potentiale gesehen, die Arbeitsorganisation als Telearbeit zu gestalten. Als potentiell besonders geeignet für die organisatorische Ausgliederung in der Form von Telearbeit erscheinen Routine- und Fachaufgaben, da diese einen vergleichsweise hohen Strukturierungsgrad bei niedrigem Integrationsbedarf aufweisen und sich aus diesem Autonomiestatus heraus ohne größeren sachlichen Gestaltungsbedarf aus dem organisatorischen Gesamtablauf räumlich und zeitlich ausgliedern lassen (vgl. etwa Vorjans 1987, Hegner u.a. 1989). Auch in der experimentellen praktischen Anwendung stellen Routine- bzw. gut strukturierte Fachaufgaben - wie die Modellversuche zeigen - zunächst die Domäne der Telearbeit dar. Beispiele sind die Auslagerung stark repetitiver Tätigkeiten, wie die Daten- und Texterfassung im Modellversuch Baden-Württemberg (vgl. Bullinger, Fröschle u. Klein 1987) oder komplexere Aufgaben, wie z.b. Entwicklungs- und Programmieraufgaben in der Softwareherstellung (vgl. Heilmann 1987), oder zusammenhängende oder von der technischen Unterstützung her gleichartige Aufgabenkomplexe, die in Nachbarschaftsbüros erbracht werden (vgl. Jaeger, Bieri u. Dürrenberger 1987, Jaeger u. Bieri 1989).

Das weitgehende *praktische* Scheitern dieser Konzepte wird - neben technischen Aspekten - auf fehlende Wirtschaftlichkeitsnachweise und auf organisationsstrukturelle Eigenschaften der Büroarbeit zurückgeführt.

Vorliegende Wirtschaftlichkeitsanalysen indizieren die Feststellung, daß es insbesondere die hohen Koordinationskosten zur Einbindung der Telearbeiter (arbeitsorganisatorischer Abstimmungsbedarf) sind, durch die der Wertschöpfungsvorteil (direkte Kosteneinsparungen sowie Leistungssteigerungen) gefährdet, wenn nicht aufgezehrt wird (ausführlich dazu Lenk 1989b, Weißbach 1995). Konkret ist die betriebswirtschaftliche Beurteilung der Telearbeit über Wirtschaftlichkeitsrechnungen des Organisationsmodus der Teleheimarbeit in der Form von Kostenvergleichsrechnungen zu entsprechenden Betriebsarbeitsplätzen (bspw. Lenk 1989b) noch nicht hinausgekommen. Einschlägige Untersuchungen, die im Rahmen von Modellversuchen zu außerbetrieblichen Schreib- und Programmiertätigkeiten durchgeführt wurden (vgl. Bullinger, Fröschle und Klein 1987, Heilmann 1987), kommen hier zu vergleichbaren Einschätzungen: Bei gleichen Personalkosten sind die Kosten der Arbeitsplatzbereitstellung, die Betriebskosten und die Koordinationskosten am Telearbeitsplatz höher und es bedarf einer signifikanten Kostenbeeinflussung - entweder durch die Einsparung von direkten Personalkosten oder durch den Auslastungsgrad des Arbeitsplatzes -, um allein aus wirtschaftlichen Überlegungen die Einführung dieser Form von Telearbeit zu begründen (vgl. Wollnik 1992, Sp.2411ff., mit einer positiveren Einschätzung Glaser 1993, S.17).

Darüberhinaus machen bereits frühe Studien deutlich, daß sich der Organisationsmodus im Spannungsfeld zwischen dem Autonomiegrad der Aufgabe, von dem auch der Bedarf an Kontrolle und Steuerung der Arbeit beeinflußt wird, und der Bestimmung ihrer Kommunikationserfordernisse bewegt, also derjenigen organisationsstrukturellen Regeln, die auf die Einbindung der Aufgabenerfüllung in den betrieblichen Leistungszusammenhang gerichtet sind (vgl. Frese 1993, S.43ff. - grundlegend: Lassmann 1992). Einerseits sind auch einfache ausführende Aufgaben (z.B. reine Daten- oder Texterfassung oder Codierarbeit beim Programmieren) mit einer Reihe von kommunikativen Tätigkeiten verbunden. Andererseits spricht einiges dafür, daß seit den ersten Modellversuchen zu Beginn der 80er Jahre ein nicht unerheblicher Teil dieser Tätigkeiten auch bei Routine- und Fachaufgaben weitgehend automatisiert wird (z.B. durch elektronische Erfassungsgeräte, wie sie in Kreditinstituten und vielen Handelsunternehmen zu finden sind). Tele-Arbeitsplätze stellen sich dann aber *wieder* als horizontal und vertikal integrierte Arbeitsplätze mit komplexeren Sach- und Führungsaufgaben dar, so wie sie beispielsweise schon frühzeitig im Autarkie- und Kooperationsmodell der Aufgabenverteilung im Büro beschrieben worden sind (vgl. Abbildung 2.3-2 - in Anlehnung an Biervert u.a. 1994, S.67f., auch Wollnik 1988, S.62ff., Ridder 1990, S.118ff.).

	Autarkie-Modell	**Kooperations-Modell**
Spezialisierungsgrad	Zusammenführung von Aufgaben	Zusammenführung von Aufgabenschwerpunkten
Konfigurationsgrad	horizontale Integration	vertikale Integration
Koordinationsbedarf	Verringerung von Kooperation und Arbeitsteilung	Intensivierung von Kooperation und Arbeitsteilung
Qualifikation	steigende Qualifikationsanforderungen auf der Ebene der Aufgabenträger	Steigende Qualifikationsanforderungen auf allen Ebenen

Abbildung 2.3-2: Organisationsstrukturelle Einordnung integrierter Büroarbeit

Für die in Aussicht gestellten Produktivitätsverbesserungen der Telearbeit fehlt es zudem an der Bestimmung adäquater Wertgrößen und Bemessungsgrundlagen, um eine betriebswirtschaftliche Bewertung im Sinne einer quantitativen Bestimmung des Erfolgbeitrags dieser Form der Arbeitsorganisation durchführen zu können. Hier kommen die inzwischen gut dokumentierten Schwierigkeiten zum Tragen, schon auf der Ebene einfacher Wirtschaftlichkeitsrechnungen Kostengrößen bestimmen und exakt quantifizieren zu können (vgl. beispielsweise das 4-Stufen-Modell der Wirtschaftlichkeitsanalyse von Picot u. Reichwald 1987, grundlegend zur Transformation technischer Wirkungen in betriebswirtschaftliche Kategorien Ridder 1990, S.110ff.).

Praktisch in Umkehrung zu dieser Sichtweise werden numehr Fach- und Führungsaufgaben als besonders geeignet für Telearbeit angesehen, wobei an die Stelle des Leitbildes der Tele-Heimarbeit die flexible oder alternierende Telearbeit getreten ist.

(b)   Strategische Potentiale alternierender Telearbeit

Formen der Integration von (Tele-)Arbeitszeit und Betriebs(Anwesenheits-)zeit, die mit dem Begriff flexible oder alternierende Telearbeit umschrieben werden, knüpfen an der Spezifität der Arbeits*situation* von Fach- und Führungsaufgaben an. In Abhängigkeit von Arbeitsanforderungen werden verschiedene Formen der Arbeitsorganisation genutzt - also unterschiedliche Orte der Arbeitserfüllung in und außerhalb des Betriebes -, ohne den Zugriff auf Daten als

Arbeitsmaterial und computergestützte Informationssysteme als Arbeitsmittel zu verlieren. Formalisierte Abstimmungsprozesse gewährleisten zugleich die Einbindung der dezentralen Aufgabenerfüllung in die betrieblichen Arbeitsabläufe. *Funktional* erscheint diese Organisationsform von Telearbeit für einen Aufgabentypus geeignet, der durch einen niedrigen Strukturierungsgrad gekennzeichnet ist, und mit dessen Arbeitsorganisation einzelfallbezogene und ergebnisorientierte Aufgabenfelder zu bewältigen sind, ohne bestehende Kooperations- und Koordinationserfordernisse zu vernachlässigen. Dieser Bestimmung entsprechend gelten Fach- und Führungsaufgaben als prädestiniert für diese Form der Tele-Arbeitsorganisation.

Bedingungsfaktoren der Verknüpfung von betrieblichen und außerbetrieblicher Arbeitsstätten können mit neueren empirischen Studien, insbesondere Ergebnisschwerpunkten aus der psychologischen Begleituntersuchung zur Einrichtung außerbetrieblicher Arbeitsstätten bei der IBM Deutschland Informationssysteme GmbH (vgl. Glaser u. Glaser 1995[1], zusammenfassend schon Glaser 1993), verdeutlicht werden:

1. Als Schlüsselgröße bei der *Gestaltung der Arbeitsorganisation* wird neben der (Kosten-)-Neutralität der Technik - Ausstattung und Betriebskosten trägt das Unternehmen - die Eignung der Arbeitsstruktur angesehen.

Die Arbeitsstruktur muß mit einem Mindestmaß an einzelfallbezogenen Aufgaben verbunden sein, um die Notwendigkeit eines Wechsels im Modus der Arbeitsorganisation zu begründen. „Koordinationskosten" in der Form von Kommunikationsbedarfen oder auch der fehlenden Verfügbarkeit von Daten, die bespielsweise aufgrund technischer Engpäße (langsamer Bildschirmaufbau, lang andauernde Datenübertragungen) entstehen, erweisen sich zugleich als Barrieren für den Wechsel im Organisationsmodus. Die Möglichkeit zum Wechsel ist nicht nur an bestimmte Freiheitsgrade gebunden - der Entscheidung zu dieser Arbeitsorganisation, dem situativen Wechsel der Arbeitsorganisation -, sondern setzt beim Mitarbeiter bestimmte Verhaltensmerkmale voraus: Selbstbewußtsein, Selbständigkeit im Denken und Handeln, aktive Gestaltung der zwischenmenschlichen Beziehungen im Arbeitsprozeß (vgl. Glaser 1993, S.19, zur Leistungsmotivation und Arbeitsorganisation Glaser u. Glaser 1995, S.44ff.). Als Ermöglichungsbedingung hierzu wird in der Führungsorganisation des „hierarchischen" Umfelds außerbetrieblicher Arbeitstätten ein adäquater Führungsstil - „Führen durch Ziele" - erachtet, aber auch Erfahrungen mit der Dezentralität von Verantwortung und einem eigenständigen Arbeits- und Zeitmanagement (vgl. Fischer, Späker und Weißbach 1993, S.26).

---

[1] Im Rahmen der psychologischen Begleituntersuchung zur Einführung außerbetrieblicher Arbeitsstätten bei der IBM Deutschland GmbH wurden standardisierte Interviews mit 38 Mitarbeitern sowie eine schriftliche Befragung von 33 ihrer vorgesetzten Manager durchgeführt (zur methodischen Anlage der Datenerhebung Glaser u. Glaser 1995, S.27f.).

2. Regelungen zur Sicherung der *Koordination der betrieblichen Abläufe* ermöglichen die Einbindung der außerbetrieblich Tätigen in die betrieblichen Handlungs-, Entscheidungs- und Kontrollstrukturen.

Mit zunehmender Komplexität der Aufgabenstellung steigt der Kommunikationsbedarf in betrieblichen Abläufen, um Unterstützungsleistungen - gemeinsame Ideenfindung, Aufgabenabstimmung, Sicherung von Entscheidungen durch Rücksprachen, Pflege informeller Kontakte - zur Sicherung einer adäquaten Aufgabenerfüllung zu gewährleisten. Koordinationsinstrumente, wie auf Zielvereinbarungen beruhende Leistungsbeurteilungen, und die Einrichtung von Koordinationsinstanzen, wie Abteilungsversammlungen oder festgelegte betriebliche Präsenzzeitpunkte, gewährleisten die sachlich-zeitliche Abstimmung der Aufgabenerfüllung. Aufbau und Erhalt informeller Beziehungen sind Ausdruck der sozialen Einbettung in den betrieblichen Arbeitsalltag und dienen der Integration der Telearbeiter in betriebliche Handlungsabläufe (vgl. Glaser 1993, S.20, ausführlich Glaser u. Glaser 1995, S.58ff.).

3. Mit der Konzentration der Diskussion auf Telearbeit als Option für Fach- und Führungsaufgaben verändert sich auch die *personalpolitische Bewertung* dieser Arbeitsorganisationsform und ihrer vertraglichen Gestaltung.

Strategischer Stellenwert wird der Telearbeit im Rahmen von Reorganisationskonzepten zugewiesen, in denen es darum geht, aus *„fixen Kosten variable Kosten zu machen"* (so ein von Weißbach 1995, S.38 zitierter Telekommunikations-Manager, grundlegend Picot u. Reichwald 1994). Jedoch tritt an die Stelle der Auflösung regulärer Beschäftigungsverhältnisse die Bereitschaft von Unternehmen[1], qualifizierte Beschäftigte über Vertrags- und Vertrauensbeziehungen zu binden (auch Haddon u. Lewis 1994, S.202). Hierbei stellt alternierende Telearbeit als flexibler Arbeitsorganisationsmodus eine Zwischenstufe dar, deren personalpolitischer Stellenwert in ihrer Anreizfunktion für Führungskräfte gesehen wird, während der wirtschaftliche Stellenwert für die strategische Absicht eher unbestimmt ist (vgl. als Beispiel das Net-

---

[1] Gegenüber der kategorischen Ablehnung der Tele-Heimarbeit (vgl. Bahl-Benker 1984) werden von seiten der Gewerkschaften für Konzepte alternierender Telearbeit heute moderater Mindestbedingungen einer sozialverträglichen Gestaltung der Telearbeit eingefordert, die Gegenstand entsprechender kollektivvertraglicher Vereinbarungen auf betrieblicher oder betriebsübergreifender Ebene sind (siehe hierzu exemplarisch die Betriebsvereinbarung bei der IBM Deutschland GmbH, abgedruckt in Glaser u. Glaser 1995, S.79ff., und die Bemühungen um eine entsprechende Mustervereinbarung, über die Viehöver 1992 berichtet, kritisch zur Übertragbarkeit Fangmann 1993, S.238). Bezugspunkt dieser Diskussion ist, neben dem interessenpolitischen Aspekt der Schwächung der kollektiven Vertretung von Arbeitnehmerinteressen durch die mit Telearbeit potentiell verbundene räumliche Zersplitterung von Betrieben, die rechtliche Bewältigung der Risiken einer Flexibilisierung von Beschäftigungsverhältnissen, die sich bisher in einem weitgehend mitbestimmungsfreien, allein auf individualrechtlichen Vereinbarungen - vertrauensvollen Arbeitsbeziehungen (vgl. Fischer, Späker u. Weißbach 1993, S.19) - beruhenden Raum bewegt. Zu den angestrebten Regelungsgegenständen zählen die Garantie des Arbeitnehmerstatus und daraus ableitbare Regelungen im Hinblick auf die Gleichbehandlung außerbetrieblich tätiger Arbeitnehmer, beispielsweise in Fragen der Entlohnung, der Arbeitsgestaltung oder der Regelung des Arbeits- und Gesundheitsschutzes, aber auch das Beteiligungsrecht der Arbeitnehmervertretungen an der Einführung außerbetrieblicher Arbeitsstätten in einem Betrieb (vgl. Fangmann 1993, S.236ff.).

working-Experiment bei Rank Xerox - Judkins, West u. Drew 1985). Qualifizierte Mitarbeiter/innengruppen sehen in unternehmerischer Selbständigkeit, vor allem bei drohendem Personalabbau, eine ökonomische Alternative zur abhängigen Beschäftigung, die auch aufgrund veränderter Erfahrungshorizonte mit und Einstellungen zu Informations- und Kommunikationstechniken akzeptabel erscheint. Die Attraktivität einer engeren Verknüpfung von beruflicher und privater Sphäre wird allerdings nicht mit konkreten Vorstellungen zur Organisation entsprechender Arbeitsprozesse verbunden.

Mit dieser funktionsorientierten (Um-)Bewertung alternierender Telearbeit für Fach- und Führungsaufgaben sind für die Einordnung der technischen Unterstützung von Managementleistungen zwei Ausgangsprobleme hervorzuheben:

1. Zum einen wird deutlich, daß die Frage, für welche Aufgaben Telearbeit geeignet ist, sich nicht unabhängig von der spezifischen Ausprägung der Aufgabenstellung einer Führungskraft und den Zielen, die mit dieser Form der Arbeitsorganisation verfolgt werden, beantworten läßt. Alternierende Telearbeit wird als eine Arbeitsform beschrieben, bei der der Modus der Arbeitsorganisation zur Aufgabenstellung variabel ist. Dies bestätigt - durch diese spezifische Form eines Managementunterstützungssystems hervorgehoben - die *Kontingenz* der betrieblichen Bestimmung einer Tele-Arbeitsorganisation, die ebenso wie die Technik kein absolutes Merkmal einer Aufgabe ist.

2. Zum anderen folgt daraus, die Organisation der Informations- und Rückkopplungsbeziehungen und deren Freiheitsgrade aus funktionalen Gründen als Gestaltungsproblem zu diskutieren. Mit Bezug auf den aufgabenspezifischen Koordinationsbedarf müssen sich Kommunikationsfähigkeiten und die Balance zwischen persönlicher und unpersönlicher (technischer) Kommunikation zuerst ausbilden können, um von einer effizienten Form der Arbeitsorganisation sprechen zu können (grundlegend: Staehle 1991a, S.252ff.). Daher erscheint es notwendig, den eher engen Fokus auf den Zusammenhang von Aufgabe und Form der Arbeitsorganisation auf die technikgestützte Bewältigung der sequentiellen und/ oder reziproken *Interdependenzen in den Entscheidungsabläufen zwischen Führungskräften* auszudehnen.

Mit dieser Ausweitung des (Rationalisierungs-)Fokus werden Einstellungs- und Verhaltensdispositionen virulent, die in dieser Problemperspektive bisher nur selten systematisch Gegenstand von Forschung sind und die - vor allem in der frühen betriebswirtschaftlichen Diskussion zur Telearbeit - eher als problematische Wirkgrößen herausgestellt wurden. Dazu gehören:

- Leistungstransparenz und Disziplinierung des Arbeits- und Entscheidungsverhaltens

  Zunächst wird damit kein spezielles Problem technikgestützter Managementleistungen umschrieben, denn die damit intendierte Frage nach der Steuerung des Arbeits- und Entscheidungsverhaltens stellt sich unabhängig von der Art der Arbeitsorganisation (vgl. Haddon u. Lewis 1994, S.206). Gleichwohl entsteht hier eine spezifische, aus der Verkettung von Handlungsautonomie und betrieblichen Steuerungsbedarfen resultierende Wirkung.

Autonomie bei der Entscheidung über die situationsadäquate Gestaltung der Tele-Arbeitsorganisation gilt als einer der Faktoren, von dem Produktivitätseffekte erwartet werden. Dies beruht zum einen auf der Annahme, daß auf diesem Wege eine effizientere, weil aufgabenangemessene Arbeitsorganisation realisiert werden kann, verbunden mit einer Erhöhung der Arbeitsintensität und einer effektiveren Ausschöpfung der Arbeitszeit (vgl. Lenk 1989b, S.56f.). Zum anderen werden mit arbeitsorganisatorischen Entscheidungsspielräumen Motivationsaspekte verbunden: „... *feeling as though you are your own boss* ..." (Haddon u. Lewis 1994, S.205). Dem steht die Befürchtung gegenüber, daß mit entsprechenden, die persönliche Kontrolle ersetzenden Koordinationsinstrumenten und ihrem kontrollorganisatorischen Aufwand (vgl. Wollnik 1992, Sp.2409, Weißbach 1995) diese Produktivitätseffekte nicht eintreten. Zugleich stellen - Befunden von Fischer, Späker und Weißbach (1993) folgend - Konventionen und Kontrollbedürfnisse der Manager selber ein bedeutsames Hindernis für die Einführung von Telearbeit dar.

Problemlösungen werden in Richtung einer Stärkung der Planungskomponente (z.B. durch Zielvereinbarungen) in Verbindung mit einer technikgestützten quantitativen und qualitativen Ergebniskontrolle diskutiert. Die - in Verbindung mit der Computerunterstützung organisatorischer Koordination - entstehende Transparenz über den Leistungserstellungsprozeß erweitert dabei prinzipiell den Zugriffshorizont betrieblicher Steuerung auf Verständigungs- und Aushandlungsprozesse zwischen den Akteuren im Management. Mit den technischen Systemen werden spezifische Sichtweisen und Praktiken eingeübt, denen im Kalkül der betrieblichen Steuerung organisatorische Priorität zugerechnet wird, z.B. in berufsfachlicher Hinsicht: welche Informationen sind aufzunehmen und zu verarbeiten, welche Zugangs- und Kontrollrechte gibt es, oder in arbeitsorganisatorischer Hinsicht: Disziplinierung im Umgang mit verfügbarer Arbeitszeit. Auf diesem Wege wird das Arbeits- und Entscheidungsverhalten indirekt - im Sinne einer Kontextsteuerung (vgl. Wagner 1992, S.22f., auch Naujoks 1994) - reguliert.

• Identifikation und Bindung von Managern an das Unternehmen

Bisher nur wenig Beachtung gefunden haben Aspekte der Wahrnehmung der Telearbeit durch die Manager selber und damit verbunden die Identifikation mit der Unternehmung und ihren Zielen. Dies berührt zunächst die Arbeitsorganisation, die mit einem bestimmten Status (Qualifikationsprofil, Anweisungsbefugnisse, auch als neues Statussymbol höherqualifizierter Arbeitnehmergruppen - siehe Fischer, Späker u. Weißbach 1993) verbunden ist. Daraus folgt für das Verhältnis von Individuum und Organisation eine bestimmte Rollendefinition, die das kooperative Arbeitsverhalten prägt und zugleich - in der Differenz von role-making und role-taking - die Identifikation des Telearbeiters mit der Telearbeit(srolle).

Verbunden mit der Routinisierung des Arbeitsverhaltens, d.h. inwieweit und in welcher Form sich im Umfeld der Telearbeit neue Verhaltenserwartungen und Verhaltensstandards ausbilden (insbesondere unter dem Aspekt kohäsiven Arbeitsverhaltens in den horizontalen und vertikalen Arbeitsbezügen), ist dies auch ein Problemfeld der Konformität mit strukturellen Vorgaben (Ziele sowie Organisationsregeln und Ergebnisgrößen), die als Erwartungen „von außen" an das Arbeitsverhalten einer Führungskraft in der Tele-Arbeitsorganisation herangetragen werden.

Für Telearbeit in ihren verschiedenen arbeitsorganisatorischen Formen als spezifische Anwendungskonfiguration für die von Managern wahrgenommenen Fach- und Führungsaufgaben erscheint in stärkerem Maße offen und konzeptionell noch nicht gelöst, wie die Fragmentierung der Arbeitsaufgaben und/oder Tätigkeiten im Arbeitshandeln mit dem Organisationsmodus der Zusammenfügung von betrieblichen und außerbetrieblichen Arbeitsstätten in Einklang gebracht werden kann, wie der Bedingungsrahmen technisch-organisatorischer Leistungen für die Bewältigung der kommunikativen Erfordernisse zu beschreiben ist und wie die Mechanismen zur sachlichen Koordination und sozialen Integration der (außer-)betrieblichen Handlungsabläufe rekonstruiert werden (können). Die kontingente, d.h. im situativen Kontext alltäglichen betrieblichen Handelns einer Führungskraft zu vollziehende, Entscheidung über die Tele-Arbeitsorganisation ist aus einer aufgabenlogisch bestimmten, sachlichen, zeitlichen und räumlichen Zuordnung von Arbeits- und Verwendungsort (allein) nicht zu rekonstruieren. Darüber hinaus verweisen die ausgewiesenen Einstellungs- und Verhaltensdispositionen auf die prinzipielle Engführung, den Zusammenhang von Tele-Arbeitsorganisation und Managerhandeln im Rahmen einer funktionalen, d.h. einer zielorientierten, objektiv-versachlichten Vorgehensweise bei der Systemplanung, zu reduzieren, und legen nahe, der Komplexität der Problembearbeitungsmuster von Managern in ihrem kooperativen, auf gemeinsame Leistungserbringung gerichteten Handeln, das heißt in der sozialen, räumlichen und zeitlichen Differenzierung des betrieblichen Nutzungskontexts, nachzugehen.

2.3.2 Managerkommunikation durch computergestützte Gruppenarbeit

2.3.2.1 Anwendungsformen computergestützter Gruppenarbeit und Nutzungsverhalten

Forschungsarbeiten zur computergestützten „Gruppenarbeit" beschäftigen sich mit zwei grundlegenden Fragenkomplexen:

- wie kann die Koordination von Aufgaben bestimmt werden und wie sind die Kommunikationsprozesse zwischen Menschen in kooperativen Arbeitsbezügen zu beschreiben;

- in welcher Form ist die Anwendung von Informations- und Kommunikationstechniken zur Unterstützung dieser Handlungsabläufe in einen solchen Bezugsrahmen einzuordnen.

Damit sind disziplinäre Bezüge nicht nur zur angewandten Informatik, sondern auch zur Arbeits- und Sozialpsychologie, zur Soziologie und zur Organisationstheorie gegeben.

Mit Blick auf die Beschreibung des Gegenstandsbereichs wird in der Literatur regelmäßig das Fehlen einer adäquaten und allgemein akzeptierten Bestimmung kooperativer Arbeit festgestellt, so daß dem Begriff Gruppenarbeit weitaus mehr Anwendungsformen zugeordnet werden, als die Bezeichnung Gruppe nahelegt (vgl. Syring 1994, S.88, Oberquelle 1991b, S.2, zum Gruppenbegriff Staehle 1991a, S.242, Erkenntnisperspektiven und Ergebnisspektrum der Kooperationsforschung vermitteln die Sammelbände von Grunwald u. Lilge 1981 und Wunderer 1991). Die Entwicklung einer Taxonomie kooperativer Arbeitserfüllung und eine damit einhergehende genauere Beschreibung und Rekonstruktion steckt noch in den Anfängen bzw. ist durch die Heterogenität der Erkenntnisinteressen und -perspektiven geprägt.

Klassifikationen verschiedener *Anwendungssysteme* orientieren sich an struktur-funktionalen Beschreibungskonzepten und erfolgen regelmäßig auf der Basis spezifischer Kategorien der zu unterstützenden (kooperativen) Arbeit, wobei hier sowohl Aufgaben- als auch Kommunikationsmerkmale einfließen (siehe im Überblick Petrovic 1993, S.87ff.). Überwiegend sind Klassifikationen zu finden, die Anwendungssituationen nach Raum- und Zeitmerkmalen unterscheiden (z.B. Voigt u.a. 1991, Dittrich 1991):

- In *räumlicher Hinsicht* werden Aufgaben räumlich getrennt (dezentral) oder in gemeinsamer Arbeit (zentral) erfüllt. Im ersten Fall steht eine eher an „Kommunikation" orientierte Technikunterstützung im Vordergrund, während es im zweiten Fall eher um eine am „Dokument" orientierte Technikunterstützung geht.

- In *zeitlicher Hinsicht* können Aufgaben synchron oder asynchron bearbeitet werden.

Dieser Klassifikation von Anwendungssituationen läßt sich die Mehrzahl der verschiedenen technischen Systeme zuordnen, wie die in Anlehnung an Maaß (1991, S.12) erstellte Abbildung 2.3-3 zeigt, wobei Zuordnungen von Autoren unterschiedlich vorgenommen werden (siehe auch die Darstellung bei Syring 1994, S.32ff.). Ergänzend hierzu werden weitere Beschreibungsmerkmale, wie die Form der Koordination der Gruppe (bilateral/multilateral), die Art der Aufgabenstellung (Planungs-/Kreativaufgaben, Entscheidungen, Verhandlungen) sowie der Grad der Unterstützung des Koordinations- bzw. Kommunikationsprozesses durch

Technik, herangezogen, die eine weitere Differenzierung in den einzelnen Klassen erlauben (siehe für verschiedenen Anwendungsformen Petrovic 1993).[1]

	asynchron	synchron
dezentral ("Kommunikation")	*Nachrichtenaustauschsysteme Termin- und Projekt- managementsysteme*	*Computer- und Videokonferenzsysteme*
zentral ("Dokument")	*Vorgangssteuerungssysteme Co-Autorensysteme*	*Entscheidungsunterstützungs- systeme für Gruppen*

Abbildung 2.3-3: Computergestützte Gruppenarbeit - Aufgabenbezogene Anwendungssitua- tionen und Technikunterstützung

Die Entwicklung von *Anwendungskonzepten* orientiert sich entweder an spezialisierten, fach- lich-inhaltlichen Aufgabenbeschreibungen. Hierbei handelt es sich beispielsweise um Vor- gangssteuerungssysteme (z.b. Kreifelts u.a. 1991, Karbe u. Ramsperger 1991), die durch sachbezogene Spezifikationen - in der Form von Beschreibungen der Art und Organisation des Arbeitsbereiches - auf bestimmte Arbeitsaufgaben Bezug nehmen. Oder es geht um allge- meine, aufgabenunspezifische Anwendungskonzepte, die technische Unterstützungsleistungen für formal-prozessuale Tätigkeitsdimensionen bereitstellen, deren Leistungsspektrum in der jeweiligen Anwendungssituation vom Benutzer zu erschließen ist (vgl. Paetau 1991, S.143). Beispiele hierfür sind Anwendungssysteme wie elektronische Kalender oder Bildübertragun- gen in Konferenzsystemen (exemplarisch für ein Telekonferenzsystem: Nietzer 1991).

Annahmen über den *Anwendungskontext* korrespondieren zu den Systemleistungen. Mit dem Leitbild des *professionalisierten Anwenders* (vgl. Kubicek u. Höller 1991) und dem Leitbild der formal strukturierten Sachlichkeit eines *Routine-Anwenders* (vgl. Oberquelle 1991c, S.42) legt die Literatur eindeutige Zuordnungen von Aufgabenstruktur und technischer Unterstüt- zungsleistung nahe. In wenig strukturierten Arbeitsfeldern sind im Umgang mit Technik (hoch) qualifizierte Anwend(ungsentwickl)er tätig, während die in betrieblichen Leistungspro- zessen überwiegende Zahl von stärker formalisierten Sachaufgaben eher im Kontext leicht er- lernbarer Anwendungen oder aber - auf der Basis formaler Beschreibungsmittel - als partiell automatisierbar angesehen werden (Exemplarisch: Dohmen 1994, S.100ff., Kreifelts u.a. 1991). Paetau (1991, S.141f.) schlägt demgegenüber eine Unterscheidung von drei Ebenen vor: einer *fachlich-inhaltlichen Dimension*, die auf den Zweck der Arbeit und die dazu not- wendige Qualifikation abstellt, einer *funktional-rollenspezifischen Dimension*, mit der die

---

[1] Auf eine Darstellung der Anwendungssysteme im Einzelnen wird hier verzichtet. Entsprechende Übersichten sind in der Literatur zu finden und insbesondere von Petrovic (1993) und Syring (1994) umfassend vorgelegt worden. Zu den auch in diesem Anwendungsbereich bedeutsamen Normungsbemühungen siehe im Überblick Hansen (1992, S.808ff.).

Funktionalität von Arbeitshandlungen für die Aufgabenbewältigung erfaßt wird, und einer *formal-prozeduralen Dimension*, mit der die informationsverarbeitenden Aktivitätsmuster bei der spezifischen Bewältigung der Aufgabenstellung beschrieben wird. Die mit diesen Dimensionen naheliegende Verknüpfung zu Studien zum Arbeitsverhalten von Managern, die sich ähnlich in funktions- und aktivitätsorientierte Beschreibungen sowie in integrativ-prozessual ausgerichtete Studien gliedern lassen (vgl. Schirmer 1992), wird allerdings nicht hergestellt.

Die kritische Einschätzung des Forschungsstandes bezieht sich, folgt man verschiedenen Autoren (z.B. Friedrich u. Rödiger 1991b, S.13, Mantovani 1994, S.165ff.), auf zwei Aspekte:

a) Im Vordergrund der Forschungsarbeiten steht die Entwicklung und/oder Darstellung von Groupware-Konzepten[1], mit der im Rahmen einer angewandten Informatik die prinzipiellen Möglichkeiten einer informationstechnischen Unterstützung der Zusammenarbeit von Personen in Gruppen ausgelotet werden (z.b. Dohmen 1994, Petrovic 1993, Jansen-Winkeln u.a. 1991, Lewe u. Krcmar 1991, Kreifelts u.a. 1991, Lux u. Schweitzer 1991).

Es sind einerseits klassische Forschungsgegenstände der Informatik, die in der noch stark konzeptionell orientierten Forschungsphase einen Großteil der Forschungsaktivitäten ausmachen (vgl. Wilson 1991). Dabei steht die Bearbeitung von Basiskonzepten im Vordergrund, in denen es unter Abstraktion von engeren Anwendungskontexten um die Identifizierung von bestimmten Problemklassen (z.b. Modellierung technisch gestützter Kooperationsprozesse - exemplarisch: Holt 1991, Synchronisation technischer und sozialer Transaktionen unter der Bedingung kooperativer Arbeitserfüllung - exemplarisch Voigt u.a. 1991, S.119ff.) und die Erarbeitung allgemeiner Lösungskonzepte als anwendungsunabhängige Querschnittsfunktionen geht (so die Einordnung von Kubicek u. Höller 1991, S.156 - exemplarisch zu einem Gesamtkonzept Syring 1994).

Andererseits gehen die Forschungsarbeiten überwiegend von den Erfahrungen und Bedürfnissen von Anwendungsentwicklern als spezifischer Nutzergruppe aus. Als für die informationstechnische Unterstützung von Gruppenarbeit typische „Entwicklungsszenarien" gelten beispielsweise organisatorische Kontexte, die entweder der Informatik selbst (z.B. gemeinsame Entwicklung von Software) oder dem wissenschaftlichen Umfeld (z.B. die Unterstützung von Forschungstätigkeiten durch Computer- und Videokonferenzen) entlehnt sind (zu unterschiedlichen Interessenperspektiven der wissenschaftlichen Beschäftigung mit computergestützter Gruppenarbeit Oberquelle 1991c, S.54f.). Hierbei beruhen die zugrundegelegten Modelle und Methoden von Kommunikation und Kooperation - so das

---

[1] Der Begriff Groupware umschreibt Mehrbenutzer-Software, die zur Unterstützung von kooperativer Arbeit entworfen und genutzt wird. Diese Software erlaubt es, Informationen in verschiedenen Ausprägungsformen (Daten, Bilder, Sprache) auf elektronischem Wege geordnet zwischen den Mitgliedern einer Gruppe auszutauschen oder diese in gemeinsamen Speichern zu bearbeiten (siehe zu den Ursprüngen des Begriffs und unterschiedlichen Ausprägungen Oberquelle 1991b, S.4f., Petrovic 1993, S.7f.).

kritische Urteil von Maaß (1991, S.31) nach ihrem Überblick über die Forschungsarbeiten insbesondere in den 80er Jahren - eher auf eigener Anschauung als auf wissenschaftlichen Bearbeitungen dieser Problemstellung, so daß auch offen bleiben muß, ob die hier gesammelten Erfahrungen auf andere Nutzungskontexte übertragen werden können (vgl. Oberquelle 1991c, S.41).

b) Die bisher vorliegende empirische Forschungsliteratur zum Einsatz informationstechnischer Unterstützungssysteme in Kooperationssituationen konzentriert sich auf die Untersuchung ausgewählter technischer Anwendungssysteme - z.b. elektronischer Nachrichtenaustausch, Computer- und Videokonferenzen - und setzt deren Einsatz in Beziehung zu organisatorischen Variablen - wie die für Entscheidungen beanspruchte Zeit, deren Qualität und Konsensualität sowie Aspekte von Partizipation und Entscheidungsdelegation -. Insbesondere in den frühen Phasen der Forschungsarbeit basieren die Forschungsergebnisse methodisch auf Labor- und Projektstudien (siehe die Übersichten von Culnan u. Markus 1987, Sproull u. Kiesler 1991, Mantovani 1994, S.144ff., Theis 1994, S.251ff., exemplarisch: Freisleben u.a. 1991, Grote 1991). Diese Forschungsarbeiten haben zwar mit der Bezeichnung „Computer Supported Cooperative Work" einen neuen Mantelbegriff gefunden, ohne daß allerdings eine Zusammenführung der verschiedenen Forschungsstränge den Ausgangspunkt der jüngeren Forschungsarbeiten bildet (vgl. Maaß 1991, S.31, zusammenfassend die Kritik bei Oberquelle 1991c).

Trotz dieser eher kritischen Bewertung kann vor allem mit empirisch orientierten Forschungsarbeiten die mit der Diskussion von Entscheidungsunterstützungssystemen entwickelte Annahme genauer ausgearbeitet werden, daß sich die Nutzung computergestützter Informationssysteme für Managementleistungen in der Gebrauchssituation des Managerhandelns entwickkelt.

Die Beschreibung von *Nutzungsformen* kann an von Maaß (1991, S.14f., auch Grote 1994) referierten Befunden zum elektronischen Nachrichtenaustausch anschließen, der sich als einfach(st)e Form einer computergestützten Zusammenarbeit zwischen zumindest zwei Personen einordnen läßt. Manager als Nutzer elektronischer Nachrichtensysteme instrumentalisieren diese in sehr unterschiedlicher Weise:

- *als Informationsmedium*: Die datentechnische Übermittlung von Nachrichten wird zur Sammlung und Dokumentation von Informationen genutzt, die bedarfsspezifisch abgerufen werden.

- *als Medium zur Aufgabenbewältigung*: Die datentechnische Übermittlung von Arbeitsaufträgen dient dazu, konkret die Bearbeitung von Aufgaben anzustoßen.

- *als Koordinationsmedium*: Die datentechnische Unterstützung der Nachrichtenübermittlung dient der Absprache und (Weiter-)Verteilung von Aufgaben an Zuständige oder der Absprache von Terminen, Arbeitstreffen sowie der Bereitstellung von Arbeitsergebnissen.

Es erscheint dann plausibel, wenn im technischen Leistungsspektrum aufgaben- oder nutzergruppenspezifische Unterstützungsmöglichkeiten vorgesehen sind, indem etwa differenzierte Nachrichtentypen zur Verfügung gestellt werden. Nachrichtentypen (wie Bemerkung, Information, Frage, Angebot oder Auftrag) repräsentieren Sprechakte, denen spezielle Annahmen über mit diesen Sprechakten verbundenen Erwartungen und Verpflichtungen der Kommunikationsteilnehmer zugrundeliegen (vgl. hierzu Hermann 1991, S.69f.).

Gründe für diese verschiedenen Nutzungsformen werden auf interessen- und rollenspezifische Bewertungen elektronischer Nachrichtensysteme durch ihre Nutzer (Manager) zurückgeführt. Grote (1994, auch Grote 1991) sieht mit ihren empirischen Befunden die Annahme bestätigt, daß informationstechnische Systeme grundsätzlich einen Kommunikationsstil fördern, der eher die Lokomotions-, d.h. die Sachbezüglichkeit, als die Köhasionsfunktion, d.h. die Personenbezüglichkeit, im Kommunikationsverhalten unterstützt. Allerdings ist der Führungsstil, also die Art des Verständnisses der Führer-Geführten-Beziehung, als bedeutsame moderierende Variable einzustufen. Im Bewußtsein der Eignung eines elektronischen Nachrichtensystems als Lokomotionsmittel werden unterschiedliche Nutzungs*strategien* gewählt - die Rationalisierung der Sachkommunikation durch Technik schafft Freiräume, die für kohäsionsbezogene Gespräche genutzt werden -, zugleich verändert sich auf diesem Wege die Kommunikations*prozesse* grundlegend - es war generell eine Verstärkung des sachorientierten Führungsstils zu verzeichnen -.

Konzeptionell lassen sich diese, in Kommunikationsprozessen beobachtbaren Veränderungen auf die begründete Wahl technikgestützter Informationsübermittlung als Kommunikationsform zurückführen (a), womit sich weitergehend die Frage nach dem Prozeß der Anpassung des organisationalen Kommunikationsverhaltens und seiner Wirkungen stellt (b).

ad a) Die „Abstraktheit" technisch transportierter Informationen erfordert ein höheres Maß an Reflexion, sowohl im Hinblick auf die verbale Ausformulierung und Präzisierung der zu übermittelnden Information, als auch im Hinblick auf die Einordnung der Funktionalität der technischen Unterstützung dieser Informationsübermittlung. Häufig ist die Rede von einem „kalten" Medium, weil soziale Kontextschlüssel zwischen den Kommunikationsteilnehmern nicht übermittelt werden. Es werden mehr Argumente, aber weniger persönliche Bewertungen und Motive ausgetauscht. Zugleich verändert sich die Wahrnehmung der für die Informationsübermittlung notwendigen Tätigkeiten. Die (mediale) Präsentation einer Information zieht gegenüber ihrem Inhalt zunehmend Aufmerksamkeit auf sich (vgl. Wagner 1993b, S.26ff.). Versuche, mittels Nachrichtentypen kleinste Einheiten menschlicher Kommunikation nachzubilden, um Informationen über den Stellenwert einer Aussage technisch zu übermitteln, oder mittels Verhaltensregeln die gleichberechtigte Abstimmung individueller Beiträge in einer Gruppensitzung festzulegen, sind ein Spiegelbild dieser Konzentration auf den kognitiven Gehalt der Informationsübermittlung in interpersonalen Austauschbeziehungen.

ad b) Der, auf unterschiedliche Aktivitäts- und Handlungsmuster gerichteten technischen Variabilität (oder auch: Vielfältigkeit) steht die Beobachtung der Stabilität von Verhaltensweisen in organisationalen Kommunikationsprozessen gegenüber. Anwender solcher Softwareprodukte beschränken sich auf das konventionelle, eingeübten Verhaltensweisen entsprechende Senden und Empfangen nicht vorstrukturierter Nachrichten. Hingegen werden verfügbare Nachrichtentypen, die sich außerhalb etablierter Funktionsinteressen bewegen, nicht in den Aktivitätshaushalt aufgenommen. Ähnliche Beobachtungen sind bei vergleichbaren Anwendungskonzepten, wie einer elektronischen Terminplanung, zu verzeichnen, deren Einführung ebenfalls an eingeübten Verhaltensweisen der (all)täglichen Arbeitsplanung scheitert: Eine automatisierte Abstimmung von Terminen setzt die ständige Aktualität der einbezogenen Kalender voraus. Im Arbeitsprozeß wird diese Aufgabe aber häufig von verschiedenen Akteuren (Sekretariat, Management) mit unterschiedlicher Intensität und Genauigkeit wahrgenommen, so daß die Gewährleistung einer angemessenen Datenqualität weniger eine Leistungsreserve als eine sachliche Zusatzaufgabe darstellt (vgl. Mantovani 1994, S.165f., Maaß 1991, S.19f.). Zudem geraten Strategien individueller Optimierung von Arbeitshandlungen notwendigerweise in Konflikt mit Strategien einer gemeinsamen Problembewältigung und Formen der Interessenaushandlung, denen wiederum die Art des Informationsaustausches untergeordnet ist (vgl. Mantovani 1994, S.165/6). Gerade die Befunde zur Nutzung von „elektronischen Kalendern" verweisen auf eine Explizierung betrieblichen Arbeitsverhaltens, in der eingeübte Verhaltensweisen von Managern offengelegt und damit einer kritischen Reflexion zwischen Managern mit Blick auf „effizientes Arbeitshandeln" zugänglich werden. Bisher akzeptierte Verhaltensweisen bedürfen so im Zuge der Aufdeckung ihrer Prioritätsregeln und Ressourcenzuordnungen neuer Legitimierung (vgl. Wagner 1991, S.181f., Wagner 1993b, S.32f.)

Zusammenfassend zeigen diese Befunde, daß neben der Funktionsweise der Technik und der subjektiven Wahrnehmung ihrer Instrumentalität für Managementtätigkeiten auch ihre Einordnung in den betrieblichen Nutzungskontext - also ihre Funktionalität in betrieblichen Kooperationsbeziehungen - eine zu berücksichtigende Erklärungsvariable für Nutzungsstrategien von Managern ist, d.h. der situationsspezifischen Absichten zur Transformation von Anwendungsoptionen in manifestes Arbeitsverhalten, sowie den Erwartungen von Managern gegenüber möglichen Nutzungs-„Erfolgen", d.h. der Gewinnung und Speicherung von Wissen über die Eignung eines Anwendungskonzepts für die eigene Aufgabenerfüllung in differenzierbaren Arbeitssituationen. Hier schließt sich die Frage an, ob und wie diese - hier nur kursorisch

zu einzelnen Anwendungsformen aufgezeigten - Befunde mit zumindest modifizierten Annahmen über das Arbeits- und Kommunikationsverhalten in Organisationen Eingang in den
Kontext der Forschungsbemühungen zur computergestützten Gruppenarbeit gefunden haben.
Oder ist - wie es Oberquelle (1991c, S.43, ähnlich Mantovani 1994, S.161) vermutet - nur
eine Ausweitung einer rationalistischen Sicht menschlichen Denkens und Handelns (Problem-
lösen interpretiert als planvolles Verhalten nach Regeln unter Verwendung von Heuristiken)
von Einzel- auf Gruppenentscheidungen zu verzeichnen. Dies würde bedeuten, daß die Entwicklung neuer Generationen technischer Systeme zur Unterstützung kooperativer Arbeitsprozesse im Management zwar konzeptionell und methodisch erweitert, aber unmittelbar an
bisherige Erklärungsansätze zur technischen Unterstützung betrieblicher Informationsverar-
beitungs- und Kommunikationsprozesse anschließt.

2.3.2.2 Kooperation durch computergestützte Koordination: Konzeptionen und Wirkungsanalysen

An die Erkenntnis, daß eine angemessene Form der Technikunterstützung die konzeptionelle
Klärung der Organisation arbeitsteiliger Arbeitsabläufe voraussetzt, schließt sich in diesem
Forschungsfeld eine unterschiedliche, zum Teil kontroverse Beurteilung eben dieser Grundlagen an, die sich im Spannungsfeld struktur-funktionaler und sozial- und verhaltenswissen-
schaftlicher Beiträge bewegt.

In Ergänzung zu einer technikzentrierten Forschung wird der Versuch unternommen, zur Beschreibung von Kooperationsprozessen Grundlagen von computergestützter Interaktion aus
der angewandten Informatik (vgl. Holt 1991, mit Bezug auf das Forschungsfeld verteilte
künstliche Intelligenz Syring 1994, S.82f.)

a) mit Erkenntnissen aus der betriebswirtschaftlichen Organisationslehre (z.B. Geibel 1992,
Syring 1994 - grundlegend hierzu: Küpper 1991) und der Arbeitspsychologie (z.B. Ulich
1991 - grundlegend hierzu: Bierhoff 1991) sowie

b) der Kommunikationssoziologie (z.B. Hermann 1991, Piepenburg 1991a/b - grundlegend
hierzu: Theis 1994) zusammenzuführen.

(a) Instrumentelle Ansätze: Funktion und Koordination der Arbeit in Gruppen

Als einen ersten Zugang zu den in diesem Forschungskontext bedeutsamen Problemgegen-
ständen wird in der Literatur die Arbeit von Bair (1989) angesehen, in der zwischen vier Stufen der Interaktion in kooperativen Arbeitsvollzügen mit einer steigenden Intensität der zwischenmenschlichen Beziehungen unterschieden wird (vgl. Abbildung 2.3-4). In dieser Klassifikation werden *Eigenschaften* verschiedener Interaktions- und Austauschformen kooperativer

Arbeitsvollzüge anhand spezieller Organisationsmodalitäten (z.B. Raum-/Zeit-Distanz, Grad der organisatorischen Interdependenz) hervorgehoben, ohne allerdings Funktionsprinzipien der Kooperation im engeren Sinne zu beschreiben.

Stufe	Bezeichnung	Beschreibung
1.	Informing	Informationen werden anonym ausgetauscht. Die Kommunikationspartner kennen sich nicht.
2.	Coordinating	Der Informationsaustausch dient der Nutzung von elektronischen Ressourcen (z.B. Konferenzräume), ohne gemeinsame Arbeitsziele zu verfolgen. Arbeitstätigkeiten greifen zur Zugriffsregelung auf die zu nutzende Ressource ineinander. Dies setzt sporadische Arbeitskontakte voraus.
3.	Collaborating	Die Beteiligten nehmen im Arbeitsprozeß unterschiedliche Positionen ein (z.B. Sekretariat/Sachbearbeitung bei der Schriftgut-Erstellung). Die anteilige Leistung am Arbeitsergebnis wird individuell zugerechnet. Der Einzelne wirkt zugleich in mehreren Arbeitsprozessen mit. Häufigkeit und Intensität der Interaktion variieren.
4.	Cooperating	Der Arbeit orientiert sich an einer Aufgabe, die nur mit gemeinsame Zielsetzungen erreicht werden kann. Entscheidungen werden in Abstimmung miteinander getroffen, individuelle Ziele dem Interesse an einem gemeinsamen Ergebnis untergeordnet. Die Interaktion in der Gruppe ist durch informale Beziehungen und nicht-hierarchische Organisationsformen geprägt.

Abbildung 2.3-4: Stufen der Interaktion bei kooperativer Arbeit

Jüngere deutschsprachige Beiträge zu diesem Themenfeld beziehen sich zur konzeptionellen Orientierung auf unterschiedliche Problemsichten der betriebswirtschaftlichen Organisationslehre (zur Grundlegung dieser Sichtweisen Frese 1992, S.215ff.). Auf der einen Seite wird an eine entscheidungslogische Sicht auf organisatorische *Koordinations*aspekte (vgl. Frese 1993, Lassmann 1992) bzw. an die stärker interdisziplinär ausgerichtete Koordinations-Theorie nach Malone (1990, siehe hierzu die zusammenfassenden Darstellungen in Petrovic 1993, Syring 1994) angeknüpft. Auf der anderer Seite steht, insbesondere mit Bezug auf die Theorie der Handlungsregulation (zusammenfassend: Schüpbach 1993), eine stärker am Arbeitsverhalten orientierte Grundlegung der Erklärung der *Kooperation* in Organisationen.

Schlüsselproblem der *Koordination in Organisationen* sowohl in entscheidungslogischer als auch in koordinationstheoretischer Sicht ist das Problem der Interdependenz von Entscheidungen bzw. Aktivitäten, die auf unterschiedlichen Abstraktionsebenen betrachtet werden (z.B. Entscheidungen/Ziele, Entscheidungsfelder/Aktivitäten, organisatorische (Teil-)Einheiten/Akteure). Die Koordination arbeitsteiliger Prozesse ist Resultante des Interdependenzproblems, das als bedingte Verknüpfung von Zielen, Leistungen und Ressourcen beschrieben wird, zu deren Bewältigung Mechanismen oder Instrumente der Aufgabenabgrenzung und/oder Kommunikation eingesetzt werden (vgl. Frese 1993, S.39f. - grundlegend: Lassmann 1992).

Die formale Logik dieser Beschreibung des Entscheidungsverhaltens in Organisationen bildet den argumentativen Rahmen zur Beschreibung eines technischen Koordinationssystems, in dem die Entwicklung einzelner technischer Komponenten (Problemlösung, Dialog, Kommunikation, Wissensbasis lassen einen Agenten als „Akteur" technischer Koordination entstehen) die Voraussetzung zur Erfüllung bestimmter Grundfunktionen (organisatorische Regeln, Kommunikation) in verschiedenen Phasen eines Koordinationsprozesses (von der Initialisierung über Planung und Verhandlung bis zur Kontrolle) ist (vgl. Syring 1994, S.106f.). In diesem Bezugsrahmen lassen sich eine Vielzahl der im Rahmen der verteilten künstlichen Intelligenz entwickelten technischen Anwendungen einordnen bzw. leiten sich entsprechende Anforderungen an die Entwicklung technischer Anwendungen ab. Beispielsweise stellen die im Rahmen einer hierarchischen Aufgabenanalyse zu bestimmende (vgl. Voigt u.a. 1991, S.122ff.) sachlich-zeitliche Aufgaben*struktur* und/oder die personelle Form der Aufgaben*ausführung* Funktionsparameter für die Bestimmung des Koordinationsmodells dar (siehe bspw. die Typklassen von Koordination bei Dittrich 1991). Diese ordnen, etwa für die Spezifikation vorgangsorientierter Datensysteme, die gemeinsame Arbeit an Datenobjekten zur Ausführung von Operationen, wobei die Arbeitsabfolge durch die sich aus den Funktionsparametern ergebenden Regeln festgelegt ist.

Gegen diese Sichtweise wird geltend gemacht, daß sie die mit dem Begriff „Gruppenarbeit" in der arbeitswissenschaftlichen und organisationstheoretischen Diskussion verbundenen Konzepte und die diesen zugrundeliegenden Erkenntnisse über Funktionsweise und Erfolgsgrößen der Zusammenarbeit in Organisationen nicht zur Kenntnis nimmt. Hier wird in Beiträgen aus arbeitspsychologischer Sicht und aus der Sicht einer organisationstheoretisch ausgerichteten angewandten Informatik die Einbeziehung entsprechender Einsichten gefordert.

Unter kritischer Bezugnahme auf Verfahren zur Analyse und Gestaltung von Kommunikationsprozessen, wie sie besonders im Rahmen der Bürokommunikationsforschung vorgelegt worden sind (exemplarisch: Schönecker u. Nippa 1987, siehe auch die Bestandsaufnahme von Steinle u. Thewes 1989), akzentuieren Kötter, Kreutner u. Pleiss (1991) im Begriff der *Kooperation* das gemeinsame Handeln von mindestens zwei Personen, die auf der Grundlage koordinierter Handlungspläne und Situationsdefinitonen individuelle Handlungsziele anstreben - collaborating nach Bair (1989) -. Die Komplexität der Handlungskoordination - beschrieben durch das Niveau an Entscheidungs- und Planungsaufgaben - und arbeitsbezogene Kommunikationserfordernisse bedingen sich damit wechselseitig, wobei Kommunikation das Mittel ist, mit der die Übereinstimmung divergierender Handlungsziele erreicht werden kann. Mit dieser Bezugnahme ist die Qualität der (verfügbaren und verfügten) Kommunikationsmittel in die Analyse und Bewertung arbeitsbezogener Kooperationsprozesse einzubeziehen (vgl. für die betriebswirtschaftliche Informationslehre z.b. Picot u. Reichwald 1991, Reichwald 1993).

Kubicek und Höller (1991, ähnlich Ulich 1991) heben die Bedeutung von Annahmen über Organisationen, organisationales Handeln und das Arbeitsverhalten in Organisationen für den Entwicklungsprozeß von Informationstechnologien hervor. Bezugspunkt für die Spezifizierung eines *professionellen Organisationsmodells* ist in ihrem Vorschlag das im Zuge der Diskussion um eine arbeitsorientierte, auf sozialverträgliche Arbeitsbedingungen gerichtete Technikgestaltung wieder aufgenommene Konzept der teilautonomen Arbeitsgruppen (zur Entstehung des Konzepts in Skandinavien Gustavson 1994, zusammenfassend: Bartölke 1992, zur soziotechnischen Systemanalyse auch Staehle 1991a, S.384f.). Zu einem organisatorischen Gesamtkonzept wird dies durch die Verbindung mit dem von Likert (1961) entwickelten Modell der überlappenden Gruppen, in dem durch eine mehrstufige Vertretungsstruktur, in dem die einzelnen Gruppen jeweils einen Repräsentanten - *linking pins* - für die nächsthöhere Ebene einsetzen, eine integrierte Aufgaben- und Führungsstruktur entsteht (vgl. Wölm u. Rolf 1991, S.129ff. - zusammenfassend zur teamorientieren Unternehmensorganisation Grochla 1972, S.214ff.).

Aus dieser Sicht ist der Gestaltungsgegenstand bei computergestützter Gruppenarbeit als soziotechnisches System zu begreifen, in dem Informationssysteme Teilelement der Strukturierung von Aufgabenerfüllungsprozessen und sozialen Beziehungen in kooperativen Arbeitszusammenhängen sind. Ausgangspunkt sind zwei zentrale Gestaltungsdimensionen:

1. die Zusammensetzung der Gruppe und damit verbunden die Bestimmung ihrer Binnen- und Außenbeziehungen;

2. die Abgrenzung zwischen Interaktionen zur Ausführung der Arbeitsaufgabe (interne Gruppenprozesse) und der Koordination der Aufgaben (Gruppenstruktur).

Die intendierte Autonomie der Arbeitsgruppen hat grundlegende Konsequenzen für ihre technische Unterstützung. Unter der Bedingung, daß generelle Regelungen der Aufgabenverteilung allein auf Gruppenebene getroffen und verantwortet werden, sind die Möglichkeiten zu einer *Standardisierung* des Informationsbedarfs gering, da sich Selbstabstimmungsprozesse einer technikgestützten Mediatisierung, beispielsweise durch Vorgangssteuerungssysteme, entziehen. Für diese Informationsorganisation stellt die Möglichkeit zu einer *situations- und kontextspezifischen* Bestimmung der Informationsnachfrage die Bedingung für angemessene Formen der technischen Unterstützung der Interaktions- und Koordinationsaufgaben dar (vgl. Abbildung 2.3-5 - in Anlehnung an Kubicek und Höller 1991, S.167).

	Binnenbeziehung	Außenbeziehung in der Organisation	Außenbeziehung außerhalb der Organisation
Interaktion	*Pflege von Dateien Dokumentation von Vorgängen*	*Definition organisationsweiter Datenbestände, Auskunftsrechte/-pflichten*	*Definition organisationsweiter Datenbestände, Auskunftsrechte/-pflichten*
Koordination	*keine technikgestützte Steuerung und Kontrolle*	*Vorbereitung/Dokumentation von Verhandlungen*	*technische Unterstützung von Datenbereitstellungs-/ Abstimmungsprozessen*

Abbildung 2.3-5: Computergestützte Gruppenarbeit - Kooperationsbezogene Anwendungssituationen und Technikunterstützung

Allerdings folgen auch konzeptionelle Entwürfe, die von dem Grundgedanken ausgehen, daß Software-Systeme von der Gestaltung der Arbeit her entwickelt werden sollten bzw. Arbeits- und Technikgestaltung als nicht trennbar begreifen (als ähnlich zu dieser prinzipiellen Argumentation von Kubicek u. Höller 1991 sind bspw. die Beiträge von Kötter, Kreutner u. Pleiss 1991, Geibel 1992, Syring 1994 einzustufen), der funktionalen Logik einer *antizipierenden Modellbildung* (vgl. Paetau 1991, S.138, Mantovani 1994, S.162), wobei jedoch andere Hypothesen über menschliches Kooperationsverhalten aufgenommen werden. In diesem Sinne werden dem Prozeß der Technikentstehung realitätsangemessenere, mit höherem erfahrungswissenschaftlichem Gehalt formulierte Beschreibungen zugrundegelegt, die über den formalen Zusammenhang arbeitsteilig strukturierter Aufgaben hinaus versuchen, kooperative Aufgabenbewältigung als soziale Handlung zwischen betrieblichen Akteuren abzubilden.

(b)   Interaktionale Ansätze: Kooperation und Kommunikation in Gruppen

Stärker organisations- und kommunikationssoziologisch ausgerichtete Arbeiten knüpfen an Begriff und Funktion von Kommunikation in Kooperationsprozessen an. Eine in dieser Hinsicht multi-disziplinäre Begriffseingrenzung nimmt Piepenburg vor (1991a,b - die Beiträge sind im konzeptionellen Teil weitgehend textidentisch, ähnlich Falck 1992, S.165f.). Hier stellt der Begriff *Kooperation ein summarisches Konstrukt* dar, das eng mit aus verschiedenen Disziplinen entlehnten Konzepten verknüpft ist:

- Organisationstheoretisch bezeichnet der Bezugsbegriff *Koordination* die Zuordnung verschiedener Teilsysteme zu einer funktionierenden Gesamtheit, deren kooperativer Charakter in der aktiven (Ziel-)Abstimmung zwischen den Teilsystemen zum Ausdruck kommt.

- Mit dem Bezugsbegriff *Kommunikation* wird organisationssoziologisch die Möglichkeit umschrieben, diese Abstimmung durch Aushandlungsprozesse zu ermöglichen.

- Aus sozialwissenschaftlicher Sicht steht der Bezugsbegriff *psychologische Gruppe* für die Bedeutungszuschreibung, die der gemeinsame Arbeitsvollzug durch die Beteiligten erfährt.

Den Stellenwert menschlicher *Kommunikation* für die Gestaltung computergestützter Gruppenarbeit wird von Hermann (1991) behandelt: *„Kommunikation koordiniert Kooperation und ist selbst wiederum ein Kooperationsprozeß der koordiniert werden muß, nämlich durch Meta-Kommunikation"* (Hermann 1991, S.73). Mit Referenz auf Forschungsrichtungen, wie die pragmatische Kommunikationstheorie (vgl. Watzlawick, Beavin u. Jackson 1974) oder die aus der betriebswirtschaftlichen Organisationslehre bekannte Unterscheidung von formeller und informeller Kommunikation (vgl. Grochla 1972, S.203f.), werden Eigenschaften von Kommunikation, Kommunikationsfunktionen und Kooperation eingeordnet (vgl. Abbildung 2.3-6 - in Anlehnung an Hermann 1991, S.73).

Kommunikationseigenschaft	Kommunikationsfunktion und Kooperation
Intentionalität	Kommunikation ist wie alles Handeln durch Absicht geprägt.
Verständigung	Kommunikation ist von dem ständigen Bemühen begleitet, das Gelingen von Verständigung zu prüfen.
Partnerbild und Beziehungsaspekt	Kommunikation beruht auf der gegenseitigen Verschränkung von Annahmen über das Vorwissen der Kommunikationspartner.
Nonverbale Kommunikation	Nicht-Sprachliche Kommunikationselemente, wie Mimik, Gestik, sind für den Aufbau von Beziehungen von Bedeutung.
Entstehung von Semantik in der Kommunikation	Mitteilungen werden nicht direkt, sondern unter Verwendung von Bedeutungsverschiebungen formuliert, mit der Annahme, daß diese vom Adressaten nachvollzogen werden kann.
Sprechakte	Nur durch Sprache können bestimmte Handlungen, wie eine Warnung, ein Versprechen, eine Entschuldigung, vollzogen werden.
Argumentationstheorie	Kommunikation beruht auf argumentativen Grundstrukturen, ohne daß sich diese schematisch in der Kommunikation widerspiegeln.
Phasen von Kommunikation	In Kommunikationsritualen spiegelt sich der Verlauf der Kommunikation (Aufbau, Durchführung, Beendigung) wieder.
Formale versus informale Kommunikation	In formaler Kommunikation werden eindeutige und absichtliche Aussagen verwendet, die im direkten Zusammenhang zur Arbeitsaufgabe stehen. Informale Kommunikation ist durch indirekte, mehrdeutige Formulierungen gekennzeichnet, die den Arbeitsvorgang indirekt begleiten.

Abbildung 2.3-6: Eigenschaften und Funktionen von Kommunikation bei Kooperation

Wagner beschäftigt sich in einer Reihe von Beiträgen mit der Computerunterstützung kommunikativer Verständigungsprozesse (vgl. Wagner 1991, 1992, 1993b, 1995, ähnlich Raeithel

1991). Ihr geht es um die Erfassung der *Dynamik organisationalen Handelns*, die mit der Einführung einer neuen Technik in Organisationen ausgelöst wird. Zum einen geht es ihr um die subjektiven Leistungen, die von betrieblichen Akteuren bei der Umsetzung von Arbeitskraft in Arbeitsvermögen im Rahmen kooperativer Prozesse zu erbringen sind, zum anderen um die komplexen Wirkungsmechanismen zwischen technikgestützter Kommunikation und der sozialen Praxis kooperativen Handelns, also jenen beobachtbaren Verhaltensweisen, in denen die Handlungsabsichten der Akteure zum Ausdruck kommen (vgl. Wagner 1992, S.197ff., 1993b, S.8ff.). Ihre Analyse schließt mit dem Konzept der Dualität und Rekursivität von Struktur und Handlung an die Strukturationstheorie von Giddens (1992, siehe auch die Darstellungen in Neuberger 1995, S.285ff., Walgenbach 1995) an. Um in diesem Rahmen die *Bedingungen organisationalen Handelns* weiter zu spezifizieren, werden mit dem Konstrukt der *Organisationskultur*[1] - im Anschluß an Türk (1989, S.108ff.) - die Beziehungen zwischen den subjektiven Leistungen der Akteure und den strukturellen Merkmalen der Organisation als institutionelle Phänomene gedeutet, d.h. als tiefenstrukturell verankerte und kommunikativ vermittelte Denkwelten, die die sozialen Praktiken in einer Organisation regulieren.

Zum Verständnis der *subjektiven Leistungen der Akteure* als dem einen Teilmoment der Dynamik organisationalen Handelns, die technisch induzierte Restrukturierungsprozesse auslösen, ist wesentlich, daß *Verständigungsprozesse* immer dann notwendig sind, wenn bei Neuerungen vorgängige Erfahrungen nicht das notwendige Maß an Abstimmung zwischen divergierenden Wahrnehmungen und Deutungen erbringen, sich mithin neue Modi der Sinnkonstitution, aber auch der Verteilung betrieblicher Ressourcen etablieren. Die Aushandlungsarbeit (der Begriff wird von Strauss 1978 übernommen) kann zwischen den betrieblichen Akteuren kooperativ ebenso wie konfliktorisch verlaufen, setzt also keine Interessengegensätze harmonisierende Perspektive voraus. Entscheidend für diese Sichtweise ist, daß die Transformation von Arbeitsvermögen in Arbeit - über die subjektiven Leistungen betrieblicher Akteure an der Schnittstelle von individuellen und technisch-organisatorischen Möglichkeiten hinaus - nicht ohne kommunikative Vermittlungsleistungen möglich ist.

Die Einführung elektronischer Medien in die *soziale Praxis kooperativen Handelns* wird als Kontextsteuerung durch eine *„künstlich hergestellte Kommunikationssituation"* (Wagner 1992, S.204, vgl. auch Naujoks 1994, S.113ff.) interpretiert. Durch die Einfügung von technisch festgeschriebenen Entscheidungskriterien in Gruppenprozesse und die Einschränkung kommunikativer Verständigung mittels technisch übermittelter Nachrichten wird die indivi-

---

[1] An dieser Stelle nimmt Wagner (1992, S.199ff.) einen anderen organisationstheoretischen Schnitt vor als Ortmann u.a. (1990) in ihrer Argumentation (zugespitzt: Kultur versus (Mikro-)Politik und strategische Organisationsanalyse). Das beide Anschlußmöglichkeiten indes möglich erscheinen, wird deutlich im Bezug auf die Struktur-/Handlungsdimension und deren Modalitäten bei Giddens, der zwischen Signifikation/Kommunikation, Herrschaft/Macht und legitime Ordnung/Sanktion unterscheidet (vgl. auch Ortmann 1995, S.355ff.).

duelle (kognitive) Reflexion des Mitgeteilten erhöht, während zugleich die *„kollektive Wachsamkeit"* (Wagner 1991, S.182) gegenüber der Nachricht und ihrer Bedeutungszuschreibung steigt. Dieses Wirkungsgefüge wird unter drei Leitbegriffen entfaltet (vgl. Wagner 1992, S.203ff.):

1. *Explizitheit:* Mit dem Übergang zur einheitlichen Codierung von Informationen und zu technisch (vor)strukturierten Formen der Entscheidungsfindung spitzt sich die Wahrnehmung der Akteure auf spezifische, über das technische Medium selektierte Kriterien organisationalen Handelns zu. Die (Re)Modellierung kognitiver Stile und sozialer Praktiken im technischen System (z.b. durch die Bestimmung von Kommunikationsart, -form und -umgebung) beruht auf der (im Zuge der Systementwicklung initiierten) Aufdeckung und Bewußtmachung der sozialen Praxis, von Wahrnehmungen in Entscheidungsprozessen ebenso wie von Argumentationsstilen in Aushandlungsprozessen, und beeinflußt zugleich die Kommunikations-„Kalküle" in den Kooperationsstrategien der Akteure.

2. *temporale und kontextuelle Unbestimmtheit:* Elektronische Medien verkürzen nicht nur die Zeit für die Übermittlung von Nachrichten. Sie verändern das Erleben von Raum und Zeit in Organisationen, indem die bewußte Erfahrung kooperativen Handelns in voneinander isolierte, zeitlich und räumlich verfügbare Erfahrungssequenzen (exemplarisch: der in der Telearbeits-Diskussion mitgeführte Aspekt der sozialen Integration z.B. durch regelmäßige Abteilungssitzungen) transformiert wird, und damit von der gewachsenen Raum-Zeit-Struktur einer Organisation abweicht. Dadurch verändern sich *zugleich* die Mechanismen der Konstituierung von Gruppen und die Möglichkeiten, in diesen Einfluß zu nehmen. Entscheidungsprozesse sind nicht mehr an Kopräsenz und die Verfügbakeit der Gruppenmitglieder gebunden - temporale Unbestimmtheit -. Ihre soziale Bestimmung, also die Bewertung von Personen und ihrer Beiträge im Interaktionszusammenhang, die auch auf dem situativen Transport von Kontextschlüsseln beruht (vgl. zur Meta-Kommunikation Watzlawick, Beavin und Jackson 1974, S.41ff.), fokussiert stärker auf den kognitiven Gehalt der Mitteilung (z.B. Argumente und Argumentationsgang) und verliert aufgrund der sozialen Anonymität der Interaktion an normativer Verbindlichkeit - kontextuelle Unbestimmtheit -.

3. *panoptische Wirkung:* Mit dieser Entwicklung und der Nutzung kooperativer Systeme werden (implizite) Begründungen von Entscheidungen explizit und auf die Ebene kollektiver Reflexion gehoben. Folge ist eine Veränderung der Orientierungsmuster organisationalen Handelns. Mit der Möglichkeit der Wahrnehmung des Entscheidungsverhaltens durch „Dritte" sowie der Einordnung individuellen (Planungs-)Verhaltens in gesamtorganisatorische Prioritäten wird den Akteuren ein „Spiegel" vorgehalten, der die eigene Tätigkeit in Relation zur Gesamtorganisation setzt. Kollektive Wachsamkeit - als verdichtete Form so-

zialer Kontrolle - entsteht mithin aufgrund der erhöhten Transparenz der organisationalen Prozesse, als auch durch die stärkere organisationale Einbindung der Entscheidungsträger. Die Festschreibung von Entscheidungsstilen und -kriterien durch die Codierung von Informationen und die raum-zeitliche Neuordnung von Gruppenprozessen in technisierten Kommunikationssituationen scheint - die bereits zur Tele-Arbeitsorganisation geführte Argumentation verstärkend - als zunehmende Integration organisatorischer Prioritäten in fachlichen Aufgabenbereichen auf (in klassischer Steuerungsperspektive: Managementkriterien der Zweckorientierung und Koordination organisatorischen Handelns), und damit in einer Vereinheitlichung der Arbeitsweisen und Qualifikationen beruflicher Praxis. Die Form der symbolischen Repräsentation von Arbeit gewinnt - in Relation zu ihrer fachlichen Bewältigung - an eigenständigem Gewicht. Dies kann in Verbindung gesetzt werden zur Veränderung der Autonomiespielräume der in einer Organisation eingebundenen Fach- und Berufskulturen, wenn die Verfügbarkeit computergestützter Steuerungsmechanismen auf fachlicher (dezentraler) Ebene den Bedarf nach - auf höheren Hierarchieebenen angesiedeltem - (Management-)Wissen zur Koordination arbeitsteiliger Operationen (als Funktion des mittleren Managements) reduziert.

Für das Problem der Gestaltung kooperativer Arbeitsvollzüge im Aktivitätsspektrum von Managern hebt diese Sichtweise hervor, daß mit dem Einsatz computergestützter Informationssysteme Bedarf an *„Mikro-Management"* (Wagner 1993b, S.21f.) entsteht. Der Begriff umschreibt die Fähigkeit zur Verknüpfung von Arbeitsoperationen mit situativen Erfordernissen im organisationalen Handeln. Deren politischer Charakter spiegelt sich in jenen offiziellen und inoffiziellen Aushandlungs- und Verständigungsprozessen wieder, die notwendig werden, wenn Erfahrungsprozesse und eingeübte Verhaltensweisen (Routinen) zur Sicherung der Anschlußfähigkeit organisationaler Handlungen nicht hinreichend sind. Mithin verändern sich in dieser Sichtweise nicht nur die organisatorischen Instrumente zur Handlungskoordination, wie dies eine struktur-funktionale Deutung nahelegt, sondern mit der reflexiven Durchdringung der organisationalen Praxis *auch* das Verhältnis der Akteure zu ihren organisationalen Handlungen: Die Form der technischen Normierung trifft auf die zwischen den Akteuren sozial etablierten Praktiken der Zusammenarbeit und verweist damit auf die Wechselwirkung zwischen struktur-funktionalen Beschreibungen organisationalen Handelns und der Konstruktion der organisatorischen Realität durch die Akteure.

2.3.3 Organisationale Dynamik: Technikunterstützung von Manageraktivitäten als Form der Veränderung geteilter Wahrnehmungsmuster im Managementprozeß

Mit den hier gesichteten Perspektiven, Befunden und Einordnungen zur Nutzung computergestützter Informationssysteme im Aktivitätsspektrum von Managern erweist sich als offen und konzeptionell noch nicht gelöst,

• warum die Fragmentierung der Arbeitsaufgaben und/oder Tätigkeiten und der Kommunikationsbedarf im Arbeitshandeln von Managern mit der Instrumentalität der Modi technikgestützter Arbeitsorganisation in Einklang gebracht wird,

• in welcher Form der Bedingungsrahmen für die Nutzungsformen und -strategien technischorganisatorischer Leistungen durch Manager - über ihre Beobachtung hinausgehend - beschrieben werden kann und

• in welchem Erklärungsrahmen die Dynamik organisationaler Kooperationsprozesse, also die Veränderung der sachlichen Koordination und sozialen Integration betrieblicher Leistungsbeziehungen, rekonstruiert werden kann?

Diese Einschätzung legen die Ergebnisse der Betrachtung alternierender Telearbeit und computergestützter Gruppenarbeit als spezifische Anwendungskonzepte im Aktivitätsspektrum von Managern als Nutzergruppe nahe.

Zu deren Ordnung stellt die funktionale Beschreibung betrieblicher Aufgaben einen heuristischen Ausgangspunkt dar. Allerdings ist der Erklärungswert dieser Herangehensweise - dies hat bereits die kritische Würdigung der Forschungsarbeiten zu Entscheidungsunterstützungs- und Führungsinformationssystemen gezeigt - zur Abgrenzung zwischen technischen Anwendungssystemen, ihren Anwendungsformen im Management und ihrer Nutzung durch die Manager begrenzt. Vor dem Hintergrund der hier referierten Konzepte und Befunde ist nicht zu verkennen, daß mit der intendierten engen Verknüpfung zwischen Aufgabentypus und hierarchischer Position eine typologisierende Einordnung von Anwendungskonzepten zur Technikunterstützung von Managementleistungen möglich ist. Diese Ordnungsvorstellungen legen aber nicht den Blick frei für das Arbeitsverhalten im Management als Aktivitätsspektrum zwischen Routine- und Nicht-Routine-Aufgaben, mit dem verschiedene Rollen gleichzeitig erfüllt werden. Es wird vor allem kein begriffliches Instrumentarium bereitgestellt, um diejenigen Mechanismen beschreiben zu können, die der Abstimmung betrieblicher Zielsetzungen und verfügbarer Mittel in mediengestützten betrieblichen Handlungskontexten dienen.

Im Rahmen des bei der Aufgabenanalyse im Hintergrund stehenden Konzepts einer arbeitsteilig geordneten, in ihren Funktionen und Tätigkeiten bestimmten Arbeitsorganisation können *kontingente* Koordinations- und Kooperationserfordernisse nicht gefaßt werden (inhaltliche Unbestimmtheit), und damit *auch* nicht die handlungsbegründenden Voraussetzungen kooperativen Arbeits- und Entscheidungsverhaltens von Managern in betrieblichen Leistungsprozessen (prozessuale Unbestimmtheit). Während diese Problemsicht vor allem mit den empirischen Befunden zu Form und Funktionsbedingungen alternierender Telearbeit nahegelegt wird, kann der Gehalt eines Perspektivenwechsels aus der vergleichenden Betrachtung der unterschiedlichen Problemperspektiven zur computergestützten Gruppenarbeit diskutiert werden.

Die Ausführungen zur alternierenden Telearbeit lassen sich zu der Annahme zusammenfassen, daß die im situativen Kontext alltäglichen betrieblichen Handelns zu vollziehende Entscheidung über die Form der Tele-Arbeitsorganisation nicht (allein) als aufgabenlogisch bestimmte, sachliche, zeitliche und räumliche Zuordnung von Entstehungs- und Verwendungsort einer betrieblichen Leistung zu rekonstruieren ist. Die aufgezeigten Einstellungs- und Verhaltensdispositionen stellen sich nicht als problematische Wirkgrößen dieses Anwendungskonzepts im Managerhandeln dar. Sie verweisen in ihrem Bedingungscharakter auf die Notwendigkeit, verstärkt der Komplexität der Problembearbeitung von Managern und ihres Informationsverhaltens im organisatorischen Handeln, das heißt in der sozialen, räumlichen und zeitlichen Differenzierung des betrieblichem Nutzungskontexts, nachzugehen. Hier werden - darauf machen auch die Befunde zum Nutzungsverhalten elektronischer Kalender als einfacher Anwendungsform technischer Managementunterstützung aufmerksam -, die in operativen Arbeitsvollzügen eingeübten Verhaltensweisen - informelle Aufgabenaufteilungen und Kompetenzverteilungen ebenso wie die alltäglichen Kommunikationsbeziehungen - explizit und zur Disposition gestellt. Wenn die weitere Annahme richtig ist, daß diese reflexive Durchdringung der Praxis des Managerhandelns ein „Mikro-Management" integrativer Arbeitsleistungen (Verständigungsprozesse) notwendig macht, erscheint eine vertiefende Betrachtung der Wechselwirkung zwischen strukturalen Beschreibungen organisationalen Handelns und der Konstruktion organisatorischer Realitäten durch die Akteure angezeigt.

Um diese Aktivitäten zu fassen, deren Zweck in einer funktionierenden betrieblichen Kooperation besteht, wird - dies zeigt sich in den hier diskutierten Forschungsperspektiven und Erklärungsansätzen - eine Konstruktionsstrategie gewählt, in der die Wahrnehmungen und Bedeutungszuschreibungen der Akteure und ihre kommunikative Verknüpfung in der Kooperationssituation in sozial- und organisationspsychologischen Kategorien gefaßt werden. Hinter den formalen Eigenschaften funktional bedingter Koordination (als Bedingung kooperativer Handlungen) werden im Handeln der Akteure angemessene Regeln der Interaktion als Funktionsmechanismen organisationalen Handelns vermutet, mit denen die praktisch bewährten, eher implizit als explizit (z.B. in Arbeitsanweisungen) formulierten Verfahrensweisen umschrieben werden, die in der regelmäßigen Praxis der Kooperation die Anschlußfähigkeit von Handlungen dauerhaft gewährleisten. Die zentrale Wirkung computergestützter Informationssysteme wird auf der Ebene der (keinesfalls homogenen, interessengeprägten) Situationsdeutungen der Akteure in einer Organisation, ihrer Verschränkung und Einbettung in kollektiv geteilte (nicht gemeinsame, d.h. allein wechselseitig anschlußfähige) Wahrnehmungsmuster eingeordnet. Mit der Herausbildung neuer Wahrnehmungsebenen und ihrer reflexiven Steuerung in der Raum-Zeit-Dimension und durch die explizite Auseinandersetzung mit Normen und Regeln organisationalen Handelns, die sich auf technisch (vor-)definierte organisationale Verhaltensvorschriften bezieht, werden mit diesen Medien eingeübte organisationale Praktiken zur Disposition gestellt. Der politische Gehalt der Ausbildung neuer Handlungsroutinen scheint zugleich im Begriff der Aushandlungsarbeit auf.

Das Erkenntnisinteresse in dieser theoretischen Sicht ist auf die Form der Verschränkung von Wahrnehmungs- und Deutungsmustern in der alltäglichen Arbeits- und Verständigungspraxis mit dem durch computergestützte Informationssysteme gesetzten kontextualen Rahmen und der darin repräsentierten, symbolischen Form organisationaler Koordination gerichtet. Damit wird in dieser Forschungsperspektive weniger die Frage motiviert, ob die Beschreibung eines allgemeinen und zeitbeständigen Modells koordinierten Arbeitsverhaltens - vergleichbar dem Problemlösungsalgorithmus von Entscheidungsunterstützungssystemen - gelingen könnte. Die Funktion der technisch-organisatorischen Modellbildung liegt ja gerade in der Abstraktion von realen Phänomenen. Jedes Computerprogramm, gleichgültig ob es extrahiert (dem betrieblichen Alltag entnommen, den betrieblichen Alltag repräsentierend) und/oder konfiguriert (für den betrieblichen Alltag entwickelt) ist, bleibt ein Artefakt mit einer funktionalen Architektur, die betriebliches Handeln symbolisiert (vgl. Malsch 1992, S.175 und die im Abschnitt zu Entscheidungsunterstützungssystemen geführte Diskussion). Dieses Vorgehen ist in der Softwareentwicklung praktisch notwendig, um beispielsweise die Distanz zum Anwender bei der Entwicklung von Standardsoftware (vgl. Paetau 1991, S.137/8) oder zum Kunden beim Einsatz von Informations- und Kommunikationstechniken an der Kundenschnittstelle (vgl. Biervert u.a. 1991, S.101f.) zu bewältigen. Dies wird in der Literatur deutlich belegt. Vielmehr wird die Frage in den Vordergrund gerückt, aus welcher Problemsicht nicht nur die Komplexität, sondern die in der kontingenten Natur organisationalen Kommunikationsverhaltens aufscheinende orts- und zeitabhängige Repräsentation von Zwecken des Handelns thematisiert und für die Erklärung des Prozesses der Technikentstehung und -anwendung im Kontext der kooperativen Bewältigung von Managementfunktionen in Unternehmen fruchtbar gemacht werden kann.

2.4 Die Einführung von Informationstechnologien im Management als betriebliche Gestaltungsaufgabe: Problemfelder, Erkenntnisstand und Forschungsperspektive

Die bisher referierten Forschungsperspektiven und empirischen Befunde lassen die Notwendigkeit zu einer Neuorientierung der betriebswirtschaftlichen Diskussion zur Informatisierung betrieblicher Arbeits- und Entscheidungsprozesse erkennen. Diese läuft darauf hinaus, die funktionale Begründung der Anwendung von Managementunterstützungssystemen zu öffnen für Konzepte, in denen die Beschreibung und Erklärung der sozialen Logik betrieblicher Handlungssituationen und ihrer Akteurskonstellationen in den Mittelpunkt der Analyse gestellt wird. Die Notwendigkeit dazu folgt aus dem Problemgehalt der Nutzungsformen und -strategien technikgestützter Kommunikationsmedien im betrieblichen Arbeitsalltag, die sich in den Grenzen der Wahrnehmungs- und Deutungsmuster betrieblicher Akteure (Manager) und ihrer eingeübten Verhaltensweisen bewegen. Hier wird verstärkt die Kritik an vorliegenden Ansätzen zur Beschreibung betrieblicher Veränderungsprozesse als Personal- oder Organisationsentwicklung aufgenommen und mit Vorschlägen zu einer Neuorientierung verbunden, um die „weißen Felder" in diesem Forschungsgebiet zu füllen (vgl. etwa Gomez u.a. 1994, Schreyögg u. Noss 1995). Die Diskussion der verschiedenen Anwendungskonzepte zur informationstechnischen Unterstützung von Managementleistungen zeigt, daß dies weder eine einfache Aufgabe, noch eine mit einem bereits klar erkennbaren Ausgang ist.

- *Die Nutzung von Managementunterstützungssystemen als Gestaltungsproblem*
  - Überblick und Einordnung der Befunde

Kristallisationspunkt der technologischen Modernisierung ist nicht (mehr nur, aber auch immer noch) die Relation objektiver Arbeitsleistungen zu technischen Betriebsmitteln, sondern die Erschließung der Arbeitsleistungen, die auf der Ebene der reflexiven, handlungsbegründenden Voraussetzungen der Leistungserstellung in betrieblichen Arbeits- und Organisationsprozessen einzuordnen sind: dispositive Arbeitsleistungen (nach Gutenberg 1975, S.2ff.), deren Gegenstand Zielbestimmungen betrieblichen Handelns ebenso sind wie die Kombination der Leistungsfaktoren im betrieblichen Leistungsvollzug. Es geht um diejenigen Arbeitsleistungen, deren Funktion in der Gewährleistung betrieblicher Transformationsprozesse besteht und die als konstitutive und operative Entscheidungen dem Management von Unternehmen zugerechnet werden.

Deren Beschreibung wird im Kontext der Einführung von Managementunterstützungssystemen als ein Desiderat sowohl betriebswirtschaftlicher (vgl. Reichwald 1989, S.312f., so auch schon Beckurts u. Reichwald 1984, S.85ff.) als auch sozialwissenschaftlicher Technikforschung angesehen (vgl. Lullies 1989, S.864). Es wird zum Ausdruck gebracht, daß die *Steue-*

rung der Zusammenarbeit in und von Organisationen ein Feld ökonomischer Funktionserfüllung darstellt (vgl. Steinmann u. Schreyögg 1993, S.8ff., siehe auch die Beiträge in Wunderer 1991), dessen Beschreibung in der Form betrieblicher Steuerungs*handlungen* andere theoretische Herangehensweisen notwendig macht. Wenn die Logik der betriebswirtschaftlichen Ordnung in Unternehmen auf der Ergiebigkeit von Produktionsfaktoren und ihrer Verwertung - „... *der Umwandlung von Geld in konkrete Güter und dann wieder in Geld ...*" (Gutenberg 1929, S.33) - beruht, dann besteht das Besondere der Praxis dieses Transformationsprozesses mit Blick auf seine Disposition durch Arbeitsleistungen darin, daß das Management des Managements (als betriebliche Steuerungsfunktion) nicht nur auf das „Mittun der Manager" angewiesen ist, sondern sich die Disposition im Tun der Manager vollzieht. Betriebliche Leistungserstellungsprozesse sind nicht ohne die Erklärung des Vollzugs des Verwertungsinteresses durch das Management als Institution zu verstehen. Die entscheidende Konsequenz daraus ist: Im Handeln des Managements wird die Ordnungslogik wirtschaftlichen Handelns wirksam, im Handeln der Manager wird sie wahrgenommen - im doppelten Wortsinne: interpretiert und begründet - und umgesetzt, und damit als betriebliches Handeln erzeugt.

Betriebliche Steuerungshandlungen werden in Konstrukten der Managementlehre zu Funktionen des Managements und Aktivitäten der Manager gefaßt. Um den Zusammenhang zwischen der Leistungsfähigkeit betrieblicher Steuerung und der Informatisierung betrieblicher Arbeits- und Entscheidungsprozesse thematisieren zu können, wird an empirische Beschreibungen des Arbeitsverhaltens von Managern und an Konzepten zur Erklärung, was „Manager wirklich tun", angeknüpft. In diesem Verständnis sind „Manager" - als betriebliche Akteurgruppe - in einem doppelten Sinne Anwender computergestützter Informationssysteme:

• In ihrer Funktion als Management nutzen Manager informationstechnische Systeme zur Verbesserung der Steuerung und Koordination betrieblicher Leistungsprozesse.

• In ihrer Rolle als Experten für die (Management)Funktionen betrieblicher Steuerung sehen sich Manager mit der Symbolisierung ihres Wissens und der Integration ihrer Aufgaben in informationstechnische Systeme konfrontiert.

Die zu erklärende „Anwendungslücke" bewegt sich in diesem Spannungsverhältnis von Funktion und Rolle im Handeln der Manager und läßt sich als Differenz zwischen der funktionalen Neuordnung der Managementleistungen in Unternehmen *durch* computergestützte Informationssysteme und der Notwendigkeit ihrer „Übersetzung" in Managerhandeln *mit* computergestützten Informationssystemen beschreiben: Warum kommen praktisch die Verhaltensregeln der Informationstechnologie als Form der funktionalen Neubestimmung von Arbeits- und Koordinationsleistungen im Managementprozeß in den Arbeits- und Kooperationsbeziehungen der Manager, mit ihren eigenen Positions- und Statusinteressen und ihrer Definitionsmacht für betriebliche Praxis, zur Geltung?

Die Beobachtung, daß Manager verschiedene Formen der Techniknutzung wählen, gewinnt ihre Bedeutung dort, wo die - kognitiven und organisationalen - Fähigkeiten betrieblicher Akteure erkennbar sind, mit ihrem Handeln zwischen der Anwendungskonzeption des computergestützten Informationssystems und der betrieblichen Praxis des Arbeits- und Entscheidungsverhaltens zu vermitteln. Aus den Ergebnissen der Studien zu Nutzungsformen und -strategien von Managementunterstützungssystemen lassen sich in dieser Hinsicht zumindest zwei Schwerpunkte hervorheben:

- die *Fähigkeit der betrieblichen Akteure*, zwischen den Modellen betrieblichen Informationsverhaltens der Anwendungskonzepte und den kontingenten Bedingungen der Gebrauchssituation durch den Rückgriff auf ihr Erfahrungswissen (bzw. dessen Entwicklung) und die (Aus)Bildung adäquater Wissensstrukturen zu vermitteln;

- die *Fähigkeit betrieblicher Akteurgruppen* (Anwendungsentwickler und Anwender mit ihren je unterschiedlichen Nutzungsmodellen und -strategien), durch Verständigungs- und Aushandlungsprozesse die Form der technischen Normierung als neues Wahrnehmungs- und Deutungsmuster (routinisierte Verhaltensweise) in die etablierte Praxis des Arbeits- und Entscheidungsverhaltens aufzunehmen.

Diese Prozesse, die hier als kognitive und organisationale Dynamik im Arbeits- und Entscheidungsverhalten betrieblicher Akteure (Manager) gedeutet werden, stellen sich als ein eigenständiges Untersuchungsfeld zur Erklärung der Nutzung von computergestützten Informationssystemen im Managementprozeß dar, in der neben der Instrumentalität computergestützter Informationssysteme für typisierbare Funktionen und Aufgaben verstärkt der Intentionalität ihrer Nutzung im Handeln der Akteure Aufmerksamkeit zu schenken ist.

- *Forschungsstand und Erkenntnisfortschritt*

Mit der Wahl neuer Bezeichnungen ist nicht erkennbar, ob damit eine Veränderung des technologischen Kerns einhergeht: „... *all communication media were seen as „new" when they were introduced - „newness" is really quite relative"* (Culnan u. Markus 1987, S.440). Gerade für bekannte Anwendungskonzepte von Managementunterstützungssystemen scheint die Frage berechtigt: Haben wir es (allein) mit informationstechnischen Entwicklungen (z.B. die Aufnahme des Regelbetriebs des ISDN) zu tun, mit denen die Realisierung „alter" informationstechnologischer Konzepte möglich wird, oder gibt es Gründe für die Annahme nicht nur eines technischen, sondern auch eines informationstechnologischen Entwicklungssprungs?

Die Notwendigkeit zur Klärung dieser Frage stellt sich, weil es in betrieblicher Sicht nicht um Technisierung an sich geht, sondern um die damit auslösbaren Veränderungen in den Modalitäten organisationalen Handelns in Unternehmungen, d.h. um eine andere Art, betriebliche Leistungsprozesse zu ordnen und festzuschreiben.

Die Durchsicht von Begriffsabgrenzungen und empirischer Untersuchungen zur Diffusion der hier betrachteten Systeme legt die Annahme nahe, daß mit den verschiedenen Anwendungskonzepten von Managementunterstützungssystemen - hier: Entscheidungsunterstützungs- und Führungsinformationssysteme, alternierende Telearbeit, computergestützte Gruppenarbeit - unterschiedliche betriebliche Phänomene umschrieben werden. Dies kommt in den Beschreibungen der betrieblichen Praxis und verschiedenen Deutungen dieser Anwendungskonzepte in der literarischen Behandlung zum Ausdruck. Folgt man der Interpretation, daß das bedeutsame Problem darin besteht, daß die Funktionalität von Managementunterstützungssystemen nicht in der Erbringung einer betrieblichen Leistung durch Technik (mit der Folge der Ersetzung personaler Arbeitsleistung), sondern in ihrer Verwendung für Koordinations- und Führungsaufgaben im Managementprozeß liegt, dann bewegt sich ihre betriebliche Anwendung auf einem gleichsam höheren (dispositiven) Niveau. Mit der weiteren Annahme, daß sich die Funktionalität von Managementunterstützungssystemen *im* Management als Erhöhung der Anpassungsfähigkeit *der* Organisation entfaltet, ist diese Dynamik, das heißt die durch das technische Medium innerhalb organisationaler Wahrnehmungs- und Deutungsmuster in Gang setzbaren Veränderungen, nicht nur Folge oder Wirkung des Restrukturierungsprozesses, sondern der Grad dieser Anpassungsfähigkeit stellt *selber* den Zweck der Restrukturierung dar. Das Risiko dieser Erhöhung der Anpassungsfähigkeit liegt in eben diesen betrieblichen Deutungsmustern und Verständigungsregeln, d.h. in den in organisationalen Routinen manifesten Erfahrungen mit den erfolgreich bestehenden betrieblichen Verhaltensweisen (vgl. den Begriff des organisatorischen Konservatismus bei Child, Ganter u. Kieser 1987, Kieser 1990).

Aus diesem Ziel, durch den (technikgestützten) Zugriff auf die Ordnungsprinzipien (nicht nur lateraler) betrieblicher Kooperation den Grad der Anpassungsfähigkeit der betrieblichen Leistungserstellung zu verbessern, ergeben sich bisher nicht bearbeitete Problemstellungen der Veränderung von Managementleistungen durch informationstechnische Systeme. Dies zeigt sich in der Weise, wie die informationstechnische Unterstützung des betrieblichen Managements als veränderte Form der Steuerung und Koordination betrieblicher Leistungserstellung theoretisch bearbeitet wird.

Auch wenn in der Beschreibung der Anwendungskonzeption von Managementunterstützungssystemen keine einheitliche Terminologie zu verzeichnen ist, erlaubt die enge Verknüpfung der Instrumentalität von computergestützten Informationssystemen mit Managementfunktionen eine klare, und gegenüber ursprünglichen Ansätzen (z.B. Managementinformationssysteme) weitergehende Typologisierung. Ihre wissenschaftsmethodische Funktion liegt vor allem in der Strukturierung und überschaubaren Bestimmung des Gegenstandsbereichs. Dies läßt sich am Verständnis der Anwendungskonzeption verdeutlichen.

Managementunterstützungssysteme sind - als Mittel zur Steuerung von Aufgaben und Aktivitäten im Managementprozeß - auf ein Maximum an Verfügbarkeit spezieller Informationen - die richtige Information zur richtigen Zeit am richtigen Ort - gerichtet. Damit soll im Produktionsprozeß „informationeller Realgüter" die zunehmende Verallgemeinerung leistungsrelevanter Informationen in auch hierarchisch gegliederten Managementprozessen überwunden werden. Die Anknüpfung an funktionale Kategorien der Beschreibung des Managementprozesses erlaubt die analytische Auftrennung dieser komplexen Funktion in Anwendungskonfigurationen für aufgaben- und aktivitätsspezifische Teilsegmente des Mangementprozesses: Entscheidungen und Entscheidungsunterstützungssystem, Aufgabentyp und Tele-Arbeitsorganisation, Kommunikationsform und computergestützte „Gruppenarbeit". Damit tritt an die Stelle der Gleichsetzung von formalen Unternehmenszielen und Entscheidungen des Managements - als dem Leitbild der „Automatisierung" von Managementleistungen - eine Sichtweise, in der die Entscheidungsbildung nur noch als ein Ausschnitt der verschiedenen Aktivitätszwecke bei der Wahrnehmung von Aufgaben im Management angesehen wird. In dieser Hinsicht sind Managementunterstützungssysteme dann als eine Informationstechnologie zu charakterisieren, deren theoretische Einordnung an bestehende funktionsorientierte Bezugsrahmen - die in der deutschsprachigen Betriebswirtschaftslehre vor allem im Rahmen der Forschungsarbeiten zur Bürokommunikation entwickelt worden sind (vgl. zusammenfassend Picot u. Reichwald 1991, Reichwald 1992, auch Rice 1992) - anschließt.

Die Fruchtbarkeit dieser Sichtweise liegt in ihrem normativen Gehalt, in dem in funktionalen Beschreibungskategorien Bedingungen ausgewiesen werden, die im Managementprozeß für die Steuerung der betrieblichen Leistungserstellung erfüllt sein müssen. Der Erkenntnisfortschritt erscheint jedoch gering, wenn sich ihre betriebswirtschaftliche Beurteilung nahtlos in die Bearbeitung verschiedener Generationen von informationstechnischen Systemen einreiht - mit in konzeptioneller Sicht marginalen Grenzerträgen (exemplarisch die nur auf der technischen Ebene zu verzeichnende Differenz in den Arbeiten von Nippa 1988 zu Bürokommunikationstechniken und von Straßburger 1990 zu ISDN).

Kritik an dieser Sichtweise entfaltet sich dort, wo dieser Erklärungs- und Gestaltungsanspruch zugleich als Beschreibung des Arbeits- und Entscheidungsverhaltens von Managern gedeutet wird. Es wird kein begriffliches Instrumentarium bereitgestellt, um über die Instrumentalität informationstechnischer Systeme für betriebliche Aufgabenstellungen - als Prozeß der Veränderung betrieblicher Arbeitsorganisation - hinaus die damit verbundenen Neuordnungen in den Entscheidungsprozessen und Kommunikationsbeziehungen sowie die dadurch ausgelösten Verschiebungen in den Macht- und Einflußstrukturen beschreiben zu können. In funktionalen Beschreibungen bleibt un(ter)bestimmt, warum sich Zeitabläufe und Interaktionsrhythmen ändern, Konflikte sich neu oder anders kanalisieren und zu neuen „Spielregeln" im betrieblichen Handeln und der Nutzung der Informationstechnologien führen, sich also neue Modi organisatorischen Handelns ausbilden. Mit einer Perspektive, die sich mit Blick auf die Produktivität von Arbeit an der Instrumentalität von Technik für die Automatisierung geistiger Arbeit einerseits und der Kontrolle betrieblicher Arbeitsleistung andererseits orientiert, kann die Funktion(alität) technikgestützter Arbeits- und Entscheidungsprozesse zur Steuerung der betrieblichen Leistungserstellung und den damit verbundenen kognitiven und interaktiven Leistungen auf der Ebene des konkreten Arbeitsvollzugs - in denen sich zuallererst die Konflikte zwischen diesen Organisationslogiken widerspiegeln (vgl. Türk 1989, S.147ff.) - nur begrenzt in das Blickfeld kommen.

Im Begriff der „Akzeptanz" wird diese Grenze deutlich: Durch ihre Nutzung werden Managementunterstützungssysteme zum Medium der Deutung von und Verständigung über betriebliche Handlungssituationen und -erfordernisse. Mit den hier angeführten Befunden zur Anwendungspraxis informationstechnischer Systeme im Management von Unternehmen zeigen sich kritische Faktoren dieses informatisierten betrieblichen Alltagshandelns, die über die Ebene der technischen Infrastruktur und Bestimmungsfaktoren der Informationssystemgestaltung hinausgehen und sich auf die Information*snutzung* im Rahmen aufgabenbezogener Kooperation im Managementprozeß beziehen.

In dieser Hinsicht stellen sich Managementunterstützungssysteme als komplexe, in ihrer technischen Ausprägung variable Anwendungskonzepte dar, über deren Nutzungsform in Unternehmen aufgrund ihrer Einbettung und Eingliederung in einen betrieblichen Handlungsablauf bestimmt wird. Die für die Anwendung in diesen Technologien enthaltenen Festschreibungen (Verhaltensregeln), mit denen Arbeits- und Kommunikationsprozesse (vor)strukturiert werden, bestimmen nur den (Handlungs-)Rahmen ihrer Transformation in Arbeits- und Entscheidungsverhalten. Managementleistungen *mit* technischen Medien entstehen, wenn in Arbeits- und Leistungsbeziehungen die gemeinsame Anwendung aufgabenbedingter Kriterien einen *Sinnzusammenhang informationsverarbeitender Operationen* (Wollnik 1986, S.68) entstehen läßt, in dem die Nutzung mittels elektronischer Medien symbolisierter Verfahren der Informationsverarbeitung und -übertragung von den Organisationsmitgliedern als funktional eingeordnet wird. Allgemeiner formuliert: Durch die Wahrnehmung der Instrumentalität von Managementunterstützungssystemen verändern sich die von den Akteuren geteilten, dem Arbeits- und Entscheidungsverhalten zugrundeliegenden Wahrnehmungs- und Begründungsmuster, so daß die Nutzungsform Teil der Handlungsmodi in betrieblichen Kooperationsbeziehungen wird.

Der Stellenwert dieser Interpretation kann an zumindest drei Ergebnisschwerpunkten - die sich in konstruktiver Absicht gegen eine funktionale Bestimmung von Managementunterstützungssystemen wenden lassen - nachvollzogen werden:

1. Bei den Anwendungen dieser Technologie kann auf einer grundlegenden Ebene von einem Mittel für einen Zweck gesprochen werden, womit an den Charakter der Formbestimmung betrieblicher Tätigkeiten durch die Funktionsprinzipien ökonomischen Handelns angeschlossen wird. Technische Problemfelder dokumentieren zugleich sachliche und zeitliche Relationierungen dieser Mittel-Zweckbeziehung „an sich" integrierter technischer Systeme, mit der *funktionaler Bedarf* an der situativen Aktualisierung von Erfahrungswissen des Anwenders als betrieblichem Akteur als auch Abstimmungsbedarf im Hinblick auf diese Interpretationsleistung zwischen betrieblichen Akteuren entsteht.

2. Der technologische Kern informationstechnischer Systeme besteht in der Transformation symbolischer Systeme, die materielle Bewegungsabläufe (in Unternehmen: Güter- und Geldströme) in formalisierter Form repräsentieren. Diese Repräsentationen sind als *Modelle betrieblicher Handlungen* kontingent, d.h. sie werden situationsspezifisch stets neu konfiguriert, beruhen im betrieblichen Handeln auf (modell)bestimmten und erfahrungsbegründeten Verhaltensweisen, in denen die Nutzer informationstechnischer Systeme als *Subjekte betrieblichen Handelns* die Repräsentationen und ihre Funktionalität stets neu wahrnehmen und interpretieren.

3. Die Verhaltensweisen dieser Informationsnutzung, auf die im Entwurf von Anwendungskonzepten Bezug genommen wird, können nur bedingt formal beschrieben werden. Sie beruhen *praktisch* auf der sprachlich vermittelten Aushandlung der Wahrnehmungen und Bedeutungszuschreibungen (symbolische Strukturen und Erkenntnisprozesse) zwischen betrieblichen Akteuren, sind mithin eingebettet in die *Norm- und Regelsysteme kooperativen Handelns in Organisationen* (soziale Konstruktion betrieblicher Realität), ohne daß es sich in jedem Fall um eine bewußte Steuerung kooperationswirksamer Tätigkeiten handelt.

Diese Ergebnisse legen nahe, technische Informationssysteme als Form der Organisation von Managementhandlungen nicht (mehr) nur als Ausdruck zweckrational begründeter Verhaltensregeln zu deuten. Managementunterstützungssysteme sind *aufgrund* ihrer Zwecksetzung *zugleich* als Modalität für Prozesse kognitiver Konsensbildung zwischen betrieblichen Akteuren zu rekonstruieren (vgl. Argyris 1993a, S.159f., Ortmann u.a. 1990, S.39f.). In ihrem Kern läuft diese Interpretation auf die Annahme hinaus, daß die Gestaltung von Managementunterstützungssystemen keiner exogenen (Anwendungs-), sondern einer endogenen (Nutzungs-)Logik folgt, und damit Technikentstehung und ihre Anwendung - in betriebswirtschaftlicher Sicht - nicht als technisch zu gestaltende Größen zu verstehen sind: die Nutzung von Informationstechnologien setzt die Wahrnehmung ihrer Möglichkeiten und ihren Vollzug im Rahmen der Wirkungsinterpretation der Technologie durch die betrieblichen Akteure voraus (vgl. Krcmar 1991, S.198, Friedberg 1995, S.143ff.).

Wenn dieses Annahmengerüst zugrundegelegt wird, sind Situationsdeutungen und Begründungsmuster der Akteure als eigenständige Erklärungsvariablen in einen Bezugsrahmen zur Beschreibung der Einführung von Managementunterstützungssystemen einzubeziehen, um aufklären zu können, warum informationstechnische Systeme in Handlungssituationen von den betrieblichen Akteuren wahrgenommen und ihnen Bedeutung im Arbeits- und Entscheidungsverhalten zugemessen wird. Damit wird in der Beschreibung und Rekonstruktion der Gestaltung von technischen Informationssystemen die *Nutzungsdynamik*, die Infrastruktursysteme durch ihre Transformation in (technische) Medien des alltäglichen betrieblichen Handelns (als Beobachtungskonstrukt) entfalten, in den Mittelpunkt des Erkenntnisinteresses gerückt, und zugleich in die zu erklärenden Aspekte der *Entstehung* - was sind Gründe und Ressourcen der Informatisierung betrieblichen Arbeits- und Entscheidungsverhaltens? - und *Institutionalisierung* informationstechnisch unterstützter Managementleistungen - warum werden Veränderungen in der Begründung und Legitimation betrieblicher Verhaltensweisen ausgelöst? - differenziert.

• *Kritik theoretischer Grundlagen und Forschungsperspektive*

Es ist nicht zu verkennen, daß die erfahrungswissenschaftlich fundierte Kritik am Forschungsstand funktionaler Erklärungsansätze, die vor allem aufgrund des Abstraktionsgrades ihrer Kategorien zur Ordnung des Gegenstandsbereichs beitragen, bereits mit den wenigen hier referierten Befunden die Grenzen dieser Sichtweise als empirische Beschreibung des Arbeits- und Entscheidungsverhaltens im Managementprozeß ausweisen kann. Mit diesen Befunden verknüpfen sich zugleich eine Reihe von Problemfeldern, die für eine weiterführende Bearbeitung die Frage motivieren, wie zwischen dem in der betriebswirtschaftlichen Organisationsforschung dominierenden „funktionalen Paradigma" mit seinen von konkreten Handlungen und Interaktionen beteiligter Akteure abstrahierenden Konzepten und jenen Konzepten vermittelt werden kann, die den Organisierungsprozeß zur Errichtung und Erhaltung eines ordnungsstiftenden Rahmens zur Regulierung kollektiven Handelns in den Mittelpunkt des Forschungsinteresses stellen (vgl. Argyris 1993a, S.1ff., Friedberg 1995, S.167, S.194f.).

Mit dem Aufgabenkonstrukt allein kann die Differenziertheit betriebsbezogener Handlungsregulative, mithin die *soziale* Logik betrieblicher Handlungssituationen und ihrer Akteurskonstellationen, nicht sinnvoll thematisiert werden. Für eine weiterführende Analyse ist die Beschreibung und Rekonstruktion der Einführung von Managementunterstützungssystemen so anzulegen, daß über die Funktionalität der Anwendungskonfiguration hinaus Handlungsbegründungen (Wahrnehmungs- und Deutungsmuster auf der kognitiven Ebene) und damit verbundene Interessendifferenzierungen (Handlungskonstellationen und Kommunikationsbeziehungen auf der organisationalen Ebene) der Gebrauchssituation von Managementunterstützungssystemen erfaßt werden können. Zentrale Erklärungsvariablen in diesem Bezugsrahmen sind die Vermittlungsmechanismen zwischen den wahrgenommenen Möglichkeiten der Technik sowie ihrer praktischen Verwendbarkeit (Instrumentalität) und

1. der Steuerung des individuellen Handelns (Modifikation von Wahrnehmungsweisen und Begründungsformen sowie des die individuellen Handlungen regulierenden Erfahrungs- und Regelwissens);

2. der Ordnung kooperativer Handlungsstrukturen (Entwicklung geteilter Wahrnehmungsweisen und Begründungsformen sowie des die gemeinsamen Verhaltensweisen regulierenden Orientierungs- und Regelsystems).

Der Ansatz, auf diesem Wege die Dynamik der Nutzung computergestützter Informationssysteme in Managementprozessen zu beschreiben, beruht auf einem Problemverständnis, in dem die handlungsregulierenden Grundstrukturen der Subjekte (Wahrnehmungs- und Begründungsmuster individueller Verhaltensweisen) und die Strukturen des Handlungskontextes (Regeln und Ressourcen organisationalen Handelns) als Entwicklungsraum für Veränderungen betrieblicher Verhaltensweisen, und hier im besonderen von Managementleistungen mit computergestützten Informationssystemen, angesehen werden.

Eine solche konzeptionelle Orientierung geht von der Annahme aus, daß Handlungen und ihre strukturellen Bedingungen prinzipiell gleichgewichtig und gleichzeitig als Bedingungs- und Auslösefaktoren der Gestaltung betrieblicher Verhaltensweisen zu behandeln sind. Es sind Begriffe und Konstrukte zu entwickeln, die die Vermittlung von subjektivem Handeln mit der „objektiven" Instrumentalität betriebswirtschaftlicher Verhältnisse erlauben. Um die Mechanismen einer (Neu)Ordnung organisationalen Handelns zu erfassen und gleichgewichtig in die Analyse einbeziehen zu können, ist die Herausbildung dieser Strukturen *im Verlauf* von Kommunikations- und kollektiven Entscheidungsprozessen und deren subjektiver Interpretation durch die beteiligten Akteure zu beschreiben und systematisch mit „etablierten", in organisationalen Routinen manifestierten Konsequenzen vorgängiger Entscheidungs- und Aushandlungsprozesse zu verknüpfen. Dazu bedarf es eines methodisch begründeten Zugriffs, der die Handlungsautonomie der Akteure berücksichtigt und zugleich Organisationen als komplexe, sich auch selbst entwickelnde Systeme begreift (vgl. Baitsch 1993, S.1ff.).

Der zur Entwicklung dieses Bezugsrahmens in den Vordergrund gerückte Begriff des „organisationalen Lernens" steht in diesem Untersuchungszusammenhang für Einsichten in die erfahrungsgestützte Entwicklung und intersubjektive Verschränkung zweckorientierter Handlungen im organisationalen Kontext, die für die Beschreibung und Rekonstruktion der Entwicklung koordinierten Arbeits- und Entscheidungsverhaltens mit computergestützten Informationssystemen fruchtbar gemacht werden können. Ansätze organisationalen Lernens stellen sich als Konzepte zur Erklärung der Vermittlungsmechanismen und -bedingungen dar, in deren Rahmen subjektive Annahmen der Mitglieder einer Organisation über ihr Verhalten in der Organisation (Handlungswissen) in für organisationale Handlungen relevantes, interpersonell geteiltes Wissen (organisatorische Wissensbasis) umgesetzt werden.

Für die Entwicklung dieses Bezugsrahmens erfüllt die Bezugnahme auf Konzepte organisationalen Lernens mehrere Funktionen (vgl. Schirmer 1992, S.117ff.):

- Gegenstandsbezogen stellen Ansätze „organisationalen Lernens" mit dem Annahmengerüst, das Veränderungsprozesse in Organisationen auf der kommunikativ vermittelten Verschränkung subjektiver Erkenntnisprozesse (Lernprozesse) beruhen, eine andere Argumentationsbasis bereit als Konzepte eines (rational) geplanten Wandels. Die Beschreibung und Erklärung der in Veränderungsprozessen beobachtbaren Verhaltensweisen (Akteure, Aktivitäten, Kommunikationsprozesse) wird auf Erfahrungen sowie Sinn- und Bedeutungszuschreibungen zurückgeführt, mit denen Akteure ihre Verhaltensweisen in Organisationen begründen und über die in kommmunikativen Prozessen wechselseitig Verständigung erzielt wird. Die Betrachtung der Vermittlungsmechanismen zwischen der kognitiven Ebene der Begründung individuellen Arbeits- und Entscheidungsverhaltens und der organisationalen Ebene der Kommunikation dieser Begründungen in betrieblichen Kooperationsprozessen zeigt die ebenenübergreifende Anlage dieses Erklärungsansatzes.

- Damit wird eine Ordnungsperspektive entwickelt, die in der gegenstandsspezifischen Forschung eher eine Ausnahme darstellt (vgl. auch Wollnik 1986). Mit der Entwicklung eines solchen Bezugsrahmens können neue Ansatzpunkte zur gedanklichen Durchdringung des Gegenstandsbereichs gewonnen werden, die - weiterführend - im Rahmen der empirischen Untersuchung zur Präzisierung des Bezugsrahmens genutzt werden.

- Ansätze organisationalen Lernens stellen kein geschlossenes Aussagensystem bereit. Mit ihrer Bestandsaufnahme können handlungs- und organisationstheoretische Vorannahmen ausgewiesen werden, durch die auch hier - vergleichbar den funktionalen Erklärungsansätzen - bestimmte Aspekte der zu betrachtenden organisationalen Phänomene - wie hier: die Einführung von Managementunterstützungssystemen - in den Mittelpunkt des Erkenntnisinteresses gerückt werden (vgl. auch Morgan 1986, S.321ff.). Diese Vorgehensweise erlaubt es, in weiterführenden Forschungsarbeiten systematisch Perspektivenwechsel zur Beschreibung des Gegenstandsbereichs durchzuführen (vgl. Weick 1991, Hanft 1996, Felsch 1996).

Als Vorarbeit zur Entwicklung dieses Bezugsrahmens werden im folgenden dritten Kapitel der Arbeit Ansätze organisationalen Lernens herangezogen und in ihren Grundannahmen und Modellkonzepten zur Beschreibung organisationaler Lernprozesse entwickelt, um ihren Anregungsgehalt zur Beschreibung der Veränderung von Organisationen im allgemeinen und damit für die Einführung von Managementunterstützungssystemen als Gegenstandsbereich der Arbeit einzuordnen.

„Previous efforts to grasp the phenomenon of organizational learning have mixed together change, learning, and adaption, with only casual attention to levels of analysis and to referents for the activity itself. One way to untangle this mixture is to designate an explicit anchor ...“ (Karl E. Weick).[1]

3 Organisationales Lernen und Unternehmung

Als Kernproblem in der theoretischen Bearbeitung der informationstechnischen Unterstützung von Managementleistungen - verstanden als intentionale Modifikation des Arbeits- und Entscheidungsverhaltens von Managern - läßt sich herauskristallisieren, das Erklärungs- und Gestaltungskonzepte, die einer instrumentellen Begründungslogik folgen, systematisch das Risiko „unterschätzen", daß für die praktische Anwendung dieser Informationstechnologien durch Manager - und damit auch für die mit (oder in) ihnen repräsentierten Modelle des Arbeits-, Entscheidungs- und Kooperationsverhaltens - aus konfliktären „richtigen" Entscheidungsbegründungen (sowohl im Handeln von Managern als auch in dessen theoretischer Durchdringung) resultiert. Die „Dysfunktionalitäten" erschließen sich - dem Erkenntnisinteresse dieser Erklärungsperspektive folgend - nur als Externalität ökonomischen Handelns. Diese werden zugleich - im Zuge wissenschaftlicher Arbeitsteilung - aus der Sicht arbeits-, sozial- und organisationspsychologischer oder anderer theoretischer Orientierungen beschrieben. Auf deren Erkenntnisse kann bei Relevanz der Externalität als betrieblichem Kostenfaktor zurückgegriffen werden.

Ziel des dritten Kapitels ist es, von dieser Problembeschreibung ausgehend Erklärungsansätze zur Veränderung von Organisationen zu sichten, um auf dieser Basis gegenstandsangemessen Erkenntnisperspektive, Basiskonstrukte und Erklärungsvariablen für einen Bezugsrahmen zur Veränderung von Managementleistungen durch Managementunterstützungssysteme zu entwickeln.

Im ersten Abschnitt des Kapitels (3.1) werden verschiedene Erklärungsansätze, in deren Rahmen die Veränderung in und von Organisationen bearbeitet wird, in Grundzügen entwickelt. Hier zeigt die Diskussion, daß ein an dem Begriff der Entwicklung - in dem die prinzipielle Offenheit mit der Gerichtetheit einer Veränderung verbunden wird - anschließendes Verständnis Anschlußpunkte für eine betriebswirtschaftliche Analyse aufweist, und es in dieser Beschreibungsperspektive insbesondere Ansätze „organisationalen Lernens" sind, die Einsichten in Mechanismen und Bedingungen der Entstehung intersubjektiv geteilten Wissens und Handelns im Arbeits- und Entscheidungsverhalten von Organisationen vermitteln. Das Forschungsfeld, das sich diesem Begriffskonstrukt zuordnen läßt, befindet sich in einer dynami-

---

[1] Weick (1991), S.122.

schen Phase. Es werden in der aktuellen Diskussion eine Vielzahl von theoretischen und praktischen Beiträgen mit unterschiedlichen Erkenntnisperspektiven und -interessen veröffentlicht. Um zu einer gegenstandsangemessenen Unterscheidung jener Ansätze zu kommen, die zur Grundlegung des zu entwickelnden Bezugsrahmens geeignet erscheinen, werden im weiteren Erkenntnisgegenstand und die verschiedenen Beschreibungs- und Erklärungsansätze in diesem Forschungsfeld aufgearbeitet. Es sind im besonderen die handlungstheoretisch fundierten Ansätze, in denen Kategorien und Begriffe zur Beschreibung und Rekonstruktion der Entwicklung koordiniert kooperativen Verhaltens entwickelt werden.

Ziel des zweiten Abschnitts in diesem Kapitel (3.2) ist es, aus der Rekonstruktion dieser Forschungsrichtung Grundprobleme und Basiskonstrukte des Bezugsrahmens zu entwickeln, um den Prozeß der Entstehung und Strukturierung koordiniert kooperativen Verhaltens zu beschreiben. In der Ideengeschichte dieser Erkenntnisperspektive spielt neben der Arbeit von Duncan und Weiss (1979) die Forschungsarbeit(en) von Argyris und Schön (1978) eine zentrale Rolle. Diese werden in diesem Abschnitt unter vier Aspekten bearbeitet: Erkenntnisperspektive, Grundannahmen, Modell des organisationalen Lernens und Rahmenbedingungen. Der Gewinn durch diese Bezugnahme ist in zwei Bereichen zu sehen:

- Das Erkenntnisinteresse der Ansätze organisationalen Lernens ist auf die Erklärung organisationaler Prozesse gerichtet. Über die Möglichkeit der Beobachtung von Oberflächenstrukturen (Strategieänderung und -durchsetzung/Strukturgestaltung) organisationaler Veränderungen hinaus wird die Beschreibung und Rekonstruktion derjenigen Handlungsregeln und Funktionsprinzipien angestrebt, denen die Akteure bei ihren Handlungen folgen und die den Wandel der Oberflächenstrukturen zuallererst erzeugen.

- Der Erklärungsansatz geht von den kognitiven Strukturen und Interaktionsverhältnissen aus, die der Wahrnehmung von Steuerungsfunktionen zur Koordination des Handelns in Unternehmungen zugrunde liegen. Die Möglichkeit der Konstitution von Handlungsregeln im organisationalen Verhalten wird auf die Erfahrungen sowie die Bedeutungszuschreibungen zurückgeführt, mit denen organisationale Akteure ihre Verhaltensweisen legitimieren und über die in kommmunikativen Prozessen wechselseitig Verständigung erzielt wird.

Im Ergebnis werden auf der Grundlage dieses Forschungsansatzes Basiskonstrukte eines Bezugsrahmens entwickelt, in dem die soziale Konstruktion betrieblichen Handelns und ihre Logik auf den Prozeß der Produktion organisationaler Handlungen - und damit den hier zugrundeliegenden Wahrnehmungs- und Begründungsprozessen der einzelnen Organisationsmitglieder in den „generativen Regeln" des organisationalen Orientierungs- und Regelsystems - zurückgeführt wird.

3.1 Veränderung als Lernprozeß von Organisationen

Die Beschreibung und Erklärung von Veränderungsprozessen in und von Organisationen gehört zu jenen Themenfeldern in der Organisations- und Managementlehre, die im Nachgang zu der Kritik an rational-kontingenten (situativen) Forschungskonzepten besondere Aufmerksamkeit erfahren. Thematisiert werden Strukturen und Mechanismen der Veränderung von Organisationen, demnach nicht der situativ erreichbare Grad der Anpassung zwischen Organisation und Kontext (und/oder Individuum), sondern *die Fähigkeit, diese Anpassung vollziehen zu können*, aus der die Variabilität und die Variationen in der Relation von Organisation und Umwelt (und/oder Individuum) resultieren. Im Sprachspiel rational-kontingenter Organisationsforschung wird der *„process of finding a fit"* behandelt, um beschreiben zu können, *„how organizations operate"* und, in normativer Absicht, *„how to design/or improve them"* (vgl. Duncan u. Weiss 1979, S.76). Erkenntnisgegenstand sind also jene Ordnungsmechanismen, die Dynamik im organisationalen Handeln erzeugen (vgl. Wolff 1982, S.4).

Ziel dieses Kapitels ist es, im ersten Schritt mit den Leitbegriffen Veränderung, Evolution und Lernen einen Überblick über Erklärungsansätze zur Beschreibung des Wandels von Organisationen zu gewinnen, um in diesem Rahmen das Erkenntnisinteresse und den Erklärungsgehalt organisationaler Lerntheorien einzuordnen (3.1.1). Im zweiten Schritt geht es darum, dieses Forschungsfeld an sich zu ordnen (3.1.2), um auf der Basis der Unterscheidung von Begriffen und Konzepten des organisationalen Lernens eine gegenstandsangemessene Grundlegung zu differenzieren (3.1.3).

3.1.1 Veränderung, Evolution, Entwicklung - Begriffliche und konzeptionelle Einordnung des Wandels von Organisationen

Prozesse der Veränderung von Organisationen sind ein (erkenntnis-)theoretisches Konstrukt, d.h. die Beschreibung dieses Betrachtungsgegenstands folgt unterschiedlichen Grundannahmen über Handeln und Verhalten in Organisationen. Gegenstand, Begriff und Annahmen sind nicht in geschlossener Form ausgearbeitet, die Rekonstruktion von dynamischen Prozessen von Organisationen erfolgt mit verschiedenen Konzepten, Methoden und Betrachtungsweisen auf unterschiedlichen Aggregationsebenen (grundlegend hierzu Wolff 1982, Ulrich 1994a).

Im Begriff der Veränderung von Organisationen wird die soziale Dynamik als „Bewegung" (vgl. Bateson 1994, S.366) zunächst formal beschrieben. Es wird nicht mehr bezeichnet als der Unterschied in den Ausprägungen eines Merkmals als Ergebnis einer vergleichenden Beobachtung zu zumindest zwei verschiedenen Zeitpunkten (vgl. Türk 1989, S.52) bzw. eines Geschehens im Zeitablauf (vgl. Ulrich 1994a, S.6f., Kirsch 1992, S.324ff.). Die Struktur dieser Bewegung, also welcher Art die Ausgangsposition ist, wie der Übergang von einer Position „A" zu einer Position „B" vonstatten geht und welchen Gesetzmäßigkeiten die Bewegung folgt, ist Gegenstand wissenschaftlicher Erörterung.

In einem sehr grundsätzlichen Verständnis argumentiert Luhmann (1995), daß in funktional differenzierten Gesellschaften Unterschiede im Übergang von „A" zu „B" nicht mehr nur als Abweichungen verstanden werden, sondern vor allem als Neuerungen. Dies gilt in den einzelnen gesellschaftlichen Funktionsbereichen in unterschiedlichem Ausmaß, jedoch vor allem für die Kunst und die Wissenschaft, für die Innovation der Sinn von Forschung ist, sowie für die Wirtschaft. Seit es in der Wirtschaft nicht mehr allein um das Problem des Interessenausgleichs durch Handel *auf* Märkten, sondern auch um die Produktion von Gütern *für* Märkte geht, stellen Neuerungen, also mit neuen oder besseren Produkten Erfolg zu haben, das Bezugsproblem wirtschaftlicher Veränderungsprozesse dar. Dies bedeutet, daß die Erklärung von Abweichungen auf Impulse zur Veränderung in Richtung Rationalität, Innovation oder besserer Zustände zurückgeführt wird, die im Inneren von Organisationen entstehen (vgl. als organisationstheoretische „Übersetzung" die Forschungskonzeption von Kirsch 1992, der anstelle des Überlebensmodells vom Modell der fortschrittsfähigen Organisation ausgeht, auch Pautzke 1989, S.51ff.).

Um zu (er-)klären, inwieweit es in Neuerungsprozessen - für die Gewohnheit, eine neue Denkgewohnheit anzunehmen (vgl. Bateson 1994, S.227) - bestimmte Regelmäßigkeiten gibt und auf welchen Grundlagen und mit welchen Perspektiven diese beschrieben werden können, werden Veränderung und die Fähigkeit zur Anpassung unterschiedlich interpretiert: als Prozeß natürlicher Selektion (Evolution), als Reifungsprozeß (Entwicklung), als Prozeß der Höherentwicklung (Fortschritt) ebenso wie als Erfahrungs- und Vermittlungsprozeß (Lernen) (vgl. zur Diskussion dieser verschiedenen Ordnungsperspektiven Türk 1989, S.55ff., Klimecki, Probst u. Eberl 1991, S.6ff., Pautzke 1989, S.16ff.). Es wird gefragt, ob und wie soziale Interventionen sich verhalten, das heißt, in welcher Art und Weise bestimmte Verhaltensweisen in welchen kontextuellen Rahmen des Verhaltens geordnet werden (vgl. Bateson 1994, S.223). Berührt wird damit die organisationstheoretisch bedeutsame Frage, wie sich Handeln „(von) selbst" verändert, das heißt „aus sich heraus" und/oder „von außen" neue Verhaltensweisen entwickelt werden (vgl. Türk 1989, S.52, ähnlich mit Bezug auf den Personalentwicklungsbegriff Neuberger 1991, S.39ff.). Diese ist abzugrenzen von der Frage, wie Veränderungsprozesse in einem instrumentellen Verständnis als bewußt geplante/planbare (Organisations-)Intervention verstanden werden können - „wir möchten jetzt nach B gehen" (vgl. Gustavson 1994, S.25) oder „Reißbrettplanung" (vgl. Bateson 1994, S.219f.) -. Bateson (1994, S.223f.) verdeutlicht den höheren Abstraktionsgrad der Überlegungen am „Übergang" von der Experimentalpsychologie - „Unter welchen Umständen wird ein Hund lernen, als Reaktion auf eine Glocke Speichel abzusondern?" bzw. allgemeiner: „Welche Variablen beherrschen den Erfolg beim mechanischen Lernen?" - zur Gestaltpsychologie - „Wie erlangt der Hund eine Gewohnheit, den unendlich komplexen Strom von Ereignissen (einschließlich seines eigenen Verhaltens) so zu interpunktieren, daß dieser als ein bestimmter Typ von Verhaltenssequenz aufgebaut erscheint"-.

Es kann und soll hier nicht der Reife- oder Bewährungsgrad dieser Erklärungsansätze referiert werden (vgl. zu einer betriebswirtschaftlich orientierten Übersicht Pautzke 1989, Kap. 2, Reinhardt 1995, Kap. 3.2, in gesellschaftstheoretischer Sicht Luhmann 1995). Die Referenz macht nur deutlich, warum die Literatur in Betriebswirtschafts- und Managementlehre, die sich auf dieses Forschungsfeld bezieht, zum einen als sehr heterogen eingestuft wird, zum anderen sich verstärkt von einem Verständnis löst, in dem Veränderungsprozesse als vom Management gezielt beeinflußte Regelwerke eines „geplanten Wandels organisationalen Verhaltens" (vgl. Ulrich 1994a, S.8, Schreyögg u. Noss 1995, Krainz 1995, Geißler 1995a, siehe auch die Übersicht in Staehle 1991a, S.829ff.) verstanden werden. Um in dieser Hinsicht zu einer gewissen Ordnungsleistung zu kommen, können zwei Erkenntnisperspektiven und vier Erklärungsansätze abgegrenzt werden, für die hier die Begriffe Evolution und Entwicklung fruchtbar gemacht werden sollen. Diese werden in vielen Fällen zwar synonym verwandt, stehen gleichwohl aber für unterschiedlich mögliche Interpretationen der Veränderung des Verhaltens in und von Organisationen (vgl. Pautzke 1989, S.17).

1. *Veränderung als Evolution*

In Ansätzen, die den organisatorischen Wandel als Evolution konzipieren, werden Organisationen als offene soziale Systeme interpretiert, und die Interdependenzen und Austauschbeziehungen zwischen Organisation und Umwelt als reaktiver Anpassungsmechanismus untersucht. In Abgrenzung zu den Möglichkeiten gestalteter Organisationsveränderung werden Organisationen als zu komplex angesehen, um sich im Sinne einer geplanten Ordnung zu verändern. Um Prozesse der Ordnungsbildung zu erklären, werden allgemeine Vorstellungen über die natürliche Anpassung/biologische Evolution auf soziale Systeme (bzw. Populationen von sozialen Systemen) bzw. die Handlungen von sozialen Akteuren übertragen (vgl. Kieser 1993c, Kieser 1988, Grandori 1987, S.103ff.). Dieser Ordnungsidee können zwei Erklärungskonzepte zugeordnet werden:

- *Selektionsmodelle* gehen als Organisations-Umwelt-Modelle von miteinander konkurrierenden Einheiten in einer gemeinsamen Umwelt aus. Dabei erweisen sich jeweils bestimmte Arten von Organisationen (Populationen) als „überlebensfähig": Aufgrund der nur begrenzten Verfügbarkeit von Ressourcen können sich nur die Organisationen mit der größten Anpassungsfähigkeit an die „constraints" der Umwelt behaupten. Die Umwelt wird als der Selektionsmechanismus angesehen, der zu der - empirisch vorfindbaren - Vielfalt von Organisationsformen führt, nicht die Anpassungsfähigkeit der Organisation bzw. die Anpassungsleistungen der Organisationsmitglieder (Management). Die Argumentation bewegt sich hier auf der Makroebene der Gesamtorganisation (bzw. von Organisationspopulationen), Aspekte des Handelns in Organisationen - als Akteurperspektive (Strategien und Strukturen der Organisationsgestaltung) - für die Veränderung von Organisationen geraten nicht ins Blickfeld der Analyse, sondern sind (indirekt, als Teil des Organisationsmodells) Ergebnis des Selektionsprozesses.

- *Reifungsmodelle* beschreiben die Veränderung von Organisationen als Entwicklungsstufen im Leben einer Organisation, die sich in typische Phasen - von der Gründung über die Bürokratisierung bis zur Restrukturierung - einordnen lassen. Es sind endogene, in einer Organisation liegende Triebkräfte, die diese in eine weitgehend vorgezeichnete Richtung bewegen. Umweltverhältnisse können diese Entwicklung zwar modellieren, auch abbremsen, aber nicht grundsätzlich verändern. Die Analyse bewegt sich auf der Ebene der Gesamtorganisation und ist in der Argumentation deterministisch geprägt: besonders die Konstruktion hypothetischer Lebenszyklusmodelle von Organisationen nimmt quasi die Form einer Natur- oder Sachgesetzlichkeit an, ohne deren soziale Konstruktion - und damit die Möglichkeit gestalteten, aber nicht gestaltbaren Wandels - einzubeziehen (vgl. Staehle 1991a, S.839).

2. *Veränderung als Entwicklung*

Wenn Organisationen als zweckorientierte, nicht zufällig konstruierte soziale Gebilde interpretiert werden, die dem aktiven Zugriff von Akteuren unterliegen, greifen Konzeptualisierungen von Veränderungsprozessen zu kurz, die an einem Verständnis von „Machen" oder „Anpassung" anschließen. Im Konstrukt der Veränderung als Entwicklung verbindet sich die prinzipielle Offenheit (als Auswahlmöglichkeit zwischen Handlungsalternativen) mit der Gerichtetheit der Veränderung, die als Fortschritt - in bezug auf zeitgebundene individuelle oder soziale Bedürfnisse von Akteuren (vgl. Kirsch 1992, Pautzke 1989) - oder Erhöhung der Problemlösungsfähigkeit - in bezug auf die Gewinnung neuer Eigenschaften einer Organisation und die Verantwortung für deren Anwendung (vgl. Klimecki, Probst u. Eberl 1991, Conrad 1991) - bestimmt wird. Dieser Beschreibungsperspektive sollen hier zwei Erklärungskonzepte zugeordnet werden:

- *Lernmodelle* heben die prinzipielle Fähigkeit von Organisationen hervor, sich nicht nur an die Umwelt anzupassen, sondern diesen Anpassungsprozeß zum Gegenstand von Entscheidungen machen zu können. Anpassungsfähigkeit beschreibt dann reflexive, demnach kognitiv gesteuerte Mechanismen von Organisationen zur selektiven Reaktion auf Umweltereignisse. Lernen kennzeichnet dabei jene Prozesse (Beobachtungen und Erfahrungen), mit denen sich Organisationen diese Mechanismen zu eigen machen, damit diese Einsichten und Fähigkeiten auch im organisationalen Handeln wirksam werden. Hier liegt der Fokus der Analyse auf reflexivem Handeln (Erkenntnisprozessen) in Organisationen. In der Argumentation steht die Erklärung von Veränderungsprozessen aus der Akteurperspektive - hier: den Annahmen der Organisationsmitglieder über organisationsrelevantes Verhalten (subjektive Konstruktion von Organisationsrealität) - im Vordergrund.

- *Neuerungsmodelle* thematisieren Veränderung von Organisationen im Zusammenhang von selbstorganisierenden Prozessen und formal organisierten Sozialsystemen. Im Unterschied zu Lernmodellen ist der Begriff Neuerung normativ „schwächer", d.h. er bezeichnet - ähnlich wie der Begriff Veränderung - eher die beobachtbare Situationsdifferenz und betont weniger Richtung, Form und Struktur, enthält vor allem keine hierauf bezogene normative Aussage (so beispielsweise explizit Klimecki, Probst u. Eberl 1991, die Veränderung als gestaltete Höherentwicklung auszeichnen). Es wird von Weick (1995) das „Prozeßmodell des Organisierens" aufgenommen und mit der neueren Systemtheorie von Luhmann (1994) weitergeführt zu einem deskriptiven Modell der *„Handhabung von selbstorganisierenden Prozessen in formal organisierten Sozialsystemen"* (Kasper 1991, S.40ff., auch Pawlowsky 1992)[1]. Veränderungsprozesse werden zwar eigendynamisch konzeptualisiert, die Mechanismen der Entwicklung sind aber bearbeitungsfähig, d.h. sie können im Rahmen organisationalen Handelns bedacht, interpretiert, verändert, allgemein: reflektiert werden. Strukturwert - im Sinne von Veränderung - gewinnt aber nur das organisationale Handeln, das sich eignet, nachfolgendes Handeln zu formen. Dies wird allein auf der Ebene des sozialen, nicht mehr auf der Ebene des personalen (Management als Steuerungsinstanz) als möglich angesehen.

Die in dem Beschreibungsrahmen „Veränderung als Entwicklungsprozeß" angelegte Intentionalität des Handelns und deren Einbettung in die Sinn- und Bedeutungszuschreibungen eines sozialen Handlungszusammenhangs rückt diese Interpretation in die „Nähe" der betriebswirtschaftlichen Grundidee einer „Bestgestaltung eines betrieblichen Leistungsprozesses", für die dieses Verständnis intentionaler, auf Verhaltensmöglichkeiten reflektierender Intervention denknotwendig ist. Für die Betriebswirtschafts- und Managementlehre erweist sich die Beschreibung von Veränderungsprozessen dann als konzeptionell anschlußfähig, wenn für be-

---

[1] Von Neuerungsmodellen zu sprechen, greift im Prinzip zu weit, weil hier im wesentlichen „nur" die von Kasper (1991) entwickelten Vorstellungen zugeordnet werden. Gleichwohl weisen sie - bezogen auf Veränderungsprozesse - in eine Richtung, die auch von anderen Autoren (bspw. Bardmann 1994, Kirsch 1992, Reinhardt 1995, Baitsch 1993) verfolgt und aufgenommen wird. Insoweit erscheint es gerechtfertigt, diese Erklärungsperspektive hier hinzuzufügen.

triebliches Handeln eine partielle Unabhängigkeit im Hinblick auf den Veränderungsprozeß angenommen werden kann und in diesem Sinne betriebliches Handeln auf Managementleistungen (und deren Veränderung) als Mittel zur Bewältigung unsicherer Umwelten rückführbar ist (vgl. zur Gestaltbarkeitsprämisse betrieblichen Handelns Schreyögg 1991, S.262ff., auch Conrad 1991). Dies gilt insbesondere für die Interpretation von „Veränderung als Lernprozeß".

Die Verknüpfung von lerntheoretischen Überlegungen mit wirtschaftswissenschaftlichen Beschreibungs- und Erklärungsansätzen ist daher keineswegs neu. Vor allem in kognitionstheoretisch begründeten Lernmodellen werden Organisationen in einer Form konzipiert, in der Veränderungsprozesse als Handlungssysteme beschrieben werden, in denen - im Sinne von Gestaltung - Verhaltensweisen in Organisationen reflektiert und - durch ihr Ergebnis operativ wirksam - verändert werden.[1] Entsprechend steht der Begriff des „Lernens" in wirtschaftswissenschaftlicher Sicht für Konzepte, mit denen Dynamik und Mechanismen des Wandels in Unternehmungen erfaßt und der Analyse zugänglich gemacht werden können.

In der Management- und Betriebswirtschaftslehre werden Aussagen zur Anpassungsfähigkeit von Unternehmungen als Lernprozeß verstärkt seit Anfang der 70er Jahre thematisiert und systematisch in betriebswirtschaftliche Beschreibungs- und Erklärungszusammenhänge eingefügt (siehe den Überblick bei Kappler 1972, S.18ff.). Entsprechende Übersichtsarbeiten führen insbesondere drei Felder aus, in denen lerntheoretische Überlegungen von Bedeutung sind (vgl. Grün 1993, Sp. 2599ff., Pautzke 1989, S.4ff., siehe hierzu auch die Beiträge in Albach u. Wildemann 1995):

1. In der Erklärung der *betrieblichen Faktorkombination (theoretische Betriebswirtschaftslehre)* geht es um die Einordnung der Möglichkeit, auf Lernen gerichtete Anpassungsprozesse zu initiieren, um Faktorqualitäten zu steigern. Dies gilt insbesondere für die Anpassung des Faktors Personal durch Bildungsmaßnahmen.

2. In der *Produktions- und Kostentheorie* steht die Steigerung der Effizienz betriebswirtschaftlichen Handelns aufgrund von Erfahrungswerten (Lernkurven-, Erfahrungskurveneffekt) im Vordergrund.

3. In der *betriebswirtschaftlichen Verhaltens- und Entscheidungsforschung* geht es um den Stellenwert von Lernprozessen für die Beschreibung und Erklärung des Verhaltens insbesondere von Individuen und Gruppen in der Unternehmung, von dem verschiedene betriebswirtschaftliche Funktionslehren berührt sind, z.B. das Konsumentenverhalten im

---

[1] Einen Überblick über behavioristische, sozial-kognitive und kognitive Lerntheorien geben Steiner 1992, Holzkamp 1995, siehe auch Staehle 1991a, S.188ff., grundlegend hierzu die Arbeit von Hilgard u. Bower (1973): Theorien des Lernens. Bd. I+II.

Marketing, das Lernverhalten in Entscheidungs- sowie in Organisationsentwicklungsprozessen.

Aufmerksamkeit finden Lernmodelle neben der Management- und Betriebswirtschaftslehre in einer Vielzahl anderer wirtschaftswissenschaftlicher Teildisziplinen, wie der Industrieökonomie oder der Wirtschaftsgeschichte (siehe Dodgson 1993 mit Literaturnachweisen).

Insgesamt wird damit die argumentative Nähe zwischen den auf Entwicklungsmodellen aufbauenden Erklärungen der Veränderung von Organisationen zu Perspektiven einer betriebswirtschaftlichen Begriffsbildung des Wandels von Unternehmungen erkennbar. Die Fähigkeit zu Lernen präzisiert den Begriff der Anpassungsfähigkeit im Hinblick auf die Möglichkeit der Reflexion vorgängiger Handlungs- und Entscheidungsprozesse von Organisationen und impliziert die Möglichkeit, im organisationalen Handeln entsprechende Beobachtungsprozesse zu initiieren und Erfahrungen aufzunehmen. Die Interpretation von Veränderung als Neuerungsprozeß trägt diesen Argumentationsaufbau in Richtung der Klärung der Quellen der Dynamik von Veränderungsprozessen, die in der sozialen (intersubjektiven) Konstruktion und in den Mechanismen *dieser* Konstruktion gesehen werden, ohne jedoch bereits breiter rezipiert worden zu sein. Dieser Beschreibungsrahmen impliziert jedoch eine größere „Menge" an Unbestimmtheit der Erklärungsvariablen: Was ist das Bezugsproblem des Veränderungsprozesses? Welcher Art ist das „Kollektivsubjekt", wenn von der „lernenden Organisation" die Rede ist? Wer ist (sind) bei organisationalen Lern- und Neuerungsprozessen der (oder die) „Akteur(e)" der Veränderung? Wie passieren Veränderungen - angesichts der Formel vom *„Ende der Machbarkeit"* (vgl. Krainz 1995, S.5, Sandner u. Meyer 1994, S.186f.) -, d.h., wie werden sie initiiert, geführt oder gesteuert?

Zugleich wird die betriebswirtschaftliche Interpretation des Wandels von Unternehmen auf die Interpretation als *Prozeß der Entwicklung von Unternehmungen* begrenzt, und damit in *eine* Erkenntnisperspektive der Diskussion um Prozesse der Veränderung von Organisationen eingeordnet. Gleichwohl ist damit nur ein Erkenntnisgegenstand und ein Forschungsfeld nahegelegt, für das die theoretischen und praktischen Grundlagen und deren Anschlußfähigkeit an das betriebswirtschaftliche Erkenntnisinteresse zu erarbeiten sind. Auch um prüfen zu können, inwieweit dieses - hier zunächst nur konzeptionell charakterisierte - Denkmodell der Veränderung von Organisationen Eingang finden kann in eine betriebswirtschaftliche Interpretation von Veränderungsprozessen zur Erhöhung der Anpassungs(Innovations-)fähigkeit von Unternehmen. Grundlegend für eine solche Betrachtung ist eine Abgrenzung und Einordnung der in der Diskussion stehenden Ansätze organisationalen Lernens.

3.1.2 Ansätze organisationalen Lernens

3.1.2.1 Einordnung des Forschungsfeldes

„Organisationales Lernen" ist ein Sammelbegriff für verschiedene Bedeutungen und Analyseebenen. Das Begriffskonstrukt ist nicht eindeutig bestimmt, weil sich die Ansätze organisationalen Lernens als sehr heterogene Annahmegefüge darstellen. Argyris und Schön (1978) sehen die Ursache in dem folgenden Paradoxon: *„Organizations are not merely collections of individuals, yet there is no organization without such collections. Similarly, organizational learning is not merely individual learning, yet organizations only learn through the experience and action of individuals"* (Argyris u. Schön 1978, S.9). Mit anderen Worten: Mit der Konstruktion dieses Begriffes und für seine Übernahme in eine betriebswirtschaftliche Analyse - im Sinne der Anwendung auf eine spezifische Organisationsform - entsteht Präzision nur scheinbar.

Betrachtet man beispielsweise jüngere Beschreibungs- und Erklärungsansätze, die eine Theorie des Lernens von Organisationen - in der Form einer ausgearbeiteten Terminologie und eines schlüssigen Argumentationsrahmens - in Aussicht stellen, dann greifen diese zur Beschreibung des Begriffsteils „Organisation" auf systemtheoretisch-kybernetische (so Oberschulte 1994, 1996) oder sozial-konstruktivistische Erklärungsmuster (so Klimecki, Probst u. Eberl 1991) ebenso zurück wie auf die Theorie autopoietischer Sozialsysteme (nach Luhmann - so Reinhardt 1995, Geißler 1991) oder die Theorie kommunikativen Handelns (nach Habermas - so Pautzke 1989, Kirsch 1992). Auch in bezug auf den Begriffsteil „Lernen" werden unterschiedliche, sowohl verhaltens- als auch kognitionspsychologisch fundierte Modelle herangezogen, um - anknüpfend an grundlegende Überlegungen zu der Wirkung von Erfahrungsprozessen in organisationalen Wahlsituationen von March und Olson (vgl. 1990, S.373ff.) - den Prozeß organisationalen Lernens abzubilden (vgl. Huber 1991, Pawlowsky 1992, 1995, Schüppel 1995).

In Übersichtsarbeiten[1] wird entsprechend die Vielfalt der Erkenntnisperspektiven und -gegenstände hervorgehoben, zum Teil kritisch beurteilt - Pautzke (1989, S.103) spricht vom *„fragmentarischen Charakter"* und dem *„vorparadigmatischen Zustand"* des Forschungsfelds Türk (1989, S.104) von einer Theorie, die sich *„in einer umfassenden Ausarbeitungsphase"* befindet -, und die (noch) fehlende Zusammenführung der theoretischen Ansätze und empirischen Befunde betont. Ortner (1995, S.415) geht davon aus, daß die Klärung von Erfahrungs-

---

[1] Hierzu sind insbesondere zu rechnen:
- englischsprachig: Hedberg 1981, Shrivastava 1983, Fiol u. Lyles 1985, Daft u. Huber 1987, Huber 1991, Dixon 1992, Dodgson 1993
- deutschsprachig: Türk 1989, Reber 1992, Pawlowsky 1992, Geißler 1995a, Wiegand 1996.

und Erkenntnisobjekt einer Theorie organisationalen Lernens noch nicht gelungen ist. Die Ordnung der verschiedenen „Schulen" erfolgt keineswegs einheitlich und zielt häufig weniger auf theoretische Systematisierung als auf eine aus didaktischen Gründen erforderliche Reduktion der Vielfalt an Begriffen und theoretischen Annahmegefügen. Zugleich sind die konzeptionellen Ansprüche hoch, die mit der Rezeption und Entwicklung von Konzepten organisationalen Lernens formuliert werden, wenn sie als „*... Wegweiser auf dem Weg zu einer postmodernen Theorie des Organisierens, die die paradigmatisch industriegesellschaftliche Organisations- und Managementtheorie ablöst ...*" (Geißler 1995b, S.382 - Hervorhebung im Original kursiv) angesehen werden.

Zudem hebt Dixon (1992, S.32, ähnlich Castiglioni 1994, S.19, Reinhardt 1995, S.34) hervor, daß sich die Literatur bisher überwiegend mit konzeptionellen, jedoch kaum mit technologischen Fragen beschäftigt, um damit Grundlagen zu einer adäquaten Initiierung organisationaler Lernhandlungen in Veränderungsprozessen zu schaffen (siehe hierzu jedoch jüngst Probst u. Büchel 1994, die Beiträge in Sattelberger 1991, aber auch entsprechende Praxisberichte von De Geus 1989, Hohmann u. Bittmann 1994, Reichle u. Wagner 1994, Speck u. Kees 1994).

Die grundsätzliche Schwierigkeit besteht darin, die Differenz zwischem dem Lernen *eines* Individuums und dem Lernen *der* Organisation deutlich zu machen - „*Is it meaningful to think of organizations as having objectives, learning abilities, and memories ...?*" (Hedberg 1981, S.3) - und damit die Eigenständigkeit und den Erklärungswert entsprechender Theorieansätze für organisationale Prozesse zu begründen (grundlegend auch Argyris u. Schön 1978, S.8ff., Weick 1991, S.116ff.).

Nicht in Zweifel gezogen wird, daß Individuen lernen. Grundlage dieser Annahme sind die klassischen Lerntheorien, die - insbesondere im Rahmen (verhaltens-)psychologischer Forschung formulierte - Ansätze zur Erklärung individuellen Lernens darstellen (vgl. als Übersicht Kappler 1972, Staehle 1991a, S.188ff., Steiner 1992, Grün 1993, grundlegend: Hilgard u. Bower 1973, Holzkamp 1995). Die Fragen, warum und wie Menschen lernen, werden aus verschiedenen Perspektiven betrachtet, die von unterschiedlichen Annahmen über Zweck und Form des Lernens ausgehen. Generalisierend werden in der Literatur zwei Erklärungsansätze gegenübergestellt:

• Verhaltensbezogene Modelle (Stimulus-Response-Theorien) beschäftigen sich mit der intendierten Modifikation beobachtbaren Verhaltens. Dies wird vor allem als Frage nach der geeigneten Reizkonstellation (Lernen nach dem Kontiguitätsprinzip) und verhaltensbestärkender Folgebedingungen (Lernen nach dem Verstärkungsprinzip) - klassisches und operantes Konditionieren beobachtbaren Verhaltens - betrachtet. Wesentliche Quelle der Verhaltensmodifikation ist Erfahrung, d.h. die sich wiederholende Verknüpfung bestimmter

Reiz-Reaktionsmuster. Situative Faktoren sowie der Wahrnehmungs- und Problemlösungsprozeß des Individuums bleiben weitgehend außerhalb der Betrachtung (vgl. Shrivastava 1983, S.8f., Schüppel 1995, S.195).

- Erklärungsansätze des kognitiven (bspw. basierend auf dem handlungstheoretischen Ansatz der Arbeitspsychologie - zusammenfassend Schüpbach 1993) und sozial-kognitiven Lernens (insbes. Bandura 1979) stellen auf den Erkenntniserwerb bezogene Prozesse (wie Wahrnehmen von Verhaltensweisen, Urteilen, Schlußfolgern) in den Mittelpunkt des Forschungsinteresses. Diese können auch in der Interaktion mit anderen vermittelt werden (Lernen durch Beobachtung, Modell-Lernen). Hier wird stärker der Prozeß des Lernens als Verhaltensmöglichkeiten reflektierender Denkprozeß des Lernenden im Austausch mit der Umwelt in den Vordergrund gerückt, weniger die Auftretenswahrscheinlichkeit eines Verhaltens in Folge eines Stimulus. Das Individuum wird in diesen Ansätzen nicht als reaktiv-mechanischer Verhaltensanpasser verstanden, sondern als intentional handelndes Subjekt, das Erfahrungen und Beobachtungen aktiv zur Verbesserung von Leistungen und zur Beherrschung der Umwelt einsetzt (vgl. auch Pautzke 1989, S.96, Klimecki, Probst u. Eberl 1991, S.128). Lernen wird als Erwerb von kognitiven Strukturen verstanden, der auf der zirkulären Verknüpfung der Wahrnehmung konkret erfahrener Realität, dessen Analyse und Beurteilung sowie der Entwicklung von Schlußfolgerungen und deren praktischer Prüfung beruht - eine Leitvorstellung, die auch in Konzepten zum organisationalen Lernen und zur strategischen Personalentwicklung eine zentrale Rolle spielt (vgl. etwa Schüppel 1995, S.195ff., Pawlowsky 1992, S.213ff., Dixon 1992).

Da diese Erklärungsansätze insgesamt als stärker entwickelt gelten, werden sie - dies deutet sich hier bereits an - in bezug auf soziale (organisationale) Phänomene analogisierend herangezogen (so schon Hedberg 1981, Shrivastava 1983). Auch die skizzierte Verknüpfung von lerntheoretischer Aussagen mit betriebswirtschaftlichen Erkenntnisinteressen beruht - nach Einschätzung von Grün (1993, Sp.2603) - in erster Linie auf der Einbeziehung von Erkenntnissen aus individuellen Lerntheorien. Insbesondere in Begriffsbildungen (vgl. Steiner 1992, Grün 1993) spiegelt sich diese Tradition der Rezeption von Lerntheorien in der Betriebswirtschaftslehre wieder: Lernen wird bei einer relativ überdauernden Verhaltensveränderung angenommen, die *im Ergebnis* als verhaltens(an)leitender Erwerb von Problemlösestrategien interpretiert wird, die *im Prozeß* nicht Folge von natürlicher Reifung oder sozialer Evolution ist, sondern sich vor allem auf den Auf- und Ausbau eines Denksystems (Verknüpfung von neuer mit alter Information) und/oder Wertesystems (Verknüpfung von neuen mit alten Einstellungen) bezieht.

Das Konzept (bzw. die Strategie) *„Lernende Unternehmen"* (vgl. als Überblick Albach u. Wildemann 1995) wird mit der Annahme verbunden, daß die Strategie des Lernens von Unternehmen bei der Beherrschung turbulenter Umwelten und bei der Entwicklung von Strukturen komparative Wettbewerbsvorteile verspricht (aus der jüngeren Literatur bspw. De Geus 1989, Pucik 1988, Müller-Stevens u. Pautzke 1989, Wildemann 1995). Hierbei steht der Begriff „organisationales Lernen" für die Fähigkeit, die Beobachtung eigenen und fremden (betrieblichen) Verhaltens funktional im Anpassungsprozeß von Organisation und Umwelt zur Erhöhung des ökonomischen Leistungspotentials der Unternehmung zu nutzen. Organisationale Lernfähigkeit stellt dann eine unternehmerische Ressource zur Erhöhung der Anpassungsleistung von Unternehmen - als Ausdrucksform wirtschaftlicher Entwicklungsdynamik - dar. Conrad (1991, S.417f.) ordnet dieses Verständnis - vor allem mit Blick auf den Funktionswandel des Personalmanagements durch die Betonung seines strategischen Stellenwerts in Theorie und Praxis - als Rückbesinnung auf den ökonomischen Gehalt des Lern- und Erfahrungskurvenkonzepts ein: Über den fertigungswirtschaftlichen Stellenwert hinaus wird die Bedeutung des unternehmensspezifischen Wissens in allen betrieblichen Teilfunktionen und für unterschiedliche Produkt-Markt-Felder herausgestellt - als organisationales „Fähigkeitscluster" - und damit der Stellenwert der Wissensorganisation für die Leistungspotentiale in allen Teilen der Unternehmung und für die Unternehmensentwicklung betont.

Die Funktionalität von organisationalem Lernen zur Erreichung von Unternehmenszielen und die Funktionalisierung organisationaler Lernprozesse für betriebliche Anpassungsprozesse steht bei den auf Unternehmens- und Managementaufgaben bezogenen betriebswirtschaftlichen Beiträgen im Vordergrund. Im Spektrum des betriebswirtschaftlichen Interesses wird ein breiter Kanon von Fragen behandelt:

- Einen Schwerpunkt bildet die Bedeutung organisationaler Lernprozesse für einzelne Funktionslehren (bspw. für die Personalwirtschaft Sattelberger 1991, Pawlowsky 1992; für die Unternehmensplanung und -entwicklung De Geus 1989, für die Produktionswirtschaft Bea 1995, für das Logistikmanagement Delfmann 1995) und deren spezieller Beitrag zum Leistungsvollzug von Unternehmen (bspw. für Produktinnovationen Castiglioni 1994, Schröder 1995, für das Technologiemanagement Wildemann 1994) oder zur Bearbeitung besonderer betriebswirtschaftlicher Problemfelder (z.B. Umweltschutz Strebel 1995, Liesegang 1995, Ridder 1994).

- Eine Reihe von Beiträgen beschäftigen sich stärker mit der Praxis der Gestaltung von organisationalen Lernprozessen (siehe dazu Beiträge im Schwerpunktheft Personalführung 7/94, in Sattelberger 1991, Heidack 1989, Sackmann 1993, in Geißler 1995c). Leitend ist hier das Konzept der Veränderung von Unternehmen durch kooperative Lernprozesse. In den Vordergrund rückt damit auch die Bestimmung jener Bedingungen organisationalen Handelns, die erfolgreiches organisationales Lernen möglich machen. Diese werden in bestimmten Ausprägungen der Kontextfelder organisationaler Veränderungsprozesse gesehen. Hierzu werden beispielsweise flexible, wenig formalisierte Entscheidungs- und Organisationsstrukturen, eine leitbildorientierte und kommunikationsfördernde Unternehmenskultur und auf Autonomie beruhende Strategiebildungen gezählt (vgl. Probst u. Büchel 1994, Kap.VII).

Dieser Sichtweise auf Ansätze organisationalen Lernens und deren Funktionalisierung wird aus zwei Gründen kritisch ihr metaphorischer Charakter entgegengehalten: *erstens* wird - ohne begriffliche Klärung - angenommen, daß Organisationen ebenso lernen wie Individuen, *zweitens* wird - ohne entsprechende konzeptionelle Klärung - angenommen, daß prinzipiell Charakteristika lernförderlicher Organisationsstrukturen bestimmbar sind, mit deren optimaler Gestaltung durch das Management das Innovationspotential organisationaler Lernprozesse für Unternehmen zu erschließen ist.

Als Beispiele für eine solche Begriffskonstruktion werden angeführt (vgl. schon Argyris u. Schön 1978, S.9f., Reinhardt 1995, S.344f., Reber 1992, Sp.1240f., Pautzke 1989, S.104ff., siehe auch Pawlowsky 1992, S.201f.):

- *Organisationales Lernen als Stellvertreter-Lernen:* Wenn mit dem Begriff gemeint ist, daß (einzelne) Mitglieder der Organisation systematische, auf die Gesamtorganisation bezogene Veränderungsprozesse in Gang setzen (können), beinhaltet dies die Annahme, daß Personen aufgrund individueller Lern- und Erfahrungsprozesse bestimmte, in der Regel zielgerichtete Aktivitäten mit Wirkung für die Organisation entfalten können.

- *Organisationales Lernen als Summe individueller Lernprozesse:* Auch wenn die Summe aller Lernprozesse der Mitglieder einer Organisation - mit der impliziten Annahme, daß aus der Summe selbst neue Qualitäten entstehen - als Lernen der Organisation verstanden wird, wird an die Erklärung des Lernens von Individuen angeschlossen.

- *Organisationales Lernen als Zuschreibung psychischer Qualitäten zu sozialen Systemen:* Wenn die organisationale, und damit organisationstheoretisch begründete, Bestimmung von lerntheoretisch bedeutungsvollen Begriffen wie Wissen, Gedächtnis/Speicher oder Denken nicht über eine analoge Verwendung dieser Begriffe zur Beschreibung des Lernens von Individuen hinauskommt, ist der eigenständige Erklärungswert eines solchen Begriffsverständnisses anzuzweifeln.

Diese, schon auf der begrifflichen Ebene angelegte, Reduktion des Lernens einer Organisation auf das Lernen der Mitglieder dieser Organisation entbehrt einer eigenständigen konzeptionellen Fundierung organisationaler Lernfähigkeit und organisationaler Lernprozesse. Als Referenzpunkt der Beschreibung und Analyse in dieser Sicht sieht Geißler (1995a, S.6f., 1991) ein (mechanistisches) Denkmodell von Organisationen, in dem das in Einzelteilen aufgebaute Organisationsganze auf seine Grundelemente, z.B. Arbeitsoperationen und Qualifikationen, zurückgeführt wird. Ein Denkmodell, in das sich individuelle Lerntheorien dann funktional leicht einpassen lassen, in dem aber weder die unterscheidenden Charakteristika organisationalen Lernens noch die Bedingungen organisationaler Lernprozesse, also diejenigen Faktoren, die sich als Lernsystem kennzeichnen lassen - organisationale Kultur, Strategie, Struktur, Umwelt (siehe auch Fiol u. Lyles 1985, Sackmann 1993) -, dargelegt werden. Mit dieser Sichtweise kann die Ordnung und Veränderung des Verhaltens in Organisationen auf die Intentionen einzelner Individuen zurückgeführt werden (z.b. Unternehmensführung, Management). Hier ordnet sich dann sofort die Diskussion um den Personenkreis ein, der organisational lernt oder das Lernen auslöst (vgl. z.b. Probst u. Büchel 1994, S.61ff.). Organisationale Lernprozesse sind in diesem Sinne - zumindest begrenzt - steuerbar, wobei ihre Durchsetzung eine Funktion des organisatorischen Steuerungs- und Machtpotentials ist. Die Begrenzung dieser Sichtweise wird von Hartmann (1995, S.330) hervorgehoben: Es geht um die Funktionalisierung individuellen Lernens als Objekt organisationalen Handelns, für das - in seiner Verdinglichung als Objektkollektiv - nach Regeln einer allgemeinen Vernunft Wissen generiert wird. Damit geraten Bedingungen des Lernens des „Kollektivsubjekts" (Hartmann 1995, S.343) - vor allem Bedingungen der Veränderung von gemeinsam geteilten Wahrnehmungs- und Deutungsmustern zur Steigerung der Handlungsrationalität in Organisationen - nicht in den Blick.

Auch wenn diese Perspektiven beispielsweise dem Alltagsverständnis vom Management organisationaler Veränderungsprozesse im (Beratungs-)Management von Unternehmen entsprechen mögen (vgl. bspw. Krainz 1995, S.3f.), kommt Reinhardt (1995, S.345,88) zu dem Schluß, daß diese Form der Verwendung des Begriffs - so anschaulich sie auch sein mag - der Komplexität und der Problematik des Gegenstandsbereich „Lernfähigkeit von Organisationen" nicht angemessen ist. Diese Sichtweise erscheint nur dann angebracht, wenn die konzeptionelle Parallelisierung des Lernens von Organisationen und des Lernens von einzelnen Organisationsmitgliedern (Individuen) darauf beruht, diese als zwei Sonderfälle eines allgemeineren Phänomens - z.B. dem Lernen humaner Systeme (vgl. Geißler 1995a, S.10f.) - zu betrachten bzw. betrachten zu können - eine Sichtweise, die, um ihren metaphorischen Charakter zu überwinden (vgl. Argyris u. Schön 1978, S.11f.), zuallererst zu entwickeln ist.

Das Problem besteht darin zu zeigen, warum und wie die Erklärung des Lernens *in* einer Organisation - verstanden als Form der personenbezogenen Aneignung von organisationsrelevanten Kenntnissen und Fähigkeiten (vgl. Pawlowsky 1992, S.198) - weitergeführt werden kann zur Beschreibung des Lernens *von* Organisationen (vgl. Dixon 1992, S.31ff., auch Weick 1991, Reber 1992), um dem Risiko zu entgehen, daß Bedingungen des Sozialen aus dem Blick geraten. Damit verbunden sind dann eine Reihe zu (er)klärender Problemstellungen (vgl. auch Pautzke 1989, S.32ff.):

- Es ist zu klären, inwieweit und in welcher Form soziale Einheiten (begrifflich unterschiedlich gefaßt als Kollektive, Organisationen, Systeme) selbst lernen können, wie sie ihr Wissen speichern, wie das gespeicherte Wissen durch (individuelle und/oder soziale) Lernprozesse verändert wird, und unter welchen Rahmenbedingungen und nach welchen Funktionsprinzipien sich diese Veränderungsprozesse vollziehen (vgl. auch Hedberg 1981, als Ansatz z.B. Oberschulte 1994, 1996, Huber 1991).

- Auf der Basis der (auch zu klärenden) Unterscheidung zwischen dem individuellen Lernen eines Subjekts und dem Lernen in einem sozialen Kontext ist darzulegen, wie individuelle Lernprozesse sich verändern, wenn sie in den Rahmen einer Gruppe oder formalen Organisation eingestellt sind, und - vice versa - wie das Lernen sozialer Einheiten sich in individuellen Lernprozessen widerspiegelt (grundlegend z.b. das Konzept des Erfahrungslernens bei March u. Olson 1990).

- Stärker auf die Funktionalität organisationaler Lernprozesse hebt die Frage nach ihre Form ab. Sind diese Lernprozesse mit der Lösung vorgegebener Aufgaben auf die Adaption an die (Organisations-)Umwelt begrenzt, oder wie und in welcher Form entfalten sie Problemlösungsfähigkeit in neuen Kontexten (vgl. z.b. die in der Diskussion im Vordergrund stehende Unterscheidung einschlaufiger und zweischlaufiger Lernprozesse nach Argyris u. Schön 1978).

Vor dem Hintergrund dieser Einordnung erscheint es angezeigt, zur Fundierung des weiteren Gedankengangs das Begriffskonstrukt Organisationslernen zu entwickeln, um klären zu können, welche organisationalen Phänomene mit diesem Begriff umschrieben werden und wie die Fähigkeit einer Organisation zum Lernen gefaßt werden kann. Die Vielfalt möglicher Einsichten wird an den unterschiedlichen Ansätzen zur Beschreibung von Inhalt und Form des Lernens von Organisationen deutlich, mit denen im Kontext organisationswissenschaftlicher Arbeiten die Veränderung von Organisationen bearbeitet wird (3.1.2.2), und an der organisationstheoretischen Fundierung, zu denen diese in Beziehung gesetzt werden (3.1.2.3).

3.1.2.2 Begriffsbildungen: Inhalt und Form des Lernens von Organisationen

Inwieweit Organisationen als eigenständige, in eigenem Interesse handelnde soziale Einheiten mit Lern- und Gedächtnisfähigkeiten betrachtet werden können, oder ob es Personen sind, die als Agenten der Organisation handeln - so explizit die Bezeichnung bei Argyris und Schön (1978) -, wird vor allem in organisationspsychologisch orientierten Arbeiten nachgegangen.

Die Forschungsbemühungen in den sechziger und siebziger Jahren sind durch das Bestreben gekennzeichnet, die Veränderung von Organisationen begrifflich präzise zu fassen (vgl. Castiglioni 1994, S.25/6). So sprechen Autoren wie Argyris und Schön (1978), Jelinek (1979) oder Hedberg (1981) von „Lernen" (learning), während andere eher Begriffe wie Anpassung oder Wandel (adaptation - Levinthal u. March 1990) wählen. Mit stärker systematisierenden Arbeiten in den achtziger Jahren (z.b. Shrivastava 1983, Fiol u. Lyles 1985, Levitt u. March 1988) und der im Vordergrund stehenden Rezeption der Arbeiten von Argyris und Schön (1978) und March (March u. Olson 1990, March 1991) setzt sich im Prinzip der Begriff des organisationalen Lernens durch. In die jüngere Diskussion haben jedoch bereits wieder neue Bezeichnungen Eingang gefunden, wie die auf Levy und Merry (1986) zurückgehenden Begriffe Transformation und Transition (vgl. Gomez u. Müller-Stewens 1994, S.149ff., Krüger 1994, S.201f., als Übersicht Staehle 1991a, S.829ff., Steinmann u. Schreyögg 1993, S.429ff.).

Fiol und Lyles (1985) diskutieren explizit Begriffsfassungen des organisationalen Lernens. Ausgangspunkt ist die Einsicht, daß kein organisationstheoretisch fundiertes Konzept allgemeine Anerkennung im Forschungsfeld gefunden hat. Wenn organisationales Lernen verstanden wird „ *... as the growing insights and successful restructurings of organizational problems by individuals reflected in the structural elements and outcomes of the organization itself ... "* (Fiol u. Lyles 1985, S.803), dann beschäftigen sich Konzepte organisationalen Lernens mit dem Zusammenhang zwischen zwei organisationalen Phänomenen (ähnlich auch Duncan u. Weiss 1979, Dixon 1992): Einsichten in *Prozesse der Veränderung individuellen und organisationalen Verhaltens* und deren *wechselseitiger Verknüpfung* sowie in die *Art der organisationalen Veränderung,* die durch diese Prozesse bewirkt wird und die im Verhalten von Organisationen als „outcome" beobachtet werden kann. Beide Phänomene sind nicht unabhängig voneinander, treten in Organisationen aber nicht notwendigerweise zugleich auf, so daß mit ihrer Beschreibung erhebliche konzeptionelle Probleme verbunden sind. So ist zu verstehen, warum in der Literatur verschiedene organisationale Phänomene betrachtet und mit unterschiedlichen Bezeichnungen belegt werden.

Dem Erkenntnisinteresse entsprechend können trotz unterschiedlicher Begriffskonstruktionen zwei grundlegende Themen aufgezeigt werden - so Fiol u. Lyles (vgl. 1985, S.805ff.) -, die mit einer gewissen Konsistenz in der Literatur zum organisationalen Lernen bearbeitet werden:

- Die Beschreibung des *Inhaltes des Lernprozesses,* bei dem zum einen auf die kognitiven Interpretationen organisationaler Ereignisse im gemeinsamen Situationsverständnis der Organisationsmitglieder - „cognitive development" - Bezug genommen wird, zum anderen auf neue Verhaltensweisen, die Resultat dieser Situationsdeutung sind - „behavioral development" -. In der von Fiol u. Lyles (1985) durchgesehenen Literatur[1] werden überwiegend beide Ebenen organisationalen Verhaltens betrachtet. Die Entwicklung von einem behavio-

---

[1] Hierbei handelt es sich um 16 Beiträge, die im Zeitraum von 1963 bis 1984 veröffentlicht wurden.

ralen zu einem kognitiven Verständnis individuellen Lernens hat Eingang gefunden in die Konzeption des organisationalen Lernbegriffs.

- Die Beschreibung des *Typus des Lernens*, die sich auf die Kategorie der kognitiven Situationsdeutung bezieht und bei dem zwischen einer niedrigstufigen und einer höherstufigen Lernebene[1] mit verschiedenen Charakteristika und Konsequenzen unterschieden wird (vgl. Abbildung 3.1-1 - in Anlehnung an Fiol u. Lyles 1985, S.810). Hier konstatieren die Autoren, daß - mit wenigen Ausnahmen (insbesondere die Arbeit von Argyris u. Schön 1978) - die Beschreibung des höherstufigen Lernens (und seine Abgrenzung gegenüber dem niedrigstufigen Lernen) noch wenig Beachtung gefunden hat.

	Niedrigstufiges Lernen	**Höherstufiges Lernen**
Charakteristika	• Beruht auf Wiederholung früherer Verhaltensweisen	• Entsteht aufgrund der Anwendung von Denkmodellen und Einsichten
	• Routine	• Nicht-Routine
	• Steuerung von Aufgaben nach bekannten Regeln und Normen	• Entwicklung neuer Regeln/Normen zur Bewältigung von Steuerungsproblemen
	• gut strukturierter Kontext	• schlecht strukturierter Kontext
	• Berührt alle Ebenen einer Organisation	• Berührt hauptsächlich die oberen Ebenen einer Organisation
Wirkungsebene	• Verhaltensänderungen	• Gewinnung von gemeinsamen Problemsichten und Denkmodellen

Abbildung 3.1-1: Typen organisationalen Lernens

Zur Klarstellung und Weiterführung der Diskussion schlagen die Autoren vor, als Referenzpunkt für eine Theorie organisationalen Lernens zwischen den Begriffen Anpassung und Lernen zu unterscheiden:

- *Anpassung* umschreibt die Fähigkeit einer Organisation, inkrementale Verhaltensänderungen als Reaktion auf Umweltveränderungen, neue Zielstrukturen oder andere Veränderungen vollziehen zu können.

- *Lernen* hingegen bezeichnet die Fähigkeit, Einsichten und Wissen zu gewinnen über vergangene Handlungen sowie Assoziationen herzustellen zwischen diesen Handlungen, ihrer Effektivität und zukünftigen Handlungen.

---

[1] Die auch in bezug auf die Lerntypen unterschiedlichen Begriffsfassungen haben Pawlowsky (1992, S.205) und Probst u. Büchel (1994, S.178) zusammengestellt. In ihrem Kern geht die Argumentation überwiegend auf eine von Bateson (1994) entwickelte, hierarchisch gegliederte Typologie von vier Lernstufen (Lernen 0 - Lernen III) zurück. Kritisch hierzu: Geißler 1995b.

Damit wird hervorgehoben, daß erst eine an beobachtbaren neuen Verhaltensweisen orientierte Beschreibung organisationaler Veränderungsprozesse in Verbindung mit der Rekonstruktion der Veränderung der Bedeutungszuschreibungen und Begründungsprozesse in den organisationalen Handlungen zugrundeliegenden kognitiven Strukturen der Akteure die Form organisationaler Veränderung trifft, die mit dem Begriff des organisationalen Lernens umschrieben wird.

3.1.2.3 Zur organisationstheoretischen Grundlegung organisationaler Lernkonzepte

Der Unterschied zwischen dem Lernen von Individuen und dem Lernen der Organisation wird an der Beschreibung der Wechselwirkungen von Handlungen zwischen verschiedenen Organisationsmitgliedern und den Beziehungen des gemeinsamen Handelns zur organisationalen Zwecksetzung festgemacht, wobei diese in unterschiedlicher Form als Verhaltens-„vorschrift" - im Sinne einer hypothetischen, nicht faktisch gültigen Ursache-Wirkungsbeschreibung eines „richtigen" organisationalen Verhaltens - in den formalen Strukturen der Organisation verankert sein kann. Nimmt man die kritische Frage von Hedberg (vgl. 1981, S.3) auf - ob und wie Organisationen als soziale Einheiten verstanden werden können, die als solche für sich handeln und damit auch lernen können -, dann wird in der Literatur zum organisationalen Lernen

- entweder auf die *Institutionalisierung individueller Erfahrungen* in organisationalen Handlungsabläufen (Organisationsroutinen) Bezug genommen, zu deren beobachtbaren Artefakten eingespielte Arbeitsabläufe, aber auch deren materielle Formen, z.B. Richtlinien oder Arbeitsanweisungen, gehören,

- oder aber auf *gemeinsam geteilte Normen* (Begründungsmuster organisationaler Verhaltensweisen) aller, zumindest aber einiger Organisationsmitglieder, als deren beobachtbare Artefakte beispielsweise Führungsprinzipien und Entscheidungsgrundsätze als Form der Interpretation „richtiger" organisationaler Verhaltensweisen gesehen werden.

Die Wahl der Beschreibungsdimensionen organisationaler Handlungen ist eine Frage des organisationstheoretischen Vorverständnisses und der Grundannahmen, die sich als vergleichsweise heterogen zeigen, und damit eine integrative Theoriebildung deutlich erschweren. Diese Rückbindung an das zugrundeliegende Organisationsverständnis wird schon von Argyris und Schön thematisiert (1978, S.321, Arygris 1993a, ähnlich Wolff 1982, Shrivastava 1983, vgl. zu einer ähnlichen Argumentation für organisationale Veränderungsprozesse Wimmer 1993). Sie verorten hinter verschiedenen Interpretationen organisationaler Lernprozesse sehr unterschiedliche Annahmen über Handlungen in Organisationen (z.B. Organisation als Gruppen, als Agenten, als Kulturen) und führen dies auf das jeweils zugrundeliegende Erkenntnisinteresse (z.B. der Sozialpsychologie, der Managementlehre, der Ethnomethodologie) zurück.

Zu deren Ordnung wird in der deutschsprachigen Literatur häufig die Arbeit von Shrivastava (1983, vgl. z.B. bei Schirmer 1992, Sackmann 1993, Daft u. Huber 1987) herangezogen. Aufgrund der Fragmentierung des Forschungsfeldes und der Multidisziplinarität der Forschungsarbeiten geht Shrivastava (1983, S.9ff.) von vier gegeneinander abgrenzbaren, zum Teil kontrastierenden Perspektiven organisationalen Lernens aus, mit denen jeweils unterschiedliche Aspekte dieses organisationalen Phänomens hervorgehoben werden (vgl. Abbildung 3.1-2):

- Organisationales Lernen als „Erfahrung"[1]

- Organisationales Lernen als „Anpassungsverhalten"

- Organisationales Lernen als Entwicklung einer „organisationalen Wissensbasis"

- Organisationales Lernen als „Schaffen einer gemeinsamen Wirklichkeit".

Daft und Huber (1987, auch Dixon 1992, S.35ff.) knüpfen an Vorschläge zur Klassifikation organisationstheoretischer Konzepte an (vgl. Astley u. Van de Ven 1983, hierzu auch Pfeffer 1982, als einführende deutschsprachige Übersicht Türk 1989, S.11ff., Osterloh 1993a, S.59ff., auch Wollnik 1993) und bringen diese - anknüpfend an Überlegungen von Shrivastava (1983) sowie Fiol und Lyles (1985) - in Verbindung zu Erkenntnisperspektiven in Konzepten organisationalen Lernens.

Um aufdecken zu können, warum „... organizations learn about their environments?" (Daft und Huber 1987, S.6), unterscheiden die Autoren in der Multidisziplinarität der Ansätze zwei konzeptionelle und inhaltliche Schwerpunkte, denen sich die Erklärungsansätze zuordnen lassen und die sich mit jeweils spezifischen Aspekten organisationalen Lernens beschäftigen:

- der Analyse von Informationsbeziehungen aus einer system-strukturellen Interpretation organisationalen Lernens

Diese Sicht ist durch das system-strukturelle Paradigma der Analyse organisationalen Verhaltens geprägt, in dem rationale Begründungen zweckorientierter Organisationshandlungen im

---

[1] Die Interpretation organisationalen Lernens als „Erfahrung" bewegt sich auf der organisationalen Mikroebene von Funktionsfeldern und Arbeitssystemen. Das Konzept beruht auf der Annahme der Effizienzerhöhung durch wiederholte Erfahrungen, durch die die Antizipation und die Kompetenz im Umgang mit ähnlichen Problemsituationen verbessert wird. Empirische Studien haben schon früh, zunächst für den Produktionsbereich, den Zusammenhang zwischen dem Arbeitszeitbedarf für eine Tätigkeit und der Häufigkeit der Wiederholung dieser Tätigkeit mit den daraus resultierenden, erfahrungsbedingten Lerneffekten belegt. Dieses Konzept ist auch auf eine Reihe von Entscheidungssituationen im Management angewandt worden (vgl. Shrivastava 1983, S.14ff. - zusammenfassend Levitt u. March 1988, S.321f., Epple, Argote u. Devadas 1991, Grün 1993, Sp.2599ff., auch Pautzke 1989, S.108ff.). Insgesamt ist die Einschätzung dieser Interpretation sehr ambivalent: Während Grün (1993, Sp.2601) auf die in der Literatur ausgewiesenen Kritikpunkte - z.B. unzureichende empirische Bewährung, fehlende Praxisrelevanz - verweist, sehen Klimecki, Probst u. Eberl (1991, S.129) diesen Ansatz als in der Literatur unbedeutend an. Dixon (1992, S.41) sieht hingegen das Potential dieses Konzepts noch nicht ausgeschöpft. Sackmann (1993, S.229) plädiert für eine Zusammenführung mit der Interpretation des organisationalen Lernens als Entwicklung einer gemeinsamen organisationalen Wissensbasis. Aufgrund seines geringen Stellenwerts in der aktuellen Diskussion wird dieser Ansatz hier nicht weiter verfolgt.

Vordergrund stehen. Im Kern wird in dieser Perspektive die *Gewinnung und Verteilung von Informationen* als unabdingbare Ressource für das Lernen einer Organisation über ihre interne und externe Umwelt angesehen. Informationen werden als verfügbare Ressource verstanden, die durch Instanzen (Grenzstelleneinheiten) an der Schnittstelle zwischen Organisation und Umwelt aufgenommen und in der Organisation (durch Entscheidungseinheiten) zweckmäßig verwendet werden können.

	Anpassungs-verhalten	**Entwicklung einer orga-nisationalen Wissensbasis**	**Schaffen gemeinsa-mer Wirklichkeit**
Hauptvertreter[1]	March u. Olson 1990 Levitt u. March 1988 March 1991	Duncan u. Weiss 1979 Kirsch 1992, Pautzke 1989 Oberschulte 1994, 1996	Argyris u.Schön 1978 Argyris u. Schön 1996 Argyris 1990, 1993 Probst u. Büchel 1994
Begriff	Anpassung an das Umweltverhalten	Prozeß, in dem Wissen über Handlungs-Ergebnis-Beziehungen entwickelt wird	Prozeß der Konstruktion kognitiver Landkarten
Inhalt	neue Ziele Regeln für Aufmerksamkeit Suchregeln	organisationale Wissensbasis durch konsensuale Integration individuellen Wissens als Grundlage für Entscheidungs- und Veränderungsprozesse	organisationale Handlungstheorien, die Ausdruck gemeinsam geteilter Annahmen über organisationales Verhalten sind
Form	Anstoß durch Diskrepanzen zwischen Zielen und Leistungen Anpassung individuellen Verhaltens führt zur Anpassung organisationalen Verhaltens	Anstoß durch „gap" zwischen Verhaltenserwartungen und tatsächlichem Verhalten Anpassung durch Entscheidungen über Strategien/Strukturen auf der Basis von altem/ neuem Organisationswissen	Anstoß durch „Fehler" Anpassung innerhalb eines konstanten Rahmens von Normen/ Leistungen (single-loop learning) oder durch dessen Restrukturierung (double-loop learning)
Träger	Individuum-Organisation	dominante Koalition, verteilt in der Organisation	kollektive Handlungsträger in Organisationen, individuelles Lernen als Bedingung organisationalen Lernens
Bedingungen	Lernbehinderungen durch Regeln und Strukturen	Mitteilung und Akzeptanz von Lernergebnissen	defensive Begründungs- und Kommunikationsprozesse in restriktiven Lernsystemen

Abbildung 3.1-2: Ansätze organisationalen Lernens

---

[1] Die ursprünglichen Zuordnung von Shrivastava (1983) ist in der Übersicht um jüngere Forschungsarbeiten der Hauptvertreter ergänzt, ebenso um Autoren, die heute mit vergleichbaren Begriffs-, aber in der Regel weitaus differenzierteren Argumentationskonstruktionen arbeiten.

• der Analyse von Kommunikationsverhalten und -prozessen aus der interpretativen Perspektive organisationalen Lernens

Diese Ansätze organisationalen Lernens knüpfen an das interpretative Paradigma der Organisationsforschung an und rücken die hinter der „Oberfläche" der Organisationsstruktur stehenden, tieferliegenden Prozesse der Deutungsmuster, Konflikt- und Machtbeziehungen in den Mittelpunkt. Zentral für die interpretative Sicht ist das Konzept der *Mehrdeutigkeit von Informationen*. Organisationsmitglieder schreiben in ihrem Handeln Informationen Bedeutungen zu und kommen - durch den Austausch von Bedeutungszuschreibungen - zu intersubjektiv gültigen Situationsbeschreibungen. Damit sind im Rahmen dieser Erkenntnisperspektive organisationale Koalitionen, Machtbeziehungen und Konflikte bedeutsamere Konstrukte als Strukturvariablen wie die Technologie oder Größe einer Organisation (siehe zusammenfassend Abbildung 3.1-3).

System-strukturelle Perspektive	Interpretative Perspektive
Die Organisation ist ein System zur Übertragung von Daten.	Die Organisation ist ein System der Bedeutungszuschreibung von Daten.
Es geht um Summe, Frequenz, Richtung und physische Merkmale von Nachrichten.	Es geht um Zweck und Bedeutung von Symbolen sowie die Sensibilisierung der Beteiligten.
Die Umwelt ist objektiv gegeben und kann durch Datengenerierung verstanden werden.	Die Umwelt ist mehrdeutig und wird auf der Basis geteilter Bedeutungszuschreibungen erfaßt.
Organisationen lernen durch Datengewinnung. Rationale Analyse und Verhaltensanpassung sind Aufgabe der Entscheidungsträger.	Organisationen lernen durch Diskussionen und die geteilte Interpretation organisationaler Ereignisse, den Wandel von Annahmen sowie Versuch und Irrtum.
Verstehen begründet Handlungen.	Handlungen führen zum Verstehen.

Abbildung 3.1-3: System-strukturelle und interpretative Sichtweise organisationalen Lernens

Beide Sichtweisen gewinnen ihren Stellenwert aus der Aufdeckung und Erklärung von Aspekten organisationalen Lernens, ohne das Phänomen in deskriptiver Hinsicht vollständig zu erfassen, und sind daher - trotz ihrer Unterschiedlichkeit - als bedeutsam für die Klärung des Lernens von Organisationen einzuordnen, denn „... *organizations undertake both types of activity ...*" (Daft u. Huber 1987, S.10).

Zieht man die vorgetragenen Überlegungen zum Forschungsfeld „Organisationales Lernen" zusammen, lassen sich die Grundorientierungen der verschiedenen Ansätze in eine Vier-Felder-Matrix einordnen, deren Dimensionen das zugrundeliegende Annahmegerüst zur Erklärung menschlichen Verhaltens in Organisationen - kognitive versus verhaltensorientierte Erklärungsmuster - und das organisationstheoretische Vorverständnis - system-struktureller versus interpretativer Erklärungsansatz - darstellen (vgl. Abbildung 3.1-4). Dieser Bezugsrahmen verdeutlicht im Sinne einer einfachen Heuristik die Verschiedenartigkeit der konzeptionellen Herangehensweisen und erlaubt zugleich eine genauere Einordnung[1], in welcher Form ein Beschreibungs- und Erklärungsbeitrag von den verschiedenen Ansätzen organisationalen Lernens erwartet werden kann.

	Organisation als informationsverarbeitendes System	Organisation als sinnproduzierendes System
	(system-strukturelle Erklärungsansätze)	(interpretative Forschungsansätze)
begründetes Verhalten (kognitiver Erklärungsansatz)	Organisationales Lernen als Entwicklung einer organisationalen Wissensbasis	Organisationales Lernen als Schaffen gemeinsam geteilter Annahmen über organisationales Verhalten
beobachtbares Verhalten (verhaltensorientierter Erklärungsansatz)	Organisationales Lernen als Erfahrungslernen	Organisationales Lernen als Anpassungsverhalten

Abbildung 3.1-4: Eine Heuristik der Ansätze organisationalen Lernens

In dieser Perspektiven-Klassifizierung werden - stärker als in jüngeren Übersichtsarbeiten zum Themenbereich, die eher eine vergleichende Betrachtung (vgl. Pawlowsky 1992, Sackmann 1993) oder anhand zentraler Leitfragen (Begriff, Ziele und Bedingungen organisationaler Lernprozesse) eine Integration der bisherigen Arbeiten verfolgen (bspw. Huber 1991, Pawlowsky 1992, Dodgson 1993) - die *unterschiedlichen Grundannahmen über das Verhalten in Organisationen* deutlich, die mit dem Erkenntnisinteresse an die mit organisationalem Lernen umschriebenen Phänomene herangetragen werden.

3.1.3 Eingrenzung der Forschungsperspektive

Die Durchsicht der Literatur zum Forschungsfeld „Organisationales Lernen" zeigt, daß sich als konzeptionelle Quellen für die Beschreibung und Erklärung der Veränderung von Managementleistungen durch die Einführung von Managementunterstützungssystemen verschiedene Erklärungsansätze des Organisationslernens anbieten. Auch wenn der Untersuchungsgegenstand dieser Arbeit eine kognitiv fundierte, interpretative Sicht auf das Arbeits- und Ent-

---

[1] Wobei die Zuordnungen wiederum keineswegs eindeutig sind: Während Daft und Huber (1987, S.4) die Forschungsarbeiten von March und Olson (1990) als interpretativen Erklärungsansatz einordnen, sieht Dixon (1992, S.39f.) diese als Vertreter einer system-strukturellen Perspektive.

scheidungsverhalten des Managements als problemangemessene Erkenntnisperspektive nahelegt, ist genauer abzugrenzen, worin der konzeptionelle Anregungsgehalt zu sehen ist.

Betrachtet man den *begrifflichen Kern* vorliegender Beschreibungsansätze zum organisationalen Lernen, so lassen sich für eine konzentrierte Beschreibung zwei Momente der „Wirklichkeit" des Lernens von Organisationen differenzieren (ohne dabei zu verkennen, daß die Beschreibung von individuellen Verhaltens-/Lernprozessen regelmäßig als Bedingung der Möglichkeit zur Beschreibung organisationaler Lernprozesse anzusehen ist, vgl. Argyris u. Schön
1978, S.20)[1]:

- Organisationales Lernen beschreibt das Lernen von Organisationen als Prozeß des kollektiven Lernens in Organisationen. Gegenstand der Veränderung sind zweckbegründete und
  wechselseitig aufeinander bezogene (organisationale) Verhaltensweisen der Organisationsmitglieder und deren struktureller Rahmen - z.b. Eigenschaften der (beteiligten) Personen,
  ihre funktionale und intersubjektive Verflechtung, die Einordnung in die Makrostruktur der
  Organisation -. Rückt man kognitive Erklärungsrahmen organisationalen Lernens in den
  Vordergrund, dann kennzeichnet der Begriff eine Form der Veränderung organisationalen
  Verhaltens, die auf kommunikativ vermittelten Prozessen der Wahrnehmung, Deutung und
  Reflexion organisationaler Verhaltensweisen beruht.

- Auch wenn organisationales Lernen als ein gerichteter, d.h. kognitiv reflektierter, Veränd e-
  rungsprozeß von Organisationen aufgefaßt wird, ist dieser aufgrund seines *zugleich* sozial
  konstruktiven und kollektiven (politischen) Charakters nicht mit einem rational erwartbaren Ergebnis individueller und/oder kollektiver Verhaltensmodifikation gleichzusetzen. Mit
  der Bezugnahme auf den Zweck organisationalen Handelns wird zwar nahegelegt, daß es
  sich um Lernprozesse handelt, die im Kontext formal gesteuerter Verhaltensregulierung
  stattfinden. In der täglichen Praxis organisationalen Handelns bewegt sich diese Verhaltensregulierung jedoch im Spannungsfeld der durch die Organisation als Kollektiv (vor)-
  strukturierten Verhaltensweisen und der kontingenten Wahrnehmung und Deutung dieser
  Verhaltensmöglichkeiten durch die Organisationsteilnehmer. Weil es sich zudem um einen
  kollektiven Prozeß der Lernens handelt, ist die Begründung organisationaler Verhaltensweisen auf die intersubjektive Verständigung über und die Anschlußfähigkeit von Handlungen durch die Organisationsteilnehmer angewiesen.

Sowohl die Fähigkeit, bestehende Begründungen organisationalen Handelns in Frage stellen
zu können - kognitive Dynamik -, als auch die Möglichkeit, neue Formen organisationalen
Handelns entwickeln und verankern zu können - organisationale Dynamik -, stellen die zentra-

---

[1] Die Klärung dieser Abgrenzung wird im Prinzip in allen einschlägigen Arbeiten als notwendig angesehen
(exemplarisch: Hedberg 1981, S.9f., Shrivastava 1983, S.8f.,16f., Pawlowsky 1992, S.201f., Dixon 1992, S.31f.,
Schüppel 1995, S.193ff.).

len Erkenntnisfelder der Beschreibung und Rekonstruktion organisationaler Lernprozesse dar und weisen diese zugleich als praktisch bedeutsame Probleme der Veränderung organisationalen Verhaltens aus.

Der Gehalt einer an der Beobachtung von Verhalten orientierten *Forschungsperspektive* zur Aufhellung des so charakterisierten Problemfelds kann anhand der diesen Konzepten inhärenten Annahmen zur Entwicklungslogik des Lernens von Organisationen diskutiert werden. Diese Sichtweise führt dazu, organisationale Lernprozesse als bedingte Verhaltensvariation aufgrund von Erfahrungs- und Beobachtungsprozessen in einem Zyklus organisatorischen Wahlverhaltens zu beschreiben (vgl. Abbildung 3.1-5 - Quelle: March u. Olson 1990, S.377, auch Levitt u. March 1988, 1990 - zusammenfassend: Berger u. Bernhard-Mehlich 1993, S.148ff., Schreyögg u. Noss 1995, S.176f.).

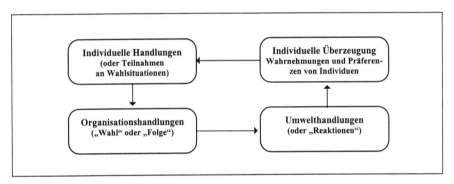

Abbildung 3.1-5: Ein vollständiger Entscheidungs-/Lernzyklus

Individuelle Handlungen werden in organisationales Verhalten transformiert, das Umweltreaktionen auslöst, welches Individuen im Rahmen ihrer Präferenzen und Überzeugungen wahrnehmen und durch die wiederum - mittels der schrittweisen Anpassung von Zielen, Aufmerksamkeitsregeln gegenüber der Umwelt und Suchregeln für Problemlösungen - deren Entscheidungsverhalten beeinflußt wird. Aufgrund der Mehrdeutigkeit und Unsicherheit von Entscheidungssituationen sind vier Unterbrechungen dieses Entscheidungszyklus denkmöglich (vgl. March und Olson 1990, S.386ff.), die als rollenbeschränktes, präorganisatorisches und abergläubisches Erfahrungslernen sowie als Erfahrungslernen bei Mehrdeutigkeit bezeichnet werden. Diese begrenzen die Wahrscheinlichkeit, daß Individuen und Organisationen aufgrund von Erfahrungen durch die Interpretation der Ereignisse ihr Verhalten modifizieren (Lernen).

Der normative Referenzrahmen dieser Diskussion ist klar zu bestimmen: Unter gleichen Umweltbedingungen führt die Fähigkeit zur Verarbeitung von Erfahrungs- und Beobachtungsprozessen der Organisationsmitglieder zu einer besseren Problemlösung im organisationalen Verhalten. Die technologische „Umkehrung" dieser Sichtweise besteht folglich in der positiven Bestimmung von Bedingungen und Organisationsformen, durch die Organisationen erfolgreich neue Verhaltensweisen lernen. Organisationale Aufklärungsprobleme dieser Art gehen von der Form der Ausbreitung, Nutzung und Entwicklung von individuellen Erfahrungen im organisationalen Verhalten aus. Einer Argumentation von Kirsch (1992, S.312f.) folgend ergibt sich daraus, die kritischen Bedingungen aufzuzeigen, denen die Zugänglichkeit und die Nutzbarmachung individueller Erfahrungen in organisationalen Entscheidungsprozessen unterliegen. Diese werden in der Literatur unter Begriffen wie Informations- und Kommunikationspathologien (vgl. grundlegend Sorg 1982 - zusammenfassend Oberschulte 1994, S.22ff.) oder Wissens-, Kommunikations- und Lernbarrieren (vgl. March u. Olson 1990, Schüppel 1995, S.212f. - zusammenfassend Geißler 1995a, S.41ff.) behandelt. Als Einflußfaktoren solchermaßen zu identifizierender „pathologischer" Erscheinungen sind einerseits strukturelle Gegebenheiten zu rechnen, die auf Kriterien der formalen Ordnung organisationalen Verhaltens zurückzuführen sind, wie z.B. Regelungen zur Arbeitsteilung oder zur Entscheidungsdelegation, und andererseits (be)herrschende Orientierungs- und Regelsysteme („Doktrinen"), die durch die Einengung der Informationsproduktion auf bestimmte Wahrnehmungswelten Aufklärung über organisationalen Verhaltens behindern (vgl. Probst u. Büchel 1994, S.73ff., die ergänzend psychologische Informationspathologien unterscheiden).

Damit wird ein Modell beschrieben, daß dem Handlungsimperativ in der Organisationstheorie entgegenkommt - so der kritische Kommentar von Weick (1991, S.120) -, mit dessen statischer Sichtweise aber nur bedingt zur Aufklärung über Prozesse organisationalen Lernens beigetragen wird und damit - im betriebswirtschaftlichen Erkenntnisinteresse weitergehend - zur Frage, wie konzeptionell die Möglichkeit gefaßt werden kann, steuernde Eingriffe (Managementleistungen) und ihre Veränderung in die Entwicklung von Unternehmen (als Erhöhung ihrer Anpassungsfähigkeit) zu transformieren. Die „Kosten" dieser Herangehensweise bestehen in ihrer deskriptiven Ungenauigkeit, die - folgt man der Argumentation von Weick (1991) - auf zwei konzeptionellen Engführungen beruht (vgl. auch Dixon 1992, S.41f.):

1. Das erste Grundproblem besteht darin, daß die Aufdeckung „pathologischer" Erscheinungen durch die Ausdifferenzierung des Bezugsmodells nicht abschließend gelingen kann und die Aufklärung durch das „Zurechnungs"-Problem der fehlenden Eingrenzung von abhängigen und unabhängigen Faktoren begrenzt ist. Im Rahmen der Beschreibung der Bedingungen organisationalen Verhaltens führt die Annahme der Möglichkeit „pathologischer" Erscheinungen zu einem nicht mehr verifizierbaren Bedingungsgefüge. Zwar können „... *viele weitere individuelle und kollektive Barrieren in das Modell übertragen werden*" (Schüppel 1995, S.215). Deren Begrenzungen sind - in technologischer Sicht - durch

Interventionen zur Aufhebung „pathologischer" (Einzel)Erscheinungen nicht zu überwinden, weil Wirkungsketten nicht (mehr) aufgeklärt werden.

2. Der Rahmen dieser Erklärungskonzeption bleibt offen, da nicht geklärt ist, ob die mit dem Begriff des Lernens belegten organisationalen Phänomene nicht auch auf andere Erklärungsangebote - also nicht nur den Bedingungen der Möglichkeit zur Wissensproduktion (vgl. die Diskussion im Appendix zu Argyris und Schön 1978 und zu Argyris 1993a) - zurückgeführt werden können (oder müssen): „Technically, in each of these cases there is no evidence of learning simply because we failed to exclude competing explanations" (Weick 1991, S.119).[1]

Die Annahme vollständiger Entscheidungs-/Lernzyklen beschreibt eher den Ausnahme- als den Regelfall im organisationalen Verhalten (vgl. Hedberg 1981, S.11f.) und erlaubt zugleich nicht, zwischen Ebenen des Lernens, den mit organisationalem Lernen verbundenen Aktivitäten, ihren Bedingungen und Wirkungen genauer zu differenzieren. Deren Erklärung wird in kognitiv fundierten Ansätze organisationalen Lernens - für die insbesondere die Forschungsarbeiten von Argyris und Schön stehen (vgl. Argyris und Schön 1978, 1996, Argyris 1990, 1993a) - in Aussicht gestellt. Ein entscheidender Leitgedanke ist dabei, im theoretischen Vorverständnis „Organisation" als sozial konstruierte Wirklichkeit aufzufassen, die durch Interaktions- und Kommunikationsprozesse konstituiert und aufrechterhalten wird. Diese „organisationale Realität" - als das von mehreren Organisationsmitgliedern geteilte Wissen über organisationales Verhalten - prägt zugleich das Wirklichkeitsverständnis von Organisationsmitgliedern sowie ihre Handlungen und ist damit Bedingung für organisationale Ordnung und organisiertes Handeln (vgl. grundlegend Berger u. Luckmann 1994, Kapitel I, insbes. S.36ff.).

Diese Interpretation organisationalen Handelns und die damit intendierte Konzeption von Veränderungsprozessen als sozialem Austausch- und durch Interessen geprägten Verhandlungsprozeß - als sozial-konstruktive Widerspiegelung eines (funktionslogisch (re-)konstruierbaren) Informationsverarbeitungsprozeß der konsensualen Integration individuellen Wissens (vgl. Duncan u. Weiss 1979) -, legt eine Weiterung von Perspektiven bei der Analyse der Veränderung von Organisationen nahe. Als ein Schlüsselproblem erweist sich dabei die Grenzziehung zwischen Veränderungen im Organisationsverhalten als „unreflective action-taking" (vgl. Fiol u. Lyles 1985, S.810/811) und jenen Prozessen, die solche Veränderungen auf re-

---

[1] Bei dieser Kritik ist zu berücksichtigen, daß sich die Literatur hierbei auf die frühen Forschungsarbeiten der verhaltenswissenschaftlichen Entscheidungstheorie zum Organisationalen Lernen bezieht (vor allem March u. Olson 1990, Levinthal u. March 1990). Die jüngeren Forschungsarbeiten in diesem Kontext (vgl. vor allem die Arbeiten Levitt u. March 1988, 1990, March 1991, March, Sproull u. Tamuz 1991), in denen unter anderem der Stellenwert der organisationalen Lernfähigkeit in Organisationspopulationen betrachtet wird, fließen bisher nur wenig in die deutschsprachige Diskussion dieses Themenkomplexes ein. Hier ist generell eine hohe Aufmerksamkeit für die „erste" Forschungsphase zum organisationalen Lernen, und hier insbesondere für die Arbeit von Argyris und Schön (1978), zu verzeichnen.

flektierte Erfahrungen aus Umweltveränderungen und vorgängigem Organisationsverhalten zurückführen (vgl. ähnlich Reber 1992, Sp.1241f., der auf die Notwendigkeit zur Ausgrenzung positiver Wirkungen günstiger externer Bedingungen aus dem Lernbegriff hinweist, vgl. auch das Konzept evolutionärer Anpassungsprozesse bei Duncan und Weiss 1979). Die Identifizierung der Träger dieser Prozesse - Welche Akteure/Akteurgruppen handeln als Agenten organisationaler Handlungen? - und die Bestimmung des Reflexionsgehalts - Beruht die Veränderung auf Verhaltensanpassungen oder Wahrnehmungs- und Erkenntnisprozessen? - setzt methodisch Verfahren voraus, die eine interpretierende Rekonstruktion der Intentionalität des beobachtbaren menschlichen Verhaltens zulassen (vgl. hierzu Osterloh 1993a, S.59ff., auch Braun 1993, Becker 1993).

3.2 Organisationales Lernen in Unternehmen

In ihrem Kern fokussieren die hier zu entwickelnden, kognitiv fundierten Konzepte organisationalen Lernens nicht die Funktionalität oder die Wirkungen neuer Formen betrieblichen Handelns, sondern die Entstehung und Vollzug ihrer Operationsweise als Prozeß der Veränderung organisationalen Handelns, d.h. jenen Prozeß, der zwischen zwei Meßzeitpunkten „A" und „B" stattfindet. Diese dynamische Perspektive läßt sich - mit Bezug auf die Diskussion zum Bedeutungsgehalt der Begriffe Veränderung, Entwicklung und Lernen - als eine eigenständige Sichtweise zur Erklärung der Strukturiertheit organisierten Handelns betrachten, in deren Vorverständnis - und dies ist der für ihre Einordnung als betriebswirtschaftliches Erklärungskonzept herauszuhebende Aspekt - sich die intentionale Gestaltung dieses Handelns mit den (eigen)dynamischen Elementen sozialer Ordnungsprozesse verbindet - eine Sichtweise, die inzwischen für eine Reihe von betrieblichen Problemstellungen fruchtbar gemacht wird (vgl. Türk 1989, S.52, neben den umfangreichen Forschungsarbeiten von Argyris - als Übersicht 1994 - z.B. für Unternehmensgründungen Frank u. Lueger 1995, S.722ff., für Unternehmensnetzwerke Sydow 1992, S.245f.).

Die Bearbeitung dieser Forschungsansätze ist in diesem Kapitel in drei Abschnitte gegliedert. Um ein vertieftes Verständnis ihrer erkenntnistheoretischen Positionen und der Theoriekonstruktion zu gewinnen, werden in den beiden ersten Abschnitten zwei Theoriekonzepte rekonstruiert, die in der Ideengeschichte des Organisationslernens eine zentrale Rolle spielen. Es handelt sich um den 1979 von Duncan und Weiss publizierten Aufsatz „Organizational Learning: Implications for Organizational Design" (3.2.1) und die 1978 erschienene Monographie von Argyris und Schön: „Organizational Learning: A Theory of Action Perspective" (3.2.2). Die in diesen Theoriekonzepten entwickelten Begriffe zur Beschreibung der „organisationalen Wissensbasis" und „organisationaler Lernprozesse" haben die Diskussion nachhaltig geprägt, ohne daß - vor allem in jüngeren Beiträgen - über begriffliche Anschlüsse hinaus deren Grundannahmen und Modellkonzeption expliziert werden. Erst eine Rekonstruktion in dieser Hinsicht jedoch erlaubt die Einordnung dieser Theoriekonzepte im Hinblick auf ihre Eignung zur Erklärung der hier in den Mittelpunkt gestellten Organisationsphänomene.

Ziel ist im dritten Abschnitt (3.2.3), aus diesen Theoriekonzepten und darauf aufbauenden Forschungsarbeiten die Grundlagen für die hier angestrebte Entwicklung eines Bezugsrahmen zur Beschreibung und Erklärung der Veränderung von Managementleistungen durch die Einführung von Managementunterstützungssystemen zu erarbeiten, mit dem nicht nur das Anwendungskonzept als technologisches Modell organisationalen Verhaltens, sondern auch die aus ihrer Einführung in betriebliche Leistungsprozessen entstehende Nutzungsdynamik im Handeln der Akteure (Manager) und ihre Bedingungsfaktoren behandelt werden können. Mit Blick auf die empirische Analyse werden Anschlußpunkte und Anforderungen formuliert, die im weiteren Gang der Untersuchung auch den Zugriff auf das Erfahrungsobjekt „Unternehmung" bzw. spezieller der „informationstechnischen Unterstützung von Managementleistungen" ermöglichen.

3.2.1 Organisationale Wissensbasis - Zur zweckorientierten Begründung und konsensualen Verschränkung organisationalen Wissens

Die Notwendigkeit, sich mit organisationalen Lernprozessen zu beschäftigen, leiten Duncan und Weiss (1979) aus ihrer Einschätzung ab, daß eine dem situativen Ansatz in der Organisationsforschung folgende rational-kontingente Beschreibung von Organisationen zwar die Beziehung zwischen einer Organisation und ihrer Umwelt erfassen kann, nicht aber den Prozeß, auf dem die Entstehung des je kontingenten Beziehungsgefüges beruht: *„how could an organization be consistently effective over time given that changes occur in its environment?"* (S.77)[1].

Zur Klärung dieser Frage entwickeln die Autoren ihre Konzeption organisationalen Lernens im Begriffsrahmen rational-kontingenter Organisationsforschung. Ausgangspunkt ihrer Beschreibung und Rekonstruktion organisationalen Lernens und der Gestaltung organisationaler Lernprozesse ist die Klärung des Vorverständnisses über Organisationen und organisatorische Prozesse.

3.2.1.1 Grundannahmen

Organisationales Lernen wird als organisatorischer Prozeß aufgefaßt. Die Funktion organisatorischer Prozesse besteht in dem Erreichen nutzbarer Ergebnisse (outcome) für die Organisation. Für die Beschreibung organisationaler Lernprozesse ergibt sich so die Notwendigkeit zu

---

[1] In diesem Teilabschnitt beziehen sich Seitenangaben ohne weiteren Nachweis auf die ausgearbeitete Quelle. Hier: Duncan und Weiss (1979).

klären, was Organisationen sind, wie sie operieren und welche Ergebnisse organisationaler Lernprozesse als nutzvoll anzusehen sind.

Formale Organisationen werden verstanden als „... *to be a group of individuals who engage in activities which transform, or support the transformation of, some set of inputs into some set of outputs"* (S.79). Dieser mehrstufig gegliederte Transformationsprozeß und die Organisation der hierauf bezogenen Aktivitäten von Individuen stellen den grundlegenden Zweck einer formalen Organisation dar und bilden die Basiseinheit der Analyse. In dieser Zweckorientierung organisationaler Aktivitäten eingeschlossen ist die Notwendigkeit, ihre Mehrstufigkeit durch Koordination der einzelnen Aktivitäten zu einem Transformationsprozeß zusammenzufügen.

„Thus, the organization is conceived of as a system of actions which are each related to specific outcomes. These outcomes are related to the overall transformation process-the purpose of the organization. Thus, these actions are purposeful and represent deliberate activities. The basic unit of the organization can thus be understood as an action-outcome link, or a task, which is related to other tasks in the organization" (S.81).

In Relation hierzu sind die Ziele, die mit einer Organisation verfolgt werden, nicht von Bedeutung: *„Whatever the goal of a given organization, it must involve some kind of organized activity which has some purpose"* (S.79).

Effektivität wird definiert als der Grad der Fähigkeit der Organisationsmitglieder, die Handlungen zu bestimmen, mit denen ein gewünschtes Ergebnis erreicht werden kann, und die jeweils gegebene Komplexität der Gesamtaufgabe in ein geordnetes Gefüge von Teilaktivitäten zu gliedern. Organisationale Effektivität bezieht sich auf drei Elemente organisationalen Handelns:

1. Handlungs-Ergebnis-Beziehungen, die auf der Fähigkeit organisationaler Entscheider beruhen, auf der Basis ihres Wissen über die erfolgreiche Anwendung von Organisationstechnologien bei gegebenen internen und externen Umweltbedingungen in bestimmten Situationen Entscheidungen zu treffen, mit denen das gewünschte Ergebnis erreicht werden kann;

2. Anpassungen, die auf der Fähigkeit organisationaler Entscheider beruhen, Umweltveränderungen, die für die Handlungs-Ergebnis-Beziehungen bedeutsam sind, wahrzunehmen, und ihnen durch die gezielte Anpassung von Aktivitäten sowie die Modifikation von angestrebten Ergebnissen dieser Handlungs-Ergebnis-Beziehung zu entsprechen;

3. konsistente Handlungen, die auf der Fähigkeit organisationaler Entscheider beruhen, die wechselseitigen Abhängigkeiten - *„interdependencies"* (S.83) - zwischen funktional not-

wendigen Handlungen zu erkennen, auch die wechselseitigen Wirkungen zu übersehen, und diese entsprechend auf das gewünschte (Gesamt-)Ergebnis hin zu koordinieren.

Die Zusammensetzung dieser Elemente im organisationalen Handeln setzt die Möglichkeit zur Wahl (choice) sowohl von langfristigen Handlungsweisen als auch von konkreten Steuerungs- und Operationshandlungen im Transformationsprozeß voraus, wobei das Entscheidungsproblem strukturgleich ist: die Handlung/Aktivität zu bestimmen, mit der das angestrebte Ergebnis erreicht <u>wird</u>. Als Bedingung der Möglichkeit der Wahl wird vorgängiges Wissen - *„... based on prior knowledge ...“* (S.81) - über die Relationen zwischen Handlungen und Ergebnissen angesehen, <u>und</u> ein auf dieses Wissen bezogenes Entscheidungshandeln - *„... made somewhere in the organization ...“* (S.81) -, das sich an Rationalitätsnormen orientiert: *„... the decision-maker must base the decision on some <u>understanding or belief</u> that the action will indeed yield the desired organizational outcome“* (S.81 - Hervorhebung von HJB).

Das zentrale Argument, das damit zur Beschreibung formaler Organisation und zur Funktionsweise ihrer Operationen entwickelt wird, ist die Fähigkeit organisationaler Entscheider, ihr individuell vorhandenes Wissen in zweckgerichtete koordinierte Handlungen/Aktivitäten zu transformieren. Der erreichbare Grad organisationaler Effektivität ist abhängig von der Qualität dieser organisationalen Entscheidungen, die als Funktion der zweckgebundenen Ausbildung entsprechenden Wissens organisationaler Entscheider (und der Antizipation entsprechenden Wissens Dritter) aufgefaßt wird. Dieses Wissen hat zwei Eigenschaften:

1. Seine Relevanz als organisationales Wissen ergibt sich aus seiner Verfüg- und Verwendbarkeit zur Bestimmung organisationaler Handlungen und Ergebnisse: *„This [organizational knowledge - HJB] is defined as the knowledge which is available to organizational decision makers and which is relevant to organizational activities“* (S.85). Wissen steht dem organisationalen Entscheider als Ressource zur Verfügung, als Ressource stellt Wissen einen Wert dar, der nach Maßgabe der gesetzten Ziele eingesetzt werden kann: *„By the relevance of such knowledge we mean specially that it can be used to determine organizational action (at any level from tasks to strategy) with respect to a specific outcome“* (S.85/86).

2. Organisationales Wissen ist, äquivalent zur funktionalen Gliederung der (Einzel-)Aktivitäten, in einer Organisation verteilt. Organisationales Wissen muß nicht allen Entscheidungsträgern verfügbar sein, im Regelfall ist es spezialisiert. Als kritisch werden deshalb die Bedingungen der Möglichkeit des Zugangs zu sowie der Verwendung des organisatorisch relevanten Wissens für die Anpassung und Konsistenz organisationaler Verhaltensweisen angesehen. Die Zugänglichkeit zu organisatorisch relevanten, individuellen Wissensbeständen wird mit den Begriffen Kommunizierbarkeit, Konsensfähigkeit und Integration umrissen:

„ This need for access requires, that knowledge, to be organizationally useful, be communicable-capable of being stated in terms that are in principle understandable to other members of the organization ...

To be organizational, knowledge must also be consensual. That is, there exists acceptance of this knowledge across members of the organization and agreement concerning the validity and utility of this knowledge ...

Finally, organizational knowledge must be integrated. That is, the body of knowledge in the organization we refer to as organizational knowledge is understood to be a set of interrelated statements of action-outcome-relationships. The interrelationships in the statements are necessary for the use of this knowledge to generate coordinated, purposeful action" (S.86 - Hervorhebung im Original).

Im Konstrukt des organisationalen Wissens (bzw. der organisationalen Wissensbasis) sind es - zusammenfassend - die im Prozeß organisationaler Entscheidungen miteinander verbindbaren Wissensbestände von Organisationsmitgliedern, aus denen die für die Funktionsfähigkeit und das Bestehen einer Organisation notwendigen Entscheidungen zur Begründung und Verknüpfung organisationaler Handlungen entstehen. Duncan und Weiss betonen hier mit der Konstruktion einer eigenständigen organisationalen Wissensbasis die notwendig erscheinende Abgrenzung zu Interpretationen, die organisationale Lernprozesse auf Veränderungen in der Summe organisational relevanter individueller Wissensbestände zurückführen. In diesem Sinne stellt organisationales Wissen eine objektiv verfügbare Ressource dar, die von organisationalen Entscheidungsträgern - unter den Bedingungen ihrer Übertragbarkeit, Anschlußfähigkeit und Nützlichkeit - genutzt und verändert werden kann, um aus diesem organisationsöffentlich (sozial) definierten, als gültig anerkannten und intersubjektiv verfügbaren Wissen zweckgerichtete und wechselseitig anschlußfähige Handlungen zu begründen.

Dominant in dieser Modellkonstruktion ist die Annahme, daß die organisational relevanten Wissensbestände organisationaler Entscheider zweckorientiert miteinander verknüpft werden. Der Austausch des Wissens scheint vor allem in seiner instrumentellen Sicht als Kommunikation von Sachinhalten in einem informationsverarbeitenden System auf. Geißler (1995a, S.23ff.) interpretiert dies mit der Metapher des Computer-Netzwerks. Inwieweit allerdings die interpersonelle Verständigung der Subjekte über ihre Ziele, die Funktionalität der Handlungen und die Angemessenheit des Wissens (soziale) Bedingung dieser Kommunikation sind, wird nicht systematisch entfaltet (vgl. auch Geißler 1995a, S.28), fließt aber als Argumentationsbaustein in die Modellkonzeption organisationaler Lernprozesse ein.

3.2.1.2 Wissenbasiertes Modell organisationalen Lernens

Mit diesem Denkmodell „Wissen"-gesteuerten Handels in Organisationen wird organisationales Lernen als Prozeß der Entwicklung der organisationalen Wissensbasis interpretiert.

„Organizational learning is defined here as the process within the organization by which the knowledge about action-outcome relationships and the effects of the environment on these relationships is developed" (S.84 - (auch) im Original kursiv).

Die Notwendigkeit zur Entwicklung des organisationalen Wissens aufgrund von Umweltveränderungen begründet die Initiierung von Anpassungsprozessen, ohne daß durch diesen organisationalen Lernprozeß notwendigerweise Veränderungen in Entscheidungen der Organisationsmitglieder und damit eine Anpassung von Organisationsstrategien und -strukturen ausgelöst wird - *„reinforcement the existing knowledge base"* (S.98) ist die ebenso mögliche Folge. Es ist die Fähigkeit, das Wissen über das Handeln in und die Ergebnisse von einer Organisation entwickeln zu können, die in der Interpretation von Duncan und Weiss den Prozeß organisationalen Lernens gegen andere Formen von Veränderungsprozessen - zufallsorientierte Handlungen, externe Einflüsse auf das Ergebnis - in und von Organisationen abgrenzt.

Aus der Eingrenzung organisationaler Lernprozesse auf organisational öffentliches Wissen, das aufgrund seiner sozialen Definition auch von anderen Organisationsmitglieder als gültig und für ihr Handeln bedeutsam anerkannt werden muß, folgt als Bedingung der Möglichkeit zum organisationalen Lernen ein eigenständiger organisationaler Handlungsprozeß mit dem Zweck der Verständigung über das für organisationales Handeln notwendige Wissen.

*„Thus, organizational learning must involve an **organizational process** in which the learning done by a given individual can be shared, evaluated, and integrated with that done by others. Thus, while the individual is the only entity in the organization, who can learn, this must be viewed as part of a system of learning with exchanges of what is learned among individuals. ... It is this **exchange** that makes it possible for individuals to integrate the fragments of specialized knowledge into an organizational knowledge base. But it is a **social process**, one that is extraindividual. It is comprised of the interaction of individuals and not their isolated behavior" (S.89 - Hervorhebung von HJB).*

Daß nur bestimmte Inhalte zum Gegenstand in diesem Interaktionsprozeß werden, führen Duncan und Weiss - über die Annahme einer begrenzten Informationsverarbeitungskapazität der Individuen hinaus - auf die *soziale Definition der Organisationsrealität* zurück, in dem sich das Lernen einer Organisation bewegt. Es wird der Begriff eines paradigmatischen Bezugsrahmens - *„... a set of beliefs, a way of seeing or organizing the principles governing* *perception ...* " (S.91) - geprägt, der die Mechanismen und Strukturen beschreibt, mit denen die Organisationsmitglieder die Organisation, die internen Organisationsprozesse und die relevante Umwelt nicht nur erleben, sondern wahrnehmen, reflektieren und damit auch darüber kommunizieren können, der aber vor allem die Funktion erfüllt, die Komplexität der Wissensgenerierung im Prozeß organisationalen Lernens zu reduzieren.

> *„These paradigms are necessary for organizational learning. They provide a basis for abstracting general action-outcome-relationships from specific events. They provide a way of determining the relevance or importance of questions within the organizational learning process. They provide a common language, which makes possible the sharing of experience and insights among organizational members" (S.91).*

Das Erlernen dieser organisationalen (Selbst-)Wahrnehmungsfähigkeit - im Rahmen von Sozialisationsprozessen - ist für Organisationsmitglieder die Voraussetzung, eigenes und fremdes organisationales Handeln zu verstehen, dieses Handeln zum Gegenstand von Kommunikation machen zu können und damit organisational zu lernen.

Der Zusammenhang zwischen der organisationalen Wissensbasis und der Entwicklung von Organisationsstrategien und -strukturen läßt sich als Rückkopplungsprozeß zwischen einer operationalen und reflexiven Handlungsebene rekonstruieren (vgl. Abbildung 3.2-1 - Quelle: Duncan und Weiss 1979, S.98, siehe auch die Darstellung in Geißler 1995a, S.33ff.).

Die organisationale Wissensbasis entfaltet ihre Funktion im Hinblick auf drei empirisch eng miteinander verbundene, analytisch aber voneinander unterscheidbare Bereiche organisationalen Handelns. Auf der Grundlage des in ihr repräsentierten Wissens der Organisation - *„existing knowledge base"* (S.98) aufgrund vorgängiger organisationaler Lernprozesse als Basisannahme der Argumentation - werden in diesen Bereichen die den jeweiligen Bedingungen angemessenen Handlungen gewählt:

a) Die in einer Organisation vorhandene organisationale Wissensbasis bildet die Grundlage, um zu entscheiden,

- welche Ausschnitte der Umwelt für die Organisation relevant sind,

- welche Aufgaben sich unter welchen Bedingungen in dem so abgegrenzten Beziehungsverhältnis der Organisation zu ihren Umweltbereichen stellen und

- welche Organisationsstrategie geeignet erscheint, um die gewählten Aufgaben unter den gegebenen Kontextbedingungen der Organisation am besten zu erfüllen.

b) Zur optimalen Umsetzung der Strategie benötigt die Organisation eine geeignetes Organisationsdesign, das die Verteilung von Ressourcen und Arbeitskräften sowie die Strukturierung der Organisation umfaßt. Die relevanten Aspekte zur Strukturierung der Organisation werden in Anlehnung an den *„information processing view"* der Organisationsgestaltung (vgl. Galbraith 1977, S.35ff. sowie Duncan u. Weiss 1979, S.105ff.) konzeptualisiert: *„(1) to generate information for decision making that reduces uncertainty, and (2) to generate information that will help coordinate the diverse parts of the organization"* (S.105).

c) Die praktische Bewährung des entwickelten Organisationsdesigns (Strategie und Struktur) zeigt, inwieweit eine organisationsinterne Kommunikation und Kooperation herbeigeführt und unterstützt wird, mit der die Organisation in die Lage versetzt wird, die selbst gesetzten Aufgaben unter den gegebenen Kontextbedingungen optimal zu erfüllen.

Die organisationale Wissensbasis enthält demnach Wissen über angemessene Verfahren zur Identifizierung erfolgversprechender Ziele und zur Wahl der Verfahren und Instrumente, mit denen diese Ziele angestrebt werden, aber auch Wissen über Methoden zur Bestimmung von Kriterien des relativen Anpassungserfolgs (*„It is important to note that performance gaps are, for organizational decision makers, only defined in terms of organizational criteria"*, S.120).

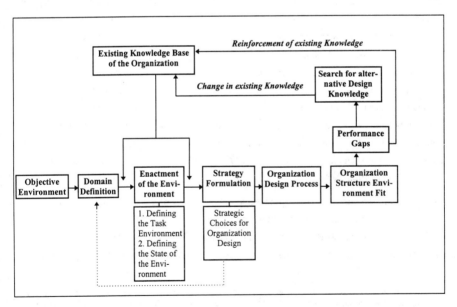

Abbildung 3.2-1: Modell eines organisationalen Lernprozesses zur Entwicklung von Organisationsstrategien und -strukturen

Für die Veränderung dieser organisationalen Wissensbasis - als Ausgangspunkt für die Neuordnung organisationaler Handlungen - ergibt sich daraus, daß diese erst aufgrund der Reflexion dieser operationalen Handlungsweisen - ausgewiesen als *"... understanding of causation of their (organizational decision makers - HJB) behavior by linking their actions and resulting outcomes and their impact on the environment ..."* (S.103/4) - als eigenständiger organisationaler Lernprozeß ausgezeichnet werden kann (vgl. Duncan u. Weiss 1979, S.103f.). Die Autoren verweisen explizit darauf, daß zwischen *"... learning and a more evolutionary process of adaptation ..."* (S.103) zu unterscheiden ist, und daß organisationale Lernprozesse mit der Reflexion instrumenteller Verhaltensweisen und der Entwicklung von Verhaltensorientierungen ihre Funktionalität zur Effektivitätssteigerung der Organisation entfalten.

Als Auslösepunkt eines organisationalen Lernprozesses wird ein *"performance gap"* angesehen, der die Diskrepanz beschreibt zwischen der tatsächlichen organisatorischen Verhaltensweise und den Annahmen der Entscheidungsträger darüber, wie diese sein sollte. Das Aufdekken und Lösen solcher Inkonsistenzen wird als *"... the basic activity underlying the organizational learning process ..."* (S.92) angesehen. Organisationales Lernen wird ausgelöst, wenn diese „Lücke" nicht anderen, insbesondere externen Faktoren zugerechnet werden kann.[1] Es vollzieht sich in einem Prozeß, indem ausgehend von der Fehlerwahrnehmung bei der Anwendung der bestehenden Wissensbasis nach Alternativen zur Korrektur organisationaler Verhaltensweisen, d.h. der Anpassung relevanter Organisationsaktivitäten, gesucht wird. Die Spannweite der Möglichkeiten zur Veränderung der organisationalen Wissensbasis reicht von der formalen, insbesondere quasi-experimentellen empirischen Anwendung organisatorischer Aktivitäten *in* der Organisation über „arm chair theorizing" *über* die Organisation bis zur Aufnahme externen Wissens - zu dem auch das theoretische Wissen über Organisationen (Organisationslehre) zu rechnen ist - *für* die Organisation. Aussagen über die Wirksamkeit der verschiedenen methodischen Wege sind dabei weniger von Bedeutung für erfolgreiches organisationales Lernen als *"... the transition of the knowledge derived by individuals from personal to organizational knowledge"* (S.94).

Mit Blick auf operationale Verhaltensweisen stellen sich organisationale Lernprozesse als intentionale Prozesse zur Strukturierung von Begründung und Form eben dieser operationalen Verhaltensweisen dar, wobei sowohl operationale als auch reflexive Handlungsprozesse an die bestehende organisationale Wissensbasis anschließen, und die sich - hier liegt der funda-

---

[1] Damit wird weitergehend die Frage nahegelegt, ob die bestehende organisationale Wissensbasis geeignet ist, den „performance gap" adäquat aufzudecken. Dies ist ein zwar logisch mögliches, aber nur kontrafaktisch bedeutsames Problem. Begründungs- und Reflexionsgrundlage organisationaler Handlungen können nur „eigene" Erfahrungsprozesse sein - Organisationen können nicht schon wissen, was sie getan haben könnten, bevor sie es getan haben - und die Beobachtung und Reflexion „fremder" Handlungen, die unbedingt an den bestehenden Fundus an Begründungs- und Erfahrungswissen gebunden sind - Was wir wissen wollen, müssen wir schon wissen -. In dieser Erklärungskonzeption können Organisationen hinter das Vorverständnis bestehenden Wissens in der Organisation nicht zurücktreten (vgl. Kieser 1993a, S.19). Diesem Grundgedanken wird implizit mit der Ausweitung der „Einklammerung" relevanter Handlungen auf den gesamten Prozeß der Entwicklung und Gestaltung von Organisationsstrukturen und -strategien Rechnung getragen.

mentale Unterschied zu evolutionären Anpassungsprozessen - in der Praxis betrieblichen Handelns (und damit *auch* in den gegebenen Machtverhältnissen) bewähren müssen.

3.2.2 Organisationale Lernprozesse - Zur Transformation von Handlungstheorien

In der 1978 veröffentlichten Arbeit von Argyris und Schön zu „Organizational Learning: A Theory of Action Perspective" (1978) wird organisationales Lernen als Prozeß der Veränderung gemeinsam geteilter Annahmen (Handlungstheorien) von Organisationsmitgliedern über organisationales Handeln interpretiert.

Neben diesem grundlegenden Beitrag, auf den sich die Mehrzahl der aktuellen Veröffentlichungen bezieht, liegen eine Reihe von weiteren Arbeiten vor, in denen dieser Erklärungsansatz weiterentwickelt und ausgearbeitet worden ist (vgl. mit zusammenfassenden Charakter Argyris 1990, 1993a, in deutscher Übersetzung liegen drei Einzelbeiträge vor: Argyris 1993b, 1993c, 1995, sowie die in Argyris 1992/1994[1] zusammengestellten Einzelbeiträge). 1996 haben Argyris und Schön unter dem Titel „Organizational Learning II: Theory, Method and Practice" eine zweite Monographie vorgelegt, die als Zusammenführung und Weiterentwicklung der bisherigen Forschungsarbeiten anzusehen ist.[2]

Die Forschungsbemühungen gehen von der Kritik an bisherigen Forschungsansätzen zur Beschreibung des Phänomens „Organisationalen Lernens" aus. Diese ermöglichen aufgrund ihrer disziplinär (z.B. sozialpsychologisch, politisch, ökonomisch) ausgerichteten Sichtweise zwar interessante und spezielle Einsichten zur Erklärung organisationaler Lernprozesse. Sie stellen aber keine Grundlage dar, um Bedingungen organisationalen Lernens aufzuzeigen und zur Gestaltung von Interventionen beizutragen, durch die die organisationale Fähigkeit zum Lernen erhöht wird. Mit ihrer *„intervention-oriented perspective on organizational learning"* (S.iv[3]) streben die Autoren keine Kritik[4], sondern eine Synthese dieser verschiedenen Perspektiven an: Zwischen einer sozialpsychologischen Erklärung des Gruppenverhaltens und

---

[1] Hierbei handelt es sich um eine thematisch geordnete Zusammenstellung von Einzelbeiträgen, die von Argyris seit 1953 in verschiedenen Zeitschriften und Sammelwerken veröffentlicht wurden (siehe die Übersicht S. IX-XI in Argyris 1994). Neben der 1992 erschienenen gebundenen Auflage wurde 1994 eine Paperback-Ausgabe veröffentlicht. Den nachfolgenden Ausführungen liegt die 1994 erschienene Ausgabe zugrunde. Aus Übersichtlichkeitsgründen wird, wie auch von Argyris, die Aufsatzsammlung als Monographie behandelt. Um die Zuordnung zu erleichtern, wird der jeweiligen Quellenangabe das Jahr der ursprünglichen Veröffentlichung nachgestellt.

[2] Aufgrund der zeitlichen Parallelität von Veröffentlichung der Monographie und der Erstellung dieser Arbeit konnte diese nicht mehr systematisch in die Argumentation aufgenommen werden.

[3] In diesem Teilabschnitt beziehen sich Seitenangaben ohne weiteren Nachweis auf die ausgearbeitete Quelle. Hier: Argyris und Schön (1978).

[4] Eine Übersicht über die Ansätze zum organisationalen Lernen, von denen Argyris und Schön (1978) ihren Erklärungsansatz abheben, ist im Appendix der Arbeit zusammengestellt. Die Implikationen dieser Konzepte im Hinblick auf organisationale Lernprozesse werden von den Autoren im Teil IV des Buches diskutiert.

der instrumentellen Beschreibung von Organisationsstrukturen wird mit dem Konstrukt organisationale Handlungstheorie das Handeln von Organisationen auf Bedingungsfaktoren des kollektiven Handelns in Organisationen zurückgeführt.

Im Prinzip wird hier eine kognitionspsychologisch motivierte Interpretation organisationalen Verhaltens und seiner Veränderung angeboten. Diese betont den handlungs*begründenden* Charakter miteinander verbundener Erkenntnis- und Reflexionsprozesse für die Generierung organisationaler Verhaltensweisen und konzentriert sich im weiteren Verlauf der Forschungsarbeiten auf deren pathologische Erscheinungen (vgl. Argyris 1990, S.1-67, Argyris 1993a).

3.2.2.1 Die „wissenschaftliche" Begründung von Handlungen - Handlungstheoretische Grundannahmen

Der Bezugsrahmen, den die Autoren für ihre Analyse organisationaler Lernprozesse entwickeln, beruht auf einer spezifischen Interpretation zweckgerichteten Handelns *in* Organisationen und dessen Übertragung auf das Handeln *von* Organisationen. Die Notwendigkeit zu dieser Forschungsperspektive wird aus dem Dilemma sozialwissenschaftlicher Forschung abgeleitet, zwischen der Klarheit und Genauigkeit allgemeingültiger Aussagen - nach Standards wissenschaftlicher Forschung - und der damit möglicherweise fehlenden Relevanz dieser Erkenntnisse für praktische (betriebliche) Aufgaben wählen zu müssen (vgl. Argyris 1994/1989, S.414f., vgl. auch die Unterscheidungen bei Weick 1995, S.54ff. und die Diskussion bei Nohria u. Berkley 1994). Ihre Herangehensweise bezeichnen die Autoren als Handlungstheorie-Ansatz - *„theory of action approach"* (Argyris 1994/1987, S.216) -, der auf einem handlungstheoretischen Erkenntnisinteresse - *„action-science"* (Argyris 1994/1989, S.415, 1994/1968, S.424ff. - grundlegend: Argyris, Putnam u. Smith 1985) - beruht:

> *„A fundamental tenet of this approach is that social scientists should aspire to go beyond describing the world as is, for two reasons. The first is that by conducting research on changing the status quo, we learn much about how the status quo resists change. Such knowledge is necessary if we are to develop more complete descriptions of the world as it is. Second, by developing models of new worlds (for example, those that would be lower in organizational defensive routines), it is possible to see how social scientists may unknowingly become servants of the status quo"* (Argyris 1994/1987, S.208/9).

Als Bestimmungsgröße menschlichen Verhaltens werden Handlungstheorien - *„theories of action"* - angesehen, die orientiert am Zweck des Handelns die gewählte Verhaltensweise begründen. Handlungstheorien sind als gedankliche Konstrukte eines Handelnden zu verstehen, durch die mögliche Verhaltensweisen in Umweltsituationen in strukturierte (kognitiv angeleitete) Handlungen transformiert werden und aus denen die Kompetenz zum Handeln in einer bestimmten Situation entsteht. Es handelt sich hierbei um gerichtete verhaltensbezogene Hypothesen, die Erwartungen über die Wirkungen bestimmter Verhaltensweisen unter spezifischen Situationsbedingungen umfassen. In den Worten von Argyris und Schön:

> *„A full schema for a theory of action, then, would be as follows: in situation S, if you want to achieve consequence C, under assumption a ... n, do A ..."*
>
> *(S.10/11 - kursiv im Original)*

Als *„models of the world"* (S.10) weisen die in diesen Konstrukten enthaltenen Annahmen jene Eigenschaften und Kriterien - *„... such as generality, centrality, and simplicity ..."* (S.10) - auf, die die (wissenschaftlichen) Theorien allgemein zugrundegelegt werden. Der auf solche Handlungstheorien gerichtete Reflexionsprozeß ist dann - in Abgrenzung zur Begriffsstrategie konditionaler Verhaltensmodifikation - als ein kognitives Programm der Konstruktion, Prüfung und Neuordnung dieser Form des Wissens zu begreifen. Von hoher Bedeutung sind daher - wie Argyris (1994/1982, S.7f.) ausführt - Art und Form derjenigen Prozesse, die zur Begründung situationsspezifischer Verhaltensweisen führen:

> *„Reasoning processes are those activities by which we create premises which are assumed, or are proven, to be valid and from which we draw conclusions about how to act" (Argyris 1994/1982, S.7)*

Handeln fundiert in dieser Interpretation damit auf Prozessen der Erkenntnisgewinnung, durch die auf der Basis von Ursache-Wirkungs-Annahmen mögliche ziel- und situationsadäquate Verhaltensweisen generiert werden: *„a manageable set of causal theories that prescribe how to achieve intended consequences"* (Argyris 1994/1987, S.216). In Verbindung mit Erfahrungsprozessen konstituiert sich die Struktur dieser Wissensbasis. Jede Ausführung von Handlungen erlaubt die Reflexion und damit die Beurteilung der Adäquatheit der gedanklichen Konstruktion alternativer situationsbezogener Verhaltenshypothesen. Dies ermöglicht die Ausbildung allgemeiner Handlungsregeln, mit denen die situationsspezifische Wahl aus dem verfügbaren Repertoire an Verhaltensweisen nach einem einheitlichen Muster - einem Schema als „bewährter" Theorie - geordnet wird. Handlungsweisen sind so nicht in jeder Situation von Grund auf neu zu entwerfen, zugleich beinhaltet der handlungsgenerierende Aspekt die immer gegebene Möglichkeit, Handlungsprogramme aufgrund von Erfahrungen neu zu reflektieren und zu ordnen - ein Aspekt, der für die Konstruktion und Unterscheidung von Lernprozessen zentral ist.

Im Prinzip werden damit zwei Erklärungsansätze für die Beobachtung konsistenter (koordinierter kollektiver) Handlungen in Organisationen zusammengezogen:

1. Ausgangspunkt ist die Annahme, daß Individuen zur Gestaltung und Steuerung ihrer Handlungen zunächst das beobachtbare Geschehen wahrnehmen und ordnen (Orientierungswis-

sen). Bei diesen Wahrnehmungs- und Ordnungsprozessen handeln die Individuen wie *„naive scientists"* (Argyris 1994/1982, S.24), um kausale Erklärungen zur Deutung des beobachtbaren Geschehens und zur Begründung eigener Verhaltensweisen zu entwickeln. Dies wird in Begriffskonstrukten wie *„constructing or enacting reality"* (Argyris 1994/1982, S.24) umschrieben.[1]

2. Neben der Begründung kontingenter Verhaltensweisen werden die aus dem Erfahrungswissen und der Sozialisation von Individuen folgenden Begründungs- und Entscheidungsregeln hervorgehoben (Regelwissen). Individuen bilden - so die Annahme - als generell gültig angenommene, das heißt im Regelfall vereinfachende, Situationsdefinitionen und kausale Aussagen über erfolgreiche Verhaltensstrategien aus, durch die das Handeln in konkreten (alltäglichen) Situationen ermöglicht wird (vgl. Argyris 1994/1982, S.25f.).

Die Konstruktion des Begriffes „Handlungstheorie" umfaßt damit sowohl den Aspekt der *Handlungssteuerung*, d.h. der Generierung von Handlungszielen und -strategien, mit denen situationsbezogen Verhaltensweisen ausgewählt und begründet werden können, als auch der Verallgemeinerung (Routinisierung) dieser Handlungssteuerung durch die Bildung von *Handlungsregeln* - *„a form of logic"* (S.4) bzw. *„design programs"* (Argyris 1994/1987, S.216) -, die sich als Vor-Ordnung der Verknüpfung von Situationen mit angemessenen (erfolgreichen) Verhaltensweisen interpretieren lassen.

Handlungstheorien - so Argyris und Schön (S.11) - dienen aus der Sicht des Handelnden der Erklärung, Vorhersage und Kontrolle des eigenen Verhaltens. Zugleich bestimmen sie sein Verhalten (mit[2]) und geben dadurch dem Beobachter die Möglichkeit, durch diese Zuordnung einen Zugang zur Erklärung des beobachtbaren Verhaltens zu gewinnen.

Diese Annahme bildet die Grundlage zur Exposition von verschiedenen Modellen von Handlungstheorien. Auf der Basis ihrer empirischen Zugänglichkeit unterscheiden Argyris und Schön (1978) zwei Arten von Handlungstheorien: *„espoused theory"*[3] und *„theory-in-use"*[4]. In dieser Unterscheidung wird die (mögliche) Differenz zwischen der nach außen kommunizierte Aussage eines Befragten *über* sein Handeln unter den Bedingungen der Situation S - als

---

[1] Geißler (1995a, S.82) spricht in diesem Zusammenhang von einer naiven Theorie, die ein Subjekt seinem Verhalten zugrundelegt und im Prinzip in der Methodik entwickelt, mit der auch ein (Natur-)Wissenschaftler seine Theorie erarbeitet (siehe auch Argyris 1994/1982, S.25). Vgl. ausführlich zum Konzept „subjektiver Theorien" und seiner Bedeutung für die Management- und Organisationsforschung Weber (1991).

[2] Tatsächlich kennzeichnen Handlungstheorien in erster Linie eine kognitive Erklärungsskizze beobachtbaren menschlichen Verhaltens, aus der affektive und motorische Aspekte ausgeklammert bleiben.

[3] Ins Deutsche übersetzt als Bekenntnistheorie bei Probst u. Büchel (1994, S.23), als favorisierte Theorie bei Argyris (1993b, S.184), als Vorstellungstheorie bei Argyris (1995, Sp.1263).

[4] Ins Deutsche übersetzt als Gebrauchstheorie bei Probst u. Büchel (1994, S.23) und Argyris (1995, Sp.1263), als real-verwendete Theorie bei Argyris (1993b, S.184). Häufig wird hier die Übersetzung als Alltagstheorie verwendet (so bei Schirmer 1992, Probst, Klimecki u. Eberl 1991).

offiziell mitgeteilte Handlungstheorie - und dem tatsächlichen, direkt beobachtbaren Verhalten dieses Befragten *in* einer Situation S - aus dem Rückschlüsse über die *tatsächlich verwendete Handlungstheorie* gewonnen werden können - aufgenommen. Interpretierte Bekenntnistheorie und implizite Gebrauchstheorie können, müssen aber keineswegs übereinstimmen, ebenso kann die das tatsächliche Verhalten anleitende Gebrauchstheorie dem Befragten bewußt sein, dies muß aber nicht der Fall sein. Das Verhalten beruht aber <u>immer</u> auf der impliziten Gebrauchstheorie als derjenigen Theorie, „... *die mit ihrem Tun übereinstimmt ...*" (Argyris 1993c, S.184). [1]

Es wird also nicht zwischen einer „Theorie richtiger Handlungen" und der „Praxis tatsächlichen Verhaltens" unterschieden, sondern zwischen zwei verschiedenen Begründungsformen individueller Verhaltensweisen: jenen Begründungen, mit denen eine Verhaltensweise als bevorzugenswert ausgezeichnet wird - „... *the set of beliefs and values people hold about how to manage their lives ...*" (Argyris 1990, S.13), und jenen Begründungen, durch die das beobachtbare Verhalten tatsächlich ausgelöst wird - „... *the actual rules they use to manage their beliefs ...*" (Argyris 1990, S.13).[2] Zweck dieser Unterscheidung ist es, menschliche Handlungen nicht als zufällig oder konditional gesteuert zu verstehen - „... *they do not ˈjust happenˈ to act that way ...*" (Argyris 1994/1987, S.217) -, sondern als Aktionen, die <u>in jedem Fall</u> einem Handlungsentwurf folgen, für den die Akteure verantwortlich sind, auch dann, wenn gewolltes und praktiziertes Handeln nicht miteinander übereinstimmen (vgl. Argyris 1994/1987, S.216f., 1994/1982, S.12).

Schematisch lassen sich Modelle individueller Gebrauchstheorien als ein Rückkopplungsmechanismus zwischen handlungsleitenden Variablen, Handlungsstrategien und Resultaten darstellen (vgl. Abbildung 3.2-2 - in Anlehnung an Argyris 1994/1987, S.217 - Übersetzung durch HJB).

---

[1] Vgl. hierzu auch die Unterscheidung von handlungsleitendem und handlungserklärendem Wissen im Erklärungskontext „subjektiver Theorien" bei Weber (1991, S.34f.).

[2] Geißler (1995a, S.84f.) kritisiert die in seiner Sicht fehlende klare Abgrenzung zwischen den Begriffskonstrukten „theory of action" und „theory-in-use". Meines Erachtens stellt der Begriff „theory of action" nur einen Rahmenbegriff dar, der auf die konzeptionelle Möglichkeit hinweist, beobachtbares Verhalten als vernunftgeleitete Handlung zu interpretieren, während in dieser Sichtweise die Differenz zwischen den Konstrukten „Gebrauchstheorie" und „Bekenntnistheorie" zu entfalten ist. Dies wird allerdings erst unter Einbeziehung jüngerer Beiträge von Argyris deutlich, wobei vor allem die Beschreibung von individuellen Gebrauchstheorien im Vordergrund steht und in dieser Hinsicht die Stellung von Bekenntnistheorien nicht abschließend geklärt wird. Im Kontext der Rekonstruktion organisationaler Lernprozesse tritt deren Funktion als Referenzrahmen - gewolltes bzw. bevorzugtes Handeln - zur Reflexion der Eignung von „Gebrauchstheorien" als praktisch wirksame Begründung organisationalen Verhaltens klarer hervor.

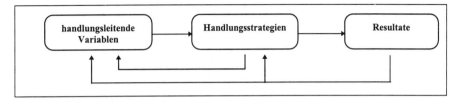

Abbildung 3.2-2: Schematisches Modell von individuellen Gebrauchstheorien

Handlungsleitende (herrschende) Variablen kennzeichnen diejenigen Werte, deren Befriedigung die Handelnden anstreben, und Verhaltensrichtlinien, die beobachtbare Handlungen anleiten und steuern, also nicht jene Werte und Verhaltensrichtlinien, die von Individuen als bevorzugenswert ausgezeichnet (espoused) werden. Jede einzelne handlungsleitende Variable wird als ein Kontinuum interpretiert, für das es eine wünschenswerte Reichweite gibt. Handlungen wirken sich im Feld der verschiedenen handlungsleitenden Variablen unterschiedlich aus, so daß „trade offs" bestehen zwischen den Wirkungsgraden, die den Handelnden wiederum zu Kompromissen zwingen.

Handlungsstrategien bezeichnen das Ergebnis der Wahl jener Verhaltensweisen, die von den Handelnden in abgegrenzten Situationen eingesetzt werden, um Befriedigung bei verschiedenen handlungsleitenden Variablen zu erlangen. Handlungsstrategien rufen beabsichtigte Folgen hervor, die in ihrer Art den Erwartungen des Akteurs entsprechen und handlungsleitende Variablen befriedigen können.

Die Resultate wirken sich - im Sinne einer Rückkopplung - auf Handlungsstrategien und handlungsleitende Variablen aus. Resultate können nicht gewollt und kontraproduktiv sein, vor allem können nicht-intendierte Wirkungen Folge geplanter Handlungsstrategien sein. An einem gewählten Beispiel wird zudem deutlich, das „Resultate" weniger Wirkungen in den Strukturmerkmalen einer Organisation bezeichnen, als reagierende Verhaltensweisen in einem organisationalen Kontext: „... *the questioning strategy of easing-in [schonende Strategie in der Übersetzung von Argyris 1995, Sp.1261 - HJB] typically creates the very defensiveness that it is intended to avoid, because the recipient typically understands that the actor is easing-in" (Argyris 1994/1987, S.218).*

Die Charakteristika dieser Rückkopplung als Erfahrungs- und Reflexionsprozeß (Lernzyklus) werden an dem Erreichen bzw. dem Nicht-Erreichen der intendierten Handlungsfolgen deutlich. Entspricht das Handlungsergebnis den Handlungsabsichten, wird die Handlungstheorie als handlungsregulierendes Orientierungs- und Regelwissen bestätigt (vgl. Abbildung 3.2-2). Wenn Resultate nicht beabsichtigt sind - „... *an anomalie ...*" (S.55) -, vor allem aber wenn sie kontraproduktiv wirken - „... *a mismatch or an error ...*" (Argyris 1994/1987, S.218) -, liegt ein „Fehler" in der Handlungsbegründung vor. Dem kann im Rahmen der bestehenden handlungsleitenden Variablen durch die Wahl einer anderen Handlungsstrategie begegnet werden, dies wird als *single-loop learning* bezeichnet, oder aber es ergibt sich die Notwendigkeit, die handlungsleitenden Variablen zu modifizieren, dies wird als *double-loop learning* bezeichnet (vgl. Abbildung 3.2-3 - Quelle: Argyris 1994/1982, S.8 - Übersetzung HJB).

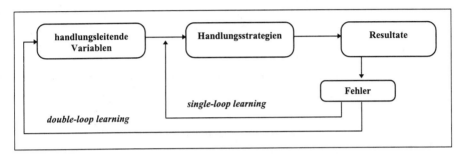

Abbildung 3.2-3: Schematisches Modell von einschlaufigem und zweischlaufigem Lernen

Die Eigenschaften individueller Gebrauchstheorien werden in zwei Modellen beschrieben, die als Modell I und Modell II individueller Gebrauchstheorien bezeichnet werden (vgl. Abbildung 3.2-4, in Anlehnung an Argyris u. Schön 1978, S.62/63/137 und die Übersetzung Argyris 1993c). Aufgrund eigener empirischer Forschungsarbeiten gehen die Autoren davon aus, daß das Modell I jene handlungsleitenden Variablen und Handlungsstrategien beinhaltet, die im organisationalen Verhalten im Regelfall angewendet werden.

Während offiziell mitgeteilte Theorien erheblich variieren können, weisen die tatsächlich verwendeten Theorien nur geringe Unterschiede aus. Als wesentliche Ursache dafür ist die Verankerung von Handlungsstrategien in sozialisierten Richtlinien für soziale Verhaltensformen - wie z.B. Hilfe und Unterstützung gewähren, andere respektieren, ehrlich sein - anzusehen (vgl. Argyris 1990, S.19f.). Das Modell II kennzeichnet demgegenüber jene Verhaltensweisen, die - auch als Form einer offiziell mitgeteilten Handlungstheorie - häufig bevorzugt, tatsächlich aber nur selten unterstützt werden. Zum einen werden die Schwierigkeiten unterschätzt, das Modell II als Gebrauchstheorie zu praktizieren, und zum anderen wird diese Unterschätzung tendenziell nicht erkannt. Das Problem - vor allem auch einer normativen Intervention - besteht dann darin, den Gebrauch von Modell II in der „realen" Welt auszuüben:

> *„Das aber ist ziemlich schwer, da sowohl die Menschen generell dazu sozialisiert worden sind, Modell I zu perpetuieren, als auch die Welt fortfährt, generell nach dem Modell I zu operieren, auch wenn einige Leute versuchen, gemäß Modell II zu handeln" (Argyris 1993c, S.192).*

	Modell I	Modell II
Handlungsleitende Variablen	1. Definition der Ziele und Versuch, diese zu erreichen 2. Vermehrt gewinnen, weniger verlieren 3. Erzeugung oder Ausdruck negativer Gefühle verringern 4. „Sei rational"	1. Stichhaltige Information 2. Freie und informierte Wahl 3. Inneres Engagement für die getroffene Entscheidung und konstante Überwachung ihrer praktischen Ausführung
Handlungsstrategien	1. Die Umgebung einseitig planen und behandeln 2. Aufgabe besitzen und kontrollieren 3. Schütze Dich selbst 4. Schütze andere einseitig vor Verletzungen	1. Planung von Situationen oder Umfeldern, in denen die Teilnehmer Ursachen setzen und große persönliche Urheberschaft erfahren 2. Aufgaben werden gemeinsam kontrolliert 3. Der eigene Schutz ist ein gemeinsames Unternehmen und am allgemeinen Wachstum orientiert 4. Zweiseitiger Schutz anderer
Resultate		
• **für die Verhaltenswelt**	1. Akteur wird gesehen als defensiv, widersprüchlich, nicht stimmig, ambitioniert, kontrollierend, ängstlich bezüglich Verletzungen, manipulierend, Gefühle zurückhaltend, übermäßig in Sorge um sich selbst und andere oder wenig besorgt um andere 2. defensive zwischenmenschliche und Gruppenbeziehung 3. defensive Normen 4. geringe Wahlfreiheit, inneres Engagement und Risikobereitschaft	1. Akteur wird als wenig defensiv erlebt 2. wenig defensive zwischenmenschliche und gruppendynamische Beziehungen 3. lernorientierte Normen
• **für das Lernen**	1. selbstabsichernd 2. einschlaufiges Lernen 3. geringe öffentliche Erprobung von Theorien, hohe private Erprobung von Theorien	1. offene Prozesse 2. zweischlaufiges Lernen 3. öffentliche Erprobung von Theorien
• **Wirkung**	Abnahme langfristiger Effektivität	Erhöhung langfristiger Wirkung

Abbildung 3.2-4: Individuelle Gebrauchstheorien: Modell I und Modell II

Von Bedeutung sind die Eigenschaften der jeweiligen Gebrauchstheorie vor allem für die Art und Weise, wie Handlungen begründet werden. Begründungs- oder auch Argumentationsprozesse umfassen alle Verstandesaktivitäten, die Prämissen, Ableitungen und Schlußfolgerungen hinsichtlich eines Problems konzipieren und gegenüber Dritten kommunizieren.

Als Folge der unterschiedlichen Eigenschaften der Gebrauchstheorien ergeben sich zwei Modi der Begründung, die Individuen bei schwierigen Problemen, die unter Umständen für sie

selbst oder andere Bedrohungen darstellen, verfolgen: defensive und produktive Argumenta-
tionen. Attribute defensiver Argumentation sind der Gebrauch von „schwammigen" Daten
(z.b. mehrdeutige und umfangreiche Informationsübermittlung, Zurückhalten von Informationen) und eher implizite, nicht öffentliche Begründungen organisationalen Verhaltens, so daß
die beobachtbaren Schlußfolgerungen nicht geprüft und öffentlich nachvollzogen werden
können. Charakteristisch für produktive Begründungen sind demgegenüber der Gebrauch klarer Daten, mit denen die Annahmen und Einschätzungen dargelegt und öffentlich nachvollzogen werden können (vgl. auch Argyris 1995, Sp.1256). Es ist demnach das *Informationsverhalten*, das einerseits Rückschlüsse auf die Form der Begründung des Verhaltens zuläßt, und
andererseits - aufgrund seiner unterschiedlichen Nachvollziehbarkeit - die Akzeptanz der Begründung des Verhaltens in interpersonalen Beziehungen auch bei unterschiedlichen Einschätzungen wesentlich mitbestimmt (vgl. hierzu vor allem S.60ff., S.136ff., auch Argyris
1994/1987, S.220f., Argyris 1995, Sp.1256).

Entscheidend für die Modellkonzeption organisationalen Lernens und ihre Ausarbeitung ist
die wechselseitige Verknüpfung von Begründungsprozessen und Lernmodus. Im Kern wird
hier argumentiert, daß Handlungsstrategien, solange sie der Modell I Gebrauchstheorie folgen,
notwendigerweise negative Auswirkungen auf Lernprozesse haben. Diese resultieren aus dem
Dilemma, daß es praktisch unmöglich ist, in einer Interaktion das Gesicht einer Person wahren
zu wollen und der Person zugleich mitzuteilen, daß man ihr Gesicht wahren will, und dem
Paradox, daß die effektive Umsetzung der Gebrauchstheorie einer Person deren passive Akzeptanz durch eine andere Person voraussetzt, deren Handlungsstrategie nunmehr in Widerspruch zur Modell I Gebrauchstheorie gerät. Es ist gerade der kompetente Umgang mit der
Modell I Gebrauchstheorie, der *intendierte kontraproduktive Effekte* erzeugt, ohne daß sich
der Handelnde dessen bewußt ist - ein Phänomen, das mit dem Begriff *„skilled incompetence"*[1] umschrieben wird (vgl. Argyris 1990, S.23f., 1994/1987) - und das sich als *„defensive
routine"* in der Verhaltenswelt der Organisation verankert.

3.2.2.2 „Die Forschergemeinschaft" - Handlungstheoretisches Modell organisa-
tionalen Lernens

Dieses Denkmodell kognitiv gesteuerten Verhaltens in Organisationen ziehen die Autoren
heran, um ihr Erklärungsmodell für das Lernen von Organisationen - und dessen Verschränkung mit dem Lernen in Organisationen - zu entwickeln. Ziel dieser Forschungsstrategie ist
es, theoretisch begründet eine Brücke zu formulieren, die die Verknüpfung der Erklärung interpersonellen Verhaltens mit der kollektiven Zweckorientierung von Organisationen erlaubt.

---

[1] Dieser Terminus wird als „eingeübte Inkompetenz" (vgl. Argyris 1993b) oder als „geschickte Unfähigkeit"
(vgl. Probst u. Büchel 1994, S.75) übersetzt.

Den Anschlußpunkt dafür bildet die Annahme, daß organisationale (kollektive) Handlungen kognitiven Begründungen über richtige organisationale Verhaltensweisen folgen, die von Organisationsteilnehmern gemeinsam geteilt werden.

„Perhaps organizations also have theories of action which inform their actions, espoused theories which they announce to the world and theories-in-use which may be interferred from their directly observable behavior. If so, then organizational learning might be understood as the testing and restructuring of organizational theories of action and, in the organizational context as in the individual one, we might examine the impact of models of action theories upon the capacity for kinds of learning" (S.11).

Entsprechend dieser leitenden Annahme und Fragestellung werden drei Bausteine des Erklärungsmodells entwickelt, die in den folgenden Abschnitten der Arbeit betrachtet werden:

1. ein Verständnis organisationalen Verhaltens, dessen Erklärungsrahmen die Verschränkung individueller zu organisationalen Handlungstheorien und darauf bezogene Lernprozesse umfassen kann,

2. ein Prozeßmodell organisationalen Lernens, mit dem verschiedene Formen des Lernens von Organisationen gekennzeichnet werden, und

3. Verhaltensmodelle von Organisationen, die den Bedingungsrahmen für individuelle und organisationale Lernprozesse bilden.

3.2.2.2.1 Präzisierung der organisationstheoretischen Vorannahmen

Um analytisch die Gemeinsamkeiten und Unterschiede zwischen individuellen und organisationalen Handlungen eingrenzen zu können, knüpft der begriffliche Rahmen zur Beschreibung organisationaler Handlungen an der auch den individuellen Handlungstheorien zugrundeliegenden Unterscheidung zwischen der Möglichkeit, zu Handeln, und der Möglichkeit, dieses Handeln zu reflektieren, an.

Organisationales Handeln stellt sich als eine spezielle Form regelgeleiteten kollektiven Handelns dar. Um zu verstehen, wie und welche sozialen Regeln das Handeln von Organisationsmitgliedern leiten, ist organisationales Handeln zuallererst als politisches Handeln zu rekonstruieren, bevor dessen instrumentaler Charakter herausgearbeitet werden kann.

Das Verständnis organisationalen Handelns wird damit aus der Verbindung von zwei Grundannahmen entwickelt (vgl. Abbildung 3.2-5):

1. Organisationen als politische Einheiten - *polis and norms*

Organisationale Handlungen entstehen durch einen politischen Prozeß, in dem aus kollektiven Handlungen heraus jene Regeln begründet werden, die wirksam und beständig das Handeln von Individuen im Namen der Kollektivität ordnen. Zu den organisationale Handlungen konstituierenden Regeln zählen, daß a) im Namen einer Kollektivität Entscheidungen getroffen werden, b) Individuen die Autorität zugesprochen bekommen, im Namen dieser Kollektivität zu handeln und c) die Grenzen dieser Kollektivität bestimmt sind. Die politische Begründung von organisationalem Handeln scheint demnach in zwei Aspekten auf: in der Ausbildung von Regeln, die für einzelne Organisationsmitglieder einen legitimen Rahmen zur Mitgliedschaft und zur Entscheidungsfindung im Namen der Organisation schaffen, und in der Konstitutierung der für die Ausführungen solcher Entscheidungen notwendigen Abstimmungs- und Durchsetzungsregeln. Entscheidungen und Handlungen, die im Namen der Organisation vollzogen werden, bilden in diesem Erklärungsrahmen ein eigenständiges Phänomen und sind damit der theoretischen Analyse zugänglich: „... *it now becomes possible to set up criteria of relevance for constructing organizational theory-in-use*" (S.13).

2. Organisationen als instrumentale Einheiten - *agency* und *task system*

Die Organisation zweckorientierter Entscheidungen und Handlungen wird als Instrument und adäquate Problemlösung zur Sicherung und Fortsetzung kollektiver Handlungen angesehen. Zur Entfaltung dieser Instrumentalität sind deren Funktion zu bestimmen und durch die Gestaltung eines Aufgabensystems zu bewältigen (z.B. Gewerkschaften als organisierte Form der kollektiven Interessenvertretung von Arbeitnehmern). Die aus einem Gefüge von Möglichkeiten erfolgreicher Aufgabenbewältigung gewählte Art und Weise, wie die Funktion erfüllt werden soll, gliedert das organisatorische Aufgabensystem und ordnet diese Aufgaben im Rahmen der Arbeitsteilung über Rollenbeschreibungen den Organisationsmitgliedern zu. Organisationale Handlungen konstituieren sich mit dieser Sichtweise aus einer sich wechselseitig bedingenden Ordnung der Zwecke der Organisation - *norms* -, der Wahl in den möglichen Mitteln und Verfahren zur Erreichung dieser Zwecke - *strategies for achieving norms* - und der Annahmen über wirkungsvolle Verhaltensweisen, die dieser Wahl zugrundeliegen und mit denen eine erfolgreiche Verknüpfung in der Zweck-Mittel-Beziehung erreicht werden kann - *assumptions* -.

Mit dieser Konstruktion begründen Argyris und Schön organisationales Handeln als kategorial eigenständige Untersuchungseinheit, die sich von der Beschreibung individuellen Handelns unterscheidet. Dies gelingt aufgrund der Eingrenzung organisationalen Handelns auf gemeinsam geteilte Regeln der Teilnahme und Entscheidungsfindung, mit denen kollektives

Handeln auf Dauer gestellt wird, also über das individuelle Handeln des einzelnen Organisationsmitglieds während seiner Mitgliedschaft in der Organisation hinausreicht, und ihrer politischen Rechtfertigung, durch die diese organisationale Identität kollektiven Verhaltens ausgebildet wird - *„There is now an organizational „we" that can decide an act"* (S.13) -.

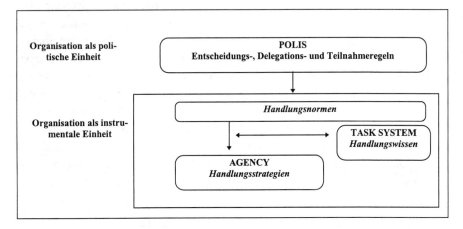

Abbildung 3.2-5: Die Konstitution von Organisationen als politische und instrumentale Einheiten

Die dabei mit dem Zweck-Mittel-Schema hervorgehobene instrumentale Vernunft organisationalen Handelns impliziert die „Entkopplung" des Argumentationsgerüsts von seinen politischen Handlungsgrundlagen und öffnet mit der Entfaltung ihrer zweckrationalen Begrifflichkeit - handlungsleitende Normen, handlungsgenerierende Strategien und handlungsstrukturierendes Wissen - zugleich Anschlußpunkte zur - kognitionstheoretisch fundierten - Rekonstruktion der kollektiven Begründung organisationaler Verhaltensweisen (vgl. Geißler 1995a, S.85f.). Das *„we"* der Organisation kennzeichnet jene Rahmenbedingungen, deren Handlungsregulative als institutionell verankerte Prinzipien in die Konstitution der Organisation als koordiniert kollektives Handeln eingehen - für Unternehmen vor allem in ihrer Form als an erwerbswirtschaftlichen Prinzipien ausgerichtete unternehmerische Handlungen -. Es handelt sich - ebenso wie bei den Richtlinien „richtigen" sozialen Verhaltens - um regulative Grundprinzipien, die im Handeln der Organisation wirksam und nicht hintergehbar, wohl aber spezifizierbar sind (vgl. für Unternehmen grundlegend Brewing 1993, Ortmann 1995, S.120f., zum Konzept der „embeddedness" ökonomischer Handlungen auch Granovetter 1985, 1992).

Den Kern der Argumentation bildet die Gleichsetzung in der Konstruktion der Beschreibung individuellen und organisationalen Verhaltens. Der beobachtbaren Praxis aufeinander abgestimmter Verhaltensweisen in Organisationen liegt eine komplexe, mehrstufig gegliederte organisationale Handlungstheorie zugrunde. Die Verknüpfung zwischen dem kognitiven Begründungsrahmen individuellen Handelns und den Vorannahmen über regelgeleitete kollektive Handlungen leisten drei Konstrukte, die den Erklärungsrahmen für organisationale Verhaltensweisen bilden:

* organisationale Handlungstheorien als kognitiv verankerte Begründungsrahmen für aufeinander abgestimmte (gemeinsame geteilte) Verhaltensweisen von Organisationsmitgliedern,

* die Bildung und Stabilisierung organisationaler Gebrauchstheorien durch die Verkettung individueller kognitiver Bilder (kognitive Landkarte[1] bzw. organisationales Wissen) und

* die Institutionalisierung organisationaler Gebrauchstheorien durch deren „öffentliche" Darstellung in Landkarten „organisationalen Verhaltens".

Der Charakter dieser Konstruktion - die Instrumentalität organisationalen Verhaltens auf einen gemeinsam geteilten, kognitiven Begründungsrahmen zurückzuführen - wird an dem von den Autoren gewählten Beispiel des Zuckerrohranbaus deutlich:

> *„The company's way of growing cane **reflects** certain strategies (for the cultivation of land, for harvesting and fertilizing), certain norms (for productivity and quality, for the use of labor), and certain assumptions (about the yields to be expected form various patterns of cultivation). The norms, strategies and assumptions embedded in the company's cane-growing practices **constitute** its <u>theory of action</u> for cane growing. There are comparable theories of action implicit in the company's way of distributing and marketing its products. Taken together, **these component theories of action** represent a theory of action for achieving corporate objectives. This global theory of action we call „instrumental" (S.14, Unterstreichung auch im Original kursiv, Hervorhebung von mir - HJB).*

Ebenso wie bei individuellen Handlungstheorien werden öffentlich mitgeteilte (bevorzugte) organisationale Handlungstheorien (beispielsweise dokumentiert in Stellenbeschreibungen, im Organigramm, in Arbeitsfluß-Diagrammen) und organisationale Gebrauchstheorien (die aus dem beobachtbaren Verhalten einer Organisation rekonstruierbare Handlungstheorie) unterschieden. Der implizite Charakter auf organisationaler Ebene beruht darauf, daß - individuelles oder organisationales - Gebrauchswissen Organisationsmitgliedern nicht zugänglich und

---

[1] Mit dem Begriff „kognitive Landkarte" werden sowohl individuelle als auch gemeinsam geteilte (kollektive) Ursache-Wirkungs-Beschreibungen in den Erkenntnisprozessen zugrundeliegenden Wissensstrukturen gefaßt. Hier steht der Begriff für diesen zweiten Aspekt (vgl. auch Schirmer 1992, S.151f.). Eine Übersicht über die verschiedenen Konstrukte kognitiver Organisationsforschung gibt Weber (1991, S.94ff.).

damit zwischen ihnen nicht *kommunizierbar* ist, oder aber die fehlende Kongruenz zwischen bevorzugten Handlungstheorien und Gebrauchstheorien zwischen ihnen nicht *diskutierbar* ist.

Die instrumentale organisationale Gebrauchstheorie kennzeichnet die Begründung organisationaler Verhaltensweisen insgesamt, auf das sich die Mitglieder der Organisation in ihren eigenen und in der Auseinandersetzung mit anderen (individuellen) Gebrauchstheorien beziehen. Die Organisationsmitglieder konstruieren sich spezifische, jedoch unvollständige Repräsentationen der organisationalen Gebrauchstheorie (image - kognitive Bilder), und bemühen sich, diese zu vervollständigen und die Begründung des eigenen Verhaltens in den wahrgenommenen organisatorischen Kontext einzuordnen. Diese Beschreibungsleistung beruht auf dem wechselseitigen Austausch von Wahrnehmungen und Begründungen zwischen den Organisationsmitgliedern. Es ist der hier angelegte Prozeß der *gemeinsamen Konstruktion organisationaler*, d.h. intersubjektiv geteilter, *Realitätsausschnitte*, der die in der Organisation verfügbaren individuellen und kollektiven Wisensbestände über organisationaler Gebrauchstheorien ausmacht.

„It is this continual, concerted meshing of individual images of self and others,
of one's own activity in the context of collective interaction, which constitutes
an organization's knowledge of its theory-in-use" (S.16).

Durch die Verkettung kognitiver Bilder der Organisationsmitglieder entstehen und stabilisieren sich gemeinsam geteilte Begründungen des organisationalen Handelns. Die Notwendigkeit zu einer weitergehenden, öffentlich zugänglichen Beschreibung organisationalen Handelns in *„organizational maps"* ergibt sich aufgrund der in komplexen Aufgabensystemen bestehenden Schwierigkeit, alle individuellen Repräsentationen durch Kommunikationsprozesse wechselseitig miteinander zu verknüpfen. Bei diesen organisationalen Landkarten handelt es sich um kollektiv konstruierte, aber stärker typisierte und auf Dauer festgeschriebene Beschreibungen des Organisationsverhaltens, auf die sich Organisationsmitglieder als externem Referenzrahmen beziehen können. Ihre Funktion liegt in ihrer handlungsleitenden Bestimmung zukünftiger Verhaltensweisen im organisatorischen Kontext, auf die sich die Reflexionsprozesse der Organisationsmitglieder beziehen. Beispiele für solche Referenzrahmen sind neben Aufgaben- und Stellenbeschreibungen oder Vergütungstabellen als „offiziellen Verlautbarungen" auch die Gebäudegestaltung, insoweit sie die Kommunikationsformen der Organisation zum Ausdruck bringt.

„... maps have a dual function. They describe actual patterns of activity, and
they are guides to future action" (S.17).

Den *Gegenstandsbereich der Erforschung organisationaler Lernprozesse* bilden damit kognitive Prozesse der Organisationsmitglieder, in denen organisationale Verhaltensweisen reflektiert (beobachtet, interpretiert, analysiert und - bei Bedarf - neu entworfen) werden - *„Organizing is reflexive inquiry"* (S.17) -, und die selektive Vernetzung dieser Reflexion durch die Kommunikation von Wahrnehmungen, Bedeutungszuschreibungen und Begründungsprozessen:

> *„Organization is an artifact of individual ways of representing organization. Hence, our inquiry into organizational learning must concern itself not with static entities called organizations, but with an active process of organizing, which is, at root, a cognitive enterprise"* (S.16).

Diese Beschreibung der Entstehung organisationalen Verhaltens ist auf die Unterscheidung von organisationalen Handlungstheorien, kognitiven Bildern und Landkarten organisationalen Verhaltens als Begründungsebenen für organisationale Handlungen zurückzuführen (vgl. Abbildung 3.2-6):

* *Organisationale Handlungstheorien* kennzeichnen - insgesamt - den gemeinsamen, sich zumindest partiell überschneidenden (geteilten) Begründungsrahmen, der dem beständigen Prozeß der Konstitution und Reflexion beobachtbarer organisationaler Verhaltensweisen von Organisationsmitgliedern zugrundeliegt.

* *Organisationale „Erklärungs"-Theorien* stellen stabile und gegenüber dem konkreten Handeln der Akteure verselbständigte (institutionalisierte) Muster organisationalen Verhaltens (organisationale Landkarten) dar, die in bevorzugten Formen organisationalen Handelns zum Ausdruck gebracht werden.

* *(Implizite) Organisationale Gebrauchstheorien* beinhalten die Begründung des beobachtbaren Organisationsverhaltens von Organisationsmitgliedern in einer Handlungssituation, die auf (habitualisierten) Begründungsmustern organisationaler Verhaltensweisen beruhen und die sich mit spezifischen Ausschnitten in den kognitiven Bildern der Akteure widerspiegeln.

Damit bildet das in einer Organisation verfügbare Wissen über die organisationale Gebrauchstheorie, das über die Beschreibung sowohl der individuellen Repräsentationen organisationalen Handelns als auch über gemeinsam geteilte (habitualisierte oder institutionalisierte) Beschreibungen organisationalen Handelns rekonstruiert werden kann, den Ausgangspunkt der Forschungsbemühungen.

> *„Organizational theory-in-use, continually constructed through individual inquiry, is encoded in private images and in public maps. These are the media of organizational learning."* (S.17).

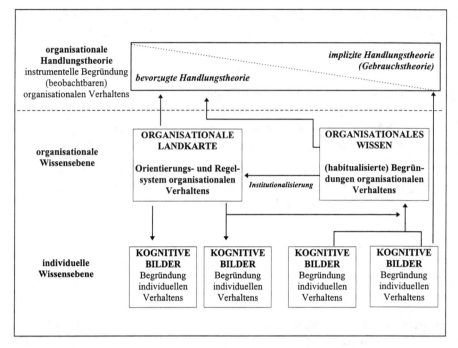

Abbildung 3.2-6: Die Organisation als „cognitive enterprise "

3.2.2.2.2 Organisationale Lernprozesse - Die Konstruktion von Veränderungen als Forschungsprozeß

Damit ist eine Theorieperspektive konstruiert, die organisationales Handeln über die in Gebrauchstheorien festgeschriebenen organisationalen Handlungslogiken unter Bezugnahme auf ihre „materiellen" Strukturen (Landkarten organisationalen Verhaltens) und in Verbindung mit der individuellen Handlungslogik (kognitive Bilder) beschreibt. Mit dieser Forschungs-orientierung werden organisationale Lernprozesse als Reflexionsprozesse zur Entwicklung der organisationalen Gebrauchstheorie - in Abgrenzung zu individuellen kognitiven Lernprozessen - gedeutet. Medien dieser Entwicklung sind zum einen die in den materiellen Strukturen kodifizierten „bevorzugten" Handlungen und zum anderen die Erwartungen der jeweils anderen Organisationsmitglieder, also die wechselseitige Verkettung individueller Bilder über organisationales Handeln.

> *„ The key to this distinction is the notion of agency. Just as individuals are the agents of organizational action, so they are the agents of organizational learning. Organizational learning occurs when individuals, acting form their ima-*

*ges and maps, detect a match or mismatch of outcome to expectations which
confirms or disconfirms organizational theory-in-use. In the case of disconfir-
mation, individuals move from error detection to error correction. The learning agents must discover the sources of error - that is, they must attribute error to strategies and assumptions in existing theory-in-use. They must invent
new strategies, based on new assumptions, in order to correct error. They must
produce those strategies. And they must evaluate and generalize the results of
that new action. „Error correction" is shorthand for a complex learning cy-
cle" (S.19).*

Organisationales Lernen wird als ein mehrstufiger Prozeß der Fehlerentdeckung, Ursachenforschung, Problemlösung und Verallgemeinerung (Lernzirkel) konzipiert. Dieser Lernzirkel
wird von jedem Organisationsmitglied durchlaufen. Sein organisationaler Charakter tritt durch
die kommunikative Vermittlung und reflexive Verankerung der Intervention in gemeinsam
geteilten Gebrauchstheorien der Organisationsmitglieder zutage. Organisationales Lernen
stellt in diesem Verständnis einen geschachtelten Prozeß wechselseitig aufeinander bezogener
Lernprozesse dar, der sich *zugleich* auf individueller und organisationaler Ebene vollzieht.
Daß organisationale Gebrauchstheorien den zentralen Inhalt individueller Gebrauchstheorien
darstellen und sich gleichzeitig aus deren Verkettung zusammensetzen, spiegelt sich im Prozeß organisationalen Lernens wider.

Die Aufdeckung von „Fehlern" in der organisationalen Gebrauchstheorie und ihre Bearbeitung beruht auf Informationen, die sowohl in den kognitiven Bildern als auch in den Landkarten organisationalen Verhaltens gespeichert sind. Individuelle Lernprozesse der Problement-
deckung und -lösung sind demnach als notwendige, aber keineswegs als hinreichende Bedingung organisationaler Lernprozesse anzusehen: Die Ergebnisse individuellen Lernens müssen
kommuniziert und als organisationales Handeln wirksam werden und Resultate erzeugen. Individuen handeln als Agenten organisationalen Lernens,

1. wenn die Fehlerentdeckung durch die Übermittlung vertrauenswürdiger (gültiger) Informationen öffentlich, d.h. anderen Organisationsmitgliedern zugänglich, gemacht und durch
   die Bereitschaft relevanter Organisationsmitglieder zur Rückmeldung von der Öffentlich-
   keit aufgenommen wird, (Kommunikation und Konsensualität nach Duncan u. Weiss 1979)
   oder

2. wenn die Problemlösung die Zusammenarbeit verschiedener Organisationsmitglieder aus
   unterschiedlichen Aufgabenbereichen erfordert und zugleich diese Kooperation für die relevanten Organisationsmitgliedern möglich und von ihnen gewollt wird (Integration nach
   Duncan u. Weiss 1979).

Die Verallgemeinerung der Problemlösung setzt ihre Verankerung in kognitiven Bildern und den gemeinsam geteilten Begründungen organisationalen Verhaltens voraus - bis hin zu deren Speicherung im „Gedächtnis" der organisationalen Landkarten -, d.h. Lernen - in einem substantiellen Sinn - findet erst statt durch die Einbettung der Intervention in organisationale Gebrauchstheorien.

[Learning agents' discoveries, inventions, and evaluations] „... must be encoded in the individual images and the shared maps of organizational theory-in-use from which individual members will subsequently act. If this encoding does not occur, individuals will have learned but the organization will not have done so" (S.19).

Die Eigenschaften der Informationen im Wechselspiel mit dem dazu korrespondierenden Kommunikationsverhalten sind daher zentrale Bedingungsgrößen für die Entdeckung von Fehlern und die Initiierung organisationaler Lernprozesse (vgl. Abbildung 3.2-7 - in Anlehnung an Argyris u. Schön 1978, S.59, S.84f.).

Bedingungen der Fehlerentdeckung	Fehlerursachen	korrigierendes Kommunikationsverhalten
Anerkennung nicht angemessener Begründungen in den Handlungstheorien	• falsche Annahmen • fehlende Übereinstimmung von Bekenntnis- und Gebrauchstheorie • nicht miteinander zu vereinbarende Handlungsbegründungen	• Neuformulierung • Handlungstheorien miteinander in Einklang bringen • einen Entscheidung herbeiführen
Unsicherheit der Information	• Vagheit und Mehrdeutigkeit der Informationen • Umfang der Informationsübermittlung (übermäßig/sparsam) • fehlende Prüfbarkeit der Information	• Spezifikation und Klärung der Information • Präzisierung und Erläuterung der Information • Prüfbarkeit herstellen
Zugang zu Informationen	• Aufteilung der Information auf verschiedene Informationsträger • Zurückhalten von Informationen • Nicht-Anerkennung von Informationen (Tabus)	• gemeinsame Sammlung von Informationen • Aufdecken von Informationen • Informationen in Umlauf und zur Geltung bringen

Abbildung 3.2-7: Bedingungen der Fehlerentdeckung

Erst wenn eine Problemlösung in eine organisationale Handlung umgesetzt - praktiziert - wird, wird ihr Erfolg oder Mißerfolg als zukünftig handlungsbegründend - oder auch nicht -

beurteilt werden (können). Lernen kann demnach auch bestätigenden Charakter haben, ohne daß (beobachtbare) Wirkungen in den Handlungsstrategien und den steuernden Variablen folgen. Der besondere Grund für diese Unterscheidung besteht nach Argyris (1994/1982, S.8f., 1993a, S.225f.) darin, daß Organisationsmitglieder bei der *Suche* nach Ursachen für eine Verhaltensweise systematisch andere Methoden und Heuristiken zu dessen Erklärung heranziehen als bei der Begründung und *Umsetzung* eines Konzepts zur Veränderung dieser Verhaltensweise.

Organisationales Lernen findet also statt, wenn individuelle Reflexionsprozesse an gemeinsam geteilte Gebrauchstheorien rückgebunden sind, diese in einen gemeinsamen (kollektiven) Entwicklungsprozeß eingebracht werden, und sich daraus resultierende Veränderungen in der Wahrnehmung und Begründung von organisationalen Verhaltensweisen (Handlungsstrategien) in der (modifizierten) organisationalen Gebrauchstheorie wiederfinden lassen.

Diese Basiskonzeption organisationaler Lernprozesse wird in verschiedene Formen solcher Lernprozesse differenziert. Die Notwendigkeit resultiert aus der *begründungspluralistischen* Konzeption organisationaler Gebrauchstheorien, für die unterschiedliche Mechanismen der Steuerung durch verschiedene Formen von Lernprozessen von Bedeutung sind. Eine Differenzierung von Bateson (vgl. 1994, S.362ff.) aufnehmend, konstruieren Argyris und Schön (1978, S.17ff.) eine Unterscheidung von drei organisationalen Lernformen - single-loop learning (1), double-loop learning (2) und deutero-learning (3) -, deren Diskriminierung allein analytischen Charakter hat. Tatsächlich (empirisch) sind organisationale Lernprozesse als Bewegungen auf einem Kontinuum zu verstehen, die in vielfältiger Weise ineinander verschachtelt sind und zu deren Einordnung Verlauf und Tiefe des Lernprozesses nachzuzeichnen sind (vgl. Argyris 1994/1982, S.8).

ad 1) Begrenztes Organisationslernen: *„ When the error detected and corrected permits the organization to carry on its present policies or achieve its present objectives, then that error-detection-and-correction process is **single-loop** learning. Single-loop learning is like a thermostat that learns when it is too hot or too cold and turns the heat on or off. The thermostat can perform this task because it can receive information (the temperature of the room) and take corrective action "* (S.2/3, Hervorhebung im Original kursiv).

Das „einschlaufige Lernen" wird als ein einfacher Regelkreis beschrieben, der die korrigierende Anpassung organisationaler Handlungstheorien an sich ändernde interne und externe Umweltbedingungen der Organisation umfaßt und damit die Stabilität des handlungsleitenden Referenzrahmens - der aus den Normen abgeleiteten Strategien (Ziele und Politiken) - gewährleistet. Dabei beruht single-loop learning auf einer bestimmten Art des Wandels: auf einer spezifischen und nicht konfliktären Einschätzung - im Sinne seiner normativen Einordnung - des „Fehlers", so daß auf der Basis einer strukturierten Handlungskonstellation - „... *collaborative inquiry on the part of several different members of the organization ...*" (S.19) - der organisationale Lernzirkel initiiert werden kann.

ad 2) Entfaltetes Organisationslernen: „*We will give the name "double-loop learning" to those sorts of organizational inquiry which resolve imcompatible organizational norms by setting new priorities and weightings of norms, or by restructuring the norms themselves together with associated strategies and assumptions*" (S.24, auch im Original kursiv, Hervorhebung von mir - HJB).

Das zweischlaufige Lernen kennzeichnet einen Regelkreis, bei dem der handlungsleitende Referenzrahmen - die den Strategien zugrundeliegenden Normen (Wertvorstellungen, Verhaltensgrundsätze, Annahmen über Kausalzusammenhänge, vgl. Argyris 1995, Sp.1254) - in den Lernprozeß einbezogen wird. Die Notwendigkeit daraus resultiert aus der *konfliktären* Einschätzung der Anpassungsweise an interne oder externe Umweltveränderungen zwischen Organisationsmitgliedern oder Gruppen in der Organisation.

Diese Form des Wandels von Organisationen beruht auf der Anerkennung und Bearbeitung des Konflikts zwischen den Organisationsmitgliedern. Der zu initiierende Problemlösungszirkel umfaßt vier Schritte:

- die Identifizierung und gemeinsame Aufdeckung des Konflikts sowie seiner Gründe und Ursachen (Konfrontation konfligierender Erklärungen organisationalen Verhaltens);

- die Erarbeitung einer Problemlösung für die miteinander konfligierenden Erklärungsprogramme organisationalen Verhaltens;

- die Neuordnung der Ziele und Politiken (Handlungsstrategien) und, soweit notwendig, des verfügbaren Handlungswissens;

- die Einbettung in die organisationale Gebrauchstheorie.

Argyris und Schön (1978, S.23) sehen in diesem Verständnis Organisationen, also die Art und Weise einer strukturierten Problemlösung kollektiven Handelns, als Medium an, um nicht übereinstimmende Erklärungen organisationaler Verhaltensweisen überhaupt in Interpersonale- oder Intergruppen-Konflikte zu transformieren und damit als organisationales Handeln im double-loop learning bearbeitbar zu machen. Double-loop learning stellt daher aufgrund seiner Charakteristika in jedem Fall eine Bedrohung für bestehende Handlungskonstellationen dar, weil es um die Veränderung bestehender Handlungstheorien geht und damit vorherrschende Fähigkeiten und Verhaltensmuster (Wissensstrukturen) in Frage gestellt werden.

Besondere Aufmerksamkeit widmen die Autoren der Handhabung des Konflikts, da nur bestimmte „Arten" der Konfliktlösung dem normativen Anspruch im Modell des organisationalen double-loop learning entsprechen. Möglichkeiten einer der Grundidee des organisationalen Lernens entsprechenden Konflikthandhabung sind:

- Konflikthandhabung durch eingegrenztes single-loop learning findet statt, wenn *neue Problemlösungen (Strategien, Handlungswissen) auf der Basis der anerkannten Normen einer begrenzten Gebrauchstheorie* gefunden werden („*ecological adjustment*", S.37 - als Gegenbegriff zur „organizational inquiry").

- Konflikthandhabung durch Wirkungsanalyse beruht auf der Feststellung der durch die Erklärungsprogramme erzeugten „trade offs". Dies erlaubt die Konflikthandhabung durch eine *ausgleichende Anpassung zwischen begrenzten Gebrauchstheorien auf der Ebene der Strategien und des Handlungswissens neuer Normen (,,... inquiries into the probabilities and values associated with the options for action ...*", S.24).

- Bei der Konflikthandhabung durch Normevaluation werden die Erklärungsprogramme von den Organisationsmitgliedern als miteinander unvereinbar angesehen, so daß eine Wirkungsanalyse (die Anpassung der Strategien und des Handlungswissens) nicht möglich ist. *Konflikthandhabung und Problemlösung* sind dann nur *auf der Ebene der Normen der instrumentalen Gebrauchstheorie*, ihrer Entstehung, Hintergründe und Rationalität möglich.

Zusammenfassend besteht die Funktion organisationalen Lernens in der Neuordnung organisationaler Gebrauchstheorien, wenn nicht die erwartete Wirkung gemeinsamer Verhaltensweisen eintritt. Beim single-loop learning steht die Wirksamkeit des Handelns als Erfolgskriterium im Vordergrund - „*... it helps get the everyday job done ...*" (Argyris 1994/1982, S.9) -, während es im double-loop learning um die Richtigkeit des Handelns geht - „*... it assures that there will be another day in the future of the organization ...*" (Argyris 1994/1982, S.9) -.

Der an diesem Punkt hervorzuhebende Unterschied zu neueren Begriffskonstrukten wird mit Rückbezug auf die Unterscheidung der politischen Begründung und instrumentalen Zwecksetzung organisationaler Handlungen deutlich. Es sind nicht die das organisationale Handeln konstituierenden Regeln kollektiven Handelns, die im double-loop learning reflektiert werden, sondern „nur" die auf diesen Regeln fußenden organisationalen Handlungsnormen und -strategien, mit denen die für das organisationale Handeln gesetzten Zwecke erreicht werden sollen. Mit diesem Anschluß kritisiert Geißler (1995b) die in der Diskussion zu findende Gleichsetzung von Begriffen wie double-loop learning mit Veränderungslernen oder Organisationsentwicklung sowie deutero-learning mit Prozeßlernen oder Organisationstransformation (vgl. Pawlowsky 1992, S.205ff., Probst u. Büchel 1994, S.178). Hier wird ein Konsens in der wissenschaftliche Bearbeitung nahegelegt, der sich bei einer genaueren Rekonstruktion dieser Begriffsfassungen als nur begrenzt tragfähig erweist. Die Notwendigkeit zu dieser Präzisierung erscheint daher angezeigt, um einerseits die Annahme einer verschachtelten Struktur organisationaler Gebrauchstheorien aufnehmen und auch innerhalb einer Organisation unterschiedlichen Formen des Lernens nachgehen zu können. Andererseits wird in der Rezeption dieses Forschungsansatzes double-loop learning regelmäßig auf die Organisation-Umwelt-Differenz bezogen. In dieser Hinsicht stellt die Unterscheidung klar, daß nicht die (z.b. erwerbswirtschaftliche) Zwecksetzung der Organisation als solche hinterfragt wird, sondern es um die Modifikation des organisationalen Verhaltensrepertoires innerhalb diesen Bezugsrahmens geht, also um auf den Zweck der Organisation bezogene Normen und Strategien.

Im Hinblick auf die Bestimmung dieser beiden Lernmodi heben Argyris und Schön (1978, S.24f.) verschiedene Aspekte hervor, von denen hier drei von Interesse sind: die Form der Abgrenzung zwischen den beiden Lernformen (a), die Abgrenzung zwischen Lernprozessen und politischen Prozessen im organisationalen Handeln (b) und der Wirkungsgrad organisationalen Lernens (c).

ad a) Die diskrete Unterscheidung von single-loop und double-loop learning entspricht nicht dem systemischen Charakter organisationaler Gebrauchstheorien, die sich auf verschiedene, wechselseitig miteinander verknüpfte Aspekte organisationalen Verhaltens beziehen (vgl. etwa auch das Argument von Duncan u. Weiss 1979, S.97: Organisationale Lernprozesse finden auf allen Ebenen und in allen Teilen einer Organisation statt) und die für das organisationale Verhalten von unterschiedlicher Bedeutung sein können. Deshalb ist es notwendig, unabhängig von der Lernform in der Beobachtung den Lernprozeß genau zu lokalisieren und dabei zu berücksichtigen, daß sich die Lernformen eher auf einem Kontinuum starker und schwacher Ausprägungen bewegen. Damit wird zugleich auch die klare Trennung von einer instrumentalen organisationalen Gebrauchstheorie und den individuellen Gebrauchstheorien aufgehoben, die sich nunmehr als ineinander verschachtelte Struktur verschiedener „lokaler", wechselseitig miteinander verknüpfter Gebrauchstheorien darstellt.

Der Begriff „lokale Theorie" wird hier von Baitsch (1993, S.26) übernommen, der diesen zur Beschreibung der Unterschiede in den Erlebens- und Handlungsmustern zwischen verschiedenen Arbeitsorganisationen und der sie jeweils erklärenden Theorien einführt. Ähnlich verwendet Kirsch (1992, S.317) den Begriff einer lokalen Wissensbasis in der Organisation. Obwohl Argyris und Schön (1978) mit der verschachtelten Struktur organisationaler Gebrauchstheorien ein vergleichbares Phänomen diskutieren, wird hierfür kein eigenständiger Begriff entwickelt (vgl. auch die entsprechende Diskussion zu Duncan u. Weiss 1979 bei Geißler 1995a, S.15ff.).

ad b) Ist die Konfliktlösung in erster Linie ein politischer Prozeß, in dem entweder die handlungsmächtigen Organisationsmitglieder ihre Interessen durchsetzen, oder es zu einem Interessenausgleich kommt, dann kann dieser Prozeß *nicht* als organisationaler Lernprozeß beschrieben werden. In einem politischen Prozeß wird weder dem Problem, seinen Ursachen

und Gründen nachgegangen, noch wird die Bedeutung der Konflikthaftigkeit der Problemlösung (Interessenausgleich auf der Grundlage von Gewinnstrategien) für die organisationalen
Gebrauchstheorien identifiziert. Es stellt allerdings ein nicht unerhebliches Problem dar, diese
analytische Differenzierung empirisch zu verifizieren, also handlungspraktisch Politik- von
Lernprozessen, den Gebrauch von Macht von reflexivem Handeln abzugrenzen. Wobei, darauf macht Ortmann (1995, S.45) aufmerksam, eine Funktion politischen Handelns genau darin
gesehen wird: Die Dynamik zur Veränderung des organisationalen Regelsystems - durch die
Bereitstellung allokativer und autoritativer Ressourcen - zu entfalten.

Klar ist, daß die Argumentationskonstruktion von der Verknüpfung politischer Prozesse und
organisationaler Lernprozesse absehen kann. Auch wenn in vielerlei Hinsicht in den Arbeiten
von Argyris politische Phänomene aufscheinen, kann die Argumentation „funktionalistisch"
verkürzt bleiben in dem Sinne, daß sie die Beschreibung und Erklärung beobachtbarer Pathologien zweck-rationaler Begründungen kollektiver Verhaltensweisen in den Mittelpunkt stellt.

ad c) Die Strukturierung lokaler Handlungstheorien und die wechselseitige Verschränkung
von single-loop und double-loop learning verweist auf die mit organisationalen Lernprozessen
verbundene Dynamik, die Argyris und Schön (1978, S.42) im Begriff der *„organizational dialectic"* fassen.

Organisationale Lernprozesse, die als umfassende Veränderungen der „instrumental theory of
action" angelegt sind, erzeugen Wirkungen in den Begründungen organisationaler Verhaltensweisen: Aus dem Prozeß der Rückkopplung organisatorischer Reflexionen - Problemer-
kennung und -lösung - in organisationale Gebrauchstheorien resultieren neue Inkonsistenzen
(organisationale Konflikte) in den organisationalen Handlungstheorien, auf die sich (nächste)
organisationale Lernprozesse erneut beziehen.[1]

> *„... it is important that we should not isolate a full cycle of organizational le-
> arning from the larger organizational dialectic in which it is embedded. In
> good organizational dialectic, new conditions for error typically emerge as a
> result of organizational learning. Good dialectic is not a steady state free from
> conditions for error, but an open-ended process in which cycles of organiza-
> tional learning create new conditions for error to which members of the orga-*

---

[1] Im Anschluß an Giddens beschreibt Ortmann (1994, S.164f.) dieses Phänomen in etwas anderer Diktion und
hebt damit dessen Implikationen hervor. Im Begriff der Rekursivität wird hier die iterative Anwendung einer
Operation auf deren eigenes Resultat gefaßt. Diese Rekursivität gewinnt Eigenwert dann, wenn die sich wiederholende Durchführung dieser Operation zu einem fixen Wert eines Handlungssystems führt. Organisationales
Lernen läßt sich dann als ein *iteratives* Korrigieren von Modellen - Handlungstheorien nach Argyris und Schön
(1978) - auffassen, das solange weitergeht, bis die Modelle gangbar sind und Stabilität ausbilden. Organisationaler „Konservatismus" (vgl. Kieser 1990) - mit dem die Stabilität organisationalen Verhaltens und Starrheit gegenüber Interventionen beschrieben wird - läßt sich dann als *Eigenwert* organisationaler Handlungs-Struktur-
Rekursionen auffassen.

nization respond by transforming them so as to set in motion the next phase of inquiry" (S.60, Hervorhebung im Original kursiv - HJB).

Daß dies so ist, folgt aus zwei Grundannahmen über organisationale Handlungssituationen: der beständigen Veränderung organisatorischer Situationen im Wechselspiel zwischen externen Umweltbedingungen und internen Aktivitäten sowie der Mehrdeutigkeit und Konflikthaftigkeit von Normen, Politiken und Zielen.

Argyris und Schön (1978) verengen das Argument auf die Beschreibung der Wirkungen, die organisationales Lernen im Organisationsverhalten erzeugt (bzw. erzeugen soll). Aufgrund dieser Dynamik sind klare Lösungen ebensowenig als Kriterium für organisationale Lernprozesse anzusehen, wie das (Er-)Messen organisationaler Effektivität am Erreichen öffentlicher Ziele (*"espoused purposes and norms"*, S.42), wenn die Ursache für den Lernprozeß in den organisationalen Gebrauchstheorien liegt. Die Autoren konstruieren mit dem Begriff *"good dialectic"* (S.42) daher eine Beschreibungsformel für die Eignung des Lernmodus - singleloop oder double-loop learning - und dessen Qualitätsgrad, die den Erfordernissen der Dynamik des organisatorischen Entwicklungsprozesses entspricht.

Die Entwicklung dieser *"good dialectic"* als organisationale Fähigkeit bildet selbst den Gegenstand von Lernprozessen und wird im dritten Konstrukt - deutero-learning - als Lernen über die Wirkung des organisationalen Lernsystems auf den organisationalen Lernprozeß beschrieben.

ad 3) Lernen zu Lernen: *"When an organization engages in **deutero-learning**, its members learn, too, about previous contexts for learning. They reflect on and inquire into previous contexts for learning. They reflect on and inquire into previous episodes of organizational learning, or failure to learn"* (S.27, Hervorhebung von mir - HJB).

Mit dem Konstrukt deutero-learning wird der Prozeß des Erlernens von Lernprozessen, ihren Bedingungen und Grenzen gekennzeichnet. In dieser dritten Form von Lernprozessen wird auf bisherige organisationale Lernprozesse, ihre Erfolge sowie Mißerfolge reflektiert, mit der Lernen über den Kontext von Lernprozessen ausgelöst und für das Handeln in weiteren organisationalen Lernprozessen fruchtbar gemacht wird: *"Deutero-learning is the one route to a restructuring of the learning system"* (S.96, siehe dazu ausführlich den folgenden Abschnitt dieser Arbeit).

Argyris und Schön (1978, S.28) sehen deutero-learning über single-loop learning als vergleichbar mit dem Konzept der Erfahrungskurve für die industrielle Produktion an. Die Bedeutung von Erfahrungseffekten in der Produktion und ihr Stellenwert für die Kostenkalkulation läßt sich aus ihrer Sicht als ein Prozeß sich wiederholender kollektiver Reflexionen in einem vorgegebenen und sich durch den Lernprozeß stabilisierenden Handlungsrahmen inter-

pretieren. In gleicher Weise erscheint das Modell des deutero-learning für double-loop learning relevant.

Organisationales deutero-learning ist eingebettet in jene Landkarten organisationalen Verhaltens (z.b. der Forschung und Entwicklung, der Planung und Evaluation, des geplanten Wandels) und jene kognitiven Bilder (z.b. der Stellen und Abteilung, in denen diese Funktionen
erfüllt werden), die das Verhalten in Organisationen anleiten. Der hier zu initiierende Problemlösungszirkel besteht:

- in der Aufdeckung von günstigen und ungünstigen Faktoren, die auf organisationale Lernprozesse einwirken;

- in der Entwicklung neuer Strategien des Lernens;

- in ihrer Implementierung, Evaluation und Generalisierung;

- in der Einbettung in die Praxis des organisationalen Lernens (als Gebrauchstheorie des
  Lernens).

Deutero-learning steht für die Suche nach den Möglichkeiten organisationalen Lernens überhaupt: *„The quest for organizational learning capacity must take the form of deutero-learning; most particularly about the interaction between the organizations' behavioral world
and its ability to learn"* (S.29). Das zentrale Argument, das mit dieser Aussage eingeführt
wird, ist die Unterscheidung zwischen organisationalen Handlungstheorien, mit denen das
konkrete Verhalten in einer Organisation begründet wird, und der sozialen Einheit, in der Personen Rollen in einem Aufgabensystem wahrnehmen und damit *diese* soziale Einheit zuallererst konstituieren. Der Begriff „Verhaltenswelt" beschreibt für soziale Einheiten charakteristi-
schen Grundannahmen, d.h. typisierte Verhaltensmuster oder -konzepte als tendenziell von
allen Mitgliedern gemeinsam geteilte Beschreibungen von Personen und Situationen, wie z.B.
typisierte Rollenwahrnehmungen (in) der Organisation: *„.... an army man, ... a General Elec-
tric man ... "* (S.28), aber ebenso auch organisationsspezifische Sprach- und Redewendungen.
Deren Generalisierung stellt als interne Umwelt der Organisation Anknüpfungspunkt und Ermöglichungsbedingung für die Interaktion unter den Mitgliedern der Organisation überhaupt
dar und dient - mehr oder weniger - jenen Forschungsprozessen, auf denen organisationales
Lernen beruht.

Die Beschäftigung mit der „organizational learning capacity" beruht auf diesem dritten Baustein der Konzeption: den Verhaltensmodellen von Organisationen: *„ ... if we wish to learn
more about the conditions that facilitate or inhibit organizational learning, we must explore
the ways in which the behavioral worlds of organizations affect the capacity for inquiry into
organizational theory-in-use"* (S.28).

3.2.2.2.3   Die organisationale Lernkapazität - Verhaltensmodelle von Organisationen

Die Grundannahme ist, daß organisationale Lernprozesse ebenso wie organisationale Gebrauchstheorien *in die Verhaltenswelt der Organisation* eingebettet sind, durch die deren Bedingungs- und Gestaltungsrahmen gesetzt wird:

> *„The organization's theory of action is embedded in a behavioral world which shapes and constrains instrumental theory-in-use at the same time that it shapes and constrains organizational learning about theory-in-use. This is what we shall call the organization's* **learning system***" (S.41 - Hervorhebung im Original kursiv - HJB).*

Die Kernthese, die Argyris und Schön (1978) mit dieser Annahme entfalten, beinhaltet, daß die mangelnde Fähigkeit von Organisationen zum double-loop und deutero-learning auf Eigenschaften in der Verhaltenswelt von Organisationen zurückzuführen ist, die als organisationales Lernsystem zu „Funktionsstörungen" in organisationalen Lernprozessen führt.

Als Erklärungsrahmen entwickeln die Autoren zwei Handlungsmodelle, in denen zu Modellen individueller Gebrauchstheorien (Modell I- und Modell II-theory-in-use)[1] organisationale Verhaltenswelten korrespondieren (vgl. Abbildung 3.2-8 - Quelle: Argyris u. Schön 1978, S.112/ 113, 142/143). In den Handlungsmodellen führen Handlungsstrategien aufgrund der handlungsleitenden Variablen der organisationalen Verhaltenswelten zu Verkettungen:

1. Bestimmte Verhaltensweisen (der Modell I-Gebrauchstheorie: Zielbestimmung, Gewinnstrategien, rationale Begründungen) führen beim Erkennen von Fehlern zu Verhaltensmechanismen und Gruppendynamiken (*primary inhibiting loop - „They are "primary" not in the sense of temporal order, but in the sense of their importance among the processes which make up the system"*, S.111), durch die Lernzyklen begrenzt oder verhindert werden. Mit Ausnahme solcher Situationen, in denen der Fehler als wenig bedeutsam eingestuft wird oder durch dessen Verdeckung noch größere Komplikationen erzeugt werden, sind double-loop- und deutero-learning aufgrund nicht erfolgter Fehlerkorrektur nicht möglich. Zugleich finden die Verhaltensweisen Bestätigung und verfestigen sich in „defensiven Routinen" (*secondary inhibiting loop*). Über Anpassungsverhalten hinausgehende Lernprozesse sind im *Modell O-I: Begrenztes Lernsystem* nicht möglich (vgl. ausführlich S.45ff.).

2. Bestimmte Verhaltensweisen (der Modell II-Gebrauchstheorie: sachliche Information und wechselseitige Anerkennung von Zielen und Politiken) führen beim Erkennen von Fehlern zu anderen Verhaltensmechanismen und Gruppendynamiken, in denen defensive Routinen umgangen werden, so daß eine produktive Argumentation durch die „öffentliche" Diskus-

---

[1] Der Begriff „Model I" bezeichnet sowohl personale Handlungstheorien als auch Verhaltenswelten, die durch interpersonale Interaktionen entstehen (vgl. Argyris und Schön 1978, S.113, Fußnote).

sion von Verhaltensweisen und der ihnen zugrundeliegenden Annahmen ermöglicht wird. Dadurch werden im *Modell O-II: Entfaltendes Lernsystem* Anpassungsprozesse (Fehlerkorrekturen) und damit double-loop und deutero-learning als Lernformen möglich (vgl. ausführlich S.129ff.).

Das Annahmengefüge knüpft an den Überlegungen zu den Eigenschaften individueller Gebrauchstheorien an und zeigt im Modell O-I auf, wie das Phänomen der *„skilled incompetence"* sich - als anerkannt rationales Verhalten - in defensiven organisatorischen Routinen verfestigt und dadurch die Lernkapazität der Organisation insgesamt beschränkt. In einem vergleichbaren Vorgehen wird dem sich auf diesem Wege verfestigenden begrenzten organisationalen Lernsystem das normativ ausgezeichnete Modell O-II gegenübergestellt, in dem die Bedingungen entfaltenden Lernens ausgewiesen werden. Die Handlungsmodelle werden an sich als empirisch gültig angesehen, d.h. es wird der Anspruch erhoben, mit diesen Modellen typische, jedoch nicht universell gültige Verhaltensformen in Organisationen angemessen zu beschreiben (S.309f.), die sich zudem durch einen unterschiedlichen „Diffusionsgrad" auszeichnen.

An der Einschätzung, daß Modell II-Gebrauchstheorie und Lernsystem O-II eher einen Idealtyp darstellen, der von „Interventionisten", insbesondere Organisationsentwicklern und -beratern, an eine Organisation herangetragen wird, die nach den Verhaltensprinzipien der Modell I-Gebrauchstheorie dem Lernsystem O-I folgt, hat sich seit der Veröffentlichung von 1978 wenig geändert: *„At the espoused level, Models II and O-II sound like motherhood and apple pie"* (Argyris 1994/1987, S.221). Diese Einschätzung veranlaßt die Autoren auch dazu, im Hinblick auf die Diskussion notwendiger Interventionen von Modell I und Modell O-I als „Regelfall" auszugehen (Argyris u. Schön 1978, S.161). Dies ist in die allgemeinere Annahme eingebettet, daß die Makro-Umwelt nicht unbedeutend ist, die Reflexion über Veränderungen des organisationalen Verhaltens aber an Punkten beginnen sollte, die zu steuern sind: individuelle Gebrauchstheorien und organisationale Lernsysteme (Argyris u. Schön 1978, S.286f.).

Als weiter(zu)führendes Ausgangsproblem ist die Beschränkung der organisationalen Lernkapazität im begrenzten Lernsystem O-I anzusehen. Als Gründe für diese Beschränkung werden verschiedene Formen ineinandergreifender Verhaltensmechanismen entwickelt, die in ihrer Zusammenführung in einem „organisationalen defensiven Muster" als Erklärungskonzept für diesen Wirkungsmechanismus angesehen werden können (vgl. Argyris 1990, S.12-67, Probst u. Büchel 1994, S.74ff.).

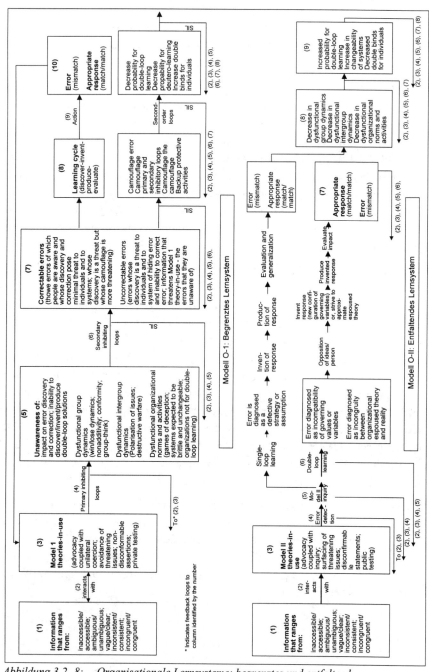

Abbildung 3.2.-8: Organisationale Lernsysteme: begrenztes und entfaltendes Organisationslernen

Von Bedeutung ist vor allem die Verknüpfung der Konstrukte *„geschickte Unfähigkeit"* (vgl. Argyris 1994/1987, S.100ff.) und *„defensive Routinen"* (vgl. Argyris 1994/1987, S.213ff.):

- *geschickte Unfähigkeit:* In der wechselseitigen Verknüpfung von individuellen Handlungstheorien und organisationalen Lernprozessen führen Modell I-Gebrauchstheorien dazu, durch die Form der Begründung von Handlungsstrategien Fehler nicht wahrzunehmen, um interpersonale Beziehungen vor Bedrohungen, Enthüllungen und Verlegenheit zu schützen und durch die kompetente Handhabung dieses Begründungsmusters den organisationalen Entwicklungsprozeß zu begrenzen.

  Der strategische Umgang mit Informationen - Zurückhaltung, fehlende Gültigkeit, Mehrdeutigkeit - dient der Vermeidung oder Umgehung von Konfrontations- und Evaluationssituationen. Organisationsmitglieder entwickeln aufgrund ihrer Wertvorstellungen und Verhaltensmaßstäbe (bzw. verfügen über) unbewußt Handlungsstrategien, in denen durch „vermischte Botschaften", d.h. mit Absicht zweideutig formulierte Nachrichten, negative Überraschungen, Gesichtsverluste und Bedrohungen vermieden werden. Effekt ist, daß das zu bearbeitende Problem nicht erkannt oder nicht gelöst werden kann. Argyris (1993a) illustriert diesen Effekt am Beispiel der Strategieentwicklung für ein Unternehmen: Wenn bei der Erarbeitung einer Strategie die Führungskräfte ihre Fähigkeiten dazu nutzen, einander nicht bloßzustellen oder zu verärgern, dann ist dies für die eigentliche Problembearbeitung hinderlich und führt möglicherweise zu keinem Ergebnis.

- *defensive Routinen:* Für die wechselseitige Verknüpfung von organisationalen Lernprozessen und der Verhaltenswelt von Organisationen ist die Ausbildung organisationaler defensiver Routinen als Folge eines Informationsverhaltens „vermischter Botschaften" zentral. Organisationale defensive Routinen (Abwehrroutinen) bezeichnen - in der Definition von Argyris (1990, S.25) - im Organisationsalltag routinisierte Handlungsstrategien von Akteuren, um sich <u>trotz</u> der Wahrnehmung von Fehlern a) nicht in Situationen zu bringen, die (sie selbst und andere) Menschen als Belastung oder Bedrohung erfahren könnten, und b) nicht mit der Identifizierung und Behebung der Gründe einer möglichen Bedrohung befassen zu müssen.

  Ein wechselseitiger Austausch der Begründungen von Verhaltensweisen kann bei einem solchermaßen routinisierten Informationsverhalten nicht stattfinden. Auch wenn Inkonsistenzen und fehlende Kongruenz in organisationalen Gebrauchstheorien wahrgenommen werden, können die Begründungen nicht offengelegt und - im Sinne einer hypothetischen Prüfung - einer gemeinsamen Analyse zwischen den Akteuren unterzogen werden. Weil die Lösung des wahrgenommenen Problems unaufhebbar mit einer Veränderung des Begründungs- und Informationsverhaltens verbunden ist, führt dies in organisationaler Hinsicht zu einer „doppelten Bindung": Das Aufdecken nicht produktiven Begründungsverhaltens stellt eine Bedrohung „guter Beziehungen" mit in der Folge negativen gruppendynamischen Effekten dar, die Nicht-Aufdeckung löst weder das wahrgenommene Problem, noch trägt es zur Bewältigung der Abwehrroutinen bei. Hierbei handelt es sich um organisationale Handlungen, weil sich Organisationsmitglieder mit unterschiedlicher Persönlichkeit gleichartig verhalten, und dieses Verhalten intakt bleibt, auch wenn diese aus der Organisation ausscheiden oder neue eintreten (vgl. Argyris 1993b, S.132).

Aus Sicht der Entwicklungsfähigkeit der Organisation bzw. ihrer Lernfähigkeit erwächst der Problemgehalt dieser Handlungsstrategien - die in einem *„organizational defensive pattern"* (Argyris 1990, S.63, siehe Abbildung 3.2-9, Übersetzung in Anlehnung an Probst u. Büchel 1994, S.77 - HJB) zusammengeführt werden - aus dem fehlenden Bewußtsein für die kontraproduktiven Wirkungen bewußt als „richtig" beurteilter Handlungen. Die Erklärung dieses Effekts wird in dieser Interpretation nicht auf individuelle „Defekte" - wie Emotionen oder Einstellungen - im Begründungs- und Informationsverhalten *einer* Person zurückgeführt. „Kausale" Ursache für diese Effekte sind vielmehr - und das ist der herauszuhebende Aspekt zum Beispiel in Abgrenzung zum Akzeptanztheorem in der Bürokommunikationsforschung oder in Hervorhebung der Risiken, die aus der Einforderung von sozialer Kompetenz (beschrieben zum Beispiel als Team-, Kooperations- und Kommunikationsfähigkeit) als personaler Qualifikation resultieren (vgl. Heller 1993) - Verhaltensweisen, die im *organisationalen Kontext* sozial honoriert werden, *„... because the routines indicate a sense of caring and concern for people ..."* (Argyris 1990, S.29), und daher von Akteuren absichtsvoll und mit hoher Professionalität entwickelt werden. Resultat dieser als Routinen im organisationalen Verhalten manifesten Verhaltensmuster sind - in organisationaler Hinsicht - Pathologien im Kommunikationsprozeß, die nicht nur Konflikte zwischen (lokalen) organisationalen Handlungstheorien auslösen, sondern durch die *zugleich* Regeln ausgebildet werden, um die Bearbeitung dieser Konfliktfelder zu vermeiden.

In personaler Sicht sehen sich Organisationsmitglieder in ihrem Handeln dann in Abhängigkeit von Abwehrroutinen. Aufgrund ihres „naturgegebenen" Charakters sind Organisationsmitglieder nicht bereit zu erkennen, wie diese entstehen, und sehen sich nicht in der Lage, Verantwortung für diese Entstehung zu übernehmen. Es werden keine Handlungsstrategien entwickelt, mit denen den Abwehrroutinen begegnet werden könnte. Argyris bezeichnet diese Handlungsstrategie als „fancy footwork" (1990, S.45, Probst u. Büchel übersetzen den Terminus mit „Phantasievolle Verrenkungen", 1994, S.76). Aus dieser Haltung heraus, so die weitergehende Annahme, entwickeln sich eher zynische Einstellungen, die zu Mißtrauen und zur Ignorierung von positiven Absichten in Veränderungsprozessen führen. Organisationale „Kosten" entstehen aus dem Unbehagen, daß durch diese Verhaltensweisen in (Entscheidungs-)

Gruppen auftritt und sich in Symptomen wie Schuldzuweisungen an „Dritte" und fehlendes Verantwortungsbewußtsein für das Entstehen von Fehlern zeigt (vgl. Argyris 1990, S.30f., 45ff.).

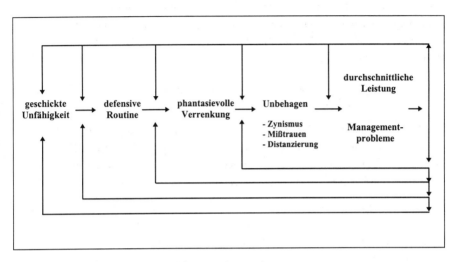

Abbildung 3.2-9: Organisationale defensive Muster

Dies wird parallelisiert mit Begrenzungen, die aus strukturellen Merkmalen von Organisationen resultieren. Gestaltungsabsicht von Arbeitsteilung und der Zentralisierung von Informationen und (Entscheidungs-)Macht in hierarchisch geprägten Organisationsstrukturen ist, die Steuerung von Organisationsaktivitäten - aus der Sicht der Organisationsgestalter - handhabbar zu machen. Aufgrund der Dynamik der internen und externen Umwelt führt diese Handlungsstrategie zu dem paradoxen Effekt, daß sich die Akteure im Umgang mit Veränderungen auf widersprüchliche Handlungsstrategien beziehen müssen: der Anpassung ihres Verhaltens an die Umweltveränderungen und zugleich deren Einpassung in die stabilitätssichernde Vorordnung ihres Verhaltens durch die Organisationsstruktur. Auch hier ist das Problem nicht in der Existenz dieses unabdingbaren Effekts zu sehen, sondern darin, daß Entscheidungsträger nicht über die Fähigkeit zu seiner Diskussion verfügen und Strategien entwickeln, um sich vor der Diskussion kontraproduktiver Effekte zu schützen (vgl. Argyris u. Schön 1978, S.119ff.).

3.2.2.3   Gestaltung organisationaler Lernprozesse - Diagnose und Intervention

In dem interventionsorientierten Erklärungsinteresse von Argyris und Schön (1978, ebenso in den Arbeiten von Argyris 1990, 1993) ist es ein zentrales Element, Begriffe, Annahmen und Wirkungsmechanismen organisationaler Lernprozesse anhand von Fallbeschreibungen zu erläutern. Diese erscheinen in der Regel als Intervention (durch die Autoren) in ein Klienten-system. Dieses Vorgehen ist nicht nur im Erkenntnisinteresse, sondern vor allem im Aufzei-gen der Methodik organisationalen Lernens begründet. Hier ist von besonderem Interesse, daß sich Argyris in eigenen Arbeiten mit den begrenzenden Wirkungen von Managementinforma-tionssystemen für organisationale Lernprozesse beschäftigt (3.2.2.3.1), denen Bedingungen und Interventionsstrategien für einen entfaltenden organisationalen Lernprozeß gegenüberge-stellt werden können (3.2.2.3.2).

3.2.2.3.1 Modell O-I: Managementinformationssysteme als Intervention - Ein Prozeß einschlaufigen Lernens

Als einen der Gründe für die Popularität von Managementinformationssystemen sieht Argyris (1994/1982, S.31) die Hoffnung des Managements, daß diese dazu beitragen, die „Fehler"-Entdeckung im Organisationsverhalten zu vereinfachen und für die Organisationsmitglieder die Möglichkeiten zu ihrer Verschleierung zu senken.

In diesem Sinne repräsentieren Managementinformationssysteme eine hierarchisch-direktive „*theory of control*" (Argyris 1994/1987, S.197). Managementinformationssysteme basieren, wie andere Managementfunktionen auch, auf angewandten Modellen und Methoden, die ihre Konstruktion und Gestaltung explizit ausweisen, und damit sowohl vernünftige Begründun-gen für die Vorteilhaftigkeit ihrer Anwendung und ihre Einführung geben als auch die „rich-tige" Verhaltensweise in organisationalen Situationen aufzeigen. Diese Funktionalität entfal-ten Managementinformationssysteme, weil sie - so die Annahme - als organisationales Steue-rungsinstrument geeignet sind, in Situationen genauere und bewährtere Informationen zu pro-duzieren, um das ansonsten gegebene „Informationsrauschen" zu vermeiden.

In der Beobachtung von Prozessen der Gestaltung von Managementinformationssystemen zeigt sich, daß der Produktion „guter" Informationen auf verschiedenen organisationalen Ebe-nen die Beschreibung „gültiger" Informationen durch betriebliche Akteurgruppen (Fachabtei-lungen, Top-Management) vorangeht. Diese scheitert daran, daß sich die organisationalen Akteure nicht bewußt sind, welche Informationen und Entscheidungsheuristiken sie in wel-cher Form verwenden und wie sie diese in ihrer jeweils relativen Bedeutung beurteilen (vgl. Abbildung 3.2-10 in Anlehnung an Argyris 1994/1977, S.119f.).

Aufgrund dieser prinzipiellen Unvereinbarkeit, die Akteure zugleich als Bedrohung ihres In-formations- und Entscheidungsverhaltens empfinden, entwickeln sich Koalitionen und Stra-tegien, um die Aufdeckung dieser Tatsache zu verschleiern. Handlungsstrategien „to cover up" führen dann in eine negative Schleife der Produktion guter „schlechter" Informationen:

„The MIS people began to describe the games that they said they had to play in order to survive. For example:

1. Even after we negotiate with each other about the meaning of the financial numbers, and even after we sign off on them, often they are changed.

2. In the real world, we have difficulty in producing valid numbers; although in our reports, we act as if every number is sound" (Argyris 1994/1987, S.203).

Dies führt zu einer Beurteilung, in der die vom oder mit dem Managementinformationssystem getroffenen Entscheidungen als trivial und bedeutungslos angesehen werden.

	„lokales" Managementinformationssystem	„hierarchisches" Managementinformationssystem
Anwender	• „low-level-bosses"	• „high-level-bosses"
Charakteristik	• enthält konkrete Beschreibungen bestimmter Situationen	• enthält abstrakte, quantitative Beschreibungen von Ergebnisdaten
	• repräsentiert aktuelle, sich nicht wiederholende Entscheidungsprozesse	• repräsentiert stabile, sich wiederholende Entscheidungsprozesse
	• situationsbezogene Verbindung von Ergebnissen und Entscheidungsprozessen	• enthält Ergebnisse aus komplexen, einzelne Episoden übergreifenden Entscheidungsprozessen
	• enthält eine Rationalität, in der Regeln zur Bestimmung und Evaluation von Kategorien eher privat sind	• enthält eine explizite Rationalität, in der die Systematik der Regeln zur Bestimmung und Evaluation öffentlich nachzuvollziehen ist
	• implizites Entscheidungswissen	• schließt implizites Entscheidungswissen soweit wie möglich aus
Entscheidungsverhalten	• konkretes und intuitives Denken	• abstraktes und rationales Denken
	• Konzeptualisierung variabler Prozesse unter spezifischen Bedingungen	• Konzeptualisierung genereller Bedingungen und Entwicklungen
	• Nähe zum Entscheidungsprozeß/ zur Entstehung seiner Ergebnisse	• persönliche Distanz zu Einzelergebnissen und Nähe zum Gesamtergebnis
	• Aufdecken/korrigieren von Fehlern bevor sie außergewöhnlich werden	• Aufdeckung außergewöhnlicher Fehler

Abbildung 3.2-10: Managementinformationssysteme und Entscheidungsverhalten

Die angestrebte Erhöhung der Problemlösungsfähigkeit durch die Verankerung ökonomischer Entscheidungsmodelle als organisationales Regelverhalten wird durch den Prozeß der Gestaltung informationstechnisch unterstützter Entscheidungsgewinnung und seine nicht antizipierten Konsequenzen konterkariert (vgl. ausführlich Argyris 1994/1977, auch Argyris 1990, S.159f.). Ergebnis solcher Handlungsstrategien ist, daß die (Neu-)Bildung von kognitiven Bildern und Landkarten organisationalen Verhaltens nicht möglich wird: Die Entfaltung organisationaler Lernprozesse wird begrenzt auf single-loop learning, es kann kein (neues) inter-subjektiv geteiltes Realitätsverständnis zwischen Organisationsmitgliedern entstehen.

„These features of the behavioral world which entered into the development process and helped to create its perceived difficulties also constrained inquiry into that process. One might say that the behavioral world protected itself from exposure" (S.41).

An diese Diagnose der (Un-)Fähigkeit zur Initiierung organisationalen Lernens schließen sich die Fragen an, wie die Mitglieder einer Organisation in ihren organisationalen Handlungen mit organisationalen defensiven Mustern umgehen sollten und auf welchem Wege sich diese Handlungsmuster verändern lassen. Dafür ist vor allem zu klären, warum die Organisationsmitglieder diese für organisationales Handeln kritischen Verhaltensmuster in höherstufigen organisationalen Lernprozessen überwinden können, und aufzuzeigen, welche positiven Effekte dies für das Organisationsverhalten hat. Beide Aspekte werden - abschließend - mit der Ausarbeitung des normativen Modells O-II diskutiert.

3.2.2.3.2 Modell O-II: Interventionsstrategien zweischlaufiger Lernprozesse

Das zu lösende Grundproblem zur *Erklärung höherstufiger Lernprozesse* besteht darin, daß es keinen „Übergang", oder allgemeiner: keine Entwicklungsperspektive, von der Beschreibung im Modell O-I zur Beschreibung im Modell O-II gibt. In dem gegebenen Annahmengerüst ist dies *unmöglich*.

Modell O-II differenziert daher - in Verbindung mit Modell II-Gebrauchstheorien - ein Leitbild für <u>Bedingungen</u>, die in Übergangsphasen nicht verletzt werden *sollten*, um Veränderungen in organisationalen Handlungstheorien erreichen zu können. Als hinreichend erweist sich erst die Änderung der Verhaltensweisen in organisationalen Lernprozessen, also die Verankerung jener Regeln und Heuristiken im organisationalen Handeln, die im Sinne von Modell II-Gebrauchstheorien z.B. Akteure dazu veranlassen, Positionen zu beziehen und sich in den organisationalen Lernprozeß einzubringen. Dies setzt für <u>Akteure</u> die Transformation ihres Wissens in Lernprozessen voraus, die sich auf das einschlaufige Lernen beziehen. Zur Ermöglichung organisationalen Lernens sind diese Lernprozesse in einen umfassenderen Lernzyklus „eingebaut". Dessen Funktion besteht darin, in den einzelnen Phasen eines (individuellen) Lernprozesses jeweils den Übergang von Modell O-I- zu Modell O-II-Verhaltensweisen zu eröffnen (vgl. Abbildung 3.2-11). Die Änderung der Verhaltensweisen ermöglicht zugleich eine andere Form der Aufdeckung und Bearbeitung von Fehlern (siehe die Beschreibung korrigierenden Kommunikationsverhaltens in Abbildung 3.2-7), so daß sich single-loop oder double-loop learning im *Modus des Modells O-II* (vgl. Abbildung 3.2-8) entfalten können.

Damit wird auch das Argument der „organisationalen Dialektik" aufgenommen. Es werden Bereiche organisationaler Erfahrung mit unterschiedlichen Aufgabenstellungen unterschieden, aus denen sich spezifische Anforderungen an Organisationslernen ergeben und die zur gleichen Zeit in Organisationen auftreten können:

- stabile Aufgaben, die sich am Kriterium der Effizienz organisationalen Handelns orientieren, für die bei Veränderungen einfache Lernschlaufen notwendig und hinreichend sind;

- komplexe Aufgaben, die sich am Kriterium der Effektivität orientieren, für die bei Veränderungen zweischlaufige Lernprozesse notwendig sind, um grundsätzliche Konflikte in den Handlungsnormen - als zentralem Bezugspunkt der Begründung organisationaler Verhaltensweisen - nicht nur politisch, sondern auch konstruktiv im Sinne der Entwicklung der Organisation bearbeiten zu können.[1]

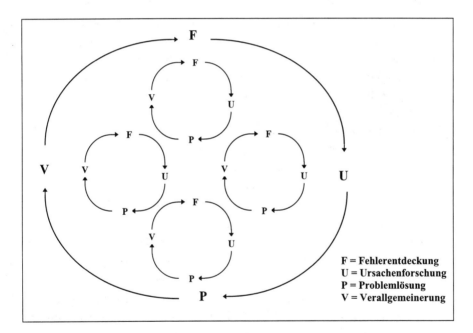

F = Fehlerentdeckung
U = Ursachenforschung
P = Problemlösung
V = Verallgemeinerung

Abbildung 3.2-11: Der Lernprozeß des double-loop learning

---

[1] Diese Differenzierung akzentuiert zudem das Spannungsverhältnis, das zwischen Stabilität - dem Bedürfnis der Organisation, bereits erreichte Leistungsniveaus zu sichern - und Veränderung der Organisation - die Notwendigkeit, einen Prozeß der Reflexion und Anpassung des organisatorischen Verhaltens zu gewährleisten - besteht (vgl. Wildemann 1995, S.3). Lant und Mezias (1992, ähnlich March 1991) bezeichnen die Bewältigung dieser Aufgabe als „paradox of administration" - im Anschluß an Thompson (1967, S.148ff.) -, d.h. als ein nicht auflösbarer Bedingungszusammenhang, in dem zwischen Perioden der Konvergenz und Stabilisierung zu unterscheiden ist, in dem sich Veränderungen eher inkremental und adaptiv vollziehen, sowie punktuellen Neuorientierungen, in denen ein „shift" in der Gestaltung organisatorischer Abläufe und Strukturen stattfindet.

Die Gestaltung des Transformationsprozesses - der Interventionsstrategien am Übergang vom Modell O-I zum Modell O-II - steht vor einem vergleichbaren Problem: „*We must show how the intervenor can help an O-I organization to deutero-learn before it has the competence to do so*" (S.158).

Die Problemfelder, die für Interventionen in Organisationen aus der Nicht-Berücksichtigung der Lernfähigkeit resultieren, diskutiert Argyris (1990, S.67ff.) anhand von Methoden zur Gestaltung von Arbeits- und Unternehmensorganisationen, wie z.b. Lernen „*... from the best and the brightest...*" (Argyris 1990, S.67) durch Management-Handbücher, Strategieimplementierung durch Strukturgestaltung, Einbeziehung von Beratungsunternehmen, Organisationsdiagnose durch „*organizational surveys*" (Argyris 1990, S.84). Interventionen in diesen Formen, so seine Schlußfolgerung, beinhalten zwei Problemfelder, die sie im Hinblick auf die Veränderung organisatorischer Verhaltensweisen als problematisch erscheinen lassen:

1. Methodisch umfassen die Gestaltungsansätze nicht die für ihre Implementierbarkeit wesentlichen Charakteristika. Das Begründungsmodell („causal theory"), warum aus Handlungen bestimmbare Wirkungen (Verhaltensänderungen) folgen, wird selten deutlich. Begründungen für neue Verhaltensweisen werden zwar regelmäßig dargelegt, jedoch selten auf jene Handlungstheorien bezogen, die den praktizierten Verhaltensweisen zugrundeliegen und die wirksamen Handlungsstrategien zum Ausdruck bringen. Damit bleibt unklar, von welchem Grundannahmen über menschliches Verhalten (in der Differenz von Modell I und Modell II) in diesen Gestaltungskonzepten überhaupt ausgegangen wird.

2. Konzeptionell berücksichtigen Gestaltungskonzepte die Begründungsstruktur individuellen Entscheidungsverhaltens nur unzureichend. Eine „*Ladder of Inference*" (siehe Abbildung 3.2-12 - Quelle: Argyris 1990, S.88, auch Argyris 1995, Sp.1264) illustriert, daß mit Gestaltungsvorschlägen „neue" Begründungs*modelle* für Entscheider (Ebene 3) in einem organisatorischen Kontext (Ebene 2) entwickelt werden, die in ihrem Verhalten nicht zur Geltung kommen (können), weil sie nicht auf die Begründungs*muster* (Ebene 4: theories-in-use) und den daraus abgeleiteten konkreten Verhaltensweisen (Ebene 1) bezogen sind.

Strukturelle (z.b. die Veränderung von Organisationsregeln kongruent mit dem Modell O-II) oder individuelle Eingriffe (z.b. Qualifizierungsmaßnahmen kongruent mit der Modell II-Gebrauchstheorie) können mit diesem Verständnis keine hinreichenden Mittel sein, um einen Wandel im organisationalen Verhalten zu erreichen (vgl. Argyris 1994/1982, S.29f.).[1]

---

[1] Diese Erkenntnis vermag angesichts der allenthalben konstatierten Notwendigkeit zur ganzheitlichen Gestaltung von Organisation und Technik zunächst wenig zu überraschen. Ihren Gehalt gewinnt sie daher auch weniger aus diesem Ergebnis als aus dessen weiterer Begründung. Zugespitzt formuliert: Wenn im Rahmen von Technikgestaltungsprozessen ein grundlegender Wandel des Entscheidungsverhaltens angestrebt wird, bleibt die Bestimmung von Qualifikationsanforderungen/-maßnahmen und deren Durchsetzung - als Teil einer ganzheitli-

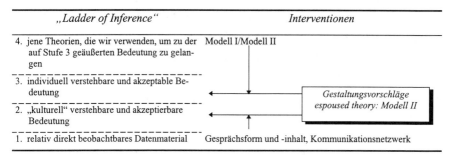

Abbildung 3.2-12: „Ladder of Inference" - Gestaltungskonzepte und die Begründungsstruktur individueller Handlungen

Die Vorgehensweise, die aus dieser Kritik entwickelt wird, beruht auf der Annahme, daß sowohl eine Änderung der individuellen Gebrauchstheorien notwendig ist als auch eine Neutralisierung des beschränkten Lernsystems.

Interventionen stellen sich in diesem Erklärungsansatz daher als einen sich wechselseitig bedingenden Prozeß von initialen Eingriffen auf beiden Ebenen der Begründung organisationalen Verhaltens dar. Ein Wandel organisationaler Verhaltensweisen ist möglich, weil die „geschickte Unfähigkeit" und „defensive Routinen" keine persönlichen Eigenschaften von Organisationsmitgliedern sind, sondern sich auf Handlungen beziehen, deren Begründung die Akteure ändern und (ver)lernen können. Aus diesem Grunde ist es auch unabdingbar, daß Interventionen auf der individuellen Handlungsebene beginnen, und sich von hier aus in die organisationale Handlungsebene ausbreiten.

„ The moment one focuses on double-loop learning the individual becomes the basic social structure, and supra-structures cannot be changed without beginning with the individual" (Argyris 1994/1982, S.36).

Aus der Sicht des Interventionisten werden für einen solchen, umfassenden Eingriff drei Interventionsaktivitäten als zweckmäßig angesehen (vgl. die ausführliche Beschreibung in Kap. 8 und 9 in Argyris und Schön 1978, Kap.8 in Argyris 1990, Argyris 1994/1982, S.34f., vor allem mit Blick auf Führungskäfteentwicklung Argyris 1995):

1. die Unterstützung des Klienten bei der Wahrnehmung und Aufdeckung der bestehenden Modell I-Gebrauchstheorien und deren Einbettung in das Modell O-I Lernsystem;

chen Gestaltungsstrategie - wirkungslos, wenn sie dem Handlungsmuster eines begrenzten Lernsystems folgt und es ohne Interventionen in Richtung einer Veränderung des organisationalen Lernsystems nicht zur Ausbildung neuer organisationaler Verhaltensweisen kommen kann. Argyris (1994/1982, S.35) bezeichnet solche Interventionsstrategien als „gimmick" - Trick.

2. die Ausbildung in der Nutzung von Modell II-Gebrauchstheorien und - durch deren Ausbreitung in der Organisation - die Bildung eines Modell O-II Lernsystems;

3. die Nutzung dieses neuen Wissens für die angemessene Wahl von organisationalen Lernprozessen (good organizational dialectic).

Die Interventionsstrategie setzt an der Spitze der Organisation an, um zunächst jene Organisationsmitglieder einzubeziehen, die den Übergang vom Modell O-I zum Modell O-II fördern
oder behindern können.[1] Die Interventionsstrategie bewegt sich iterativ zwischen den beiden
Handlungsebenen: den individuellen Gebrauchstheorien und der Gestaltung des organisationalen Lernsystems. Ziel dieses Vorgehens ist es, zur Initiierung von double-loop learning die
Organisationsmitglieder über die Wirkungen ihrer Verhaltensweisen aufzuklären und Maßnahmen durchzuführen, mit denen entsprechende Verhaltensweisen vermittelt werden, sowie
das begrenzte Lernsystem aufzudecken und Methoden einzusetzen, um dessen „schützende"
Eigenschaften vor zweischlaufigen Lernprozessen zu umgehen. Dazu gehört im besonderen,
durch die Beschreibung von Begründungsprozessen mittels kognitiver Landkarten Annahmengerüste und Routinen im organisationalen Verhalten aufzuzeigen. Drei zentrale Inhalte
dieses „mapping"-Prozesses sind zu unterscheiden: der Stand der Organisation, das zukünftige
Aussehen der Organisation und - vor allem - der Weg, auf dem dieses erreicht werden soll.

Innerhalb dieses Rahmens sind begrenzte Interventionen denkbar, wenn das Problem klar definiert und die Intervention allein auf die Lösung dieses Problem bezogen ist (bzw. sein soll).
In diesem Fall beziehen sich Interventionen auf die Bewältigung zentraler Problemfelder in
begrenzten Lernsysteme - z.B. Gewinnung von Informationen über Vermeidungsstrategien -,
ohne die Begrenzungen des Lernsystems aufzudecken, womit zugleich die Problemlösungen
begrenzt bleiben. Gleichwohl gilt aus Sicht der Intervention: *„Thus our position is not that
intervention behavior may not vary; it is that the theory-in-use that informs the behavior will
be the same"* (S.159).

3.2.3 „Bridging the gap between kowledge and action" - Konzeptionelle Zusammenführung und Grundlegung des Bezugsrahmens

3.2.3.1 Vorüberlegungen

Als Grundlage für die hier angestrebte Entwicklung eines Bezugsrahmens zur Beschreibung
und Erklärung der Veränderung von Managementleistungen durch die Einführung von Managementunterstützungssystemen stellen die Forschungsansätze von Argyris (1990, 1993a), Argyris und Schön (1978) und Duncan und Weiss (1979) eine weitergehende Klärung der Frage

---

[1] Oder in Termini einer - noch herzustellenden Verbindung zur - politischen Analyse: Machtpromotion des organisationalen Lernprozesses.

in Aussicht, warum organisationales Verhalten in der Form aufeinander abgestimmten (koordinierten) Handelns miteinander kooperierender Individuen entsteht und sich stabilisiert und wie Veränderungen dieser Form der instrumentellen Koordination kooperativer Handlungen zu erklären sind. Die Autoren widmen in ihren Forschungsarbeiten ihre Aufmerksamkeit dem Prozeß der „Herstellung" koordinierter Handlungen, in *dem* organisationales Verhalten begründet und durch *den* das Arbeits-, Entscheidungs- und Kooperationsverhalten zwischen Akteuren in einer Organisation verbindlich angeleitet wird. Die Unterschiedlichkeit in den erkenntnistheoretischen Ausgangspunkten dieser Bearbeitung läßt sich mit den grundlegenden Problemstellungen der Forschungsansätze hervorheben (vgl. zu methodologischen Ausgangspunkten von Forschungsarbeiten zu „organisiertem Handeln" auch Sandner u. Meyer 1994, S.189ff., Friedberg 1995, S.17ff., Türk 1989, S.23ff.):

- *Warum entsteht Ordnung nicht (wie erwartet)?* - Duncan und Weiss (1979) knüpfen an den Erklärungsrahmen rational-kontingenter Organisationsforschung an, in dem die Ordnung organisationaler Handlungen eine abhängige Variable organisationsinterner und -externer Faktorkonstellationen ist, und suchen die Erklärung der geringen Konsistenz der vorgelegten empirischen Forschungsergebnisse nicht in der Bedingungs-Kontingenz von Umweltmerkmalen, sondern im kontingenten organisationalen Verhalten und damit in der Begründungskonstruktion organisationaler Verhaltensweisen durch Organisationsmitglieder.[1]

- *Warum ist Ordnung möglich?* - Argyris und Schön (1978) sehen organisationale Handlungen im Interesse und in den Interaktionen eigenverantwortlich handelnder Mitglieder von Kollektiven konstituiert. Sie führen deren Beschreibbarkeit und relative Kontinuität auf die Instrumentalität organisationaler Regeln für die Begründung und Stabilisierung kollektiven Verhaltens im Hinblick auf diesen Organisationszweck zurück.

Ausgehend von diesen leitenden Fragestellungen können Hauptlinien und Ergebnisschwerpunkte der Forschungsarbeiten entwickelt werden, aus denen sich im weiteren Anforderungen und Anschlußpunkte für einen Bezugsrahmen zur Beschreibung von Verhaltensmodifikationen als Lernprozesse im Bedingungsrahmen organisationaler Lernsysteme ergeben - mit Blick auf den Gegenstandsbereich der Arbeit also: die Veränderung des Arbeits-, Entscheidungs- und Kooperationsverhaltens von Managern durch die Einführung von Managementunterstützungssystemen in Unternehmen.

Als Ordnungsrahmen, in dem Erkenntnisperspektive und Untersuchungsfeld gefaßt werden, sind das handlungs- und organisationstheoretische Verständnis im Hinblick auf drei Grundprobleme organisationstheoretischer Forschung anzusehen (vgl. zu entsprechenden Ordnungs-

---

[1] Womit die Aufmerksamkeit auf die vom statistisch-kausalen „Kontingenz"-Begriff - Häufigkeit zusammen vorkommender oder sich gleich verhaltender Merkmale: bedingt durch - abweichende sozialwissenschaftliche Deutung gelenkt wird: möglich, aber nicht (wesens)notwendig zu sein (vgl. dazu Ortmann 1995, S.61f.).

merkmalen Pfeffer 1982, S.5ff., auch Türk 1989, S.11ff., für mikropolitische Analysen Ortmann 1995, S.32ff.):

1. Grundverständnis menschlichen Verhaltens und sozialer Interaktion in Organisationen

Menschliches Verhalten *in* Organisationen - beobachtbare Aktivitäten und Kommunikationen der Akteure - wird auf zweckgerichtet begründete Handlungen der Organisationsteilnehmer zurückgeführt. Verhalten *von* Organisationen beruht (auch) auf zweckgerichteten, intersubjektiv geteilten Wahrnehmungs- und Begründungsmustern, die auf der Grundlage institutionalisierter Orientierungs- und Regelsysteme ausgebildet werden, und die als stabilisierte Verhaltenserwartungen in Interaktionsprozessen der Organisationsmitglieder wirken.[1]

2. Funktionsweise von Organisationen und organisationale Lernprozesse

Organisationale Handlungen entstehen als Ergebnis von Interaktionsprozessen, deren Regeln (vor allem des Kommunikationsverhaltens) den Zusammenhalt auch widersprüchlicher Wahrnehmungs- und Begründungsmuster zwischen Organisationsmitgliedern bewirken. Ziel ist die Erforschung von Strukturen und Regeln der wechselseitigen Verkettung von subjektiven Wahrnehmungs- und Begründungsmustern als dem zentralen Regulierungsmechanismus, durch den Ordnung (Koordination) im organisationalen Verhalten konstituiert und stabilisiert wird. Als (Handlungs-)Prozeß wird dieser mit dem Begriff des (organisationalen) Lernens belegt.

3. Verhältnis von Organisation und Umwelt

Das Verhältnis der Umwelt zu den kognitiven Erklärungs- und kommunikativen Vermittlungsprozessen im Organisationsverhalten, und damit zugleich zur sozial-kognitiven Ordnung organisationaler Handlungen, wird durch den vermittelnden Mechanismus des organisationalen Lernsystems (als speziellem Ordnungsrahmen für Kommunikationen zur Veränderung des organisationalen Verhaltens) beschrieben, innerhalb dessen sich jede Form von Intervention in das organisationale Verhalten vollzieht. Der Begriff des *„enactment"* bringt zum Ausdruck, daß die Umwelt in der Form wahrgenommen und erfahren - *konstruiert* - wird, wie es das entwickelte Handlungs- und Lernsystem zuläßt, und daß es wiederum von dessen Entwicklung - *lernen* - abhängig ist, wie die Umwelt bestimmt und welche Ausschnitte wahrgenommen werden.

---

[1] Diese vorsichtige Formulierung ist angezeigt, da aus der Sicht dieser Theoriekonstruktion der politische Charakter organisationaler Phänomene nicht erhellt wird (vgl. auch Schirmer 1992, S.195). Eine systematische Verknüpfung der hier vorgetragenen Sichtweise mit politischen Perspektiven, vor allem mit jenen, die von der Argumentationskonstruktion vergleichbar erscheinen, steht bisher aus (vgl. z.B. Crozier und Friedberg 1979, Friedberg 1995, exemplarisch Ortmann u.a. 1990, die in ihrer Argumentationskonstruktion Begründungs- und Legitimationsprozesse der „Herrschafts"-Prämisse unterstellen. Differenzierter allerdings jetzt Ortmann 1995, S.355ff. - siehe hierzu auch den Ansatz von Petersen 1995, ähnlich argumentiert Witzer 1992, S.113f.).

Die „Ergiebigkeit" organisationalen Lernens ist dann als die Fähigkeit einer Organisation zu kennzeichnen, der Problemkomplexität von Handlungssituationen angemessene Prozesse der Reflexion organisationaler Handlungstheorien zu initiieren und *auch* zu institutionalisieren.

In diesem Ordnungsrahmen wird die Frage nach der Entstehung organisationalen Verhaltens im Verhältnis von Individuum und Organisation (oder allgemeiner: von Handlung und Struktur) an den Anfang der Analyse gestellt, weil - mit Argyris und Schön formuliert - *„Organizations are not merely collections of individuals, yet there is no organization without such collections"* (Argyris u. Schön 1978, S.11). Dahinter steht die erkenntnistheoretisch spezifizierte Klärung des grundlegenden Problems, ob von „Organisation" als einer unabhängigen analytischen Einheit ausgegangen werden kann, auch wenn die Beschreibung organisationalen Verhaltens immer nur unter Rückgriff auf Entscheidungen und Handlungen von Akteuren möglich ist. Daß dies nicht zu einer Auflösung organisationaler Phänomene *in* individuelle Handlungen führt, ist - wie die einführende Diskussion gezeigt hat - die (theorie)konstruktiv zu lösende Aufgabe, von der die Beschreibung organisationaler Lernprozesse ausgeht.

3.2.3.2   Zum Grundverständnis organisationalen Lernens

In der Entfaltung ihres Bezugsrahmens zur Erklärung organisationaler Lernprozesse führen *Duncan und Weiss (1979)* den funktionalen Grundzusammenhang organisationalen Handelns - den Leistungsprozeß beschrieben als „Ursache-Wirkungs-Relation" - auf seine Begründung durch die konsensuale Integration des Wissens der Organisationsmitglieder (bzw. enger: von organisationalen Entscheidern) über organisationale Verhaltensweisen zurück.

Entscheidend zum Verständnis der Modellkonzeption organisationalen Lernens in der Argumentation von Duncan und Weiss (1979) ist die Annahme, daß die Erklärung einer effektiven Anpassung von Umwelt und Organisation, so wie sie im kontingenztheoretischen Ansatz der Organisationsforschung angestrebt wird, voraussetzt zu verstehen, wie die Anpassung von Organisation und Umwelt zweckgerichtet, d.h. durch begründete Handlungen individueller Entscheidungsträger, erreicht wird bzw. erreicht werden kann: *„At any level of the organization ... the characteristics of the organization reflect decisions made on some basis and for some reasons"* (Duncan u. Weiss 1979, S.77). Im Vordergrund steht nicht das Problem, was richtige Entscheidungen zur Anpassung von Organisation(-sstruktur) und Umwelt sind - hier verweisen die Autoren auf die Befunde einschlägiger Forschungsarbeiten, die zeigen, daß es den „one best way" nicht gibt (als deutschsprachiger Überblick Kieser u. Kubicek 1992, S. 199ff., Kieser 1993b) -, sondern von welchen Faktoren eine „richtige Entscheidung" abhängig ist: *„... what is it that underlies the ability of members of the dominant coalition of an organization to identify strategies and courses of action which they believe will lead to a desired outcome given the environment they face?"* (Duncan u. Weiss 1979, S.78).

Die Rekonstruktion der dieser Frage zugrundeliegenden Annahmen verdeutlicht die Mehrdimensionalität der Beschreibung solcher Prozesse, zu denen die Autoren auch das Lernen von Organisationen als eigenständig zu beobachtendes Phänomen rechnen. Ihrer Argumentation entsprechend können drei wechselseitig aufeinander bezogene Ebenen unterschieden werden:

- eine *instrumentelle Ebene*, auf der die funktionalen Aspekte organisationalen Handelns und Lernens in beobachtbaren Strategien, Strukturen und Resultaten zum Ausdruck kommen, und in der sich (organisations)technologische Effizienz und ökonomische Effektivität - als Zweckbestimmungen des organisationalen Verhaltens - *praktisch* bewähren.

- eine *kognitiv-reflexive Ebene*, auf der die organisationale Wissensbasis als kollektiver Orientierungs- und Interpretationsrahmen bei der selektiven Wahrnehmung und Einordnung von Situationen sowie der Begründung von Handlungsweisen wirkt, und in der sachlich-instrumentelle (beobachtbare) Verhaltensweisen reflektiert und bewertet werden.

- eine *soziale/politische Ebene*, auf der die Legitimation, Kontrolle und Durchsetzung von Verhaltensweisen in der Verfügbarkeit von und der Verfügung über Wissen als Ressource organisationalen Handelns beschrieben wird, und in der Handlungsbegründungen, aber auch Interessen und deren Verhandlung im Kommunikations- und Koordinationsbedarf umrissen werden.

Das Begriffskonstrukt *„Ursache-Wirkungs-Relation"* beschreibt in diesem Rahmen die Instrumentalität beobachtbarer, an Funktionserfordernissen orientierter Verhaltensweisen in organisationalen Kontexten, ohne zugleich dieses organisationale Verhalten als ein von außen gestaltetes, oder zu gestaltendes, Artefakt zu fassen. Diese sind in diesem Verständnis weder durch ihre Instrumentalität in situativ bestimmbaren Kontexten bedingt - wie es dem Verständnis des kontingenztheoretischen Ansatzes zugrundeliegt -, noch allein Folge der Wahl von (handlungsmächtigen) Akteuren - eine Leitvorstellung, wie sie dem „strategic-choice"-Modell organisationales Handelns zugrundeliegt -, ohne dabei zu verkennen, daß es handlungsmächtige Akteure gibt. Einerseits wird hervorgehoben, daß organisationale Lernprozesse nicht zwingend auf einen bestimmten organisatorischen „Ort" (z.B. Stellen, Abteilungen) - *„Like organizational control or coordination, organizational learning will occur at all levels and in all parts of the organization"* (Duncan u. Weiss 1979, S.97) - festzulegen sind. Andererseits wird im Hinblick auf die Trägerschaft eine organisationspolitische Ordnung angenommen, die hierarchisch klar zwischen den Entscheidungsträgern und ihren Zuarbeitern - *„The role of staff personnel can be understood as the storage and explanation of specialized organizational knowledge. Furthermore, individuals in different parts of the organization will have specialized knowledge about the organization"* (Duncan u. Weiss 1979, S.86) - und jenen, die die Entscheidungen zu tragen haben, unterscheidet. Eine bedeutsame Rolle für dieses

Verständnis spielt daher das Konstrukt der „dominanten Koalition", der jene Organisationsmitglieder zugerechnet werden, die zu jedem Zeitpunkt die Macht zur Einflußnahme auf Ziele, Strategien und Gestaltung der Organisation haben.

In der Entfaltung ihres Bezugsrahmens rücken Duncan und Weiss (1979) für die Begründung
organisationaler Verhaltensweisen das Begriffskonstrukt der *organisationalen Wissensbasis*
in den Vordergrund. Es wurde herausgearbeitet, daß in diesem Erklärungsansatz organisationales Verhalten auf die systematische Verknüpfung individueller Wissensbestände von Organisationsmitgliedern über „richtige" (funktional angemessene) Verhaltensweisen zurückgeht,
die als erkenntnisleitende Beschreibungs- und Orientierungskonstrukte fungieren. Die in der
organisationalen Wissensbasis verankerten handlungsleitenden Modelle beziehen sich als
Deutungsmuster auf die operational wirksamen, d.h. die im praktischen Handeln genutzten
Verfahren und Strukturen sowie die zur Geltung kommenden Handlungsstrategien. In diesem
Sinne stellt das organisationale Wissen eine objektiv verfügbare Ressource dar, die von organisationalen Entscheidungsträgern genutzt, verändert und - unter bestimmten Bedingungen -
entwickelt werden kann, um mit der Verfügbarkeit geeignet(er)en Wissens in bestimmten
Situationen erfolgreich(er) handeln zu können. Als gültig anerkanntes und intersubjektiv ver-
fügbares (nützliches) Wissen wird - instrumentell - als Sachinhalt in einem informationsverarbeitenden System transportiert, um zweckgerichtete und wechselseitig anschlußfähige Handlungen zu begründen (vgl. auch Geißler 1995a, S.23ff. - zur theoretischen Grundlegung dieser
Sichtweise Theis 1994, S.22ff., Seiwert 1992, Hrubi 1988).

Die hier von Duncan und Weiss vertretene *struktur-funktionale* Sichtweise kommt in der Instrumentalität organisatorischen Wissens als Erkenntnis- und Erklärungsgrundlage *für* das
Handeln (Lern- und Entscheidungsverhalten) *in* der Organisation zum Ausdruck. Daraus werden Strukturprinzipien der Konstitution einer organisationalen Wissensbasis abgeleitet - hier:
die konsensuale Integration durch die Kommunikation des nützlichen Wissens -, auf die sich
das Forschungsinteresse richtet, und *mit* deren Erklärung das Entscheidungsverhalten in Organisationen ebenso geordnet und beobachtet wie gestaltet werden kann (vgl. zusammenfüh-
rend die Darstellung in Abbildung 3.2-13).

Der als kognitives Konstrukt eingeführte Begriff der „organisationalen Wissensbasis" beschreibt demnach eine eigenständige Ebene zur Beschreibung sozialer Praxis, deren theoretischer Status und Bezug zum beobachtbaren organisationalen Verhalten zu klären bleibt.

	instrumentelle Ebene	kognitive Ebene	soziale/politische Ebene
Funktion	• *Handlung*	• *Begründung*	• *Legitimation und Kontrolle*
Merkmale	• *Strukturen* • *Strategien* • *Ergebnisse*	• *organisationale Wissensbasis*	• *Wissen als Ressource*
operationaler Handlungsprozeß	Beschreibung der Umwelt faktische Strukturen und Verfahren der Interaktion und Kooperation	(routinisierte) Wahrnehmung und Begründung organisationalen Verhaltens (Wissen)	zentralisiertes versus spezialiertes Wissen (Wissenskontrolle)
	sachlogische Verknüpfung individueller Wissensbestände	Kommunizierbarkeit der Wissensbestände	dominante Koalition

Abbildung 3.2-13: Ebenen organisationalen Verhaltens im Erklärungsansatz von Duncan und Weiss (1979)

Die Erklärung, *warum* beide Ebenen methodologisch und methodisch auseinander zu halten sind, um sie in der Beschreibung organisationaler Lernprozesse systematisch aufeinander beziehen zu können, steht im Mittelpunkt des Erkenntnisinteresses von Argyris und Schön (1978). Mit ihren Forschungsarbeiten wird die Erklärung der Entstehung und Transformation eines solchen instrumentellen Ordnungsgefüges kollektiven Handelns - Organisation - in den Vordergrund gerückt. In der hier vorgenommenen Interpretation organisationalen Verhaltens wird das Erkenntnisobjekt als *„cognitive enterprise"* gefaßt, d.h. als eine soziale Situation beschrieben, die Akteure aus ihrer subjektiven Beobachterperspektive als „objektive" Struktur ihrer Handlungen wahrnehmen, und die zugleich als Ergebnis ihrer diese Wirklichkeit begründenden Interaktionsakte mit anderen Beteiligten anzusehen ist.

Verhalten in Organisationen - als zu beobachtende Form von organisationalen Handlungszielen und -strategien sowie des verfügbaren Handlungswissens als Ressource - ist kein natürliches Phänomen, sondern ein Artefakt, also eine unter bestimmten Gegebenheiten gewählte Problemlösung, die durch zweckorientiert koordinierte Handlungen *bewußt* hervorgebracht wird (vgl. Argyris 1993a, S.249, auch Ortner 1995, S.417, ähnlich Baitsch 1993, S.20f., Crozier und Friedberg 1979, S.7). Die Ordnung des Verhaltens in Organisationen ist damit nicht Resultat objektiver Gegebenheiten, aber auch kein allein perspektivisches Konstrukt kognitiver, intersubjektiv geteilter Wirklichkeitskonstruktion. Organisationale Handlungen sind eine *spezifische* Form kollektiven Handelns in dem Sinne, daß die relativ autonomen Akteure ihre jeweiligen Ressourcen gewollt einsetzen, um die für ihre Ziele notwendige Zusammenarbeit mit anderen zu erreichen, und deren instrumentelle Strukturierung - Koordination - auch bei divergierenden Interessenlagen zu einem eigenständigen Zweck des kollektiven Handelns wird (vgl. auch das Konzept des ineinandergreifenden Verhaltens bei Weick 1995, S.130ff., zur Absetzung der eigenen Konzeption von Weick Argyris 1993a, S.107f.).

Im Unterschied zu Duncan und Weiss (1979) rücken Argyris und Schön (1978) an die Stelle der Interpretation organisationalen Lernens als einem wissengenerierenden Informationsverarbeitungsprozeß eine eher gestalttheoretische Deutung organisationalen Lernens in den Vordergrund. Kognitive Bilder und Landkarten organisationalen Verhaltens spielen als Konstrukte zur Beschreibung von Prozessen der Erkenntnisgewinnung und Handlungssteuerung eine zentrale Rolle. In dem für die Argumentation zentralen Begriff der *Handlungstheorie* - als Ausdruck für das Wissen und die Erkenntnisfähigkeit, die dem beobachtbaren organisationalen Verhalten (oder seiner „Teile") zugrundeliegt - werden die in Handlungssituationen zur Anwendung kommenden Situationsdeutungen und Verhaltensbegründungen gekennzeichnet, die durch Verständigungsprozesse zu wechselseitig *anschlußfähigen* Begründungen koordinierten Handelns führen (vgl. Abbildung 3.2-14).

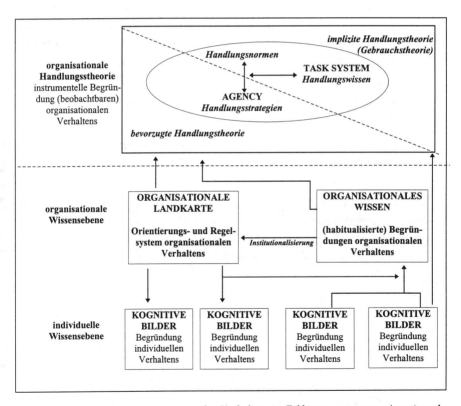

Abbildung 3.2-14: Ebenen organisationalen Verhaltens im Erklärungsansatz von Argyris und Schön (1978)

Den Ausgangspunkt der Forschungsbemühungen bildet das in Organisationen verfügbare Wissen über instrumentelle Begründungen des organisationalen Handelns. Dieses kann über die Beobachtung sowohl der individuellen Repräsentationen organisationalen Verhaltens - kognitive Bilder - als auch über gemeinsam geteilte (habitualisierte) Beschreibungen organisationaler Verhaltensmuster - Landkarten organisationalen Handelns - rekonstruiert werden. Die „Entdeckung" organisationaler Gebrauchstheorie(n) kann demnach an der Beobachtung der Regeln des Handelns in Organisationen ansetzen (die Außenansicht der organisationalen Gebrauchstheorie), muß aber zugleich das Handlungswissen der Organisationsmitglieder über ihr Handeln in und das Handeln der Organisationen als kognitive Grundlage der organisationalen Gebrauchstheorie aufnehmen (die Innenansicht der organisationalen Gebrauchstheorie). Dabei ist für beide Sichtweisen zu berücksichtigen, daß sich der Status der Beobachtungsartefakte - *images, organizational knowledge* und *organizational map* - vom Beobachtungsobjekt - der *organizational theory-in-use* - unterscheidet: Die organisationale Gebrauchstheorie ist zugleich Objekt und Teil dieser organisationalen Beschreibungsleistungen, so daß in diesen nur Hinweise auf ein letztendlich nicht beobachtbares kognitives Konstrukt enthalten sind.

Für das Theorieverständnis organisationalen Lernens werden mit dieser Argumentationskonstruktion zwei zentrale Merkmale des Handelns von Organisationen, im Unterschied zum kollektiven Handeln von Individuen, ausgewiesen:

1. Organisationale Handlungen (und ihre institutionalisierten Formen) sind bewußt auf das Ziel hin orientiert, die Verhaltensmöglichkeiten, nicht die Ziele (potentiell) beteiligter Akteure aufeinander abzustimmen.

2. Ausgehend von der bewußten Setzung der (Ausgangs-)Parameter entfalten sich organisationale Handlungen eigendynamisch: Die Erhaltung und Fortsetzung koordiniert kooperativen Verhaltens wird aufgrund seiner Nützlichkeit zum eigenständigen Ziel und weiteren Ausgangspunkt organisationaler Verhaltensweisen.

Mit der Unterscheidung koordiniert kooperativen Verhaltens als eigenständigem Handlungsphänomen beziehen sich Entscheidungen und Handlungen unabdingbar auf die mit der organisationalen Zwecksetzung gegebene Strukturierung ihrer Verhaltensweisen.[1] Individuen han-

---

[1] Dieses in der Argumentationsfigur von Argyris und Schön (1978) enthaltene Konstruktionsprinzip - das sich in seinem konzeptionellen Kern im Sprachspiel des Strukturationstheorems von Giddens (1992, S.77f.) formulieren läßt, ohne damit eine Rekonstruktion und Verortung innerhalb dieser Theoriekonzeption anzustreben (vgl. für die Handlungs-/Strukturdimension der Herrschaft Ortmann u.a. 1990, Ortmann 1995, grundlegend Walgenbach 1995) - wird in der aktuellen Diskussion in vielfältiger Weise aufgenommen. Türk (1989, S.112ff., 138) beschreibt eben mit Bezugnahme auf Giddens (1992) unter dem Leitbegriff der „Unternehmenskultur" ein vergleichbares Konstitutionsmodell organisationalen Verhaltens. Ähnlich gehen Frank u. Lueger (1995, S.723) zur Beschreibung des Objekts von Unternehmensentwicklungsprozessen vor. Auch Pawlowsky (1995, S.444f., mit weiteren Literaturnachweisen) geht von einer zirkulären Struktur aus, in der Wissensstrukturen zugleich Voraussetzung als auch Ergebnis des Lernens sind, bezieht sich hierbei aber enger auf eine kognitionstheoretische Erklärung individuellen Lernens.

deln als Organisationsmitglieder zielgerichtet als „Agenten" organisationaler Zwecksetzung (und setzen also ihre verschiedenen Verhaltensmöglichkeiten als dessen Mittel ein), ohne daß ihr Handeln auf diese Zwecksetzung reduzierbar wäre - und umgekehrt. Die Grundstruktur der Entstehung von Koordinationsformen kooperativen Verhaltens läßt sich mit diesem Beschreibungsrahmen als ein reziprok bestimmter Prozeß der Strukturierung organisationaler Verhaltensweisen beschreiben (vgl. Abbildung 3.2-15).

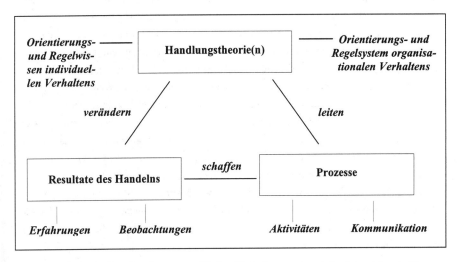

Abbildung 3.2-15: Grundstruktur menschlichen Verhaltens und sozialer Interaktion in Organisationen

Die im Organisationszweck repräsentierten funktionalen Gründe für organisationale Verhaltensweisen stellen für Akteure den kognitiven Orientierungsrahmen (Handlungstheorie als Deutungsschema organisationalen Verhaltens) für die Begründung konkreter Verhaltensweisen (Prozesse) dar, deren Stabilisierung und Institutionalisierung im organisationalen Verhalten genau jene Regeln (und Informationsressourcen) bereitstellt, mit denen organisationale Handlungen legitimiert und *zugleich* ihre Fortsetzung ermöglicht wird (Resultate des Handelns). Dieser an der instrumentellen Funktion der Handlungskoordination ausgerichtete Orientierungsrahmen stellt den „kognitiven" Eigenwert im organisationalen Handeln dar, der Grundlage und Resultat der regelmäßigen Praxis organisationalen Verhaltens ist (vgl. Ortmann 1995, S.82, Osterloh 1993a, S.129ff.).[1]

---

[1] Konzeptionelle Ursprünge dieser Argumentationskonstruktion in der Sozialpsychologie sind insbesondere in schematheoretischen Ansätzen (z.B. Neisser) und sozial-kognitiven Lerntheorien (vor allem das Konzept der reziproken Determination von Situation, Verhalten und Person bei Bandura 1979) zu sehen (vgl. Osterloh 1993a, S.131, Schirmer 1992, S.137ff.).

Für eine weiterführende Diskussion ist diese Grundstruktur im Hinblick auf die Koordination kooperativen Verhaltens genauer zu fassen:

1. *Interaktionsverhältnisse:* die Entwicklung organisationaler Verhaltensweisen aus der wechselseitigen Verknüpfung von Wahrnehmungs- und Deutungsprozessen

Handeln in Organisationen geht von den Wahrnehmungs- und Deutungsprozessen (Wissen, Interessen und Ziele) einzelner Organisationsmitglieder aus. Die Ausbildung einer instrumentellen Ordnung beruht auf den - implizit oder explizit - begründeten Handlungen eigenverantwortlich agierender Organisationsmitglieder, die in der alltäglichen Organisationspraxis auf der Grundlage ihrer Begründungsmodelle die das organisationale Handeln *verbindlich* anleitende Ordnung (das der organisationalen Handlungstheorie zugrundeliegende Orientierungs- und Regelsystem) aus-handeln[1]. Diese wechselseitige Verknüpfung der Wahrnehmungs- und Deutungsprozesse zu Interaktionen, die organisationale Handlungen begründen, hebt zugleich die *relative* Unbestimmtheit dieses Integrationsprozesses hervor. Der in diesen Lernprozessen produzierte organisationale Handlungszusammenhang kann nur aus dem Ineinandergreifen der Handlungen entstehen (und nur mit dieser Bezugnahme rekonstruiert werden) und beschränkt sich nicht auf die Sichtweise eines einzelnen Akteurs oder einer Akteurgruppe. Dieser Prozeß der Reflexion und wechselseitigen Verschränkung von Situationsdeutungen und Erklärungskonzepten kennzeichnet den Stellenwert von Kommunikationsprozessen für das Handeln der Akteure und den ihnen zugrundeliegenden Interaktionsverhältnissen für koordiniert kooperatives Handeln.

Die Unterscheidung von Interaktionsverhältnissen und Kommunikationsprozessen läßt sich im Anschluß an Theis (1994, S.111f.) entwickeln, die Kommunikation von Interaktion in einer Form unterscheidet, die für die hier entwickelte Sichtweise fruchtbar erscheint. *Interaktion* beschreibt die wechselseitige Verhaltensbeeinflussung der Teilnehmer in einer Situation, unabhängig von bereits erbrachten Interpretations- und Definitionsleistungen. Interaktion ist an ihrem Beginn nicht an bestimmbare Intentionen gebunden, gleichwohl bilden diese bei ihrer Fortsetzung eine Struktur aus, auf die sich die Verhaltenserwartungen der beteiligten Akteure beziehen. Dies wird hier mit dem Begriffskonstrukt *Interaktionsverhältnis* zum Ausdruck gebracht. Die Möglichkeit zur *Kommunikation* setzt schon an ihrem Anfang das Vorhandensein sprachlicher und sozialer Strukturen voraus, damit Informationstransfer, Bedeutungszuschreibung und Verstehen möglich sind. Kommunikation hat weniger eine systembildende als eine systemreproduzierende und - im Hinblick auf spezielle Handlungssituationen - eine systemdifferenzierende Funktion. Bestehen Entscheidungsspielräume, kann sich im Zuge wechselseitiger Beobachtungs- und Beschreibungsanstrengungen zwischen den Kommunikations-

---

[1] In der doppelten semantischen Bedeutung des Wortes: „aushandeln" als *explizite* Verhandlung und „aus Handeln" als *implizit* sich vollziehende Handlungen.

teilnehmern ein gemeinsam geteiltes „Sprachspiel" herausbilden. Diese Zirkularität und Kontingenz wird im Begriff der (als Verhalten beobachtbaren) *Kommunikationsprozesse* gefaßt.

2. *Regeln und Ressourcen:* die Entstehung organisationaler Ordnung im kollektiven Handeln

Die Entstehung der organisationalen Ordnung ist nicht beliebig, sondern beruht auf „*generativen Regeln*" als handlungs-„strukturellem" Rahmen der Entwicklung und Transformation von Wahrnehmungs- und Begründungsformen organisationaler Verhaltensweisen. Quelle generativer Regeln (vgl. Frank u. Lueger 1995, S.724, auch Theis 1994) sind das Orientierungs- und Regelwissen der *Akteure*, die auf deren Erfahrungs- sowie Sozialisationsprozessen beruhen, in denen einerseits die vorgängige Auseinandersetzung mit Handlungsbedingungen organisationaler Kontexte, andererseits grundlegende Handlungswerte der einzelnen Akteure zum Ausdruck kommen[1], und das dem *organisationalen Verhalten* zugrundeliegende Orientierungs- und Regelsystem, durch das vorgängig ausgehandelte und stabilisierte Orientierungs- und Begründungsmuster (organisationale Handlungsroutinen), auch in ihren institutionalisierten Formen (organisationale Strukturbeschreibungen), in Kommunikationsprozesse zur (Re-)Konstitution organisationaler Verhaltensweisen einfließen.

Ergebnisse kollektiven Handelns, auch gerade dann, wenn sie nicht den Erwartungen der beteiligten Akteure entsprechen, sind damit nicht nur auf „Defekte" in den Wahrnehmungs- und Begründungsmustern rückführbar, die dem organisationalen Verhalten zugrunde liegen, sondern auch auf die soziale Strukturiertheit des Handlungsfeldes, also eben jenes Handlungssystems, um dessen Konstituierung es im kollektiven Handeln geht.

Der entscheidende Perspektivenwechsel, den diese Sichtweise für die Erklärung organisationaler Lernprozesse, und damit auch für die Entwicklung der Anpassungs-/Lernfähigkeit von Unternehmen nahelegt, besteht darin, das kommunizieren von Wissen (auf Situationsdeutungen und Erklärungskonzepten beruhende Handlungsstrategien) zwischen Organisationsmitgliedern als Form der wechselseitigen Verknüpfung und Anpassung handlungsbegründender Verhaltenserwartungen (Wahrnehmungs- und Deutungsprozesse) zu interpretieren, durch die individuelle Verhaltensweisen organisational anschlußfähig werden, und zugleich auf die hier - in der regelmäßigen Praxis des organisationalen Handelns - zur Geltung gebrachten und zur Geltung kommenden Regeln zur Orientierung (Begründung und Legitimation) organisationaler Verhaltensweisen zu verweisen.[2]

---

[1] In einem nicht-deterministischen Vorverständnis: Diese Einstellungen wirken zwar handlungsleitend (bedingend), können aber nicht (allein) das Handeln - die Wahl der Mittel und Ziele - in einer konkreten Situation begründen (bestimmend).

[2] Der zugrundegelegte „Strategie"-Begriff akzentuiert dabei eher den Aspekt der *Legitimation* der Handlungsintention als begründeter und erlaubter Mitteleinsatz gegenüber dem Aspekt der *Wahl* aus den Verhaltensmöglichkeiten, der dann unmittelbar zu der Frage nach dem der Handlungsintention zugrundeliegenden *Interesse* führt (vgl. zur Differenzierung des Strategiebegriffs Staehle 1991a, S.561ff.).

Die Begriffskonstruktion organisationaler Lernprozesse, der im folgenden weiter nachgegangen wird, geht dann von dem Beobachtungskonstrukt einer sich selbst stabilisierenden Integration organisationaler Handlungsbegründungen aus. Dies stellt sich als zirkuläres Gefüge zwischen den Regulierungsformen des „lernenden" Handlungssystems (dem in Landkarten organisationalen Verhaltens kodifizierten Orientierungs- und Regelwissen) und den Wahrnehmungs- und Begründungsprozessen von Akteuren dar, die diese situationsbezogen mit ihrem Verhalten (auch zu dessen Modifikation) zur Geltung bringen. Mit dieser Annahme entsteht in dieser Begriffskonstruktion die Möglichkeit zu verstehen, wie in konkreten Handlungssituationen Rationalität im organisierten Verhalten entsteht, erfolgreich praktiziert wird und sich entwickelt: Das Organisationsverhalten ist durch seine Beobachtbarkeit *zugleich* als Modalität zur Transformation organisationalen Verhaltens zu deuten - *knowledge for action* (Argyris 1993a).

3.2.3.3 Funktionsweise organisationaler Lernprozesse

Mit dem Konzept, die Bestimmung organisationaler Lernprozesse an das Modell der organisationalen Wissensbasis anzuschließen, werden bei Duncan und Weiss (1979) die Mechanismen der intersubjektiven Verknüpfung kognitiv begründeten Organisationsverhaltens ins Zentrum der Erklärung organisationaler Lernprozesse gerückt. Leitend ist die Annahme, daß die Effizienz von Entscheidungen in Organisationen als Funktion der Verknüpfung und Anerkennung arbeitsteilig geordneter, individuell verfügbarer Wissensbestände zu betrachten ist. Mit dieser Interpretation wird das Basisproblem der Anpassungsfähigkeit einer Organisation in der Organisations-/Umwelt-Differenz nicht (nur) auf fachliche und methodische Fähigkeiten *einzelner* Organisationsmitglieder als Entscheidungsträger zurückgeführt, sondern auf das zwischen Organisationsmitgliedern kooperativ und kommunikativ vermittelte Wissen. Entsprechend ergeben sich Funktion und Form organisationaler Lernprozesse (vgl. Abbildung 3.2-16):

- Die Funktion organisationalen Lernens ist es, die Eignung von Modellen richtigen organisationalen Handelns - *how to act* - zur Erklärung von Handlungsfolgen - *performance gap* - zu prüfen, in dem diese dem beobachtbaren organisationalen Verhalten und seinen Ergebnissen - *how it acts* - gegenübergestellt werden.

- Im Modell organisationalen Lernens wird dies als ein eigenständiger organisatorischer Handlungs(Lern-)prozeß beschrieben, der die Kommunikation individuellen Wissens umfaßt. Dies geht von der weiteren Annahme aus, daß individuelles Lernen, das auf dem Wege intersubjektiver Verständigung keine Anerkennung als organisational zweckmäßiges und relevantes Wissen findet, nicht zu einem organisationalen Lernprozeß führen kann. Kognitive „Rahmenbedingung" dieses Handlungsprozesses sind die Kriterien des „paradigmatischen Bezugsrahmens", die auch die Legitimation der Modelle „richtiger" organisationaler Handlungen begründen.

Dies legt nahe, diesen Handlungsprozeß zugleich als sozialen und politischen Prozeß zu interpretieren. In ihrer Funktion als Medium zur Veränderung organisierten Handelns werden Reflexionsprozesse nicht nur im Modus der sozialen Regeln, sondern auch in deren politischer Ordnung zur Geltung gebracht. Aufgrund ihrer Verfügungsgewalt über organisational bedeutsame Ressourcen stellt die dominante Koalition den „critical factor" (Duncan u. Weiss 1979, S.118) dar, von dem die Initiierung und Unterstützung der Transformation von Reflexionsprozessen über richtige organisationale Verhaltensweisen (als organisationaler Lernprozeß) in operational wirksame Handlungsweisen abhängig ist. Zugleich beinhaltet die Entwicklung neuen Wissens in der Organisation die Möglichkeit, bestehende (Informations-)Ressourcenstrukturen faktisch zu ändern, über die Bedeutung dieser Ressourcenstrukturen für organisationales Verhalten aufzuklären sowie bestehende Begründungen organisationaler Verhaltensweisen die Legitimation zu entziehen, und damit die Machtverhältnisse in einer Organisation neu zu ordnen (Duncan u. Weiss 1979, S.96, vgl. auch Pautzke 1989, S.57).

	instrumentelle Ebene	kognitive Ebene	soziale/politische Ebene
Funktion	• *Handlung*	• *Begründung*	• *Legitimation und Kontrolle*
Merkmale	• *Strukturen* • *Strategien* • *Ergebnisse*	• *organisationale Wissensbasis*	• *Wissen als Ressource*
organisationales Lernen als Handlungsprozeß	Prozesse (organisationaler Lernzirkel) und Strukturen zur Ordnung kooperativer Lernprozesse	Veränderung der in Handlungsmodellen enthaltenen Erklärungen organisationalen Verhaltens	„paradigmatischer Bezugsrahmen" Konsensfähigkeit des (nützlichen) Wissens
operationaler Handlungsprozeß	Beschreibung der Umwelt faktische Strukturen und Verfahren der Interaktion und Kooperation	(routinisierte) Wahrnehmung und Begründung organisationalen Verhaltens (Wissen)	zentralisiertes versus spezialisiertes Wissen (Wissenskontrolle)
	sachlogische Verknüpfung individueller Wissensbestände	Kommunizierbarkeit der Wissensbestände	dominante Koalition

Abbildung 3.2-16: Betrachtungsebenen organisationaler Lernprozesse im Erklärungsansatz von Duncan und Weiss (1979)

Organisationales Lernen stellt sich in diesem Verständnis als Prozeß der Veränderung der organisationalen Wissensbasis dar, d.h. als ein *eigenständiger, der Reflexion organisationaler Handlungsmodelle dienender Organisationsprozeß*, der nicht nur ein Prozeß funktionaler Problemlösung (Reflexionsprozeß), sondern auch *ein Prozeß sozialen und politischen Handelns* ist (vgl. auch Geißler 1995a, S.77). Durch die Form der Argumentation wird zudem - in einem in diesem Vorgehen nicht ausgearbeiteten sozial-konstruktiven Verständnis - auf den handlungsgenerierenden und zugleich handlungsanleitenden Charakter eines durch Kommunikation und Einverständnis legitimierten organisationalen Wissens verwiesen: „*The outcomes of the organizational learning process are changes in organizational knowledge-knowledge which is accepted by organizational members as a legitimate basis for organizational action*" (Duncan u. Weiss 1979, S.97). Aus dieser kategorialen Bestimmung ergeben sich drei Schlußfolgerungen:

1. Die Veränderung organisationalen Handelns geht im Prinzip von der Verwendung und Anerkennung individuellen organisationsbezogenen Wissens in einem Prozeß kollektiver Verständigung über organisational relevante sowie als bedeutsam eingeschätzte, nützliche Handlungen und Ergebnisse zwischen Entscheidungsträgern in einer Organisation aus. Dort, wo individuelle Lernprozesse durch einen Prozeß wechselseitiger Kooperation (Hier: eine im organisationalen Verhalten beobachtbare Form der Kommunikation) Struktur gewinnen, kann von einem organisationalen Lernprozeß gesprochen werden. Die Funktion dieses organisationalen Lernprozesses besteht in der Reflexion operationaler Handlungen, um diese zu bestätigen oder zu verbessern. Insoweit handelt es sich um einen intentionalen, bewußt ausgelösten Prozeß der Selbstreflexion und -organisation mit dem Ziel einer höheren Problemlösungsfähigkeit im organisationalen Verhalten.

2. Organisationale Lernprozesse sind eigenständige Handlungsprozesse, d.h. sie setzen eine „*Doppelorganisation*" (Türk 1989, S.101) operationaler und reflexiver Handlungen voraus, damit die Organisation, während sie sich selbst beobachtet und (re-)strukturiert, die operationalen Leistungsprozesse fortsetzen kann, durch die Ressourcen für reflexive Handlungen freigesetzt werden. Insoweit handelt die Organisation im Lernprozeß unabhängig von ihrer Umwelt und kann ihren Operationsmodus eigenständig variieren. In dieser Hinsicht unterscheiden sich organisationale Lernprozesse *qualitativ* von Adaptionsprozessen (vgl. zur Bestimmung von Formen organisationalen Lernens jetzt auch Huber 1991, Dixon 1992 - zusammenfassend auch Steinmann u. Schreyögg 1993, S.449f.).[1]

---

[1] Dies wird durch den Bezug der Argumentation auf den „*information processing view*" von Galbraith (1977) nahegelegt, der in der Argumentationskonstruktion von Duncan und Weiss zugleich für Theorie und Praxis organisationalen (betrieblichen) Handelns steht, ohne zwingend der hier gewählten Beschreibung organisatorischer Gestaltung folgen zu müssen. Lant und Mezias (1992, S.55) unterscheiden etwa neben einer solchen „*adaptive perspective*" eine „*institutional perspective*" zur Beschreibung der Formen organisatorischer Gestaltungsprozesse, in der organisationales Lernen eher als ein Prozeß der Imitation „anerkannter" Gestaltungskonzepte führender Unternehmen aufgefaßt wird, und eine „*garbage can perspective*", in der organisationales Lernen sich eher als ein inkrementaler Prozeß der Gestaltung entlang von „Entscheidungsgelegenheiten" im Entscheidungsprozeß darstellt (vgl. hierzu auch den der Strategieforschung die Unterscheidung synoptischer und inkrementaler Planungsprozesse, z.B. bei Schreyögg 1984). An die Stelle eines dem strategischen Handeln „verpflichteten" Ansatzes treten hier Konzepte, die die Rationalitätskonstruktion organisatorischer Gestaltung mit Blick auf die Strukturierung von Entscheidungsprozessen, ihrer Legitimation und den dort virulenten Macht-

3. Organisationale Lernprozesse „bewegen" sich innerhalb von drei Bezugsebenen: den praktizierten Strukturen und Verfahren operationaler Handlungsprozesse, den in der organisationalen Wissensbasis verankerten, dieses Handeln legitimierenden Wahrnehmungs- und Begründungsformen sowie der eigenen Struktur als verfaßter Änderungsprozeß.

Als zentrale und weiter(zu)führende Beschreibungsfelder organisationaler Lernprozesse sind im Kontext dieses Theorieansatzes der kognitive Handlungsrahmen, bzw. genauer der Grad der kognitiven Entsprechung neu ausgebildeten Wissens mit den bestehenden Wahrnehmungs- und Begründungsprozessen organisationaler Verhaltensweisen, und die Politikfelder in organisationalen Lernprozessen anzusehen. Politische Aspekte organisationalen Verhaltens, wie die Initiierung und Durchsetzung organisationaler Lernprozesse aufgrund der Verfügung über Informationen als Machtressource im Prozeß der intersubjektiven Verständigung, aber auch die Konfliktintensität, die aus den durch die Neuverteilung des Wissens ausgelösten Veränderungen in der Ressourcenverteilung in den Machtbeziehungen einer Organisation resultiert, werden zwar inhaltlich berührt, aber im Rahmen der Modellkonstruktion nicht bearbeitet (vgl. z.B. grundlegend Crozier u. Friedberg 1979). Zu einem weitergehenden Verständnis organisationaler Lernprozesse ist daher eine genauere Bestimmung der Einbettung des Reflexions- und Verständigungsprozesses in den gegebenen kognitiven Handlungsrahmen der beteiligten Akteure von Bedeutung und die Frage nach den politischen Bedingungen, neues Wissens über Handlungs-Ergebnis-Beziehungen als organisationsrelevant durchzusetzen (vgl. Abbildung 3.2-17).

Die theoretische Einordnung und Ausarbeitung dieser Beschreibungsfelder legt vor allem nahe, ausgehend von der Frage nach der Kongruenz zwischen operationalen und reflexiven Handlungsprozessen sowie dem kognitiven und sozialen Handlungsrahmen sich mit den Vermittlungsmechanismen zu beschäftigen, mit denen Handlungsprozesse wechselseitig anschlußfähig werden und in welche sozialen und politischen Handlungsstrukturen diese eingebettet sind. Obwohl zeitlich dem Aufsatz von Duncan und Weiss vorgelagert, können wesentliche Aspekte dazu mit der Theoriekonzeption von Argyris und Schön (1978) entwickelt und diskutiert werden.

---

und Kontrollbeziehungen in ihren Grundannahmen relativieren (vgl. zu Erklärungsansätzen zum adaptiven Anpassungsverhalten von Organisationen March u. Olson 1989, S.58ff.). Instruktiv hierzu auch die empirischen Befunde von Weber u.a. 1994, S.85ff., mit denen - für betriebliche Bildungsentscheidungen - der unterschiedliche Charakter organisationaler Veränderungsprozesse deutlich wird.

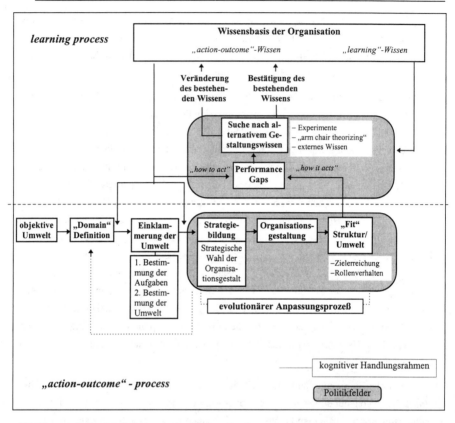

*Abbildung 3.2-17: Modell eines organisationalen Lernprozesses zur Entwicklung von Orga-
nisationsstrategien und -strukturen - kognitiver Handlungsrahmen und
Politikfelder*

Mit Argyris und Schön (1978) kann organisationales Lernen als ein von den Organisationsmitgliedern getragener Entwicklungsprozeß gekennzeichnet werden, durch den diese die gemeinsam geteilten, zweckorientierten Begründungen ihrer organisationalen Verhaltensweisen
verändern. Medien dieses Prozesses sind die kognitiven Bildern und Landkarten organisationalen Verhaltens, in denen die Begründungen organisationalen Verhaltens „gespeichert" sind.
Wie dieser Lernprozeß von den Organisationsmitgliedern vollzogen wird, wird wesentlich
durch das organisationale Lernsystem beeinflußt.

Diese Sichtweise organisationalen Lernens geht von einem kognitiv geprägten Vorverständnis
organisationalen Handelns aus: Organisationen „bestehen" aus Handlungen, für die deren <u>ob-
jektive</u> Funktion in der Instrumentalität einer zweckorientierten Strukturierung ihrer Verhal-

tensweisen (aufgrund von Wissen über richtiges organisationales Verhalten) liegt, während ihre Begründung und Legitimation auf der intersubjektiven Verständigung über diese „Strukturbilder" organisationalen Verhaltens beruht. Insoweit werden Organisationsstrukturen nur noch bedingt als objektiv beschreibbare Merkmale einer Organisation angesehen, sondern als „materielles" Substrat (organisationale Landkarte) des Nachdenkens über auf Dauer zu stellendes organisationales Verhalten interpretiert. Von hieraus richtet sich die Deskription organisationalen Handelns nicht (nur) an strukturkennzeichnenden Beschreibungsmerkmalen aus, sondern nimmt die Dynamik organisationalen Handelns zum Anlaß, jene individuellen und organisationalen Situationsdeutungen und Begründungsmuster (kognitive Bilder und Landkarten) zu rekonstruieren, aus denen sich im Zuge organisationaler Lernprozesse neue Formen organisationalen Verhaltens herausbilden. In diesem Verständnis sind Organisationen lernende Systeme, die ein lernendes System haben, woraus sich Konsequenzen sowohl für deren wissenschaftliche Beobachtung als auch für eine Theorie der Intervention, also der Initiierung eines organisationalen Lernprozesses, ergeben:

a) Jede Interventionsaktivität, aus welchem Problemverständnis heraus sie auch begründet sein mag, „...*must doable by human beings ...*" (Argyris u. Schön 1978, S.301).

b) Jede Interventionsaktivität muß im Lernsystem einer Organisation ausführbar sein.

c) Eine Begründung für die Interventionsstrategie muß sich aus der Verknüpfung von theoretischen Erklärungen dieser Phänomene ableiten.

In diesem Beschreibungsansatz wird mit dem Konstrukt der (impliziten/expliziten) Handlungstheorien ein Modell menschlichen Verhaltens zugrundegelegt, in dem selbstverständlich zur Anwendung kommende Situationsdeutungen, Handlungsstrategien und erwartbare Folgen kontingenter Verhaltensweisen das kognitive Gerüst des Handelns in Arbeits- und Organisationsprozessen darstellen. Dieses, durch Erfahrungs- und Sozialisationsprozesse entstandene und stabilisierte Wissen ist in mehr oder weniger stark ausgeprägten Regeln enthalten und entlastet - als Verhaltensroutine - den Steuerungsbedarf in spezifischen Handlungssituationen: Die Notwendigkeit zu einem absichtsvollen, bewußten und kontrollierten Tun wird mit diesen Hintergrundannahmen gesenkt. Zentral ist jedoch, daß mit diesem Annahmengerüst das in Organisationen beobachtbare Verhalten auf begründete Handlungen der beteiligten Akteure zurückgeführt werden kann.

Dieses Annahmengefüge wird auf die organisationale Ebene übertragen. Hier leisten Argyris und Schön (1978) einen Transfer der allgemeinen Bestimmung der politischen Logik kollektiven Handelns (vgl. z.B. Stockinger 1989, auch Türk 1990) in die spezifische Funktionslogik des Handelns von Organisationen, d.h. derjenigen Prinzipien, nach denen organisationale Akteure ihre zweckorientierten (instrumentalen) Aktivitäten gestalten, und an die ihre Situationsdeutungen und Handlungsbegründungen anschließen. Ähnlich argumentiert Türk (1989, S.139ff.), der den Begriff der Handlungslogik für geeignet hält, um Bezugsrahmen organisationaler Akteure bei der Wahl ihre Ziele und Strategien zu rekonstruieren. Die von ihm vorgenommene Differenzierung zwischen einer Herrschaftslogik, Verwertungslogik und Kooperationslogik als speziellen Logiken organisationalen Handelns ist mit den Beobachtungskonstrukten polis, agency und task system von Argyris und Schön (1978) vergleichbar, die diese in drei Beschreibungsdimensionen organisationalen Verhaltens „übersetzen": „norms" zur Beschreibung der politisch begründeten Zwecksetzung der Organisation, „strategies" zur Beschreibung der Wahl einer dem Zweck angemessenen, effizienten Problemlösung und „assumptions" zur Beschreibung von Wissen über Strukturformen der Koordination kooperativen Handelns.

Mit der Konstruktion von organisationalen Handlungstheorien wird - ebenso wie bei Duncan und Weiss (1979) - eine eigenständige Analyseebene *kognitiver* Handlungsbegründungen zwischen individuellem Verhalten und der Zweckbestimmung von Organisationen eingezogen, die in ihrem instrumentellen Zuschnitt das Objekt der Veränderung darstellt. Zugleich kann diese als sozialer (Teil-)Zusammenhang mit eigener zweckbezogener Zielsetzung - als Subjekt in der Veränderung - in Widerspruch geraten zur Zweckbestimmung des organisationalen Verhaltens als sozialem (Gesamt-)Zusammenhang. Die Qualität dieser Argumentation wird am ehesten in *system*theoretischer Diktion deutlich: Es sind die Entscheidungen zweier (Handlungs)Systeme, die nicht notwendigerweise und automatisch aneinander anschließen (im Anschluß an Krainz 1995, Luhmann 1995). Das entscheidende Argument hierfür ist die Differenzierung in der Konstruktion kognitiver Bilder und Landkarten organisationalen Verhaltens, in denen kollektiv geteilte Wahrnehmungs- und Begründungsmuster nicht aus Erkenntnisleistungen einzelner Akteure, sondern allein aus deren Kommunikation ihre durchaus funktional gemeinte Bedeutung erhalten. Der Begründungszusammenhang organisationalen Handelns ist damit nicht aus *einem* Beobachtungsstandpunkt in dieser Kommunikation zu rekonstruierten, sondern aus der Perspektive koordiniert kollektiven, nicht zufälligen gemeinsamen Handelns.

In diesem Rahmen werden die organisationalen Handlungen zugrundeliegenden Wahrnehmungs- und Begründungsprozesse in eine Struktur „lokaler Handlungstheorien" - als die Interaktionsverhältnisse kognitiv bindenden „Vorschriften" für organisationales Verhalten - aufgefächert, die über ein Netz von (impliziten und expliziten) Kommunikationsprozessen miteinander verknüpft sind. Damit wird das Phänomen gefaßt, daß organisationale Verhaltensweisen weder homogen noch allgemein zugänglich, sondern im Regelfall polyzentrisch geordnet sind (vgl. Obring 1992, S.2ff. - und als praktisch bedeutsame Gestaltungsaufgabe das Problem der Kooperation von Abteilungen, vgl. Kieser 1991, S.161f., für die in der betriebswirtschaftlichen Literatur der Begriff des Schnittstellenmanagements steht).[1] Die Akteure begründen ihre Handlungen folglich aus je spezifischen, nur begrenzt geltenden Handlungstheorien heraus - bezogen auf den organisationalen Kontext beispielsweise aufgrund von Aufgabenzuschnitten, Status- und Positionsgefügen (vgl. Wagner 1995, S.190f.). Diese lokale Strukturierung fokussiert den Blick auf die distinkten Eigenheiten und Eigenschaften der lokalen Orte organisationaler Handlungsbegründungen, in denen sich „innerhalb" und „unterhalb" der Zweckbestimmung des kollektiven Handelns die Konstitutierung von Interaktionsverhältnissen bewegt.

Die - in diesem organisationalen Kontext - diskursive Darlegung der Sinnhaftigkeit gewählter, vor allem aber routinisierter Verhaltensweisen wird dort virulent, wo eben diese aufgrund ihrer Schwächen in der Wirklichkeitsbewältigung zur Disposition gestellt werden. Das Aufdecken dieser Schwächen setzt die Spezifikation des Entstehungs- und Begründungszusammenhangs des beobachtbaren Organisationsverhaltens voraus. Ihre Bewältigung entsteht (erst) mit der Verankerung neuer Entstehungs- und Begründungszusammenhänge, die im organisationalen Verhalten als (modifizierte) Handlungstheorien zur Geltung kommen: Erst im konkreten Tun werden diejenigen Formen der Wirklichkeitsbewältigung geschaffen, die - im nachhinein - im Hinblick auf ihre Zweckdienlichkeit beurteilt werden können, und auf diesem Wege Eingang finden in die alltäglichen Verhaltensroutinen, oder aber erneut als Schwächen in der Wirklichkeitsbewältigung zur Disposition gestellt werden. Damit wird auch deutlich: Der organisationale Lernprozeß dient nicht nur der Fehlerentdeckung, Ursachenforschung und Problemlösung, sondern *seine Funktion besteht vor allem auch in der Legitimierung und Verfestigung einer neuen organisationalen Verhaltensbegründung (Gebrauchstheorie) in der regelmäßigen Praxis organisationalen Handelns.* Insoweit läßt sich der Prozeß des Lernens auch als ein Prozeß der Institutionalisierung organisationaler Verhaltensweisen verstehen, die die Praxis des Lernprozesses und seiner Stabilisierung - im Sinne der Ausbildung habitualisierter Verhaltensweisen von Organisationsmitgliedern, die an diesem Lernprozeß direkt oder indirekt beteiligt sind - überdauern (vgl. Berger u. Luckmann 1994, S.58f.).

Damit wird zugleich der Stellenwert organisationaler Lernprozesse nicht überzeichnet. Im Gegensatz zu der zum Teil programmatischen Verwendung dieses Begriffs in der aktuellen Diskussion - Organisationen als permanent lernende Institutionen - wird in der Beschreibung von Argyris und Schön (1978) die Bindung des Lernprozesses an Regeln und Ressourcen organisationalen Handelns als konstitutives Merkmal von Veränderungsprozessen herausge-

---

[1] In Anlehnung an Obring (1992, S.3) faßt der Begriff die Annahme, daß bezogen auf die Untersuchungseinheit Unternehmung als Folge der Spiegelung zunehmender Umweltkomplexität in Organisationen verschiedene Aktionszentren (nicht: ein Entscheidungs- und Machtzentrum) existieren, die in spezifischer Weise interdependent sind, jedoch nicht - oder in einer genauer zu bestimmenden Weise - in einem hierarchischen Verhältnis zueinander stehen (vgl. zum ähnlichen Konzept der Heterarchie Klimecki, Probst u. Eberl 1991, S.138ff.).

stellt. Dies bedeutet in der Konstruktion von double-loop learning zum Beispiel, daß es bei der Initiierung von Interventionen um eine grundlegende Transformation von Gebrauchstheorien und organisationalem Lernsystem geht, deren Voraussetzung die Diskussion alternativer Modelle organisationalen Verhaltens unter Ein- und Erhaltung des bestehenden Lernsystems ist. Die hier aufscheinende Komplexität der Intervention umreißt die handlungstheoretischen Implikationen des mit Duncan und Weiss (1979) entwickelten Arguments, daß nur die Gewährleistung der laufenden Arbeitsprozesse jene Ressourcen freisetzt, die für den Lernprozeß eingesetzt werden, und es wird die Frage nach den Bedingungen ihrer Verfügbarkeit impliziert (vgl. Argyris 1994/1982, S.30).[1] Ein klare Differenzierung zu jenen Beschreibungen, in denen alle organisationalen Prozesse zu Lernprozessen werden, und sich die Organisation in dieser Dynamik auflöst (vgl. auch Schreyögg u. Noss 1995, S.179, auch Weick u. Westley 1996, S.444f.).

Abschließend ist die mit Duncan und Weiss (1979) aufgeworfene Frage nach der Einordnung politischer Phänomene in den Kontext organisationaler Lernprozesse zu betrachten. Politische Phänomene erscheinen in zweifacher Hinsicht unproblematisch für diese Theoriekonstruktion. Im Prozeß der Entstehung der Organisation aus kollektivem Handeln verbleiben dessen politische Aspekte in der „polis", d.h. im Bereich der kollektiven Aushandlung und Begründung der Entscheidungs- und Delegationsregeln und Teilnahmebedingungen (und ihrer spezifischen politischen Funktionslogik). Mit dem Transfer dieser Bestimmung in die instrumentale Logik koordiniert kooperativen Handelns von Organisationen stellt der Prozeß der Konstituierung derjenigen Prinzipien und Verhaltensrichtlinien, an die organisationale Akteure ihre Situationsdeutungen und Begründungsmuster anschließen und nach denen sie ihre Aktivitäten organisieren, kein im Rahmen des Theorieansatzes zu erklärendes Problem dar. Zugleich sehen Argyris und Schön (1978) organisiertes Handeln als ein Medium an, um nicht übereinstimmende Erklärungen organisationaler Verhaltensweisen als Konfliktsituation zwischen Personen oder Gruppen auszuweisen und im Rahmen organisationaler Handlungsprozesse zu bearbeiten. Hier zeichnen die Autoren die Art der Konfliktlösung mit dem Konzept des double-loop learning vor allem normativ als diskursive Problembearbeitung aus. Prozesse der Konflikthandhabung, die nicht diesem Konfliktlösungsmuster folgen - in ihrer Beschreibung vor allem single-loop learning unter Bedingungen eines begrenzten Lernsystems, dessen Wirkungen zur Koalitionsbildung und politischen Handlungen führen -, werden zwar als politische Prozesse gesehen, aber nicht zum Gegenstand der Analyse (vgl. Argyris 1994/1982, S.30ff.). Als ein eher impliziter Hinweis auf die Bedeutung von Hierarchie und Arbeitsteilung sowie

---

[1] „Die entwickelten Gesellschaften haben die meisten Chancen Neues zu erfinden, nicht deshalb weil sie am entwickeltsten sind, sondern weil sie am reichsten sind und damit über den meisten Spielraum verfügen" so Crozier und Friedberg (1979, S.252), mit zwar anderem Erkenntnisinteresse, aber einem gleichwohl vergleichbaren organisationstheoretischen Vorverständnis.

damit verbundene Ressourcenzuweisungen und Machtpositionen für organisationale Lernprozesse kann die Einordnung angesehen werden, daß „... *interventions should begin at the highest levels of power in the organization ...* " (Argyris 1994/1982, S.30).

Obwohl damit, ähnlich wie bei Duncan und Weiss (1979), theoretische Anschlußpunkte zu verzeichnen sind, bleibt doch weitgehend offen, was „geschieht", wenn einige (oder eine Mehrzahl) der im organisationalen Kontext handelnden Akteure sich widersprechende Situationsdeutungen und Begründungsmuster entwickeln. Argyris und Schön (1978) formulieren hier eine normative Antwort: den sachbezogenen Begründungsdiskurs zur Erzielung von Konsens im Rahmen eines organisationalen Lernprozesses statt einem politischen „fighting out". Eine darüber hinausgehende Entfaltung einer Erklärung, wie zwischen den Anforderungen organisationaler Kooperation, in denen die Zwecke und Strategien organisationalen Handelns zum Ausdruck kommen, und deren konfliktäre Einordnung im sozialen (politischen) Prozeß der Ausbildung dieser Kooperationsformen und -regeln vermittelt wird, ist nicht zu erkennen (vgl. auch die Diskussion in Geißler 1995a, S.91ff., Schirmer 1992, S.194f.). Wenn in Lernprozessen die Akteure über Situationsdeutungen und Begründungen ihre Interessen zur Geltung bringen, erscheint es angezeigt, neben Begriffen zur Beschreibung der Wirklichkeitskonstruktion Konzepte zur Erklärung expliziter und impliziter Verhandlungen zu stellen, um auch den Prozeß der *situationsspezifischen* Transformation der Unbestimmtheit des zukünftigen Verhaltens in Organisationen unter Bezug auf - die qua Organisationsverfassung - verschiedenen Ressourcenzuteilungen und Kompetenzgefüge beschreiben zu können. Gerade mit Blick auf die Unternehmung als Beschreibungsform für das nach erwerbswirtschaftliche Prinzipien organisierte Handeln ist die rechtlich und wirtschaftlich abgesicherte Art der Ressourcen- und Machtverteilung zu berücksichtigen, um zu einer angemessenen Beschreibung ihrer Transformation zu kommen. Ein Aspekt, der vor allem unter dem Begriff der Mikropolitik (vgl. z.B. Sandner 1989, Türk 1990, Küpper u. Ortmann 1988, Neuberger 1995), aber auch im Rahmen institutionenökonomischer Analysen verstärkt Aufmerksamkeit auch in der Betriebswirtschafts- und Managementlehre erfährt.

Zusammenfassend wird deutlich, warum „... *developing a learning organization ...* " (Argyris u. Schön 1996, S.xx) mit den in der Literatur hervorgehobenen, häufig präskriptiven Beschreibungen von Bedingungen einer „lernenden Organisation" - wie heterarchisch gestaltete Organisationsstrukturen mit Autonomiespielräumen -, nur unzureichend erfaßt wird. Im Verständnis dieser Autoren (vgl. Argyris u. Schön 1996, S.xixff.) ist dies eine Aufgabe, für die Grundfragen einer *Theorie organisationaler Lernprozesse* - nicht nur dem spezifischen Erkenntnisinteresse folgend - zu beantworten sind:

1. Warum kann eine Organisation als soziale Einheit verstanden werden, die lernt?

Die Notwendigkeit zur Klärung dieser Frage ergibt sich aus der komplexen, nicht kausalen Verknüpfung individuellen und organisationalen Lernens. Das Lernen von Individuen und ihre Verständigung über ihre Erkenntnisgewinne konstituieren organisationale Lernprozesse, die auf das individuelle Lernen zurückwirken. Diese Rückkopplung setzt voraus, daß Handeln und Lernen der Individuen in der Zweckbestimmung organisationalen Handelns - ihren Normen, Strategien und dem organisationsrelevanten Wissen - begründet sind. Diese Zweckbestimmung entsteht in einem politischen Prozeß der Bestimmung von Teilnahme-, Delegations- und Entscheidungsregeln, die als verhaltenssteuernde Variablen in den „Theorien" organisationaler Handlungen (Werte, Einstellungen und Erkenntnisse über organisationales Verhalten) enthalten sind und auf die sich organisationale Lernprozesse beziehen.

2. Auf welchem Wege gewinnen Organisationen in ihrem tatsächlichen Verhalten die Fähigkeit zu Lernen?

Produktive organisationale Lernprozesse beruhen auf der Fähigkeit einer Organisation, zur Bearbeitung nicht erwarteter Ergebnisse organisationalen Verhaltens individuelle Reflexionsprozesse durch Verständigung zwischen Organisationsmitglieder miteinander zu verknüpfen, um neue Problemlösungen im organisationalen Handeln zu erreichen.

Dies setzt die Erfahrung nicht erwarteter Ergebnisse im organisationalen Verhaltens - als unbedingtem Auslösepunkt für einen organisationalen Lernprozeß - voraus. Aus diesem Grunde sind Erfahrungs- *und* Reflexionsprozesse konstitutiv für produktive organisationale Lernprozesse, mit Wirkung auch für die Prozeßbedingungen organisationalen Lernens. Einsichtsfähigkeit (Fehlerentdeckung - Erfahrung - und Ursachenforschung - Reflexion - durch individuelles Lernen) und Verständigung über diese Erkenntnisse sind Bedingung organisationalen Lernens, daß sich mit der Ausbildung neuer Handlungstheorien in der regelmäßigen Praxis des organisationalen Handelns vollzieht. Es sind - analog wissenschaftlicher Theoriebildung - systematisch zu unterscheiden die Prozesse der Erkenntnisgewinnung über neue organisationale Verhaltensweisen von Prozessen der Ausübung und Verbreitung dieser neuen Verhaltensmodelle, ohne die erfahrungsorientierten Erkenntnisprozesse und den darauf beruhenden kausalen Schlußfolgerungen reflektierender „Praxisforschung" - Erfahrung geht Reflexion voraus (vgl. Schirmer 1992, S.205f.) - jenen des wissenschaftsmethodisch fundierten Erkenntnisgewinns gleichzusetzen.

Die Anpassungsfähigkeit von Organisationen in der Organisations-/Umwelt-Differenz läßt sich dann - formal - als Funktion der kommunikativen Vermittlung, Aus-Handlung und Anerkennung des organisationsrelevanten Wissens von Organisationsmitgliedern beschreiben. Dieser Prozeß stellt einen eigenständigen Handlungsprozeß dar, dessen Funktionsfähigkeit die Bereitstellung von kognitiven Ressourcen (als Bereitschaft, sich über individuelle Erfahrungen und Verhaltensbegründungen organisations-„öffentlich" zu verständigen) ebenso voraussetzt wie die „Doppelorganisation" von Leistungs- und Lernprozessen (allokative und autoritative Ressourcen zur Initiierung organisationalen Lernens).

3. Welche Formen dieser Fähigkeit zum Lernen sind wünschenswert?

Basis des Organisationslernens sind einschlaufige und zweischlaufige Lernprozesse, die unterschiedliche Operationsmodi organisationalen Lernens kennzeichnen. Diese bedingen sich wechselseitig, so daß Strategien organisationalen Lernens normativ - Modell-Lernen - und praktisch - Erfahrungslernen - zugleich sind (bzw. sein können).

Organisationale Lernprozesse sind in dieser Distinktion nicht als „gut" oder „schlecht" auszuzeichnen: Erfolgskriterium der organisationalen Lernkapazität ist eine „gute Dialektik" der Anpassung sowohl im Hinblick auf die Wirksamkeit - single-loop learning - als auch im Hinblick auf die Richtigkeit - double-loop learning - des organisationalen Handelns. Gleichwohl setzt die Anpassung organisationalen Verhaltens, die auf gemeinsam geteilten, zweckorientierten Begründungen organisationaler Verhaltensweisen (Handlungstheorien als Basiskategorie des Lernens) beruht, *Vermittlungsmodalitäten* voraus zwischen dem Orientierungs- und Regelwissen der Akteure und den (auch lokal gebundenen) Regelsystemen des organisationalen Verhaltens. Modalitäten der Vermittlung sind Modelle des organisationalen Verhaltens im „Forschungsprozeß" (espoused theory) und der Erfolg der Anwendung dieser Modelle im „Erfahrungsprozeß" der Begründung des Arbeits- und Entscheidungsverhaltens in konkreten Situationen (theory in use), auf die sich die jeweiligen Akteure in ihren Verständigungs- und Aus-Handlungsaktivitäten beziehen.

4. Unter welchen Bedingungen entwickeln Organisationen die Fähigkeit zur Ausübung der gewünschten Lernform?

Zum Verständnis der Bedingungen organisationaler Lernfähigkeit sind auf der Ebene organisationalen Verhaltens die Informations-„Strategien" in den Verständigungsprozessen und - damit verbunden- die komplexen Interaktionen zwischen den verschiedenen Lernprozessen von Bedeutung sowie ihre Wirkungen im organisationalen Lernsystem. Organisationale Lernprozesse sind an dieses kognitive Set von Regeln und Ressourcen - auch als Bedingung der Möglichkeit zur Veränderung organisationaler Verhaltensweisen - gebunden. Das organisationale Lernsystem - als Handlungs-„struktur" des Erkenntnis-, Entscheidungs- und Informationsverhaltens - begrenzt oder ermöglicht zweischlaufige organisationale Lernprozesse. Zum Verständnis funktionierender organisationaler Lernprozesse sind deshalb die am Übergang vom begrenzten - Modell O-I - zum entfaltenden Organisationslernen - Modell O-II - wirksamen *Mechanismen* in den Interaktionsverhältnissen der Akteure, aus denen „second-order errors" - „skilled incompetence" und „defensive routines" - entstehen, aufzuklären. Dies setzt methodisch die Einbeziehung beobachtbaren Organisationsverhaltens voraus: In Zusammenarbeit mit organisationaler Praxis jene „*... rare events associated with productive organizational learning ...*" (Argyris und Schön 1996, S.xxii) zu erzeugen, um auf dieser Grundlage allgemeine Erkenntnisse über dieses organisationale Phänomen zu gewinnen.

Mit diesem - ausgehend von Argyris und Schön (1978) - entwickelten Verständnis organisationaler Lernprozesse wird die Bedeutung sozialer kognitiver Prozesse für die Entstehung und Veränderung organisationalen Verhaltens hervorgehoben. Damit werden Prozesse der Wahrnehmung und Gewinnung von Erkenntnissen sowie der Begründung situationsbezogener Verhaltensweisen beschrieben, die auf Handlungstheorien bzw. mentalen Modellen beruhen, und zwischen Organisationsmitgliedern kommunikativ vermittelt werden. Die Neuordnung organisationalen Verhaltens geht von der Veränderung dieser intersubjektiv geteilten Annahmen über koordiniert kooperatives Handeln in Organisation in Prozessen des single-loop learning und des double-loop learning aus. Dabei wird regelmäßig jenen Faktoren nur wenig Aufmerksamkeit geschenkt, die - der Theoriekonstruktion von Argyris und Schön (1978) folgend - als kritische Faktoren für höherstufige Lernprozesse auszuzeichnen sind: *die ein begrenzendes Lernsystem konstituierenden Mechanismen defensiven Informationsverhaltens zwischen den Akteuren in organisationalen Lernprozessen.*

Besonders hervorzuheben ist im Erkenntnisinteresse dieser Arbeit die - aus dieser Sicht - kritische „Qualität" präskriptiver (wissenschaftsmethodisch genauer: technologischer) Handlungsempfehlungen:

> *„Proponents of the learning organization ... prescribe a variety of enablers through which they claim that organizations can enhance their capability for productive learning, but they do not inquire into the gaps that separate reasonable prescription from effective implementation" (Argyris u. Schön 1996, S.198).*

Die Grundfrage lautet: Warum wird mit der Möglichkeit, durch die Sammlung und Verteilung von Daten mit Hilfe von modernen Informationstechnologien den relativen Beitrag einer organisatorischen Einheit zum Unternehmenserfolg zu bestimmen und zu erhöhen (hier: Erhöhung der Anpassungsfähigkeit durch informationstechnische Unterstützung von Managementleistungen), ein Bedingungsrahmen geschaffen, der *auch* die produktive Bearbeitung der die Veränderung des Arbeits- und Entscheidungsverhaltens begrenzenden Bedingungen unterstützt und erleichtert (vgl. Argyris u. Schön 1996, S.xxiv)? Der Problemgehalt präskriptiver Interventionsstrategien - als spezifische Form defensiven Informationsverhaltens im Modell O-I-Lernsystem - wird an den Aggregationsebenen der Beschreibung organisationalen Verhaltens - hier im Konstrukt der *„ladder of inference"* gefaßt - deutlich. Merkmale von Interventionsstrategien, die charakteristisch für höherstufige Lernprozesse sind - wie z.b. Gewinnung von neuen Problemsichten und Regeln zur Bewältigung von Steuerungsproblemen in Organisationen (hier: Verbesserung der Arbeitsorganisation und Entscheidungsfindung durch Managementunterstützungssysteme - vgl. auch Abb. 3.1-1) - sind *auch* mit Referenz auf die Ebene der beobachtbaren individuellen und organisationalen Verhaltensweisen - also in den Interaktionsverhältnissen der Akteure - und deren Modifikation auszuweisen (*„interpersonal inquiry"* nach Argyris u. Schön 1996, S.245 - hier: Nutzungsdynamik im Arbeitsverhalten von Managern). Ohne diese Ebenendifferenzierung in der Argumentation und ihrer empirischen Verifikation werden die (möglicherweise begrenzenden) Bedingungen des Organisationslernens (also hier: Nicht-Nutzung als Resultat informationstechnischer Unterstützungsleistungen für Manager) weder aufgezeigt noch können sie hinreichend erklärt werden.

Mit Bezug auf diese Ebenendifferenzierung ist als offenes und erst in Ansätzen bearbeitetes Problemfeld die Einordnung und Abgrenzung von politischen Phänomenen - insbesondere von Verständigungs- und Aus-Handlungsprozessen über „richtige" Begründungen organisationaler Verhaltensweisen (vgl. hierzu die ausgewiesenen Befunde zum Management mit Führungsinformationssystemen als Politikfeld in der Unternehmensführung) - im Kontext organisationaler Lernprozesse anzusehen. Auf der strukturellen Ebene, dies wird im Konstrukt der dominanten Koalition (bei Duncan und Weiss 1979) ebenso wie im Stellenwert oberer Hierarchiestufen als Zielgruppe der Intervention (bei Argyris und Schön 1978) deutlich, wird die Annahme nahegelegt, daß die Verfügbarkeit über Regelwissen und der legitimierte Zugriff auf institutionalisierte Orientierungs- und Regelsysteme eine bedeutsame und in die Erklärung einzuschließende intervenierende Variable darstellt. Ähnlich bleibt für die Handlungsebene kategorial zu klären, in welcher Form die „Aufdeckung von Handlungsbegründungen" - auch mit der Verfügbarkeit spezifischer Akteurgruppen über diesen Prozeß als (mikropolitischer) Ressource - genauer zwischen Erkenntnisgewinnung und Interessendurchsetzung angesiedelt werden kann. Dies wird in diesem Theoriekontext bisher nicht systematisch bearbeitet (vgl. aber die Arbeiten von Sandner u. Meyer 1994, Felsch 1996 und Hanft 1996).

Diese Kennzeichnung der Funktionsweise von Organisationen enthält spezifische Basiskonstrukte zum Verständnis organisationaler Lernprozesse, die zugleich als Grundkategorien eines Bezugsrahmens zur Beschreibung der Veränderung von Managementleistungen gedeutet werden können und die eine weitergehende Aufklärung von Problemfeldern der Einführung von Managementunterstützungssystemen in Unternehmen anleiten können.

„Und ihre Führungskräfte entdecken, daß sie dadurch, daß sie ihre Eingriffe
den Merkmalen des zugrundeliegenden Handlungssystems anpassen, vom
Standpunkt der Zweckgerichtetheit und der Zweckerfüllung ihrer Tätigkeit her
zu größerer Effizienz gelangen können" (Michel Crozier, Erich Friedberg).[1]

4 Organisationale Lernprozesse bei Managementunterstützungs- systemen - Entwicklung des Bezugsrahmens und Fallstudie

Ziel dieses Kapitels ist es, ausgehend von den Ansätzen organisationalen Lernens einen Be- zugsrahmen zu entwickeln, in dem die Nutzung von Informationssystemen im Management als *Prozeß* der Veränderung von Wahrnehmungs- und Begründungsmustern im Arbeits- und Entscheidungsverhalten von Managern gedeutet wird. Die weitere Entwicklung des Bezugs- rahmens dient vor allem dazu, Arbeitshypothesen für die Fallstudie zu entwickeln und ihre Interpretation anzuleiten.

Untersuchungsfeld ist die Einführung eines rechnergestützten Warenwirtschaftssystems in einem mittelständischen Handelsunternehmen. Ziel der Einführung ist die informationstechni- sche Unterstützung von Warendisposition und -steuerung als zentralen Managementleistungen im Einzelhandel. Kennzeichnend für diesen Einsatz von Informations- und Kommunikations- techniken in Handelsunternehmen ist ein hohes Maß an Unsicherheit und Unbestimmtheit in ihrer Anwendung:

• Einerseits legt die schon frühe Beschäftigung mit weitreichenden Konzepten der Rationa- lisierung - Einführung von Selbstbedienung, Zentralisierung von Einkaufs-, Logistik- und Marketingfunktionen (vgl. z.B. Baethge u. Oberbeck 1986, Tenbensel 1987) - und den Op- tionen rechnergestützter Warenwirtschaftssysteme (vgl. grundlegend schon Kirchner u. Zentes 1984, West 1989, Leismann 1990) die Annahme nahe, daß sich diese Branche als ein weitgehend durchrationalisierter Wirtschaftsbereich präsentieren kann.

• Andererseits zeigen empirische Studien, daß im Vergleich zu den Technisierungsprozessen in anderen Dienstleistungsbranchen Handelsunternehmen augenscheinlich nicht Schritt halten konnten: Der Handel nimmt bei der Nutzung moderner Informations- und Kommu- nikationstechniken keinen Spitzenplatz ein (vgl. Baethge, Grimm u. Oberbeck 1992, S.49). In der Diskussion um das rechnergestützte Warenwirtschaftssystem als Managementinfor- mations- und -unterstützungssystem, zu dessen Zielen die effektive Gestaltung der Steue- rung betriebsinterner Ablaufprozesse zur Warendisposition gerechnet wird, werden die Möglichkeiten zur praktischen Realisierung integrierter Warenwirtschaftssysteme als eher

---

[1] Crozier u. Friedberg (1979), S.174.

niedrig eingeschätzt und es wird von einfach gehaltenen, pragmatischen „Insellösungen" mit jeweils unterschiedlicher Reichweite und Zweckbestimmung ausgegangen (vgl. Biervert u.a. 1991, S.72ff., Holtgrewe u. Richter 1991, S.39ff.).

Entsprechend zeigt sich in bisher vorliegenden Studien ein im Hinblick auf die Formen und Erfolgsfaktoren solcher Veränderungsprozesse eher heterogenes Bild. Diese, häufig als vergleichende Fallstudien angelegten Forschungsarbeiten sehen sich zugleich mit der methodischen Kritik konfrontiert, daß sie immer sehr spezielle Einblicke in die betriebliche Praxis gewähren und damit „nur" eingeschränkt zur Aufklärung und Kritik der Gestaltungsprobleme betrieblicher Praxis beitragen.

Dieses Spannungsfeld zwischen den unsicheren Bedingungen der betrieblichen Praxis als Forschungsfeld und den Anforderungen an eine rigorose, das heißt ihren methodischen Anforderungen genügende Forschungspraxis, ist Anlaß, im ersten Abschnitt dieses Kapitels (4.1) die Vorgehensweise der empirischen Forschungsarbeit darzulegen sowie Art und Methodik der hier vorgelegten Sekundäranalyse empirischer Daten ausführlich zu entwickeln, ohne jedoch die methodischen Fragen zum eigentlichen Gegenstand der Diskussion zu machen (vgl. etwa die Beiträge in Becker u. Martin 1993). Der Aufbau dieses Abschnitts geht von drei Arbeitsschritten aus. Die im vorhergehenden Kapitel entwickelten theoretischen Grundlagen werden zu einem Beschreibungsmodell der Ebenen und Strukturen organisationaler Lernprozesse zusammengeführt (4.1.1). Dabei wird insbesondere das Konstrukt der lokalen Handlungstheorie in diesen Beschreibungsansatz mit einbezogen. Mit Blick auf das Untersuchungsfeld wird im zweiten Arbeitsschritt die im zweiten Kapitel entwickelte Grundstruktur der Einführung und Nutzung von Managementunterstützungssystemen herangezogen, um Arbeitshypothesen zur Entwicklungslogik organisationaler Lernprozesse zu formulieren (4.1.2). Der Begriff der Entwicklungslogik bezeichnet hierbei die Prozeßstruktur und die Mechanismen organisationalen Lernens. Auf dieser Grundlage wird im dritten Schritt das Untersuchungsdesign für die Fallstudie entwickelt und die sich aus diesem Untersuchungsaufbau ergebenden erhebungstechnischen Fragen diskutiert (4.1.3). In den Aufbau der Fallstudie wird nach diesem Argumentationsschritt zu Beginn des zweiten Abschnitts in diesem Kapitel eingeführt (4.2).

4.1 Organisationale Lernprozesse - Konstruktion des Bezugsrahmens

4.1.1 Ebenen und Strukturen organisationaler Lernprozesse

Ziel der Überlegungen ist es, ausgehend von der im vorherigen Kapitel entwickelten theoretischen Begründung organisationalen Lernens ein Basismodell zur Beschreibung gemeinsam geteilter Situationsdeutungen und Begründungsmuster organisationalen Verhaltens zu entwik-

keln. Den „kognitiven" Ausgangspunkt hierzu bildet der in diesem Diskussionszusammen-
hang von March und Olson (1990 - vgl. Abbildung 3.1.5) entwickelte Entscheidungs-/Lern-
zyklus (vgl. Schüppel 1995, S.212ff., Kirsch 1992, S.312). Dieser Entscheidungs-/Lernzyklus
wird durch den „Einbau" der hier entwickelten Argumentation zur Differenzierung der Verknüpfung von individuellem und organisationalem Verhalten erweitert. Damit lassen sich
Ebenen der Konstitution organisationaler Verhaltensweisen - die Beobachtungsebene und die
Begründungsebene - in einem *Prozeß organisationalen Lernens* zusammenführen (vgl.
Abbildung 4.1-1 - zu dieser Ebenendifferenzierung auch Osterloh 1993a, S.129ff.).

• *Ebenen organisationalen Lernens*

Die Erläuterung der Ebenen organisationalen Lernens in diesem Bezugsrahmen kann an der
Funktion subjektiver Theorien für die *Generierung und Steuerung individueller Handlungen*
anschließen (vgl. Weber 1991, S.30ff., zur Abgrenzung von den Zwecken wissenschaftlicher
Theoriebildung, S.32, auch Schirmer 1992, S.146ff.). Beobachtbare individuelle Verhaltensweisen in Organisationen - Aktivitäten - beruhen auf Wahrnehmungs- und Begründungsmustern als kognitiv verfügbarem Orientierungs- und Regelwissen, in dessen Ordnungsrahmen
Organisationsmitglieder relevante „Resultate" als Objekte (Bezugsprobleme) ihres Handelns
wahrnehmen und ihnen Bedeutungen zuschreiben (gegenstandsbeschreibende und -konstituie-
rende Funktion).[1] Unter Anwendung einer begründenden oder erklärenden - kausalen - Theorie wird aus dem alternativen Spektrum möglicher Verhaltensweisen eine Handlung gewählt
(Handlungsstrategie), um damit erwartbare künftige Ereignisse sowie ihre vorhersehbare Er-
reichbarkeit und Brauchbarkeit zu bestimmen (explikative und prognostische Funktion). Eine
weitergehende Differenzierung erscheint angezeigt, da diese Handlungsstrategien nicht bei
jeder Anwendung einer Reflexion unterworfen werden, sondern die Ausbildung von Handlungsprogrammen die „unbedachte" (routinisierte) Exekution von Handlungsweisen (pragmatische Funktion) erlaubt.

Dieses Handlungsverständnis wird erweitert, indem die Entstehung und Begründung von (be-
trieblichen/organisationalen) Handlungen nicht (allein) in den kognitiven Strukturen eines
Akteurs (intentionales Verhalten) verortet wird, sondern *zugleich* - und in ihrer organisationalen Wirksamkeit nur - auf der Ebene der Interaktionsverhältnisse zwischen den betrieblichen
Akteuren. Das organisatorische Wissen als Handlungs-„Struktur" ist in diesem Verständnis
konzeptualisiert als kollektives Orientierungs- und Regelsystem, das Organisationsmitglieder

---

[1] Hebt man hier das Relevanz-Argument hervor, dann folgt daraus, daß Lernprozesse und ihre Ergebnisse nur
dann im organisationalen Handeln wirksam werden, wenn sie *„von Interesse"* sind. Pautzke (1989, S.232f.)
führt aus, daß es Organisationsmitglieder geben muß, von denen die produktiven Ergebnisse als sinnvoll angesehen werden und diese damit in Handlungsstrategien einfließen, das heißt mit ihren Aktivitäten auch praktiziert
werden.

218

- mittels der „Landkarten organisationalen Verhaltens" - *selbstverständlich* in organisationale
Aktivitäten und Kommunikationsprozesse einbringen.

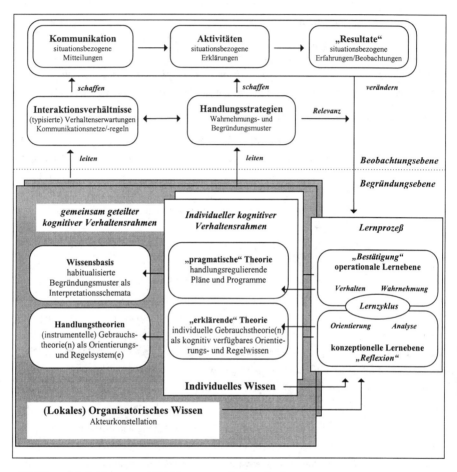

Abbildung 4.1-1: Ebenen und Strukturen organisationaler Lernprozesse

In Interaktionsverhältnissen zum Ausdruck kommende organisationale Handlungstheorien
stellen das qualifizierende Merkmal zur Abgrenzung von individuellem und organisationalem
Handeln und mithin auch organisationaler Lernprozesse dar. Der Prozeß der Ausbildung eines
gemeinsam geteilten kognitiven Verhaltensrahmens wird hier nicht als Ergebnis individueller
Erkenntnisleistungen, sondern als Produkt sozialer Wirklichkeitskonstruktion gedeutet. Organisationales Handeln entsteht - in dieser Interpretation - erst in der Kommunikation des in-

dividuellen Wissens *über* (mögliche) organisationale Verhaltensweisen in einem interaktiven Prozeß der gemeinsamen Beobachtung, Beurteilung und Einordnung dieser Verhaltensmöglichkeiten *des* organisationalen Verhaltens und der erfahrungsgestützten Ausbildung von Regelsystemen der Situationsdeutung und Verhaltensbegründung *im* organisationalen Verhalten. Anknüpfend an die bisher eingeführten Begriffe wird mit dem Konstrukt *organisatorische Wissensbasis* die (inter-)subjektive Wahrnehmung und Deutung organisationaler Verhaltensweisen beschrieben, die - auf der Basis der Verkettung handlungsregulierender Pläne und Programme zu organisationalen Interpretationschemata - zur Wahl (vor-)bestimmter Handlungsweisen Anlaß gibt. *Organisationale Handlungstheorien* verweisen über diese Zuordnungs- und Abstraktionsleistung hinausgehend nicht nur auf die pragmatische Prozessierung von Verhaltensweisen in Handlungssituationen, sondern auch auf die konzeptionelle, stärker reflexiv orientierte Ebene ihrer Begründung im Rahmen der zugrundeliegenden Prinzipien, an denen die organisationalen Akteure ihre Aktivitäten ausrichten (vgl. in diesem Zusammenhang Schüppel 1995, S.200ff., Reinhardt u. Schweiker 1995, S.274ff.).

Zusammenfassend bedeutet dies, daß von einer Beobachtungsebene, oder - folgt man Pautzke (1989, S.82f.) - phänomenologischen Dimension, des konkreten Vollzugs von Aktivitäten und Kommunikationen in abgrenzbaren Handlungssituationen ausgegangen wird, auf die sich Situationsdeutungen und Reflexionsprozesse der „Alltagstheoretiker" in ihren Interaktionsverhältnissen - Begründungsebene - beziehen. „Real" sind Handlungsstrategien und Interaktionsverhältnisse auf der Ebene beobachtbaren Verhaltens, d.h. wenn sie in konkreten Kommunikationen und Aktivitäten zum Ausdruck kommen und auf organisationaler Ebene Wirkung - „Resultate" - erzeugen. Die in ihrer Funktion für die Handlungsgenerierung und -steuerung zentralen Handlungsmodelle werden als situationsspezifische Handlungsstrategien von Akteuren in Kommunikationsprozessen zur Geltung gebracht und durch wechselseitige Verknüpfung zum „organisationalen Verhalten". In den Resultaten dieses Verhaltens zeigt sich ihre wechselseitige Anschlußfähigkeit und damit ihre Nützlichkeit zur Erklärung der in einer bestimmten Situation zu wählenden Verhaltensweise - „Bestätigung" -. Die Ausbildung neuer Formen organisationalen Verhaltens - „Reflexion" - beruht auf der Verständigung über diese Resultate, durch die der kritische Gehalt handlungsregulierender Programme in bestehenden Interpretationsschemata ausgewiesen wird, während zugleich die Neukonzeption durch die handlungsleitenden Orientierungs- und Regelsysteme bedingt wird.

- *Prozeß organisationalen Lernens*

Diese Ebenen sind in einem reziproken Prozeß der Strukturierung organisationaler Verhaltensweisen miteinander verbunden. Die im Organisationszweck repräsentierten funktionalen Gründe für organisationale Verhaltensweisen leiten als Orientierungsrahmen (Handlungstheorie(n) als Deutungsschema organisationalen Verhaltens) die Wahl von Verhaltensweisen, aus denen in Prozessen Kommunikationen und Aktivitäten entstehen, deren Stabilisierung und Institutionalisierung im organisationalen Verhalten (Resultate des Handelns) durch Beobachtung und Erfahrung genau jene Regeln (und Informationsressourcen) bereitstellt, mit denen organisationale Handlungen beibehalten (oder verändert) werden.

Koordiniert kooperatives Verhalten ist möglich, weil *sich wiederholende* Bedeutungszuschreibungen und Verhaltensbegründungen - als erfahrungsbegründete (routinisierte) Praxis organisationalen Handelns - einen Handlungskontext schaffen für die wechselseitig aufeinander bezogene, auf den Organisationszweck gerichtete Steuerung individueller Handlungen. Organisationales Handeln - als Resultat - funktioniert, weil die Akteure Erwartungsstrukturen - typisierte Verhaltenserwartungen als Rollen (vgl. auch Simon 1991) - im Hinblick auf ihre und die Handlungsstrategien anderer (Erwartungs-Erwartungsstrukturen) ausbilden. Den (kognitiven) organisationalen Kontext dieser Interaktionsprozesse bildet jenes Set an Bedeutungszuschreibungen und Interpretationsentwürfen, auf das sich die beteiligten Organisationsmitglieder in der Ausbildung gemeinsamer Handlungen beziehen. Diese Interaktionsverhältnisse entfalten eine Eigenlogik, die sich - aus der Sicht des einzelnen Akteurs - nur aus dem Zusammenspiel der Aktivitäten im Kontext der Kommunikation über Wahrnehmungs- und Begründungsmuster beschreiben läßt.

„Ort" der wechselseitigen Verknüpfung der Beobachtungs- und Begründungsebene ist der Zyklus im organisationalen Lernprozeß. In dieser Theoriestrategie ist über die *Wahrnehmung* des organisationalen Verhaltens die „organisationale Handlungstheorie" als leitende Regelstruktur dieses Verhaltens und Gegenstand der Reflexionsleistung aus den beobachtbaren Verhaltenssequenzen zuallererst zu rekonstruieren. Die Faktizität des Vollzugs von Aktivitäten und Kommunikationen stellt im organisationalen Lernzirkel

a) auf der operationalen Lernebene das Korrektiv dar für die Nützlichkeit geteilter Wirklichkeitskonstruktionen, wenn situationsbezogene Erfahrungen die Verhaltenserwartungen bestätigen, oder

b) bildet auf der konzeptionellen Lernebene den Ausgangspunkt für die Erforschung der Gründe für diesen „Fehler" (Analyse) und die Neuorientierung der Handlungen.

Davon ausgehend kann organisationales Lernen als Prozeß der Wahrnehmung, Analyse und (Neu)Orientierung der Begründung des Arbeits- und Entscheidungsverhaltens gedeutet werden: Welche Verhaltenserwartungen sind zu beobachten (Interaktionsverhältnisse), in welcher Form werden sie kommuniziert (Handlungsstrategien), wer kommuniziert mit wem worüber (Informationsverhalten). Gegenstand des Lernens sind diese Regelstrukturen der Interaktionsverhältnisse und Handlungsstrategien, und nicht die beobachtbaren Verhaltenssequenzen.

Die Klarheit der Ebenendifferenzierung führt leicht an der in der Begriffsstrategie angelegten zirkulären Konstruktion der Beobachtungskonstrukte vorbei: Organisationales Verhalten als Resultat geht mit der *Notwendigkeit* zur Rekonstruktion der kognitiven Ursprünge als Grundlage in den Konstitutionsprozeß (veränderter) organisationaler Verhaltensweisen ein.

Mit der Einbeziehung „lokaler" Landkarten organisationalen Verhaltens wird akzentuiert, daß es im organisationalen Lernprozeß keinen unmittelbaren „Weg" von der individuellen auf eine Ebene organisationalen Verhaltens (und umgekehrt) gibt: Auch organisationales Handeln bleibt arbeitsteilig organisiert (z.B. organisatorische Bereiche wie Abteilungen, Zentral- und Geschäftsbereiche, Integrationseinheiten wie Koordinationsinstanzen, Projektgruppen - vgl. zur Deskription aus entscheidungslogischer Sicht Lassmann 1992, S.285ff.). Müller-Stewens und Pautzke (1989) argumentieren hier mit einem zweiten Ebenenwechsel. Neben den Übergang von der Ebene des Individuums auf die Ebene der Organisation wird der Übergang von der Ebene der Ideengenerierung auf die Ebene der Interessen gestellt, also den Entscheidungen im *Prozeß* der Formung individueller und organisationaler Handlungen und über deren Anwendung in konkreten Handlungssituationen. Aus dieser Perspektive umfaßt das Konstrukt der lokalen Handlungstheorien zwei Aspekte:

1. zum einen die Beobachtung der im Konstrukt des lokalen organisatorischen Wissens gefaßten unterschiedlichen *Bezugshorizonte im organisationalen Verhalten* (die sich mit Blick auf das Untersuchungsfeld Unternehmung kennzeichnen lassen als unternehmensspezifische Konfigurationen von Funktionen, exemplarisch: das Wertkettenkonzept nach Porter 1989, oder Positionen, exemplarisch: die strukturalistische Akteur/Koalition-Differenzierung bei Mintzberg 1992) und die daran anknüpfende Abstufung „struktureller" Wissensebenen (vgl. Pautzke 1989, S.76ff., auch Reinhardt 1993, zur Konstruktion einer Mehr-Ebenen-Analyse Steinle 1985, S.464f.).

Zur Eingrenzung organisationaler Wahrnehmungs- und Erkennntisprozesse in ihrer spezifischen Form als gemeinsam geteiltes Wissen von mehreren Organisationsteilnehmern ist die Bezugnahme auf den organisationalen Handlungskontext - ihre Nützlichkeit für organisationale Handlungsbegründungen (vgl. auch Oberschulte 1994, S.60f.) - von grundlegender Bedeutung. Dies vor allem mit Blick auf die kritische Bestimmung von „Grenzen" zwischen verschiedenen Wissensebenen, die auch daraus resultieren können, daß diese in konkreten Handlungssituationen nicht überschneidungsfrei sind.

Um prinzipiell gegebene Bedingungen der Verfügbarkeit organisational relevanten Wissens aufklären zu können, entwickelt Pautzke (1989, auch Kirsch 1992, S.310ff., Güldenberg u. Eschenbach 1996) ein Schichtenmodell der organisatorischen Wissensbasis. Zur Differenzierung wird vorgeschlagen, als Ordnungskriterium die Wahrscheinlichkeit der Verwendung dieses Wissens bei organisatorischen Entscheidungen zu verwenden. Die organisatorische Wissensbasis bezeichnet dann das für die Mitglieder einer Organisation im Prinzip verfügbare Wissen, welches die Chance hat, in organisatorische Entscheidungen und Handlungen einzufließen.

2. zum anderen Erklärungsbedarf für die höhere Komplexität einer Problemsituation, in der Handlungsbegründungen aufgrund der „Lokalität" der Handlungstheorien zu einer *konfliktären Deutung einer Handlungssituation* führen (können).

Um in dieser Hinsicht lokale Handlungsstrategien und Interaktionsverhältnisse mit der ihnen zugrundeliegenden *Akteurstruktur* als Prozeßdimension der Konstitution organisationalen Verhaltens in den Bezugsrahmen einschließen zu können, kann hier - im Anschluß an Forschungsarbeiten von Lullies, Bollinger und Weltz (1990, S.95ff.) - das Konstrukt der Handlungskonstellation fruchtbar gemacht werden. In seiner interessenpolitischen Notation erfaßt der Begriff das kontingente Beziehungsgefüge zwischen formalen Aufgaben- und Kompetenzzuweisungen, den tatsächlichen Einflußmöglichkeiten in konkreten Handlungssituationen und problemspezifischen Interessenausprägungen, aus dem sich innerhalb eines grundsätzlich gegebenen Handlungsrahmens die Vermittlungsbedingungen organisationaler Dynamik entfalten (vgl. zusammenfassend auch Weltz 1986). Hier werden damit kontingente, gleichwohl zeitlich relativ stabile Beziehungsgefüge gefaßt, in denen bezogen auf eingrenzbare Handlungsfelder durch verschiedene Akteure repräsentierte Handlungspläne in eingespielten Kommunikationsprocedere miteinander verknüpft sind, und die als regelmäßige Muster gemeinsam geteilter Handlungsbegründungen (Interpretationsschemata) im organisationalen Verhalten aufscheinen (vgl. hierzu auch die betriebswirtschaftliche Diskussion um „starre", mithin kontraproduktive Abteilungs- und Fachbereichsgrenzen, etwa Kieser 1991, Hanssen u. Kern 1992).

Wagner (1995, S.190f.) spricht - in einem vergleichbaren Zusammenhang - von stabilen (oder wechselnden) Formationen von Akteur-Netzwerken, die als *konkretes* Beschreibungsmoment in abstrakte „Landkarten" sozialer Interaktion eingeblendet werden. Die von Akteuren (oder auch Akteurgruppen/Koalitionen) repräsentierten Handlungspläne weisen dabei immer nur ihre spezifische Teiltheorie (kognitives Abbild) über das organisationale Verhalten aus, die nur bedingt in gemeinsam geteilten Begründungen organisationalen Verhaltens aufgehen, und durch die zugleich die „Landkarten" organisationalen Verhaltens je spezifisch interpretiert werden (vgl. exemplarisch die Befunde zum Management mit Führungsinformationssystemen, auch das Konzept „Perspektivischer Konstruktionen" bei Wollnik 1986, S.41ff.).

Zusammenfassend bilden in diesem Bezugsrahmen organisatorische „Einheiten" und ihre Interaktionsverhältnisse den Nukleus des organisatorischen Wandels, in den das Verhältnis *der* Organisation zu *dem* einzelnen Individuum eingeschlossen ist. Von hieraus klären sich wiederum zwei Dinge auf:

- warum Individuen - die als „Designer", „Lehrer" und „Sachverwalter" als Initiator und Träger organisationaler Lernprozesse angesehen werden (vgl. zum Beispiel Senge 1993, S.148) - zwar Handlungstheorien als „paradigmatischen" Strukturkern organisationalen Handelns „beherrschen" - im Sinne ihrer Verfügbarkeit (durch Neukonzeption) und Legitimation (z.B. qua Anweisung) - können, die Wirksamkeit neuer Leitvorstellungen im organisationalen Verhalten aber ihre Konkretisierung in gemeinsam geteiltes Wissen voraussetzt, und

- warum „Gruppen", nicht nur aufgrund ihrer Kraft zur heuristischen Problemlösung, im Kontext organisationaler Lernprozesse eine zentrale Rolle zuzuordnen ist (vgl. Pautzke 1989, S.245, Reber 1992, Pawlowsky 1992).

Mit diesem Bezugsrahmen wird die Veränderung von Organisationen im Begriff der Lernfähigkeit der Organisation und - als Prozeß - im Konstrukt des organisationalen Lernens gefaßt. Die Lernfähigkeit der Organisation geht von der Beschreibung organisationalen Verhaltens als Form gemeinsam geteilter Situationsdeutungen und Erklärungskonzepte aus und entfaltet die Logik der Entwicklung an den Bedingungen der Möglichkeit, diese kognitiven Basisstrukturen organisationalen Verhaltens - bewußt oder unbewußt, als gerichtetes oder emergentes Phänomen - zu reflektieren.

4.1.2 Zur Entwicklungslogik organisationaler Lernprozesse bei Managementunterstützungssystemen

Für die weiterführende Bearbeitung und zur Entwicklung von Arbeitshypothesen für die Fallstudie ist das im zweiten Kapitel der Arbeit entwickelten Problemverständnis in Verbindung zu setzen zu dem hier entwickelten Bezugsrahmen.

Das hierbei zugrundegelegte normative Konzept einer sozial-kognitiv fundierten Sicht organisationalen Lernens kann - zunächst allgemein - anhand der Qualifizierung eines „erfolgreichen" Veränderungsmanagements und seiner Strategien bei Argyris und Schön (1978) verdeutlicht werden: Veränderungsprozesse sind *dann* als erfolgreiche organisationale Lernprozesse auszuzeichnen, *wenn* sie sich nicht auf *ein* Set handlungsleitender Variablen stützen und daraus abgeleiteten Umsetzungsstrategien folgen, sondern es auf der Basis produktiver Argumentation um einen Prozeß konstruktiver, gleichwohl keineswegs konfliktfreier, Auseinandersetzung um eben diese Grundlagen des Handelns in Organisationen geht.[1]

---

[1] Mit diesem Verständnis sind Veränderungsprozesse eines geplanten organisatorischen Wandels, die ihre ökonomische Effizienz normativ auf „Ideologien" stützen und von Durchsetzungsstrategien begleitet werden und damit „Akzeptanz" erreichen, wirkungslos - oder auf einschlaufiges Lernen - begrenzt (vgl. Hanft 1995, S.20).

Wenn - diesem Verständnis folgend - der Entwicklungsraum für die Nutzung von Informationstechnologien durch die das Arbeits- und Entscheidungsverhalten regulierenden Wahrnehmungs- und Begründungsmuster der Manager markiert wird, die sich an sozialen Ordnungsstrukturen ihres Handlungskontextes orientieren, dann bilden - weiterführend - die Mechanismen und Bedingungen der Vermittlung zwischen der individuellen und kollektiven Begründungsebene von Managementleistungen eine zentrale Erklärungsvariable für die Anwendung von Managementunterstützungssystemen. Dies beinhaltet die weitergehende Annahme, daß als *Vermittlungsmechanismus* der Verlauf von Kommunikations- und kollektiven Entscheidungsprozessen - hier: über die Unterstützung von Managementleistungen durch informationstechnische Systeme - und deren subjektive Interpretation durch die beteiligten Akteure zu beschreiben ist. Die Deutung dieser Veränderungen als organisationaler Lernprozeß erlaubt eine weitere Differenzierung, in dem der Konstruktion und erfahrungsgestützten Reflexion zweckorientierter Handlungsbegründungen sowie ihrer intersubjektiven Verschränkung - hier: der Verständigung über bisherige und zukünftige Formen der Unterstützung von Managementleistungen durch informationstechnische Systeme - als *Vermittlungsbedingung (Modalität)* eine zentrale Rolle zugewiesen wird (vgl. Abbildung 4.1-2).

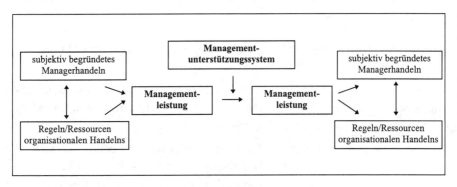

Abbildung 4.1-2: Managementleistungen mit Informationstechnologien
- Struktur und Dynamik

Um Aussagen über die Lernfähigkeit von Organisationen gewinnen und präzisieren zu können, stellt sich - weitergehend - die Frage nach der *Prozeßstruktur des Lernens von Organisationen*. Hierfür steht in der Literatur der Begriff der Entwicklungslogik. Aufgrund seiner unterschiedlichen Fassung ist zunächst eine Abgrenzung notwendig:

- Kirsch (1992, S.324ff.) faßt für Unternehmen unter dem Begriff Entwicklungslogik eine Abfolge zwischen verschiedenen Stufen ihrer Entwicklung, die als Entwicklungsniveaus bezeichnet werden. Dem liegt die Annahme zugrunde, daß es verschiedene Entwicklungsniveaus gibt, die aneinander anschließen - auf A *folgt* B folgt C (oder D) -, und deren Entwicklungsverlauf (Abfolge) durch Beobachtung der Praxis beschrieben werden kann. Hierbei wird von einer notwendigen, aber nicht eindeutigen Bewegung ausgegangen, es wird eher die Möglichkeit einer bestimmbaren Abfolge als irgendeine Form von Zwangsläufigkeit betont.

- Frank und Lueger (1995, S.724) kennzeichnen als Entwicklungslogik die Ausbildung, Reproduktion und Veränderung der Strukturen regelgeleiteten Handelns - aus A *wird* B -. Dem liegt die Annahme zugrunde, daß regelgeleitetes Handeln auf der Möglichkeit zur intersubjektiven Verständigung beruht und daß die Frage, welche Handlungen unter gegebenen Bedingungen anschluß- bzw. anpassungsfähig sind, unter Rückgriff auf die Beschreibung des Spielraums der Veränderung dieser Regeln zu rekonstruieren ist. Hier bezeichnet der Begriff Entwicklungslogik die Struktur der Interaktionen betrieblicher Akteure, deren Bezugsproblem die Formung eines Entwicklungsniveaus im Sinne von Kirsch ist.

Beide Sichtweisen stehen nicht gegeneinander, sondern akzentuieren für die Klärung betrieblicher Lernprozesse a) das Problem einer angemessenen Bestimmung der Bezugsebene, um b) Form und Struktur des Lernprozesses, um den es auch Kirsch (1992, S.336f.) mit dem Begriffskonstrukt „Entwicklungsfähigkeit" dann geht, einordnen zu können. Während ad a) die Ebene der strukturell offenstehenden Möglichkeiten anspricht, die Randbedingung für Handlungen und Lernprozesse beschreibt, kennzeichnet ad b) die Ebene der faktischen Abläufe, in denen Lernprozesse als kontingentes Ereignis das Entwicklungsniveau verändern.

Beide Ebenen können - nach Pautzke (1989, S.184) - nicht *zugleich* betrachtet werden, da mit der Unterscheidung auch ein Wechsel der Erklärungsperspektive angezeigt ist. In organisationalen Lernprozessen wird die Möglichkeit der Entwicklungsfähigkeit - ohne damit deren Qualität zu bestimmen (siehe die Unterscheidung von ein- und zweischlaufigen Lernprozessen) - vorausgesetzt, um deren Mechanismen beschreiben zu können. In diesem Erklärungsansatz ist es die Verständigung über organisationales Handeln aufgrund von Erkenntnisprozessen über mögliche organisationale Verhaltensweisen - *how to act* -, für die Erfahrungs- und Beobachtungsprozesse eine Art „Filter" bilden - *how it act* -, durch die eine Zuordnung von Beobachtungs- zu Begründungsprozessen erfolgt, wobei diese nicht notwendigerweise zu Verhaltensanpassungen führen: *reinforcement* und *change* sind möglich (vgl. Duncan u. Weiss 1979, S.98, zum Argument Weick 1991, S.121f. - auch Abbildung 3.2-17).

Aus dieser Orientierung ergibt sich in bezug auf die Kennzeichnung der Entwicklungslogik organisationaler Lernprozesse ein Ordnungsrahmen, der die aufgezeigte Grundstruktur der Einführung von Managementunterstützungssystemen in zwei Bezugsprobleme (Arbeitshypothesen) ordnet:

1. Entwicklung (Lernen) von Organisationen ist durch die Analyse *des organisationalen Orientierungs- und Regelwissens* zu erschließen, von dem die Aufmerksamkeit für die kritischen Faktoren im Organisationshandeln und die Form ihrer Veränderung „bestimmt", (aber nicht bedingt) wird. Erst im Prozeß der Veränderung gewinnen Akteure und Akteurgruppen mit ihren Aktivitäten und Handlungspotentialen bestimmte Rollen, auch für die Form und Qualität der Problembearbeitung (vgl. Lant u. Mezias 1992).

2. In diese Interpretation organisationalen Verhaltens und seiner Veränderung wird der *Prozeß der Veränderung als eigenständiger (Ver-)Handlungsprozeß* eingeschlossen: (neue) Regeln sind das Ergebnis eines Verständigungsprozesses, in dem Situationsdeutungen und Verhaltensbegründungen aus-gehandelt werden, die Akteure benötigen, um wechselseitige und auf die Zukunft gerichtete Handlungen verwirklichen zu können (vgl. Duncan u. Weiss 1979, auch Friedberg 1995, S.173), ohne damit zugleich eine formale Struktur dieses Verständigungsprozesse (z.b. als Projektmanagement) anzunehmen.

Für eine empirische Analyse ist es entscheidend zu identifizieren, welche sozialen Bezugssysteme (lokale Handlungstheorien) aus der Sicht der beteiligten Akteure (aller oder auch nur bestimmter Mitglieder einer Organisation) relevante Handlungsnormen definieren und Leitlinien für das eigene Arbeits-, Entscheidungs- und Kooperationsverhalten enthalten, d.h. innerhalb welcher sozialen Koordinaten organisationale Handlungen generiert werden (vgl. Pawlowsky 1995, S.447).

Von diesem Grundverständnis ausgehend kann die Entwicklungslogik organisationaler Lernprozesse in eine im Hinblick auf den Untersuchungsgegenstand „Managementleistungen mit Informationstechnologien" problemspezifizierende Beschreibung weitergeführt - und so ihr problemdifferenzierender Aufklärungsgehalt ausgewiesen - werden (vgl. Abbildung 4.1-3).

Formal läßt sich dies als Transformation eines *realen* Informationsverarbeitungsverfahrens zum Zeitpunkt t_1 in ein *reales* Informationsverarbeitungsverfahren zum Zeitpunkt t_2 beschreiben (vgl. Wollnik 1986, S.195ff.). Das Begriffskonstrukt Informationsverarbeitungsverfahren umfaßt dabei sowohl die institutionelle Dimension - Handlungsstrategien der Nutzung von Managementunterstützungssystemen - als auch die funktionale Dimension - Struktur und Form des Informationsverarbeitungsverfahrens, z.B. Modellparameter, Auswahlregeln, Bedienungsmodus - der Anwendungskonzeption eines Managementunterstützungssystems. Diese Beschreibung kennzeichnet allgemein das Problem, daß ein bestehendes (unter Umständen schon technikgestütztes) Informationsverarbeitungsverfahren/t_1 umzubilden ist und als ein neues (auf jeden Fall technikgestütztes) Informationsverarbeitungsverfahren/t_2 zur Anwendung kommt. Damit wird in den Veränderungsprozeß sowohl der Entstehungsprozeß einer technischen Anwendung für ein reales Informationsverarbeitungsverfahren/t_1 als auch das aus der Einführung dieses technikgestützten Informationsverarbeitungs*modells* in den konkreten Nutzungskontext entstehende reale Informationsverarbeitungsverfahren/t₂ eingeschlossen.

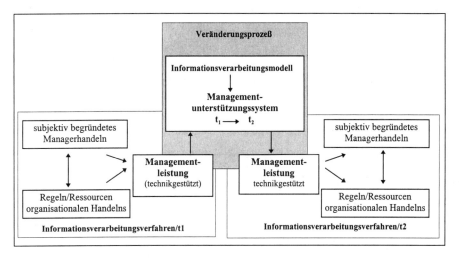

Abbildung 4.1-3: Managementleistungen mit Informationstechnologien
- Bezugsprobleme und Veränderungsprozeß

Das hervorzuhebende Merkmal ist die wechselseitige Verknüpfung dieser Prozeßereignisse, für die das technikgestützte Informationsverarbeitungsmodell - hier also das mit einem Managementunterstützungssystem zu entwickelnde Modell zukünftigen Managerhandelns - zugleich *Bezugsproblem* und *kognitiver Ordnungsrahmen* - die *„Sinnordnung"* für den Veränderungsprozeß nach Wollnik (1986, S.195) - darstellt und sich daraus eine dann nicht mehr beliebige Anordnung von Handlungen im Sinne ihrer Rückbezüglichkeit, nicht Abfolge ergibt (vgl. auch die Konstruktion der „inhibitory loops" bei Argyris u. Schön 1978).

4.1.3 Methodik der empirischen Untersuchung

Ausgangspunkt für die methodische Konzeption der empirischen Untersuchung ist die Annahme, daß die Erklärung der Nutzungsdynamik, die informationstechnische Systeme im Arbeits- und Entscheidungsverhalten von Managern entfalten, die Beschreibung des „Prozesses" - als Form des Veränderns des Arbeits- und Entscheidungsverhaltens (Intervention) - und seines „Ergebnisses" - als Form der Veränderung des Arbeits- und Entscheidungsverhaltens - umfaßt. In der Begriffsstrategie organisationalen Lernens sind Prozeß und Ergebnis wechselseitig aufeinander bezogen, weil sich die Formung der Veränderung durch den Lernprozeß vollzieht und eben diese den Anschlußpunkt für Gestaltung und Steuerung - als (Vor)Ordnung der Problembearbeitung, nicht ihres Ergebnisses - bildet.

Die Struktur organisationaler Lernprozesse läßt sich ausgehend von dem entwickelten Grundgedanken, daß sich die Nutzungsdynamik von Managementleistungen mit informationstechnischen Systemen als Form der Veränderung eines Informationsverarbeitungsverfahrens in einem offenen, das heißt zeitlich nicht fixierten Zeitraum beschreiben läßt, in einen prozessualen Ablauf übersetzen, der den Aufbau der empirischen Auswertung ordnet (vgl. Abbildung 4.1-4).

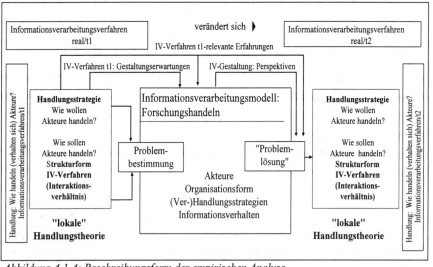

Abbildung 4.1-4: Beschreibungsform der empirischen Analyse

Um den Beobachtungskonstrukten wesentliche Beschreibungsdimensionen und Merkmale für die Erhebung zuordnen zu können, wird - Argyris und Schön (1978) folgend - davon ausgegangen, daß eine Rekonstruktion der Begründung der Nutzung von Informationssystemen im Management am Handlungswissen der Akteure (hier: Handlungsstrategien, die auf das Informationsverarbeitungsverfahren bezogen sind) und an den (habitualisierten oder institutionalisierten) Regeln im organisationalen Verhalten (hier: die Interaktionsverhältnisse, die dem Informationsverarbeitungsverhalten zugrundeliegen) ansetzen kann. Aus diesem Handeln, also wie sich die Akteure in einer bestimmten Situation absichtsvoll verhalten wollen, können dann weitergehende Rückschlüsse auf typisierbare, das Organisationsverhalten prägende „lokale" Handlungstheorien gewonnen werden (vgl. Abbildung 4.1-5).

Beobachtungskonstrukt	Beschreibungsdimension	Merkmale
Handlungskontext	• instrumentelle Handlungs- theorie	• Unternehmenszweck - Unternehmensziele - Unternehmensorganisation - Unternehmenskultur/-politik • Leistungsprozeß - Aufgaben - Akteure - Entscheidungsfelder
„lokale" Handlungstheorie	• „kognitive Landkarte" - Handlungsstrategien • „organisationale Landkarte" - Strukturform des Informati- onsverarbeitungsverfahren - Interaktionsverhältnisse	• Strategien - Aufgaben/Aktivitäten - Entscheidungskriterien • Kooperationsform - Erwartungen/Erfahrungen - Kommunikation - Verhandlungen • Organisationsstruktur, Ab- lauforganisation, Technik, Stellenbeschreibungen
„Forschungsprozeß" (organisationaler Lernzirkel)	Lern-/Gestaltungsprozeß • Problemdefinition • Veränderungsprozeß • Lernsystem	Gegenstand/Thema • „Pathologien" • Teilnehmer, Rollen • Kommunikationsprozesse

Abbildung 4.1-5: Beschreibungsdimensionen und Merkmalsklassen der Datenauswertung

Hiervon ausgehend lassen sich *drei Untersuchungsfelder* und *zentrale Leitfragen* für die empirische Erhebung eingrenzen und zu einem Untersuchungsrahmen zusammenführen:

1. die Problembestimmung im *Handlungskontext* des betrieblichen Leistungsprozesses - der *„gap"* im *„action-outcome-process"* in der dem betrieblichen Leistungsprozeß zugrundeliegenden (lokalen) Handlungstheorie(n):

• Gibt es Ereignisse, die als „Krisen" organisationalen Verhaltens in den Interaktionsverhältnissen relevanter Akteure zu beschreiben sind und für die ein neues (technikgestütztes) Informationsverarbeitungsverfahren als Lösung angesehen wird?

• Stehen die Ereignisse und/oder die Problemlösung(en) im Widerspruch zu Kriterien bisheriger Wahrnehmungsformen und Begründungsmustern (Handlungsstrategien) und der (praktizierten) Strukturform des Informationsverarbeitungsverfahrens?

2. die Form der Entwicklung eines Informationsverarbeitungsmodells als Problemlösung - der betriebliche *„Forschungs-"Prozeß*:

• Löst die Problembestimmung einen Bestätigungs- und/oder Reflexionsprozeß der organisationalen Verhaltensbegründung (single loop und/oder double loop learning) aus? Durch welche Handlungsstrategien (welcher Akteure) wird dieser Prozeß hervorgerufen? Kann der Forschungsprozeß auf „mehr" als die Reflexion individueller Aktivitäten zurückgeführt werden?

- Welche Akteure und Organisationsformen sind für das Forschungshandeln kennzeichnend (Teilnehmer, formale Verfahrensregeln, Kommunikationsstruktur und -orte)? Welche Erwartungen dieser Akteure fließen in den Lernprozeß ein?

- Inwieweit und in welcher Form bezieht sich die Verständigung auf Annahmen und Strategien bestehender (lokaler) organisationaler Handlungstheorien? Inwieweit prägen (vorgängige) Erfahrungen diese Verständigung?

- Wie werden Annahmen und Strategien zwischen den Akteuren ausgetauscht (verhandelt)? Gibt es Regeln, die zum Ignorieren der Problemwahrnehmung führen, oder deren Diskussion vermeiden, oder beides nicht diskutierbar werden lassen (Informationsverhalten)?

3. die Form der Stabilisierung der Problemlösung als „Handlungstheorie" im (veränderten) betrieblichen Leistungsprozeß - die *„organizational dialectic"* als *„outcome"* des betrieblichen „Forschungs"-Prozesses:

- Inwieweit lassen sich die Ergebnisse des Reflexionsprozesses in organisationalen Handlungen nachzeichnen?

- Handeln die Organisationsmitglieder im Rahmen dieser „neuen" organisationalen Handlungstheorie bzw. manifestiert sie sich in einer veränderten organisationalen Praxis?

- Und anschließend: Lernen neue Mitglieder der Organisation neue Formen der organisationalen Handlungstheorie als Teil ihrer organisationalen Sozialisation?

Es entspricht dem Charakter der Untersuchung, daß der entwickelte Bezugsrahmen für die Auswertung des Datenmaterials nicht in einen abschließenden, auf die Prüfung bestimmter Hypothesen ausgelegten Katalog von Beschreibungsdimensionen und relevanten Merkmalen übersetzt wird. Beschreibungsdimensionen und Merkmalsklassen haben vielmehr die Funktion, wesentliche Merkmale des Handlungsrahmens zu kennzeichen, indem sich die Nutzungsdynamik von Managementleistungen mit informationstechnischen Systemen entfaltet.

Dies hängt auch mit den Charakteristika von Entscheidungs- und Kommunikationsprozessen in Organisationen zusammen. Als deren Merkmale wurden hier ihre häufig implizite Begründung, die nicht-intendierten Folgen und ihre politische Prägung herausgearbeitet, die aus der Beobachterperspektive nur schwer zu durchschauen und nachzuzeichnen sind. Bereits in der Rekonstruktion der Theoriekonzeption von Argyris und Schön (1978) sind die methodischen Probleme angeklungen, die entstehen, wenn das, was der Beobachtete sagt, das er tut (espoused theory), nicht mit dem übereinstimmt, was er tut (theory-in-use). Die hieraus resultierenden Filter der Beobachtung dieses Verhaltens können nicht umgangen werden. Auf der einen Seite ist die Beobachtung von Entscheidungsprozessen aus der rückwärtigen Beschreibung durch die Beteiligten dem Risiko der ex-post-Rationalisierung gegenüber dem Beobachter ausgesetzt: Die Erfragung einer Situation - Das wird getan (werden!) - geht durch den Filter des Befragten, ohne das tatsächliche Verhalten - Das wurde getan! - erfassen zu können. Auf der anderen Seite läßt die ernsthafte Teilnahme eine tiefergehende Beobachtung der Entscheidungsprozesse zu, die jedoch nur schwerlich der Gefahr einer subjektiven Prägung ihrer Befunde entgeht: Bei der Beobachtung einer Situation - Das wird getan! - geht dies durch den Filter des Beobachters, ohne die Intention der Verhaltensweise(n) - Das sollte getan werden! - erfassen zu können. Dieses gilt in besonderem Maße dann, wenn der Forschungsprozeß nicht nur als Beobachtung, sondern zugleich als Intervention gedacht ist (vgl. hierzu auch Neuberger 1995, S.32, Berger u. Bernhard-Mehlich 1993, S.152).

In welcher Form dieses methodische Problem in der Erhebungs- und Auswertungsplanung bearbeitet wurde, ist - abschließend - zu diskutieren. Dabei ist zu berücksichtigen, daß dem empirischen Teil dieser Untersuchung Datenmaterial zugrundeliegt, das unter anderen „Vorzeichen" gewonnen wurde.[1] Diese Primärauswertung ist bereits veröffentlicht (vgl. Biervert u.a. 1994). Auch aus diesem Grund erscheint es angezeigt, die dieser Sekundärauswertung zugrundeliegende Neuordnung des Datenmaterials, die sich vor allem aus dem veränderten Untersuchungsdesign ergibt, mit einer hinreichenden Tiefe darzulegen.

Die *Beschreibung des Arbeits-, Entscheidungs- und Kooperationsverhaltens* in betrieblichen Leistungsprozessen und zwischen Akteurgruppen kann im Rahmen des entwickelten Untersuchungsdesigns prinzipiell an zwei Beobachtungsebenen anknüpfen:

- an der *phänomenologischen Ebene der beobachtbaren Aktivitäten und situationsbezogenen Mitteilungen betrieblicher Akteure*, die als alltägliches Tun in konkreten Handlungssituationen mittels entsprechender Erhebungstechniken der teilnehmenden Beobachtung erfaßt werden;

- der *Begründungsebene organisationaler Handlungen*, in der alltägliche Aktivitäten und Kommunikationsprozesse als absichtsvolle Arbeitsoperationen von betrieblichen Akteuren angeleitet und/oder offen beschrieben werden, um Ziele und Orientierungspunkte des Handelns ebenso wie Erwartungen und Kommunikationsformen im Arbeits- und Entscheidungsverhalten in ihrer Rekonstruktion durch die Akteure zu erfassen.

Es ist in erster Linie eine Ressourcenfrage, ob sich der erste Beobachtungsansatz forschungspraktisch realisieren läßt. Die von Argyris zuletzt vorgelegte Studie zum organisatio-

---

[1] Vgl. zum organisatorischen Rahmen, in dem der empirische Teil dieser Studie durchgeführt wurde, das Vorwort in Biervert u.a. (1994, S.11-14).

nalen Lernen (vgl. Argyris 1993a) verdeutlicht den konzeptionellen Ertrag dieser Herangehensweise, zeigt aber auch den finanziellen und personellen Ressourcenbedarf für einen solchen mehrjährigen Forschungsprozeß mit einer Vielzahl konkreter Interventionen sowie deren Aufzeichnung und Transkription, um der „phänomenologischen" Erhebungsstrategie zu entsprechen. Hier knüpft die Konzeption der Erhebungsarbeiten - den forschungspraktisch gegebenen Bedingungen folgend - an dem zweiten Beobachtungsansatz an.

Zur Erhebung des Arbeits-, Entscheidungs- und Kooperationsverhaltens wurden Aufgaben und Tätigkeiten der betrieblichen Arbeitsabläufe in ihrer organisatorische Einbettung (gesamt: als betrieblicher Leistungsprozeß) durch die Befragung gezielt ausgewählter Stelleninhaber erfaßt. Um die Befragung zu strukturieren, wurde ein Interviewleitfaden eingesetzt, der teilstandardisierte Fragenkomplexe enthielt. In der Befragung stand die *subjektive* Schilderung typischer Handlungsweisen im betrieblichen Alltag aus der Sicht der befragten Unternehmensmitglieder im Vordergrund. Die Strukturierung durch den Leitfaden hatte vor allem die Funktion, mit Blick auf die organisatorische Einbettung des Arbeitshandelns zentrale Aspekte der Wahrnehmung von Entscheidungsabläufen (z.B. Entscheidungsgegenstände und -kriterien, relevante Daten) und Kommunikationsbeziehungen (z.B. Kommunikationsintensität und Kommunikationsform im relevanten Netzwerk der Akteure) zu erfassen (vgl. hierzu ausführlich Biervert u.a. 1994, S.26f.).

Erhebungseinheit der Untersuchung waren Arbeitsplätze, die im Unternehmen für die Arbeitsabläufe zur Leistungserstellung eine Schlüsselfunktion oder -position inne haben. Dazu gehören Kernfunktionen der Steuerung (hier: ein Einkaufsbüro in der Zentrale und die Filialleitungen) und administrativen Abwicklung (hier: ein Auftragsbüro) im Unternehmen. Auf der Basis dieser Auswahlkriterien wurde die Befragung an insgesamt 25 Arbeitsplätzen unterschiedlicher Art - sowohl eher dispositive Tätigkeiten als auch eher administrative Tätigkeiten, aber auch Mischformen - in jeweils mehrstündigen Gesprächen durchgeführt. Die Entwicklung der technischen Konfiguration des rechnergestützten Warenwirtschaftssystems und der strukturellen Veränderungen der Organisation in dem Handelsunternehmen als zweitem Erhebungsbereich, der das konkrete Arbeits- und Entscheidungsverhalten übergreift, wurde auf der Grundlage *leitfadengestützter Interviews* mit den internen und externen Verantwortlichen (insbesondere der Geschäftsführung, den Softwareentwicklern, zur Systemkonfiguration auch mit Vertretern von Herstellerunternehmen) erhoben.

Zur Erfassung des Veränderungsprozesses wurden in dem Handelsunternehmen zwei Erhebungen durchgeführt. Zum Zeitpunkt der ersten Erhebung (1989 - Nullmessung) befindet sich die Entwicklung der ISDN-basierten Informationssysteme (insbesondere eines rechnergestützten warenwirtschaftlichen Informations- und Dispositionssystems) noch in der Planungsphase. Dies ist die Voraussetzung, um durch weitere Untersuchungsschritte den technischen und organisatorischen Wandel des Unternehmens erfassen zu können. Eine zweite, zur ersten vergleichende Gesamterhebung wurde im Herbst 1992 durchgeführt. Die Forschungsarbeiten wurden mit Nacherhebungen im Herbst 1994 abgeschlossen (vgl. zum Gesamtdesign Biervert u.a. 1994, S.27).

Ein erhebungstechnisch weitaus komplexeres Problem stellt die Anlage des Forschungsprojekts als Verbindung von *Begleitforschung* und *Gestaltungsforschung*. Zur gestaltenden Mitwirkung der Forschergruppe im Innovationsprozeß sind als wesentliche Aktivitäten Gespräche auf der Ebene der Geschäftsführung, die Durchführung von Problemlösungsgruppen und eine Pilotphase zur Einführung neuer Arbeitsstrukturen zu rechnen. Besondere Schwierigkeiten ihrer Erhebung und Einordnung resultieren sowohl aus dem politischen Charakter der Handlungssituationen, die eine Aufzeichnung und Transkription nicht zulassen, als auch aus der direkten Beteiligung der Forschergruppe an diesen Aktivitäten, aus der sich „Grenzen" der Dokumentation durch den zu vermutenden „bias" in den Gedächtnisprotokollen ergeben, der mit dem Datenmaterial erhebungstechnisch nicht zu kontrollieren ist. Um hier Forschungsarbeit von Gestaltungsaktivitäten zu „isolieren", konzentriert sich diese Auswertung - einer Anregung von Friedberg (1995, S.318f.) folgend - auf die „kognitiven" Beiträge[1] der Forschergruppe. Ausgewertet wurden die auf der Basis der Erhebungsarbeiten im Rahmen der Begleitforschung entwickelten Annahmen und Hypothesen über die spezifische Strukturierung des Arbeits- und Entscheidungsverhaltens in den Handlungsfeldern des Unternehmens, die sich anhand verschiedener, von der Forschergruppe für den Gestaltungsprozeß im Handelsunternehmen erstellter Dokumente nachvollziehen lassen. Dieses allgemeine „Wissen" über die (lokale) Handlungsstrukturierung stellte den „Input" für die konkrete Konzeption und inhaltliche Eingrenzung verschiedener Gestaltungsaktivitäten dar. Mit dieser Abgrenzung wird versucht hervorzuheben - nicht aufzulösen -, daß es *keine* Kontinuität zwischen der Forschungsarbeit *über* die (lokale) Strukturierung des Handlungsfeldes und der Positionierung und Bewertung dieses Wissens durch die Akteure bei Gestaltungsaktivitäten *in* diesem Handlungsfeld gibt, also im Gestaltungsprozeß auch der Forscher - und nicht immer bewußt - einen *Rollenwechsel* vollzieht (vgl. auch die Diskussion dieses Problems handlungsorientierter Forschung bei Argyris 1993a, S.242ff.).

Ein spezielles, ergänzendes Erhebungsverfahren wurde zur Beobachtung einer Pilotphase zur Neustrukturierung der Arbeitsorganisation eingesetzt. Mit Hilfe von Selbstaufschreibungen wurden Routinisierungsprozesse im Arbeits- und Entscheidungsverhalten erfaßt. Als Erhebungsfelder fungierten die der Befragung zugrundeliegenden Untersuchungsdimensionen zur

---

[1] Daß diese kognitive Produktion von Wissen wiederum Teil eines, in diesem Untersuchungskontext auch politisch gemeinten Forschungsprogramms ist, in dem dessen Ergebnisse auch unter dem Aspekt ihrer Konsensualität geprüft werden, wird kritisch von Knorr-Cetina und Amann (1992) diskutiert.

Erfassung des Arbeits- und Entscheidungsverhaltens. Darüberhinaus wurden nach Abschluß dieser Pilotphase mit den beteiligten Unternehmensmitgliedern vertiefende Interviews zu deren Verlauf geführt und aufgezeichnet.

Die hier vorgelegte Sekundärauswertung dieses Datenmaterials geht - als zentrale Unterscheidung zur Primärauswertung (vgl. hierzu Biervert u.a. 1994) - bereits von einer Gesamtvorstellung des Forschungsfeldes aus. Ziel dieser Analyse ist, ausgehend von dem Vergleich des Datenmaterials zu *verschiedenen* Erhebungszeitpunkten (Primärauswertung) eine genauere Einordnung und vergleichende Betrachtung des Datenmaterials der jeweiligen Beobachtungszeitpunkte vorzunehmen, um anhand der in den Beschreibungen des Arbeits- und Entscheidungsverhalten nachvollziehbaren Widersprüche zum einen organisationale Verhaltensweisen aufzudecken und zum anderen den in den organisationalen Lernprozessen wirkenden Vermittlungsmechanismen nachzugehen, in deren Rahmen sich im Untersuchungsfeld die Nutzungsdynamik informationstechnischer Systeme im Managementprozeß entfaltet (hier: die Anwendung des rechnergestützten Warenwirtschaftssystems durch die Entscheidungsträger in der Warendisposition des Handelsunternehmens). Der Auswahl der Untersuchungseinheiten liegt eine problembezogene „Sortierung" des Datenmaterials anhand der aus der Primärauswertung ableitbaren „ersten" Unterscheidung von Handlungsfeldern, der Zuordnung von Akteuren und der Beschreibung ihres Arbeits- und Entscheidungsverhaltens zugrunde, vor allem um eine genauere Ausarbeitung der wechselseitigen Verhaltenswirkungen zu erreichen. Mit diesem Auswertungskonzept ist die „Stichprobe" insoweit „evolutionär", als daß sie mit dem fortschreitenden Verständnis für die Besonderheiten des Forschungsfeldes entsprechend Erhebungen mit neuen (alten) Akteuren ein(aus)klammert, worin auch der offene und explorative Charakter der Forschungsarbeiten insgesamt zum Ausdruck kommt.

Auswertungsmethodisch wird eine Herangehensweise verfolgt, in der - im Unterschied zu dem von Argyris (1990, S.95ff., Argyris 1995, Sp.1257ff., grundlegend schon Argyris und Schön 1978, S.158ff.) bevorzugten methodischen Vorgehen der „Linke-Spalte-Übung", bei der in einem Gedächtnisprotokoll für ein Verhaltensproblem dargestellt wird, was gesagt wurde (linke Seite), und welche Gedanken und Gefühle nicht ausgedrückt wurden (rechte Seite) - die „Vervielfältigung" von aus dem Datenmaterial generierbaren Aussagenkomplexen die zentrale Rolle spielt. Das Auswertungskonzept schließt an methodische Überlegungen von Friedberg (1995, S.301ff., S.310f.) an und geht von der Annahme aus, daß Interviewpartner, die sich aufgrund formaler oder situationaler Merkmale unterscheiden, eine unterschiedliche Wahrnehmung und Begründung organisationaler Handlungen zum Ausdruck bringen sollten, und daß Akteure, die sich in einer zumindest ähnlichen Position oder Situation befinden, eine vergleichbare Wahrnehmung organisationaler Handlungen haben sollten. Die „Abweichungen" zwischen den Interviews von Akteuren ein und desselben Handlungsfeldes ermöglichen es, durch deren Ausgrenzung mit den in den einzelnen Interviews aufscheinenden „kognitiven Bilder" die Funktionslogik lokaler organisationaler Handlungstheorien zu entbergen - quasi als gemeinsamer Nenner - und auf dieser Grundlage zugleich durch die „Abweichungen" zwischen den Interviews Handlungsstrategien und Interaktionsverhältnisse zu differenzieren. Die Analyse bezieht sich damit nicht auf Abweichungen in bezug auf einen äußeren Beschreibungsrahmen, sondern in bezug auf die lokale Handlungstheorie, die in den Handlungsstrategien und Interaktionsverhältnissen aufscheint, und die sich innerhalb oder zwischen organisationalen Orientierungs- und Regelsystemen bewegt.

4.2 Informationstechnologien für Managementaufgaben im Einzelhandel - Ergebnisse der Fallstudie

Entsprechend der Anlage im Untersuchungsdesign ist die Darstellung der Erhebungsergebnisse der Fallstudie in drei Untersuchungsfeldern aufgebaut.

Um in den betrieblichem Handlungskontext einzuführen, wird eine Beschreibung der Unternehmensentwicklung vorangestellt (4.2.1). Diese umfaßt die Unternehmenspolitik und die Konzeption des Technikeinsatzes. Es werden unternehmenspolitische Grundsätze und für den Untersuchungszeitraum bedeutsame unternehmensstrategische Entscheidungen herausgearbeitet. In der Technikeinsatzkonzeption werden vor allem die Anwendungskonzepte zur Unterstützung des Managements in den warenwirtschaftlichen Entscheidungsprozessen hervorgehoben.

Im zweiten Teil der Untersuchung (4.2.2) werden lokale Handlungstheorien rekonstruiert, von denen die Entwicklung und Nutzung der rechnergestützten Warenwirtschaft im Management geprägt wird. Zwei grundlegende Handlungstheorien („Warenleute"; „Techniker") können unterschieden werden, die zu verschiedenen Deutungen der Funktionalität der Technikunterstützung der Managementleistungen als auch der Begründungen über die Form der Intervention in das Arbeits- und Entscheidungsverhalten führen. Vor allem „Visionen" der Techniker über die Leistungsmöglichkeiten der informationstechnischen Systeme erweisen sich, auch angesichts konkret erfahrbarer Leistungsgrenzen, als ein den Lernprozeß begrenzendes Informationsverhalten.

Der dritte Teil der Untersuchung (4.2.3) geht initiierten Interventionsstrategien nach. Ihnen kommt eine herausgehobene Bedeutung zu, weil damit Art und Form des Reflexions-/Lernprozesses bestimmt werden. Im „Forschungshandeln" des Handelsunternehmens spielen zwei Interventionsstrategien eine Rolle: ein im Handelsunternehmen entwickeltes Qualifizierungs- und Beteiligungskonzept und das Gestaltungshandeln der Forschergruppe, die in ihren Annahmen und Handlungsstrategien auf unterschiedliche Art und Weise an das Arbeits- und Entscheidungsverhalten in den warenwirtschaftlichen Entscheidungsprozessen anschließen.

4.2.1 Betrieblicher Handlungskontext

Ziel der Ausführungen in diesem Abschnitt ist es, den Stellenwert des Technikeinsatzes in den Entwicklungslinien der Unternehmenspolitik des filialisierten Handelsunternehmens darzustellen. In einem ersten Arbeitsschritt wird dazu der unternehmenspolitische Rahmen, in dem sich die Einführung der Anwendungskonzepte zur Managementunterstützung vollzieht, herausgearbeitet. Dabei wird in einem *Unternehmensprofil* auf die Marktpositionierung, unternehmensstrategische Grundsatzentscheidungen und Entwicklungsperspektiven des Handelsunternehmens eingegangen, die zugleich den Handlungskontext und die Auslösepunkte für die Beschäftigung dieses Unternehmens mit Informationssystemen im warenwirtschaftlichen Entscheidungsprozeß darstellen. Darauf aufbauend wird in einem *Technikprofil* die Konzeption und Umsetzung der Informationssysteme und ihrer Anwendungsoptionen für das Management nachgezeichnet.[1]

4.2.1.1 Expansion und Innovation: Unternehmenspolitik und strategische Grundsatzentscheidungen

Das untersuchte Handelsunternehmen befindet sich im Untersuchungszeitraum in einer Umbruchsituation, die sich bezogen auf die unternehmenspolitische Neupositionierung als Übergang von einer Pionierphase zu einer Wachstumsphase kennzeichnen läßt. Der unternehmenspolitische Orientierungsrahmen läßt sich in zwei Begriffe fassen: *Expansion und Innovation.*

Seit Mitte der 80er Jahre - im Prinzip gleichzeitig mit dem Auf- und Ausbau zentraler Funktionen in einer Hauptverwaltung - haben sich die geschäftlichen Aktivitäten des Unternehmens stetig ausgeweitet. Grundlage dafür ist der Ausbau des Filialnetzes (durchschnittliche Verkaufsfläche: etwa 1.100m^2) durch den Erwerb einzelner Fachhandelsgeschäfte oder die

---

[1] In methodischer Sicht geht es um eine generelle Beschreibung des Handlungskontextes, und damit der für die Untersuchung insgesamt bedeutsamen Veränderungen der Unternehmenspolitik und unternehmensstrategischer Grundsatzentscheidungen, die den konkreten Erhebungszeitraum auch übergreifen, innerhalb dessen sich die beobachteten Aktivitäten in dem filialisierten Handelsunternehmen vollziehen. Im Prinzip läßt sich diese Ausarbeitung als „instrumentelle Handlungstheorie" im Sinne von Argyris und Schön (1978) oder auch als „action-outcome-Relation" des Unternehmens nach Duncan und Weiss (1979) verstehen. In dieser Hinsicht kennzeichnet die Beobachtung der Unternehmensentwicklung von „außen" eine eigenständige, nicht die Wahrnehmungs- und Begründungsformen der Organisationsmitglieder in konkreten Handlungssituationen rekonstruierende Deutung von „Resultaten" des betrieblichen Handelns, um relevante Orientierungs- und Regelgrößen des betrieblichen Handelns zu identifizieren und deren Veränderung nachzuzeichnen. Hier wirkt der eher statische Charakter eines Unternehmens- und Technikprofils gegenstandsverkürzend, da in einem mehrjährigen Untersuchungszeitraum Veränderungen der Unternehmenspolitik und unternehmensstrategischer Grundsatzentscheidungen - wie die Ausführungen zeigen werden - unabdingbar sind. Dieser Zielwandel, seine spezifischen Ursachen und der Prozeß der Transformation im Handeln der Organisationsmitglieder können in einer solchen Vorgehensweise nur ansatzweise erfaßt werden.

Neugründung von Filialen: aus einem Bestand von ca. 10 Filialen wächst das Unternehmen auf über 20 Filialen zu Beginn der 90er Jahre. Damit gehört das Unternehmen entsprechenden Branchenstatistiken folgend zu den 50 größten Handelsunternehmen der Bekleidungsbranche in der Bundesrepublik Deutschland. Die Expansion wird - neben den mit der Eröffnung von Filialen eingeleiteten Aktivitäten in Ostdeutschland[1] - mit weiteren Filialeröffnungen fortgesetzt. Ziel ist es, bis zum Jahr 1997 die Anzahl der Filialbetriebe und das Umsatzvolumen zu verdoppeln. Dies ist gleichbedeutend mit einer entsprechenden Ausdehnung des Warenvolumens, aber auch des bestehenden Personalbestandes (etwa 1.000 Mitarbeiter, davon ca. 45 im mittleren Management - insbesondere Einkauf, Filialleitung, Logistik -).

Obwohl die Expansion das kennzeichnende Merkmal der Unternehmensentwicklung ist, spiegelt der Volumenanstieg nur den einen Aspekt der unternehmenspolitischen Neuorientierung wieder. Die Phase der Expansion läßt sich gleichzeitig kennzeichnen durch das Entstehen und Heranreifen des Einkaufs- und Vertriebskonzeptes - in der Sprache des Unternehmens: *„vom Bekleidungsgeschäft zu einem Textil-Kaufhaus"* (Aussage aus der Geschäftsführung). In seinem Kern bringt dieser unternehmenspolitische Leitgedanke die Neupositionierung in der Angebotsform des Unternehmens zum Ausdruck. Diese Neuorientierung läßt sich an unternehmensstrategischen Grundsatzentscheidungen festmachen:

- *Innovation:* Das Sortimentsprofil ist durch ein preisaggressives, ständig variierendes Artikelangebot charakterisiert. In der Sortimentspolitik steht das Aktionsgeschäft und eine aktive Vermarktung von Sonderflächen im Vordergrund.

Es gibt keine - im klassischen Sinne[2] - saisonale Sortimentspolitik. Handlungsmaxime der Sortimentspolitik ist, daß „... *kein Artikel zweimal durch das Haus geht"* (Aussage aus der Geschäftsführung Einkauf/Marketing), auch um das Risiko falscher Sortimentsentscheidungen zu begrenzen. Das Kernsortiment - Damen-, Herren-, Kinderbekleidung - ist traditionell durch „Qualität zu niedrigen Preisen" gekennzeichnet: *„Der Kunde wird die Enge der Warenpräsentation nur akzeptieren, wenn der Preis dies rechtfertigt"* (Aussage aus der Geschäftsführung Einkauf/Marketing). Qualität bezeichnet vor allem die Art der Positionierung des Warensortiments im Niedrig-Preis-Segment, in dem „Aktualität und Originalität" durch eine ständig variierende Sortimentsgestaltung erzeugt wird. Standardsortimente sind auf bestimmte Sortimentsbereiche, wie z.B. Bettwaren/Heimtextilien, beschränkt.

---

[1] Die voranschreitende Expansion des Unternehmens nach Ostdeutschland ist aus forschungsstrategischen Gründen nicht mit in die Erhebung einbezogen worden. Zu diesem Zeitpunkt sind die ersten Erhebungs- und Auswertungsphasen bereits abgeschlossen, so daß eine auch methodisch begründete Verankerung im Untersuchungsaufbau nicht mehr möglich ist.

[2] Textilien werden zu jenen Warengruppen gezählt, die mit dem Klassifikationskriterium „modisch" als typisch gelten für Gebrauchsgüter mit einem kurzen, zumeist absehbar begrenzten Verkaufszeitraum, die in der gleichen Form in vergleichbaren Zeiträumen nicht mehr angeboten werden (vgl. Schneider 1994, S.1352).

- *Menge:* Preisbewußter (Groß-)Einkauf, knappe Kalkulationen und ein hoher Warenumschlag sind die betriebswirtschaftlichen Grundlagen, um ein aus qualitativ guten, aber preisgünstigen Artikeln bestehendes Sortiment realisieren zu können.

Im aktiven Verkaufsgeschäft wird durch die Bündelung von Waren in zentralen Filialen und bedarfsorientierte Preisreduzierungen der Abverkauf gefördert, um einen ausreichenden Warenumschlag zu erreichen. Um die ökonomische Basis für einen aus dem Mengeneffekt resultierenden Preis- und/oder Qualitätsvorteil zu verbessern und niedrigere Einstandspreise zu sichern, wird in der Warenbeschaffung mit strategischen Partnern kooperiert. Neben einer traditionell umfangreichen Zusammenarbeit mit einer Einkaufskooperation werden im Einkauf für eine Gruppe von Handelsunternehmen Sortimente disponiert, wobei Auswahl und Präsentation sowie die Warenabwicklung in den Händen des Handelsunternehmens liegen. Mit dieser Produkt- und Distributionsleistung wächst das Unternehmen zunehmend in eine eigenständige Großhandelsfunktion hinein, die sich als Stärkung der unternehmerischen Basis interpretieren läßt.

- *Design:* Neben dem Sortimentsprofil hat das einheitliche Erscheinungsbild der Unternehmung im Markt hohen Stellenwert für die Marktpositionierung.

Dies wird an einer einheitlichen Außendarstellung in den Filialen - von der Ladenausstattung bis zum Preisetikett - ebenso festgemacht wie an eigenentwickelten „shop-in-shop"-Konzepten als Angebotsform, die für den Qualitätsanspruch des Unternehmens stehen. Dazu gehört auch das systematische Bemühen, eine unternehmenseigene Produktentwicklung aufzubauen, um die Marktposition durch den Aufbau eigener Handelsmarken und Kollektionen zu stärken. In einer für diese Produktentwicklung eingerichteten Abteilung werden ausgewählte Dessins entworfen, Schnitte entwickelt und Stoffe ausgewählt, die dann von Standardlieferanten gefertigt werden. Im Zuge der strategischen Aufwertung der Marktpositionierung und in Verbindung mit der Ausweitung der Großhandelsaktivitäten verändert sich intern der funktionale - als Engpaßbereich in der logistischen Abwicklung - und positionale - als Entscheidungsfeld quer zu den bisherigen warenwirtschaftlichen Leistungsbereichen - Status der für den Leistungsprozeß und die Gesamtkonzeption verantwortlichen indirekten Bereiche.

Diese Markt- und Wettbewerbspositionierung hat hohen Stellenwert, um sich im Wettbewerb mit den Betriebsstätten der Großbetriebsformen des Handels, insbesondere den Warenhauskonzernen und den überregional agierenden Filialisten, und den stark preisorientierten Kleinbetriebsformen zu behaupten. Die damit verbundenen unternehmensstrategischen Grundsatzentscheidungen begründen die Erfordernis, eine höhere Professionalität in der waren- und finanzwirtschaftlichen Steuerung des Unternehmens zu entwickeln (vgl. Abbildung 4.2-1).

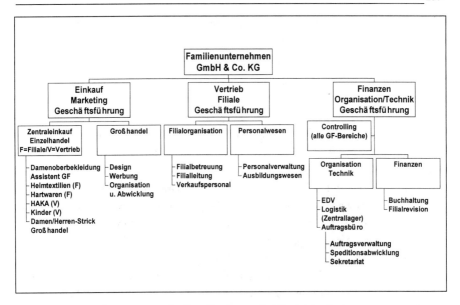

Abbildung 4.2-1: Organigramm des Textilkaufhauses bei Projektbeginn[1]

Das Kernproblem - so läßt sich die unternehmensstrukturelle Situation zum Zeitpunkt der ersten Erhebung zusammenfassen - besteht darin, daß die Entwicklung der für die waren- und finanzwirtschaftlichen Leistungsprozesse erforderlichen personellen und organisatorischen Steuerungskapazität hinter der Entwicklung der Eckdaten der Unternehmenspolitik zurückgeblieben ist. Ein zentraler Auslösepunkt für unternehmensstrukturelle Anpassungsprozesse ist der mit dem starken Wachstum des Unternehmens entstandene Bedarf an zusätzlicher Personalkapazität, der sich insbesondere in der personellen Ausweitung des Funktionsbereichs Einkauf/Marketing zeigt.

Diese Unternehmensentwicklung spiegelt den die Konsumgüterdistribution kennzeichnenden Trend zu einer anhaltenden Konzentration von Unternehmen und Umsätzen und zur Professionalisierung der Unternehmenssteuerung (z.B. durch die Zentralisierung warenwirtschaftlicher Unternehmensfunktionen, den Auf- und Ausbau EDV-gestützter Warenwirtschaftssysteme, die Neupositionierung von Angebots- und Betriebsformen) wieder - eine Einschätzung, die durchgängig in entsprechenden empirischen Studien (vgl. Biervert u.a. 1991, S.61ff., Wittig-Goetz u. Boß 1992, Baethge, Grimm u. Oberbeck 1992, S.24ff. - zusammenfassend Bier-

---

[1] Das „Organigramm" des Textil-Kaufhauses ist nach Angaben der in der Vorerhebung befragten Experten entwickelt. Dies zeigt zudem, daß der Formalisierungsgrad in den organisatorischen Abläufen (z.B. Stellenbeschreibungen, Arbeitsanweisungen) relativ niedrig ist.

vert u.a. 1994, S.32ff.), aber auch anderen einschlägigen Publikationen zu finden ist (vgl. Delfmann u. Waldmann 1987, Schmidt 1992).

Als eine relativ junge, eher noch als Ausnahme zu bewertende Entwicklung ordnen Baethge, Grimm u. Oberbeck (1992, S.38) die Ausweitung dieser Konzentrationsbewegung auf mittelständische Unternehmen ein, die - wie das untersuchte Unternehmen auch - häufig regional begrenzt agieren. Als Ursache hierfür sehen sie Wachstumsgrenzen dieser in vielen Fällen von privaten Inhabern geführten Handelsunternehmen, die neue unternehmenspolitische Entscheidungen herausfordern. Diese Unternehmen müssen strukturelle Engpäße überwinden, die sowohl finanziell - fehlende Eigenmittel und begrenzte Möglichkeiten zur Kapitalbeschaffung - als auch personell - Professionalität der Leitungs- und Steuerungskapazität - bestehen. Die „alte" unternehmenspolitische Option ist der Zukauf externen Wissens, beispielsweise durch die Zusammenarbeit mit EDV-Dienstleistern, und die Bündelung von Unternehmensaktivitäten, beispielsweise durch den Zusammenschluß in Einkaufskooperationen, um diese Professionalität und finanzielle Kapazität zu gewinnen (vgl. hierzu auch Biervert u.a. 1996, S.31ff.). Oder aber es besteht der Zwang zur Expansion, um durch Umsatz und Ertrag eigenständig Leitungs- und Steuerungskapazität durch den Auf- und Ausbau von Managementfunktionen zu gewinnen.

4.2.1.2 Integrierte Filialkommunikation: Ein technisches Konzept und seine Anwendungsoptionen für das Management

In den Jahren 1987/1988 entsteht in dem Handelsunternehmen - vor allem auf Initiative der Geschäftsführung Finanzen/Organisation - das Anwendungskonzept der integrierten Filialkommunikation, um in dem Unternehmen einen einheitlichen Verbund von Daten- und Kommunikationssystemen aufzubauen. Die technische Basis bildet das ISDN als Übertragungsnetz, um eine neue Generation von Kassen-, Daten- und Kommunikationssystemen unternehmensweit miteinander zu verbinden.[1]

Das Unternehmen betritt mit dieser Konzeption nicht nur (ISDN-)technisch gesehen Neuland (siehe hierzu die Einordnung in die von der Deutschen Bundespost Telekom geförderten Modellprojekte in Kampling, Langen u. Stein 1992, S.8ff., speziell zum Einzelhandel auch Wohlsecker 1990, Eipper u. Gorgus 1994). Es handelt sich gleichzeitig um das erste unternehmensweite Daten- und Kommunikationsnetz. Bis zum Zeitpunkt der ersten Umstellung der Elektronischen Datenverarbeitung auf eigene Informationssysteme - hier: ein erweitertes Waren-

---

[1] Im Frühjahr 1991 wird mit der Zusammenschaltung von digitalen Nebenstellenanlagen über ISDN-fähige Übertragungsleitungen zwischen den Hauptstandorten des Unternehmens die Basisstruktur für das unternehmensweite Daten- und Kommunikationsnetz geschaffen. In dieses Daten- und Kommunikationsnetz sind die Filialen mit Fest- und Wählverbindungen über digitale Nebenstellenanlagen einbezogen. Der Anschluß aller weiteren Filialen erfolgt in Abhängigkeit vom jeweiligen Ausbaustand des ISDN-Telekommunikationsnetzes. Die technische Konzeption ist ausführlich dargestellt in Biervert u.a. (1994, S.49ff.).

wirtschaftssystem, das seit Mitte der 80er Jahre auf einem vernetzten Mehrplatzsystem betrieben wird - erfolgt die informationstechnische Unterstützung der waren- und finanzwirtschaftlichen Operationen des Handelsunternehmens im wesentlichen durch den Kauf entsprechender Dienstleistungen über das Rechenzentrum der Einkaufskooperation, womit wesentliche Nachteile verbunden sind. Hierzu zählen vor allem die für die Steuerung der waren- und finanzwirtschaftlichen Abläufe nicht mehr tragbaren Fristen für die Aufbereitung betriebswirtschaftlicher Kennzahlen (z.b. monatliche Übermittlung von Umsatzzahlen).

Dieser Stand der informationstechnischen Unterstützung ist insofern bedeutsam, als daß das Unternehmen zum einen nur in einem sehr eingeschränktem Maße Vorgaben aufgrund technischer „Altlasten" zu berücksichtigen hat. Zugleich entsteht aus der technischen Erstausstattung ein vergleichsweise hohes Investitionsvolumen. Das Risiko dieser Investition liegt im Stand der Technikentwicklung für den Handel und in besonderem Maße für auf ISDN-Technologien basierende Anwendungen. Hier wird - von seiten der Systementwickler zum Zeitpunkt der Erhebungsarbeiten - davon ausgegangen, daß ein integriertes Technikangebot für die verschiedenen relevanten Anwendungsfelder - Einkauf, Warendisposition und -logistik, Verkauf, Finanzen und Personal - nicht zur Verfügung steht oder auf ausgewählte Anwendungsbereiche, z.B. spezielle Sortimentsgruppen, beschränkt ist.

Mit Blick auf den Untersuchungsgegenstand dieser Arbeit sind die *Anwendungsoptionen der Technikunterstützung für das Management* in den warenwirtschaftlichen Entscheidungsabläufen herauszuheben. Dazu werden verschiedene Anwendungskomponenten im Verlauf der Anwendungsentwicklung zu einem Managementunterstützungssystem zusammengeführt, das in seinem Kern eine Warenwirtschaftsplanung beinhaltet. Auf der Anwendungsebene stehen zwei Anwendungskonzepte im Mittelpunkt der technischen Entwicklung:

1. *Automatisierung der Filial-Kommunikation:* Auf der Ebene der Transaktionssysteme wird täglich von den Filialen die waren- und finanzwirtschaftliche Auswertung der Umsatzdaten in Form einer klassischen „Stapelübertragung" an die Zentrale übermittelt und ausgewertet. Auf umgekehrtem Wege erfolgt von der Zentrale aus die Übermittlung der Lieferscheindaten, durch die den Filialen die interne Warenverteilung angezeigt wird.

2. *Entwicklung eines filialorientierten EDV-gestützten Warenwirtschaftssystems:* Ziel des rechnergestützten Warenwirtschaftsystems ist die tendenziell vollständige Erfassung der Veränderungen - durch Entscheidungen und Operationen zwischen Wareneingang und Verkauf - von Stamm- und Bewegungsdaten (z.B. Lieferanten, Artikel und Kunden) als Basis für anwendungsspezifische Datenintegrationen.

Auf dieser Basis können zur Unterstützung warenwirtschaftlicher Entscheidungsprozesse vor allem für das mittlere Management des Unternehmens Verkaufsinformationen und warenstatistische Auswertungen zusammengeführt und entweder als generelle Informationen (z.b. Aufschlüsselung von Tages-, Monats- Jahresumsätzen, Vergleichszahlen) oder spezielle, individuell abrufbare Informationen (z.b. Jahresumsatz und Ertragssituation eines bestimmten Lieferanten) verfügbar gemacht werden. Daraus entsteht im Untersuchungszeitraum für Einkäufer und Filialleiter beispielsweise für die Warendisposition die Anwendungsoption, durch den direkten Zugriff auf den „Informationsspeicher" Filialrechner/Kassensystem unmittelbar und automatisch Umsatzinformationen in verschiedenen Klassifikationen abzurufen. Aus deren Zusammenführung mit Datensätzen aus der Warenwirtschaft über Auftragsstände und die wertmäßigen Warenein- und ausgänge können stundenaktuelle Warenstatistiken und Simulationsrechnungen, z.B. für die Analyse von „Renner/Penner"-Umsätzen in bestimmten Artikelgruppen, generiert werden.

4.2.2 Lokale Handlungstheorien als Lernsystem: Aufgabenbezüge, Kooperationsformen und Informationsverhalten

Über die grundsätzliche Bestimmung der unternehmenspolitischen Grundorientierung des Unternehmens hinaus werden in diesem Abschnitt „lokale" Handlungstheorien als Handlungskontext des Arbeits- und Entscheidungsverhaltens in betrieblichen Leistungsprozessen betrachtet. Es geht darum, Orientierungs- und Regelsysteme zu rekonstruieren, von denen Erwartungen an den Technikeinsatz und den Prozeß der Implementierung geprägt sind. Diese stellen gleichsam Ausdrucksformen des organisationalen Lernsystems des Unternehmens dar, innerhalb dessen sich die Neustrukturierung der Managementleistungen mittels der technischen Systeme bewegt.

Anhand der Befunde kann gezeigt werden, daß die Lokalität der Handlungstheorien die Ausbildung beziehungsweise Verstärkung spezifischer Interpretationsschemata des „richtigen" Arbeits- und Entscheidungsverhaltens begünstigt: Während mit dem Technikeinsatzkonzept ein „neues" Handlungs**modell** *für* das Arbeits- und Entscheidungsverhalten in den betrieblichen Leistungsprozessen entwickelt wird, bewegt sich die organisatorische und personelle Entwicklung des Arbeits- und Entscheidungsverhaltens *im* **Erfahrungs**kontext des Alltagshandelns in den betrieblichen Leistungsprozessen. Der Effekt besteht darin, daß diese kollektiv verankerten Wahrnehmungsmuster der Akteure auf verschiedenen Ebenen der Gestaltung der technischen Systeme zur Ausbildung von Handlungsstrategien führen, die einen sich selbst verstärkenden Prozeß ungenauer und unvollständiger Informationsübermittlung erzeugen, und damit einer produktiven Bearbeitung der Frage entgegenstehen, in welcher Form den Problemfeldern in warenwirtschaftlichen Entscheidungsprozessen als personal- und organisationspolitisches „Resultat" des Technikeinsatzes begegnet werden kann.

4.2.2.1 Lokale Handlungstheorien im betrieblichen Leistungsprozeß

4.2.2.1.1 Differenzierung lokaler Handlungstheorien: „Warenleute" und „Techniker"

In der Beschreibung des betrieblichen Handlungskontextes deutet sich schon die bestehende und für die Nutzung der Informationssysteme aufzulösende Widersprüchlichkeit in der Neuordnung warenwirtschaftlicher Leistungsprozesse an, die sich vor allem zwischen den eingespielten Formen des Arbeits- und Entscheidungsverhaltens des für die Leistungserstellung verantwortlich zeichnenden mittleren Managements und den betriebswirtschaftlich gerichteten Normierungs-„Ansprüchen" einer technikgestützten „System"-Steuerung bewegt.

Aufgrund der erfolgreichen Unternehmensentwicklung verfügt das Unternehmen über Ressourcen, um in Phasen der Konsolidierung der Unternehmensexpansion Potentiale für die unternehmensstrukturelle Entwicklung freizusetzen. Dazu gehören nicht nur finanzielle Ressourcen, die aufgrund der auch wirtschaftlich erfolgreichen Expansion zur Verfügung stehen:

- In der Konsolidierung der ersten Expansionsphase (1985-1989) steht die *Professionalisierung eines effektiven Warengeschäfts* eindeutig im Vordergrund. Die Einstellung entsprechend ausgebildeter und fachspezifisch ausgewiesener Einzelhandelskaufleute, Substitute und Handelsassistenten (Berufsakademie) bringt nicht nur stärker vor-sozialisiertes Fachwissen in die warenwirtschaftlichen Entscheidungsprozesse ein, sondern begründet zugleich die relativ starke Position der „Warenwelt" im Unternehmen aus der Verfügung über das für warenwirtschaftliche Entscheidungen fachlich autorisierte Wissen und der Etablierung entsprechender Praxisformen des Entscheidungs- und Kommunikationsverhaltens als „Experten"-Kultur in diesem Funktionsbereich. Dies kommt als strukturelle Maßnahme in einer Bündelung der Warengruppen(schlüssel) und einer entsprechenden Zuordnung von Zentraleinkaufsbereichen zum Ausdruck.[1] Als kognitiver „Kontroll"-Mechanismus fungiert die Orientierung des Entscheidungsverhaltens am Leitbild des innovativen Einkaufs- und Vertriebskonzepts. Entscheidungsträger müssen, so das Selbstverständnis im mittleren Management, zur Ausübung dieser Funktion die *„Philosophie des Unternehmens"* (Einkäufer/in) verstanden haben (wozu eine in der Regel mehrjährige Assistenztätigkeit im Einkauf bzw. die Einarbeitungszeit als Substitut auf Filialebene dient, ohne das es sich um ein systematisch geplantes Karrieremuster handelt).

---

[1] Gleichzeitig werden erste Ideen eines Warengruppen- oder Team-Konzeptes entwickelt. An dessen personelle und technische Ausstattung knüpfen sich viele Erwartungen der Einkäufer hinsichtlich ihrer Leistungsfähigkeit bei der zukünftigen Aufgabenerfüllung. Gleichwohl gibt es zu diesem Zeitpunkt kein systematisches Konzept zur Zusammensetzung der Gruppen. Die Vorstellungen reichen von einer rein administrativen Unterstützung der Einkäufer bis hin zu aufgabenintegrierten Gruppen, in denen Verantwortlichkeiten neu verteilt werden.

• In der Konsolidierung der zweiten Expansionsphase (1989-1993) geht es um die Arrondie-rung der *Effizienz der Managementleistungen* durch den Aufbau finanz- und warenwirt-schaftlicher Transparenz über das Entscheidungsverhalten sowie die Einführung entspre-chender Steuerungsinstrumente. Dazu dient insbesondere das Technikeinsatzkonzept sowie die Schaffung und qualifizierte Besetzung einer Querschnittsfunktion Controlling. Diese Professionalisierung ist allerdings durch das Zusammentreffen unterschiedlicher berufs-fachlicher „Kulturen" durch eine stärkere Vielfalt geprägt. Für das Technikeinsatzkonzept steht eine Kerngruppe in der Anwendungs- und Systementwicklung[1], deren Handlungsori-entierung sich zwischen den unternehmenspolitischen Ansprüchen des Technikeinsatzes, den Methoden praktischer Systementwicklung der Anwendungsentwickler und den Kon-zepten der Telekommunikations- und Datentechnik, die dem Verkaufswissen der Sy-stemanbieter inhärent sind, bewegen. Wirksam wird diese Handlungsorientierung in unter-schiedlichen „Leitbildern" effizienter Managementleistungen und ihrer technischen Unter-stützung:

- Dem umfassenden Informationsmodell eines EDV-gestützten Warenwirtschaftssystems steht das Koordinationskonzept einer einfachen, auf die Belange des Entscheidungsverhal-tens zugeschnittenen operativen Kosten- und Erfolgsplanung gegenüber.

- Dem angestrebten Modell beteiligungsorientierter Anwendungsentwicklung in der Daten-technik folgt ein „learning by doing" in der Telekommunikationstechnik. Hier wird An-wenderqualifizierung als Problem des Erfahrungslernens gedeutet, wenn auf das *„Schnup-pern und Anbeißen"* von Anwendern vertraut wird, wenn sie die *„Technik erst einmal auf dem Tisch haben"* (Mitarbeiter eines Systemanbieters).

Die Ausweitung der Personalkapazität bedeutet damit vor allem im mittleren Management (Einkaufsdisposition, Filialsteuerung) eine Verbreitung der Wissensbasis für den waren- und finanzwirtschaftlichen sowie den logistischen Leistungsbereich, die Potential für neue Formen der Leistungserstellung in die Entscheidungsprozesse des Unternehmens einbringt. Nicht zu verkennen ist auch, daß aus dem unternehmens- und sortimentspolitischen Leitbild „Innova-tion" Freiheitsgrade für die Leistungserstellung abgeleitet werden, die als selbstverständliche Begründungen in das Arbeits-, Entscheidungs- und Kooperationsverhalten im mittleren Ma-

---

[1] Hierzu sind jene Anwendungsentwickler zu rechnen, die in der Entstehungsphase der Anwendungskonfigurati-on für das Handelsunternehmen auch konzeptionelle Arbeits- oder Dienstleistungen erbringen, die über die technische Installation der Daten- und Telekommunikationssysteme hinausgehen. Für diese zeichnen vor allem Vertriebsmitarbeiter verschiedener Herstellerunternehmen (für die ISDN-Verbindungen zum Beispiel der Deut-schen Bundespost Telekom) verantwortlich. Nicht zu übersehen ist dabei natürlich, daß für die Anwendungs-entwicklung zwischen den verschiedenen Akteurgruppen der Technikentwicklung eine Vielzahl von Abstim-mungsprozessen notwendig sind (vgl. exemplarisch zu den Schnittstellenproblemen bei der Aufschaltung der Datentechnik auf die ISDN-basierte Integration der Nebenstellenanlagen Biervert u.a. 1994, S.58ff.) und es da-bei eine Reihe unterschiedlicher Berührungspunkte zwischen diesen und verschiedenen Anwendergruppen gibt, beispielsweise in den Qualifizierungsprozessen für die Telekommunikationssysteme.

nagement einfließen: *„Man ist in einem Unternehmen, in dem man etwas bewegen kann"* (Einkäufer/in).

Der Technikeinsatz ist auf dieses Arbeits- und Entscheidungsverhalten gerichtet und die Befunde der ersten Erhebung zeigen, daß dieser grundsätzliche Zweck des Technisierungsprozesses nicht in Frage steht bzw. gestellt wird. Im Forschungshandeln werden aber von den Akteuren und Akteurgruppen spezifische Problemperspektiven zur Geltung gebracht, die als Problemfeld wechselseitiger Verständigung über technisch-organisatorische Gestaltungsabsichten und -maßnahmen gedeutet werden können.

Die einzelnen Untersuchungseinheiten übergreifend kristallisierten sich zwei unterschiedliche Orientierungsrahmen für die Form einer effektiven und effizienten Unternehmensführung sowie die Beurteilung der Anwendungsoptionen der Technik heraus. Diese befinden sich in einer vergleichsweise gegensätzlichen Position, weil ihre jeweiligen Leitbilder und Konzepte zur Technikanwendung unterschiedliche Implikationen im Hinblick auf die angemessene Veränderung der warenwirtschaftlichen Entscheidungsprozesse haben. Diese Wahrnehmungsdifferenzen lassen sich - in dem hier entwickelten Bezugsrahmen - in den „lokalen" Handlungstheorien der verschiedenen Akteurgruppen über das Arbeits- und Entscheidungsverhalten in warenwirtschaftlichen Abläufen des Handelsunternehmens verorten.

Diese Konstellation wird von den Akteuren nur bedingt als Problem wechselseitiger Verständigung über technisch-organisatorische Gestaltungsmaßnahmen aufgefaßt. Der Zweck des Technisierungsprozesses steht nicht in Frage - die in allen Gesprächen *selbstverständlich* geäußerten Erwartungen an den Technikeinsatz in dem Unternehmen lassen sich als grundsätzlicher Konsens über die Notwendigkeit des Technikeinsatzes deuten - und wird von seiner Ausrichtung her in der Anpassung der organisatorischen Leistungsfähigkeit an das Wachstum der Unternehmung gesehen. Die positiven Erwartungen, die die verschiedenen Akteurgruppen - vor allem das mittlere Management im Einkaufs-/Vertriebsbereich und die Anwendungsentwickler - in ihren Erklärungen mit dem technischen Konzept „Managementinformationssystem" verbinden, lassen sich zu einem *generellen* Orientierungsschema verdichten: Die Gewinnung „guter Daten" für die warenwirtschaftliche Steuerung erscheint als vernünftiges und vernünftigerweise nicht zu bestreitendes Konzept. Erst in der Rekonstruktion der mit diesem Orientierungsschema verbundenen spezifischen Erwartungen wird die Schwierigkeit deutlich, daß durch deren Anwendung in warenwirtschaftlichen Leistungsprozessen, zumindest insoweit sie warenwirtschaftliche Entscheidungsverfahren berühren, das Arbeits- und Entscheidungsverhalten nicht verändert werden „darf" - ein Befund der im Rahmen der Nullmessung durchgeführten Expertengespräche, der von den Akteuren selber auf der Ebene der Technikeinsatzkonzeption und generalisierter Erwartungsstrukturen (zumindest explizit) nicht aufgedeckt wird.

Hier zeigt die genauere Differenzierung der Problemperspektiven, daß die Annahme „technikgestützte Informationsgewinnung ist ein vernünftiges Konzept" - als offizielle Handlungstheorie - einen Orientierungskonsens nahelegt, der die Einordnung dieses Interpretationsschemas in *spezifische* Wahrnehmungs- und Begründungsmuster von Akteurgruppen verdeckt, und daß - vor allem aufgrund der Formung unterschiedlicher Akteurskonstellationen und ihres Informationsverhaltens in konkreten Handlungssituationen - Interaktionsverhältnisse bestehen, die der Aufdeckung der impliziten Divergenzen entgegenstehen.

4.2.2.1.2 Handlungsregeln des warenwirtschaftlichen Arbeits- und Entscheidungsverhaltens: „Management by going around"

Die „Organisationsphilosophie" des Unternehmens beruht auf der Annahme, daß das Rahmenziel einer innovativen Produkt- und Sortimentspolitik durch Flexibilität in den organisatorischen Abläufen der waren- und finanzwirtschaftlichen Leistungsprozesse, insbesondere durch das Schaffen von Entscheidungsspielräumen, erreicht wird (bzw. erreicht werden kann). Dies wird nicht nur im Funktionsbereich Einkauf/Marketing, sondern auch in den administrativen Funktionsbereichen deutlich gesehen.

• **Prozeßkette, Entscheidungsfelder, Aufgaben, Akteure**

Spiegelbild dieser „Organisationsphilosophie" ist es, daß sich die Strukturierung der Aufbau- und Ablauforganisation an zentralen Entscheidungsfeldern in den waren- und finanzwirtschaftlichen Leistungsprozessen orientiert. Diese Entscheidungsfelder sind:

• *die Warendisposition und -administration:* Das Aufgabenspektrum reicht von der Sortimentsentwicklung bis zur Warenpräsentation und umfaßt auch die Ausführung der Einkaufsentscheidung bis hin zur Warenabwicklung;

• *die Logistik:* Dieser Aufgabenkomplex beginnt bei der Wareneingangskontrolle und geht über die Warenauszeichnung bis zur Warenverteilung;

• *der Vertrieb:* Dieser Aufgabenbereich beinhaltet die Warenpräsentation und -steuerung bis zur Erfolgskontrolle des Verkaufs in den Filialen.[1]

Ursächlich für die Erfordernis zur Neuordnung des *praktizierten* Arbeits- und Entscheidungsverhaltens ist das Unternehmenswachstum. Die Handlungsstrategie(n), von der die entsprechenden Entscheidungen über die Steuerung warenwirtschaftlicher Abläufe geleitet werden, ist vor allem aus im Geschäftsbereich Einkauf/Marketing geltenden Handlungsregeln und -programmen versteh- und nachvollziehbar. Berührt wird damit eine der grundlegenden, im Zuge der Unternehmensentwicklung zu lösenden Fragen: Wie kann das den Handlungsstrategien

---

[1] Vgl. als Übersicht zur Sortimentssteuerung im Einzelhandel auch Schneider (1994).

der Eigentümer-Unternehmer - als den in der Expansionsphase *allein* (bzw. mit einem kleinen Kreis von Einkäufern) für die Konzeption und Umsetzung der unternehmens- und sortimentspolitischen Leitidee verantwortlich zeichnenden - zugrundeliegende Orientierungs- und Regelwissen neuen warenwirtschaftlichen Entscheidungsträger - als mittlerem Management - vermittelt werden? Es geht um das Vertrauen, daß auch „Dritte" bei der Sortiments- und Warendisposition *diese* Art des Denkens über Sortimentspolitik und Warengestaltung nicht nur mittragen, sondern auch selbständig vollziehen können.

- **Handlungsstrategien: Aufgaben, Aktivitäten, Entscheidungskriterien**

„Governing values" dieses Handlungsverständnisses sind die operative Verantwortung für die waren- und finanzwirtschaftliche Steuerung und die Bindung des Arbeits- und Entscheidungsverhaltens an die Erfahrungswelt des Kunden- und Filialgeschäfts. Dies spiegelt sich in Merkmalen der Aufbauorganisation im Funktionsbereich Einkauf/Marketing wieder, mit der die lokale Handlungstheorie der „Warenleute" als Entscheidungs-„Macht" im Warengeschäft strukturell verankert wird.

Das **Handlungsmodell** kommt in der Stellen-Konstruktion „Einkäufer" zum Ausdruck und beruht auf den Handlungsprogrammen „Alleinentscheidung" und „ständig in Bewegung sein".

In der *Stelle* „Einkäufer" sind (warengruppenbezogen) neben allen Aufgaben, die zur konkreten Artikel- oder Sortimentsdisposition gehören - von der Marktbeobachtung, der Lieferanten- und Warenauswahl bis hin zu konkreten Verhandlungen und dem Vertragsabschluß - die gesamte Sortimentsentwicklung und Einkaufsplanung, die Artikelpräsentation und -steuerung sowie die Bestandsverwertung gebündelt. Entsprechend ist die Aufgabenstellung in diesem Funktionsbereich durch vielfältige und durch weit in andere Funktionsbereiche - Logistik, Filialsteuerung - hineinreichende Aufgabenfelder gekennzeichnet.

Verschiedene *Qualifikation*sniveaus der Stelleninhaber - hinsichtlich ihrer Ausbildung, ihres Erfahrungshorizonts, ihrer Kenntnis der Unternehmung - sind der Grund für eine positionale Differenzierung in „Zentraleinkauf" und „Einkauf", in der sich auch der sortimentspolitisch unterschiedliche Stellenwert der einzelnen Warengruppen widerspiegelt. Diese ist mit voneinander abweichenden Kompetenzrahmen, aber auch einer nicht einheitlichen Ausgestaltung der personellen Ressourcen für Einkaufsaktivitäten - auch aufgrund des nach Art der einzelnen Warengruppe variierenden Arbeitsaufwands in der Warenlogistik - verbunden.

Das **Handlungsprogramm** „Alleinentscheidung" kommt in den betrieblichen Entscheidungsprozessen in der Handlungsregel „Freiheitsgrade bei sortimentspolitischen Entscheidungen" zum Ausdruck. Die Festlegung von verbindlichen Sortimentsstrategien in einzelnen Warengruppen, die für die Steuerung modischer Sortimente vorgeschlagen wird, liegt in der Verantwortung des mittleren Managements und beruht - „innerhalb" des sortimentspolitischen

Leitkonzepts - auf den Erfahrungswerten der Stelleninhaber. Stellenbeschreibungen - als formalisierte Handlungsanweisungen - liegen nur in Ausnahmefällen vor.

Daß diese Handlungsregel als selbstverständliche Begründung das Arbeits- und Entscheidungsverhalten im mittleren Management formt, belegen zwei, in ihrer Bewertung allerdings widersprüchliche Wahrnehmungen der horizontalen und vertikalen Kompetenzabgrenzung in den warenwirtschaftlichen Entscheidungs- und Führungsprozessen. In der positiven Einschätzung werden aus dem Leitbild „Innovation" Freiheitsgrade für das Arbeits- und Entscheidungsverhalten im mittleren Management abgeleitet, zugleich ist - in der eher negativen, Handlungsunsicherheiten signalisierenden Bewertung des Führungs- und Kooperationsverhaltens - aber „... *nicht immer klar, wann eine Rücksprache mit der Geschäftsführung Einkauf notwendig ist, weil es dafür keine festgelegten Richtlinien gibt"* (Einkäufer/in).

Auch in der „internen" Außenbeobachtung wird das Fehlen „offizieller" Kompetenzabgrenzungen in den Entscheidungsabläufen als geltende Form der „*organisatorischen Definition der Unternehmung"* (Filialrevision) gedeutet, die sich in der Kontrollperspektive dann als problematisch erweist: Die Handlungsoffenheit erzeugt Unklarheiten über das Einhalten oder Nicht-Einhalten offizieller organisatorischer Regelungen. Dies gilt zum Beispiel für Anweisungen zu Form und Inhalt der Übermittlung der für die administrative Abwicklung erforderlichen Auftragsdaten. Diese - aus Sicht „bürokratischer" Akteure für einen reibungslosen Prozeßdurchlauf (z.B. im Auftragsbüro) und die Prozeßkontrolle (z.B. durch die Filialrevision) unumgänglich erscheinende - Formalisierung wird aufgrund fehlender Anerkennung - „*Einkäufer sind mit ihrer Ware so beschäftigt, wir kriegen noch nicht einmal Vorschläge für einheitliche Bestellformulare"* (Software-Entwickler Warenwirtschaftssystem) - und Durchsetzung auf seiten des mittleren Managements nicht hinreichend berücksichtigt.

Ein zweites, leitendes **Handlungsprogramm** für Führungskräfte im Einkauf und im Vertrieb ist die organisatorische Bindung an den Filialvertrieb, um die kognitive „Distanz" zum Einkaufsverhalten der Kunden zu verringern. Dies kommt in der Handlungsregel „*Ständig in Bewegung zu sein"* zum Ausdruck.

Neben ihren warengruppenbezogenen Aufgaben im Einkauf sind die Führungskräfte zumeist mit der Leitung einer Filiale beauftragt oder aber betreuen wichtige Zentralfunktionen: Einkaufsabwicklung, Filialbetreuung oder die Abwicklung der Großhandelsfunktion. Diese *aufbauorganisatorisch* verankerte Doppelfunktion bringt ein Handlungsverständnis zum Ausdruck, in der die Bindung des sortimentspolitischen Entscheidungshandelns an dessen *konkrete* Resultate in der Warenpräsentation in den Filialen und im Kaufverhalten der Kunden als ein zentraler Orientierungsmechanismus für „gute", weil erfahrungsgestützte Handlungsstrategien angesehen wird.

In Verbindung mit der Form der Entscheidungsdelegation im Funktionsbereich Einkauf/Marketing wird von seiten der Geschäftsführung hier bewußt ein Kontrapunkt zum „Industrieeinkauf" im Handel gesetzt: Für diese Form der Organisation der Einkaufssteuerung wird aufgrund des „Schmalspurdenkens" eine hohe Qualität in der Abwicklung dieser Funktion gesehen, die aber aufgrund der Abkopplung vom Vertriebsgeschehen zu einer hohen Distanz zum Einkaufsverhalten der Kunden führt - eine Entscheidungssituation, die in der Sicht der Geschäftsführung das Erreichen des Ziels einer innovativen Produkt- und Sortimentspolitik gefährdet.

Ein Ausdruck dieser Regel des Entscheidungsverhaltens ist, daß dieser Personenkreis nur *„bis 10.00 Uhr"* in der Hauptverwaltung im Einkauf tätig ist, um sich danach um den Filialbetrieb zu kümmern. Der Stellenwert der Einhaltung dieser Verhaltensregel kommt in seiner Wahrnehmung als „Beurteilungs"-Kriterium für das Entscheidungsverhalten zum Ausdruck. So beschreibt ein Einkäufer seinen „*... Eindruck, daß die Geschäftsführung die Mitarbeiter des Einkaufs danach einschätzt und bewertet, wieviel Zeit man am Schreibtisch sitzt. Danach arbeitet derjenige nicht effizient, der täglich mehr als ein oder zwei Stunden am Schreibtisch verbringt"*. Diese Regel führt im Zuge der Komplexitätssteigerung zu *defensiven Muster im Informationsverhalten*, weil sie im Verständnis der „Einkäufer" regelmäßig aufgrund der operativen Arbeitsbelastung <u>nicht</u> eingehalten werden kann, während sie sich zugleich mit dem „Vorwurf" konfrontiert sehen, zu wenig „*... zu schauen, was vor Ort los ist"* (Einkäufer/in).

- **Kooperation: Erfahrungen, Kommunikationsform**

Über diese, zum Teil auch in organisatorischen Regelungen verankerten Zuordnungen hinaus ist die Formalisierung in den sortimentspolitischen und warenwirtschaftlichen Entscheidungsprozessen niedrig. Entsprechend schwach ausgeprägt ist die Vorstrukturierung des *Arbeits- und Entscheidungsverhaltens*, das durch die erfahrungsgestützte Ausbildung von Handlungsregeln sowie verschiedene Formen und Vorkehrungen zur direkten Abstimmung der Entscheidungsaktivitäten gekennzeichnet ist.

Die **Regeln des Entscheidungsverhaltens** werden, auch im (Selbst)Verständnis des mittleren Managements, durch praktisches Handeln *erfahren: „Die [Unternehmens-HJB]Philosophie muß man lernen"*. Damit der kognitive „Kontroll"-Mechanismus über die Identifikation mit der Unternehmenspolitik gelingt, baut dieser nicht nur auf entsprechenden betrieblichen Sozialisationsprozessen auf, sondern ist mit Positions- und Statusinteressen verknüpft. Diese, von einem Filialleiter mit Blick auf seinen internen Aufstieg zum „Einkäufer" im Unternehmen formulierte Aussage, spiegelt die Rolle von Erfahrungsprozessen in einem Verfahren wieder, das zugleich als *implizites* Personalbeurteilungssystem bezeichnet werden kann. Für die Möglichkeit zur positionalen Veränderung auf der innerbetrieblich sehr kleinstufigen

„Karriereleiter" stellt - neben der Dauer der Betriebszugehörigkeit - die Beobachtung des Entscheidungsverhaltens in seiner Orientierung an der Unternehmens- und Sortimentspolitik des Unternehmens ein wesentliches Beurteilungskriterium dar.

Die **Kommunikationsform** im Unternehmen, dem *„Kollegen etwas zuzurufen"*, bringt neben dem niedrigen Formalisierungsgrad den Stellenwert offener Kommunikationsstrukturen für das Arbeitsverhalten in den warenwirtschaftlichen Entscheidungsprozessen zum Ausdruck. Verfügungsmöglichkeiten über betriebliche Ressourcen ebenso wie die kognitive „Sicherung" sortimentspolitischer Entscheidungen - hierbei geht es beispielsweise um den Austausch von Erwartungen im Hinblick auf die Erfolgswirksamkeit von Artikeln/Sortimenten: *„Es ist immer besser, wenn zwei entscheiden"* (Einkäufer/in) - werden bilateral, insbesondere im direkten Informationsaustausch im Einkaufsbüro[1], oder multilateral, beispielsweise in wöchentlich stattfindenden Koordinationsgremien[2], abgestimmt. Diese Kommunikations- und Führungsform, die - auch in der Wahrnehmung der Führungskräfte - keine Anzeichen einer „bürokratischen" (formalisierten) und nur gering ausgeprägte hierarchische Ordnungsregeln aufweist, wird als Vorbedingung dafür gesehen, daß in der Gestaltung der Sortimentspolitik *„... in den meisten Fällen nur die inhaltlich besseren Argumente zählen"* (Einkäufer/in), und fachliche Kompetenz zur Geltung gebracht werden kann.

Eine zentrale Stellung für die Funktionsfähigkeit dieser kognitiven „Kontroll"-Mechanismen haben **Verständigungs- und Aushandlungsprozesse** über die Waren- und Sortimentspolitik mit der Geschäftsführung im Funktionsbereich Einkauf/Marketing. Diese entstehen durch die Leitung der Koordinationsgremien sowie durch die direkte Beteiligung an Sortimentsentscheidungen, vor allem bei Rücksprachen bezogen auf Musterungen und gemeinsame Einkaufsgespräche mit Handelsvertretern, und werden durch das Prinzip der „zweiten Unterschrift" bei der Auftragserteilung formal unterstützt. Die Begründung für die vielfältigen Formen operativer Präsenz der Geschäftsführung liegt in der Vermittlung und Verankerung der Einkaufspolitik und der Form ihrer Um- und Durchsetzung - in Abgrenzung zu den „fertigen" Marketingkonzepten der Herstellerunternehmen (und deren feste Preisvorstellungen) - im Entscheidungsverhalten der für die Kernsortimente verantwortlichen Einkäufer. Die damit in konkreten Entscheidungsabläufen *immer* offene Entscheidungssituation wird - in bezug auf sekundäre Wirkungen dieses Verhaltens - als Managementproblem und Unsicherheitsfaktor für die administrative Abwicklung wahrgenommen:

---

[1] Als Einkaufsbüro wird ein Großraum bezeichnet, in dem sich die „administrativen" Arbeitsplätze der Einkäufer befinden. Daneben spielt der Musterungsraum eine zentrale Rolle, in dem Herstellerunternehmen und Handelsvertreter ihre Kollektionen präsentieren und in dem „Aufträge" geschrieben werden. Als typische Handlungssituation ist hier während der Musterungstermine ein intensiver „Verkehr" zwischen Einkaufsbüro und Musterungsraum zu beobachten, um in bezug auf die Warendisposition zu einer Entscheidung zu kommen.

[2] Hierbei handelt es sich um Einkäufer- und Filialleiter-Treffen, die im Zuge der personellen Ausweitung des Funktionsbereichs und der Ausdehnung der Filialorganisation eingerichtet werden.

*„In diesem Unternehmen ist zuviel „hüh" und „hott". Der Einkäufer sagt jetzt
dieses, nach fünf Minuten heißt es wieder, wir machen das so und so, weil die
Geschäftsführung [Einkauf/Marketing - HJB] irgendwie etwas mitgekriegt hat,
wo sie nicht mit einverstanden ist"* (Sachbearbeiter/in Auftragsbüro).

Diese Konstellation der „Einschränkungen" der prinzipiellen Handlungsautonomie des mittleren Managements wird von den Akteuren als häufig konfliktäre, aber offene Kommunikation über die Sortimentspolitik, vor allem aber als nicht hintergehbare *Regel im Entscheidungsverhalten eines Familienunternehmens* - im Unterschied zu einem managerkontrollierten Industrieunternehmen - wahrgenommen: *„Die Geschäftsführung wird [auch in der nachfolgenden Generation - HJB] keine festen Dogmen setzen bei den einzelnen Abteilungen"* (Einkäufer/in).

Die mit der personellen Ausweitung für die Form dieser „lokalen" Handlungstheorie verbundenen kritischen Faktoren in der unternehmensstrukturellen Umbruchphase des Handelsunternehmens lassen sich an zwei Krisenphänomenen aufzeigen.

Zum einen entsteht aus dem organisatorischen Wachstum die Notwendigkeit, warenwirtschaftliche Entscheidungen - (Nach-)Kalkulation der Preisabschriften, Filialverteilung, Bestandsverwertung - stärker zu strukturieren und zu einer *Neuorientierung des Arbeits- und Entscheidungsverhaltens* zu kommen. Die Entscheidungsautonomie im mittleren Management schafft den Handlungsrahmen, um dem flexiblen Entscheidungsbedarf entsprechende Dispositionen treffen zu können. Dies führt aufgrund der im Zuge der Komplexitätssteigerung zunehmenden Aufgabensegmentierung zur Entstehung von Spezialwissen sowie dessen Verteilung in den warenwirtschaftlichen Entscheidungsabläufen und bedingt eine zunehmende Entkopplung der Entscheidungsprozesse. In der Summe entstehen kontraproduktive Effekte - etwa bei der Steuerung des Kapitalbedarfs und der Auslastung von Lagerkapazität, wenn die Warendisposition für umsatzstarke Zeiten die verfügbaren Kapazitäten von Logistik und Vertrieb übersteigt -, die nicht individuellem Fehlverhalten, sondern der Form des kollektiven Entscheidungsverhaltens zuzurechen sind.

Zum anderen gerät durch die personelle Ausweitung das bisher die Entscheidungsprozesse kennzeichnende *Kooperationsverhalten* an Grenzen. Die Erfassung und organisatorische Regelung betrieblicher Leistungsprozesse durch Mehr-Personen-Entscheidungsprozesse wird schwieriger, da der Koordinationsbedarf die verfügbare Kapazität für die direkte Abstimmung von sortiments- und vertriebspolitischen Entscheidungen zwischen Geschäftsführung und dem mittleren Management (Einkäufer/Filialleiter) übersteigt. Diese kann nicht mehr durch zusätzlichen Personaleinsatz und eine Erhöhung der Leistungsbereitschaft, also über personales Leistungsvermögen, angepaßt werden. Zugleich zeigen sich im Zuge der Veränderung der Kooperationsformen soziale Desintegrationstendenzen: *„Unsere Unternehmung ist keine große Familie mehr, in der jeder jeden kennt, in der jeder weiß, wo er hingehört und was seine*

Aufgaben sind und wo jeder weiß, was der andere tut. Jeder arbeitet für sich. Man verliert völlig den Überblick" (Filialleiter/in).

4.2.2.1.3 Ein „erklärtes" Handlungsmodell warenwirtschaftlicher Entscheidungen: „Gläserne Warenwirtschaft" durch Anwendungsentwicklung

Als wenig überraschend kann - angesichts der Befundlage zum Stand der Forschung und zur Praxis des ISDN-Technikeinsatzes[1] - gewertet werden, daß Planung und Umsetzung der Anwendungskonzeption des rechnergestützten Warenwirtschaftssystems eher durch technische als durch organisatorische Gestaltungsansätze geprägt sind. Im Forschungsfeld resultiert dies zum einen aus der „starken" Position der Anwendungsentwickler bei der Formulierung der Gesamtkonzeption - stark deshalb, weil nur diese Akteurgruppe beteiligt ist - und zum anderen aus der unternehmenspolitischen „Mächtigkeit" der Technikentwicklung, die aus dem gebundenen Investitionsvolumen sowie der direkten Verantwortung und dem Engagement der Geschäftsführung Finanzen/Organisation resultiert. Als initiatives Zentrum ist dieser Funktionsbereich *zugleich* Entscheidungs- und mit seinen Leitvorstellungen Symbolträger für die Anwendungsentwicklung bei ihren Aktivitäten zur Konfiguration der technischen Systeme.

• Leitziele des Technikeinsatzes

Als Zielperspektive für den Beitrag eines ISDN-basierten rechnergestützten Warenwirtschaftssystems zur Unternehmensentwicklung wird die Behebung bestehender Schwachstellen in den administrativen und dispositiven Leistungsprozessen sowie die Bewältigung der mit den gesetzten Unternehmenszielen neu anstehenden Aufgaben formuliert: *"Bei unserer Expansionspolitik und auch aufgrund der Wettbewerbssituation wurde uns klar, daß man den Betrieb nur mit ungewöhnlichen und neuen Techniken, sowie neuen Organisationsstrukturen erfolgreich weiterführen kann"* (Aussage aus der Geschäftsführung Finanzen/Organisation). Diese Zielrichtung für neue Formen der Abwicklung und Aufbereitung waren- und finanzwirtschaftlicher Daten und der Unternehmenskommunikation wird in zwei, zueinander komplementäre Leitziele konkretisiert:

• Die Rationalisierung administrativer Abläufe durch Transaktionssysteme wird als Möglichkeit zur Bewältigung der mit dem Unternehmenswachstums verbundenen zusätzlichen Aufwandsgrößen der „Unternehmensverwaltung" in den waren- und finanzwirtschaftlichen Leistungsbereichen angesehen, beispielsweise indem durch die Technisierung von Abläufen bei der Personalzeiterfassung eine Ausweitung der Personalkapazität in der Personalverwaltung vermieden werden kann oder indem durch die automatische Abwicklung der

---

[1] Vgl. Monse und Bruns (1991, als Überblick Garbe u. Lange 1991). In diesem Aufsatz werden wesentliche konzeptionelle Ursprünge der Forschungsarbeiten zur Anwendung von ISDN-Techniken in der Konsumgüterdistribution und deren organisatorische Einordnung entwickelt.

Filialkommunikation ähnliche Personaleinsparungen in der Buchhaltung möglich erscheinen. Hier geht es um eine optimale Kostenstruktur, weil „... *der Mensch als Leistungsfaktor zu teuer ist*" (Aussage aus der Geschäftsführung Finanzen/Organisation).

- Gleichzeitig wird die Möglichkeit gesehen, im betrieblichen Management die Informations-, Kommunikations- und Entscheidungsprozesse mit Hilfe der rechnergestützten Warenwirtschaft als Managementunterstützungssystem neu zu gestalten. Leitbild ist die Erhöhung der Transparenz über die Informations- und Warenbewegungen, um zu einer besseren Gestaltung der finanz- und warenwirtschaftlichen Steuerung des Unternehmens zu kommen. Es sollen „... *freie Kommunikationswege für das Management* ..." (Aussage aus der Geschäftsführung Finanzen/Organisation) geschaffen werden, in denen die Informationen zur Verfügung stehen und die Kommunikationsmöglichkeiten gegeben sind, die im Rahmen von warenwirtschaftlichen Entscheidungen zu einem optimalen betriebswirtschaftlichen Ergebnis führen. Es wird „... *in die Gehirne der Mitarbeiter investiert*" (Aussage aus der Geschäftsführung Finanzen/Organisation).

Diese Leitziele zur Entwicklung anwendungsorientierter Informationssysteme sind mit unterschiedlichen Handlungsstrategien im Hinblick auf das Arbeits- und Entscheidungsverhalten in den warenwirtschaftlichen Leistungsprozessen verbunden.

- **Handlungsstrategie: Gläserne Warenwirtschaft**

Die - in erster Linie durch die Geschäftsführung Finanzen/Organisation repräsentierte - Handlungsstrategie der „*gläsernen Warenwirtschaft*" beruht auf der Annahme, daß die datentechnische Abbildung des warenwirtschaftlichen Geschehens durch die Informations-„Organisation" eines rechnergestützten Warenwirtschaftssystems und die daraus resultierende Möglichkeit zur Bereitstellung von Informationen die Kontrolle der betrieblichen Leistungsprozesse verbessert und dadurch Effizienz und Qualität der internen Entscheidungsabläufe erhöht.

Dieses, auf die *Form des betriebswirtschaftlichen Handelns fokussierte Begründungsmodell* leitet aus dem zunehmenden Wachstum der Unternehmung einen steigenden Bedarf an fundierter Steuerung waren- und finanzwirtschaftlicher (dispositiver) Entscheidungen durch rechnergestützte Managementleistungen ab. Es bezieht sich entsprechend auf die Erhöhung der Transparenz über die Wirkungen des Arbeits- und Entscheidungsverhaltens in der Warendisposition und -logistik - kurz: des Einkäufer-Verhaltens -. Konkret zählen dazu:

- die Erfassung und Kontrolle der Umsatzentwicklung und artikel- und sortimentsbezogener Verkaufszahlen in den Filialbetrieben zur Verbesserung der Waren- und Sortimentsdisposition sowie der analytischen Instrumente für die betriebswirtschaftliche Bewertung der Abteilungen und Filialbetriebe;

- die Erfassung von Durchlaufzeiten und Planungsdaten der Warenlogistik, um durch eine präzisere Steuerung der Warenbewegungen die Lager- und Distributionskosten zu senken.

Das handlungsstrategische Konzept geht davon aus, daß das Management im Funktionsbereich Einkauf auf taktischer und operativer Ebene *„... zu präziseren Überlegungen beim Einkauf angehalten [wird]: Wofür benötigen Sie die Ware? Ist die Ware für einen bestimmten Aktionsverkauf bestimmt? Wann ist dieser geplant? Wann und wie ist die Ware dafür zu liefern?"* (Aussage in der Geschäftsführung Finanzen/Organisation). Mit dem Einsatz des rechnerbasierten Warenwirtschaftssystems und damit verbundenen Maßnahmen zur organisatorischen Umgestaltung wird die Möglichkeit gesehen, den in operativen Feldern identifizierten Handlungsdruck - beispielsweise Beherrschung der kapitalbindenden Warenrückstände als unternehmensinternem Komplexitätsproblem - *explizit* zu begegnen: *„Man muß diese Leute in ein Korsett zwingen, in dem sie zwar frei handeln können, aber den Lieferungsbedarf exakt definieren, [damit sie nicht die] Ware in jeden Winkel des Hauses verteilen"* (Aussage aus der Geschäftsführung Finanzen/Organisation). Entsprechend müssen die Initiativen bis weit in das operative Entscheidungszentrum des Unternehmens - den Funktionsbereich Einkauf - hineinreichen, weil hier mit der Gestaltung der Sortimente jene Entscheidungen getroffen werden, die das gesamte waren- und finanzbezogene Geschehen der Unternehmung bestimmen.

In seiner konsequentesten Form führt diese Handlungsstrategie zu einem Anwendungskonzept, in dem waren- und finanzwirtschaftliche Daten dort elektronisch erfaßt werden, wo sie entstehen: bei den Einkaufsgesprächen, die im Musterraum des Unternehmens oder bei Herstellern und auf entsprechenden Messen stattfinden. Für die Stelle des „Einkäufers" geht dieses Anwendungskonzept etwa davon aus, daß mit Hilfe einer entsprechenden technischen Ausstattung alle Daten, die bei Einkaufsaktivitäten anfallen (Lieferant, Liefertermin, Einkaufspreis, Verkaufspreis, Menge, Produktinformationen wie Größe, Farbe usw.), vom Einkäufer selbst erfaßt werden, und so unmittelbar, artikelgenau und weitgehend vollständig zur Verarbeitung bereitstehen.

- **Handlungsstrategie: Technische Konfiguration eines unternehmensweiten Management-/Führungsinformationssystems**

Stärker ausgeprägt ist das eher enge, *technisch orientierte Begründungsmodell* der Kerngruppe der EDV-Anwendungsentwickler. Hier ist die Auffassung vorherrschend, daß es ein „organisatorisches" Problem des Arbeits- und Entscheidungsverhaltens in den Leistungsprozessen ist, sich durch die Ausschöpfung technischer Möglichkeiten Transparenz über Entscheidungswirkungen zu verschaffen und es lediglich darum geht, durch die Bereitstellung entsprechender Sachinformationen das Steuerungs- und Kontroll*potential* der Entscheidungsträger zu erhöhen.

Die **Handlungsstrategien** dieses Begründungsmodells können aus Aussagen zur Technik-konfiguration in dem Handelsunternehmen rekonstruiert werden, die ausgehend von dem Auf- und Ausbau der ISDN-Infrastruktur in das Konzept einer nutzungsoffenen Netzwerk- und Datenbankkonfiguration sowie die Entwicklung eines Warenwirtschafts- und in der Perspektive eines warenwirtschaftlichen Managementinformationssystems „übersetzt" wird. Entsprechend lassen sich im Untersuchungszeitraum in der Kerngruppe der Anwendungsentwickler - auch unter Hinzuziehung verschiedener externer Akteure (insbesondere spezialisierte Software-Anbieter, z.B. für ISDN PC-Karten) - Akteurskonstellationen kristallisieren, die mit jeweils unterschiedlicher Intensität für zwei Aufgabenfelder verantwortlich sind:

a) die Konzeption der Netz- und Datenbankinfrastruktur;

b) die Entwicklung des rechnergestützten Warenwirtschafts-/Managementinformationssystems.

ad a) Als Ziel des Aufbaus der Netz- und Datenbankinfrastruktur wird formuliert, „... *die Unternehmensorganisation ... genauer in der zukünftigen EDV-Infrastruktur abzubilden, um alle Aktivitäten besser zu unterstützen"* (EDV-Rahmenkonzept).

Dazu werden für die Systemkonfiguration - Systempflege und -administration, Datenbankverwaltung, Datensicherung und -sicherheit - Zielvorstellungen entwickelt, um mit einer entwicklungsoffenen Hardware-Architektur (z.B. durch die Wahl weitestgehend herstellerunabhängiger Betriebssysteme) und auf der Basis eines verteilten Datenbanksystems eine möglichst hohe technische Anpassungsfähigkeit zu erreichen. Diese Ausrichtung ist erklärtes (strategisches) Ziel der Systemkonfiguration, um für das Unternehmen die Möglichkeiten des Technikeinsatzes gegenüber neuen technischen Entwicklungen offen zu halten. Betrachtet man hier die Akteurskonstellation, dann zeigt sich ein relativ dichtes, auf wenige Akteure der System- und Anwendungsentwicklung begrenztes Netzwerk, dessen Kommunikationspartner vor allem an der „technischen" Schnittstelle des Unternehmens zu Anbietern und Herstellern der Daten- und Kommunikationstechnik zu finden sind.

Als Grundlage für die Gestaltung der Netz- und Datenbankinfrastruktur entsteht eine ausgearbeitete und schriftlich fixierte EDV-Rahmenkonzeption. In dieser werden - ausgehend vom organisatorischen Status-quo und einer kritischen Bewertung der technischen IST-Situation - grundlegende Zielsetzungen des Technisierungsprozesses und die Entwicklungslinien für den Auf- und Ausbau der Netz- und Datenbankinfrastruktur dargestellt. Das Rahmenkonzept dient zur Formulierung von Grundsätzen, innerhalb derer sich die datentechnische Konfigurierung bewegt. Aus Sicht der Anwendungsentwickler stellt sich dieses als „dynamisches" Konzept dar, welches, konzeptionellen Überlegungen in bezug auf technische Entwicklungspfade folgend, kontinuierlich modifiziert werden kann (im Verlauf des Untersuchungsvorhabens aber nicht wird). Der Grund, hier lediglich einen Leitrahmen zu formulieren, wird darin gesehen, daß Unternehmen in dieser Größenordnung - auch unter Zukauf von personellen Ressourcen im EDV-Bereich - aus technischen, organisatorischen und finanziellen Gründen nicht in der Lage sind, bereits im Vorfeld neuer Formen der elektronischen Datenverarbeitung ein detailliertes Datenmodell zu entwerfen, um daraus technischen Handlungsbedarf - beispielsweise für Programmierung, Rechnerleistung oder Übertragungskapazitäten - abzuleiten. Hieran wird deutlich, daß es sich in erster Linie um eine Beschreibung des technisch ambitionierten Konzepts handelt, das nur wenige Aussagen zu Anwendungsoptionen für potentielle Nutzer enthält.

ad b) In der Entwicklung informationstechnischer Anwendungskonzepte steht die Konfiguration eines rechnergestützten Warenwirtschaftssystems für die informationstechnische Unterstützung der Managementleistungen im Einkaufs- und Vertriebsbereich im Mittelpunkt.

Dieses Anwendungskonzept geht vom Modell eines netzwerkfähigen, modular aufgebauten Anwendungssystems aus, in dem die in den operativ ausgerichteten Transaktionssystemen verarbeiteten Daten auf Unternehmens-, Filial- und Abteilungsebene die tagesaktuell verfügbare Basis bilden zur Generierung von waren- und finanzwirtschaftlicher Kennziffern für Entscheidungsträger in den betrieblichen Leistungsprozessen. Der Leitgedanke ist, „... *Informationen, die auf Dauer in dem System drin sind, online verfügbar zu machen. Und dies tatsächlich auf Knopfdruck, nicht daß die Daten erst über einen Rechenlauf erzeugt werden müssen"* (Anwendungsentwickler). [1]

Mit diesen technikbezogenen Handlungsstrategien wird die Konfiguration eines unternehmensweiten Management- und Führungsinformationssystems angestrebt, für das sowohl auf der Netzwerkebene als auch auf der Anwendungsebene Teil- und Vorlösungen realisiert werden, wobei die vorgesehenen Lösungen durch entstehende neue technische Möglichkeiten - in offiziellen Begründungen - jederzeit zur Disposition stehen bzw. gestellt werden können.

- **Handlungsstrategie: Technikeinsatz und warenwirtschaftliche Kennziffern**

In enger Verbindung zu diesen beiden Begründungsmodellen der Technikentwicklung und -anwendung steht der Aufbau des Funktionsbereichs „Controlling". Erklärte Absicht ist die Entwicklung eines differenzierten **Planungsverfahrens als Handlungsmodell** zur Neuordnung des betriebswirtschaftlichen Entscheidungs-„systems". Dessen Funktion für die *Praxis* des Arbeits- und Entscheidungsverhaltens besteht darin, zwischen den Handlungsprogrammen - „Alleinentscheidung" und „erfahrungsgestützte Entscheidungsprozesse" - einerseits und der

---

[1] Zum Verständnis dieser Aussage: Bis zur Neukonfiguration der technischen Systeme ist es nur über eine Mitarbeiterin des Auftragsbüros möglich, „neben dem „Tagesgeschäft"" spezielle Datenauswertungen zu erhalten, die - aus (Rechner-)Kapazitätsgründen - normalerweise von einem Tag auf den anderen „berechnet" werden müssen.

Datenbereitstellung durch das rechnergestützte Warenwirtschaftssystem andererseits zu vermitteln.

Sieht man als Kernfunktion des Controllings die entscheidungsproblembezogene Unterstützung der Unternehmensführung und die auch operative Koordination betriebswirtschaftlich relevanten Handelns durch Informationsbereitstellung im Rahmen von Planungs- und Kontrollsystemen an (vgl. z.B. Reichmann 1996), dann erscheint es angesichts zu konstatierender Defizite im betriebswirtschaftlichen Handeln des Unternehmens folgerichtig, entsprechende Ressourcen in dem Unternehmen bereitzustellen.

Im Untersuchungszeitraum wird der Funktionsbereich Controlling geschaffen, der als Stelle aufbauorganisatorisch direkt unterhalb der Ebene der Geschäftsführung eingeordnet ist und in dessen sachlicher Verantwortung die betriebswirtschaftlichen Organisationseinheiten (insbesondere Buchhaltung und Filialrevision) zusammengeführt werden. Die allgemeine, nicht näher spezifizierte Aufgabe besteht in der Organisation des betriebswirtschaftlichen Informationsflusses für die Funktionsbereiche Einkauf und Filiale - eine Aufgabe, die vorher lediglich Ergebnis der administrativen Abwicklung der finanzwirtschaftlichen Leistungsprozesse in der Buchhaltung war -. Diese Aufgabe entwickelt sich zunehmend zu der unternehmenspolitischen Funktion der Koordination aller warenwirtschaftlich relevanten Aktivitäten im Unternehmen und wirkt durch die für das Unternehmen neue *Fach*kompetenz mit letztendlich großer Reichweite in die waren- und finanzwirtschaftlichen Entscheidungsprozesse hinein. Trotz der relativen Nähe zum Geschäftsbereich Finanzen/Organisation handelt es sich nicht um eine Stabsstelle dieses Funktionsbereichs, sondern - im Selbstverständnis des Stelleninhabers - um einen *„Zwitter"*, der allen Geschäftsführungsbereichen in gleicher Weise zugeordnet ist. Damit „verfügt" diese Stelle über eine erhebliche Positionsmacht, die in nicht unerheblichem Maße auf der - auch auf der Ebene der Geschäftsführung - akzeptierten Legitimation ihrer Aktivitäten beruht.

Handlungsstrategie ist der Aufbau eines betriebswirtschaftlichen „Zahlen"-Instrumentariums. Es wird eine *warengruppenspezifische Unternehmensplanung* als „Handwerkszeug" für waren- und finanzwirtschaftliche Entscheidungen eingeführt, in der für das Rechnungsjahr monatliche betriebswirtschaftliche Rahmendaten eingestellt werden. Eine Limitplanung bildet das Instrument zur Steuerung der operativen Entscheidungsprozesse, mit deren Hilfe die Entscheidungsträger im Einkaufsbereich in der Lage versetzt - und zugleich gezwungen - werden, den „Verbrauch" ihrer jeweiligen Budgets zu steuern. Kenngrößen, an denen sich die Budgetierung orientiert, sind der Umsatz, die Kalkulationssätze, die Preisabschriften und der Lagerumschlag, jeweils in Abhängigkeit von der Warengruppe und als Gesamtgröße.

Bei der Konzeption dieses Steuerungsinstrumentariums werden die in dem Unternehmen vorhandenen Ansätze aufgenommen, wobei die Entwicklung eines entsprechenden Berichtswesens von einigen, die Unternehmung kennzeichnenden Bedingungen beeinflußt wird. Als Steuerungsinstrument ist die Limitplanung wesentlich abhängig vom Status der datentechnischen Abbildung warenwirtschaftlicher Leistungsprozesse durch ein rechnergestütztes Warenwirtschaftssystem. Hier gelingt es erst im Zuge der technischen Modernisierung die vergangenheitsorientierte kalkulatorische Limitplanung - Umsatzentwicklung vorhergehender Zeitperioden (Monat/Jahr) in Verbindung mit Wachstumsprognosen - zu einer antizipatorischen Limitplanung - monatliche Rahmenplanung betriebswirtschaftlicher Kennzahlen auf der Basis der vorhandenen warenstatistischen Informationen (beispielsweise die aus den täglichen Kassenabrechnungen der Filialen resultierenden waren- und finanzwirtschaftlichen Daten, Auftragsstände, Wareneingänge und -ausgänge aus dem Warenwirtschaftssystem) auszubauen. Einschränkungen in der waren- und finanzwirtschaftlichen Reichweite ergeben sich, weil in dem Handelsunternehmen kein Sortimentsgeschäft betrieben wird und - im Untersuchungszeitraum - die Notwendigkeit eines geschlossenen Warenwirtschaftssystems mit entsprechender Artikelnumerierung (EAN) als *„normales Handwerkszeug"* für die betriebswirtschaftlichen Steuerung im Handel kontrovers beurteilt wird.

Eine zentrale Differenz zwischen **der** lokalen Handlungstheorie der „Warenleute" und **denen** der „Techniker" liegt in der bestehenden Offenheit des organisatorisch verbindlichen Begründungsmodells, mit dem das Technikkonzept, die Art seiner Entstehung und seine Funktionalität für das Arbeits- und Entscheidungsverhalten als „richtig" vermittelt wird. Während der Zweck der Informationssystemgestaltung *argumentativ* nicht in Frage steht bzw. gestellt wird, und sich mit dem Grundgedanken der „Produktion guter Daten" wechselseitig komplementäre Erwartungsstrukturen ausbilden können, stecken in der Spannweite dieser Begründungsmodelle unterschiedliche Annahmen über die *konkrete* Form des Arbeits- und Entscheidungsverhaltens, auf deren „öffentliche" Begründung und Legitimation sich Erwartungsstrukturen für den Prozeß der Transformation des praktizierten Arbeits- und Entscheidungsverhalten beziehen. Deutet man die drei unterschiedlichen Begründungsmodelle als in den Interaktionsverhältnissen zwischen den Akteurskonstellationen wahrnehmbare Resultate der Handlungsstrategien der Akteure, stellt sich die Frage, welche Wirkungen durch diese „öffentlichen" Begründungen im Prozeß der Transformation des Arbeits- und Entscheidungsverhaltens entstehen.

4.2.2.2 Defensives Informationsverhalten im Lernzyklus: Wirkungen „visionärer" Anwendungskonzepte

Ein schon in der Voranalyse aufscheinender und in der ersten Hauptuntersuchung bestätigter Befund ist, daß es außerhalb der EDV-Kerngruppe (und ihren, der Anwendungsentwicklung dienenden partiellen Kontakte zu einzelnen Funktionsbereichen und Aufgabenträgern) keine Informationen über die geplante Form der Transaktionssysteme und der darauf aufbauenden informationstechnischen Unterstützung der Managementleistungen gibt. Zudem findet kein Austausch über die im Unternehmen initiierten Ansätze zur Neuordnung des Arbeits- und Entscheidungsverhaltens in den warenwirtschaftlichen Leistungsprozessen statt. Dies läßt sich - auf der Basis der Rekonstruktion der lokalen Handlungstheorien der „Warenleute" und der „Techniker" - auf zwei Ursachenkomplexe zurückführen:

• Die Begründungen über die Funktionalität der Form der Technikunterstützung der Managementleistungen gehen von unterschiedlichen „Annahmegefügen" *über* das Arbeits- und Entscheidungsverhalten in den betrieblichen Leistungsprozessen aus.

• Ebenso gehen die Begründungen für die Form der Intervention in das Arbeits- und Entscheidungsverhalten von verschiedenen „Annahmegefügen" über den Handlungsbedarf *im* Arbeits- und Entscheidungsverhalten der betrieblichen Leistungsprozesse aus.

Bezogen auf beide Ursachenkomplexe zeigen sich unterschiedliche Sichtweisen, die aufgrund des Informationsverhaltens zwischen den Akteurgruppen wechselseitig intransparent sind, und damit im Interaktionsverhältnis die jeweiligen Handlungsstrategien der Akteure bestätigen bzw. zugleich Grenzen ihrer Reflexion markieren.

Die, auch den Interaktionen zwischen den **Akteurgruppen** jeweils zugrundeliegenden Interpretationsschemata und die den eigenen und fremden Aktivitäten jeweils zugeordneten Attributionen scheinen in den situationsbezogen zur Geltung kommenden Handlungsstrategien als *implizite Regelstrukturen* auf, die Aktivitäten und Kommunikationsprozesse im operativen Handeln überformen. Dies läßt sich ausgehend von der **Selbst- und Fremdwahrnehmung** von Verhaltensweisen durch „Techniker" und „Warenleute" nachzeichnen:

• Die „Techniker" sehen sich selbst als Zukunftsgestalter des Unternehmens, die mit der Neuentwicklung und Vernetzung der betrieblichen Datensysteme über ISDN-fähige Telekommunikationsanlagen in der Lage sind, aus Szenarien bekannte informationstechnische Anwendungskonzepte für Handelsunternehmen in die betrieblichen Arbeitsabläufe einzufügen. Zu den informationstechnischen Konzepten, die auf unternehmensinternen Informationsveranstaltungen präsentiert werden, gehört etwa die Möglichkeit, Video-Präsentation und automatische Auftragsannahme zum „Home-Shopping" für den Einzelhandelsvertrieb zu verbinden, oder im Rahmen der Einkaufsdisposition die Übertragung von Schnittmustern und Festbildern an europäische oder asiatische Herstellerunternehmen zu ermöglichen.

• Die „Warenleute" erkennen zwar die prinzipielle Notwendigkeit einer besseren Fundierung der warenwirtschaftlichen Entscheidungsprozesse an - *„Je besser unser Warenwirtschaftssystem ist, je besser funktionieren die ganzen Abläufe bei uns"* (Einkäufer/in) - und stellen mit dem Anspruch auf kleine und gangbare Versionen - gegenüber zu *„komplex"* und

„*aufwendig*" ausgerichteten technischen „Visionen" - die Akzeptanz der Technik in Aussicht, zugleich sehen sie sich jedoch durch die Anwendung von Informationssystemen nicht nur in der quantitativen Bewältigung ihrer Aufgaben gefährdet.

Die „vermischten" Botschaften, die sich im **Interaktionsverhältnis** aus diesen Mustern der Selbst- und Fremdwahrnehmung entwickeln, gehen von unterschiedlichen Wahrnehmungen der „technischen Gestaltungskonzeption" aus. Diese Bezeichnung legt - in dieser Phase der Anwendungsentwicklung - ein Artefakt nahe, das faktisch noch nicht oder allenfalls in Papierform zu (be)greifen ist, also allein „in den Köpfen" der Akteure existiert.

„Guten Daten" sind das *generelle Orientierungsschema* zur Begründung der Technikentwicklung. Dem kann für die Nutzung des „Computers" nicht entnommen werden, welche Funktionalität den Anwendungsoptionen eines rechnergestützten Warenwirtschaftssystems für die Entscheidungsprozesse in spezifischen Handlungssituationen zugeordnet wird. Dies erlaubt den Akteuren eine differenzierbare Einordnung in ihre *spezifischen* Erwartungsstrukturen.

Dies kann anhand der Bedeutungszuschreibung, die das Anwendungskonzept eines ISDN-basierten Warenwirtschaftssystems auf der Geschäftsführungsebene erfährt, verdeutlicht werden. Im Verständnis der Geschäftsführung Finanzen/Organisation stellen ISDN-basierte Informationssysteme auf der Anwendungsebene eine Infrastruktur bereit, deren Anwendungsgebiet die Unternehmensfunktionen und -strukturen sind und deren Anwendungsform im Bild vom „*Computer auf dem Tisch des Einkäufers*" aufscheint. In der Geschäftsführung Einkauf/Marketing wird vom „Ergebnis" eines rechnergestützten Warenwirtschaftssystems her gedacht. Erwartet wird die Entwicklung neuer Informationsverarbeitungsverfahren für die Aufgabenunterstützung mit „*neuen Computerausdrucken in adäquater Form*".

Diese Begründungsformen für bestimmte Konzepte der Technikanwendung im Management lassen sich als Ausdruck der lokalen Handlungstheorien der Akteurgruppen deuten, weil das „Top-Management" der Unternehmung nicht nur zu den Entscheidungsträgern in organisationalen Veränderungsprozessen gehört, sondern ihre Kommunikationsformen und Handlungsstrategien - im Verständnis von Duncan und Weiss (1979) - zugleich „*paradigmatische Bezugsrahmen*" für das Rollen- und Handlungsverständnis in den Bezugsgruppen der Funktionsbereiche darstellen. Hinter diesen Perspektivendifferenzen stehen grundlegend unterschiedliche Annahmegefüge über die Form des Arbeits- und Entscheidungsverhaltens in den warenwirtschaftlichen Entscheidungsprozessen, von denen - nicht nur auf der Geschäftsführungsebene, aber durch sie wesentlich bedingt - die Konzepte zur Unternehmensentwicklung für das organisatorische Leistungsvermögen und den Technikeinsatz geprägt werden. Diese schlagen sich in der Form(ung) der Handlungsstrategien in organisationalen Lernprozessen nieder und stehen einer gemeinsamen Bestimmung der Ursachen der wahrgenommenen Problemfelder im organisationalen Verhalten entgegen. Die kontraproduktiven Effekte einer fehlenden Verständigung über die spezifischen Erwartungen an Gestaltungsstrategie und -ergebnis können (und werden) nicht als kritisch beobachtet und erfahren.

Anhand der **defensiven Muster im Informationsverhalten** läßt sich *die strukturelle Formung der Interaktionsverhältnisse in und zwischen den unterschiedlichen Akteurkonstellationen* als Ursachenkomplex herausarbeiten, der der Aufdeckung und produktiven Bearbeitung der impliziten Divergenzen zwischen den Begründungsformen der Technikentwicklung entgegensteht.

Das defensive Informationsverhalten der „**Techniker**" läßt sich zum einen als Reflexion auf das Bedrohungspotential deuten, das sich mit dem Begründungsmodell der „gläsernen Warenwirtschaft" - als Eingriff in das routinisierte Arbeits- und Entscheidungsverhalten - für die Entscheidungsträger im Funktionsbereich Einkauf ergibt. Zum anderen gehen defensive Handlungstrategien vom Problemgehalt der *praktischen* Umsetzung der Anwendungskonzeption aus. Die Möglichkeit (zu „vermischten" Botschaften) entsteht nicht nur aufgrund der realen Variabilität der Anwendungsgestaltung, sondern beruht vor allem auf der Unbestimmtheit der Informationssysteme in ihrer technischen Beschreibung für die Unterstützung von Managementleistungen. Die Konfiguration der einzelnen Anwendungssysteme bleibt bis in späte Phasen ihrer Entwicklung hinein in ihrer *konkreten* Ausgestaltung für die potentiellen Nutzer weitgehend intransparent, so daß Erwartungsstrukturen im Hinblick auf den Technikeinsatz - im Gegensatz zu den administrativen Anwendungen - vor allem auf der Grundlage des Austausches von *allgemeinen,* wenig spezifizierten Informationen über die mit dem technischen Systemkonzept bestehenden Anwendungsoptionen ausgebildet werden.

Das Informationsverhalten zwischen den Akteurgruppen wird bereits an einem Befund aus den ersten Expertengesprächen deutlich: Auf der Ebene der Geschäftsführung gibt es im Zusammenhang mit der Einführung von ISDN-basierten Informationssystemen und der Entwicklung eines Warenwirtschaftssystens ein deutliches Informationsgefälle, weil weder die unternehmenspolitischen Ziele noch die Modalitäten der Umsetzung der Anwendungskonzeption - über den Kreis der unmittelbar Verantwortlichen hinaus - bekannt sind. Besonders kennzeichnend für das Informationsverhalten erscheint das widersprüchliche „Verhältnis" zwischen dem Allgemeinheitsgrad der Beschreibung von Anwendungsoptionen in den technischen Leitvorstellungen zur Anwendungskonzeption und dem Konkretisierungsgrad der „öffentlichen" Informationen über Planung und Stand der Anwendungsentwicklung. Diese wird von internen „Beobachtern" des Informationsverhaltens regelmäßig als kritisch für das eigene Arbeits- und Entscheidungsverhalten erfahren: auf der technischen Ebene vor allem in Form von Systemausfällen der Telekommunikationstechnik oder in der Überlastung der verfügbaren Rechnerkapazität, auf der organisatorischen Ebene in der „Varianz" in den Produktionszeiten einzelner Anwendungsmodule und auf der personalen Ebene in einer als nicht ausreichend eingestuften Einarbeitung und Anwendungsunterstützung.

Dieses Informationsverhalten und seine Wirkungen, für das es aus der Sicht der „Techniker" gute Gründe gibt, kann an Form und Inhalt von zwei „öffentlichen" Informationen über die Anwendungskonfiguration veranschaulicht werden:

- Die EDV-Rahmenkonzeption als Basisdokument zur „Organisation und Datenverarbeitung in den 90er Jahren" beschreibt den Ausbau der ISDN-basierten Netz- und Datenbankinfrastruktur, enthält aber über Leitprinzipien hinaus keine differenzierenden Aussagen zu einem der gestellten Aufgabe komplementären Reorganisations- und Qualifikationskonzept.

Diese allgemeine Beschreibung wird im Zuge der Anwendungskonfiguration nicht konkretisiert. Es entstehen zu den selbstentwickelten Anwendungsprogrammen - zumindest im Untersuchungszeitraum - keine Programmbeschreibungen oder Handbücher oder erst in einer Phase, in denen die in technischer Hinsicht getroffenen Entscheidungen praktisch nur noch als Handlungsanweisung (als Bedienungsanleitung für die Technik) dokumentiert werden. Im Verhältnis von allgemein unbestimmten und konkret fehlenden Informationen zu Vorgehensweise und Organisation sowie der Verantwortung für die Anwendungsentwicklung werden zentrale Risiken dieser als Informationsverhalten gegenüber „Dritten" deutbaren Planungskonzeption gesehen. Die nicht konsequente und vollständige Dokumentation der Ergebnisse der Anwendungsentwicklung wird als ein generelles Problem des begrenzten Zugangs zu und der Kontrolle über eine für die Unternehmung strategisch als bedeutsam eingeordnete Leistung betrachtet. Dies formuliert selbst einer der Anwendungsentwickler: *„Das gesamte know-how zu wesentlichen Komponenten ist in wenigen Köpfen konzentriert. Von uns darf keinem morgen ein Stein auf den Kopf fallen".* Gegenüber den zum Teil rechtlich selbständig agierenden Anwendungsentwicklern bestehen hohe Abhängigkeiten, für die persönliche Beziehungen zum Funktionsbereich Finanzen/Organisation als nicht ausreichender „Kompensator" für das Transaktionsrisiko der Geschäftsbeziehungen angesehen werden. Diese Handlungsstrategie wird, auch aufgrund ihrer intransparenten Handhabung, durch die „Warenleute" im Funktionsbereich Einkauf/Marketing - also in der „internen" Außenwahrnehmung - als nicht angemessen beurteilt.

- Auch für die Durchführung der Anwendungsentwicklung wird das Fehlen eines operativen Planungsmanagements, beispielsweise in der Form von Pflichtenheften und Feinkonzepten, als kritisch wahrgenommen. Dies zeigt sich im Projekt- und Zeitmanagement der Anwendungsentwicklung - wiederum in der „internen" Außenwahrnehmung - regelmäßig in erheblichen Abstimmungsproblemen und zusätzlichen Koordinationsaufgaben.

Diese fehlenden Bestimmungen zum Ablauf, zur Funktion und zu Gestaltungsanforderungen bei der Neu- und Weiterentwicklung von Anwendungen sind Kontrapunkt der offenen Entwicklungsstrategie. Beispielsweise werden für das Jahr 1991 mit Blick auf die Entwicklung der rechnergestützten Warenwirtschaft eine Vielzahl von Aktivitäten für die Anwendungsentwicklung „angedacht", die „angeschoben" werden müssen (Anwendungsentwickler):

interne Aktivitäten	externe Aktivitäten
• Warenwirtschaftssystem • Filialrevision • Vertragsverwaltung • Akkreditive/Speditionsabwicklung • Logistik • automatische Kommissionierung • Personalzeiterfassung	• Bildschirmtext und Home-Shopping • CAD-System in der Produktentwicklung • Unterstützung der Datenkommunikation mit der Handelszentrale der Einkaufskooperation • elektronische Dienstleistungen über die Handelszentrale der Einkaufskooperation

Exemplarisch für das Projekt- und Zeitmanagement läßt sich die Vorgehensweise anhand eines Pilotversuchs zur Evaluation eines Vorgangssteuerungssystems zur Abwicklung von Auslandsaufträgen aufzeigen, in der die Aufgaben- und Tätigkeitsbeschreibung von einer allgemeinen Ablaufskizze des Vorgangs durch die entsprechende Sachbearbeitung ausgeht. Einerseits wird - da als weiterer „Eingriff" in die Arbeits- und Entscheidungsstrukturen des Funktionsbereichs Einkauf/Marketing gedacht - das Anwendungskonzept nicht genau spezifiziert, um zunächst die „Vision zu entwickeln" (Anwendungsentwickler), bevor konkret informiert wird. Entsprechend dem fehlenden Konkretisierungsgrad sind eine Mehrzahl von Abstimmungsgesprächen und eine Vielzahl von Einzelnachfragen notwendig, um einen für die Programmierungsaufgabe hinreichenden Informationsstand zu erreichen. Der aus dieser „ständigen Systementwicklung" - aus der Sicht der/s einbezogenen Sachbearbeiters/in - entstehende hohe Zeitbedarf senkt - angesichts der ohnehin geringen Zeitressourcen für die Abwicklung der regulären Aufgaben - die grundsätzliche Bereitschaft zur Kooperation bei der Systementwicklung. Als generelles Phänomen wird dies auch an der Wahrnehmung eines Anwendungsentwicklers deutlich, der ausgehend von verschiedenen Ursachen - wie zeitlichen Verzögerungen bei der Technikentwicklung, begrenzten Möglichkeiten zur Unterstützung bei der Einarbeitung und bei der täglichen Nutzung - zunehmend Widerstände bei den „usern" verspürt, sich auf Problemlagen der Anwendungsentwicklung in bezug auf die Beschreibung ihrer Aufgaben und Tätigkeiten einzulassen.

Es gibt im Untersuchungszeitraum keine „Instanz", durch die entsprechende Prioritäten gesetzt und formal verbindlich festgeschrieben werden. Entsprechende Vereinbarungen beruhen in der Regel auf mündlichen Absprachen zwischen der Geschäftsführung Finanzen/Organisation und dem jeweiligen Anwendungsentwickler, die sofort an entsprechende Engpäße in der Hardware-Konfigurierung und der Softwareentwicklung angepaßt werden können - womit zugleich zum Ausdruck gebracht wird, daß es keine *explizit* formulierten Erfolgs- und Qualitätskriterien (z.b. in Form von Kennzahlen und Budgetierungsgrößen im Rahmen einer Projektplanung) für den Prozeß der Anwendungsentwicklung gibt.

Als Charakteristika des **Interaktionsverhältnisses zwischen „Techniker" und „Warenleuten"** sind die fehlende Prüfung ihrer „Annahmen" über das Arbeits- und Entscheidungsverhalten in den warenwirtschaftlichen Leistungsprozessen und das Zurückhalten konkreter Informationen über den tatsächlichen Stand der Anwendungsentwicklung hervorzuheben.

Die Handlungsstrategien zur Anwendungskonzeption der Technik sind von impliziten Hypothesen zu der Frage geprägt, inwieweit und in welcher Form welche Akteure technische Systeme wofür nutzen (sollen). Im Rahmen der Anwendungsentwicklung wird eine vor-geordnete Bestimmung der Beschreibung des Arbeits- und Entscheidungsverhaltens *in* den warenwirtschaftlichen Leistungsprozessen durch entsprechende Erhebungsinstrumente (z.b. Arbeitsanalysen) nicht oder nur in Ansätzen und sporadisch vorgenommen. Die impliziten Hypothesen werden so nicht oder nur bedingt an der Alltagspraxis „bestätigt" und geraten damit in Widerspruch zu bewährten Formen des Arbeits- und Entscheidungsverhaltens. Der defensive Charakter des Informationsverhaltens ist darin zu sehen, daß gegenüber den Aufgaben- und Entscheidungsträgern in den warenwirtschaftlichen Leistungprozessen das Bedrohungspotential der Veränderungsstrategie unbestimmt gehalten wird (siehe die Zusammenstellung von „vermischten Botschaften" in Abbildung 4.2-2), und dies zugleich die Umgehung von „Konfrontationssituationen" in Arbeitsprozessen der Anwendungsentwicklung erlaubt. Die operative Arbeitsfähigkeit bleibt so - wechselseitig „unverletzt", und damit im Sinne von Argyris (1995) nicht produktiv verändert - gewahrt.

„Vermischte Botschaften"		Organisationsverhalten
Mit dieser Technik wird eine Vielzahl von Problemen gelöst.	Wir werden einige Zeit brauchen, um unsere Probleme zu lösen.	• zeitliche Verzögerungen der Softwareentwicklung • Systemzusammenbrüche
Diese Technik ist einfach zu bedienen.	Wir werden eine Reihe von Schulungen durchführen.	• unkoordinierte Schulungen • fehlender „Praxisbezug"

Abbildung 4.2-2: Anwendungsentwickler: Vermischte Botschaften im Informationsverhalten

Die **„Einkäufer"** drängen in dem gegebenen Handlungsrahmen auf eine weitgehende Selbstbestimmung in den von ihnen zu verantwortenden Warengruppen und erwarten, daß die Geschäftsführung Vertrauen in ihre Entscheidungen und die Wahl des zugrundeliegenden Arbeitsverhaltens zeigt. Daß zum Beispiel erteilte Aufträge „quergezeichnet" werden müssen, erscheint nicht mehr als Routine zur Gewährleistung einer angemessenen und damit auch anerkannten Abstimmung und Kontrolle der Dispositionen. Dabei werden die für die warenwirtschaftliche Steuerung - vor der Neugestaltung der betriebswirtschaftlichen Steuerungsinstrumente - verfügbaren Planungsverfahren und -daten als nur begrenzt geeignete Instrumente zur Koordination der Wirkungen warenwirtschaftlicher Entscheidungen im „Aktionsgeschäft" bewertet.

Als übergreifendes **Planungsverfahren** fungiert ein auf die Jahresplanung ausgelegter „Aktions-Kalender", dem die Einkäufer entsprechend ihrer warengruppenspezifischen Einkaufsplanung Artikel und Sortimente zuordnen. Dieses Instrument zur Koordination der Einkaufsplanung und der Status verfügbarer Planungsdaten wird als kritisch beurteilt:

- Aussagen befragter Einkäufer/innen wie *„Es stehen nicht die notwendigen Informationen zur Verfügung"* und *„Man kann nicht alle eigenen Aufträge im Kopf haben"* zeigen die Einschätzung auf, daß den Einkaufsentscheidungen keine ausreichende Transparenz über zentrale warenwirtschaftliche Informationen, wie kumulierte Warenbestellungen, artikel- oder warengruppenbezogene (Rest)Bestandsmengen oder der zur Verfügung stehende Finanzrahmen, zugrundeliegt.

- Die aus dem bestehenden Warenwirtschaftssystem in Listenform aufgestellten Daten[1] gelten als vergangenheitsorientiert, zu wenig aussagekräftig, unübersichtlich und bezogen auf die Aufgabenstellungen als nicht richtig angeordnet. Als konkretes Problem wird zum Beispiel beschrieben, daß die Auswertungen zu den Warenrückständen[2] an der laufenden Auftragsnummer orientiert sind, und damit Daten zum Zeitpunkt der Anlieferung, zum Preis oder anderen für die Aktionsplanung relevanten Informationen zwar enthalten, aber nicht systematisch und aktuell darstellen: *„Was wir gekauft haben, wann es kommt, das wissen wir nicht"* (Einkäufer/in).

Dies kann als *kritische Bewertung der Form der Informationsproduktion* (und ihrer Resultate), die nicht den in dem bewährten Entscheidungsverfahren begründeten Erwartungen entspricht, aber auch als *Kritik am Leistungsbeitrag der Anwendungsentwicklung* zur Produktivität der betrieblichen Leistungserstellung gedeutet werden.

Mit dem Szenario, das für die Einführung des rechnergestützten Warenwirtschaftssystems als Managementunterstützungssystem gezeichnet wird, werden zugleich die eingespielten Entscheidungsprocedere mit der Botschaft zur Disposition gestellt, daß Einkaufsaktionen transpa-

---

[1] Im wesentlichen enthalten die umsatzbezogenen Warenstatistiken zum Zeitpunkt der ersten Erhebung (täglich aufbereitet) warengruppenbezogene Umsatzzahlen differenziert nach Filial- und Gesamtsummen und (monatlich aufbereitet) Informationen über den kumulierten Auftragsbestand.

[2] Mit Warenrückstände werden Warenvolumen bezeichnet, die geordert, aber noch nicht geliefert sind.

rent, mithin die Wirkungen auch spezifischer Einkaufsentscheidungen „aufgedeckt" und zuge-rechnet werden können - mit einer im Hinblick auf das **Entscheidungsverhalten** ambivalen-ten Einordnung durch die Entscheidungsträger:

- Es gibt die Anerkenntnis, mit Hilfe „guter" Daten im eigenen Entscheidungsverhalten zu verbesserten Entscheidungen kommen zu können. Dies spiegelt sich nicht nur in den Er-fahrungswerten mit den verfügbaren „harten" warenstatistischen Daten wieder, sondern auch in Aussagen (von Einkäufern/Filialleitern) zu Zielen und Funktionen des Technikein-satzes. Um die *„Rechnung über den Daumen durch fundierte Informationen zu ersetzen"* und *„im Lesen von Zahlen zu schulen"* wird die Notwendigkeit zum Ausdruck gebracht, für die steigende Aufgabenkomplexität - sowohl in der Einkaufsdisposition aufgrund des ansteigenden Warenvolumens als auch in der Filialsteuerung durch die Differenzierung des Sortiments und der sortimentsspezifischen Entscheidungen - die verfügbaren informatori-schen Werkzeuge zu verbessern, zum Beispiel durch den *„Aufbau eines Alarmsystems in bezug auf die Warenmenge zu bestimmten Zeitpunkten"*. In dieser Hinsicht läßt sich die Einforderung „besserer" Zahlen auch als Rationalisierung des eigenen Entscheidungsver-haltens in bezug auf die mit dem sukzessiven Ausbau der Planungssystematik gegenüber dem mittleren Management deutlicher werdenden Erwartungsstrukturen im Hinblick auf wirtschaftliche Erfolgsgrößen deuten.

- Es gibt ein Risikobewußtsein gegenüber der Elektronischen Datenverarbeitung als Kon-trollmittel, weil damit die wirtschaftliche Erfolgswirksamkeit von Aktionen mittels „har-ter" Daten - beispielsweise durch Nachkalkulationen - offengelegt (und nicht durch interne Umschichtungen, Preisabschriften und ähnliche Maßnahmen verdeckt) wird, und damit auch im „Wettstreit" der Akteure um innerbetriebliche Ressourcen in eine ungünstige(re) Position zu geraten. Die lokale Handlungstheorie markiert in bezug auf die Generierung „guter" Informationen durch ein rechnergestütztes Warenwirtschaftssystem dessen Grenze für die Bedrohung des Entscheidungsverhaltens der Einkäufer: *„Eine zu starke Orientie-rung auf die gut verkaufte Ware, auf zu genaue Zahlen beeinflußt das Einkaufsverhalten im Hinblick auf die kreative Gestaltung negativ. Der Blick richtet sich zu sehr nach hinten und zu wenig auf die neue, eigenständige Produktgestaltung"* (Aussage aus der Geschäftsfüh-rung Einkauf/Marketing).

Dieser grundlegende Widerspruch zeigt sich im **Informationsverhalten** um die Form der Ma-nagementinformationen, die aus dem rechnergestützten Warenwirtschaftssystem zu gewinnen sein sollen.

Kristallisationspunkt ist die eher als technisches Problem einzuordnende Codierung der Ein-zelartikel, an der die Frage des Verhältnisses der Handlungsorientierung im Entscheidungsverhalten des Funktionsbereichs Einkauf und der Form der Informationsbereitstellung - als Widerspiegelung der Handlungsstrategien in der Anwendungsentwicklung - festgemacht wird. Die Ablehnung dieser Informationstiefe, die auf seiten von „Einkäufern" zu beobachten ist - *„Wir brauchen sicherlich nicht zu wissen, die Bluse mit V-Ausschnitt und mit goldenen Knöpfen ..., das wäre meiner Meinung nach zuviel Information" (Einkäufer)* -, ist auf seiten der Anwendungsentwickler nicht nachvollziehbar. Aus ihrer Sicht gibt es technikspezifische Gründe für eine artikelgenaue Datenerfassung, durch die das Arbeitsverhalten eines Einkäufers nicht berührt wird, und die dennoch notwendig ist, um für das Entscheidungsverhalten der Einkäufer als relevant eingestufte Daten - vom Einzelartikel bis zur gesamten Warengruppe - bereitstellen zu können: *„Man muß nicht die [EAN- oder Artikel - HJB] Nummer wissen, um eine spezifische Auswertung oder einen Preis zu aktualisieren oder eine Info [... seinen „blauen Rock mit Spitzen" ...] zu ziehen ..."* (Anwendungsentwickler).

Als exemplarisch für das **Arbeitsverhalten** ist die Widersprüchlichkeit zwischen offensiven und defensiven Strategien im Umgang mit verfügbaren informationstechnischen Systemen anzusehen. Bei Führungskräften sind zumindest zwei *individuelle Handlungsstrategien* im Umgang mit technischen Systemen erkennbar:

• *defensive Strategie:* Regelmäßig werden (Standard)Software-Programme gar nicht oder nur rudimentär genutzt. Obwohl für strukturierte Tätigkeitsfelder einfache Softwarekomponenten (z.B. Transportplanung) oder für Bürotätigkeiten nutzungsneutrale Anwendungsprogramme (z.B. Textverarbeitung) verfügbar sind, sehen Einkäufer im *„Tagesgeschäft"* weder den Bedarf - *„zu aufwendig"* - noch die Möglichkeit - *„Personal- und Zeitmangel"* -, sich entsprechend *„einzuarbeiten"*.

• *offensive Strategie:* Einzelne Führungskräfte spezialisieren sich und beginnen, die technischen Möglichkeiten für das eigene Aufgabengebiet auszunutzen. Beispielsweise gilt eine Führungskraft im Funktionsbereich Finanzen/Organisation in seinem Aufgabenumfeld schon frühzeitig als „Experte" für die Nutzung des Diensteangebots der digitalen Telefonausstattung - z.B. Rufumleitung, Makeln -.

Die Widersprüchlichkeit dieser Strategien wird am Wunsch der „Einkäufer" deutlich, regelmäßig stattfindende Einkaufsreisen mit Hilfe eines tragbaren Computers zu unterstützen und die Daten über entsprechende Datenleitungen für die interne Datenaufbereitung frühzeitig bereitzustellen. Das aus Sicht der Anwendungsentwickler frustrierende Ergebnis der (mehrere Mann/Tage in Anspruch nehmenden) Programmierung - *„Der Computer steht heute im Einkaufsbüro und wird nicht genutzt"* - bestätigt ihre Wahrnehmung der geringen Wertschätzung ihrer Arbeit durch „Einkäufer" (als Personengruppe) und die Einschätzung, daß diese nur in ihren „Erklärungen", aber nicht in ihrem alltäglichen Handeln bereit sind, mit technischen Möglichkeiten umzugehen.

Als Merkmal im **Interaktionsverhältnis zwischen „Warenleuten" und „Techniker"** läßt sich die nicht miteinander vereinbare oder fehlende Übereinstimmung der „öffentlichen" Einordnung des Informationsversorgungsbedarfs und den Bedingungen seiner konkreten Bestimmung und Nutzung im praktizierten Arbeits- und Entscheidungsverhalten deuten. Aufgrund dieser „Abwehrhaltung" erscheinen Einkäufer als konservativ im Hinblick auf die von ihnen selbst als notwendig erklärte Änderung ihres Arbeits- und Entscheidungsverhaltens. Einkäufer wollen - aus Sicht der „Techniker" - den Status quo bewahren und sind nicht geneigt, mit technischen Systemen und ihren Möglichkeiten aktuelle Probleme zu bewältigen.

4.2.2.3 Prozeßbedingungen organisationalen Lernens: Einordnung der Befunde

Organisationale Lernprozesse beschreiben - in der hier entwickelten Argumentation - die *Entwicklung und Veränderung gemeinsam geteilter, zweckorientierten Begründungen organisationaler Verhaltensweisen.* Die Reflexion dieser Begründungen setzt *Vermittlungsmechanismen zwischen den Logiken der diesen Begründungen zugrundeliegenden Handlungstheorien* voraus, also zwischen dem Orientierungswissen der Akteure und den Regelsystemen im organisationalen Verhalten wie auch zwischen den Regelsystemen der lokalen Handlungstheorien. Die Beschreibung eines „begrenzten Lernprozesses", dessen Ursachen sich auf die Lokalität organisationaler Handlungstheorien in einem betrieblichen Leistungsprozeß zurückführen lassen, gibt den Anlaß, im Unterschied zu Rahmenbedingungen auch Prozeßbedingungen organisationaler Lernprozesse zu differenzieren. Die hier vorgelegten Befunde machen deutlich, daß mit dem Technikeinsatzkonzept der EDV-Kerngruppe ein „neues" Handlungs**modell** für das Arbeits- und Entscheidungsverhalten in betrieblichen Leistungsprozessen entwickelt wird. Wenn sich zugleich die organisatorische und personelle Entwicklung des Arbeits- und Entscheidungsverhaltens im **Erfahrungs**kontext des Alltagshandelns bewegt, dann orientiert sich das **Forschungshandeln** an den je spezifischen Bedingungen dieser Lernkontexte. Dies kann als Begrenzung der Möglichkeiten zur Initiierung der Veränderung organisationalen Verhaltens auf der Ebene organisationaler Lernprozesse gedeutet werden.

Mit den Befunden zum Informationsverhalten zwischen den Akteurgruppen können grundsätzliche **Merkmale ihres Interaktionsverhältnisses** hervorgehoben werden:

1. Mit der Funktionalität des im rechnergestützten Warenwirtschaftssystems aufscheinenden Modells der Technikunterstützung von Managementleistungen wird die zukünftige Form warenwirtschaftlicher Entscheidungsprozesse in den Entscheidungs-„Raum" gestellt, jedoch in den Interpretationsschemata der „Techniker" und der „Warenleute" unterschiedlich gedeutet. „Resultat" ist ein nur lose gekoppeltes Gestaltungshandeln zwischen den Akteur-

gruppen mit „berührungsunempfindlichen" Handlungsstrategien zur Form(ung) der Veränderung des betrieblichen Arbeits- und Entscheidungsverhaltens. Hervorzuheben ist auch, daß in der Wahrnehmung von Problemfeldern im Arbeits- und Entscheidungsverhalten für die Ursachendifferenzierung und Zurechnung der Leistungsbeitrag der jeweils anderen Akteurgruppe eine zentrale Rolle spielt (Warenleute: Defizite in der Datenaufbereitung und -darstellung durch die „Techniker", Techniker: fehlende Koordination der warenwirtschaftlichen Entscheidungen durch die „Warenleute").

2. Als „Dilemma" der Technikeinsatzkonzeption ist der Versuch zu sehen, durch neue Formen der Technikunterstützung der Managementleistungen auf das Arbeits- und Entscheidungsverhalten in den betrieblichen Leistungsprozessen einzuwirken, der *auch* als ungerechtfertigte Beurteilung des aufgrund seines operativen und strategischen Bewährungsgrades - für den der Erfolg im Unternehmenswachstum steht - als nicht „antastbar" geltenden bisherigen Arbeits- und Entscheidungsverhaltens (und der hierin zum Ausdruck kommenden Kompetenz der „Einkäufer") gedeutet wird.

Obwohl die vergleichende Betrachtung der Befragungsergebnisse zu organisatorischen Gestaltungsbedarfen zeigt, daß funktionsbereichsunabhängig ähnliche Handlungsnotwendigkeiten gesehen werden, ist ein Austausch entsprechender Gestaltungsüberlegungen - im Sinne einer produktiven Bearbeitung - nicht oder nur in Ansätzen zu verzeichnen. Mit den aufgezeigten Befunden zu den vermischten Botschaften im Informationsverhalten zwischen den Akteurgruppen kann diese Beobachtung auf die Abwehrroutinen zurückgeführt werden, die die Akteurgruppen entwickelt haben, um - trotz der Wahrnehmung der kritischen Wirkungen auch des eigenen Entscheidungs- und Informationsverhaltens - die produktive Bearbeitung der Frage nach einer den bewährten Handlungsmodi im Arbeits- und Entscheidungsverhalten entsprechenden Anwendungskonzeption der Informationssysteme zu vermeiden. Produktive Argumente können nicht entwickelt werden, weil in den lokalen Handlungstheorien teilweise festgefügte „Bilder" über die Handlungsstrategien der jeweils anderen Akteurgruppe verankert sind: *„ Wir haben das riesige Problem ..., daß halt die Leute aus dem Vertrieb ... sich als Könige hier aufführen und die anderen halt Schwierigkeiten haben, Befehle - sagen wir mal der Könige - richtig zu setzen, zu korrigieren"* (Aussage aus dem Geschäftsführungsbereich Finanzen/Organisation).

3. Es ist der generelle Orientierungskonsens über die Funktionalität des Technikeinsatzes, der erlaubt, die Bearbeitung dieses Problems durch „vermischte Botschaften" im Informationsverhalten zuzudecken, so daß das Arbeits- und Entscheidungsverhalten, ob in dieser oder anderer Form, nicht zur Disposition gestellt wird und die bestehenden Probleme verdeckt werden.

Das technische Konzept wird „typisiert" in der Form eine Verdichtung der spezifischen Anwendungskonzepte zu einem allgemeinen, mithin konsensfähigen Handlungsprinzip, mit dem das soziale Gefüge zwischen den Akteuren - auch mit seinen kontraproduktiven Effekten aufgrund des Informationsverhaltens - funktionsfähig bleibt. Das für die Form der Disposition im Entscheidungsverhalten bedeutsame Warenwirtschaftssystem bleibt weitgehend unbestimmt. Es wird in „Visionen" präsentiert, während seine „Versionen" (mit konkreten Informationen im Hinblick auf die Anwendungsoptionen des Systems) entwickelt werden müssen. Dieser implizite Orientierungskonsens „erlaubt" die wechselseitige Ausbildung von Erwartungsstrukturen, weil konfliktäre Wirkungsvermutungen der Akteure aufgrund ihrer Indifferenz in der Kommunikation zwischen den Akteuren wirkungslos bleiben: *konkrete* Aussagen im Hinblick auf das zukünftige Arbeits- und Entscheidungsverhalten mit dem Managementinformationssystem werden nicht gemacht und sind für die Kommunikation nicht notwendig. Der Orientierungskonsens enthält nicht mehr als die Annahme *„Computer auf Schreibtischen"* und „entscheidet" nicht das eigentliche Problem: ob es derjenige des Einkäufers im Einkaufsbüro oder derjenige der Einkaufssachbearbeitung im Auftragsbüro ist.

Damit ist die Kommunikationsgrundlage vergleichsweise abstrakt und erlaubt den Akteurgruppen, das technische Konzept selbst-verständlich zu deuten und entsprechend Interessen zur Geltung zu bringen, ohne daß durch die wechselseitig unterschiedlichen Interpretationen der generelle Orientierungskonsens verletzt wird. Es bedarf dann eigener Kommunikationsleistungen zur Transformation des Informationsverhaltens, bevor diese Wahrnehmungs- und Begründungsmuster in ihrer je spezifischen Perzeptivität aufgedeckt und mit einer Rationalitätssemantik „belegt" werden, die es erlaubt, für konkrete Handlungssituationen konstruktiv die weiterhin im Raum stehende Frage nach der operativ möglich erscheinenden Form der Technikunterstützung warenwirtschaftlicher Entscheidungsprozesse produktiv zu bearbeiten.

Mit diesen Befunden können - in einem ersten Zugriff - als Modalitäten dieser Vermittlung „Modelle des organisationalen Verhaltens", die als handlungsleitende Variablen im „Forschungsprozeß" entwickelt werden, und die „Erfahrungen mit Modellen", die den Handlungsstrategien im alltäglichen „Gestaltungsprozeß" des Arbeits- und Entscheidungsverhaltens zugrundeliegen, gedeutet werden. Analogisierend läßt sich hier die Unterscheidung zwischen Entstehungs- und Begründungskontext wissenschaftlicher Theoriebildung[1] aufnehmen:

- Als Resultat betrieblichen „Forschungs-"Handelns steht das Handlungsmodell der „Techniker" - das auch einen nicht abgeschlossenen Prozeß der Selektion bereits erzeugter „Resultate" zu den Möglichkeiten des Technikeinsatzes darstellt - *zugleich* vor dem Problem sei-

---

[1] Vgl. zu diesen Überlegungen für die Anerkennung wissenschaftlicher Forschungsergebnisse Knorr-Cetina u. Amann (1992).

ner Bewährung im Erfahrungskontext der Akteure betrieblicher Praxis. Es ist vor allem mit dem Problem der Reflexion seiner Begründungskonstruktion durch die Entscheidungsträger im mittleren Management konfrontiert. Daraus entsteht die spezifische Problematik der Verbreitung und Durchsetzung der *theoretischen Erklärung* dieses „Modells" in den *praktisch wirksamen Regeln der Begründung* des Arbeits- und Entscheidungsverhaltens: Welche Informations- und Reflexionsprozesse sind erforderlich, um - wie in diesem Unternehmen - „experimentelle Anhänger" - hier: für ein Konzept „gläserne Warenwirtschaft" - zu gewinnen, um auf dieser Basis die notwendigen Erfahrungsprozesse zur dauerhaften Veränderung des Arbeits- und Entscheidungsverhaltens zu ermöglichen?

- Die Verknüpfung von Begründungs-, Reflexions- und Erfahrungsprozessen verschiedener Akteurgruppen ist dann nicht notwendig, wenn das Bezugsproblem des „Forschungs-"Handeln betrieblicher Akteure die Resultate der im Arbeits- und Entscheidungsverhalten praktisch wirksamen Regeln sind. Wenn sich wie hier die Entscheidungsträger des mittleren Managements mit ihrem eigenen Arbeits- und Entscheidungsverhalten auseinandersetzen, sind im Gestaltungshandeln die Bedingungen der Herstellung und Stabilisierung der „Forschungs-"Resultate andere. Es gibt das Problem der Verknüpfung von „Theorie" und „Praxis" als solches nicht.

Diese verweist darauf, daß - führt man die Analogie weiter - auch die „naive" Praxis der Reflexionsformen und der an sie anschließenden Prozesse ihrer je eigenen „Erkenntnistheorie" und „Methodik" und eben auch eigenen Wertmaßstäben folgen. Die Problematik ihrer Relation entsteht aufgrund der Lokalität der Handlungstheorien, die hier mit der Intention der Veränderung warenwirtschaftlicher Entscheidungsprozesse durch technische Systeme aufeinander bezogen werden. Das Unterscheidungsmerkmal der Problemkomplexität (Reflexion von Handlungstrategien versus handlungsleitenden Variablen) stellt dann *nur* ein erstes Differenzierungsmerkmal der Verortung praktischer Problemlösungsprozesse als ein- oder zweischlaufiges Lernen dar, die anhand der Beobachtung solcher Entscheidungsabläufe mit der Unterscheidung ihrer Prozeßstrukturen weiter auszuarbeiten ist.

4.2.3 Initiierung organisationaler Lernprozesse: Interventionsstrategien zur Steuerung von Veränderungsprozessen

Versteht man organisationales Verhalten als Ergebnis einer unter bestimmten Gegebenheiten gewählten Problemlösung, die durch zweckorientierte Handlungen hervorgebracht wird, dann hat dies Folgen für das Verständnis der Veränderung dieses Verhaltens durch Interventionen und der Planung entsprechender Eingriffe: Die Regeln, Handlungsprinzipien und Ergebniserwartungen, die das Veränderungsvorhaben steuern und seine Funktion rechtfertigen, werden gebildet und getragen von denjenigen, die einen Anlaß haben, eine (lokale) organisationale

Handlungstheorie - aufgrund der „Resultate" des Verhaltens - in einer bestimmten Art und Weise zu reflektieren, und die damit diesen organisationalen Lernzyklus in ein Lernsystem einschreiben, dessen allgemeine Charakteristika in den Interaktionsverhältnissen der beteiligten Akteure aufscheinen. Damit wird zugleich die (begrenzte) Fähigkeit bestimmt, das Orientierungs- und Regelsystem der Handlungstheorie in einem den „Resultaten" des Verhaltens entsprechenden Sinne zu verändern. Dies weist der Begründungsstruktur des Gestaltungshandelns - oder kurz: der Interventions- oder Veränderungsstrategie - eine Schüsselrolle zu: empirisch für dessen Wirksamkeit, methodisch mit seiner Kontingenz, das heißt der unabdingbaren Bindung der Handlungsprinzipien und -methoden an die lokale Form der Lernfähigkeit des organisationalen Lernsystems.

Ziel dieses Kapitels ist es, im Handlungskontext der ausgewiesenen lokalen Handlungstheorien den Veränderungsstrategien nachzugehen, die in dem Handelsunternehmen von seiten der Anwendungsentwickler - als Träger der neuen Handlungstheorie „Gläserne Warenwirtschaft" und ihrer Begründungsmodelle - getragen werden, um zu zeigen, daß die erwarteten Ergebnisse der technikinduzierten Veränderung des Arbeits- und Entscheidungsverhaltens nicht erreicht werden, wenn die Form der Veränderungsstrategie nicht die Veränderung beobachtbarer Verhaltensweisen anstrebt, also an den Handlungsmodus im Verhalten der Organisationsmitglieder anschließt: Erst die Umsetzung eines Begründungsmodells in organisationales Handeln, also in ein beobachtbares Arbeits- und Entscheidungsverhalten, kennzeichnet einen vollständigen Lernzyklus, und dies setzt die Analyse - das Verstehen - der Funktionsweise des organisationalen Handelns voraus, neben und unabhängig von seiner „Therapie" in Form von Gestaltungsvorschlägen „... *from the best and the brightest* ..." (Argyris 1990, S.67).

Im Gestaltungshandeln des Handelsunternehmens können für den Forschungszeitraum im Zuge des Technikeinsatzes zwei Veränderungsstrategien ausgewiesen werden. Zu betrachten sind zum einen Konzepte zur Anwendungsentwicklung und -beteiligung der „Techniker" in dem Handelsunternehmen, zum anderen die dem Gestaltungshandeln der Forschergruppe zugrundeliegende Konzeption. Handlungsrahmen dieser als Intervention in die lokalen Handlungstheorien der warenwirtschaftlichen Arbeits- und Entscheidungsprozesse zu deutenden Veränderungsstrategien sind Erfahrungen mit und Erwartungshaltungen aufgrund der Qualifizierungs- und Beteiligungsverfahren vorgängiger Interventionsprozesse. Dies geht von der Annahme aus, daß es bisherige Erfahrungen mit Organisations- und Personalentwicklungskonzepten im Zuge der Veränderung von Informationsverarbeitungsverfahren sind, durch die Erwartungen im Hinblick auf Interventionen in das Arbeits- und Entscheidungsverhalten in den betrieblichen Leistungsprozessen mittels technischer Systeme geprägt werden.

4.2.3.1 Management vorhergehender Veränderungsprozesse: Erfahrungen mit Veränderungs- und Qualifizierungsstrategien

Grundsätzlich ist festzustellen, daß die Erhebungsergebnisse die Annahme nahelegen, daß es in dem Handelsunternehmen keine institutionalisierten Regelungen zur Steuerung von Veränderungsprozessen gibt. Eine systematische Qualifizierungs- und Beteiligungspolitik hat nur wenig Raum im „Tagesgeschäft", so daß es in dem Unternehmen - bis zur Etablierung eines „EDV-Büros" zur Organisation des Datenverarbeitungsbereichs - keine organisationsstrukturellen Regelungen für solche Gestaltungsinitiativen gibt.

Es lassen sich zwar Akteure und (autorative und allokative) Ressourcen für betriebliche Veränderungsprozesse identifizieren. Diese sind jedoch auf die Unterstützung des Arbeits- und Entscheidungsverhaltens in den Leistungsprozessen ausgerichtet und nur wenig durch projektübergreifende Formalstrukturen - als *„Implementierungsbürokratie"* (Wollnik 1986, S.278) - miteinander verbunden sowie unterschiedlichen Verantwortungsbereichen zugeordnet.[1] Im einzelnen sind zwei Befunde hervorzuheben:

- Der Qualifikationsstand im Organisations- und Personalbereich wird im Hinblick auf die „strategische" Bewältigung der anstehenden Aufgaben als kritisch beurteilt und als zentraler Engpaßfaktor für die Unternehmensentwicklung eingestuft.

Zu den Aufgaben der dem Geschäftsbereich Vertrieb zugeordneten Personalabteilung gehören vor allem die Lohn- und Gehaltsabrechnung, die administrative Unterstützung von Personalrekrutierung und -einsatz sowie die (Aus-)Bildungsorganisation. Der niedrige strategische Stellenwert kommt beispielsweise darin zum Ausdruck, daß spezialisierte Fachqualifizierung für das mittlere Management eher in den Fachabteilungen als im Personalbereich initiiert und organisiert wird. Die Zuordnung selber erklärt sich aus der Bedeutung der Personalarbeit in den Filialbetrieben, die aufgrund der hohen Anzahl an Teilzeit- und Aushilfskräften mit einer Vielzahl personalwirtschaftlicher Einzelaktivitäten (z.B. Einstellungsverfahren, Kündigungsprozesse, Sonderregelungen bei Lohn- und Gehaltsabrechung, Personalkauf) verbunden ist.

- Für die Umsetzung technisch-organisatorischer Gestaltungsideen und -konzepte stehen zeitliche und personelle Ressourcen nur in dem begrenzten Rahmen der täglich auszuführenden Arbeitsaktivitäten - „Tagesgeschäft" - zur Verfügung.

Organisatorische Problemlösungen werden in den betrieblichen Leistungsprozessen aufgrund aktueller Problemlagen und mit dem spezifischen Erfahrungswissen der jeweiligen

---

[1] Nach Abschluß der Erhebungsarbeiten wird allerdings im Funktionsbereich Finanzen/Organisation eine spezielle Stelle zur Koordination und Steuerung der Aufgabenbereiche zur Anwendungsentwicklung geschaffen.

Akteure entwickelt und umgesetzt. Beispielsweise wird im Funktionsbereich Einkauf/Marketing im Zuge der personellen Ausweitung eine Veränderung der Warengruppenstruktur vorgenommen, um den Koordinationsbedarf zwischen Einkäufern zu reduzieren und die Verarbeitung von Steuerungsinformationen zu erleichtern (z.B. Vereinfachung der Datenerfassung bei der Kassenabwicklung, Begrenzung des Umfangs von EDV-Ausdrucken).

Im Unterschied zum technischen Wissen, seinem Auf- und Ausbau durch den Zukauf von personellen Ressourcen und seiner sukzessiven organisatorischen Verankerung ist in dem Unternehmen keine *fachspezifische Kompetenz* zu verzeichnen, um in den Bereichen der Organisations- und Personalentwicklung eine ähnlich Herangehensweise zu finden, wie dies in bezug auf die Anwendungsentwicklung der Fall ist. Problemlösungen zur Transformation betrieblicher Leistungsprozesse stellen sich in ihren Zielen und Operationen als nur wenig koordinierte und im Hinblick auf das Arbeits- und Entscheidungsverhalten operationalisierte Einzelereignisse dar, die weitgehend unabhängig voneinander initiiert werden. Erwartungen, die gegenüber dem organisatorischen Wirkungsgrad dieser Aktivitäten formuliert werden, sind eher durch Skepsis geprägt: *„Die Mitglieder [eines „Dynamik"-Arbeitskreises zum Problem Kapazitätsengpäße im Warenlager - HJB] haben zu wenig eigenen Zugriff und beherrschen nicht in ausreichendem Maße das Zahlenmaterial"* oder *„Es hat sich schon ein bißchen was bewegt. Es hätte vielleicht ein bißchen immenser sich bewegen können, nämlich wenn man das Ganze ein bißchen radikaler verfolgt hätte"* (Aussagen von Führungskräften des Funktionsbereichs Finanzen/Organisation).

Diese Situation spiegelt sich in der Bewertung verschiedener **Formen von Beteiligungs- und Qualifizierungs-„Strategien"** wieder, in denen auch Ungewißheiten und latente Befürchtungen in bezug auf die Wirkungen des Technikeinsatzes am eigenen Arbeitsplatz zum Ausdruck kommen. Diese sind dadurch gekennzeichnet,

a) daß durch die Arbeitnehmervertretung[1] die Notwendigkeit zur *Beteiligung an der Planung und Gestaltung der verschiedenen waren- und finanzwirtschaftlichen Informationssysteme* eher als niedrig eingestuft wird und die - hier gegebenen (vgl. als Überblick zu rechtlichen Grundlagen Fangmann 1993, zum Stand technikbezogener Mitbestimmungsforschung Bartölke u.a. 1994, Osterloh 1993a) - Beteiligungsrechte durch die Arbeitnehmervertretung nicht wahrgenommen werden.

Bisher standen eher personalpolitische und soziale als technisch-organisatorische Fragen im Mittelpunkt von Beteiligungsverfahren, die - auch aufgrund der von beiden Seiten ge-

---

[1] Aufgrund der dezentralen Struktur der Filialorganisation des Handelsunternehmens sind in den Niederlassungen regional jeweils unabhängig voneinander gewählte Betriebsräte tätig, die eng zusammenarbeiten. In unregelmäßigen Abständen finden etwa acht- bis zehnmal im Jahr in der Hauptverwaltung Betriebsratssitzungen statt.

wollt niedrigen Konfliktintensität - mit der Geschäftsführung im Regelfall einvernehmlich gelöst werden. Prägnant ist das gewachsene Vertrauen in das mitarbeiterorientierte Handeln der Unternehmensführung - *„Der [Geschäftsführung Finanzen/Organisation] macht das schon"* (Mitglied des Betriebsrats) -, das sich in diesem Kontext beispielsweise in der *generellen* Zusicherung zeigt, im Unternehmen keine personenbezogenen Daten zum Telefonverhalten aufzuzeichnen.

Entsprechend wird die Arbeitnehmervertretung von „außen" wahrgenommen: Sie tritt, so lassen sich eine Reihe von Aussagen deuten, kaum in Erscheinung, wenn es um Fragen der technischen und organisatorischen Umstrukturierung der Unternehmung geht, zum Teil ist sogar unklar, welche Aufgaben die Arbeitnehmervertretung *„überhaupt wahrnimmt"* (Einkäufer/in). Diese Einschätzung begründet indirekt, warum in den Erwartungen der Mitarbeiter der Interessendurchsetzung über die Arbeitnehmervertretung als „offiziellem" Beteiligungsverfahren kaum Bedeutung zugemessen wird, während die direkte eigene Beteiligung an Veränderungsprozessen einen weitaus höheren Stellenwert genießt (vgl. hierzu ausführlich die Befunde zur Beteiligungsreichweite, zu den Gegenständen der Beteiligung und zum Beteiligungsgrad in Biervert u.a. 1994, S.182ff.).

b) daß eine über die Einweisung von Mitarbeitern in die Bedienung von Informationssystemen hinausgehende systematische *Anwenderqualifizierung* in bisherigen Technikeinsatzkonzepten keine Rolle spielt.

Als generelle Einordnung zur Anwenderbeteiligung an der Technikeinführung läßt sich die von nahezu allen Befragten kritisch geäußerte - allerdings aufgrund der Fragenstruktur nicht weiter spezifizierte - Einschätzung zu der *„bombenwurfartigen Einführung"* (Mitarbeiter/in des Funktionsbereichs Finanzen/Verwaltung) von technischen Systemen herauskristallisieren. Konzepte zur Anwenderqualifizierung werden nicht wahrgenommen. Hier wird Handlungsbedarf nicht nur in technischer, sondern auch in fachlicher Hinsicht gesehen. Zugleich sehen sich Mitarbeiter gezwungen, sich technische Systeme - häufig unter zeitlicher Zusatzbelastung - praktisch anzueignen (z.B. bei finanzwirtschaftlichen Transaktionssystemen, deren Installation zum Zeitpunkt der ersten Erhebungsarbeiten stattfindet). Diese Befunde legen die Einschätzung nahe, daß vor der Einführung des rechnergestützten Warenwirtschaftssystems in der Anwenderqualifizierung eine technikbezogene Sichtweise (Vermittlung der Geräte- und Programm*bedienung)* im Vordergrund steht. Zur Anwendungspraxis und den Erfahrungen mit den dort auftretenden Problemen wird - in dieser Phase - kein Bezug hergestellt.

c) daß als *Gestaltungsbedarfe* jene Problemfelder antizipiert werden, die sich im Zuge der weiteren technisch-organisatorischen Umstrukturierung als Engpässe der Veränderung von Aufgaben- und Tätigkeitsbereichen zeigen.

Ein Beispiel ist der von Einkäufern geäußerte Wunsch, im „*Lesen von Zahlen*" geschult zu werden. Zudem wird der Praxisbezug der Wissensvermittlung durch eine engere Verbindung zwischen Lern- und Tätigkeitsfeld eingefordert. Es geht um eine auf die jeweilige Aufgabe zugeschnittene Vermittlung von „*lehrbuchmäßig präsentiertem Wissen*" (Einkäufer/in), um in stärkerem Maße Kompetenz zur Anwendung der erworbenen (technischen und warenwirtschaftlichen) Kenntnisse in der eigenen Arbeitsorganisation zu gewinnen. Mit Blick auf die Technikunterstützung der Managementleistungen sehen Führungskräfte die Notwendigkeit, genauer zu formulieren, anhand welcher Kriterien warenwirtschaftliche Entscheidungen getroffen werden und welche weiteren Kalküle denkbar sind, um daraus auch Anforderungen für technisch zu generierende Daten abzuleiten.

Faßt man die Beschreibung des Erfahrungskontexts mit Veränderungs- und Qualifizierungsstrategien zusammen, dann sind die Erwartungen gegenüber den anstehenden Maßnahmen durch Unsicherheiten und unbestimmte, die anstehenden Veränderungen eher als Bedrohung des eigenen Arbeitsverhaltens einstufende Erwartungshaltungen geprägt. Dies kommt in der kritischen Wahrnehmung des Veränderungsmanagements zum Ausdruck, die durch (im Fragebogen der Primärerhebung allerdings nicht differenzierend erfaßte) Erfahrungen mit Technikeinführungen und von dem spezifischen Nutzungsgrad vorhandener Techniken geprägt sind. Als ein Kernpunkt der Wahrnehmung stellt sich eine in der Regel ohne oder mit nicht ausreichender Vorabinformation und Einweisung erfolgte Installation technischer Systeme dar. Als deren Folge läßt sich dann die Beobachtung deuten, daß verfügbare informations- und kommunikationstechnische Systeme gar nicht oder in ihrem Leistungsvermögen nur begrenzt ausgeschöpft werden.

4.2.3.2 Beteiligungsorientierte Anwendungsentwicklung als Veränderungsstrategie

Auf den „ersten" Blick scheint die Analyse der Veränderungsstrategie der Anwenderqualifizierung und -beteiligung klar strukturiert zu sein, hebt sie sich doch mit ihren erklärten Handlungsprinzipien und beobachtbaren Methoden - wie Informationsveranstaltungen für das mittlere Management, Einrichtung einer prototypischen ISDN-Testfiliale zur Qualifizierung von (Filial-)Mitarbeitern, ein anwendernahes Moderatoren-Konzept - nicht nur erheblich von vorgängigen Technikeinführungsprozessen in dem Handelsunternehmen ab, sondern entspricht damit - zumindest vom Ansatz her - dem Stand arbeitspsychologischer Forschung zur Anwendungsentwicklung bei der Einführung moderner Informationstechnologien (vgl. Lullies 1991, Koch 1991).

Die dem Organisationskonzept der Anwendungsentwicklung zugrundeliegenden Handlungsbegründungen können anhand der Organisationsformen und Methoden der Anwenderqualifizierung und -beteiligung rekonstruiert werden. Mit einer genaueren Differenzierung im Argumentationskontext des hier entwickelten Bezugsrahmens zeigt sich, daß in der Umsetzung des Handlungsmodells „gläserne Warenwirtschaft" gegenüber den relevanten „Ziel"-Gruppen (vor allem: Sachbearbeitung im „Auftragsbüro" und mittleres Management im „Einkaufsbüro") unterschiedliche Handlungsstrategien zum Tragen kommen.

4.2.3.2.1 Organisationskonzept der Anwendungsentwicklung

Charakteristikum der Anwendungsentwicklung ist technisch gesehen die „Null"-Situation in dem Handelsunternehmen. Obwohl warenwirtschaftliche Anwendungssysteme vorhanden sind, handelt es sich um eine vollständige Neuentwicklung der informationstechnischen Infrastrukturen. Insoweit wird hier eine Situation gekennzeichnet, in der - auch aufgrund der umfangreichen softwaretechnischen Eigenentwicklungen - es keinen Erfahrungs- und/oder Beobachtungskontext in bezug auf die Konzeption und Umsetzung eines solchen Modellprojekts gibt. Dies gilt insbesondere für das rechnergestützte Warenwirtschaftssystem, das erst während des Untersuchungszeitraums in seinen wesentlichen Modulen entwickelt wird.

Grundlagen der Anwenderqualifizierung und -beteiligung entstehen im Kontext der softwaretechnischen Entwicklung von Anwendungsumgebungen und werden aufgrund nicht bestimmter „Zuständigkeiten" durch die EDV-Kerngruppe erstellt. Dieser Entstehung liegt ein Selbstverständnis zugrunde, in der sich diese Akteurgruppe als Berater und Moderator des gesamten informationstechnischen Entwicklungs- und Einführungsprozesses versteht. Das Wissen hierzu beruht vor allem auf „Erfahrungslernen":

> *„Ich sage mal, von meinen letzten 150 EDV-Projekten, die ich in den letzten 10 Jahren durchgeführt habe, waren ... zwei Drittel schon in diese Richtung, das heißt, also wo im Prinzip die Mitarbeiter in den Unternehmen diejenigen waren, die die Verfahren und Methoden vorangetrieben haben und ich lediglich derjenige war, der den ganzen Kreis am Laufen gehalten hat, das heißt der Moderator. Ich habe natürlich die Software entwickelt ..., aber organisatorisch habe ich das Projekt im Prinzip begleitet und habe versucht, möglichst immer Leute zu finden innerhalb der Firma, die das Ganze unterstützt haben. Und diese Projekte waren auch alle wirklich von Erfolg gekrönt. ... Also bei mir hat es die Praxis ganz definitiv gezeigt" (Anwendungsentwickler).*

Aus diesem Selbstverständnis entwickeln sich für das Gesamtvorhaben zwei Ansatzpunkte, mit denen - auch aufgrund der sich ändernden Akteurskonstellation durch die organisatorische Integration der EDV-Aufgaben in einem EDV-„Büro" - die Anwenderqualifizierung und -beteiligung grundlegend neugestaltet wird:

a) der Aufbau einer ISDN-Testfiliale zur Qualifizierung der Anwender für die technikgestütz-te Filialkommunikation;

b) ein Moderatorenkonzept einerseits zur fachbezogenen Beratung der Konfiguration des rechnergestützten Warenwirtschaftssystems und andererseits zur kontinuierlichen technischen Betreuung seiner Anwender.

Dabei ist nicht zu verkennen, daß diese Organisationsform auch auf die *personalen und organisationalen Ressourcen* sowohl des mittelständischen Unternehmens als auch der unabhängigen (aber mit dem Handelsunternehmen eng verbundenen) Anwendungsentwicklung zurückzuführen ist. Dies weniger aus dem Grund, daß nicht ausreichend finanzielle Mittel verfügbar sind. Ein nicht unerheblicher Teil des Investitionsvolumens für das ISDN-Gesamtvorhaben stehen für die Anwenderqualifizierung zur Verfügung. Der Engpaß sind eher begrenzte personale Ressourcen. Im Handelsunternehmen wird der Bestand an Mitarbeitern im „Tagesgeschäft" benötigt. Qualifizierung kann damit häufig nur außerhalb der Regelarbeitszeit oder begleitend zum betrieblichen Arbeitsalltag stattfinden. Selbst wenn von einer hohen Lernbereitschaft und Motivation zum Umgang mit den technischen Systemen ausgegangen wird, ist es kaum möglich, unter diesen organisatorischen Bedingungen den für umfangreiche Schulungs- und Qualifizierungsmaßnahmen notwendigen Zeitrahmen zu schaffen. Demgegenüber verfügt die Anwendungsentwicklung über keine eigenen bzw. keine ausreichenden personalen Ressourcen, um die Funktion der Anwenderqualifizierung und -beteiligung auszufüllen.

4.2.3.2.2 Grenzen technikbezogener Anwenderqualifizierung: Aufbau einer ISDN-Testfiliale

Mit der Installation neuer Rechner in der Zentrale des Handelsunternehmens ist der Aufbau der ISDN-Testfiliale - einem technischen Abbild der geplanten informationstechnischen Ausstattung der Filialen (Filial-Warenwirtschaftssystem) - verbunden. In der ISDN-Testfiliale wird mit der Technikunterstützung der einzelnen Tätigkeiten bei der integrierten Filialkommunikation der Arbeitsablauf von der Kassenbuchung bis zur Verarbeitung in der Zentrale simuliert. Dies hat - aus Sicht der Technikexperten - zwei Funktionen:

- Zum einen geht es darum, in der ISDN-Testfiliale technische Probeläufe der Hard- und Software durchzuführen und einzelne Komponenten, beispielsweise stationäre und mobile Datenerfassungsgeräte, auf ihre Funktionsfähigkeit und Kompatibilität prüfen zu können.

- Zum anderen dient die ISDN-Testfiliale der Anwenderqualifizierung zur Vorbereitung des Technikeinsatzes in den Filialbetrieben. Filialleiter und -mitarbeiter sollen durch Anwendungsschulung in angemessener Weise mit der technischen Konfiguration vertraut gemacht werden.

Von seiten der Anwendungsentwickler geht es um eine grundsätzliche Heranführung an neue technische Systeme und die Bestimmung von funktionsübergreifenden Qualifikationsbedarfen. Die Gewinnung technischer Kompetenz wird als Grundlage verstanden, um bei den Mitarbeitern die für die Bewältigung neuer Tätigkeitsfelder notwendigen Kenntnisse und Fähigkeiten vermitteln zu können.

> *„Ich möchte ... [die Testphase - HJB] nur einfach mal zum Kennenlernen bezeichnen. Die Mitarbeiter sollten die Möglichkeit haben, einfach mal dran zu gehen. Nicht wie sie zu Anfang sagten: Hier steht jetzt eine neue Maschine und ein Terminal, ihr habt da 1.000 neue Programme drauf, nun fangt mal an. Genau das wollen wir eben nicht"* (Anwendungsentwickler).

In einer unter dem Aspekt der Anwenderbeteiligung positiven Umkehrung dieser Aussage ist - zumindest *implizit* - die Möglichkeit enthalten, auch die mit der Filialkommunikation verbundenen technischen und organisatorischen Abläufe durch die einbezogenen Mitarbeiter bewerten zu lassen, um für eine adäquate Technikausstattung Sorge zu tragen.

Im Gegensatz dazu wird von seiten der für die Filialkassenabwicklung zuständigen Revision gerade auf die fehlende Prozeßkompetenz in den Filialen aufmerksam gemacht. In der alten Organisationsform, in der die Datenübermittlung auf der Basis manueller Datenaufbereitung der Kassenjournale durch Fernkopieren an die Zentrale erfolgt, beziehen sich organisatorische Abwicklungsprobleme in erster Linie auf den Umgang der Verkaufsmitarbeiterinnen mit den Datenkassen und auf die Qualität der Datenübermittlung. Qualifikationsdefizite erzeugen im Ablauf der waren- und finanzwirtschaftlichen Datenaufbereitung regelmäßig Störungen und zeitliche Verzögerungen, während gleichzeitig von seiten der Unternehmensführung hohe zeitliche Anforderungen an die tägliche Aufbereitung der Filialumsätze gestellt werden. Engpäße in der Ablauforganisation sind dabei weniger auf mangelnde Technikkenntnisse als auf fehlende organisatorische Kompetenz zurückzuführen, weil die in den Arbeitsabläufen gegebenen Erfordernisse einer anforderungsgerechten Datenaufbereitung/-darstellung nicht aufgabenübergreifend transparent sind.

Die Aufdeckung der bestehenden nicht-technischen Qualifikationsprobleme führen im Zuge der Umsetzung der Anwenderqualifizierung dazu, daß aus der Anwendungsschulung ein Organisationskonzept entwickelt wird, dessen Funktion in der Bereitstellung von spezifischen Kenntnissen und Fähigkeiten zur Anwendung der Technik in der Organisation der Filialkommunikation besteht.

- Dies wird in einem ersten Schritt als Instrument der *Personalqualifikation* entwickelt, indem die Vermittlung der Fähigkeit, mit der rechnergestützten Filialkonfiguration technisch umgehen zu können, mit der Vermittlung von Qualifikationen zur Bewältigung der sach-

und funktionsübergreifenden Anforderungen verbunden wird. Dazu wird die Aufgabe der Qualifizierung von den Technikentwicklern auf jenen Personenkreis verlagert, der in der Zentrale als Filialrevision für dieses Aufgabenfeld fachlich verantwortlich ist. Durch die detaillierte Einführung dieser Mitarbeiter in die technische Konfiguration der Filialkommunikation wird für die Mitarbeiter der Filialen der Zusammenhang von technischer Systembedienung, erforderlichem Sachwissen und prozessübergreifenden Arbeitsabläufen zum Gegenstand der Wissensvermittlung.

- Diese Form der Wissensvermittlung wird in einem zweiten Schritt als Instrument der *Personalbetreuung* „institutionalisiert" und damit auf Dauer gestellt. Die Filialrevision steht als ständiger Ansprechpartner zur Verfügung, um im Falle von Betriebsstörungen ebenso wie bei Abwicklungsproblemen beratend und unterstützend einzugreifen. Eine Tätigkeit, die von den Filialleitern im Zuge der Einführung des rechnergestützten Warenwirtschaftssystems regelmäßig und häufig abgerufen wird: *„Man weiß, an wen man sich wenden muß. Die Revisoren sind zudem immer erreichbar und bei Bedarf in relativ kurzer Zeit vor Ort"* (Filialleiter/in).

Mit der gewählten Form der integrativen Bereitstellung technischer und fachlicher Informationen wird auf der Ebene der Filialen der Transfer des Wissens zwischen dem Lernfeld in der ISDN-Testfiliale und den jeweiligen Tätigkeitsfeldern in den Filialen - trotz der dort im „Tagesgeschäft" bestehenden hohen zeitlichen Belastung, insbesondere im Aufgabenfeld der Filialleitung - geleistet.

Der Effekt dieser Maßnahme ist, daß es auf Filialebene nicht erforderlich ist, Technikkompetenz in einer „zentralen" Stelle zu bündeln. In ersten Diskussionen stand die Einrichtung einer solchen Aufgabe in den Filialen im Raum, deren Tätigkeitsfeld in erster Linie technische Administration und Entscheidungsunterstützung sein sollte. Heute nutzen die Filialleiter für ihre Entscheidungsfindung selber den Informationszugriff auf die warenwirtschaftlichen Daten. Beispielsweise erhalten Entscheidungen über die Warenpräsentation und die Personaleinsatzplanung durch den Abruf von Verkaufsdaten in Form von Zeitperiodenstatistiken, Warengruppenstatistiken und kumulierten Umsatzdaten für die Filiale neue informatorische Grundlagen: *„Heute können wir stundenaktuell rekonstruieren, welche Warengruppen gar nicht oder welche gut laufen. Ausserdem wissen wir heute genau, zu welchen Tageszeiten welcher Umsatz gemacht wird. Entsprechend setzen wir das Personal ein. Früher hatten wir das sicher auch im Gefühl, aber wir sehen heute, daß dieses nicht immer der Wirklichkeit gerecht wurde"* (Filialleiter/in).

4.2.3.2.3 Anwendungsmoderation: Beratung und Betreuung durch Fachexperten

„Vorzeichen" der Anwenderqualifizierung und -beteiligung bei der Konfiguration des rechnergestützten Warenwirtschaftssystems ist, daß diese als Teilphase in den Prozeß der Softwareentwicklung eingebettet ist, und sich beständig im Wechselspiel zwischen der Gestaltung des technischen Systems *aufgrund* der praktischen Erfahrungen von geübten Nutzern der bestehenden „lokalen" Software und der Vermittlung der grundlegenden Kenntnisse, Fähigkeiten und Fertigkeiten *durch* den Umgang mit dem neuen Warenwirtschaftssystem bewegt.

• Ziel der Durchführung einer Bedienerqualifizierung ist, ausgewählten Mitarbeiter/innen aus dem Auftragsbüro den Umgang mit der neuen Anwendung zu vermitteln, um deren Erfahrungswissen für die Anwendungsentwicklung zu nutzen.

Dies beruht auf der Einsicht in die operative Notwendigkeit zur aufgabenangemessenen Ausgestaltung des Systems und orientiert sich bei der Auswahl an einem Nutzer"-Typ", der auch aufgrund seines Erfahrungswissens mit vorlaufenden technischen Systemen „... *so fit war in der Ablauforganisation, daß er tatsächlich auch uns die entsprechenden Aspekte bringen konnte"* (Anwendungsentwickler). Vorgestellt werden neben neuen technischen Geräten (Bildschirm, Tastatur) zu diesem Zeitpunkt bereits programmierte Komponenten des Warenwirtschaftssystems (Stammdatenverwaltung, Auftragsabwicklung).

• Die Einbeziehung dieser Mitarbeiter/innen ist - ausgehend von der Einarbeitung in das rechnergestützte Warenwirtschaftssystem - mit der Aufgabe als „Moderator" weiter funktionalisiert, damit diese für den Technikeinsatz in den Tätigkeitsfelder im Funktionsbereich Einkauf/Marketing als Ansprechpartner für die dauerhafte Unterstützung der Mitarbeiter an ihrem Arbeitsplatz zur Verfügung stehen.

Ihre Funktion besteht in einer Mittlerrolle zwischen Technikentwicklung und Anwendungskontext: im Falle von Bedienungs- und Anwendungsproblemen sowie auch bei Vorschlägen zu ihrer sachgerecht(er)en Gestaltung: „*Man zieht sich zwei Spezialisten heran, die zu 100% richtig fit gemacht werden, die dann die entsprechenden Schulungen ihrer Kolleginnen vornehmen. Diese sind dann auch die Kontaktpersonen zum EDV-Entwickler, falls Schwierigkeiten auftreten"* (Anwendungsentwickler).

Ausgewählt werden Mitarbeiter/-innen, die aufgrund ihres betrieblichen Erfahrungshorizonts und ihrer Qualifikation „Führungskräfte" des Auftragsbüros sind und für die fachlichen Tätigkeiten im Hinblick auf die angestrebte informationstechnische Unterstützung der warenwirtschaftlichen Abwicklung in besonderem Maße ausgewiesen sind. Damit können sie zugleich die Funktion der Anwenderbeteiligung in der Phase der Entwicklung und der Anwenderqualifizierung und -betreuung in der Phase der Einführung der Anwendungsmodule ausfüllen.

4.2.3.2.4 Beteiligungsorientierte Anwendungsentwicklung als begrenztes Organisationslernen: Wirkungen der Veränderungsstrategie

Konzeption und Organisationsform der Anwendungsentwicklung insgesamt lassen sich auf ihre *Einordnung in die technische Entwicklungslogik* und - in wechselseitiger Verknüpfung damit - auf die zur Verfügung stehenden Ressourcen zurückführen. Anwenderqualifizierung und -beteiligung sind - dem *Handlungszwang* der laufenden Programmierarbeiten zur Gestaltung der Software folgend - als „Rückkopplung" zwischen dem Anwendungs- und dem Entwicklungskontext organisiert, um - ausgehend von Grundfunktionen eines rechnergestützten Warenwirtschaftssystems (vgl. z.B. West 1989, Kirchner u. Zentes 1984, Leismann 1990) - zu erarbeiten, auf welche Weise welche der Aufgaben und Tätigkeiten mit dem technischen System unterstützt werden können. Diese Einordnung legt auch die *Akteurskonstellation* nahe:

- In der Planungsphase der Technikentwicklung ist in dem Handelsunternehmen nicht erkennbar, daß in die (implizite) Konzeption der Anwenderqualifizierung und -beteiligung[1] das betriebliche Bildungswesen - als Fachabteilung mit Informationen über den Sachstand der Personalqualifikation - einbezogen wird. Ihre Umsetzung liegt vor allem bei Experten der EDV-Kerngruppe (und auch entsprechenden Trainern der Hard- und Softwarelieferanten) - als denjenigen, die etwas von der Technik „verstehen".

- In den „Köpfen" der Technikentwickler ist Anwenderqualifizierung und -beteiligung als Problemfeld des Aufbaus einer rechnergestützten Warenwirtschaft - und damit „interne" Aufgabe - bestimmt. Ihre Bearbeitung bewegt sich in den engen Grenzen der allokativen „Ausstattung" der Anwendungsentwicklung: des schon für die Softwarekonfiguration selbst knapp gesteckten Zeitrahmens und den verfügbaren personalwirtschaftlichen und pädagogischen Qualifikationen.

Das entscheidende Problem vor dem Hintergrund der unternehmenspolitischen Ausrichtung des Technikeinsatzes ist, daß sich der Qualifizierungs- und Beteiligungsprozeß in seiner Methodik auf den administrativen Bereich konzentriert und Handlungsstrategien hier wirksam werden, obwohl Zielrichtung des Technikeinsatzes - mit der Handlungsstrategie der „gläsernen Warenwirtschaft" - das Arbeits- (Technikunterstützung an diesen Arbeitsplätzen) und Entscheidungsverhalten (Datenbereitstellung für diesen Aufgabenbereich) der Führungskräfte im Funktionsbereich Einkauf ist. Eine Ursache ist, daß in der Softwareentwicklung zunächst die Konfiguration der Transaktionssysteme im Vordergrund steht. Dahinter ist aber auch die Erwartung erkennbar, daß im Arbeitsverhalten des mittleren Managements selber - nicht nur

---

[1] Diese Einordnung kommt in einer Frage prägnant zum Ausdruck, die zu diesem inhaltlichen Kontext von einem Interviewer in einem Expertengespräch mit einem Mitglied der EDV-Kerngruppe formuliert wird: *„Ist es richtig, wenn ich sage, daß das etwas ist, daß mehr im Bauch existiert, daß auf diese Art Personalentwicklung betrieben wird, als daß es dort ein konkretes Konzept gibt?"*.

aufgrund der operativen Arbeitsbelastung - die „Voraussetzungen" für irgendeine Form von Techniknutzung als nicht gegeben angesehen werden: *„Einkäufer sind so im Stress, die kriegen einen Fön, wenn die sich an einen Bildschirm setzen"* (Anwendungsentwickler).

Der Effekt dieses Handlungskontextes für das organisationale Lernen besteht in einem „konzeptionellen" Vakuum im Hinblick auf diesen Anwendungskontext, das mit dem Erfahrungswissen der betrieblichen Akteure, und also mit dem Bewährungsgrad des alltäglichen Handlungswissens, „gefüllt" wird.

- Das Risiko einer unvollständigen Ausarbeitung des Handlungsmodells - also hier: welche (aufgaben-)spezifische Form die Techniknutzung im Arbeits- und Entscheidungsverhalten der warenwirtschaftlichen Entscheidungsprozesse annehmen soll - besteht darin, daß be- oder entstehende Unbestimmtheiten, so es nicht einen Ort für ihre Kommunikation gibt, durch bewährte Handlungsmuster - einschlaufiges Lernen - bewältigt werden.

- Hier kommt das „defensiven Informationsverhalten" zwischen den Akteurgruppen zum tragen. Zwischen der EDV-Kerngruppe und den Führungskräften im Funktionsbereich Einkauf/Marketing findet zwar ein globaler Informationsaustausch über Anwendungsperspektiven einer rechnergestützten Warenwirtschaft statt, während sich konkrete Überlegungen zur Form der Technikunterstützung der Managementleistungen allein in speziellen Informationsbeziehungen formieren. Das Informationsverhalten führt mit der Grundhaltung, durch die Ausschöpfung der technischen Möglichkeiten die Transparenz über Entscheidungswirkungen zu erhöhen und damit das Steuerungs- und Kontroll*potential* der Entscheidungsträger verbessern zu wollen, aufgrund der wechselseitig „vermischten Botschaften" zu dem Effekt, daß Ansätze zur (nicht nur) technikgestützten Neuordnung des Arbeits- und Entscheidungsverhaltens nicht ausgetauscht werden oder sich wechselseitig blockieren.

Es gibt aufgrund der ausgewiesenen Interaktionsverhältnisse und der von den Akteurgruppen auch bei der Anwenderqualifizierung und -beteiligung bevorzugten Handlungsstrategien keinen Anlaß zur Reflexion der dem Arbeits-und Entscheidungsverhalten in den warenwirtschaftlichen Entscheidungsprozessen zugrundeliegenden eingeübten Verhaltensmuster „bewährter" Handlungsprogramme, um deren Veränderung es mit der Absicht der informationstechnischen Unterstützung der Managementleistungen geht - ein Problem, das sich im Argumentationskontext organisationaler Lerntheorien mit der Differenzierung lokaler Handlungstheorien besonders hervorheben läßt.

4.2.3.3 „Betriebswirtschaftliche Rahmenkonzeption" als Veränderungsstrategie

Der Beitrag, den die Forschergruppe während des mehrjährigen Forschungsprozesses leistet, ist auf der Basis des „Sachverhalts" zu reflektieren, daß - im Vergleich zur EDV-Rahmenkonzeption und zur Anwenderqualifizierung und -beteiligung - für die Gestaltung der organisatorischen Abläufe und personalwirtschaftlicher Maßnahmen (z.b. der Personalentwicklung) kein vergleichbar durchdachter und ausgearbeiteter Gestaltungsansatz vorliegt. Damit wird, aus heutiger Sicht wenig überraschend, eine der zentralen Ausgangshypothesen des Modellprojekts - ISDN-Einführungen folgen einem technikzentrierten Gestaltungsansatz, der nicht dem organisations- und personalpolitischen Charakter dieser Innovation entspricht (vgl. Biervert u.a. 1994, S.20ff., auch Monse u. Bruns 1991) - bestätigt.

Die nachfolgenden Überlegungen stellen eine Zäsur der Beobachtungs-Konstruktion der Auswertung des Datenmaterials über das Handeln des Unternehmens unter den sich mit den technischen Systemen ändernden Bedingungen dar, da sie sich auf das Handeln der Forschergruppe in dem Unternehmen beziehen. Dies betrifft weniger die Wirkungen der im Rahmen der Begleitforschung durchgeführten Beobachtungen (also der Expertengespräche, der zu verschiedenen Meßzeitpunkten durchgeführten Interviews) auf das Handeln der Akteure, so wie es in seiner methodischen Problematik für die empirische Personal- und Organisationsforschung diskutiert wird (vgl. Osterloh 1993a, S.123ff., speziell zu nicht-reaktiven Methoden Mayrhofer 1993), als auf die als Gestaltungsforschung im Forschungsprogramm selbst vorgesehene Intervention der Forschergruppe in das „Forschungs-"Handeln des Unternehmens.

Zu den bisher im Rahmen des hier vorgelegten Ansatzes vorgetragenen Beobachtungen, mit denen Erfahrungen, Erwartungen und das Handeln von Akteuren in „lokalen" Ordnungen als kognitiv strukturierte Handlungsfelder rekonstruiert werden, tritt die konzeptionelle und methodische Begründung der Intervention in dieses Handlungsfeld hinzu. Dies wird deutlich am veränderten Status der bisher als wissenschaftliche Beschreibung der beobachtbaren Praxis aufscheinenden Deutungen betrieblichen Handelns in dem Handelsunternehmen. Im Kontext der „Intervention" beziehen sie ihre Relevanz nicht mehr aus ihrem Bezug auf das Theoriekonstrukt organisationales Lernen, und also in der Offenlegung der Aussagenkohärenz, der Beobachtungskonstruktion und dessen methodischer und erhebungstechnischer Absicherung, sondern mit der Intervention aus ihrer Relevanz im betrieblichen Handeln des Forschungsfeldes und mit Blick auf die Gestaltungsabsicht aus ihrer Eignung für den praktischen Vollzug.

In der Anlage der empirischen Untersuchung wurde bereits diskutiert, daß in diesem Abschnitt der pragmatische Gehalt, sozusagen der Interventions-„Input", behandelt wird, nicht der - vor allem dann auch kontroverse und konfliktreiche - Prozeß der Verhandlung und Bewertung dieses Inputs.[1] Konkret wird dieser pragmatische Gehalt an zwei Punkten:

- *der Transformation des „Beobachtungswissens" in „Handlungswissen":* Durch die Präsentation wesentlicher Befunde der Begleitforschung wird die wissenschaftlich motivierte Beobachtung der Handlungsstrategien und Interaktionsverhältnisse in dem Handelsunternehmen zu praktisch verfügbarem Handlungswissen im Prozeß der Veränderung des Arbeits- und Entscheidungsverhaltens in den betrieblichen Leistungsprozessen. Reflexionen (Deutungen) der Forschergruppe über die Strukturierung des Handlungsfeldes, die dem Veränderungsprozeß zugrundeliegt und die Handlungsstrategien und Kommunikationsprozesse zwischen den Akteurskonstellationen sowohl in den Arbeits- und Entscheidungsprozessen als auch im Prozeß der Veränderung reguliert, werden - im Sinne einer „kognitiven" Organisationsanalyse - als empirisch fundiertes Wissen bereitgestellt.

- *der Transformation des Handlungswissens in Handlungsstrategien:* Teil der Intervention ist es, zur Strukturierung des Innovationsprozesses einen organisationalen Rahmen vorzuschlagen, in dem das Handlungswissen in Entscheidungsfelder hinein vermittelt werden kann. Ziel ist es, Bedingungen für einen (Lern-)Zyklus der Kommunikation über die „Resultate" der Handlungsstrategien zu schaffen und damit die Möglichkeit zu ihrer Neu-Konstitution zu eröffnen.

4.2.3.3.1 Organisationsanalyse als Form empirischer Personalforschung

Die unter dem Leittitel „ISDN-Einsatz und Unternehmensentwicklung: Ansatzpunkte zur Reorganisation" dem Unternehmen vorgelegte Analyse umfaßt vier Schwerpunkte:

- Rahmenbedingungen der Unternehmensentwicklung

- Aufgabenabwicklung in ausgewählten Funktionsbereichen

- Beteiligung, Qualifikation und Gestaltung in der Unternehmung

- Zum Verlauf der Gestaltungsforschung.

Kennzeichen der Organisationsanalyse ist ihre Konzentration auf bestehende Formen des Handelns in den betrieblichen Leistungsprozessen, die sich auf die Reflexion der Beschreibungen der Organisationsmitglieder durch die Forschergruppe stützt. Die Ausführungen beschäftigen sich mit Wahrnehmungen der Organisationsmitglieder zur organisatorischen Einordnung ihrer Aufgaben, zu ihrer persönlichen Technikunterstützung und Schwachstellen, die

---

[1] In diesen Konfliktprozessen und ihren Mechanismen scheint die schon von Argyris und Schön (1978) angedeutete, hier aus im ursprünglichen Untersuchungsdesign verankerten forschungsstrategischen Gründen nicht beobachtete Schnittstelle zwischen Lern- und Machtprozessen auf - eines der zentralen, im Forschungsfeld zukünftig zu klärenden Problemfelder (vgl. hierzu jetzt Hanft 1995, 1996, Felsch 1996).

in den jeweiligen Leistungsprozessen gesehen werden. Als wesentlicher Aspekt dieser Vorge-hensweise kann die „zweiseitige" Betrachtung des betrieblichen Handelns hervorgehoben werden: Neben einer funktionalen Beschreibung der Aufgaben und des Arbeitshandelns wer-den *subjektiv* wahrgenommene Problemfelder des Arbeits- und Entscheidungsverhaltens und die Gründe für ihre Ursachen ausgearbeitet und - die Einzelaussagen abstrahierend - in einer „entpersonalisierten" Form dargestellt, so daß es anhand beobachtbarer Resultate ausweisbare Wirkungen der „Handlungsstrategien" und „Interaktionsverhältnisse" sind, deren Beschrei-bung einen **zusätzlichen Ausgangspunkt der Reflexionen der betrieblichen Akteure** bil-det.

Inhaltlich kann dies an der Beschreibung der Rahmenbedingungen der Unternehmensentwick-lung aufgezeigt werden, in der unter den Leitbegriffen „betriebswirtschaftliche Steuerung" und „Flexibilität der Organisation" in *hypothetischer* Form die den Unternehmenszielen zu-grundeliegenden lokalen Handlungstheorien und das damit intendierte „Kräftefeld" produkti-ver und kontraproduktiver Effekte ausgewiesen werden:

> *„Als produktiv kann diese Spannung gelten, da man bei genauerem Hinsehen*
> *feststellt, daß durchaus ein unternehmensübergreifender Konsens in bezug auf*
> *die strategischen Erfolgspositionen der Unternehmung [Name des Unterneh-*
> *mens - HJB] besteht."* ... *„Allerdings ist in der Befragung auch der Eindruck*
> *entstanden, daß es neben diesem gegenseitigen Verständnis kontraproduktive*
> *Kommunikationsbarrieren gibt, die nicht allein durch objektiv unterschiedliche*
> *berufliche Erfahrungswelten und Interessen der Mitarbeiter der jeweiligen*
> *Funktionsbereiche zu erklären sind."* (Dokument: Organisationsanalyse - an-
> *dere Hervorhebungen im Original).*

Die dargestellten „Fakten" sind für die betrieblichen Akteure als solche nicht neu. Ihre Aggre-gation in der Organisationsanalyse hebt diese jedoch aus dem „isolierenden" Erklärungskon-text der „lokalen" Handlungstheorien heraus, und zwingt die Akteure mit ihrer betrieblichen „Veröffentlichung" ihre *gleichzeitige* Wirksamkeit - und das daraus im alltäglichen Handeln resultierende Risiko „defensiver Routinen" im Informationsverhalten - im betrieblichen Han-deln wahrzunehmen, und eröffnet damit die **Möglichkeit zur Kritik der Form(ung) der In-teraktionsverhältnisse**.

Die Hervorhebungen in dem Textbeleg und der Verweis auf die „Entpersonalisierung" der subjektiven Beschreibungen des Arbeits- und Entscheidungsverhaltens deuten an, daß sich diese „Fakten" ihrem Charakter nach als *deskriptive Hypothesen* über die Form des Arbeits- und Entscheidungsverhaltens einordnen lassen: als objektiv-distanzierende Verhaltenserklä-rung in der Rekonstruktion (hier!) durch den Wissenschaftler (vgl. Osterloh 1993a, S.125, ähnlich Friedberg 1995, S.331f.). In der Praxis des Gestaltungshandelns zur Veränderung des

Arbeits- und Entscheidungsverhaltens müssen sich diese Hypothesen auch „bewähren", da sie *nicht* den Charakter einer objektiven Beschreibung des IST-Verhaltens in den betrieblichen Leistungsprozessen haben und nicht „kausal" aus bestimmten Ursachen abgeleitet werden. Damit kann folglich auch kein Handlungsmodell, also ein inhaltliches Konzept für die Anwendungskonfiguration, als Gestaltungsergebnis entwickeln werden. Die Hypothesen stellen als „Fakten" des Gestaltungshandelns - im Sinne der Rückkopplung beobachteter „Resultate" des Organisationsverhaltens - ein **Deutungsangebot über die Funktionsweise der verschiedenen lokalen Handlungstheorien** dar, durch dessen „Übersetzung" in spezifische Handlungssituationen mit ihren Problemlagen die Veränderung des Arbeits- und Entscheidungsverhaltens durch die Organisationsmitglieder angestoßen wird - die also auch praktisch im Prozeß der Veränderung eine zentrale Rolle spielen und wirksam werden.

Im **Ergebnis** steht hier die Beobachtung, daß erstens mit *dieser* Analyse - im betrieblichen Argumentationsraum - der Problemlösungsprozeß einen anderen kognitiven Ausgangspunkt hat als das technikorientierte Gestaltungshandeln, ohne dabei zu verkennen, daß beide aufgrund ihrer unabdingbaren Funktionalität für den Veränderungsprozeß als notwendig anzusehen sind, und zweitens dieses - im wissenschaftlichen Argumentationsraum - als weiter zu bewährende Hypothese zu betrachten ist. Genauer formuliert stellt sich mit dieser Handlungskonstellation die Frage, a) welchen Stellenwert solche - in einem weiteren Verständnis - Methoden der empirischen Personalforschung in technikorientierten Reorganisationsprozessen haben, und b) das deskriptive Problem, genauere Wirkungshypothesen über die Mechanismen zwischen der Methodik der Intervention und „Resultaten" des Forschungshandelns zu entwickkeln, um auf diesem Wege die Funktionalität einer empirischen Personal- und Organisationsforschung, welcher Methoden sie sich auch bedient (vgl. zum Spektrum die Beiträge in Bekker u. Martin 1993), für das Forschungshandeln in Unternehmen aufklären zu können.

4.2.3.3.2 Rahmenkonzeption und Methodik der Veränderungsstrategie

Im Konzept der lokalen Handlungstheorien steckt die Annahme, daß es - in Abhängigkeit von der Bezugseinheit - im organisationalen Verhalten verschiedene Ebenen und Orte einer Problemwahrnehmung, -deutung und -lösung gibt, für deren Ergebnisqualität die Form(ung) des Informationsverhaltens eine zentrale „Stellgröße" darstellt. Wie verzweigt sich dieser Prozeß darstellen kann, zeigt in diesem Fall exemplarisch das Interaktionsverhältnis zwischen den „Technikern" und „Warenleuten", in dem das Informationsverhalten durch verschiedene Wirkungsschleifen mit „guter Absicht" kontraproduktive Effekte erzeugt, die zum Teil wechselseitig aufeinander bezogen sind. Eine Kausalanalyse, die den „Fehler" an einem bestimmten Ort, z.B. im EDV-Büro des Unternehmens mit seiner auf die administrativen Aufgaben in den warenwirtschaftlichen Leistungsprozessen ausgerichteten Organisation der Anwenderqualifizierung und -beteiligung, diagnostiziert, geht an der Analyse der spezifischen Probleme vorbei, die aus den Interaktionsverhältnissen resultieren.

Forschungsstrategischer Anlaß, die Funktionslogik des Technikeinsatzes in der mehrdimensionalen Verknüpfung von Technik, Organisation und Personal aufzudecken, ist die Ausgangshypothese der Primärauswertung, die in dem Leitbild „Organisation vor Technik" zum Ausdruck kommt. Diese beinhalt die Annahme, daß - allgemein formuliert - die steigende Umweltkomplexität Unternehmen zur Wahl flexibler Organisationsformen zur zeitlichen und sachlichen Abstimmung und Steuerung der betrieblichen Leistungsprozesse veranlaßt und dies - so die aufbauende deskriptive Hypothese - kein technisches, sondern ein Problem der Neuordnung von Arbeits-, Ablauf- und Aufbauorganisation ist (vgl. Biervert u.a. 1994, S.21f., Monse und Bruns 1991). Im Untersuchungsdesign führt dieses Hypothesengerüst dazu, über bereits in der Voranalyse erkennbare Interventionen an einzelnen Arbeitsplätzen hinaus betriebliche Leistungsprobleme in Entscheidungsprozessen und die ihnen zugrundeliegenden Kommunikationsstrukturen und Verständigungsprozesse zu beobachten, und damit über die instrumentelle Logik technischer Informationssysteme hinaus Rationalitätskriterien der betrieblichen Leistungserstellungsprozesse selber, die ihnen zugrundeliegenden Handlungslogiken und deren Wechselbeziehungen aufzudecken. Diese Öffnung der Beobachtungsperspektive liegt auch der Strukturierung der Intervention zugrunde, die - mit dem spiegelbildlichen Leitbild „Betroffene als Beteiligte" - an Problemen in den Interaktionsverhältnissen zwischen Akteuren und ihren Verhaltensweisen in betrieblichen Leistungsprozessen ansetzt.

„Resultat" der Organisationsanalyse ist ein organisationsmethodischer Vorschlag, um dieses Handlungswissen in betriebliche Entscheidungsfelder hinein zu vermitteln. Es wird ein den Veränderungsprozeß sachlich und inhaltlich umgreifendes Steuerungsverfahren entwickelt, dessen Funktion darin besteht, in einem formalisierten Rahmen das kritische „Potential" des mit der Organisationsanalyse entwickelten Handlungswissens in bezug zu setzen zu den Problemfeldern betrieblicher Akteurkonstellationen in warenwirtschaftlichen Entscheidungsprozessen. Als Hypothese des Gestaltungsprozesses zu rekonstruieren ist die Annahme, daß Handlungsmodelle „Lösungen" - im Sinne von neuen Verhaltensweisen im Handlungsrepertoire der Akteure - nur dann erzeugen, wenn diese in einem Diagnose- und Entscheidungsprozeß an „Handlungsstrategien" - und damit an die Handlungen ordnenden lokalen Orientierungs- und Regelsysteme in ihrer individuellen und organisationalen Form - der beteiligten Akteure anschließt (vgl. auch die dazu korrespondierenden Forschungsergebnisse bei Biervert u.a. 1994, S.188ff.). Dies erfordert einen Bedingungsrahmen, der es erlaubt, Akteure in den warenwirtschaftlichen Entscheidungsprozessen problembezogen und aufgaben- und ebenenübergreifend mit den Hypothesen der Organisationsanalyse als Beschreibungen ihres Arbeits- und Entscheidungsverhaltens zu konfrontieren und damit die endogene Dynamik der wechselseitigen Bedingtheit ihrer Handlungsstrategien - als Voraussetzung zu deren Transformation - aufzudecken.

Das Steuerungsverfahren beinhaltet ein **„Drei-Ebenen-Konzept"**, dessen instrumentelle Ordnungsfunktion in der aufbau- und ablauforganisatorischen Strukturierung des Veränderungsprozesses besteht. Die Strukturierung orientiert sich an den im Rahmen der Organisationsanalyse entwickelten „lokalen" Handlungstheorien, hier also den „Warenleuten" und „Technikern", und identifizierbaren „strukturellen Widersprüchen" in interventionsbezogenen Handlungsstrategien, so wie sie hier zwischen der EDV-Rahmenkonzeption einerseits und der fehlenden Orientierung und Ordnung des in den warenwirtschaftlichen Entscheidungsprozessen vorhandenen Erfahrungswissens andererseits aufscheinen.

Die *Aufbauorganisation* sieht drei Ebenen des „Forschungs-"Handelns vor (vgl. Abbildung 4.2-3 - in Anlehnung an Biervert u.a. 1994, S.171):

- Es finden *Innovationsgespräche* statt, die auf der *verantwortlichen Ebene* (hier: die Geschäftsführung) durchgeführt werden. Inhaltlich umfassen diese Gespräche die Entwicklung und Darstellung der strategischen Ausrichtung der Unternehmung, die Bestimmung der Innovationserfordernisse und -bereiche und - daraus abgeleitet - die Innovationsziele und Ressourcen für einzelne Innovationsaktivitäten.

- In *Innovationswerkstätten* kommen auf der Ebene des angezielten *Funktionsfeldes* die beteiligten Mitarbeiter zusammen. Vom Vorgehen her werden auf der Grundlage der Präsentation entsprechender Beobachtungsdaten durch die Forschergruppe in mehreren Arbeitsschritten „verkleinerte" Organisationsanalysen durchgeführt. Ausgehend von einer Beurteilung ausgewiesener Schwachstellen in der bisherigen Aufbau- und Ablauforganisation sind Prinzipien und -anforderungen zu entwickeln, die bei der Gestaltung dieses Entscheidungsfeldes zur Geltung kommen sollen. Es werden Fragen der Gestaltung organisatorischer Abläufe, der technischen Potentiale und der personalen Bedingungen ihrer Nutzung thematisiert, zu Umsetzungskonzepten verdichtet und dokumentiert. Expertenwissen (Controlling, Technik) wird entsprechend den Anforderungen hinzugezogen. Durch die Teilnahme der verantwortlichen Ebene (Geschäftsführung) an Innovationswerkstätten wird die Transparenz über den Verlauf des Veränderungsprozesses informell verstärkt. Zugleich wird die Arbeit der Innovationswerkstätten in ihrem „Forschungs-" Handeln legitimiert.

- Die *ISDN-Testfiliale* - verbunden mit dem Organisationskonzept der Anwenderqualifizierung - ist als Ebene der *technischen* Anwendungskonfiguration in das Steuerungsverfahren mit einbezogen.

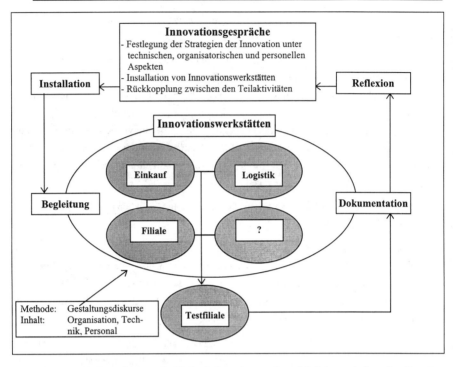

Abbildung 4.2-3: Betriebswirtschaftliche Rahmenkonzeption - Modularer Aufbau des Gestaltungshandelns

In seiner *ablauforganisatorischen Ordnung* knüpft das Konzept sachlich an warenwirtschaftliche Entscheidungsfelder und den damit verbundenen Leistungsprozessen sowie inhaltlich an „Krisen"-Phänomene und deren das Arbeits-, Führungs- und Informationsverhalten destabilisierenden Effekte an, so wie sie in den relevanten Akteurkonstellationen subjektiv wahrgenommen werden. Charakteristikum der Konzeption ist, daß die Verfahrensschritte (= Innovationswerkstätten) als Module angelegt sind. Das dahinterstehende „Konstruktions"-Prinzip ist, daß die für den Veränderungsprozeß verfügbaren Ressourcen - die notwendigen Kenntnisse und Fähigkeiten der Teilnehmer, aber auch ihre Bereitschaft zur Veränderung im Lernzyklus - begrenzt sind und sich dieser - diesen Gegebenheiten entsprechend - in seinem Verlauf nach dem „Baustein"-Prinzip entwickelt. Dieser Aspekt kann deshalb hervorgehoben werden, weil damit - auf der Ebene der Gesamtkonzeption des Technikeinsatzes - an die Stelle eines hierarchisch-sequentiellen Verständnisses einer geordneten Abfolge von Verfahrensschritten - Prozeßphasen von der Gesamtplanung über die Umsetzung bis zur Erfolgskontrolle - ein iteratives Vorgehen tritt, in dem Problembestimmung, Aufgabendefinition und personelle Zusammensetzung einzelner Innovationsaktivitäten den strategischen und operativen Erfordernissen des Veränderungsprozesses folgen. Durch die auf Kommunikation ausgerichtete Ausgestaltung des Verfahrens sind es personelle Verflechtungen, die die Verbindung zwischen einzelnen technischen und organisatorischen Entwicklungsschritten herstellen.

4.2.3.3.3 „Forschungs-"Handeln als organisationaler Lernprozeß: Wirkungen der Veränderungsstrategie

Vorgehensweise und Resultate des „Forschungs-"Handelns lassen sich hier mit dem Ablauf der Innovationswerkstatt Einkauf veranschaulichen und einordnen.

In *personeller* Sicht sind neben der Geschäftsführung und der Forschergruppe Führungskräfte und Mitarbeiter aus den Tätigkeitsbereichen Einkauf, Auftragsabwicklung und -sekretariat, Controlling und Produktdesign beteiligt. Zu berücksichtigen ist, daß in dieser Phase des Veränderungsprozesses die technische Innovation nicht als eine klar strukturierte Anwendungskonzeption erkennbar ist. Die Technikentwicklung stellt sich als ein sukzessive verlaufender Prozeß dar - zuerst sind Telekommunikationsdienste verfügbar, anschließend neue Transaktionssysteme, aufbauend warenstatistische Auswertungsmodule -, so daß ihr „bedrohlicher" Gehalt erst sukzessive deutlich und unterschiedlich eingeordnet wird.

Das „Forschungs-"Handeln konzentriert sich in *inhaltlicher* Sicht auf die Veränderung der Informationsorganisation der warenwirtschaftlichen Steuerung: den Prozeßablauf der „Sortimentsdisposition" von der Auftragserteilung bis zur Präsentation in den Filialen. Das Vorgehen ist in mehrere Arbeitsschritte[1] gegliedert:

- In einer *Einführungsphase* werden neben den Aufgaben und Zielen der Innovationswerkstatt die Schwachstellen und Handlungsbedarfe mit der Absicht analysiert, zu einer gemeinsamen Situationseinschätzung als Grundlage der Entwicklung und Evaluation von Szenarien technisch-organisatorischer Gestaltung zu gelangen.

Schwachstellen der ablauforganisatorischen Strukturierung im warenwirtschaftlichen Informationsverarbeitungsverfahrens werden auf Engpäße im Datenfluß zwischen Einkaufsbüro (organisatorische Einheit der Warendisposition, Einkäufer/-innen) und Auftragsbüro (organisatorische Einheit der Warenadministration, Sachbearbeiter/-innen) zurückgeführt. Die Qualität der Auftragsdatenerfassung im Auftragsbüro wird vom Arbeits- und Informationsverhalten der Einkäufer im Einkaufsbüro geprägt, weil sich Auftrags- und Lieferantendaten nur begrenzt standardisieren lassen. Es hängt von Entscheidungen über Einkaufsbedingungen ab, welche Rabatte von welchem Lieferanten gewährt werden, mit welcher Risikoverteilung und auf welchem Wege die Anlieferung der Ware erfolgt, in welcher Währung aufgrund welcher Gegen-

---

[1] Organisationspraktisch finden mehrere zweitägige Workshops statt. Die Projektlaufzeit umfaßt 8 Monate.

leistung die Zahlung erfolgt. Ständige Rücksprachenotwendigkeiten zwischen Auftragsbüro und Einkäufern entstehen aufgrund fehlerhafter oder unvollständiger Eintragungen in Auftragsformularen oder aber durch Rückfragen der Einkäufer bezüglich ihrer eigenen Orderungen (Art, Menge, Liefertermin usw.). So bedienen sich die Einkäufer des öfteren unvollständiger „Spickzettel", die dann als „Auftrag" zur weiteren Bearbeitung in die Auftragsabteilung gegeben werden. Durch das Leitprinzip „Ständig in Bewegung zu sein" wird die Problematik fehlender Auftragsdaten als Arbeitsengpaß noch verstärkt. Dies wird auf seiten des Auftragsbüros - mit Blick auf die „Bürokratie" ordentlichen Verwaltungshandelns - als kritisch beurteilt. In enger Verbindung dazu wird der persönliche Umgang der Einkäufer mit technischen Systemen gesehen: Das Führungskräfte „...*making hands-on use of the technology...*" (Rockart u. De Long 1988, S.25) ist eher Ausnahme- als Regelfall. Mangelnde Zeit und fehlende Einweisung bzw. Bedienungsanleitungen werden als Gründe angeführt, daß es nicht zur Erschließung informationstechnischer Leistungsmerkmale zur Unterstützung der Arbeitsausführung kommt.

- Ausgehend von dieser „Selbst"-Verständigung besteht die Aufgabe der *kreativen Phase* darin, zu einer gedanklichen Öffnung der Handlungsprogramme und Interpretationschemata des organisationalen Alltags zu kommen, um Handlungsoptionen technisch-organisatorischer Gestaltung, hier in der Form eines Organisations- und Qualifizierungskonzeptes für die zukünftige Technikanwendung, zu generieren. In der sich anschließenden *kritischen Phase* werden diese Gestaltungsszenarien im Hinblick auf ihre Konsistenz und Verallgemeinerungsfähigkeit reflektiert und die Zeit- und Kostenaspekte einer Umsetzung geprüft. Ziel ist, daß die Beteiligten als „Experten" des Arbeits- und Entscheidungsverhaltens selbst die technisch-organisatorische und personelle Realisierbarkeit prüfen, um zu einer Entscheidung über das angezielte Gestaltungskonzept zu kommen.

In der Innovationswerkstatt Einkauf bedeutet dies konkret den Entwurf von drei Modellen einer Teamorganisation, die sich im Hinblick auf die personelle Zusammensetzung sowie die Verteilung der Aufgaben und Kompetenzbereiche unterscheiden (vgl. Abbildung 4.2-4).

Die Entscheidung sieht für die sich anschließende „Testphase" ein Konzept vor, das an das Modell 2 anschließt. Es beruht darauf, daß *alle* für die warenwirtschaftliche Abwicklung einer Warengruppe erforderlichen Tätigkeiten in einer „Team"-Struktur integriert werden: die bisher in Doppelfunktion ausgeübten dispositiven Aufgaben in Einkauf und Vertrieb, die administrativen Aufgaben der Auftragsabwicklung und des Sekretariats und die Aufgabe der Produktgestaltung. In der organisatorischen Gesamtbetrachtung werden damit alle für den Prozeßzusammenhang des Wareneinkaufs erforderlichen Tätigkeiten, die damit verbundenen Informationen und Entscheidungen zusammengeführt. Drei wesentliche Elemente dieser organisatorischen Gestaltung sind herauszuheben:

„Team"	• Einkäufer/Einkaufsbüro • Einkaufsadministration/Auftragsbüro • Direktrice/Produktdesign • Filialassistent/Vertrieb		
	Modell 1	**Modell 2**	**Modell 3**
Konzept	• Technikeinsatz im Einkaufsbüro • Personalentwicklungsmaß-nahmen in Auftragsbüro u. Pro-duktentwicklung • Technikqualifikation	• Das Team arbeitet ab sofort ganztags und bei allen Auf-gaben zusammen (Variante 1) oder nur halbtags und bei ausgewählten Aufgaben (Variante 2)	• Das Team wird direkt gebil-det, aber zunächst nicht räumlich, sondern durch or-ganisatorische Regelungen integriert
Vorteile	• Vermeidung personeller Engpä-ße in den einzelnen Funktions-bereichen • Technik steht vollständig zur Verfügung • Spezifikation von Stellenbe-schreibungen • intensive Vorbereitung	• keine Zeitverluste im Anpas-sungsprozeß • frühzeitige Erfahrungswerte • Variante 2: fließender Über-gang in der Organisations-gestaltung • Verfügbarkeit der ausge-wählten Mitglieder für ihre Aufgabenbereiche	• keine zusätzlichen personel-len Engpäße • fließender Übergang • Verfügbarkeit der ausge-wählten Mitarbeiter für ihre Aufgabenbereiche
Nachteile	• hohe Zeitspanne zwischen Inno-vationswerkstatt und Umsetzung • „Tagesgeschäft" • Zeitverluste im Innovationspro-zeß	• Technik steht nicht voll-ständig zur Verfügung • personelle Engpäße in den Funktionsbereichen • keinen Zeitrahmen zur Qua-lifizierung • Variante 2: keine Erfah-rungswerte unter „realisti-schen" Bedingungen	• organisatorischer Planungs-aufwand • Identifikation der Mitarbei-ter im Team • Team im Arbeitsalltag
Zeit-horizont	• nach Technikimplementierung	• ab sofort	• ab sofort

Abbildung 4.2-4: Modelle einer Teamorganisation

a) Es wird durch die Organisationsform "Team" eine objektorientierte, d.h. hier warengrup-penbezogene, Arbeitsstruktur eingeführt. Dabei soll es die Aufgabe aller Mitarbeiter eines Teams sein, gemeinsam die Gesamteinkaufsplanung ihrer Warengruppe zu entwickeln, um zu einer breiteren Informationsbasis über Themen, Kollektionen und Aktionen für ihre Umsetzung zu kommen.

b) Die Aufgabe des Einkaufens wird zwischen einem Einkäufer und einem Assistenten aufge-teilt. Der Einkäufer ist für die Sortimentsentwicklung und Warenbeschaffung verantwort-lich, während die Tätigkeiten der Verkaufsbeobachtung, Vertriebsunterstützung und - kon-trolle vorrangig in den Händen des Assistenten gelegt sind. Die Koordination der Tätigkei-ten erfolgt durch die warenbezogene Zusammenführung der Aufgabenfelder im Team.

c) Durch Aufgabenintegration ist die Neuordnung der Aufgaben in der Einkaufsadmini-stration gekennzeichnet. An die Stelle der bisher an einzelnen Tätigkeitsfeldern orientier-ten, zentralen Arbeitsorganisation tritt eine auf die Erfordernisse der Warengruppe abge-stimmte dezentrale Arbeitsorganisation.

Die praktische Auflösung des Auftragsbüros als „Zentrale" der Einkaufsadministration stellt die organisatorisch umfangreichste Neuordnung dar. Kennzeichnende Merkmale des Aufgabenfeldes sind die Zuordnung aller Tätigkeiten, die administrativ mit einem Einkauf verbunden sind, zu dieser Stelle und damit die engere Einbindung der administrativen Abläufe in das direkte Umfeld der Einkaufsentscheidungen. Ein Tätigkeitsprofil hebt dieses veränderte Aufgabenspektrum hervor (vgl. Abbildung 4.2-5).

„Auftragsbüro" zentrale Arbeitsorganisation	Waren-„Team" dezentrale Arbeitsorganisation
Jedes Tätigkeitsfeld wird von zwei Mitarbeiterinnen ausgeführt. Aufgabenwechsel ist kein Regelfall.	Alle Tätigkeitsfelder werden warengruppenspezifisch von der Einkaufsadministration ausgeführt.

• Auftragsverwaltung
  - Datenerfassung
  - Auftragsabwicklung
	• Datenadministration
	  - Auftrag
	  - Lieferschein/Rechnung

• Lieferschein-Kontrolle
  - Kontrolle Auftrag/Lieferschein
  - Reklamation
  - Datenerfassung
	• Datenaufbereitung
	  - Lieferant/Limit
	  - Umsatz

• Rechnungskontrolle
  - Kontrolle Rechnung/Auftrag
  - Reklamation
  - Rechnungsabwicklung/-archivierung
	• Koordination
	  - Telefon
	  - Terminkalender

Abbildung 4.2-5: Neuordnung der Tätigkeitsfelder in der Einkaufsadministration

• In der *Konzeptionsphase* wird dieses Gestaltungskonzept in einen Maßnahmenkatalog umgesetzt, um die zu bewältigenden Aufgaben, Verantwortlichkeiten und die Anforderungen an die technische Unterstützung zu bestimmen.

Dies schlägt sich zum Beispiel in der Ausarbeitung von Stellenbeschreibungen für die Aufgabenbereiche „Einkaufsadministration" und „Produktdesign" nieder. Offene Fragen richten sich insbesondere auf die Transformation der bisherigen Arbeitssituation in das neue Organisationsmodell. Dies bezieht sich vor allem auf organisatorische Problemfelder, wie den administrativen Voraussetzungen einer Aus-/Eingliederung der Sachbearbeitung aus dem Auftragsbüro in das Einkaufsbüro oder die Zuordnung entsprechender Mitarbeiter aus den Aufgabenbereichen Vertrieb und Produktdesign, und die Bestimmung der qualifikatorischen Voraussetzungen für die Ausübung dieser Tätigkeiten sowie die Auswahl entsprechender Organisationsmitglieder.

• Eine *Rückkopplungsphase* hat die Funktion, den Gestaltungsvorschlag an das strategische Gesamtkonzept rückzubinden und die Arbeitsergebnisse der Innovationswerkstatt gegenüber allen jeweils betroffenen Mitarbeitern zu „veröffentlichen".

Dieses geschieht in diesem Fall nach einer dreimonatigen „Testphase" mit einem Modell-Team für eine Warengruppe, um Erfahrungswerte für die Reorganisation im Funktionsbereich Einkauf/Marketing insgesamt zu gewinnen. Als Instrument hierzu werden „Innovations-handbücher" eingesetzt, in der stellenbezogen Fragen zur Arbeits- und Ablauforganisation den Leitfaden zur Erfassung der Entwicklungstendenzen bilden.[1] Diese Daten und weitere Gesprä-che mit den teilnehmenden Organisationsmitgliedern werden von der Forschergruppe - wie-derum - als Informations-„Input" aufbereitet.

„Quer" zu stellenbezogen zu beobachtenden Veränderungen (vgl. hierzu ausführlich Biervert u.a. 1994, S.95ff.) wird der Effekt vor allem in dem *prozessgebundenen Orientierungswissen* gesehen, das aus der Zusammenführung aller für die Abwicklung der Aufgabe Einkauf not-wendigen Qualifikationen entsteht, und dem *Erfahrungswissen über Handlungsverläufe,* das aus der Abwicklung einzelner Tätigkeitsabfolgen resultiert, durch das insbesondere der Auf-wand für die Koordination der Tätigkeitsbereiche reduziert wird. Dies ist gleichbedeutend mit einer generellen Verbesserung der Informationsverfügbarkeit.

Durch die Einführung der neuen Arbeitsorganisation wird vor allem das Problem der Infor-mationsorganisation zwischen dem Einkaufsbüro und Auftragsbüro „bearbeitet", daß mit der *Veränderung des Arbeits- und Entscheidungsverhalten* „**Resultate**" erzeugt. Dies wird an der Möglichkeit zur Darstellung relevanter Aspekte betrieblicher Realität auf einem „Bildschirm" und der Form der Nutzung dieser informationstechnischen Möglichkeiten durch Einkäufer deutlich - und durch die Form der Arbeitsstrukturierung losgelöst von der Frage, auf welchem „Schreibtisch" der Computer steht.

Wenig überraschend ist - vor der Interpretationsfolie der in der lokalen Handlungstheorie der „Warenleute" aufgezeigten Begründungsmuster des Arbeits- und Entscheidungsverhaltens der Einkäufer -, daß signifikante Veränderungen der Techniknutzung durch das mittlere Manage-ment - hier als direkter Zugriff auf das rechnergestützte Warenwirtschaftssystem durch Füh-rungskräfte im Funktionsbereich Einkauf/Marketing - nicht zu verzeichnen sind. Die Nutzung prinzipiell für Führungsaufgaben verfügbarer Anwendungen, wie beispielsweise spezifische Auswertungen von Kennzahlen aus dem Warenwirtschaftssystem, bleibt eher Ausnahme- als

---

[1] Dabei steht die Beschreibung des Arbeits- und Entscheidungsverhaltens in der veränderten Arbeitsorganisation vor einem speziellen Auswertungsproblem. Das ursprüngliche Untersuchungsdesign ist „funktional" strukturiert und hebt die Unterschiedlichkeit der Aufgaben und ihre Einordnung in die Leistungsprozesse hervor. Die zweite Erhebung fokussiert Vergleichbarkeit und ist insofern nicht auf die objektorientierte neue Arbeitsorganisation umgestellt. Insofern vermitteln die Daten eher eine Einschätzung zu den subjektiven Sichten der Akteurgruppen auf die Form dieser Arbeitsorganisation und erlauben es nicht, das Informationsverhalten der Akteure in den Teams vergleichend zu betrachten. Eine, allerdings auf die Pilotphase eingegrenzte Einsicht in dieses Informati-onsverhalten vermitteln die „Innovationshandbücher", die in dieser Phase als Instrument zur Beobachtung des Arbeits- und Entscheidungsverhaltens eingesetzt wurden, und die mit diesen Mitarbeitern geführten Gesprächen zu diesem Zeitraum. Aufgrund dieser mit dem Datenmaterial gegebenen Restriktionen sind diese Ausführungen eher als vorsichtige Interpretation der Veränderung des Arbeits- und Entscheidungsverhaltens zu sehen.

Regelfall. Dies als Verhaltenserwartung - als „implizite" *Nutzungs*theorie der Einkäufer - aufzudecken, war der technikspezifische Anlaß zur Initiierung des „Forschungs-"Handelns. Der *Anwendungs*vorteil durch die Neuformung der Arbeitsorganisation im Funktionsbereich Einkauf/Vertrieb besteht darin, daß über die auf der Ebene der unterstützenden Tätigkeiten angesiedelte Nutzung der rechnergestützten Warenwirtschaft durch deren erweitertes Aufgabenspektrum die entscheidungsbezogenen Leistungsmerkmale prinzipiell für die Vorbereitung und Unterstützung warenwirtschaftlicher Entscheidungen zur Verfügung stehen.

Die in Verbindung mit der Reorganisation der betrieblichen Arbeitsabläufe in der Team-Organisation entstehende Möglichkeit zur Auswertung betrieblicher Kennzahlen durch die Sachbearbeitung erscheint nunmehr als funktional äquivalente Form zu der kontinuierlichen erlebnisbezogenen Aktualisierung des betrieblichen Erfahrungswissens durch Einkäufer, die auf deren Zuständigkeit für die Steuerung einer Filiale und damit einhergehende persönlichen Präsenz in einem Filialbetrieb beruht. Durch die (indirekte) digitalisierte Form der Wahrnehmung betrieblicher „Realitäten" - statt „management by going around" die Auswertung elektronisch aufbereiteter Kennzahlen (hier: elektronischer Zugriff auf Verkaufszahlen/Umsätze einer bestimmten Warengruppe in einem definierten Zeitrhythmus) - verändern sich gleichwohl bestimmte Erlebnisqualitäten. Die abstrakte Darstellung betrieblichen Geschehens ist mit einer stärkeren Distanzierung zu bestimmten Erfahrungsformen des betrieblichen Alltags verbunden und prägt zugleich neue Erfahrungsformen aus: Der Kommunikation mit jenem Personenkreis (z.B. Controlling, Sachbearbeitung), der die reflektierende Evaluation des eigenen Entscheidungsverhaltens in anderer Form ermöglicht.

Dies bedeutet aber nicht, daß sich durch diese qualitative Änderung eines Ausschnitts der Tätigkeit das gesamte Arbeitsverhalten verändert. Charakteristische Merkmale des beruflichen *Handlungsmusters* werden beibehalten: Es bedarf weiterhin spezialisierter, auf die Unternehmens- und Sortimentspolitik des Unternehmens abgestimmter Kenntnisse, die auch nicht (ohne weiteres) austauschbar sind. Gerade die durch die (gruppeninterne) Kommunikationsform gewonnene Zeit - dies machen die Befragungsergebnisse deutlich - wird für die erlebnisbezogene Aktualisierung des betrieblichen Erfahrungswissens eingesetzt, ohne allerdings zu den ursprünglichen Formen - im extrem: „Präsenz an der Kasse" - zurückzukehren.

Diese Befunde legen die Annahme nahe, daß ohne das „Aufdecken" der defensiven Routinen im Informationsverhalten zwischen „Technikern" und „Warenleuten" und der Initiierung eines für das warenwirtschaftliche Handeln relevanten Beobachtungs-, Erkenntnis- und Erfahrungsprozesses die Anwendung des rechnergestützten Warenwirtschaftssystem als informationstechnische Unterstützung der Managementleistungen in dem Handelsunternehmen auf einem niedrigeren „Befriedigungs"-Niveau - technische Unterstützung von administrativen Tätigkeitsfeldern - zum Tragen gekommen wäre, obwohl sich im Arbeitsverhalten der Manager das Verhältnis zur Technik*benutzung* <u>nicht</u> verändert. Bedingung der Möglichkeit, die „lokalen" Strategien betrieblichen Handelns zu wahren, ist hier, daß der Ausgleich zwischen sortimentspolitischer *Innovation* (als Managementleistung) und warenwirtschaftlicher *Administration* (als informationstechnisch unterstützte Arbeitsleistung) nicht nur auf einem neuen, technisch höheren Niveau gefunden wird, sondern auf einem anderen, gleichsam „höheren" kognitiven Niveau: im Sinne einer spezifischen Homogenisierung der Denkwelten und Erfahrungsprozesse der am Prozeß der warenwirtschaftlichen Leistungserstellung beteiligten Akteure.

4.2.3.4 Strategien betrieblichen Veränderungsmanagements: Einordnung der Befunde

Der Prozeß der Veränderung des Arbeits- und Entscheidungsverhaltens in den warenwirtschaftlichen Leistungsprozessen des Handelsunternehmens beruht darauf, daß betriebliche Akteure auf der Zeitachse ihre Handlungen reflektieren und die (initialen) Veränderungshandlungen zum Ausgangspunkt der Neuformierung betrieblicher Verhaltensweisen werden. In dieser Hinsicht kennzeichnen organisationale Lernprozesse den „Ort" und lokale Handlungstheorien den „kognitiven" Rahmen, in dem für die Organisationsmitglieder relevante Wirklichkeiten bestimmt als auch Bedingungen der Realisierung ihrer Handlungsstrategien sozial definiert werden. Die Ergebnisse initialer Veränderungshandlungen sind insoweit prekär, als daß konstituierte Handlungsmodelle - hier sowohl eines technikgestützten Informationsverarbeitungsverfahrens als auch der Neuformierung der organisatorischen Abläufe in warenwirtschaftlichen Leistungsprozessen - zwar explizit bestimmte Begründungen betrieblichen Verhaltens legitimieren, die Akteure im alltäglichen Arbeits- und Entscheidungsverhalten zugleich aber ihr bewährtes Orientierungs- und Regelwissen zur Geltung bringen.

In der Gesamtsicht auf den Verlauf des Veränderungsprozesses stellt sich das *Handlungsmodell der „gläsernen Warenwirtschaft"*, mit dem die anerkannte Notwendigkeit zur Veränderung der warenwirtschaftlichen Leistungsprozesse in einen konkreten *Anspruch* auf die Form der Veränderung transformiert wird, als die *initiale Handlungsstrategie* dar. Dies schafft die Grundbedingung, um die allokativen und autoritativen Ressourcen zur Initiierung für Veränderungshandlungen freizusetzen, durch die zugleich das *Handlungsmodell* für „lokale" Handlungstheorien und ihre Logiken geöffnet wird, innerhalb deren dieser Orientierungsrahmen in spezifische Handlungsstrategien, hier etwa der Technikentwicklung und des Controlling, umgesetzt wird.

Zugleich entsteht die Notwendigkeit, diesen Prozeß in Abstimmung zu bringen mit dem *erfahrungsgestützten Arbeits- und Entscheidungsverhalten,* auf dessen Veränderung die Intervention, hier in den warenwirtschaftlichen Leistungsprozessen, gerichtet ist. Dies geschieht in diesem Fall mit einem von der Forschergruppe entwickelten Konzept zur Einrichtung und prozessualen Ordnung von Projektgruppen, um mit dem Wissen und im Erfahrungshorizont der betrieblichen Akteure die Veränderung ihres Arbeits- und Entscheidungsverhaltens zu ermöglichen. Die grundlegende Form dieses Interventions-„Inputs" besteht in der Analyse der dem Arbeits- und Entscheidungsverhalten in den betrieblichen Leistungsprozessen, und damit auch dem Gestaltungshandeln in betrieblichen Lernprozessen, zugrundeliegenden Handlungsbegründungen und ihrer Regulierungsmechanismen. Diese Beschreibung wird verbunden mit einem Vorschlag zur Strukturierung des „Forschungs-"Handelns, in dem die Analyse des Leistungs- und des (bisherigen) Gestaltungshandelns kommuniziert und damit zum Gegenstand der Wahrnehmung, Deutung und Reflexion durch die betrieblichen Akteure wird.

Es sind dann jene Verständigungen, die sich auf das Spannungsfeld von Handlungsmodellen und bewährten Erfahrungen in den Akteurskonstellationen betrieblicher Leistungsprozesse beziehen, die den Ausgangspunkt zur Modifikation von Orientierungs- und Regelgrößen des organisationalen Verhaltens bilden. Nimmt man die kognitiven Konstrukte auf, die als Leitbilder der Rahmenkonzeption auch ihren empirischen Verlauf charakterisieren - „Organisation vor Technik" und „Betroffene als Beteiligte" (vgl. Biervert u.a. 1994, S.203ff., grundlegend zu diesen Organisationsentwicklungsstrategien Schreyögg u. Noss 1995) -, dann werden damit Anschlußpunkte an Prozeßbedingungen organisationalen Lernens hervorgehoben: *die Bereitstellung empirischen Wissens über lokale Handlungsbegründungen und ihre Regulierungsmechanismen im Arbeits- und Entscheidungsverhalten der Organisation und dessen Vermittlung in einem, den „Forschungs-"Prozeß strukturierten Verfahren zur Reflexion und Verständigung betrieblicher Akteure über ihre Wahrnehmung und Deutung „richtiger" organisationaler Verhaltensweisen.*

An die Beobachtung dieses Prozesses lassen sich zwei Überlegungen anschließen:

1. Die Initiierung des „Drei-Ebenen-Konzepts für die Unternehmensentwicklung" folgt - als betriebswirtschaftliche Rahmenkonzeption des Veränderungsprozesses - einer instrumentalen Logik. Die Beteiligung der Betroffenen ist nicht normativ begründeter Selbstzweck, sondern ihre Mobilisierung folgt den „Imperativen" einer Veränderungsstrategie, die - parallelisierend zum Beobachtungswissen eines Interventionisten - von der Abhängigkeit der Veränderung von dem konkreten (Erfahrungs)Wissen der Akteure über die Arbeits- und Entscheidungsabläufe ausgeht - hier mit dem Konstrukt der Handlungstheorien beschrieben -. In diesem Sinne spiegeln sich in der instrumentalen Logik der Verknüpfung von Beobachtungs- und Erfahrungswissen auch die mit der Rekonstruktion der lokalen Handlungstheorien bereits aufgezeigten unterschiedlichen „Forschungs"-Strategien organisationaler Lernprozesse wieder, mit denen betriebliche Akteure ihre Handlungsbegründungen an „gaps" im organisationalen Verhalten anpassen.

2. Dies steht im Selbstverständnis der Akteure *nicht* im Gegensatz zu ihrer Interessenvertretung. Deren Struktur in diesem Unternehmen hebt nur hervor, daß der mit dieser betriebswirtschaftlichen Rahmenkonzeption ausweisbare Modus der Mitarbeiterbeteiligung sich nicht (in erster Linie) auf den Interessengegensatz von „Kapital und Arbeit" - in der Diktion von Türk (1989, S.142ff.) also auf die Verwertungslogik der ökonomischen Kontrolle des Arbeitsprozesses - bezieht, sondern auf die Interessengegensätze in bezug auf die Kooperationslogik der „realen" Kombination der betrieblichen Leistungen. Mit der direkten Einbeziehung der Akteure in den Veränderungsprozeß erfordert dies eine andere Form des Interessenausgleichs, die sich nur bedingt mit dem „Stellvertreter"-Modell einer Arbeitnehmervertretung in Einklang bringen läßt. Hier bindet die Struktur des Verfahrens den Austausch von Gestaltungskonzepten *und* die Aushandlung von Interessenkonflikten im „Forschungs-"Handeln zusammen, um dem Kooperationsinteresse organisierter Handlungen zu entsprechen. Dies schließt an die in der Theoriediskussion der Konzepte organisationalen Lernens bereits geführte Diskussion zu dem (mikro)politischen Gehalt der Konflikte in organisationalen Lernprozessen an, und legt nahe, diese „Schnittstelle" nicht als Problem der Abgrenzung von Begründungen und Interessen im empirischen Feld zu begreifen, sondern als ein offenes Problem der konzeptionellen Bestimmung in der Relation von Begründungsmodi organisationalen Verhalten und den strategisches Handeln motivierenden Interessen der Akteure. Mit dem hier gewählten Begriff der *Handlungs-Strategie* wird dieses konzeptionelle Schnittstellenproblem zum Ausdruck gebracht.

Gegen diese Folgerungen ließe sich einwenden, daß sie auf Beobachtungen des speziellen Feldes der Arbeitsleistungen von Managern mit technischen Informationssystemen fundieren. Schließt man hier an Überlegungen von Friedberg (1995, S.352ff.) an, dann hebt die Technikunterstützung der Manager - als Institution - nur die Schlüsselfunktion hervor, die das mittlere Management - als Funktion - für partizipative Prozesse inne hat: Ihr Handeln stellt den Transmissionsmechanismus für jede Form einer strategisch intendierten Veränderung organisationalen Verhaltens in Unternehmen dar, weil es in der Verantwortung dieser Akteurgruppe liegt, den neuen Orientierungsrahmen in den Handlungsstrategien der Steuerung der alltäglichen Operationen betrieblicher Leistungserstellung zu praktizieren. Hier spiegelt sich auf der Handlungsebene die mit Zyklus organisationalen Lernens entwickelte Annahme wieder, daß die Funktion organisationaler Lernprozesse nicht (nur) in der Entwicklung neuer Handlungsmodelle, sondern in deren Routinisierung im Arbeits- und Entscheidungsverhalten liegt.

Die Frage nach der **Gestaltungsmethodik betrieblicher Lernprozesse** geht von dem Grundgedanken aus, daß Veränderungsprozesse als Problem der Transformation der dem Arbeits- und Entscheidungsverhalten zugrundeliegenden Regeln betrieblicher Kooperationsbeziehungen durch die Gestaltung technischer Systeme zu verstehen sind. Die hier im Kontext von

Organisations- und Personalentwicklung entwickelten Problemlösungen wurden zu Beginn der Arbeit in ihrer Funktionalität zur Bewältigung dieses Problems als kritisch beurteilt. Von dieser Kritik ausgehend ist zu diskutieren, ob - mit den hier vorgetragen Erklärungskonzepten und Befunden zum organisationalen Lernen - eine Neuorientierung der betrieblichen Personalentwicklung möglich und angezeigt ist?

Den Denkmodellen betrieblicher Personalentwicklung liegt - wie in der Problemexplikation dargelegt - eine Funktionslogik zugrunde, bei der die Differenzierung von Rollen, oder enger auf Personen(gruppen) bezogen: Fähigkeitsprofilen (vgl. z.B. Drumm 1995, Kupsch u. Marr 1991), und eine punktuelle Diffusion neuer Fähigkeiten und Kenntnisse, als Veränderung solcher (gruppierten) Fähigkeitsprofile, im Vordergrund steht. Die Erwartungen (auch: das Leistungsversprechen einer instrumentellen Sicht der Personalentwicklungsplanung) fokussieren das Schließen von „Deckungslücken" durch den Vollzug von Qualifizierungsprozessen in einem *sequentiellen* Planungsmodell, das als reaktiver Entscheidungsprozeß auf der Ableitung von Anforderungsprofilen aus der Personal- und Unternehmensplanung beruht. Damit liegt herrschender Praxis der Personalentwicklung, aber ebenso der herrschenden Meinung in der Personalentwicklungs-Literatur, ein *Differenzierungsprinzip* zugrunde, in dem Fähigkeiten individuell bestimmt und Qualifizierungsmaßnahmen entsprechend zugeordnet werden (vgl. Pawlowsky u. Bäumer 1993). Dies führt zu einer weitgehend spezialisierten, inhaltlich individualisierten Sichtweise, mit der die Verfügbarkeit und die Organisation dieses Wissens, mithin der Zusammenbau der individuellen Fähigkeiten - zu einer organisatorischen Wissensbasis - und die Synchronisierung von Erfahrungs- und Beobachtungsprozessen der Organisationsmitglieder - als organisatorisches Lernsystem - nicht systematisch betrachtet werden können. Dies kann als Problem der Integration der für das organisationale Handeln relevanten Erfahrungs-, Beobachtungs- und Erkenntnisprozesse beschrieben werden. Wenn, wie Duncan und Weiss (1979) formulieren, aus der konsensualen Kommunikation anschlußfähigen Wissens eine organisatorische Wissensbasis entsteht, dann läßt sich diese Annahme technologisch als Problem der sachlichen, personellen und sozialen Integration von Lernprozessen in Unternehmen deuten (vgl. Biervert u.a. 1994, S.188ff., Pawlowsky 1995, S.451f.). Der konzeptionelle und methodische Zugewinn dieser Problemdeutung besteht darin, mit diesem Konstrukt eine *Referenzgröße* zu beschreiben für die Konzeption von Verfahren des Veränderungsmanagements, mit denen im Unternehmen gezielt Wissen zwischen Funktionseinheiten (z.B. Personen, Abteilungen) zur Initiierung von Veränderungsprozessen zusammengeführt wird. Das als pragmatische Problemlösung für das Modellprojekt „ISDN-Einsatz in einem mittelständischen Handelsunternehmen" entwickelte Drei-Ebenen-Konzept mit seiner aufbau- und ablauforganisatorischen Strukturierung des Veränderungsprozesses ist ein Spiegel dieser betrieblichen Gestaltungsaufgabe.

Es ist dieser Bezug auf die Form des Veränderungsmanagements, der die Art des Veränderungshandelns orientiert. Die hier vorgetragenen Befunde zeigen, daß mit Konzepten der Anwenderqualifizierung und -beteiligung allein die technische Unterstützung von Managementleistungen nicht zu erreichen ist. Dies setzt strukturelle Vorkehrungen - Verfahren und Methoden - voraus, mit denen eingeübte Verhaltensweisen aufgedeckt und neue Handlungsstrategien in der Form von Entscheidungsregeln, Kompetenzgefügen und Karrieremustern aufgebaut werden können. Als Entscheidung über Orte und Bedingungen organisierten Lernens sind diese strukturellen Vorkehrungen nicht bedingungslos. Sie sind - in gleicher Weise - an ihre Relevanz für die beteiligten Akteure gebunden, d.h. vor allem: wie und in welcher Form die virulenten Interessen in bezug auf die Veränderung des betriebliche Kooperationsverhalten zur Geltung gebracht werden (können). Entscheidungen über die autoritativen, z.B. des Projektmanagements, und allokativen Ressourcen, z.B. der Art der bereitgestellten personellen, zeitlichen, räumlichen und finanziellen Mittel, sind als Bedingung der Möglichkeit zum Veränderungshandeln zu charakterisieren, sie weisen - wenn sie über etablierte Praxis hinausgehen (vgl. auch Ortmann 1994, S.167) - den Weg zur organisatorischen Neuerung.

Hier unterstreichen die Befunde den unabdingbaren und zugleich *instrumentalen Charakter der Beteiligung der Organisationsmitglieder* am Veränderungsprozeß :

- Konzepte zur Transformation organisationaler Handlungen, aus welchen Gründen sie auch motiviert sein mögen, stellen sich zuallerst als neuer Orientierungsrahmen - „espoused theory" als Denkmodell eines zukünftigen Verhaltensmodells - gegenüber der erfahrungsgestützten Praxis des Arbeits- und Entscheidungsverhaltens in betrieblichen Leistungsprozessen dar. Dieser muß im Zuge des Veränderungsprozesses präzisiert und konkretisiert werden, und dies geht nicht ohne die Mobilisierung des Erfahrungswissens und der Erkenntnisleistungen beteiligter Akteure: als organisationale Reflexions*instanzen*. In diesem Sinne ist Beteiligung ein Arbeitsinstrument im Dienste dieses Orientierungsrahmens und orientiert sich an seinen Belangen: bei der Problembestimmung, bei der Auswahl der „zugelassenen" Akteure und bei der Grenzziehung verfügbarer Regeln und Ressourcen. Dies weist dem operativen Management eine Schlüsselrolle in einem solchen Beteiligungsverfahren zu. Als autoritativer Transmissionsriemen betrieblicher Veränderungsprozesse gewährleisten sie mit den ihnen zur Verfügung stehenden Ressourcen die Routinisierung spezifischer Veränderungsprozesse als Übergang vom „Modell"-Entwurf zur alltäglichen Praxis betrieblichen Handelns.

- Wenn man zudem von der Annahme ausgeht, daß Steuerung in Organisationen „zustimmungs"-abhängig ist, dann sind organisatorische Formen zur Aushandlung dieser Zustimmung notwendig. Damit wird im Management der Organisationsveränderung in dem hier vorgetragenen Verständnis der Formierung von Gruppen als Ort der Aushandlung von Einverständnissen eine Schlüsselstellung zugewiesen, die als organisationale Reflexionsinstanzen wirken und deren Handeln in Reflexions*systemen* - als Aufbau- und Ablauforganisation organisationaler Veränderungsprozesse - aufeinander abgestimmt werden kann.

Dies kann als ein generalisierungsfähiges Ergebnis interpretiert werden, ohne dabei zu verkennen, daß die Form in der betrieblichen Praxis je spezifisch aufscheint (vgl. Krainz 1995, S.6, Friedberg 1995, S.350f.). Dies legt für die weitere, in dieser Hinsicht stärker gestaltungsorientierte Forschung nahe, Anregungen der sozialpsychologischen Gruppenforschung (vgl. etwa Theis (1994) und der organisationspolitischen Forschung (vgl. z.B. Schirmer u. Smentek 1994), stärker als bisher geschehen, in Erklärungskonzepte zum organisationalen Lernen einzubeziehen, um zu einer genaueren Bestimmung der (Aus)Handlung lokaler Ordnungen zwischen Organisationsmitgliedern zu kommen, und damit - weitergehend als mit der Annahme der Vernünftigkeit instrumentaler Planungskonzepte als Implementierungsstrategie, die in ihrer „Mächtigkeit" im praktischen Handeln vor dem gleichen Problem stehen wie die hier diskutierten technischen Anwendungskonzepte (siehe jetzt die Beobachtungen von Hanft 1995) - zur Aufklärung über Prozesse der Veränderung des Arbeits- und Entscheidungsverhaltens in Unternehmen beizutragen.

„I seek to bring together researchers and practitioners in the service of both understanding and taking action. I share Lewin`s belief that social science researchers should produce valid actionable knowledge from their research without compromising the requirement that the research be tested rigorously" (Chris Argyris).[1]

5 Die Einführung von Informationstechnologien im Management als organisationaler Lernprozeß - Resümee

Ausgangspunkt dieser Arbeit ist Kritik an vorliegenden Ansätzen der Personal- und Organisationsentwicklung zur Erklärung der mit der Entwicklung von Informationssystemen für Funktionen, Aufgaben und Aktivitäten des Managements angestrebten Veränderung des Arbeits- und Entscheidungsverhaltens von Managern. Für das Verständnis von Problemfeldern der informationstechnischen Unterstützung von Managementleistungen, die in der betriebswirtschaftlichen Diskussion häufig im Konstrukt der „Akzeptanz" gefaßt werden, wird mit der Rekonstruktion dieses Veränderungsprozesses als Prozeß organisationalen Lernens das Erkenntnisinteresse auf jene Vermittlungsmechanismen gelenkt, die zwischen der instrumentellen Konzeptualisierung betrieblicher Praxis durch Organisationstechnologien (hier: als methodisch angeleitete Entwicklung einer Anwendungskonzeption eines Managementunterstützungssystems) und den positions- und rollengebundenen Erfahrungen und Interessen von Organisationsmitgliedern mit Organisationstechnologien (hier: von Managern/Führungskräften als Nutzern der Anwendungsoptionen eines Managementunterstützungssystems) wirksam sind, und die sich als Verständigungs- und Aushandlungsprozesse über deren Nutzungsformen und -strategien zwischen betrieblichen Akteur(grupp)en zeigen. Ansätze organisationalen Lernens stellen hier einen Erklärungsrahmen zum Verständnis der mit Organisationstechnologien angestrebten *und* der ausgelösten Veränderung der sachlichen Koordination und sozialen Integration des Arbeits- und Entscheidungsverhaltens zur Steuerung betrieblicher Leistungsprozesse in Aussicht.

In der aktuellen betriebswirtschaftlichen Diskussion ist die »Lernende Organisation« eine Metapher, mit der allgemein Strategien und Methoden zur kontinuierlichen Anpassung von Unternehmungen in dynamischen Märkten beschrieben werden. Die Fähigkeit zur Anpassung wird auf individuelle und organisationale Lernprozesse zurückgeführt. Lernen bedeutet, die Gewinnung von Informationen über Handlungsmöglichkeiten (wie neuen Kenntnissen und Fertigkeiten, praktischer Betriebserfahrung) in eine Verbesserung oder Erhöhung der Ergiebigkeit betrieblicher Leistungen zu transformieren. In einem Lernprozeß werden zur (optionalen, nicht bedingten) Veränderung betrieblicher Verhaltensweisen allgemein oder problembezogen „Da-

---

[1] Argyris (1993a), S.11.

ten" über einen Lerngegenstand aufgenommen, zugeordnet, bearbeitet und gespeichert, wobei dieser Prozeß einem (oder mehreren) Akteur(en) zugerechnet wird. Diese instrumentelle Beschreibung ermöglicht es, den Beitrag dieser Anpassungsstrategie zum Erfolg der Unternehmung einzuordnen: Das Ziel der Gestaltung effizienter Lernprozesse ist die Verbesserung der Leistungserfüllung in einem betrieblichen Aufgabensystem. Mit deren ökonomisch wirksamen Ergebnissen kann wiederum der Erfolgsgrad des Lernens bestimmt werden. Wissen - als substantielles Ergebnis von Lernprozessen - stellt eine Ressource zur dauerhaften Sicherung von Wettbewerbsvorteilen dar. Die Gewinnung von Wissen durch zielgerichtete Lernprozesse erscheint als zweckmäßige, weil den ökonomischen Erfolg verbessernde organisationale Aktivität und wird - folglich - als strategische Fähigkeit von Unternehmungen eingeordnet.

Die Notwendigkeit zur Differenzierung dieses Verständnisses ergibt sich, wenn aufgrund der Komplexität und Dynamik der Umwelt- und Aktionsparameter wirtschaftlicher Organisationen betriebliche Entscheidungen als unsicher und mehrdeutig angenommen werden. Dann wird mit der Anpassungsfähigkeit der Unternehmung eine Bemessungsgröße für organisatorisch effizientes Handeln im kontingenten Verhältnis von Umweltfaktoren zu Aktionsparametern von Unternehmungen beschrieben. Als Entscheidungsproblem interpretiert, kann diese Anpassung des betrieblichen Verhaltens als begründete Wahl geeigneter Handlungsstrategien in komplexen (entscheidungslogisch nicht handhabbaren) Situationen verstanden werden. Die Handhabung dieses Entscheidungsproblems als Prozeß des Lernens (in) der Organisation zu deuten, ist (ein) Ausdruck sich neu formierender Annahmen über Prozesse der Strategiebildung in Unternehmungen, mit der sich auch die Einordnung der Verfügbarkeit von Informationen mittels geeigneter Wissens- und Informationssysteme als Ressource dieses Prozesses verändert. Prozesse der Strategiegenerierung - die in ihrer betrieblichen Funktion auf die zweckgerichtete Organisation wirtschaftlicher Handlungen durch Arbeitsleistungen des Managements gerichtet sind - folgen nicht *nur* einer Problemlösungen generierenden Entscheidungslogik, in der die vollständige Verarbeitung der notwendigen Informationen die rationale Wahl richtigen Organisationsverhaltens begründet. Prozesse der Strategiegenerierung - in institutioneller Sicht verstanden als ein sich veränderndes Arbeits- und Entscheidungsverhalten, mit dem Akteure (Manager als Unternehmensführung) wirtschaftliche Handlungen zweckorientiert koordinieren - sind *auch* Prozesse arbeitsteiliger Entscheidungsfindung, in der die Rationalität der Begründung organisationaler Verhaltensweisen in der sozialen und kognitiven Differenzierung betrieblicher Akteure - ihren positions- und rollenspezifischen Kenntnissen und Erfahrungen - und in ihrer Verständigung über ihre funktionsbezogenen Interessen entsteht.

Für die informationstechnische Unterstützung von Managementleistungen als betrieblicher Gestaltungsaufgabe präzisiert diese Problemdifferenzierung die Annahme, daß die mit der Entwicklung technischer Infrastrukturen intendierte technologische Dynamik - als Rahmenbedingung für die Anpassungsfähigkeit von Unternehmen durch informationstechnisch unterstützte

Managementleistungen - *nicht* mit einer Veränderung des Arbeits- und Entscheidungsverhaltens - als Erhöhung der Anpassungsfähigkeit des Unternehmens durch informationstechnisch unterstützte Managerleistungen - gleichzusetzen ist.

Wenn das Ziel der Einführung von Managementunterstützungssystemen, die mit dem hier eingeführten Informationsbegriff als mit der Anwendungsentwicklung konstituierte Modelle für betriebliche Verhaltensweisen gedeutet werden, eine effektive Technikunterstützung *von* Managementleistungen ist, dann setzt das Erreichen dieses Ziels voraus, daß Manager die Anwendungsoption nutzen, um Managementunterstützungssysteme zur Steuerung betrieblicher Leistungsprozesse einzusetzen, diese also ihr Arbeits- und Entscheidungsverhalten intentional verändern. Managementleistungen *mit* computergestützten Informationssystemen entstehen, weil betriebliche Akteure (bzw. betriebliche Akteurskonstellationen) aufgrund ihrer Kenntnisse und Erfahrungen dem technisch gestützten Informationsverarbeitungsmodell Funktionalität(en) in einem betrieblichen Leistungskontext zuordnen und sich über diese Nutzungsabsicht(en) verständigen. Dieser Problemaspekt der Veränderung der Steuerung betrieblicher Leistungserstellung durch Informationstechnologien wird hier im Konstrukt der *Nutzungsdynamik* gefaßt.

Die Konzeption dieses Konstrukts beruht auf der Annahme, daß Manager als Anwender computergestützter Informationssysteme - aufgrund ihrer Funktion als Entscheidungsträger für die Koordination betrieblicher Leistungserstellung und in ihrer Rolle als Experten für diese (Management)Funktion betrieblicher Steuerung - Interesse an der Generierung von zweckgerichtetem Wissen über Effizienzbedingungen betrieblicher Handlungen (und genauer: dem Potential eigener technikgestützter Arbeitsleistungen zur Verbesserung der Effizienzbedingungen für das Erreichen betrieblicher Erfolgsgrößen) haben, um die Wahl ihrer Verhaltensweisen zur Erreichung ihrer Handlungsabsichten begründen zu können (vgl. das Bild des Managers als „Alltagstheoretiker" bei Schirmer 1992). Betriebliche Akteure entwickeln diese Begründungsmuster und ihre Ergebniserwartungen durch die situationsspezifische Wahrnehmung der Eignung technikgestützter Managementleistungen für den Erfolg ihres Arbeits- und Entscheidungsverhaltens und der Übertragung dieser Erfahrung(en) auf vergleichbare Situationen.

Mit dieser Problemdifferenzierung beschreibt »Lernen von Organisationen« einen Erkenntnisgegenstand, in dem die den Prozeß der Veränderung betrieblicher Verhaltensweisen - hier: der „Umsetzung" von Managementunterstützungssystemen in Managementleistungen *mit* computergestützten Informationssystemen - begründende, (Manager-)Handlungen leitende Funktionslogik zur zweckgerichteten Koordination kollektiver Verhaltensweisen - die Instrumentalität der „Unternehmung" als Orientierungs- und Regelsystem betrieb(swirtschaft)lichen Handelns - auf die sozial-konstruktive Logik betrieblicher Handlungssituationen, ihrer Akteurskonstellationen und deren Interaktionsverhältnisse sowie - weiterführend - auf die hier virulenten, auch konfliktären Interessen und Ressourcenverteilungen zurückgeführt wird. In Abgrenzung zu funktional motivierten betriebswirtschaftlichen (Aufgaben-)Analysen werden die der Nutzung von Informationstechnologien zugrundeliegenden Intentionen der Akteure und die aus ihrer Nutzung entstehende praktische Erfahrung nicht als Problem individualisierter Technikaneignung (der Einstellung eines Managers und seiner Akzeptanz des Managementunterstützungssystems) gesehen, sondern *auch* als Erkenntnisquelle zur Erklärung von Bedingungen der Veränderung von Managerleistungen durch informationstechnische Anwendungskonzepte (und damit auch anderer „Modelle" organisationalen Verhaltens - vgl. Argyris 1994, S.115ff.).

Für dieses Problemverständnis klärt die instrumentelle Bestimmung organisationaler Lernprozesse nicht (bzw. nur in einer bestimmten begrenzten Weise) über „... *the paradox of organizational learning* ..." (Argyris u. Schön 1996, S.6) auf: Warum können kognitive Prozesse des „Beobachtens", „Reflektierens", „Wissen speicherns" und „Wissen erinnerns", die der sozialen Einheit „Individuum" zugeordnet werden, mit ihrer Kommunikation als Veränderung des organisationalen Verhaltens und damit als Fähigkeit zum Lernen *der* Organisation (bzw. der Unternehmung) verstanden werden (vgl. jetzt zusammenfassend Wiegand 1996, S.309ff.)? Über normative Bestimmungen von Bedingungen zur Gestaltung produktiver Lernprozesse (vgl. etwa Senge 1996, Huber 1991, Probst u. Büchel 1994, Kap. VII, Dixon 1992 für das Personalmanagement) hinausgehend, stehen mit dieser Frage Problemfelder und Bestimmungsfaktoren im Mittelpunkt des Erkenntnisinteresses, die im Prozeß der Transformation von Erfahrungen und Beobachtungen in organisationale Handlungen die Effektivität dieser Veränderung des Organisationsverhaltens beeinflussen (vgl. Argyris u. Schön 1996, S.18ff.).

Die Bearbeitung dieser Problemstellung ist vor allem als Frage nach der Konzeption des Organisationsbegriffs zu verstehen: Eine nicht hinreichende Bestimmung von »Organisation« als eigenständig zu beobachtender sozialer Einheit führt zu einer unzureichenden Diskussion der Differenzierung des organisationalen vom individuellen Lernen. Für die Bestimmung dieses Konstrukts - über den grundlegenden, gleichwohl abstrakten Sachverhalt einer zweckorientierten Ordnung kollektiven Handelns hinaus (vgl. Wiesenthal 1995, S.138) - gilt zugleich, daß angesichts der zu beobachtenden Varianz in Theori*en* der Organisation (vgl. Morgan 1986, Kieser 1993a und jetzt Ortmann, Türk und Sydow 1997) von einem instruktiven, eine solche Konzeption *allgemein* anleitendes Vorverständnis weder ausgegangen, noch dieses erwartet werden kann. Diese Feststellung spiegelt sich in der aufgezeigten Disparität der grundlegenden Begrifflichkeiten des Organisationslernens (vgl. Abbildung 3.1-1 und 3.1-4) zur Erklärung der Aktivitäten betrieblicher Akteure bzw. Akteurskonstellationen und ihres Kommunikationsverhaltens wieder. Deren problemorientierte Integration erscheint zugleich als „Kriterium" für eine adäquate Aufklärung über organisationale Lernprozesse und ihre Effektivität (vgl. zu integrativen Ansätzen Huber 1991, Dixon 1992, Dodgson 1993 - zur Kritik ihres Integrationsgehalts Wiegand 1996, S.287ff.).

Diese Ausgangssituation der Erkenntnisgewinnung über organisationales Lernen und seine Prozesse setzt Bedingungen der Möglichkeit, mit Ansätzen organisationalen Lernens (weitergehend) Problemfelder betrieblichen Veränderungsmanagements (hier: Bedingungen der Nutzung von informationstechnischen Unterstützungsleistungen im Management) aufzuklären und damit eine konstruktive Alternative zu einem Annahmengerüst rationalen Wahlverhaltens zu gewinnen. Die Entwicklung eines entsprechenden, über normative Bestimmungen hinausgehenden Bezugsrahmens beginnt dann mit der Ordnung *einfacher* und *genauer* Beschreibungen organisationaler Lernprozesse (im Sinne des AGE-Schemas - Weick 1995, S.54ff.), um aus der Spiegelung von konzeptionellen Ansätze (vgl. Abbildung 3.1-2) den Möglichkeitsraum zur Aufklärung über die Wirkungen von Organisationstechnologien zur Veränderung des Arbeits- und Entscheidungsverhaltens zur Steuerung betrieblicher Leistungsprozesse zu erweitern.

Mit der hier entwickelten (Re-)Konstruktion (und ihrer weiteren Ausarbeitung) wird *eine* Erkenntnisperspektive vorgeschlagen, die in ihrer konzeptionellen Bestimmung »Organisation« als *Prozeß des Organisierens kollektiver Verhaltensweisen* versteht und Bezug nimmt auf Ansätze zur Erklärung der erfahrungsgestützten Gewinnung und kommunikativen Vermittlung von Erkenntnissen über „richtig" koordinierte kollektive Verhaltensweisen, um die Grundlage zu schaffen für die Unterscheidung und Erklärung von *Prozessen organisationalen Lernens*. Das Begriffskonstrukt »organisationaler Lernprozeß« akzentuiert hierbei die wechselseitige Bedingtheit - „... *learning in order to act and acting in order to learn"* (Dixon 1993, S.243 - vgl. Abbildung 3.2-15) -, aber auch die Verschiedenartigkeit zwischen dem Prozeß der Konstitution einer instrumentellen Ordnung (Koordination) kollektiven Handelns - *Organisieren* - und seiner konstruktiven Veränderung durch Reflexion, durch das in Frage stellen eben dieser sozialer Ordnung - *Lernen* - (vgl. Weick u. Westley 1996, S.440f.).

Dieses Verständnis geht davon aus, daß Organisationen handeln, wenn Mitglieder auf der Basis verhandelter (nicht zu verhandelnder) Teilnahme-, Entscheidungs- und Delegationsregeln - als für das organisationale Verhalten konstitutives Orientierungs- und Regelsystem - Aktivitäten entfalten und ihre individuellen Begründungen dieser organisational relevanten Verhaltensweisen in Interaktionsprozessen (durch Kommunikation, Beobachtung anderer Verhaltensweisen oder auch bezogen auf formal kodifizierte - institutionalisierte - Verhaltensregeln) organisationkontinuierlich wechselseitig aneinander angepaßt werden (vgl. Abbildung 4.1-1). Für Akteure bedeutet Mitgliedschaft in einer Organisation, daß sich Begründungen ihrer Aktivitäten (Handlungsstrategien) an diesem Orientierungs- und Regelsystem (Handlungstheorien) ausrichten. Zugleich bildet organisationales Verhalten - also die aus wechselseitig aneinander angepaßten Handlungsstrategien resultierenden Aktivitäten - das Objekt zur Reflexion (Bestätigung oder Veränderung) dieser handlungsleitenden Normen. Bedingungsrahmen dieser Veränderung, der dann als Prozeß organisationalen Lernens zu deuten ist, sind die Interaktionsverhältnisse, d.h. die in Prozessen der wechselseitigen Anpassung eingeübten Kommunikationsformen und -regeln, die das Informationsverhalten, das Austragen konfligierender Sichtweisen und das Offenlegen der Problematik von Handlungsstrategien - ihrer Eignung zur situationsgerechten

Bewältigung von Umweltanforderungen - bei der Reflexion beobachtbaren Organisationsverhaltens bedingen.

Die Beobachtung, daß informationstechnische Systeme durch Manager nicht (wie vorgesehen und erwartet) genutzt werden, ist - so die damit intendierte, kritische Hypothese - darauf zurückzuführen, daß mit der Entwicklung von Informationstechnologien Bedingung der Möglichkeit zu einer veränderten Arbeitsorganisation entstehen, daß Manager als Zielgruppe des Technikeinsatzes aber nicht „automatisch" deren Zweck als Begründung für die Form der Veränderung ihres Arbeits- und Entscheidungsverhaltens anerkennen. Wenn sich folglich - trotz gemeinsamer Anstrengungen von beteiligten Akteur(grupp)en für ihre Aufgaben/Rollen (insbesondere Unternehmensführung für die Entwicklung von Veränderungskonzeption und -strategie, Informations-/Technologiemanagement für die Realisierung des Anwendungskonzepts, Linienmanagement für die Anwendung dieser Technologie) - Aktivitäten *nicht* zu einem erfolgreichen Wandel des Arbeits- und Entscheidungsverhaltens summieren, dann lassen sich als Ursachenfaktoren nicht nur die Erfahrungen mit dem bisher erfolgreich praktizierten Arbeits- und Entscheidungsverhalten und die fehlende Interessenaushandlung im Zuge der Technikentwicklung lokalisieren - als veränderungsbegrenzende Wirkung „perspektivischer Konstruktionen" der Akteure (nach Wollnik 1986, S.42ff.): Fehler 1. Ordnung (Nicht-Akzeptanz aufgrund von Machtstrategien zur politischen Durchsetzung der Technikimplementierung) -, sondern auch die eine Veränderung des betrieblichen Verhaltens begrenzenden Bedingungen von Verständigungen zwischen Akteur(grupp)en über diese Ursachenfaktoren - Fehler 2. Ordnung (vgl. Argyris und Schön 1996, S.221) -. Diese Situationen sind - in dem hier entwickelten Verständnis - auch als Situationen „konkurrierender" Lösungen für Bestimmungen von organisationalen Verhaltensweisen zur Bewältigung betrieblicher Probleme zu verstehen (vgl. Markus u. Benjamin 1997, S.93), in denen sich Akteure aufgrund ihrer wechselseitigen Rollenbe- und -zuschreibungen mit guten, weil funktional nachvollziehbaren Gründen ihren Aufgaben widmen. Diese verhalten sich damit *zugleich* opportunistisch - im Sinne der Modell I-verhaltensleitenden Variablen nach Argyris und Schön (1978 - siehe Abbildung 3.2-4) und ihrer Wirkungen (siehe Abbildung 3.2-9) - im Hinblick auf Managementaufgaben der Veränderung des Arbeits- und Entscheidungsverhaltens: (Auch) In einem auf konsensuale Abstimmung abzielenden Entscheidungsverfahren werden die *für* dieses Verfahren bestehenden Bedrohungen aus den Interaktionsverhältnissen der Akteure, die Wirkung der je spezifischen Begründung ihres Entscheidungsverhaltens sind (hier: Wahl bestimmbarer Nutzungsformen von Informationstechnologien) und sich in organisationalen defensiven Mustern - als Handlungstheorien des Informationsverhaltens - verfestigen, nicht aufgedeckt.

Mit diesem Verständnis organisationaler Lernprozesse wird - in Anwendung der hier durch die Rekonstruktion von Forschungsarbeiten gewonnenen Erkenntnisse zur Nutzung informationstechnischer Systeme durch Manager - die Erklärung der Anwendung von Informationstechnologien im Management in zweifacher Hinsicht präzisiert:

- Die in bezug auf die Anwendung von Entscheidungsunterstützungs- und Führungsinformationssystemen herangezogenen Konzepte des „Erfahrungswissens" und der „Gebrauchssituation" eröffnen die Möglichkeit, als Beschreibungsebene die situationsspezifische Einordnung - Funktionalität *im* betrieblichen Handeln - solcher Modelle betrieblichen (Entscheidungs-)Verhaltens aufzunehmen und als Erklärungsvariable jene kognitiven Konstrukte („kognitive Landkarten" *und* ihren sozialen Entstehungskontext - vgl. Lehner 1996, S.127f.) einzuführen, mit denen Akteure in ihrem Erfahrungskontext Situationen interpretieren und in ihren Handlungsstrategien ihr Arbeits- und Entscheidungsverhalten begründen.

- Die Konzepte „Aushandlungsarbeit" und „Mikro-Management" kennzeichnen die aus Interdependenzen in arbeitsteilig organisierten Managementprozessen - dies wird an Anwendungskonzepten wie der alternierenden Telearbeit oder computergestützter Gruppenarbeit deutlich - resultierende Notwendigkeit der Akteure, sich über ihre Arbeitsleistungen zu verständigen. Als Erklärungsvariable für diese Beschreibung der Koordination kooperativer Arbeitshandlungen werden Orientierungs- und Regelsysteme des Arbeits- und Entscheidungsverhaltens als - aus Sicht der Akteure - *komplementäre* (d.h. nicht gemeinsame, sondern wechselseitig anschlußfähige und sich zugleich bedingende) zweckorientierte Begründungsmuster organisationaler Verhaltensweisen eingeführt. Auf diese Orientierungs- und Regelsysteme bezieht sich der sprachlich vermittelte Austausch von Wahrnehmungen organisationalen Verhaltens und ihrer erfahrungsbegründeten (und begründenden) Einordnung zwischen den Akteuren (Kommunikationen). Prozesse kognitiver Konsensbildung sind damit *zugleich* als (mikro-)politische Prozesse der Aushandlung der Regelgrößen legitimierten Organisationsverhaltens zu verstehen (ohne zugleich eine bereits erfolgte, systematische Einbeziehung dieses Problemverständnisses in Theorien organisationalen Lernens nahezulegen).

Für eine weitergehende Aufklärung über organisationale Lernprozesse wird mit dem Konstrukt der »Lokalität von Handlungstheorien« das Problem ihrer Einbettung - embeddedness - in die sozialen Koordinaten des organisationalen Verhaltens akzentuiert. Über die bei Argyris und Schön (1978, 1996) unterschiedenen grundsätzlichen, auch für soziales Verhalten in Organisationen konstitutiven (weil gesellschaftlich sozialisierten und legitimierten) Verhaltensweisen von Individuen - handlungsleitende Variablen und Handlungsstrategien im Modell O-I/O-II-Lernsystem (vgl. Abbildung 3.2-4 und 3.2-8) - hinaus werden jene strukturellen Merkmale interpersonaler Handlungskonstellationen gefaßt, in denen die hier mit dem Begriff der Interaktionsverhältnisse beschriebenen Kommunikationsbeziehungen und Verständigungsprozesse der Akteure differenzieren. Handlungsstrategien von Organisationsmitgliedern sind an diese zeitlich-räumliche Struktur von Akteurskonstellationen (und damit auch an die in diesen Konstellationen wechselseitig verfügbaren allokativen und autoritativen Ressourcen) gekoppelt, durch die kohärente, d.h. aufeinander abgestimmte, Handlungen organisationaler Akteure in einer begründungspluralistischen Konzeption organisationalen Verhaltens möglich sind. Über die generelle Funktionalisierung von „Gruppen" für die Veränderung des organisationalen Verhaltens - der Unterschiedlichkeit ihrer Strukturen und ihres Zusammenhalts sowie der Wirkung kohäsiver Gruppen auf die Fähigkeit zur kollektiven Problemlösung - wird mit der Aufnahme dieses Konstrukts einerseits die Ambivalenz akzentuiert, die für den Prozeß der Veränderung aus der Heterogenität lokaler Handlungstheorien und der damit verbundenen Differenzierung von Erfahrungen mit organisationalen Lernprozessen resultiert, und gleichzeitig die Notwendigkeit hervorgehoben, diese im Prozeß des Veränderns als Einfluß- und Bedingungsgröße (und methodisch als Netzwerk sozialer Beziehungsstrukturen, in dem spezifische organisationale Verhaltensweisen oder -muster legitimiert sind - vgl. Hendry 1996, S.628f.) aufzudecken.

Die Differenzierung von organisationalen Lernkontexten und ihren Funktionen zur Veränderung organisationaler Verhaltensweisen ist als Frage nach den »Wirkungen der in organisationalen Lernprozessen wirksamen Vermittlungsmechanismen« zu verstehen, um aufklären zu können, in welcher Form sich Orientierungs- und Regelsysteme individuellen und organisationalen Verhaltens durch die sich wechselseitig bedingende Verknüpfung von ein- mit zweischlaufigen Lernprozessen - im Sinne eines optimalen Ausgleichs von „bestätigenden" und „forschenden" Lernprozessen (vgl. March 1991, auch Lant u. Mezias 1992) - verändern.

Die Komplexität in der Konstruktion dieses Problemzugriffs wird an »Resultaten« des organisationalen Handelns und ihrer Stellung für organisationale Lernprozesse deutlich. Als Resultate sind die für Akteure gemeinsam erfahrbaren und beobachtbaren Wirkungen situationsbezogener Verhaltensbegründungen eines Akteurs und hierauf bezogene Mitteilungen gegenüber anderen Akteuren zu verstehen.

- Bezugsproblem für organisationale Lernprozesse bildet das dieser Beschreibungsebene zugrundeliegende, Begründungsmuster im Arbeits- und Entscheidungsverhalten konstituierende Orientierungs- und Regelsystem des organisationalen Verhaltens. Insoweit kennzeichnet organisationales Lernen die rückwärtsgerichtete (erfahrungsstützende oder -modifizierende) Beobachtung und Deutung dieser „Artefakte" organisationalen Verhaltens in einem von Organisationsmitgliedern getragenen Verständigungsprozeß, um die das organisationale Verhalten begründenden Handlungstheorien in ihrer lokalen Differenzierung zu rekonstruieren.

- Handlungsroutinen, das heißt sich wiederholende, zwischen den Akteuren habitualisierte Wahrnehmungs- und Begründungsmuster des organisationalen Verhaltens, sind aufgrund ihrer „Bestätigung" als sozial legitimierte Formen des organisationalen Handelns auch Bedingung der Möglichkeit zur Reflexion organisationaler Verhaltensmöglichkeiten. Handlungsroutinen wirken nicht nur „rationalisierend", indem sie den Reflexionsbedarf zur Begründung situationsspezifischen Verhaltens regulieren. Durch ihre Nicht-Bestätigung werden jene Informationen über die Nützlichkeit organisationaler Verhaltensweisen - bestimmbar als die beobachtbare und kommunizierbare Differenz zwischen Erwartungen an und Erfahrungen mit Resultaten organisationalen Handelns - generiert, durch deren Kommunikation zwischen Akteur(-skonstellation)en - bestimmbar als unterschiedliche Deutung dieser Differenz, die aufgrund der Lokalität der Handlungstheorien sowohl auf Akteurskonstellationen begrenzt als auch zwischen ihnen konfliktär sein kann - organisationskontinuierlich Veränderungsprozesse als Lernzyklen im organisationalen Handeln ausgelöst werden.

Diese Prozesse bilden den Mechanismus, um die von Organisationsmitgliedern gemeinsam geteilten Begründungen ihres Organisationsverhaltens zu entbergen und zu verändern. Die Verhaltensregulierung bewegt sich im Spannungsfeld der durch das Orientierungs- und Regelsystem (vor)strukturierten Verhaltensweisen und der situationsgebundenen Wahrnehmung und Deutung dieser Verhaltensmöglichkeiten durch Organisationsteilnehmer. Zur erfolgskritischen Bedingung für einen organisationalen Lernprozeß wird folglich die öffentliche, d.h. von den Akteuren anerkannte und zwischen ihnen kommunizierbare Beschreibung der ihrem Verhalten zugrundeliegenden Begründungen, damit diese wechselseitig die Wirkungen eigenen Informationsverhaltens erkennen und Verantwortung dafür übernehmen können (vgl. Kap. 4.2.3.3).

Diese Konstruktion beinhaltet die Möglichkeit, die sozial-kognitive „Identität", die für die Organisationsmitglieder mit der intersubjektiv verbindlichen Begründbarkeit ihrer organisationalen Verhaltensweisen durch das Orientierungs- und Regelsystem gegeben ist, *auch* zu bewahren, wenn Formen des organisationalen Verhaltens sich verändern. Zwischen der erfahrungsbegründeten Entwicklung von situationsbezogenen Handlungsstrategien - einschlaufiges Lernen - und der Neukonstituierung der Orientierungs- und Regelgrößen des organisationalen Verhaltens - zweischlaufiges Lernen - liegt die Funktion von Organisationstechnologien - die in ihrer jeweiligen Form als „Artefakte" des beschreibbaren (erfahrungsbegründeten) und des zu beschreibenden (hypothesengestützten) organisationalen Verhaltens (vgl. Abbildung 4.1-2 und Kap. 4.2.2) zu verstehen sind - darin, die Verhaltensmöglichkeiten an sich ändernde Situationsbedingungen anzupassen und *gleichzeitig* die mit dem Orientierungs- und Regelsystem gegebene Legitimation des Handelns zu bewahren (vgl. Kap. 4.2.3). So diese Artefakte als sozial strukturierte Ordnungsformen der Reflexion des Organisationsverhaltens aufgefaßt werden, dienen sie der technologisch orientierten „Prüfung" erklärter Handlungsstrategien - aus Sicht der Technologiegestalter als Strategieformulierer etwa durch die „Einübung" von Systemfunktionen oder einer Wirkungsanalyse ihrer Potentiale für neue Formen technikgestützter Arbeitsgestaltung - *ebenso* wie der Differenzierung und Verständigung über diese Arbeitsgestaltung zwischen Organisationsmitgliedern - als denjenigen, die diese neue Technologie als ihr Organisationsverhalten „implementieren" -. Aus dieser Sicht erscheinen Organisationstechnologien (hier: in ihrer spezifischen Form als Anwendungskonzepte zur informationstechnischen Unterstützung von Managementleistungen) als Bedingung, um Kommunikationsprozesse und die wechselseitige Gewinnung von Erfahrungen in bezug auf Möglichkeiten der Veränderung organisationaler Verhaltensweisen zu generieren.

Damit ist für das konstruierte Spannungsverhältnis von ein- und zweischlaufigen Lernprozessen die Einordnung einer gültigen, d.h. in Akteurskonstellationen von Veränderungsprozessen anerkannten, Beschreibung von Begründungsformen organisationalen Verhaltens und ihrer Wirkungen als Medium zur sozialen „Konstruktion" organisationaler Handlungstheorien zentral. Wenn organisationale Lernprozesse in diesem Sinne als Prozesse (zweck)gerichteter Veränderungen organisationaler Verhaltensweisen aufgefaßt werden, dann sind diese aufgrund ihres sozialen und *zugleich* politischen Charakters nicht mit einem rational erwartbaren Ergebnis individueller und/oder kollektiver Verhaltensmodifikation gleichzusetzen. Der Veränderungsprozeß beruht darauf, daß sich die beteiligten Akteure absichtsvoll über ihre Wahrnehmung und Interpretation beobachtbarer Resultate des Arbeits- und Entscheidungsverhaltens und dessen Begründbarkeit verständigen, ohne damit zwingend die Entwicklung eines gemeinsamen Begründungsmusters nahezulegen. Die Verständigung über „geltende" Orientierungs- und Regelsysteme klärt den Bedingungsrahmen lokaler Handlungstheorien, der *auch* die Koexistenz unterschiedlicher, nicht integrierter, für konkrete Handlungsfelder aber instruktiver Wahrnehmungs- und Begründungsformen gewährleistet und die „Kosten" für unerwünschte Nebenwirkungen - insbesondere die für eine zwingende Integration des Wissens notwendige Lösung von Konflikten über „richtige" organisationale Verhaltensweisen - in Grenzen hält.

Diese Form der Beschreibung des Wandels von Organisationen wirkt in ihrer Komplexität auf Verständnis, Konzeption und Methodik des Managements einer Organisationstransformation zurück. Deren »Steuerbarkeit« - im Sinne einer logischen Ordnung von Interventionen - beruht darauf, in der Lokalität organisationaler Kontexte Veränderungsaktivitäten zu initiieren, die in der Vielfalt ihrer beobachtbaren Ergebnisse organisationskontinuierlich Möglichkeiten zur Anpassung des Organisationsverhaltens an sich ändernde Umweltbedingungen schaffen. Das „Risiko" besteht in den nicht erwartbaren Ergebnissen der Interventionen aufgrund der Unbestimmtheit in den Verständigungen über Verhaltensanpassungen ebenso wie in lokalen Begrenzungen der Möglichkeiten zur Veränderung. Das Potential liegt darin, mit der Mehrzahl und Variation dieser Ereignisse (und der Kommunikation ihrer Unterschiedlichkeit zwischen den Akteuren) die Möglichkeiten zu erhöhen, Veränderungshandeln mit dem Bedingungsrahmen arbeitsalltäglicher Handlungsroutinen zum Ausgleich zu bringen und dadurch die Orientierungs- und Regelgrößen dieser Verhaltensanpassungen - so sie als parallele und sich wiederholende Orte des Lernens gedacht werden - zu verändern: *„The chances for learning increase as more small wins are initiated by more people in more places" (Weick u. Westley 1996, S.455 - but not: by all people in all places - HJB).*

Literaturverzeichnis

Albach, H. (1993): Betriebswirtschaftslehre als Wissenschaft - Entwicklungstendenzen in der modernen Betriebswirtschaftslehre. In: Albach, H., Brockhoff, K. (Hrsg.): Die Zukunft der Betriebswirtschaftslehre in Deutschland. Zeitschrift für Betriebswirtschaft - Ergänzungsheft 3/1993, 63. Jg., 7-26.

Albach, H. (1994): Betriebswirtschaftslehre als Wissenschaft vom Management. In: Wunderer, R. (Hrsg.): Betriebswirtschaftslehre als Management- und Führungslehre. 3., überarbeitete und ergänzte Aufl. (nach CIP-Einheitsaufnahme; der Buchtitel gibt als Jahr 1995 an). Stuttgart. 81-119.

Albach, H., Wildemann, H. (Hrsg.) (1995): Lernende Unternehmen. Zeitschrift für Betriebswirtschaft - Ergänzungsheft 3/1995, 65. Jg.

Anthony, R.N. (1965): Planning and Control Systems: A Framework for Analysis. Boston.

Argyris, C. (1990): Overcoming Organizational Defenses: Facilitating Organizational Learning. Boston, London, Sydney, Toronto.

Argyris, C. (1993a): Knowledge for Action. A Guide to Overcoming Barriers to Organizational Change. San Francisco.

Argyris, C. (1993b): Eingeübte Inkompetenz - ein Führungsdilemma. In: Fatzer, G. (Hrsg.): Organisationsentwicklung für die Zukunft. Köln. 129-144.

Argyris, C. (1993c): Defensive Routinen. In: Fatzer, G. (Hrsg.): Organisationsentwicklung für die Zukunft. Köln. 179-226.

Argyris, C. (1994): On Organizational Learning. Cambridge, Massachusetts.

Argyris, C. (1995): Interventionen und Führungseffizienz. In: Kieser, A., Reber, G., Wunderer, R. (Hrsg.): Handwörterbuch der Führung, 2., neu gestaltete und ergänzte Aufl., Stuttgart. Sp. 1254-1272.

Argyris, C., Putnam, R., Smith, D. (1985): Action Science. Concepts, Methods and Skills for Research and Intervention. San Francisco, London.

Argyris, C., Schön, D.A. (1978): Organizational Learning: A Theory of Action Perspective. Reading, Massachusetts u.a.

Argyris, C., Schön, D.A. (1996). Organizational Learning II: Theory, Method, and Practice. Reading, Massachusetts u.a.

Astley, W.G., Van de Ven, A.H. (1983): Central perspectives and debates in organization theory. In: Administrative Science Quarterly, 28. Jg., 245-273.

Ayad Al-Ani (1992): Die Bedeutung von Executive Information Systems für die betrieblichen Prozesse. In: Die Unternehmung, 46. Jg., H. 2. 101-110.

Bachmann, R., Malsch, T. (1993): Wissensbasierte Systeme in der Industrie. Zur Konstitution und Transformation von Wissen in der betrieblichen Organisation. In: Wagner, I. (Hrsg.): Kooperative Medien. Informationstechnische Gestaltung moderner Organisationen. Frankfurt/M., New York. 235-249.

Baethge, M., Grimm, A., Oberbeck, H. (1992): Neue arbeits- und personalpolitische Konzepte im Groß- und Einzelhandel. In: Baethge, M., Oberbeck, H. (Hrsg.): Personalentwicklung im Handel: Zwischen Stagnation und neuen Perspektiven. Frankfurt/M., New York. 11-104.

Baethge, M., Oberbeck, H. (1986): Zukunft der Angestellten. Neue Technologien und berufliche Perspektiven in Büro und Verwaltung. Frankfurt/M., New York.

Bahl-Benker, A. (1984): Elektronische Heimarbeit - die schöne neue Arbeitswelt?. In: B. Schütt (Hrsg.): Neue Technologien und Arbeitswelt. Köln. 61-70.

Bahnmüller, R., Bispinck, R., Schmidt, W. (1993): Betriebliche Weiterbildung und Tarifvertrag. Eine Studie über Probleme qualitativer Tarifpolitik in der Metallindustrie. München, Mering.

Bair, J.H. (1989): Supporting Cooperative Work With Computers: Adressing Meeting Mania. Proceedings. Compcon. Washington.

Baitsch, C. (1993): Was bewegt Organisationen? Selbstorganisation aus psychologischer Perspektive. Frankfurt/M., New York.

Ballerstedt, E., Dipper, M., Krebsbach-Gnath, E. (1982): Studie über Auswahl, Eignung und Auswirkungen von informationstechnisch gestützten Heimarbeitsplätzen. Forschungsbericht für das Bundesministerium für Forschung und Technologie. DV 82-002. Karlsruhe.

Bandura, A. (1979): Sozial-kognitive Lerntheorie. Stuttgart.

Bardmann, Th.M. (1994): Wenn aus Arbeit Abfall wird. Aufbau und Abbau organisatorischer Realitäten. Frankfurt/M.

Bartölke, K. (1992): Teilautonome Arbeitsgruppen. In: Frese, E. (Hrsg.): Handwörterbuch der Organisation, 3., völlig neu gestaltete Aufl., Stuttgart. Sp. 2384-2399.

Bartölke, K., Grieger, J. (1993): Defizitabbau oder Potentialproduktion als Perspektiven von Personalentwicklung: Grundlagen und Probleme zweier Orientierungen. In: Laske, St., Gorbach, St. (Hrsg.): Spannungsfeld Personalentwicklung: Konzeptionen, Analysen, Perspektiven. Wiesbaden. 93-110.

Bartölke, K., Grieger, J., Ridder, H.-G., Weskamp, C. (1994): Betriebs- und Dienstvereinbarungen bei der Einführung von ISDN-Kommunikationsanlagen in Organisationen. Opladen.

Bartölke, K., Henning, H., Jorzik, H., Ridder, H.-G. (1991): Neue Technologien und betriebliche Mitbestimmung. Opladen.

Bateson, G. (1994). Ökologie des Geistes. Anthropologische, psychologische, biologische und epistemologische Perspektiven. 5. Aufl., Frankfurt/M.

Bea, F.X. (1995): Prozeßorientierte Produktionstheorie und Lernen. In: Albach, H., Wildemann, H. (Hrsg.): Lernende Unternehmen. Zeitschrift für Betriebswirtschaft - Ergänzungsheft 3/1995, 65. Jg., 35-47.

Becker, B., Paetau, M. (1992): Von der kognitiven zur interaktiven Adäquatheit? Expertensysteme zwischen Substitution und Assistenz menschlicher Problemlösungen. In: Malsch, T., Mill, U. (Hrsg.): ArBYTE: Modernisierung der Industriesoziologie. Berlin. 133-155.

Becker, F.G. (1993): Explorative Forschung mittels Bezugsrahmen - ein Beitrag zur Methodologie. In: Becker, F.G., Martin, A. (Hrsg.): Empirische Personalforschung: Methoden und Beispiele. München, Mering. 111-127.

Becker, F.G., Martin, A. (Hrsg.) (1993): Empirische Personalforschung: Methoden und Beispiele. München, Mering.

Beckurts, K.H., Reichwald, R. (Hrsg.) (1984): Kooperation im Management mit integrierter Bürotechnik. München.

Behme, W. (1993): Entwurf eines objektorientierten Meta-Informationssystems zur Unterstützung der Informationslogistik. Dissertation. Hildesheim.

Behme, W., Schimmelpfeng, K. (Hrsg.) (1993a): Führungsinformationssysteme. Neue Entwicklungstendenzen im EDV-gestützten Berichtswesen. Wiesbaden.

Behme, W., Schimmelpfeng, K. (1993b): Führungsinformationssysteme: Geschichtliche Entwicklung, Aufgaben, Leistungsmerkmale. In: Behme, W., Schimmelpfeng, K. (Hrsg.): Führungsinformationssysteme. Neue Entwicklungstendenzen im EDV-gestützten Berichtswesen. Wiesbaden. 3-16.

Bellmann, K.B. (1989): Kostenoptimale Arbeitsteilung im Büro. Der Einfluß neuer Informations- und Kommunikationstechnik auf Organisation und Kosten der Büroarbeit. Berlin.

Bellmann, K., Wittmann, E. (1991): Modelle der organisatorischen Arbeitsstrukturierung - Ökonomische und humane Effekte. In: Bullinger, H.-J. (Hrsg.): Handbuch des Informationsmanagements im Unternehmen. Technik- Organisation - Recht - Perspektiven. Band I. 487-515.

Berger, P.L., Luckmann, Th. (1994): Die gesellschaftliche Konstruktion der Wirklichkeit. Eine Theorie der Wissenssoziologie. Titel der amerikanischen Originalausgabe: "The Social Construction of Reality", New York, 1966. Frankfurt/M.

Berger, U., Bernhard-Mehlich, I. (1993): Die Verhaltenswissenschaftliche Entscheidungstheorie. In: Kieser, A. (Hrsg.): Organisationstheorien. Stuttgart, Berlin, Köln. 127-159.

Berthel, J. (1991): Personal-Management. Grundzüge für Konzeptionen betrieblicher Personalarbeit. 3., korrigierte Aufl., Stuttgart.

Berthel, J. (1992): Informationsbedarf. In: Frese, E. (Hrsg.): Handwörterbuch der Organisation, 3., völlig neu gestaltete Aufl., Stuttgart. Sp. 872-886.

Bierhoff, H.W. (1987): Vertrauen in Führungs- und Kooperationsbeziehungen. In: Kieser, A., Reber, G., Wunderer, R. (Hrsg.): Handwörterbuch der Führung, 1. Aufl., Stuttgart. Sp. 2028-2038.

Bierhoff, H.W. (1991): Soziale Motivation kooperativen Verhaltens. In: Wunderer, R. (Hrsg.): Kooperation. Gestaltungsprinzipien und Steuerung der Zusammenarbeit zwischen Organisationseinheiten. Stuttgart. 21-38.

Biervert, B., Monse, K., Behrendt, E., Hilbig, M. unter Mitarbeit von Bruns, H.-J. und Renner, A. (1991): Informatisierung von Dienstleistungen. Entwicklungskorridore und Technikfolgen für die privaten Haushalte. Opladen.

Biervert, B., Monse, K., Brewing, J., Bruns, H.-J. (1994): ISDN-Einsatz in einem mittelständischen Handelsunternehmen. Konsequenzen für Organisations- und Kommunikationsstrukturen. Opladen.

Biervert, B., Monse, K., Bruns, H.-J., Fromm, M., Reimers, K. (1996): Überbetriebliche Vernetzung im Handel. Konzepte und Lösungen im ISDN. Opladen.

Biervert, B., Monse, K., Bruns, H.-J., Reimers, K. (1992): Unternehmensvernetzung. Konzepte und Fallstudien. Wiesbaden.

Bode, J. (1993): Information. In: Die Betriebswirtschaft, 53. Jg., H. 2. 275-277.

Böhle, F. (1992): Grenzen und Widersprüche der Verwissenschaftlichung von Produktionsprozessen. Zur industriesoziologischen Verortung von Erfahrungswissen. In: Malsch, T., Mill. U. (Hrsg.): ArBYTE: Modernisierung der Industriesoziologie. Berlin. 87-132.

Braun, W. (1993): Forschungsmethoden der Betriebswirtschaftslehre. In: Wittmann, W. u.a. (Hrsg.): Handwörterbuch der Betriebswirtschaft. 5., völlig neu gestaltete Aufl., Stuttgart. Sp. 1220-1236.

Breisig, T. (1993): Personalentwicklung in mitbestimmungspolitischer Perspektive. In: Zeitschrift für Personalforschung, 7. Jg., H. 1. 7-24.

Brewing, J. (1993): Unternehmung und Ethik. An den Grenzen der konsensual-kommunikativ orientierten Unternehmensethik. Dissertation. Wuppertal.

Bruch, H. (1996). Intra- und interorganisationale Delegation: Management - Handlungsspielräume - Outsourcingpraxis. Wiesbaden.

Brünnecke, K., Deutschmann, C., Faust, M. (1992): Betriebspolitische Aspekte des Bürokratieabbaus in Industrieunternehmen. In: Staehle, W.H., Conrad, P. (Hrsg.): Managementforschung 2. Berlin, New York. 1-38.

Bullinger, H.-J., Fröschle, H.-P., Klein, B. (1987): Telearbeit: Schaffung dezentraler Arbeitsplätze unter Einsatz von Teletex. Hallbergmoos.

Bullinger, H.-J., Koll, P. (1992): Chefinformationssysteme. In: Krallmann, H., Papke, J., Rieger, B. (Hrsg.): Rechnergestützte Werkzeuge für das Management. Grundlagen, Methoden, Anwendungen. Berlin. 49-72.

Bullinger, H.-J., Niemeier, J. (1990): Strategiegeleitete Innovationen - Potentiale des Einsatzes von IuK-Technologien in Büro und Verwaltung. In: Rock, R., Ulrich, P., Witt, F. (Hrsg.): Strukturwandel der Dienstleistungsrationalisierung. Frankfurt/M., New York. 81-126.

Bullinger, H.-J., Niemeier, J., Koll P. (1993): Führungsinformationssysteme (FIS): Einführungskonzepte und Entwicklungspotentiale. In: Behme, W., Schimmelpfeng, K. (Hrsg.): Führungsinformationssysteme. Neue Entwicklungstendenzen im EDV-gestützten Berichtswesen. Wiesbaden. 44-62.

Castiglioni, E. (1994): Organisatorisches Lernen in Produktinnovationsprozessen. Eine empirische Untersuchung. Wiesbaden.

Child, J., Ganter, H.-D., Kieser, A. (1987): Technological Innovation and Organizational Conservatism. In: Pennings, J.M., Buitendam, A. (Hrsg.): New Technology as Organizational Innovation. Cambridge. 87-115.

Cohen, M.C., Sproull, L.S. (1991): Editors' Introduction. In: Organization Science, 2. Jg., H. 1. o.S.

Conrad, P. (1991): Human Resource Management - eine "lohnende" Entwicklungsperspektive. In: Zeitschrift für Personalforschung, 5. Jg., H. 4. 411-445.

Coy, W. (Hrsg.) (1992): Sichtweisen der Informatik. Braunschweig, Wiesbaden.

Cross, T.B., Raizman, M. (1986): Telecommuting. The Future Technology of Work. Homewood/Illinois.

Crozier, M., Friedberg, E. (1979): Macht und Organisation. Die Zwänge kollektiven Handelns. Königstein/Ts.

Culnan, M.J., Markus, M.L. (1987): Information Technologies. In: Jablin, F.M., Putnam, L.L., Roberts, K.H., Porter, L.W. (Hrsg.): Handbook of Organizational Communication. An Interdisciplinary Perspective. Beverly Hills, London, New Delhi. 420-443.

Daft, R.L., Huber, G.P. (1987): How Organizations Learn: A Communication Framework. In: Di Tomaso, N., Bacharach, S.B. (Hrsg.): Research in the Sociology of Organizations. Greenwich. 5. Jg., 1-36.

Daft, R.L., Lengel, R.H. (1986): Information Richness: A new approach to managerial behavior and organization design. In: Staw, B.M., Cummings, L.L. (Hrsg.): Research in Organizational Behavior. Greenwich. 6. Jg., 191-233.

DAG Deutsche Angestellten Gewerkschaft (1993): Tele(heim)arbeit als betriebliches Handlungsfeld. Ein Leitfaden für betriebliche Interessenvertretungen. In: Der Betriebsrat, 42. Jg., 1-57.

Däubler, W. (1986): Das Arbeitsrecht 2 - Leitfaden für Arbeitnehmer. 4., erweiterte und überarbeitete Aufl., Reinbek bei Hamburg.

Davenport, Th.S. (1993): Process Innovation. Reengineering Work through Information Technology. Boston.

Dax, P., Kirrmann, M. (1992): Der Terminal zu Hause erspart die Fahrt zur Firma. In: Der Arbeitgeber, 44. Jg., H. 17. 595-596.

Dax, P., Kirrmann, M. (1993): Außerbetriebliche Arbeitsstätten bei der IBM. In: Die Bank, H. 4. 207-211.

De Geus, A.R. (1989): Unternehmensplaner können Lernprozesse beschleunigen. In: Harvard Manager, 11. Jg., H. 1. 28-34.

Deiser, R. (1995): Architektur des Wandels - Designprinzipien für die lernende Organisation. In: Geißler, H. (Hrsg.): Organisationslernen und Weiterbildung. Neuwied, Kriftel, Berlin. 308-325.

Delfmann, W. (1995): Logistik als strategische Ressource. Theoretisches Modell und organisatorische Umsetzung integrierten Lernens in logistischen Netzwerken. In: Albach, H., Wildemann, H. (Hrsg.): Lernende Unternehmen. Zeitschrift für Betriebswirtschaft - Ergänzungsheft 3/1995, 65. Jg., 141-170.

Delfmann, W., Waldmann, J. (1987): Distribution 2000. Informations- und Kommunikationsmanagement bestimmen die Positionen von Industrie und Handel in den Distributionssystemen der Zukunft. In: Schwarz, C., Sturm, F., Klose, W. (Hrsg.): Marketing 2000: Perspektiven zwischen Theorie und Praxis. Wiesbaden. 71-93.

Dierkes, M., Raske, B. (1994): Blick zurück nach vorn - Wie Unternehmen lernen. In: Manager Magazin, 24. Jg., H. 7. 140-154.

Dietz, J.-W. (1993): Das Projekt "Einführung Neues Berichtswesen" im Sinne eines Führungsinformationssystems (FIS) in ein internationales Unternehmen. In: Behme, W., Schimmelpfeng, K. (Hrsg.): Führungsinformationssysteme: Neue Entwicklungstendenzen im EDV-gestützten Berichtswesen. Wiesbaden. 175-186.

Dittrich, J. (1991): Koordinationsmodelle für Computergestützte Gruppenarbeit. In: Friedrich, J., Rödiger, K.-H. (Hrsg.): Computergestützte Gruppenarbeit (CSCW). Stuttgart. 107-117.

Dixon, N.M. (1992): Organizational Learning: A Review of the Literature with Implications for HRD Professionals. In: Human Resource Development Quarterly, 3. Jg., H. 1. 29-49.

Dixon, N.M. (1993): Developing Managers for the Learning Organization. In: Human Resource Management Review, 3. Jg., H. 3. 243-254.

Dodgson, M. (1993): Organizational Learning: A Review of Some Literatures. In: Organization Studies, 14. Jg., H. 3. 375-394.

Dohmen, W. (1994): Kooperative Systeme. München, Wien.

Doppler, K., Lauterburg, C. (1994): Change Management. Den Unternehmenswandel gestalten. Frankfurt/M., New York.

Dorn, B. (Hrsg.) (1994): Das informierte Management. Fakten und Signale für schnelle Entscheidungen. Berlin u.a.

Dostal, W. (1986): Telearbeit. Beispiele, Definitionen, Bewertungen. In: Materialien aus der Arbeitsmarkt und Berufsforschung, H. 4. 2-10.

Drüke, H., Feuerstein, G., Kreibich, R. (1986): Büroarbeit im Wandel. Tendenzen der Dezentralisierung mit Hilfe neuer Informations- und Kommunikationstechnologien. Eschborn.

Drumm, H.-J. (1995): Personalwirtschaftslehre. 3., neu bearbeite und erweiterte Aufl., Berlin u.a.

Drumm, H.-J. (1996): Das Paradigma der Neuen Dezentralisation. In: Die Betriebswirtschaft, 56. Jg., H. 1. 7-20.

Duncan, R., Weiss, A. (1979): Organizational Learning: Implications for Organizational Design. In: Staw, B.M. (Hrsg.): Research in Organizational Behavior. Greenwich. 1. Jg., 75-123.

Eipper, P., Gorgus, U. (1994): Realisierung eines Informations- und Kommunikationssystems für ein Handelsunternehmen - Ein Praxisbericht -. In: ISDN-Forschungskommission des Landes Nordrhein-Westfalen (Hrsg.): Materialien und Berichte. Nr. 14. Ministerium für Wirtschaft, Mittelstand und Technologie des Landes Nordrhein-Westfalen. Düsseldorf.

Empter, St. (1988): Handeln, Macht und Organisation: Zur interaktionistischen Grundlegung sozialer Systeme. Augsburg.

Empter, St., Handschuh-Heiß, St., Höflich, J., Theis, A.M. (1986): Kommunikations- und Informationsverhalten in Großunternehmen. Ergebnisse einer Erhebung bei Oberen Führungskräften in einem Großbetrieb. Ein Forschungsbericht. In: Reimann, H. (Hrsg.): ABAKUS. Augsburger Beiträge aus Kommunikationswissenschaft und Soziologie. Universität Augsburg. Augsburg.

Epple, D., Argote, L., Devada, R. (1991): Organizational Learning Curve: A Method for Investigating Intra-Plant Transfer of Knowledge Aquired through Learning by Doing. In: Organization Science, 2 Jg., H. 1. 58-70.

Europäische Stiftung zur Verbesserung der Lebens- und Arbeitsbedingungen (1994): Tele-life-styles and the Flexicity. A European Study. Dublin.

Fangmann, H. (1993): Rechtliche Konsequenzen des Einsatzes von ISDN. Opladen.

Falck, M. (1992): Arbeit in der Organisation. Zur Rolle der Kommunikation als Arbeit in der Arbeit und als Gegenstand technischer Gestaltung. In: Coy, W. (Hrsg.): Sichtweisen der Informatik. Braunschweig, Wiesbaden. 157-169.

Fatzer, G. (Hrsg.) (1993): Organisationsentwicklung für die Zukunft - Ein Handbuch. Köln.

Faust, M., Jauch, P., Brünnecke, K., Deutschmann, C. (1994): Dezentralisierung von Unternehmen. Bürokratie- und Hierarchieabbau und die Rolle betrieblicher Arbeitspolitik. München, Mering.

Feldhoff, J., Hessinger, Ph., Schlinkert, P. (1994): Wandel des Betriebes durch Informationstechnologie: Akteure in der programmierten Arbeitswelt und neue Formen gewerkschaftlicher Praxis. Frankfurt/M., New York.

Felsch, A. (1996). Personalentwicklung und organisationales Lernen: Mikropolitische Perspektiven zur theoretischen Grundlegung. Hamburg.

Fenski, M. (1994): Außerbetriebliche Arbeitsverhältnisse, Heim- und Telearbeit. Berlin.

Fiol, C.M., Lyles, M.A. (1985): Organizational Learning. In: Academy of Management Review, 10. Jg., H. 4. 803-813.

Fischer, U., Späker, G., Weißbach, H.-J., unter Mitarbeit von Beyer, J. (1993): Neue Entwicklungen bei der sozialen Gestaltung der Telearbeit. Fallstudien in ausgewählten Betrieben in der Bundesrepublik Deutschland, Großbritanniens und der Schweiz. Düsseldorf.

Fischer-Winkelmann, W.F. (1994): Praxisvollzug der Betriebswirtschaftslehre - Prolegomena statt einer einleitenden Übersicht. In: Fischer-Winkelmann, W.F. (Hrsg.): Das Theorie-Praxis Problem der Betriebswirtschaftslehre. Tagung der Kommission Wissenschaftstheorie. Wiesbaden. 1-5.

Frank, H., Lueger, M. (1995): Zur Re-Konstruktion von Entwicklungsprozessen. Konzeptive Grundlagen und empirische Analyse einer Unternehmensgründung. In: Die Betriebswirtschaft, 55. Jg., H. 6. 721-742.

Frank, U. (1989): Expertensysteme: Ein erfolgversprechender Ansatz zur Automatisierung dispositiver Tätigkeiten?. In: Die Betriebswirtschaft, 49. Jg., H. 1. 19-36.

Franke, A. (1993): Entwicklung und Einführung eines Konzernsteuerungssystems bei der Westdeutschen Landesbank (WestLB). In: Behme, W., Schimmelpfeng, K. (Hrsg.): Führungsinformationssysteme. Neue Entwicklungstendenzen im EDV-gestützten Berichtswesen. Wiesbaden. 107-121.

Freimann, J. (1994): Das Theorie-Praxis-Dilemma der Betriebswirtschaftslehre - Wissenschaftssoziologische Anmerkungen zu einem besonderen Verhältnis -. In: Fischer-Winkelmann, W.F. (Hrsg.): Das Theorie-Praxis Problem der Betriebswirtschaftslehre. Tagung der Kommission Wissenschaftstheorie. Wiesbaden. 7-24.

Freisleben, B., Rüttinger, B., Sourisseaux, A., Schramme, S. (1991): Auswirkungen computermediierter Kommunikation auf Gruppenentscheidungen. In: Friedrich, J., Rödiger, K.-H. (Hrsg.): Computergestützte Gruppenarbeit (CSCW). Stuttgart. 251-258.

French, W.L., Bell, C.H. (1990): Organisationsentwicklung: sozialwissenschaftliche Strategien zur Organisationsveränderung. Bern, Stuttgart.

Frese, E. (1992): Organisationstheorie: historische Entwicklung, Ansätze, Perspektiven. 2., überarbeitete und erweiterte Aufl., Wiesbaden.

Frese, E. (1993): Grundlagen der Organisation: Konzept - Prinzipien - Strukturen. 5., vollständig überarbeitete Aufl., Wiesbaden.

Frese, E., Werder, A.v. (1992): Bürokommunikation. In: Frese, E. (Hrsg.): Handwörterbuch der Organisation, 3., völlig neu gestaltete Aufl., Stuttgart. Sp. 374-390.

Friedberg, E. (1986): Folgen der Informatisierung der Produktion für die Machtquellen unterer und mittlerer Führungskräfte. In: Seltz, R., Mill, U., Hildebrandt, E. (Hrsg.): Organisation als soziales System. Berlin. 143-150.

Friedberg, E. (1995): Ordnung und Macht. Dynamiken organisierten Handelns. Frankfurt/M., New York.

Friedrich, J., Rödiger, K.-H. (Hrsg.) (1991a): Computergestützte Gruppenarbeit (CSCW). Stuttgart.

Friedrich, J., Rödiger, K.-H. (1991b): Computergestützte Gruppenarbeit - Einleitende Bemerkungen zur ersten deutschen CSCW-Tagung. In: Friedrich, J., Rödiger, K.-H. (Hrsg.): Computergestützte Gruppenarbeit (CSCW). Stuttgart. 11-16.

FTK - Forschungsinstitut für Telekommunikation (1993): Informations- und Kommunikationstechnologien im Spannungsfeld von Hersteller-Lösungen und Anwender-Problemen. In: ISDN-Forschungskommission des Landes Nordrhein Westfalen (Hrsg.): Materialien und Berichte. Nr. 14. Ministerium für Wirtschaft, Mittelstand und Technologie des Landes Nordrhein-Westfalen. Düsseldorf.

Gaitanides, M. (1983): Prozeßorganisation: Entwicklung, Ansätze und Programme prozeßorientierter Organisationsgestaltung. München.

Galbraith, J.R. (1977): Organization Design. Reading, Massachusetts u.a.

Ganter, H.-D., Walgenbach, P. (1995): Empirische Untersuchungen zum Arbeitsverhalten von Managern. In: Kieser, A., Reber, G., Wunderer, R. (Hrsg.): Handwörterbuch der Führung, 2., neu gestaltete und ergänzte Aufl., Stuttgart. Sp. 61-71.

Garbe, D., Lange, K. (Hrsg.) (1991): Technikfolgenabschätzung in der Telekommunikation. Berlin u.a.

Gbezo, B.E. (1995): Telearbeit: Revolution am Arbeitsplatz. In: Welt der Arbeit, H. 14. 4-7.

Geibel, R. (1992): Computergestützte Gruppenarbeit. Die Förderung von Gruppenentscheidungen durch "Group Decision Support Systems". Stuttgart.

Geißler, H. (1991): Organisations-Lernen. Gebot und Chance einer zukunftsweisenden Pädagogik. In: Grundlagen der Weiterbildung, 2. Jg., H. 1. 23-27.

Geißler, H. (1995a): Grundlagen des Organisationslernen. 2., durchgesehene Aufl., Weinheim.

Geißler, H. (1995b): Managementbildung und Organisationslernen für die Risikogesellschaft. In: Geißler, H. (Hrsg.): Organisationslernen und Weiterbildung. Neuwied, Kriftel, Berlin. 362-384.

Geißler, H. (Hrsg.) (1995c): Organisationslernen und Weiterbildung. Die strategische Antwort auf die Herausforderungen der Zukunft. Neuwied, Kriftel, Berlin.

Gemünden, H.G. (1993): Information: Bedarf, Analyse und Verhalten. In: Wittmann, W. u.a. (Hrsg.): Handwörterbuch der Betriebswirtschaft, 5., völlig neu gestaltete Aufl., Stuttgart. Sp. 1725-1735.

Giddens, A. (1992): Die Konstitution der Gesellschaft: Grundzüge einer Theorie der Strukturierung. Frankfurt/M., New York.

Giegel, H.-J. (Hrsg.) (1992): Kommunikation und Konsens in modernen Gesellschaften. Frankfurt/M.

Glaser, W.R. (1993): Außerbetriebliche Arbeitsstätten - psychologisch, praktisch und ein wenig visionär gesehen. In: IBM-Nachrichten, 43. Jg., H. 315. 15-21.

Glaser, W.R., Glaser, M.O. (1995): Telearbeit in der Praxis. Psychologische Erfahrungen mit Außerbetrieblichen Arbeitsstätten bei der IBM Deutschland GmbH. Neuwied, Kriftel, Berlin.

Godehardt, B. (1994): Telearbeit. Rahmenbedingungen und Potentiale. Opladen.

Gomez, P., Hahn, D., Müller-Stewens, G., Wunderer, R. (Hrsg.) (1994): Unternehmerischer Wandel: Konzepte zur organisatorischen Erneuerung. Wiesbaden.

Gomez, P., Müller-Stewens, G. (1994): Corporate Transformation. Zum Management fundamentalen Wandels großer Unternehmen. In: Gomez, P. u.a. (Hrsg.): Unternehmerischer Wandel: Konzepte zur organisatorischen Erneuerung. Wiesbaden. 135-198.

Grandori, A. (1987): Perspectives on Organization Theory. Cambridge.

Granovetter, M. (1985): Economic Action and Social Structure: The Problem of Embeddedness. In: American Journal of Sociology, 91. Jg., 481-510.

Granovetter, M. (1992): Problems of Explanation in Economic Sociology. In: Nohria, N., Eccles, R.G. (Hrsg.): Networks and organizations: structure, form and action. Boston. 25-56.

Grieger, J. (1997): Hierarchie und Potential: Informatorische Grundlagen und Strukturen der Personalentwicklung in Unternehmungen. Neustadt/Coburg.

Griese, J. (1992): Auswirkungen globaler Informations- und Kommunikationssysteme auf die Organisation weltweit tätiger Unternehmen. In: Staehle, W.H., Conrad, P. (Hrsg.): Managementforschung 2. Berlin, New York. 163-175.

Grochla, E. (1971): Forschung und Entwicklung auf dem Gebiet der Informationssysteme als Aufgabe der Betriebswirtschaftslehre. In: Zeitschrift für Betriebswirtschaft, 41. Jg., 563-582.

Grochla, E. (1972): Unternehmensorganisation. Reinbek bei Hamburg.

Groffmann, H.-D. (1992): Kooperatives Führungsinformationssystem: Grundlagen - Konzept - Prototyp. Wiesbaden.

Gronau, N. (1994): Führungsinformationssysteme für das Management der Produktion. München, Wien.

Grossmann, R., Krainz, E.E., Oswald, M. (Hrsg.) (1995): Veränderung in Organisationen. Management und Beratung. Wiesbaden.

Grote, G. (1991): Effekte der Nutzung eines Bürokommunikationssystems auf Arbeitsprozesse und -strukturen. In: Friedrich, J., Rödiger, K.-H. (Hrsg.): Computergestützte Gruppenarbeit (CSCW). Stuttgart. 221-234.

Grote, G. (1994): Auswirkungen elektronischer Kommunikation auf Führungsprozesse. In: Zeitschrift für Arbeits- und Organisationspsychologie, 38. Jg., H. 2. 71-75.

Grün, O. (1993): Lerntheorien und Betriebswirtschaftslehre. In: W. Wittmann u.a. (Hrsg.): Handwörterbuch der Betriebswirtschaft. 5., völlig neu gestaltete Aufl., Stuttgart. Sp. 2594-2608.

Grunwald, W., Lilge, H.-G. (Hrsg.) (1981): Kooperation und Konkurrenz in Organisationen. Bern, Stuttgart.

Güldenberg, St., Eschenbach, R. (1996): Organisatorisches Wissen und Lernen - erste Ergebnisse einer qualitativ-empirischen Erhebung. In: Zeitschrift Führung und Organisation, 65. Jg., H. 1. 4-9.

Gustavson, B. (1994): Dialog und Entwicklung. Kommunikationstheorie, Aktionsforschung und Strukturreformen der Arbeitswelt. Berlin.

Gutenberg, E. (1929): Die Unternehmung als Gegenstand betriebswirtschaftlicher Theorie. Berlin.

Gutenberg, E. (1957): Betriebswirtschaftslehre als Wissenschaft. Krefeld.

Gutenberg, E. (1963): Zur Frage des Normativen in den Sozialwissenschaften. In: Karrenberg, F.; Albert, H. (Hrsg.): Sozialwissenschaft und Gesellschaftsgestaltung. Berlin. 121-129.

Gutenberg, E. (1975): Grundlagen der Betriebswirtschaftslehre. Erster Band. Die Produktion. 21. Aufl., Berlin, Heidelberg, New York.

Gutenberg, E. (1989): Zur Theorie der Unternehmung. Schriften und Reden von Erich Gutenberg. Aus dem Nachlaß. Herausgegeben von H. Albach. Berlin u.a.

Guthunz, U. (1994): Informationssysteme für das strategische Management. Eine Untersuchung zur theoretischen Fundierung und Gestaltung strategischer Informationssysteme am Beispiel der Kostenrechnung. Wiesbaden.

Habermann, G. (1993): Integrationskonzepte externer Wirtschaftsinformationen für Führungsinformationssysteme. In: Behme, W., Schimmelpfeng, K. (Hrsg.): Führungsinformationssysteme. Neue Entwicklungstendenzen im EDV-gestützten Berichtswesen. Wiesbaden. 157-186.

Habermas, J. (1981). Theorie des kommunikativen Handelns. 2 Bände. Frankfurt/M.

Haddon, L., Lewis, A. (1994): The experience of teleworking: an annoted review. In: The International Journal of Human Resource Management, 5. Jg., H. 1. 193-223.

Hammer, M., Champy, J. (1994): Business Reengineering: Die Radikalkur für das Unternehmen. 2. Aufl., Frankfurt/M., New York.

Hanft, A. (1995): Personalentwicklung zwischen Weiterbildung und „organisationalem Lernen": Eine strukturationstheoretische und machtpolitische Analyse. München, Mering.

Hanft, A. (1996). Organisationales Lernen und Macht - Über den Zusammenhang von Wissen, Lernen, Macht und Struktur. In: Schreyögg, G., Conrad, P. (Hrsg.). Managementforschung 6 - Wissensmanagement. Berlin, New York. 133-162.

Hansen, H.R. (1992): Wirtschaftsinformatik I. Einführung in die betriebliche Datenverarbeitung. 6., neu bearbeitete und stark erweiterte Aufl., Stuttgart, Jena.

Hanssen, R.A., Kern, W. (1992): Integrationsmanagement für neue Produkte. Zeitschrift für betriebswirtschaftliche Forschung, 44. Jg., Sonderheft 30.

Hartmann, K. (1989): Einfluß organisatorischer Veränderungen und neuer Technologien auf die Personalarbeit. Zur Einführung eines integrierten Warenwirtschaftssystems in einem Handelsunternehmen. In: Zeitschrift Führung und Organisation, 59. Jg., H. 3. 185-188.

Hartmann, U. (1995): Die bildungstheoretische Begründung des Organisationslernens bei Wilhelm von Humboldt. In: Geißler, H. (Hrsg.): Organisationslernen und Weiterbildung. Neuwied, Kriftel, Berlin. 329-351.

Hauschildt, J., Grün, O. (Hrsg.) (1993): Ergebnisse empirischer betriebswirtschaftlicher Forschung: Zu einer Realtheorie der Unternehmung. Stuttgart.

Hedberg, B. (1981): How organizations learn and unlearn. In: Nystrom, P.C., Starbuck, W.H. (Hrsg.): Handbook of Organizational Design. Volume 1: Adapting organizations to their environments. London u.a., 3-27.

Hegner, F., Klocke-Kramer, M., Lakemann, U., Schlegelmilch, C. (1989): Dezentrale Arbeitsplätze: Eine empirische Untersuchung neuer Erwerbs- und Familienformen. Frankfurt/M., New York.

Heidack, C. (1989): Lernen der Zukunft. Kooperative Selbstqualifikation - die effektivste Form der Aus- und Weiterbildung im Betrieb. München.

Heidenreich, M. (1995): Informatisierung und Kultur: Die Einführung und Nutzung von Informationssystemen in italienischen, französischen und westdeutschen Unternehmen. Opladen.

Heilmann, W. (1987): Teleprogrammierung: Die Organisation der dezentralen Software-Produktion. Wiesbaden.

Heilmann, W., Mikosch, I. (1989): Telearbeit - Der ungeplante Wandel. In: Information Management, 4. Jg., H. 2. 46-52.

Heins, W. (1993): Management-Informationssysteme - Konzeption und Einführung bei einer Großsparkasse. In: Behme, W., Schimmelpfeng, K. (Hrsg.): Führungsinformationssysteme. Neue Entwicklungstendenzen im EDV-gestützten Berichtswesen. Wiesbaden. 122-132.

Heller, W. (1993): Neue Technologien erfordern neue Qualifikationen der Mitarbeiter - oder auch nicht. In: Zeitschrift für Personalforschung, 7. Jg., H. 1. 134-153.

Hendry, C. (1996): Understanding and Creating Whole Organizational Change through Learning Theory. In: Human Relations, 49. Jg., H. 5, 621-641.

Hermann, Th. (1991): Die Bedeutung menschlicher Kommunikation für die Kooperation und für die Gestaltung computerunterstützter Gruppenarbeit. In: Oberquelle, H. (Hrsg.): Kooperative Arbeit und Computerunterstützung. Stand und Perspektiven. Göttingen, Stuttgart. 63-78.

Hichert, R., Moritz, M. (Hrsg.) (1992): Management-Informationssysteme - Praktische Anwendungen. Berlin u.a.

Hichert, R., Stumpp, H. (1992): Ist-Situation und Zukunftserwartungen bei Management-Informationssystemen - Ergebnisse einer Befragung. In: Hichert, R., Moritz, M. (Hrsg.): Management-Informationssysteme - Praktische Anwendungen. Berlin u.a., 89-100.

Hilgard, E.R., Bower, H.G. (1973): Theorien des Lernens. Band I: 3. Aufl., Band II: 2. Aufl., Stuttgart.

Hödl, W., Wambach, H. (1993): Executive Information im internationalen Konzern. In: Behme, W., Schimmelpfeng, K. (Hrsg.): Führungsinformationssysteme: Neue Entwicklungstendenzen im EDV-gestützten Berichtswesen. Wiesbaden. 166-174.

Hofmann, M., Rosenstiel, L.v. (Hrsg.) (1988): Funktionale Managementlehre. Berlin u.a.

Hohmann, R., Bittmann, B. (1994): Teams als Basis der Lernenden Organisation. In: Personalführung, 27. Jg., H. 7. 616-629.

Holt, A. (1991): Coordination Problem Analysis From The Coordination Mechanics Perspective. In: Friedrich, J., Rödiger, K.-H. (Hrsg.): Computergestützte Gruppenarbeit (CSCW). Stuttgart. 17-55.

Holtgrewe, U., Richter, B. (1991): Die Elektronisierung des Handels. Hans-Böckler-Stiftung - Graue Reihe, Band 29. Düsseldorf.

Holzkamp, K. (1995): Lernen. Subjektwissenschaftliche Grundlegung. Frankfurt/M., New York.

Hrubi, F.R. (1988): Kommunikationsmanagement. In: Hofmann, M., Rosenstiel, L.v. (Hrsg.): Funktionale Managementlehre. Berlin u.a., 59-94.

Huber, G.P. (1984): The Nature and Design of Post-Industrial Organizations. In: Management Science, 30. Jg., H. 8, 928-951.

Huber, G.P. (1990): A Theory of the Effects of Advanced Information Technologies on Organizational Design, Intelligence, and Decision Making. In: The Acadamy of Management Review, 15. Jg., H. 1. 47-71.

Huber, G.P. (1991): Organizational Learning: The Contributing Processes and the Literatures. In: Organization Science, 2. Jg., H. 1. 88-115.

Huber, J. (1987): Telearbeit: Ein Zukunftsbild als Politikum. Opladen.

Hummeltenberg, W. (1992): Realisierung von Management-Unterstützungssystemen mit Planungssprachen und Generatoren für Führungsinformationssysteme. In: Hichert, R., Moritz, M. (Hrsg.): Management-Informationssysteme - Praktische Anwendungen. Berlin u.a., 187-208.

Isenberg, D.J. (1984): How senior managers think. In: Harvard Business Review, 62. Jg., 81-90.

Jaeger, C., Bieri, L. (1989): Satellitenbüros - Eine sozio-technische Innovation. Zürich.

Jaeger, C., Bieri, L., Dürrenberger, G. (1987): Telearbeit - Von der Fiktion zur Innovation. Zürich.

Jahnke, B. (1993): Einsatzkriterien, kritische Erfolgsfaktoren und Einführungsstrategien für Führungsinformationssysteme. In: Behme, W., Schimmelpfeng, K. (Hrsg.): Führungsinformationssysteme. Neue Entwicklungstendenzen im EDV-gestützten Berichtswesen. Wiesbaden. 29-43.

Jansen-Winkeln, R.M., Allgayer, J., Bolz, M., Herzog, G., Huwig, C. (1991): Kooperatives Arbeiten am multifunktionalen Bewegtbild-Arbeitsplatz mfbApl. In: Friedrich, J., Rödiger, K.-H. (Hrsg.): Computergestützte Gruppenarbeit (CSCW). Stuttgart. 259-267.

Jaques, E. (1976): A general theory of bureaucracy. London.

Jelinek, M. (1979): Institutionalizing Innovation. A Study of Organizational Learning Systems. New York, London, Sydney, Toronto.

Judkins, P., West, D., Drew, J. (1985): Networking in Organizations. The Rank Xerox Networking Experiment. Hants.

Kampling, M., Langen, B., Stein, M. (1992): ISDN-Anwendungen in der Praxis - Ein Überblick über Anwendungsfelder der ISDN-gestützten Datenkommunikation. In: ISDN-Forschungskommision des Landes Nordrhein Westfalen (Hrsg.): Materialien und Berichte. Band 15. Ministerium für Wirtschaft, Mittelstand und Technologie des Landes Nordrhein-Westfalen. Düsseldorf.

Kappler, E. (1972): Systementwicklung. Lernprozesse in betriebswirtschaftlichen Organisationen. Wiesbaden.

Kappler, E. (1990): Kommunikation mit der Mattscheibe - Kommunikationswirtschaft ohne Strukturwandel in der Dienstleistungsproduktion?. In: Rock, R., Ulrich, P., Witt, F. (Hrsg.): Strukturwandel der Dienstleistungsrationalisierung. Frankfurt/M., New York. 201-215.

Karbe, B., Ramsperger, N. (1991): Wirklichkeitsgerechte Koordinierung kooperativer Bürovorgänge. In: Friedrich, J., Rödiger, K.-H. (Hrsg.): Computergestützte Gruppenarbeit (CSCW). Stuttgart. 207-219.

Kasper, H. (1991): Neuerungen durch selbstorganisierende Prozesse. In: Staehle, W.H., Sydow, J. (Hrsg.): Managementforschung 1. Berlin, New York. 1-74.

Kattler, T. (1992): Teleworking. Eine Übersicht der wichtigsten Rahmenbedingungen. Teil 1 und Teil 2. In: Office Management, 40. Jg., H. 1-2/3. 37-42 und 63-66.

Kemper, H.-G. (1991): Entwicklung und Einsatz von Executive Information Systems (EIS) in deutschen Unternehmen - Ein Stimmungsbild. In: Information Management, 6. Jg., H. 4. 70-78.

Kemper, H.-G. (1992): Executive Information Systems - Rahmenbedingungen eines erfolgreichen Einsatzes -. In: Curth, M., Lebsanft, E. (Hrsg.): Wirtschaftsinformatik in Forschung und Praxis. München, Wien. 122-138.

Kemper, H.-G., Ballensiefen, K. (1993): Der Auswahlprozeß von Werkzeugen zum Aufbau von Führungsinformationssystemen: Ein Vorgehensmodell. In: Behme, W., Schimmelpfeng, K. (Hrsg.): Führungsinformationssysteme. Neue Entwicklungstendenzen im EDV-gestützten Berichtswesen. Wiesbaden. 17-28.

Kieser, A. (1985): Tele-Heimarbeit - organisatorische und soziale Aspekte. In: Jahrbuch der Bürokommunikation, 106-108.

Kieser, A. (1988). Darwin und die Folgen für die Organisationstheorie: Darstellung und Kritik des Population Ecology-Ansatzes. In: Die Betriebswirtschaft, 48. Jg., H. 5. 603-620.

Kieser, A. (1990): Bürokommunikationstechnik und organisatorische Innovation. Zur Abstimmung technischer und struktureller Anforderungen. In: Zeitschrift Führung und Organisation, 59. Jg., H. 3. 171-175.

Kieser, A. (1991): Innovation und Kooperation. In: Wunderer, R. (Hrsg.): Kooperation. Gestaltungsprinzipien und Steuerung der Zusammenarbeit zwischen Organisationseinheiten. Stuttgart. 159-174.

Kieser A. (1993a): Anleitung zum kritischen Umgang mit Organisationstheorien. In: Kieser, A. (Hrsg.): Organisationstheorien. Stuttgart, Berlin, Köln. 1-35.

Kieser, A. (1993b): Der situative Ansatz. In: Kieser, A. (Hrsg.): Organisationstheorien. Stuttgart, Berlin, Köln. 161-191.

Kieser, A. (1993c): Evolutionstheoretische Ansätze. In: Kieser, A. (Hrsg.): Organisationstheorien. Stuttgart, Berlin, Köln. 243-276.

Kieser, A. (1993d): Organisationsstruktur. In: Hauschildt, J., Grün, O. (Hrsg.): Ergebnisse empirischer betriebswirtschaftlicher Forschung: Zu einer Realtheorie der Unternehmung. Stuttgart. 55-82.

Kieser, A. (1994): Fremdorganisation, Selbstorganisation und evolutionäres Management. In: Zeitschrift für betriebswirtschaftliche Forschung, 46. Jg., H. 2. 199-228.

Kieser, A. (1996): Moden & Mythen des Organisierens. In: Die Betriebswirtschaft, 56. Jg., H. 1. 21-39.

Kieser, A., Kubicek, H. (1977): Organisation. 1. Aufl., Berlin.

Kieser, A., Kubicek, H. (1992): Organisation. 3., völlig neu bearbeitete Aufl., Berlin.

Kirchner, J.D., Zentes, J. (1984): Führen mit Warenwirtschaftssystemen. Neue Wege zum Informationsmanagement in Handel und Industrie. Düsseldorf, Frankfurt.

Kirsch, W. (1981): Über den Sinn der empirischen Forschung in der angewandten Betriebswirtschaftslehre. In: Witte, E. (Hrsg.): Der praktische Nutzen empirischer Forschung. Tübingen. 189-229.

Kirsch, W. (1992): Kommunikatives Handeln, Autopoiese, Rationalität. Sondierungen zu einer evolutionären Führungslehre. München.

Kirsch, W., Klein, H.K. (1977a): Management-Informationssysteme I - Wege zur Rationalisierung der Führung. Stuttgart, Berlin, Köln, Mainz.

Kirsch, W., Klein, H.K. (1977b): Management-Informationssysteme II - Auf dem Weg zu einem neuen Taylorismus?. Stuttgart, Berlin, Köln, Mainz.

Kirsch, W., Ringlstetter, M. (1995): Die Professionalisierung und Rationalisierung der Führung von Unternehmen. In: Geißler, H. (Hrsg.): Organisationslernen und Weiterbildung - Die strategische Antwort auf die Herausforderungen der Zukunft. Neuwied, Kriftel, Berlin. 220-249.

Kleinhans, M.E., Rüttler, M., Zahn, E. (1992): Management-Unterstützungssysteme - Eine vielfältige Begriffswelt. In: Hichert, R., Moritz, M. (Hrsg.): Management-Informationssysteme - Praktische Anwendungen. Berlin u.a., 1-14.

Klimecki, R., Probst, G., Eberl, P. (1991): Systementwicklung als Managementproblem. In: Staehle, W.H., Sydow, J. (Hrsg.): Managementforschung 1. Berlin, New York. 103-162.

Klotz, M., Wenzel, H. (1994): Führungsinformationssysteme in Unternehmen: Erfolgsfaktoren, Vorgehensweisen und Perspektiven. Berlin.

Knorr-Cetina, K., Amann, K. (1992): Konsensprozesse in der Wissenschaft. In: Giegel, H.-J. (Hrsg.): Kommunikation und Konsens in modernen Gesellschaften. Frankfurt/M., 212-235.

Koch, R. (1991): Qualifikationsentwicklung in Büroberufen und Folgerungen für die Inhalte der beruflichen Aus- und Weiterbildung. In: Bullinger, H.-J. (Hrsg.): Handbuch des Informationsmanagements im Unternehmen. Technik- Organisation - Recht - Perspektiven. Band II. München. 1205-1226.

Korte, W.B., Robinson, S., Steinle, W.J. (Hrsg.) (1988): Telework: present situation and future development of a new form of work organization. Amsterdam.

Kosiol, E. (1962): Organisation der Unternehmung. Wiesbaden.

Kosiol, E. (1972): Die Unternehmung als wirtschaftliches Aktionszentrum - Einführung in die Betriebswirtschaftslehre. Hamburg.

Kotter, J.P. (1982): The General Managers. New York.

Kötter, W., Kreutner, U., Pleiss, C. (1991): Zur psychologischen Analyse, Bewertung und Gestaltung kooperativer Arbeitsformen. In: Oberquelle, H. (Hrsg.): Kooperative Arbeit und Computerunterstützung. Stand und Perspektiven. Göttingen, Stuttgart. 113-128.

Krainz, E.E. (1995): Veränderung in Organisationen. Einführung in die Fragestellung. In: Grossmann, R., Krainz, E.E., Oswald, M. (Hrsg.): Veränderung in Organisationen. Management und Beratung. Wiesbaden. 3-8.

Krcmar, H. (1991): Annäherungen an Informationsmanagement - Managementdisziplin und/oder Technologiedisziplin. In: Staehle, W.H., Sydow, J. (Hrsg.): Managementforschung 1. Berlin, New York. 163-204.

Krcmar, H., Barent, V. (1993): Computer Aided Team Werkzeuge als Bestandteile von Führungsinformationssystemen: Bereitstellung notwendiger Teamfunktionalität für Führungskräfte. In: Behme, W., Schimmelpfeng, K. (Hrsg.): Führungsinformationssysteme. Neue Entwicklungstendenzen im EDV-gestützten Berichtswesen. Wiesbaden. 63-71.

Kreibich, R., Drüke, H., Dunckelmann, H., Feuerstein, G. (1990): Zukunft der Telearbeit: Empirische Untersuchung zur Dezentralisierung und Flexibilisierung von Angestelltentätigkeiten mit Hilfe neuer Informations- und Kommunikationstechnologien. Eschborn.

Kreifelts, T., Hinrichs, E., Klein, K.-H., Seuffert, P., Woetzel, G. (1991): Erfahrungen mit dem Bürovorgangssystem DOMINO. In: Friedrich, J., Rödiger, K.-H. (Hrsg.): Computergestützte Gruppenarbeit (CSCW). Stuttgart. 235-249.

Kretschmann, J. (1990): Die Diffusion des Kritischen Rationalismus in der Betriebswirtschaftslehre. Stuttgart.

Kretschmar, Th., Linzbach, G. (1993): Die Einführung entscheidungsorientierter Führungsinformationssysteme in Großbetrieben am Beispiel einer komplexitätsgerechten Kunden- und Sortimentsoptimierung für die Hoechst AG. In: Behme, W., Schimmelpfeng, K. (Hrsg.): Führungsinformationssysteme: Neue Entwicklungstendenzen im EDV-gestützten Berichtswesen. Wiesbaden. 144-156.

Kromrey, H. (1983). Empirische Sozialforschung. 2. überarbeitete Aufl., Opladen.

Krüger, W. (1994): Transformations-Management. Grundlagen, Strategien, Anforderungen. In: Gomez, P. u.a. (Hrsg.): Unternehmerischer Wandel: Konzepte zur organisatorischen Erneuerung. Wiesbaden. 199-228.

Krüger, W., Bauermann, R. (1987): Probleme von Organisationsprojekten und Konzepte zu ihrer Bewältigung. In: Zeitschrift für betriebswirtschaftliche Forschung, 39. Jg., H. 9. 787-806.

Kubicek, H. (1977): Heuristische Bezugsrahmen und heuristisch angelegte Forschungsdesigns als Elemente einer Konstruktionsstrategie empirischer Forschung. In: Köhler, R. (Hrsg.): Empirische und handlungstheoretische Forschungskonzeptionen in der Betriebswirtschaftslehre. Stuttgart. 3-36.

Kubicek, H. (1992a): Informationstechnologie und Organisationsstruktur. In: Frese, E. (Hrsg.): Handwörterbuch der Organisation. 3., völlig neu gestaltete Aufl., Stuttgart. Sp. 937-958.

Kubicek, H. (1992b): Überbetrieblicher Informationsverbund. In: Frese, E. (Hrsg.): Handwörterbuch der Organisation. 3., völlig neu gestaltete Aufl., Stuttgart. Sp. 994-1009.

Kubicek, H. (1993): Organisatorische Voraussetzungen des branchenübergreifenden elektronischen Datenaustausches. In: Kubicek, H., Seeger, P. (Hrsg.): Perspektive Techniksteuerung. S. 340-389.

Kubicek, H., Höller, H. (1991): Das Organisationskonzept teilautonomer Arbeitsgruppen als Leitbild für die Gestaltung von Groupware-Systemen. In: Oberquelle, H. (Hrsg.): Kooperative Arbeit und Computerunterstützung. Stand und Perspektiven. Göttingen, Stuttgart. 149-174.

Küpper, H.-U. (1991): Betriebswirtschaftliche Steuerungs- und Lenkungsmechanismen organisationsinterner Kooperation. In: Wunderer, R. (Hrsg.): Kooperation. Gestaltungsprinzipien und Steuerung der Zusammenarbeit zwischen Organisationseinheiten. Stuttgart. 175-203.

Küpper, W., Hahne, A. (1993): Bürokommunikation (Sammelrezension). In: Die Betriebswirtschaft, 53. Jg., H. 1. 93-119.

Küpper, W., Ortmann, G. (1988): Mikropolitik. Rationalität, Macht und Spiele in Organisationen. Opladen.

Kupsch, U., Marr, R. (1991): Personalwirtschaft. In: Heinen, E. (Hrsg.): Industriebetriebslehre. Entscheidungen im Industriebetrieb. 9., vollständig neu bearbeitete und erweiterte Aufl., Wiesbaden. 729-896.

Lachnit, L., Ammann, H., Müller, S. (1995): Einführung EDV-gestützter Führungs-Informationssysteme in mittelständischen Betrieben. Hektographierter Bericht. Universität Oldenburg.

Lant, T.K., Mezias, St.J. (1992): An Organizational learning Model of Convergence and Reorientation. In: Organization Science, 3. Jg., H. 1. 47-71.

Laske, St., Gorbach, St. (Hrsg.) (1993): Spannungsfeld Personalentwicklung: Konzeptionen, Analysen, Perspektiven. Wiesbaden.

Lassmann, A. (1992): Organisatorische Koordination: Konzepte und Prinzipien zur Einordnung von Teilaufgaben. Wiesbaden.

Lehner, J.M. (1996). „Cognitive Mapping": Kognitive Karten vom Management. In: Schreyögg, G., Conrad, P. (Hrsg.). Managementforschung 6 - Wissensmanagement. Berlin, New York. 83-132.

Leismann, U. (1990): Warenwirtschaftssysteme mit Bildschirmtext. Berlin u.a.

Lenk, T. (1989a): Telearbeit: Möglichkeiten und Grenzen einer telekommunikativen Dezentralisierung von betrieblichen Arbeitsplätzen. Berlin.

Lenk, T. (1989b): Telearbeit aus betriebswirtschaftlicher Sicht (I) und (II). In: Computer und Recht, 5. Jg., H. 1 und 2., 54-59, 158-160.

Levinthal, D., March, J.G. (1990): Ein Modell für adaptives organisatorisches Suchverhalten. In: March, J.G. (Hrsg.): Entscheidung und Organisation: kritische und konstruktive Beiträge, Entwicklungen und Perspektiven. Wiesbaden. 209-244.

Levitt, B., March, J.G. (1988): Organizational Learning. In: Annual Review of Sociology, 14. Jg., 319-340.

Levitt, B., March, J.G. (1990): Chester I. Barnard and the Intelligence of Learning. In: Williamson, O.E. (Hrsg.): Organization Theory. From Chester Barnard to the Present and Beyond. New York, Oxford. 11-37.

Levy, A., Merry, U. (1986): Organizational Transformation. New York u.a.

Lewe, H., Krcmar, H. (1991): Die CATeam Raum Umgebung als Mensch-Computer Schnittstelle. In: Friedrich, J., Rödiger, K.-H. (Hrsg.): Computergestützte Gruppenarbeit (CSCW). Stuttgart. 171-182.

Liesegang, D.G. (1995): Lernprozesse zur ökologiegerechten Systemmodifikation in Unternehmen. In: Albach, H., Wildemann, H. (Hrsg.): Lernende Unternehmen. Zeitschrift für Betriebswirtschaft - Ergänzungsheft 3/1995, 65. Jg., 127-140.

Likert, R. (1961): New patterns of management. New York u.a.

Luhmann, N. (1994): Soziale Systeme. Grundriß einer allgemeinen Theorie. 5. Aufl., Frankfurt/M.

Luhmann, N. (1995): Sich im Undurchschaubaren bewegen. Zur Veränderungsdynamik hochentwickelter Gesellschaften. In: Grossmann, R., Krainz, E.E., Oswald, M. (Hrsg.): Veränderung in Organisationen. Management und Beratung. Wiesbaden. 9-18.

Lullies, V. (1989): Neue Bürotechnik und Management. In: Zeitschrift für betriebswirtschaftliche Forschung, 41. Jg., H. 10. 855-870.

Lullies, V. (1991): Die Organisation von Anwenderqualifizierung für den Einsatz neuer Bürotechnik. In: Bullinger, H.-J. (Hrsg.): Handbuch des Informationsmanagements im Unternehmen. Technik- Organisation - Recht - Perspektiven. Band II. München. 1171-1203.

Lullies, V., Bollinger, H., Weltz, F. (1990): Konfliktfeld Informationstechnik. Innovation als Managementproblem. Frankfurt/M., New York.

Lux, A., Schweitzer, J. (1991): MALIBU: Interaktives kooperatives Arbeiten in verteilter Multimedia-Umgebung. In: Friedrich, J., Rödiger, K.-H. (Hrsg.): Computergestützte Gruppenarbeit (CSCW). Stuttgart. 269-277.

Maaß, S. (1991): Computergestützte Kommunikation und Kooperation. In: Oberquelle, H. (Hrsg.): Kooperative Arbeit und Computerunterstützung. Stand und Perspektiven. Göttingen, Stuttgart. 11-35.

Macharzina, K. (1994): Interkulturelle Perspektiven einer management- und führungsorientierten Betriebswirtschaftslehre. In: Wunderer, R. (Hrsg.): Betriebswirtschaftslehre als Management- und Führungslehre. 3., überarbeitete und ergänzte Aufl. (nach CIP-Einheitsaufnahme; der Buchtitel gibt als Jahr 1995 an). Stuttgart. 265-283.

Mahling, D., Horstmann, T., Scheller-Houy, A., Lux, A., Steiner, D., Haugender, H. (1991): Wissensbasierte Unterstützung von Gruppenarbeit oder : Die Emanzipation der maschinellen Agenten. In: Friedrich, J., Rödiger, K.-H. (Hrsg.): Computergestützte Gruppenarbeit (CSCW). Stuttgart. 279-294.

Malone, Th.W. (1990): Organizing Information Processing Systems: Parallels between Human Organization and Computer Systems. In: Robertson, S.P., Zachary, W., Black, J.B. (Hrsg.): Cognition, Computing, and Cooperation. Norwood. 56-83.

Malsch, Th. (1983): Erfahrungswissen versus Planungswissen. Facharbeiterkompetenz und informationstechnologische Kontrolle am Beispiel der betrieblichen Instandhaltung. In: Jürgens, U., Naschold, F. (Hrsg.): Arbeitspolitik. Materialien zum Zusammenhang politischer Macht, Kontrolle und betrieblicher Organisation der Arbeit (Leviathan Sonderheft 5/1983). Opladen. 231-251.

Malsch, Th. (1987): Die Informatisierung des betrieblichen Erfahrungswissens und der "Imperialismus der instrumentellen Vernunft": Kritische Bemerkungen zur neotayloristischen Instrumentalismuskritik und ein Interpretationsvorschlag aus arbeitssoziologischer Sicht. In: Zeitschrift für Soziologie, 16. Jg., H. 2. 77-91.

Malsch, Th. (1992): Vom schwierigen Umgang der Realität mit ihren Modellen. Künstliche Intelligenz zwischen Validität und Viabilität. In: Malsch, T., Mill. U. (Hrsg.): ArBYTE: Modernisierung der Industriesoziologie. Berlin. 157-184.

Malsch, Th., Bachmann, R., Jonas, M., Mill, U., Ziegler, S. unter Mitarbeit von Weißbach, H.-J. (1993): Expertensysteme in der Abseitsfalle? - Fallstudien aus der industriellen Praxis. Berlin.

Malsch, Th., Mill, U. (Hrsg.) (1992): ArBYTE: Modernisierung der Industriesoziologie. Berlin.

Mans, D. (1989): Von Managern und Menschen: Über normative Grenzen unserer Ersetzbarkeit durch Computer. In: Die Betriebswirtschaft, 49. Jg., H. 1. 257-259.

Mantovani, G. (1994): Was der Computer mit uns macht. Sozialpsychologische Aspekte der Kommunikation mit und durch den Computer. Mainz.

March, J.G. (Hrsg.) (1990): Entscheidung und Organisation: kritische und konstruktive Beiträge, Entwicklungen und Perspektiven. Wiesbaden.

March, J.G. (1991): Exploration and Exploitation in Organizational Learning. In: Organization Science, 2. Jg., H. 1. 71-87.

March, J.G., Olson, J.P. (1989): Rediscovering Institutions. The Organizational Basis of Politics. New York, London.

March, J.G., Olsen, J.P. (1990): Die Unsicherheit der Vergangenheit: Organisatorisches Lernen unter Ungewißheit. In: March, J.G. (Hrsg.): Entscheidung und Organisation: kritische und konstruktive Beiträge, Entwicklungen und Perspektiven. Wiesbaden. 373-398.

March, J.G., Sevón, G. (1990): Unterhaltung, Information und Entscheidungsfindung. In: March, J.G. (Hrsg.): Entscheidung und Organisation: kritische und konstruktive Beiträge, Entwicklungen und Perspektiven. Wiesbaden. 479-494.

March, J.G., Sproull, L.S., Tamuz, M. (1991): Learning from Samples of One or Fewer. In: Organization Science, 2. Jg., H. 1. 1-13.

Markus, M.L., Benjamin, R.I. (1997): Heilsbringer Informationstechnik? Die Menschen entscheiden, nicht Systeme. In: Harvard Business Manager, 19. Jg., H. 3, 87-98.

Marr, R., Kötting, M. (1992): Organisatorische Implementierung. In: Frese, E. (Hrsg.): Handwörterbuch der Organisation, 3., völlig neu gestaltete Aufl., Stuttgart. Sp. 827-841.

Martens, W. (1989): Entwurf einer Kommunikationstheorie der Unternehmung: Akzeptanz, Geld und Macht in Wirtschaftsorganisationen. Frankfurt/M., New York.

Mayrhofer, W. (1993): Nonreaktive Methoden. In: Becker, F.G., Martin, A. (Hrsg.): Empirische Personalforschung: Methoden und Beispiele. München, Mering. 11-32.

Mertens, P. (1989): Für eine realistische Beurteilung betrieblicher Expertensysteme. In: Die Betriebswirtschaft, 49. Jg., H. 1. 259-262.

Mertens, P. (1994): Neuere Entwicklungen des Mensch-Computer-Dialogs in Berichts- und Beratungssystemen. In: Zeitschrift für Betriebswirtschaft, 64. Jg., H. 1. 35-56.

Mertens, P., Bodendorf, F., König, W., Picot, A., Schumann, M. (1992): Grundzüge der Wirtschaftsinformatik. Zweite, verbesserte Aufl., Berlin u.a.

Mintzberg, H. (1973). The Nature of Managerial Work. New York u.a.

Mintzberg, H. (1992): Die Mintzberg-Struktur. Landsberg/Lech.

Möllmann, S. (1992): Executive Information Systems: Navigationsinstrumente zur Unternehmensführung. In: Zeitschrift Führung und Organisation, 61. Jg., H. 6. 366-367.

Monse, K., Bruns, H.-J. (1991): ISDN und Organisation. In: Garbe, D., Lange, K. (Hrsg.): Technikfolgenabschätzung in der Telekommunikation. Berlin u.a., 229-243.

Morgan, G. (1986). Images of organization. Newbury Park, London, New Delhi.

Müller-Stewens, G., Pautzke, G. (1989): Führungskräfteentwicklung, organisatorisches Lernen und Individualisierung. In: Drumm, H.-J. (Hrsg.): Individualisierung der Personalwirtschaft: Grundlagen, Lösungsansätze und Grenzen. Bern, Stuttgart. 137-147.

Naujoks, H. (1994): Konzernmanagement durch Kontextsteuerung. Die Relevanz eines gesellschaftstheoretischen Konzepts für betriebswirtschaftliche Anwendungen. In: Schreyögg, G., Conrad, P. (Hrsg.): Managementforschung 4 - Dramaturgie des Managements, laterale Steuerung. Berlin, New York. 105-141.

Neuberger, O. (1991): Personalentwicklung. Stuttgart.

Neuberger, O. (1994): Betriebswirtschaftslehre: Management-Wissenschaft? Management der Wissenschaften vom Management? (Wirtschafts-)Wissenschaft fürs Management! In: Wunderer, R. (Hrsg.): Betriebswirtschaftslehre als Management- und Führungslehre. 3., überarbeitete und ergänzte Aufl. (nach CIP-Einheitsaufnahme; der Buchtitel gibt als Jahr 1995 an). Stuttgart. 53-66.

Neuberger, O. (1995): Mikropolitik. Der alltägliche Aufbau und Einsatz von Macht in Organisationen. Stuttgart.

Nienhüser, W. (1989): Die praktische Nutzung theoretischer Erkenntnisse in der Betriebswirtschaftslehre. Probleme der Entwicklung und Prüfung technologischer Aussagen. Stuttgart.

Nippa, M. (1988): Gestaltungsgrundsätze für die Büroorganisation: Konzepte für eine informationsorientierte Unternehmensentwicklung unter Berücksichtigung neuer Bürokommunikationstechniken. Berlin.

Nippa, M. (1995a): Anforderungen an das Management prozeßorientierter Unternehmen. In: Nippa, M., Picot, A. (Hrsg.): Prozeßmanagement und Reengineering: Die Praxis im deutschsprachigen Raum. Frankfurt/M., New York. 39-58.

Nippa, M. (1995b): Bestandsaufnahme des Reengineering-Konzepts. Leitgedanken für das Management. In: Nippa, M., Picot, A. (Hrsg.): Prozeßmanagement und Reengineering: Die Praxis im deutschsprachigen Raum. Frankfurt/M., New York. 61-77.

Nippa, M., Picot, A. (Hrsg.) (1995): Prozeßmanagement und Reengineering: Die Praxis im deutschsprachigen Raum. Frankfurt/M., New York.

Nohria, N., Berkley, J.D. (1994): An Action Perspective: The Crux of the New Management. In: California Management Review, 36. Jg., H. 4. 70-92.

Nordsieck, F. (1934): Grundlagen der Organisationslehre. Stuttgart.

Oberquelle, H. (Hrsg.) (1991a): Kooperative Arbeit und Computerunterstützung - Stand und Perspektiven. Göttingen, Stuttgart.

Oberquelle, H. (1991b): Kooperative Arbeit und menschengerechte Groupware als Herausforderung für die Softwareergonomie. In: Oberquelle, H. (Hrsg.): Kooperative Arbeit und Computerunterstützung. Stand und Perspektiven. Göttingen, Stuttgart. 1-10.

Oberquelle, H. (1991c): CSCW- und Groupware-Kritik. In: Oberquelle, H. (Hrsg.): Kooperative Arbeit und Computerunterstützung. Stand und Perspektiven. Göttingen, Stuttgart. 37-61.

Oberschulte, H. (1994): Organisatorische Intelligenz. Ein integrativer Ansatz des organisatorischen Lernens. München, Mering.

Oberschulte, H. (1996). Organisatorische Intelligenz - ein Vorschlag zur Konzeptdifferenzierung. In: Schreyögg, G., Conrad, P. (Hrsg.). Managementforschung 6 - Wissensmanagement. Berlin, New York. 41-81.

Obring, K. (1992): Strategische Unternehmensführung und polyzentrische Strukturen. München.

Orlikowski, W.J. (1992): The Duality of Technology: Rethinking the Concept of Technology in Organizations. In: Organization Science, 3. Jg., H. 3. 398-427.

Ortmann, G. (1994): "Lean" - Zur rekursiven Stabilisierung von Kooperation. In: Schreyögg, G., Conrad, P. (Hrsg.): Managementforschung 4 - Dramaturgie des Managements, laterale Steuerung. Berlin, New York. 143-184.

Ortmann, G. (1995): Formen der Produktion. Organisation und Rekursivität. Opladen.

Ortmann, G., Sydow, J., Türk, K. (Hrsg.) (1997). Theorien der Organisation: die Rückkehr der Gesellschaft. Opladen.

Ortmann, G., Windeler, A., Becker, A., Schulz, H.-J. (1990): Computer und Macht in Organisationen. Mikropolitische Analysen. Opladen.

Ortner, G.E. (1995): Organisationslernen und Bildungsbetriebslehre - Das Lernen in Organisationen als bildungsbetriebliches Erfahrungsobjekt. In: Geißler, H. (Hrsg.): Organisationslernen und Weiterbildung. Neuwied, Kriftel, Berlin. 415-434.

Osterloh, M. (1986): Industriesoziologische Vision ohne Bezug zur Managementlehre?. In: Die Betriebswirtschaft, 46. Jg., H. 3. 610-624.

Osterloh, M. (1992): Der Einfluß neuer Informationstechnologien auf den Managementprozeß. In: Die Unternehmung, 46. Jg., H. 2. 79-88.

Osterloh, M. (1993a): Interpretative Organisations- und Mitbestimmungsforschung. Stuttgart.

Osterloh, M. (1993b): Innovation und Routine. Das organisatorische Dilemma in klassischer und neuer Sicht. In: Zeitschrift Führung und Organisation, 62. Jg., H. 4. 214-218.

Osterloh, M., Frost, J. (1994): Business Reengineering: Modeerscheinung oder "Business Revolution". In: Zeitschrift Führung und Organisation, 63. Jg., H. 6. 356-363.

Osterloh, M., Tiemann, R. (1993): Konzeptionelle Überlegungen zur Anwendung interpretativer Methoden in der Personalforschung. In: Becker, F.G., Albert, M. (Hrsg.): Empirische Personalforschung: Methoden und Beispiele. München, Mering. 93-107.

Paetau, M. (1991): Kooperative Konfiguration - Ein Konzept zur Systemanpassung an die Dynamik kooperativer Arbeit. In: Friedrich, J., Rödiger, K.-H. (Hrsg.): Computergestützte Gruppenarbeit (CSCW). Stuttgart. 137-151.

Pautzke, G. (1989): Die Evolution der organisatorischen Wissensbasis. Bausteine zu einer Theorie des organisatorischen Lernens. München.

Pawlowsky, P. (1992): Betriebliche Qualifikationsstrategien und organisationales Lernen. In: Staehle, W.H., Conrad, P. (Hrsg.): Managementforschung 2. Berlin, New York. 177-237.

Pawlowsky, P. (1995): Von betrieblicher Weiterbildung zum Wissensmanagement. In: Geißler, H. (Hrsg.): Organisationslernen und Weiterbildung. Neuwied, Kriftel, Berlin. 435-456.

Pawlowsky, P., Bäumer, J. (1993): Funktionen und Wirkungen beruflicher Weiterbildung. In: Strümpel, B., Dierkes M. (Hrsg.): Innovation und Beharrung in der Arbeitspolitik. Stuttgart. 69-120.

Pernicky, R. (1988): Innovative Wertschöpfungsstrategien. In: Little, A. (Hrsg.): Management des geordneten Wandels. Wiesbaden. 137-149.

Peters, G. (1988): Ablauforganisation und Informationstechnologie im Büro. Konzeptionelle Überlegungen und empirisch explorative Studie. Köln.

Petersen, J. (1995): Organisationslernen als politisches Lernen in der Organisation und der Organisation. In: Geißler, H. (Hrsg.): Organisationslernen und Weiterbildung. Neuwied, Kriftel, Berlin. 385-411.

Petrovic, O. (1993): Workgroup Computing - computergestützte Teamarbeit: informationstechnologische Unterstützung für teambasierte Organisationsformen. Heidelberg.

Pfarr, H.M, Drüke, H. (1989): Rechtsprobleme der Telearbeit: Arbeitsrechtliche Aspekte der Dezentralisierung von Angestelltentätigkeiten mit Hilfe neuer Informations- und Kommunikationstechnologien. Baden-Baden.

Pfeffer, J. (1982): Organizations and Organization Theory. Boston, London, Melbourne, Toronto.

Picot, A. (1982): Transaktionskostenansatz in der Organisationstheorie: Stand der Diskussion und Aussagewert. In: Die Betriebswirtschaft, 42. Jg., H. 2. 267-284.

Picot, A. (1989): Zur Bedeutung allgemeiner Theorieansätze für die betriebswirtschaftliche Information und Kommunikation. In: Kirsch, W., Picot, A. (Hrsg.): Die Betriebswirtschaftslehre im Spannungsfeld zwischen Generalisierung und Spezialisierung. Wiesbaden. 361-379.

Picot, A. (1991): Ökonomische Theorien der Organisation - Ein Überblick über neuere Ansätze und deren betriebswirtschaftliches Anwendungspotential. In: Ordelheide, D., Rudolph, B., Büsselmann, E. (Hrsg.): Betriebswirtschaftslehre und ökonomische Theorie. Stuttgart. 143-170.

Picot, A., Böhme, M. (1995): Zum Stand der prozeßorientierten Unternehmensgestaltung in Deutschland. In: Nippa, M., Picot, A. (Hrsg.): Prozeßmanagement und Reengineering: Die Praxis im deutschsprachigen Raum. Frankfurt/M., New York. 227-247.

Picot, A., Franck, E. (1993): Vertikale Integration. In: Hauschildt, J., Grün, O. (Hrsg.): Ergebnisse empirischer betriebswirtschaftlicher Forschung: Zu einer Realtheorie der Unternehmung. Stuttgart. 223-254.

Picot, A., Franck, E. (1995): Prozeßorganisation. Eine Bewertung der neuen Ansätze aus Sicht der Organisationslehre. In: Nippa, M., Picot, A. (Hrsg.): Prozeßmanagement und Reengineering: Die Praxis im deutschsprachigen Raum. Frankfurt/M., New York. 13-38.

Picot, A., Maier, M. (1992): Computergestützte Informationssysteme. In: Frese, E. (Hrsg.): Handwörterbuch der Organisation, 3., völlig neu gestaltete Aufl., Stuttgart. Sp. 923-936.

Picot, A., Neuburger, R., Niggl, J. (1995): Ausbreitung und Auswirkungen von Electronic Data Interchange - Empirische Ergebnisse aus der deutschen Automobil- und Transportbranche. In: Schreyögg, G., Sydow, J. (Hrsg.): Managementforschung 5 - Empirische Studien. 47-106.

Picot, A., Reichwald, R. (1987): Bürokommunikation. Leitsätze für den Anwender. 2. Aufl., München.

Picot, A., Reichwald, R. (1991): Informationswirtschaft. In: Heinen, E. (Hrsg.): Industriebetriebslehre. Entscheidungen im Industriebetrieb. 9., vollständig neu bearbeitete und erweiterte Aufl., Wiesbaden. 241-397.

Picot, A., Reichwald, R. (1994): Auflösung der Unternehmung? Vom Einfluß der IuK-Technik auf Organisationsstrukturen und Kooperationsformen. In: Zeitschrift für Betriebswirtschaft, 64. Jg., H. 5. 547-570.

Piechota, S. (1992): Bedeutung eines Management-Informationssystems für die Entscheidungsfindung in internationalen Unternehmungen. In: Hichert, R., Moritz, M. (Hrsg.): Management-Informationssysteme - Praktische Anwendungen. Berlin u.a., 59-72.

Piechota, S. (1993): Perspektiven für die DV-Unterstützung des Controlling mit Hilfe von Führungsinformationssystemen. In: Behme, W., Schimmelpfeng, K. (Hrsg.): Führungsinformationssysteme. Neue Entwicklungstendenzen im EDV-gestützten Berichtswesen. Wiesbaden. 83-103.

Piepenburg, U. (1991a): Ein Konzept von Kooperation und die technische Unterstützung kooperativer Prozesse in Bürobereichen. In: Friedrich, J., Rödiger, K.-H. (Hrsg.): Computergestützte Gruppenarbeit (CSCW). Stuttgart. 79-94.

Piepenburg, U. (1991b): Ein Konzept von Kooperation und seine Implikationen für die technische Unterstützung kooperativer Prozesse. In: Oberquelle, H. (Hrsg.): Kooperative Arbeit und Computerunterstützung. Stand und Perspektiven. Göttingen, Stuttgart. 79-98.

Pleiss, C., Kreutner, U. (1991): Zur Bedeutung psychologischer Arbeitsanalyse für die Gestaltung computerunterstützter kooperativer Arbeit. In: Friedrich, J., Rödiger, K.-H. (Hrsg.): Computergestützte Gruppenarbeit (CSCW). Stuttgart. 95-106.

Porter, M.E. (1989): Wettbewerbsvorteile: Spitzenleistungen erreichen und behaupten. Frankfurt/M., New York.

Porter, M.E., Millar, V.E. (1986): Wettbewerbsvorteile durch Information. Die Informationstechnik revolutioniert Branchen und Märkte. In: Harvard Manager, 8. Jg., H. 1. 26-35.

Probst, G. (1995): Organisationales Lernen und die Bewältigung von Wandel. In: Geißler, H. (Hrsg.): Organisationslernen und Weiterbildung. Neuwied, Kriftel, Berlin. 163-184.

Probst, G.J.B., Büchel, B.S.T. (1994): Organisationales Lernen. Wettbewerbsvorteil der Zukunft. Wiesbaden.

Pucik, V. (1988): Strategic Alliances, Organizational Learning and Comparative Advantage. In: Human Resource Management, 27. Jg., 77-93.

Raeithel, A. (1991): Zur Ethnographie der kooperativen Arbeit. In: Oberquelle, H. (Hrsg.): Kooperative Arbeit und Computerunterstützung. Stand und Perspektiven. Göttingen, Stuttgart. 99-111.

Rammert, W. (1992): Neue Technologien - neue Begriffe?. In: Malsch, T., Mill, U. (Hrsg.): ArBYTE: Modernisierung der Industriesoziologie. Berlin. 29-52.

Reber, G. (1992): Organisationales Lernen. In: Frese, E. (Hrsg.): Handwörterbuch der Organisation. 3., völlig neu gestaltete Aufl., Stuttgart. Sp. 1240-1255.

Rechkemmer, K. (1994): Topexecutives. Zu den Spezifika ihres Informationsbedarfs und ihrer Informationsversorgung aus der Sicht von Executive Information Systems. In: Zeitschrift für Betriebswirtschaft, 64. Jg., H. 12. 1609-1622.

Rehäuser, J., Krcmar, H. (1996). Wissensmanagement im Unternehmen. In: Schreyögg, G., Conrad, P. (Hrsg.). Managementforschung 6 - Wissensmanagement. Berlin, New York. 1-40.

Reichle, J., Wagner, W. (1994): Lernfähigkeit als Teil des permanenten Wandels. In: Personalführung, 27. Jg., H. 7. 608-615.

Reichmann, T. (1996): Management und Controlling. Gleiche Ziele - unterschiedliche Wege und Instrumente. In: Zeitschrift für Betriebswirtschaft, 66. Jg., H. 5. 559-585.

Reichwald, R. (1989): Die Entwicklung der Arbeitsteilung unter dem Einfluß von Technikeinsatz im Industriebetrieb - Ein Beitrag zum betriebswirtschaftlichen Rationalisierungsverständnis. In: Kirsch, W., Picot, A. (Hrsg.): Die Betriebswirtschaftslehre im Spannungsfeld zwischen Generalisierung und Spezialisierung. Wiesbaden. 299-322.

Reichwald, R. (1990): Kommunikation. In: Bitz, M., Dellmann, M., Domsch, M., Egner, H. (Hrsg.): Vahlens Kompendium der Betriebswirtschaftslehre. Band 2, 2. Aufl., München. 413-459.

Reichwald, R. (1993): Kommunikation und Kommunikationsmodelle. In: W. Wittmann u.a. (Hrsg.): Handwörterbuch der Betriebswirtschaft. 5., völlig neu gestaltete Aufl., Stuttgart. Sp. 2174-2188.

Reichwald, R., Stauffert, T. (1987): Bürokommunikationstechnik und Führung. In: Kieser, A., Reber, G., Wunderer, R. (Hrsg.): Handwörterbuch der Führung, 1. Aufl., Stuttgart. Sp. 115-127.

Reichwald, R., Stauffert, T. (1989): Bürokommunikationstechnik für Führungskräfte. Gibt es ein Nutzungspotential ?. In: Office Management, 37. Jg., H. 4. 6-12.

332

Reichwald, R., Straßburger, F.X. (1989): Innovationspotentiale von ISDN für die geschäftliche Kommunikation. In: Die Betriebswirtschaft, 49. Jg., H. 3. 337-352.

Reinhardt, R. (1995): Das Modell organisationaler Lernfähigkeit und die Gestaltung lernfähiger Organisationen. 2., veränderte Aufl., Frankfurt/M. u.a.

Reinhardt, R., Schweiker, U. (1995): Lernfähige Organisationen: Systeme ohne Grenzen? Theoretische Rahmenbedingungen und praktische Konsequenzen. In: Geißler, H. (Hrsg.): Organisationslernen und Weiterbildung. Neuwied, Kriftel, Berlin. 269-307.

Rice, R.E. (1992): Task Analyzability, Use of New Media and Effectiveness: A Multi-Site Exploration of Media Richness. In: Organization Science, 3. Jg., H. 4. 475-500.

Ridder, H.-G. (1990): Technologische Entwicklung und Kontinuität der Betriebswirtschaftslehre. Stuttgart.

Ridder, H.-G. (1994): Organisationales Lernen und betrieblicher Umweltschutz. In: IÖW/ VÖW - Informationsdienst, 9. Jg., H. 3-4. 14-15.

Rieker, J. (1996): Digitales Dilemma. In: Managermagazin, 26. Jg., H. 1. 170-176.

Rock, R. (1990): Zur Entwicklung und Erweiterung von markt- und interaktionsorientierten Nutzenpotentialen in der Dienstleistungsrationalisierung. In: Rock, R., Ulrich, P., Witt, F. (Hrsg.): Strukturwandel der Dienstleistungsrationalisierung. Frankfurt/M., New York. 217-234.

Rock, R., Ulrich, P., Witt, F. (1990a): Dienstleistungsrationalisierung im Umbruch. Wege in die Kommunikationswirtschaft. Opladen.

Rock, R., Ulrich, P., Witt, F. (Hrsg.) (1990b): Strukturwandel der Dienstleistungsrationalisierung. Frankfurt/M., New York.

Rockart, J.F., DeLong, D.W. (1988): Executive Support Systems - The Emergence of Top Management Computer Use. New York.

Rolf, A., Berger, P., Klischewski, R., Kühn, M., Maßen, A., Winter, R. (1990): Technikleitbilder und Büroarbeit. Zwischen Werkzeugperspektive und globalen Vernetzungen. Opladen.

Sackmann, S.A. (1993): Die lernfähige Organisation. In: Fatzer, G. (Hrsg.): Organisationsentwicklung für die Zukunft. Köln. 227-254.

Sandholzer, U. (1990): Informationstechnik und innerbetriebliche Kooperation: Anforderungen an Informationstechniken aus der Perspektive organisierter innerbetrieblicher Kooperation. Hummeltal.

Sandner, K. (1989): Unternehmenspolitik - Politik im Unternehmen. Zum Begriff des Politischen in der Betriebswirtschaftslehre. In: Sandner, K. (Hrsg.): Politische Prozesse in Unternehmen. Berlin u.a., 45-76.

Sandner, K., Meyer, R. (1994): Verhandlung und Struktur. Zur Entstehung organisierten Handelns in Unternehmen. In: Schreyögg, G., Conrad, P. (Hrsg.): Managementforschung 4 - Dramaturgie des Managements, laterale Steuerung. Berlin, New York. 185-218.

Sandvoß, J. (1989): Fernarbeit: Formen und Potentiale dezentralisierter Arbeit im Lichte qualifikations- und regionalpolitischer Aspekte. Frankfurt/M., Bern u.a.

Sattelberger, Th. (1991): Die lernende Organisation im Spannungsfeld von Strategie, Struktur und Kultur. In: Sattelberger, Th. (Hrsg.): Die lernende Organisation: Konzepte für eine neue Qualität der Unternehmensentwicklung. Wiesbaden. 13-55.

Sattelberger, Th. (1992): Die lernende Organisation. In: Personalführung, 25. Jg., H. 4. 286-295.

Scheer, A.W. (1994): Wirtschaftsinformatik. Referenzmodell für industrielle Geschäftsprozesse. 4., vollständig überarbeitete und erweiterte Aufl., Berlin u.a.

Schein, E.H. (1989): Organisationsentwicklung: Wissenschaft, Technologie oder Philosophie?. In: Zeitschrift für Organisationsentwicklung (ZOE), 8. Jg., H. 3. 1-9.

Schein, E.H. (1993): Informationstechnologie und Management. In: Fatzer, G. (Hrsg.): Organisationsentwicklung für die Zukunft: Ein Handbuch. Köln. 41-58.

Schimank, U. (1992): Spezifische Interessenkonsense trotz generellem Orientierungsdissens. Ein Integrationsmechanismus polyzentrischer Gesellschaften. In: Giegel, H.-J. (Hrsg.): Kommunikation und Konsens in modernen Gesellschaften. Frankfurt/M., 236-275.

Schirmer, F. (1991): Aktivitäten von Managern: Ein kritischer Review über 40 Jahre „Work Activity"-Forschung. In: Staehle, W.H., Sydow, J. (Hrsg.): Managementforschung 1. Berlin, New York. 205-253.

Schirmer, F. (1992): Arbeitsverhalten von Managern. Wiesbaden.

Schirmer, F., Smentek, M. (1994): Management contra „Neue Managementkonzepte"?. In: Industrielle Beziehungen. 1. Jg., H. 1. 62-90.

Schmidt, H. (1992): Berufsausbildung im Handel in den 90er Jahren. In: Baethge, M., Oberbeck, H. (Hrsg.): Personalentwicklung im Handel: Zwischen Stagnation und neuen Perspektiven. Frankfurt/Main, New York. 108-119.

Schmitz, P., Lenz, A., Nöcker, C., (1989): Dialogbeitrag zum Artikel von Ulrich Frank: „Expertensysteme: Ein erfolgversprechender Ansatz zur Automatisierung dispositiver Tätigkeiten?". In: Die Betriebswirtschaft, 49. Jg., H. 1. 262-264.

Schneider, D. (1994): Steuerung modischer Sortimente im filialisierten Einzelhandel. In: Zeitschrift für Betriebswirtschaft, 64. Jg., H. 11. 1351-1371.

Schönecker, H., Nippa, M. (Hrsg.) (1987): Neue Methoden zur Gestaltung der Büroarbeit. Baden-Baden.

Schrey, R.-D. (1993): Evolution eines DV-gestützten Informations- und Kommunikationssystems zum Instrument einer ganzheitlich ausgerichteten Unternehmensführung im Industriebetrieb. Göttingen.

Schreyögg, G. (1984): Unternehmensstrategie. Grundfragen einer Theorie strategischer Unternehmensführung. Berlin, New York.

Schreyögg, G. (1989): Zu den problematischen Konsequenzen starker Unternehmenskulturen. In: Zeitschrift für betriebswirtschaftliche Forschung, 41. Jg., H. 2. 94-113.

Schreyögg, G. (1991): Der Managementprozeß - neu gesehen. In: Staehle, W.H., Sydow, J. (Hrsg.): Managementforschung 1. Berlin, New York. 255-289.

Schreyögg, G., Noss, C. (1995): Organisatorischer Wandel: Von der Organisationsentwicklung zur lernenden Organisation. In: Die Betriebswirtschaft, 55. Jg., H. 2. 169-185.

Schröder, H.-H. (1995): F&E-Aktivitäten als Lernprozesse: Lernorientiertes F&E-Management. In: Albach, H., Wildemann, H. (Hrsg.): Lernende Unternehmen. Zeitschrift für Betriebswirtschaft - Ergänzungsheft 3/1995, 65. Jg., 49-78.

Schulz, B., Staiger, U. (1993): Flexible Zeit, flexibler Ort: Telearbeit im Multimedia-Zeitalter. Weinheim/Basel.

Schüpbach, H. (1993): Analyse und Bewertung von Arbeitstätigkeiten. In: Schuler, H. (Hrsg.): Lehrbuch Organisationspsychologie. Bern u.a., 167-187.

Schüppel, J. (1995): Organisationslernen und Wissensmanagement. In: Geißler, H. (Hrsg.): Organisationslernen und Weiterbildung. Neuwied, Kriftel, Berlin. 185-219.

Schwohnke, A., Wicke, H.G. (1986): Teleheimarbeit als neue Rationalisierungsstrategie: Analyse und Perspektive einer neuen Form der Arbeitsorganisation. Köln.

Scott, W.R. (1986): Grundlagen der Organisationstheorie. Frankfurt/M., New York.

Seitz, D. (1993): "Per Order de Mufti läuft nichts" - Zur sozialen Steuerung betrieblicher Gestaltungsprozesse. Berlin.

Seiwert, L.J. (1992): Kommunikation im Betrieb. In: Gaugler, E., Weber, W. (Hrsg.): Handwörterbuch des Personalwesens. 2. Aufl., Stuttgart. Sp. 1124-1140.

Seltz, R., Mill, U., Hildebrandt, E. (Hrsg.) (1986): Organisation als soziales System. Berlin.

Senge, P.M. (1993): Die fünfte Disziplin - die lernfähige Organisation. In: Fatzer, G. (Hrsg.): Organisationsentwicklung für die Zukunft: Ein Handbuch. Köln. 145-178.

Senge, P.M. (1996). Die fünfte Disziplin. Kunst und Praxis der lernenden Organisation. Stuttgart.

Shrivastava, P. (1983): A Typology of Organizational Learning Systems. In: Journal of Management Studies, 20. Jg., H. 1. 7-20.

Siebert, H. (1991): Ökonomische Analyse von Unternehmensnetzwerken. In: Staehle, W.H., Sydow, J. (Hrsg.): Managementforschung 1. Berlin, New York. 291-313.

Simon, H.A. (1991): Bounded Rationality and Organizational Learning. In: Organization Science, 2. Jg., H. 1. 125-134.

Sorg, S. (1982): Informationspathologien und Erkenntnisfortschritt in Organisationen. München.

Speck, P., Kees, U. (1994): Auf dem Weg zum Lernunternehmen. In: Personalführung, 27. Jg., H. 7. 600-607.

Sproull, L., Kiesler, S. (1991): Vernetzung und Arbeitsorganisation. In: Spektrum der Wissenschaft, H. 11. 112-120.

Staehle, W.H. (1991a): Management. Eine verhaltenswissenschaftliche Perspektive. 6., überarbeitete Aufl., München.

Staehle, W.H. (1991b): Redundanz, Slack und lose Kopplung in Organisationen: Eine Verschwendung von Ressourcen?. In: Staehle, W.H., Sydow, J. (Hrsg.): Managementforschung 1. Berlin, New York. 313-345.

Staehle, W.H. (1992): Funktionen des Managements, 3., neubearbeitete und erweiterte Aufl., Bern, Stuttgart.

Stahlknecht, P. (1991): Einführung in die Wirtschaftsinformatik. 5., aktualisierte und überarbeitete Aufl., Berlin u.a.

Staudt, E., Kröll, M., Hören, M.v. (1993): Potentialorientierung der strategischen Unternehmensplanung: Unternehmens- und Personalentwicklung als iterativer Prozeß. In: Die Betriebswirtschaft, 53. Jg., H. 1. 57-75.

Steiner, G. (1992): Lerntheorien. In: Gaugler, E., Weber, W. (Hrsg.): Handwörterbuch des Personalwesens. 2. Aufl., Stuttgart. Sp. 1264-1274.

Steinle, C. (1985): Organisation und Wandel. Konzepte - Mehr-Ebenen-Analyse (MEA) - Anwendungen. Berlin, New York.

Steinle, C. (1989): Führung und neue Techniken im Bürobereich. In: Jahrbuch für Betriebswirte, 14. Jg., 137-147.

Steinle, C., Bruch, H., Lawa, D. (Hrsg.) (1995). Projektmanagement. Instrument moderner Dienstleistung. Frankfurt/M.

Steinle, C., Thewes, M. (1989): Gestaltung der Büroarbeit durch computergestützte Kommunikationsanalysen: Merkmale, Vergleich und Praxiseignung. Köln.

Steinmann, H., Hennemann, C. (1993): Personalmanagementlehre zwischen Managementpraxis und mikro-ökonomischer Theorie - Versuch einer wissenschaftstheoretischen Standortbestimmung. In: Weber, W. (Hrsg.): Entgeltsysteme: Lohn, Mitarbeiterbeteiligung und Zusatzleistungen. Stuttgart. 41-79.

Steinmann, H., Schreyögg, G. (1993): Management. Grundlagen der Unternehmensführung. Konzepte - Funktionen - Fallstudien. 3., überarbeitete und erweiterte Aufl., Wiesbaden.

Stockinger, P. (1989): Kommunikation und Interaktion. Handlungstheoretische Grundlegung politischer Prozesse dargestellt am Begriff der Macht. In: Sandner, K. (Hrsg.): Politische Prozesse in Unternehmen. Berlin. u.a., 77-102.

Straßburger, F.X. (1990): ISDN - Chancen und Risiken eines integrierten Telekommunikationskonzeptes aus betriebswirtschaftlicher Sicht. München.

Strauss, A.L. (1978). Negotiations. San Francisco u.a.

Strebel, H. (1995): Verwertungsnetze in und zwischen Unternehmen: Ein Problem betrieblichen Lernens. In: Albach, H., Wildemann, H. (Hrsg.): Lernende Unternehmen. Zeitschrift für Betriebswirtschaft - Ergänzungsheft 3/1995, 65. Jg., 113-126.

Strehl, F. (1987): Arbeitsrollen der Führungskräfte (nach Mintzberg). In: Kieser, A., Reber, G., Wunderer, R. (Hrsg.): Handwörterbuch der Führung, 1. Aufl., Stuttgart. Sp. 33-46.

Sydow, J. (1990): Strukturwandel der Dienstleistungsarbeit als Folge des Einsatzes neuer Informations- und Kommunikationstechnik?. In: Rock, R., Ulrich, P., Witt, F. (Hrsg.): Strukturwandel der Dienstleistungsrationalisierung. Frankfurt/M., New York. 11-36.

Sydow, J. (1992a): Strategische Netzwerke. Evolution und Organisation. Wiesbaden.

Sydow. J. (1992b): Strategische Netzwerke und Transaktionskosten. Über die Grenzen einer transaktionskostentheoretischen Erklärung der Evolution strategischer Netzwerke. In: Staehle, W.H., Conrad, P. (Hrsg.): Managementforschung 2. Berlin, New York. 239-311.

Syring, M. (1994): Computerunterstützung arbeitsteiliger Prozesse: Konzipierung eines Koordinationssystems für die Büroarbeit. Wiesbaden.

Szyperski, N., Grochla, E., Höring, K., Schmitz, D. (1982): Bürosysteme in der Entwicklung - Studien zur Typologie und Gestaltung von Büroarbeitsplätzen. Braunschweig, Wiesbaden.

Szyperski, N., Klein, St. (1993): Informationslogistik und virtuelle Organisation. Die Wechselwirkung von Informationslogistik und Netzwerkmodellen der Unternehmung. In: Die Betriebswirtschaft, 53. Jg., H. 2. 187-208.

Szyperski, N., Müller-Böling, D. (1981): Zur technologischen Orientierung der empirischen Forschung. In: Witte, E. (Hrsg.): Der praktische Nutzen empirischer Forschung. Tübingen. 159-188.

Tenbensel, B. (1987): Arbeit, Qualifikation und Kontrolle im Einzelhandel: neue Technologien - eine Chance zur Reprofessionalisierung des Verkaufsberufs?. Frankfurt/M., New York.

Theis, A.M. (1994): Organisationskommunikation. Theoretische Grundlagen und empirische Forschungen. Opladen.

Theuvsen, L. (1996): Business Reengineering - Möglichkeiten und Grenzen einer prozeß-orientierten Organisationsgestaltung. In: Zeitschrift für betriebswirtschaftliche Forschung, 48. Jg., H. 1. 65-82.

Thom, N. (1994): Innovationen als Gestaltungsaufgabe in einem sich wandelnden Umfeld. Überlegungen zu einem institutionalisierten Innovationsmanagement. In: Gomez, P. u.a. (Hrsg.): Unternehmerischer Wandel: Konzepte zur organisatorischen Erneuerung. Wiesbaden. 321-360.

Thompson, J.D. (1967): Organizations in Action. Social Science Bases of Administrative Theory. New York u.a.

Türk, K. (1981): Personalführung und soziale Kontrolle. Stuttgart.

Türk, K. (1989): Neuere Entwicklungen in der Organisationsforschung. Ein Trend Report. Stuttgart.

Türk, K. (1990): Von "Personalführung" zu "Politischer Arena"? Überlegungen angesichts neuer Entwicklungen in der Organisationsforschung. In: Wiendieck, G., Wiswede, G. (Hrsg.): Führung im Wandel: Neue Perspektiven der Führungsforschung. Stuttgart. 53-87.

Türk, K. (1994): Herstellung von Konsens durch Führung? In: Wunderer, R. (Hrsg.): Betriebswirtschaftslehre als Management- und Führungslehre. 3., überarbeitete und ergänzte Aufl. (nach CIP-Einheitsaufnahme; der Buchtitel gibt als Jahr 1995 an). Stuttgart. 67-78.

Ulich, E. (1991): Gruppenarbeit - arbeitspsychologische Konzepte und Beispiele. In: Friedrich, J., Rödiger, K.-H. (Hrsg.): Computergestützte Gruppenarbeit (CSCW). Stuttgart. 57-77.

Ulich, E. (1994): Arbeitspsychologie. 3., überarbeitete und erweiterte Aufl., Stuttgart.

Ulrich, H. (1994a): Reflexionen über Wandel und Management. In: Gomez, P. u.a. (Hrsg.): Unternehmerischer Wandel: Konzepte zur organisatorischen Erneuerung. Wiesbaden. 5-29.

Ulrich, H. (1994b): Von der Betriebswirtschaftslehre zur systemorientierten Managementlehre. In: Wunderer, R. (Hrsg.): Betriebswirtschaftslehre als Management und Führungslehre. 3., überarbeitete und ergänzte Aufl. (nach CIP-Einheitsaufnahme; der Buchtitel gibt als Jahr 1995 an). Stuttgart. 161-178.

Ulrich, P. (1986): Transformation der ökonomischen Vernunft. Fortschrittsperspektiven der modernen Industriegesellschaft. Bern, Stuttgart.

Ulrich, P. (1990): Kommunikative Rationalisierung - ein neuer Rationalisierungstyp jenseits der technikgestützten Systemsteuerung. In: Rock, R., Ulrich, P., Witt, F. (Hrsg.): Strukturwandel der Dienstleistungsrationalisierung. Frankfurt, New York. 237-270.

Van Maanen, J. (1979): On the Understanding of Interpersonal Relations. In: Bennis, W., van Maanen, J., Schein, E.H., Steele, F.I. (Hrsg.): Essays in Interpersonal Dynamics. Homewood. 13-42.

Viehöver, U. (1992): Heim ins Büro. Die Einrichtung außerbetrieblicher Arbeitsstätten könnte die Bürowelt ähnlich verändern wie einst das Fließband die Fabrik. In: Wirtschaftswoche, Nr. 5 v. 24.01.1992. 80-83.

Vogel, C., Wagner, H.-P (1993): Executive Information Systems. Ergebnisse einer empirischen Untersuchung zur organisatorischen Gestaltung. In: Zeitschrift Führung + Organisation, 62. Jg., H. 1. 26-33.

Voigt, U.-B., May, J., Hermann, S., Byerley, P. (1991): Enabling States Analysis - Gestaltung benutzbarer Gruppenarbeitssysteme. In: Friedrich, J., Rödiger, K.-H. (Hrsg.): Computergestützte Gruppenarbeit (CSCW). Stuttgart. 119-136.

Volpert, W. (1992): Die kontrastive Aufgabenanalyse im Kontext der Diskussion zwischen Arbeitspsychologen und Informatikern. In: Malsch, T., Mill. U. (Hrsg.): ArBYTE: Modernisierung der Industriesoziologie. Berlin. 185-195.

Vorjans, B. (1987): Teleheimarbeit: Möglichkeiten - Probleme - Perspektiven. Soziopolitische Auswirkungen neuer Informations- und Kommunikationstechnologien am Einzelbeispiel. Frankfurt/M., Bern u.a.

Wächter, H. (1992): Vom Personalwesen zum Strategic Human Resource Management - Ein Zustandsbericht anhand der neueren Literatur. In: Staehle, W.H., Conrad, P. (Hrsg.): Managementforschung 2. Berlin, New York. 313-340.

Wagner, I. (1991): Groupware zur Entscheidungsunterstützung als Element der Organisationskultur. In: Oberquelle, H. (Hrsg.): Kooperative Arbeit und Computerunterstützung. Stand und Perspektiven. Göttingen, Stuttgart. 175-188.

Wagner, I. (1992): Formalisierte Kooperation. Organisationskulturelle Aspekte der Computerunterstützung kommunikativer Verständigungsprozesse. In: Malsch, T., Mill, U. (Hrsg.): ArBYTE: Modernisierung der Industriesoziologie. Berlin. 197-217.

Wagner, I. (Hrsg.) (1993a): Kooperative Medien. Informationstechnische Gestaltung moderner Organisationen. Frankfurt/M., New York.

Wagner, I. (1993b): Neue Reflexivität. Technisch vermittelte Handlungs-Realitäten in Organisationen. In: Wagner, I. (Hrsg.): Kooperative Medien. Informationstechnische Gestaltung moderner Organisationen. Frankfurt/M., New York. 7-66.

Wagner, I. (1995): Komplexe Geographien - computergestützte Kooperationen. In: Fischer, J., Gensior, S. (Hrsg.): Netz-Spannungen. Trends in der sozialen und technischen Vernetzung von Arbeit. Berlin. 189-211.

Walgenbach, P. (1995): Die Theorie der Strukturierung. In: Die Betriebswirtschaft, 55. Jg., H. 6. 761-782.

Walter-Busch, E. (1991): Entwicklung von Leitmotiven verhaltensorientierten Managementwissens. In: Staehle, W.H., Sydow, J. (Hrsg.): Managementforschung 1. Berlin, New York. 347-399.

Waniorek, G. (1989): Gestaltungsformen der Teleheimarbeit. Berlin.

Watzlawick, P., Beavin, J.H., Jackson, D.D. (1974): Menschliche Kommunikation, 4., unveränderte Aufl., Bern, Stuttgart, Wien.

Weber, F. (1991): Subjektive Organisationstheorien. Wiesbaden.

Weber, W., Mayrhofer, W., Nienhüser, W., Rodehuth, M., Rüther, B. (1994): Betriebliche Bildungsentscheidungen: Entscheidungsverläufe und Entscheidungsergebnisse. München, Mering.

Wedde, P. (1986): Telearbeit und Arbeitsrecht: Schutz der Beschäftigten und Handlungsmöglichkeiten des Betriebsrates. Köln.

Wedde, P. (1994): Allein am Computer - abgehängt?. In: Die Mitbestimmung, 40. Jg., H. 12. 58-60.

Weick, K.E. (1991): The Nontraditional Quality of Organizational Learning. In: Organization Science, 2. Jg., H. 1. 116-124.

Weick, K.E. (1995): Der Prozeß des Organisierens. Frankfurt/M.

Weick, K.E., Westley, F. (1996): Organizational Learning: Affirming an Oxymoron. In: Clegg, S.R., Hardy, C., Nord, W. (Hrsg.): Handbook of Organization Studies. London. 440-458.

Weißbach, H.-J., Poy, A. (Hrsg.) (1993): Risiken informatisierter Produktion. Opladen.

Weißbach, H.-J. (1995): Telearbeit - eine Arbeitsform der Zukunft?. In: Die Mitbestimmung, 41. Jg., H. 8. 35-38.

Welter, G. (1988): Technisierung von Information und Kommunikation in Organisationen. Spardorf.

Weltz, F. (1986): Wer wird Herr der Systeme? Der Einsatz neuer Bürotechnologie und die innerbetriebliche Handlungskonstellation. In: Seltz, R., Mill, U., Hildebrandt, E. (Hrsg.): Organisation als soziales System. Berlin. 151-162.

West, R.R. (1989). Warenwirtschaftssysteme und Logistik: Stand und Entwicklungsperspektiven in technisch-organisatorischer Hinsicht. In: Biervert, B., Dierkes, M. (Hrsg.): Informations- und Kommunikationstechniken im Dienstleistungssektor. Rationalisierung oder neue Qualität?. Wiesbaden. 235-248.

Wiendieck, G. (1992). Akzeptanz. In: Frese, E. (Hrsg.): Handwörterbuch der Organisation. 3., völlig neu gestaltete Aufl., Stuttgart. Sp. 89-98.

Wiegand, M. (1996). Prozesse organisationalen Lernens. Wiesbaden.

Wiesenthal, H. (1995): Konventionelles und unkonventionelles Organisationslernen: Literaturreport und Ergänzungsvorschlag. In: Zeitschrift für Soziologie, 24. Jg., H. 2. 137-155.

Wildemann, H. (1992): Die modulare Fabrik: Kundennahe Produktion durch Fertigungssegmentierung. 3., neu bearbeitete Aufl., St. Gallen.

Wildemann, H. (1994): Konzeption und Entwicklungslinien des Technologiemanagements. In: Wunderer, R. (Hrsg.) (Hrsg.): Betriebswirtschaftslehre als Management- und Führungslehre. 3., überarbeitete und ergänzte Aufl. (nach CIP-Einheitsaufnahme; der Buchtitel gibt als Jahr 1995 an). Stuttgart. 205-235.

Wildemann, H. (1995): Ein Ansatz zur Steigerung der Reorganisationsgeschwindigkeit von Unternehmen: Die Lernende Organisation. In: Albach, H., Wildemann, H. (Hrsg.): Lernende Unternehmen. Zeitschrift für Betriebswirtschaft - Ergänzungsheft 3/1995, 65. Jg., 1-23.

Wilson, P. (1991): Computer Supported Cooperative Work (CSCW): origins, concepts and research initiatives. In: Computer Networks and ISDN Systems, 23. Jg., 91-95.

Wimmer, R. (1993): Zur Eigendynamik komplexer Organisationen. In: Fatzer, G. (Hrsg.): Organisationsentwicklung für die Zukunft: Ein Handbuch. Köln. 255-308.

Witt, F.H. (1995). Theorietraditionen der betriebswirtschaftlichen Forschung. Wiesbaden.

Witte, E. (1973): Organisation für Innovationsentscheidungen. Göttingen.

Wittig-Goetz, U., Boß, C. (1992): Arbeit im Handel. Literaturstudie zum aktuellen Forschungsstand in den Bereichen Arbeitsgestaltung, Arbeitsschutz und Gesundheitsschutz im Handel. Arbeitspapier. Institut für Sozialwissenschaftliche Forschung. Marburg.

Witzer, B. (1992): Kommunikation in Konzernen. Opladen.

Wohlsecker, W. (1990): Integrierte Filialkommunikation mit Hicom - am Beispiel eines Handelsunternehmens. Exponat zur Cebit 1990. Siemens AG.

Wolff, M.R. (1991): Zu Stand und Entwicklung von praxisorientierten Bürosystemen. In: Kistner, K.-P., Schmidt, R. (Hrsg.): Unternehmensdynamik. Wiesbaden. 523-542.

Wolff, R. (1982): Der Prozeß des Organisierens. Zu einer Theorie des organisationalen Lernens. Spardorf.

Wollnik, M. (1986): Implementierung computergestützter Informationssysteme. Perspektive und Politik informationstechnologischer Gestaltung. Berlin, New York.

Wollnik, M. (1988). Reorganisationstendenzen in der betrieblichen Informationsverarbeitung - Der Einfluß neuer informationstechnologischer Infrastrukturen. In: Handbuch der modernen Datenverarbeitung. 25. Jg., H. 25. 62-80.

Wollnik, M. (1992): Telearbeit. In: Frese, E. (Hrsg.): Handwörterbuch der Organisation. 3., völlig neu gestaltete Aufl., Stuttgart. Sp. 2400-2416.

Wollnik, M. (1993): Interpretative Ansätze in der Organisationstheorie. In: Kieser, A. (Hrsg.): Organisationstheorie. Stuttgart, Berlin, Köln. 277-295.

Wölm, J., Rolf, A. (1991): Geschichte der Gruppenarbeit. In: Oberquelle, H. (Hrsg.): Kooperative Arbeit und Computerunterstützung. Stand und Perspektiven. Göttingen, Stuttgart. 129-147.

Wunderer, R. (1987): Laterale Kooperation als Führungsaufgabe. In: Kieser, A., Reber, G., Wunderer, R. (Hrsg.): Handwörterbuch der Führung, 1. Aufl., Stuttgart. Sp. 1295-1311.

Wunderer, R. (Hrsg.) (1991): Kooperation. Gestaltungsprinzipien und Steuerung der Zusammenarbeit zwischen Organisationseinheiten. Stuttgart.

Wunderer, R. (Hrsg.) (1994): Betriebswirtschaftslehre als Management- und Führungslehre. 3., überarbeitete und ergänzte Aufl. (nach CIP-Einheitsaufnahme; der Buchtitel gibt als Jahr 1995 an). Stuttgart.

Zuboff, S. (1993): Die informatisierte Organisation. In: Fatzer, G. (Hrsg.): Organisationsentwicklung für die Zukunft: Ein Handbuch. Köln. 59-77.

Zündorf, L., Heitbrede, V., Kneißle, R.-J. (1993): Betriebsübergreifende Problembewältigung in der mittelständischen Industrie. Frankfurt/M., New York.

Deutscher Universitäts Verlag

GABLER · VIEWEG · WESTDEUTSCHER VERLAG

"Information - Organisation - Produktion"

Herausgeber:
Prof. Dr. Hans Corsten, Prof. Dr. Michael Reiß,
Prof. Dr. Claus Steinle, Prof. Dr. Stephan Zelewski

GABLER EDITION WISSENSCHAFT

Sven Behrens
Stoffgemische als Erkenntnisobjekt der Betriebswirtschaftslehre
1998. XVII, 201 Seiten, 11 Abb., Broschur DM 89,-/ ÖS 650,-/ SFr 81,-
ISBN 3-8244-6674-0
Die Stoffe, die in Produktionsprozessen umgesetzt werden, sind selten Reinsubstanzen, sondern liegen in der Regel vermischt vor. Anhand von Beispielen aus der Praxis zeigt der Autor, wie die Vermischung der Stoffe die Entscheidungen von Betriebswirten beeinflussen.

Heike Bruch
Intra- und interorganisationale Delegation
Management - Handlungsspielräume - Outsourcingpraxis
1996. XXII, 412 Seiten, Broschur DM 118,-/ ÖS 861,-/ SFr 105,-
ISBN 3-8244-6407-1
Die auf empirischen Untersuchungen basierenden Handlungsempfehlungen zeigen ein facettenreiches Instrumentenspektrum für eine flexible Delegation, bei dem die Interessen der Beteiligten kontinuierlich in den Gestaltungsprozeß einbezogen werden.

Hans Corsten u. a.
Neuronale Netze zur Prozeßsteuerung in der Zementindustrie
1997. XI, 117 Seiten, Broschur DM 78,-/ ÖS 569,-/ SFr 71,-
ISBN 3-8244-6519-1
Anhand eines konkreten Beispiels zeigen die Autoren das Einsatzpotential Neuronaler Netze auf, stellen die Konzeption eines Softwaretools vor und präsentieren die Realisierung dieses Tools.

Marion Halfmann
Industrielles Reduktionsmanagement
Planungsaufgaben bei der Bewältigung von Produktionsrückständen
1996. XXVIII, 378 Seiten, Broschur DM 118,-/ ÖS 861,-/ SFr 105,-
ISBN 3-8244-6424-1
Ein effizientes Rückstandsmanagement in der Produktion ist ein zentraler Erfolgsfaktor von Unternehmen. In diesem Buch wird eine systematische Analyse der Prozesse des Recyclings und der Entsorgung von Produktionsrückständen entwickelt.

DeutscherUniversitätsVerlag

GABLER · VIEWEG · WESTDEUTSCHER VERLAG

Robert Höge
Organisatorische Segmentierung
Ein Instrument zur Komplexitätshandhabung
1995. XVIII, 350 Seiten, Broschur DM 118,-/ ÖS 861,-/ SFr 105,-
ISBN 3-8244-6187-0
Das konkrete Anliegen der Organisatorischen Segmentierung liegt darin, zu weniger fragmenthaften, schnittstellenärmeren Formen der Arbeitsteilung zu gelangen.

Andrea Kaltwasser
Wissenserwerb für Forschung und Entwicklung
Eine Make-or-Buy-Entscheidung
1994. XXI, 223 Seiten, Broschur DM 89,-/ ÖS 650,-/ SFr 81,-
ISBN 3-8244-6096-3
Die Autorin entwickelt kosten-, leistungs- und zeitbezogene Effizienzkriterien, die zur Auswahl zwischen den verschiedenen Alternativen der internen und/oder externen Beschaffung technologischen Wissens beitragen.

Constantin May
PPS mit Neuronalen Netzen
Analyse unter Berücksichtigung der Besonderheiten der Verfahrensindustrie
1996. XV, 226 Seiten, Broschur DM 89,-/ ÖS 650,-/ SFr 81,-
ISBN 3-8244-6370-9
Aufbauend auf den Grundlagen der Produktionsplanung und -steuerung und den Spezifika der Verfahrensindustrie untersucht Constantin May, welchen Beitrag Neuronale Netze zur Produktionsplanung und -steuerung zu leisten vermögen.

Michael Thiele
Kernkompetenzorientierte Unternehmensstrukturen
Ansätze zur Neugestaltung von Geschäftsbereichsorganisationen
1997. XVIII, 290 Seiten, Broschur DM 98,-/ ÖS 715,-/ SFr 89,-
ISBN 3-8244-6442-X
Michael Thiele zeigt, wie Primär- und Sekundärstrukturen der Unternehmung an die Erfordernisse einer ressourcenorientierten Unternehmensführung angepaßt werden können, um die Nutzung von Kernkompetenzen optimal zu unterstützen.

Hartmut Werner
Strategisches Forschungs- und Entwicklungs-Controlling
1997. XXXI, 387 Seiten, Broschur DM 118,-/ ÖS 861,-/ SFr 105,-
ISBN 3-8244-6416-0
F&E-Aktivitäten sollten verstärkt in das Planungs-, Steuerungs- und Kontrollsystem eingebunden werden.

Deutscher Universitäts-Verlag
Postfach 30 09 44
51338 Leverkusen